Paris 1932, im Café Bec-de-Gaz sagt Raymond Aron zu seinem Freund Sartre: «Siehst du, mon petit camarade, wenn du Phänomenologe bist, kannst du über diesen Cocktail sprechen, und das ist dann Philosophie!» Der einfache Satz war die Geburtsstunde einer neuen Bewegung, die sich in Jazzclubs und Cafés verbreitete. Sie inspirierte Musiker und Schriftsteller, erregte Abscheu im Bürgertum und befruchtete Feminismus, Antikolonialismus und 68er-Revolte.

Sarah Bakewell erzählt in diesem Buch erstmals die Geschichte der Existenzialisten. Im Mittelpunkt stehen die Antipoden Heidegger und Sartre, der eine in seiner Hütte im Schwarzwald dem Sein nachsinnend, der andere in Pariser Cafés wie besessen schreibend. Aber es geht auch um Husserl und Merleau-Ponty, Simone de Beauvoir, Albert Camus, Iris Murdoch, Colin Wilson und viele andere. Am Ende sterben die Protagonisten und verlassen das Café. Doch Sarah Bakewells meisterhafte Kollektivbiographie lässt sie wieder lebendig werden und uns teilhaben an ihren Gesprächen über das Sein, die Freiheit und Aprikosencocktails.

Sarah Bakewell lebt als Schriftstellerin in London, wo sie außerdem Creative Writing an der City University lehrt und für den National Trust seltene Bücher katalogisiert. Ihre geniale Biographie «Wie soll ich leben? oder Das Leben Montaignes in einer Frage und zwanzig Antworten» (C.H.Beck Paperback, 2016) wurde zu einem internationalen Bestseller, ausgezeichnet mit dem Duff Cooper Prize for Non-Fiction und dem National Books Critics Circle Award for Biography.

Sarah Bakewell

Das Café der Existenzialisten

Freiheit, Sein und Aprikosencocktails

mit Jean-Paul Sartre, Simone de Beauvoir,
Albert Camus, Martin Heidegger,
Edmund Husserl, Karl Jaspers,
Maurice Merleau-Ponty und anderen

*Aus dem Englischen
von Rita Seuß*

C.H.Beck

Titel der englischen Originalausgabe:
«AT THE EXISTENTIALIST CAFÉ.
Freedom, Being and Apricot Cocktails
with Jean-Paul Sartre, Simone de Beauvoir,
Albert Camus, Martin Heidegger, Edmund Husserl,
Karl Jaspers, Maurice Merleau-Ponty and others»
Copyright © Sarah Bakewell 2016
Zuerst erschienen 2016 bei Chatto & Windus, London

Die deutsche Ausgabe erschien zuerst 2016 in gebundener
Form im Verlag C.H.Beck.
2. – 3. Auflage. 2016, 4. – 7. Auflage. 2017, 8. Auflage. 2018
1. Auflage in C.H.Beck Paperback. 2018

Mit 26 Abbildungen

2. Auflage in C.H.Beck Paperback. 2019

Für die deutsche Ausgabe:
© Verlag C.H.Beck oHG, München 2016
Gesetzt aus der Dante MT
bei Fotosatz Amann, Memmingen
Druck und Bindung: Druckerei C.H.Beck, Nördlingen
Umschlaggestaltung und Illustrationen:
Simone Massoni, Florenz
Printed in Germany
ISBN 978 3 406 72479 4

www.chbeck.de

Für Jane und Ray

Inhalt

Erstes Kapitel

Monsieur, wie schrecklich, Existenzialismus!

*in dem drei Freunde Aprikosencocktails trinken, einige Leute
bis spät nachts über Freiheit diskutieren und noch mehr ihr
Leben ändern. Außerdem fragen wir, was Existenzialismus ist.*

Du kannst über diesen Cocktail sprechen, und das ist Philosophie!

Manche sagen, Existenzialismus sei mehr eine Stimmung als eine
Philosophie und er lasse sich auf einige zum Weltschmerz neigende
Romanciers des neunzehnten Jahrhunderts zurückführen; oder auch
auf Blaise Pascal im siebzehnten Jahrhundert, dem die Stille des
unendlichen Raums Angst machte; auf den heiligen Augustinus mit
seinem radikalen Programm der Selbsterforschung und letztlich sogar
auf das Alte Testament: den lebensmüden Prediger Salomo und Hiob,
der es wagte, gegen Gottes Spiel mit ihm aufzubegehren, sich aber am
Ende in sein Schicksal fügen musste.[1] Mit anderen Worten: Der Existenzialismus habe mit all jenen zu tun, die unzufrieden, rebellisch oder
der Welt und dem Leben entfremdet sind.

Doch man könnte die Geburtsstunde des modernen Existenzialismus auch auf einen Abend um die Jahreswende 1932/33 legen, an
dem drei junge Philosophen im Café Bec de Gaz in der Pariser Rue
Montparnasse zusammensaßen, Klatschgeschichten austauschten
und Aprikosencocktails tranken, die Spezialität des Hauses.[2]

Am anschaulichsten wird die Geschichte später von der damals
fünfundzwanzigjährigen Simone de Beauvoir erzählt, die die Welt mit
vornehm verschleiertem Blick sehr genau beobachtete. In ihrer Begleitung war ihr Freund Jean-Paul Sartre, ein Siebenundzwanzigjähriger
mit runden Schultern und wulstigen Zackenbarsch-Lippen, narbigem
Gesicht, abstehenden Ohren und Augen, die in verschiedene Richtun-

gen schauten. Sein fast erblindetes rechtes Auge wanderte ständig nach außen: Exotropie, eine schwere Sehstörung. Für jemanden, der nicht darauf vorbereitet war, konnte die Unterhaltung mit ihm irritierend sein. Aber wenn man sich zwang, sich auf das linke Auge zu konzentrieren, stellte man fest, dass es einen warm und intelligent ansah: das Auge eines Menschen, der sich für alles interessierte, was man zu sagen hatte.

Sartre und Beauvoir hörten jetzt gewiss interessiert zu, denn der Dritte am Tisch hatte Neuigkeiten für sie. Es war Sartres liebenswürdig charmanter Studienfreund Raymond Aron, der wie er selbst die Eliteuniversität École normale supérieure absolviert hatte. Auch er war in den Winterferien nach Paris gekommen. Doch während Sartre und Beauvoir in der französischen Provinz unterrichteten – Sartre in Le Havre und Beauvoir in Rouen –, studierte Aron in Berlin. Jetzt berichtete er seinen Freunden von einer neuen Philosophie, die er dort kennengelernt hatte. Sie trug den komplizierten Namen Phänomenologie, ein Wort, so lang und dennoch von so klangvoller Eleganz, dass es schon für sich genommen eine Verszeile im jambischen Trimeter ergab.

Aron könnte Folgendes gesagt haben: Die Philosophen bisher haben abstrakte Theorien aufgestellt, für die deutschen Phänomenologen dagegen ist das Leben selbst Gegenstand der Betrachtung, das Leben, wie sie es erfahren, Moment für Moment. Sie klammern das meiste aus, was die Philosophie seit Platon beschäftigt hat: die Frage, ob die Dinge real sind und ob wir über irgendetwas sichere Erkenntnisse gewinnen können. Stattdessen weisen sie darauf hin, dass jeder, der diese Fragen stellt, immer schon hineingeworfen ist in eine Welt voller Dinge – voller «Phänomene», ein Wort, das im Griechischen so viel bedeutet wie «das, was erscheint». Warum also, so Aron weiter, konzentrieren wir uns nicht auf die Begegnung mit den Phänomenen und ignorieren einfach den ganzen Rest? Die alten Fragen müssen ja nicht für immer verworfen werden; man kann sie zurückstellen, um zunächst den Blick auf konkrete, handfeste Dinge zu richten.

Edmund Husserl, der Vordenker der Phänomenologen, hatte das Motto ausgegeben: «Zu den Sachen selbst!»[3] Mit anderen Worten: Vergeude deine Zeit nicht mit Interpretationen, die den Dingen etwas zu-

*Jean-Paul Sartre und
Simone de Beauvoir im Café*

schreiben, und schon gar nicht mit der Frage, ob die Dinge real sind. Betrachte einfach nur *das*, was sich dir präsentiert, was auch immer *es* sei, und beschreibe es so präzise wie möglich. Der Phänomenologe Martin Heidegger gab der Sache einen anderen Dreh. Die Philosophen, sagte er, hätten bisher ihre Zeit mit zweitrangigen Problemen verschwendet und dabei vergessen, die wichtigste Frage überhaupt zu stellen: die nach dem Sein. Was bedeutet es für ein Ding zu *sein*? Was bedeutet es zu sagen, dass man selbst *ist*? Wenn man diese Frage außer Acht lasse, werde man nie irgendwohin kommen. Auch er empfahl die phänomenologische Methode: Ignoriere den Wirrwarr der Begriffe, und richte deinen Blick auf die Dinge, damit sie sich dir offenbaren.

«Siehst du, *mon petit camarade*», sagte Aron zu Sartre – «mein kleiner Kamerad» war seit der Studienzeit sein Spitzname für Sartre –, «wenn du Phänomenologe bist, kannst du auch über diesen Cocktail sprechen, und das ist dann Philosophie!»

Simone de Beauvoir schreibt, Sartre sei vor Erregung ganz blass geworden und wie elektrisiert gewesen. Sie spitzte die Geschichte zu, indem sie behauptete, sie und Sartre hätten noch nie zuvor von der Phänomenologie gehört. In Wahrheit hatten sie bereits versucht, Heidegger zu lesen. Eine Übersetzung seiner berühmten Freiburger Antrittsvorlesung *Was ist Metaphysik?* war 1931 in derselben Nummer der Zeitschrift *Bifur* erschienen wie ein früher Aufsatz Sartres. Aber «wir erkannten ihre Bedeutung nicht», erklärt Beauvoir, «weil wir nichts davon verstanden».[4] Jetzt sahen sie: Es war eine Art und Weise des Philosophierens, die philosophisches Nachdenken und gewöhnliche, gelebte Erfahrung miteinander verband.

Für diesen Neuanfang waren sie mehr als bereit. In Schule und Universität hatten Sartre, Beauvoir und Aron den strengen französischen Philosophielehrplan mit all den Grundfragen der Erkenntnis und endlosen Interpretationen der Schriften Immanuel Kants durchexerziert. Eine epistemologische Fragestellung zog eine andere nach sich wie bei einem Kaleidoskop, das immer wieder zum selben Ausgangspunkt zurückkehrt: Ich denke, dass ich etwas weiß, aber wie kann ich wissen, dass ich weiß, was ich weiß? Schwierige Probleme, und sinnlose dazu. Alle drei Studenten waren trotz ausgezeichneter Examen frustriert. Am allermeisten Sartre. Nach dem Abschluss deutete er an, er arbeite an einer neuen, «destruktiven Philosophie».[5] Genaueres verriet er nicht – aus dem einfachen Grund, weil er selbst es nicht genau wusste, denn über einen vagen Geist der Rebellion war er noch nicht hinausgelangt. Jetzt schien es, als wäre ihm jemand zuvorgekommen. Wenn Sartre bei Arons Nachricht erbleichte, dann vermutlich nicht nur vor Begeisterung.

Jedenfalls war es für ihn ein denkwürdiger Moment. Mehr als vierzig Jahre später sagte er in einem Interview: «Nun gut, das hat mich umgehauen, und ich habe mir gesagt: ‹Das ist endlich Philosophie.›»[6] Simone de Beauvoir zufolge eilte er in den nächsten Buchladen und sagte sinngemäß: Geben Sie mir alles, was Sie über Phänomenologie haben, und zwar sofort! Aber das Einzige, was man ihm anbieten konnte, war ein schmaler Band von Husserls Schüler Emmanuel Lévinas, *Die Theorie der Anschauung in der Phänomenologie Husserls (La Théorie de l'intuition dans la phénoménologie de Husserl)*. Bücher wurden damals noch mit unaufgeschnittenen Seiten verkauft. Sartre, ohne Papiermesser, riss die Seiten mit den Fingern auseinander und begann zu lesen. Er ähnelte John Keats bei seiner Entdeckung von George Chapmans Homer-Übersetzung:

> Da fühlt ich wie ein Himmelssucher mich,
> Wenn ihm ein neuer Stern ins Fernglas schwebt;
> Wie Cortez stolz, als er mit Adlerblick
> Auf den Pazifik starrte – wild bewegt
> Sahn ahnungsvoll die Männer zu ihm hin –
> Schweigend, auf einen Berg in Darien.[7]

Sartre hatte keinen Adlerblick, und schweigsam war er auch nicht, wild bewegt aber ganz bestimmt. Angesichts seiner Begeisterung schlug Aron ihm vor, im Herbst nach Berlin zu kommen und sich dort, wie er selbst, am Institut Français anzumelden. Sartre könne dort Deutsch lernen, die Schriften der Phänomenologen im Original lesen und ihre philosophische Kraft aus erster Hand erfahren.

1933, das Jahr von Hitlers Machtübernahme, war gewiss nicht der optimale Zeitpunkt für einen Deutschlandaufenthalt, aber für Sartre war es die Chance, seinem Leben eine andere Richtung zu geben. Er hatte das Unterrichten an einem Gymnasium satt, er hatte satt, was er an der Universität gelernt hatte, und es verdross ihn, dass er immer noch nicht der geniale Autor war, der er seit seiner Kindheit hatte werden wollen. Um schreiben zu können, was ihm vorschwebte – Romane, Theaterstücke, Essays, einfach alles –, musste er erst einmal etwas erleben, das wusste er. Er hatte sich ausgemalt, sich in Konstantinopel mit Hafenarbeitern zu verbrüdern, auf dem Berg Athos mit Mönchen zu meditieren, in Indien Parias kennenzulernen oder mit Fischern vor der Küste Neufundlands den Stürmen zu trotzen.[8] Vorerst jedoch war es Abenteuer genug, *nicht* in Le Havre Knaben zu unterrichten.

Sartre traf Vorkehrungen für einen Berlinaufenthalt, der Sommer endete, und im Herbst 1933 ging er als Stipendiat des Institut Français für ein Jahr nach Berlin. Bei seiner Rückkehr hatte er etwas Neues im Gepäck: die Methode der deutschen Phänomenologie und Ideen des dänischen Philosophen Søren Kierkegaard und anderer – eine Mischung, der er durch seine literarische Sensibilität einen ganz eige-

nen, unverkennbar französischen Charakter verlieh. Er praktizierte
die phänomenologische Methode aufregender und persönlicher, als
es deren Erfindern jemals in den Sinn gekommen wäre. Damit wurde
er zum Begründer einer Philosophie, die internationale Bedeutung er-
rang, aber ihr Pariser Flair behielt: des modernen Existenzialismus.

Du bist frei, also wähle!

Sartres Brillanz lag darin, dass er die Phänomenologie tatsächlich zu
einer Philosophie machte, in der es um Aprikosencocktails ging – und
um die Kellner, die diese Cocktails servierten. Aber auch um Erwartung, Überdruss und Angst; um eine Bergwanderung; um die Leidenschaft für eine Geliebte, die begehrenswert erscheint, und die Gleichgültigkeit gegenüber einer anderen; um die Pariser Parks, das kalte
Meer im herbstlichen Le Havre; das Gefühl, auf einem harten Polster-
sessel zu sitzen; um die breit und flach werdenden Brüste einer Frau,
die sich auf den Rücken legt; den Nervenkitzel bei einem Boxwett-
kampf; einen Film, einen Jazzsong und den Blick zweier Fremder, die
sich unter einer Straßenlaterne begegnen. Sartre machte Philosophie
aus einem Schwindelgefühl, aus Voyeurismus, Scham, Sadismus, Revolution, Musik und Sex. Viel Sex.

Während die Philosophen vor ihm bedächtig Thesen und Argumente formuliert hatten, schrieb Sartre wie ein Romanautor, was keineswegs überrascht, denn er war ja einer. In seinen Romanen, Erzählungen und Dramen wie auch in seinen philosophischen Abhandlungen
ging es um die physische Welterfahrung und um die Grundbedingun-
gen und Stimmungen des menschlichen Lebens. Vor allem aber hatte er
ein großes Thema: die Frage, was es bedeutet, frei zu sein.

Freiheit war für ihn der Kern jeder menschlichen Erfahrung und
das, worin sich der Mensch von allen Objektarten unterscheidet.
Dinge verharren an einem bestimmten Ort und warten darauf, wo-
andershin gerückt zu werden. Wie Sartre glaubte, folgen selbst Tiere
zumeist ihren Instinkten und den Verhaltensweisen, die für ihre Spezies typisch sind. Der Mensch jedoch besitze keine festgefügte Natur,
sondern erschaffe sie erst durch das, was er zu tun beschließt. Gewiss,

er ist durch seine Biologie beeinflusst, durch seine Kultur und seine biographische Herkunft; all das jedoch fügt sich, so Sartre, nicht zu einem festen Ganzen, das ihn definiert. Der Mensch ist sich selbst immer einen Schritt voraus und erfindet sich erst im Verlauf des Weges, den er beschreitet. Sartre fasste dieses Prinzip in einem einzigen Satz zusammen, der den Existenzialismus definiert: «Die Existenz geht der Essenz voraus.»[9] Eine prägnante, aber nicht leicht verständliche Formel. Vereinfachend gesagt, bedeutet sie: Der Mensch ist in die Welt geworfen und muss sich – seine Natur, seine Essenz, sein Wesen – erst definieren; anderen Objekten oder Lebensformen ist dies niemals möglich. Wer glaubt, er könne anderen ein Etikett anheften und sie damit charakterisieren, verkennt die Situation, denn der Mensch ist etwas Unfertiges. Er erschafft sich erst durch sein Handeln. Das ist für Sartre die Conditio humana schlechthin, die Grundbedingung unseres Menschseins von dem Augenblick an, da wir uns unserer selbst bewusst werden, bis zu dem Moment, da der Tod dieses Bewusstsein auslöscht. Ich bin meine eigene Freiheit, nicht mehr und nicht weniger.

Das war ein aufregender Gedanke, und kaum hatte Sartre ihn (in den letzten Jahren des Zweiten Weltkriegs) voll entwickelt, begann sein Stern aufzugehen. Er wurde gefeiert und als Guru umworben, interviewt und fotografiert, um Artikel und Vorworte gebeten, in Komitees berufen, im Rundfunk gesendet. Auch bei Fragen, die außerhalb seiner Kompetenz lagen, war er nie um Antworten verlegen. Auch Simone de Beauvoir schrieb Romane, Rundfunkbeiträge, Tagebücher, Essays und philosophische Abhandlungen, deren Grundgedanken denen von Sartre ähnelten, auch wenn sie vieles eigenständig und mit einem anderen Schwerpunkt entwickelte. Sartre und Beauvoir gingen gemeinsam auf Vortrags- und Lesereisen. Manchmal saßen sie auf thronartigen Stühlen, wie es dem König und der Königin des Existenzialismus zukam, und bildeten den Mittelpunkt der Diskussion.[10]

Wie berühmt er geworden war, erkannte Sartre am 28. Oktober 1945, als er für den Club Maintenant (dem «Jetzt»-Club) in der Salle des Centraux in Paris einen Vortrag hielt. Sowohl er als auch die Organisatoren hatten den Andrang unterschätzt. Der Ticketschalter wurde gestürmt. Viele kamen ohne Eintrittskarte in den Saal, weil sie gar nicht bis zur Kasse gelangten. Im Gedränge gingen Stühle zu Bruch,

Sartre im Café de Flore, 1945. Foto: Brassaï

und einige Zuhörer wurden ohnmächtig – es war ungewöhnlich heiß für die Jahreszeit. Im *Time Magazine* erschien ein Foto, untertitelt: «Der Philosoph Sartre. Frauen sanken in Ohnmacht.»[11]

Die Veranstaltung wurde ein Riesenerfolg. Sartre, nur 1,53 Meter groß, war in der Menge kaum zu sehen, aber er hielt einen mitreißenden Vortrag, den er unter dem Titel *L'Existentialisme est un humanisme*

auch in Buchform veröffentlichte. Dreh- und Angelpunkt seiner Ausführungen ist eine Geschichte, die seinen Zuhörern, die die deutsche
Besatzung gerade hinter sich hatten, vertraut vorkommen musste. In
ihr kristallisiert sich das Schockierende und zugleich Faszinierende seiner Philosophie heraus.[12]

Eines Tages während der Okkupationszeit, so erzählte Sartre, kam
einer seiner Schüler zu ihm und bat ihn um einen Rat. Dessen älterer
Bruder war 1940, noch vor der französischen Kapitulation, bei der
deutschen Offensive getötet worden, sein Vater war zum Kollabora-
teur geworden und hatte die Familie verlassen. Der junge Mann war
somit die einzige Stütze und der einzige Trost seiner Mutter. Dennoch
drängt es ihn, nach England zu gehen, um sich den Freien Französischen Streitkräften im Exil anzuschließen und gegen die Nazis zu
kämpfen – endlich ein richtiger Kampf und die Chance, seinen Bruder
zu rächen, seinem Vater die Stirn zu bieten und bei der Befreiung
seines Landes mitzuhelfen. Doch dann müsste er seine Mutter allein-
lassen, statt sie in dieser gefährlichen Zeit moralisch und materiell zu
unterstützen. Er steht also vor der Frage: Soll er in einem Akt individueller Hingabe bei seiner Mutter bleiben, oder soll er sich dem Kampf
anschließen und damit zum Nutzen der Allgemeinheit handeln?

Philosophen tun sich bis heute schwer, Antworten auf moralische Dilemmata dieser Art zu finden. Sartres Dilemma ähnelt einem
bekannten Gedankenexperiment, dem Trolley-Problem: Eine Straßenbahn ist außer Kontrolle geraten und droht fünf Personen zu
überrollen. Wenn man nichts unternimmt, werden diese fünf Menschen sterben. Verstellt man jedoch eine Weiche, die die Straßenbahn
auf ein anderes Gleis umleitet, wird eine andere Person ums Leben
kommen, die sich in diesem Moment dort aufhält. Was also tun? Soll
man ganz bewusst den Tod eines Menschen in Kauf nehmen, um
dafür das Leben von fünf anderen zu retten?[13] Das Dilemma von
Sartres Schüler könnte man als eine Variante des «Trolley-Problems»
betrachten, allerdings kompliziert durch die Tatsache, dass er nicht
sicher weiß, ob er mit seinem Aufbruch nach England tatsächlich
jemandem hilft bzw. ob er das Leben seiner Mutter, sollte er sie allein-
lassen, wirklich in Gefahr bringt. Sartre ging es nicht um eine Lösung
dieses moralischen Konflikts auf dem traditionellen philosophischen

Weg. Er forderte seine Zuhörer vielmehr auf, ganz konkret darüber nachzudenken: Wie ist es, vor einer solchen Entscheidung zu stehen? Wie soll ein verstörter, unschlüssiger junger Mann mit dieser Situation umgehen? Wer kann ihm helfen und wie? Doch Sartre dreht die Frage um: Wer kann ihm *nicht* helfen?

Bevor sich der junge Mann an Sartre wandte, hatte er mit dem Gedanken gespielt, sich bei den etablierten moralischen Autoritäten einen Rat zu holen. Er erwog, einen Priester aufzusuchen, aber Priester waren oft Kollaborateure. Außerdem forderte die christliche Ethik nur ganz allgemein dazu auf, seinen Nächsten zu lieben und Gutes zu tun, ohne konkret zu sagen, wem der Beistand gelten sollte: der eigenen Mutter oder dem eigenen Land, Frankreich? Auch die Philosophen, mit denen er sich in der Schule beschäftigt hatte, die mutmaßlichen Quellen der Weisheit, hatten ihm in dieser konkreten Situation nichts zu sagen. Seine innere Stimme erteilte ihm widersprüchliche Ratschläge. (Ich muss bleiben; ich muss gehen; ich muss tapfer handeln; ich muss ein guter Sohn sein; ich möchte kämpfen, aber ich habe Angst zu sterben; ich werde ein besserer Mensch sein als mein Vater! Liebe ich denn mein Land nicht aufrichtig?) Nicht einmal auf sich selbst konnte er sich also verlassen. Als letzten Ausweg beschloss er, sich an seinen ehemaligen Lehrer Sartre zu wenden, der ihm zumindest keine abgedroschene Antwort erteilen würde.

Sartres Antwort lautet: Du bist frei, also wähle – und erfinde selbst das Gesetz deines Handelns! Es gibt keine Unterweisungen, keine Morallehre, die dir sagen könnten, was du zu tun hast. Keine der alten Autoritäten kann dir die Last der Freiheit abnehmen. So sorgfältig du moralische und praktische Überlegungen auch gegeneinander abwägst, letztlich musst du den Sprung wagen und «dein Engagement und deinen Entwurf in aller Aufrichtigkeit und bei klarstem Bewusstsein» wählen.

Sartre verrät uns nicht, ob der junge Mann seinen Rat als hilfreich empfand oder wofür er sich letztlich entschied. Wir wissen nicht, ob es ihn wirklich gab oder ob er ein Konstrukt aus verschiedenen Freunden oder sogar eine komplette Erfindung ist. Sartre wollte seinen Zuhörern sagen, dass sie so frei sind wie dieser junge Mann, auch wenn sie meist vor weniger dramatischen Entscheidungen stehen. Man mache sich etwas vor, wenn man behauptet, das eigene Handeln sei von moralischen Werten oder psychischen Gegebenheiten, von realen Erfahrungen und Ereignissen bestimmt. Diese Faktoren mögen eine Rolle spielen, aber sie bilden lediglich die «Situation», in der man handeln muss. Selbst in einer unerträglichen Lage – wenn man vor der Hinrichtung steht, in einem Gestapo-Gefängnis sitzt oder eine Klippe hinunterzustürzen droht – ist man frei zu entscheiden, wie man mit dieser Situation gedanklich und praktisch umgeht. Man trifft seine Entscheidungen immer von dem Punkt aus, an dem man gerade steht. Und indem man wählt, wählt man, wer man sein will.

Ein schwieriger Gedanke, der einen leicht aus der Fassung bringen kann. Sartre bestreitet nicht, dass die Notwendigkeit, ständig Entscheidungen treffen zu müssen, beängstigend ist. Umso mehr, als das, was man tut, wirklich belangvoll ist. Man solle, so Sartre, seine Entscheidungen so treffen, als gälten sie für die gesamte Menschheit und als trage man für deren Verhalten die alleinige Verantwortung. Wer dieser Verantwortung ausweicht, indem er sich vormacht, er sei das Opfer widriger Umstände oder schlechter Ratschläge, verfehlt die Anforderungen des menschlichen Lebens. Er wählt eine Scheinexistenz fernab jeglicher «Authentizität». Doch dieser beängstigende Anspruch birgt auch ein großes Versprechen. Sartres Existenzialismus verspricht, dass ein authentisches und freies Leben tatsächlich möglich ist, solange wir uns dieser Entscheidung stellen – das ist erschreckend und beglückend zugleich. In einem Interview brachte Sartre es auf den Punkt:

> Es gibt keinen vorgezeichneten Weg, der den Menschen zu seiner Rettung führt; er muss sich seinen Weg unablässig neu erfinden. Aber er ist frei, ihn zu erfinden, er ist verantwortlich, ohne Entschuldigung, und seine ganze Hoffnung liegt allein in ihm.[14]

Ein Gedanke, der besonders nach Kriegsende 1945 Anklang fand, als die etablierten sozialen und politischen Institutionen fragwürdig geworden waren. In Frankreich und anderen Ländern hatten viele Menschen gute Gründe, die Vergangenheit mit ihren moralischen Kompromissen und ihren Schrecknissen hinter sich zu lassen und einen Neuanfang zu suchen. Doch für diese Sehnsucht nach Erneuerung gab es auch tiefere Gründe. Sartres Botschaft fiel in eine Zeit, als ein Großteil Europas in Trümmern lag, die Existenz der nationalsozialistischen Todeslager bekannt geworden und Hiroshima und Nagasaki durch die Atombombe in Schutt und Asche gelegt worden waren. Der Krieg hatte den Menschen gezeigt, dass sie imstande waren, in die Barbarei zurückzufallen – kein Wunder also, dass die Idee einer vorherbestimmten menschlichen Natur erschüttert war. Die politischen und religiösen Autoritäten, ja sogar die Philosophen hatten keine gültigen Antworten mehr zu bieten. Hier jedoch war ein Philosoph ganz neuer Art, der dieser Aufgabe gewachsen zu sein schien.

Sartres große Frage Mitte der vierziger Jahre lautete: Wenn wir davon ausgehen, dass wir frei sind, wie können wir unsere Freiheit in einer so herausfordernden Zeit konstruktiv ausüben? In seinem Essay *Das Ende des Krieges*, der unmittelbar nach Hiroshima entstand und im Oktober 1945 veröffentlicht wurde, im selben Monat wie sein Vortrag, forderte er seine Leser auf zu wählen, in was für einer Welt sie leben wollen, und sich dafür zu engagieren. Von nun an, schrieb er, müssten wir uns stets vor Augen halten, dass wir über die Mittel zu unserer Selbstvernichtung, ja vielleicht zur Auslöschung des gesamten Lebens auf unserem Planeten verfügen. Wir selbst seien die Herren unseres Schicksals. Wenn wir weiterleben wollen, so Sartre, müssen wir uns bewusst *für* das Weiterleben entscheiden.[15] Das war die Philosophie für eine menschliche Spezies, die sich selbst das Fürchten gelehrt hatte, nun aber vielleicht endlich bereit war, erwachsen zu werden und Verantwortung zu übernehmen.

Existenzialismus als Lebensform

Die Institutionen, deren Autorität Sartre in seinen Schriften und Vorträgen herausforderte, reagierten aggressiv. Die katholische Kirche setzte Sartres Gesamtwerk 1948 auf den Index der verbotenen Bücher: sein philosophisches Hauptwerk *Das Sein und das Nichts* ebenso wie seine Romane, Theaterstücke und Essays.[16] Sie fürchtete zu Recht, dass sein Beharren auf der subjektiven Freiheit den religiösen Glauben erschütterte. Simone de Beauvoirs feministische Schrift *Das andere*

Geschlecht mit noch weitaus provokativerem Inhalt kam ebenfalls auf den Index. Aber nicht nur politisch konservative Kräfte lehnten den Existenzialismus ab, sondern auch viele Marxisten. Heute gilt Sartre als ein Apologet kommunistischer Regime, lange jedoch wurde er von der Kommunistischen Partei verunglimpft, denn: wenn die Menschen sich als freie Individuen verstehen, wie kann dann eine ordentlich organisierte Revolution stattfinden? Die Marxisten glaubten, die Menschheit sei dazu bestimmt, auf dem Weg über verschiedene Entwicklungsstufen ein sozialistisches Paradies zu erreichen. Dieses Konzept ließ wenig Spielraum für den Gedanken, dass der Mensch für sein Handeln persönlich verantwortlich ist. Ideologisch unterschiedliche Gruppen waren sich darin einig, dass der Existenzialismus – wie es in den *Nouvelles littéraires* hieß – «eine widerliche Mischung aus philosophischer Anmaßung, nebulösen Träumen, physiologischen Detailfragen, morbidem Geschmack und zaghafter Erotik ist ... ein introspektiver Embryo, den man am liebsten zerquetschen würde».[17]

Solche Angriffe erhöhten die Attraktivität des Existenzialismus für die rebellische Jugend. Ab Mitte der vierziger Jahre war «Existenzialist» die Bezeichnung für jemanden, der freie Liebe praktizierte und bis spät nachts zu Jazzmusik tanzte. Wie die Schauspielerin und Nachtclub-Besucherin Anne-Marie Cazalis in ihren Memoiren schreibt: «Wenn man 1945, nach vierjähriger Besatzungszeit, zwanzig war, bedeutete Freiheit auch die Freiheit, erst um vier oder fünf Uhr früh schlafen zu gehen.»[18] Es bedeutete auch, dass man seine Eltern beschimpfen und die alte Ordnung in Frage stellen konnte, indem man sich über Rassen- und Klassenschranken hinwegsetzte. Als der Philosoph Gabriel Marcel Mitreisenden im Zug nach Paris erzählte, er komme gerade von einem Vortrag über Sartre, rief eine Frau entsetzt aus: «Monsieur, wie schrecklich, Existenzialismus! Der Sohn einer Freundin von mir ist ein Existenzialist; er lebt mit einer Negerin in einer Küche!»[19]

Die existenzialistische Subkultur der vierziger Jahre fand ihren Mittelpunkt in dem Viertel der Kirche Saint-Germain-des-Prés am linken Seine-Ufer. Sartre und Simone de Beauvoir wohnten hier jahrelang in billigen Hotels und saßen tagsüber in den Cafés, um zu schreiben, weil es dort wärmer war als in ihrem unbeheizten Hotelzimmer. Zu ihren Lieblingstreffpunkten gehörten das Café de Flore, das Café

Les Deux Magots und die Bar Napoléon, die alle an der Kreuzung Boulevard Saint-Germain / Rue Bonaparte liegen. Der Besitzer des Café de Flore stellte ihnen sogar einen Raum im ersten Stock zur Verfügung, in den sie sich zum Arbeiten zurückziehen konnten, wenn neugierige Journalisten oder Gäste allzu aufdringlich wurden.[20] Trotzdem liebten sie, zumindest anfangs, den Trubel unten im Lokal. Sartre arbeitete gern in öffentlichen Räumen, wo es laut und hektisch zuging.[21] Er und Beauvoir hielten Hof mit Freunden, Kollegen, Künstlern, Schriftstellern, Studenten und Geliebten, die, von Zigaretten- und Pfeifendunst eingenebelt, alle gleichzeitig redeten.

Von den Cafés zog man dann weiter in die Kellerlokale. Im Lorientais spielte Claude Luters Band Blues, Jazz und Ragtime; der Star des Club Tabou hingegen war der Trompeter und Romanautor Boris Vian. Man tanzte zu den hektischen Rhythmen und pulsierenden Bebop-Klängen einer Jazzcombo oder diskutierte in einer schummrigen Ecke über Authentizität, während man der rauchigen Stimme von Anne-Marie Cazalis' Freundin Juliette Gréco lauschte, die nach ihrer Ankunft in Paris 1946 eine berühmte Chansonniere wurde. Juliette Gréco, Anne-Marie Cazalis und Boris Vians Ehefrau Michelle Vian kontrollierten die Neuankömmlinge im Lorientais und im Tabou und verweigerten all jenen den Zutritt, die nicht in den Club zu passen schienen – auch wenn Michelle Vian zufolge jeder hereingelassen wurde, der «interessant aussah, das heißt, ein Buch unterm Arm hatte».[22] Zu den Stammgästen zählten viele, die diese Bücher geschrieben hatten, insbesondere Raymond Queneau und sein Freund Maurice Merleau-Ponty, die durch Cazalis und Gréco die Welt der Nachtclubs entdeckten.

Juliette Gréco erfand den existenzialistischen Stil: langes, glattes Haar mit Stirnfransen, die «Frisur einer Ertrunkenen», wie der Journalist Pierre Drouin es nannte,[23] dazu dicke Pullis und Männerjacken mit hochgekrempelten Ärmeln. Gréco schrieb, ihre langen wilden Haare hätten sie in der Kriegszeit warm gehalten.[24] Dasselbe sagte Simone de Beauvoir über ihren Turban.[25] Existenzialisten trugen schlabbrige Hemden und Trenchcoats, einige pflegten einen frühen Punk-Stil. Einer lief mit einem «völlig zerrissenen und zerlumpten Hemd herum», schrieb Drouin. Bald jedoch setzte sich der typische Exi-Look durch: der schwarze Rollkragenpulli.[26]

Boris Vian und Juliette Gréco
im Club Saint-Germain im
Pariser Stadtteil Saint-
Germain-des-Prés, 1949

Wie bei den Pariser Dadaisten und den Bohemiens früherer Generationen war in dieser subversiven Welt alles gut, was gefährlich und provokativ, und alles schlecht, was nett und bürgerlich war. Simone de Beauvoir erzählte eine Episode über den bettelarmen, alkoholabhängigen Maler Wols (Alfred Otto Wolfgang Schulze), den sie gut kannte. Er hing in der Szene herum und lebte von Almosen und Essensabfällen. Eines Tages saß er mit ihr auf der Terrasse einer Bar und trank ein Glas, als ein gut gekleideter Herr stehen blieb und ein paar Worte mit ihm wechselte. Als er gegangen war, erklärte Wols: «Ich bitte um Entschuldigung, dieses Individuum ist mein Bruder: ein Bankier!» Simone de Beauvoir amüsierte es, dass er im Ton eines Bankiers sprach, der zugeben muss, dass sein Bruder ein Clochard ist.[27]

Reporter, deren Metier pikante Geschichten aus existenzialistischen Kreisen waren, interessierten sich besonders für das Liebesleben von Simone de Beauvoir und Jean-Paul Sartre. Es war bekannt, dass die beiden eine offene Zweierbeziehung führten. Ihre Partnerschaft sollte immer Vorrang haben, ihnen jedoch die Freiheit für Liebesaffären lassen. Und diese Freiheit nutzten sie ausgiebig. Beauvoir hatte im

Lauf ihres Lebens mehrere länger andauernde Affären, unter anderem
mit dem amerikanischen Schriftsteller Nelson Algren und dem französischen Regisseur Claude Lanzmann, der 1985 den neunstündigen Dokumentarfilm *Shoah* über den Holocaust drehte. Im Falle von Beauvoir
legte die Öffentlichkeit zwar strengere moralische Verhaltensmaßstäbe
an, aber die Presse mokierte sich auch über den notorischen Frauenver-
führer Sartre. 1945 wurde im *Samedi-Soir* behauptet, er locke Frauen in
sein Schlafzimmer, indem er sie an einem Camembert riechen lasse.[28]
(Guter Käse war 1945 schwer zu bekommen.)

In Wirklichkeit hatte Sartre keinen Käse nötig, um Frauen zu
ködern. Betrachtete man Fotos von ihm, mag das erstaunen, aber sein
Erfolg beruhte weniger auf seinem Aussehen als auf seiner intellektuellen Kraft und seinem Selbstbewusstsein. Er konnte mitreißend philosophieren, aber auch sehr unterhaltsam sein. Mit seiner schönen
Stimme sang er «Ol' Man River» und andere Hits, er spielte Klavier
und imitierte Donald Duck.[29] Raymond Aron schrieb über Sartre:
«Seine Hässlichkeit verschwand tatsächlich, sobald er zu sprechen an-
hob, sobald seine Intelligenz die Warzen und Wülste in seinem Gesicht
unscheinbar werden ließ.»[30] Und Sartres Bekannte Violette Leduc
sagte, sie habe ihn nie als hässlich empfunden, denn seine intellektuelle Brillanz ließ sein Gesicht erstrahlen. «Er besaß die Ehrlichkeit
eines ausbrechenden Vulkans» und die «Freigebigkeit eines frisch ge-
pflügten Ackers».[31] Und als der Bildhauer und Maler Alberto Giacometti Sartre zeichnete, meinte er erstaunt: «Was für eine Dichte! Was
für Kraftlinien!»[32] Sartres Gesichtsausdruck war fragend und philosophisch, es ließ den Blick des Betrachters von einem asymmetrischen
Zug zum anderen wandern. Sartre konnte anstrengend sein, langweilig jedoch war er nicht, und die Schar seiner Bewunderer wurde immer
größer. Für Sartre und Beauvoir war die offene Beziehung auch eine
philosophische Grundentscheidung. Sie wollten ihre Theorie der Freiheit *leben*. Das bürgerliche Ehemodell mit seiner strengen Rollenvertei-
lung, den heimlichen Seitensprüngen, der Anhäufung von Besitz und
dem Wunsch nach Kindern erschien ihnen unattraktiv. Sie hatten keine
Kinder, sie besaßen wenig und lebten nie zusammen, obwohl sie ihre
Beziehung über alles stellten und fast täglich Seite an Seite arbeiteten.

Ihre Philosophie und ihr Leben waren nicht voneinander zu tren-

Jean-Paul Sartre mit Boris Vian und Simone de Beauvoir im Pariser Café Le Procope, 1950

nen. Politisches Engagement erschien ihnen unabdingbar, und sie nutzten ihre Zeit, ihre Kraft und ihren Ruhm, um die Anliegen anderer zu unterstützen. Jeder von ihnen hatte einen Kreis von Schützlingen, deren Karriere sie förderten und denen sie finanziell halfen. Ihre polemischen Artikel veröffentlichten sie in einer Zeitschrift, die sie 1945 zusammen mit Freunden gründeten: *Les Temps modernes.* 1973 wurde Sartre zum Mitbegründer der bedeutenden linken Tageszeitung *Libération*, die später auf eine moderatere Linie umschwenkte und fast bankrottgegangen wäre. Aber beide Blätter gibt es bis heute.

Das öffentliche Ansehen Sartres und Beauvoirs wuchs, und das Establishment versuchte, sie zu vereinnahmen, aber sie blieben ihrer

Außenseiterrolle treu. Keiner von beiden machte eine akademische Karriere. Sie lebten von Lehraufträgen und von ihrer publizistischen Tätigkeit. Auch ihre Freunde waren Dramatiker, Verleger, Journalisten, Lektoren oder Essayisten, nur eine Handvoll arbeitete an der Universität. Sartre lehnte 1945 den Orden der Légion d'honneur für seine Aktivität im Widerstand und 1964 auch den Literaturnobelpreis mit der Begründung ab, ein Schriftsteller müsse unabhängig bleiben. Simone de Beauvoir wies den Orden der Ehrenlegion 1982 aus demselben Grund zurück.[33] 1949 schlug François Mauriac Sartre für die Académie française vor, was dieser selbstverständlich gleichfalls ablehnte.[34]

Sein Leben und seine Philosophie seien eins, schrieb Sartre an Beauvoir.[35] An diesem Grundprinzip hielt er unverbrüchlich fest. Die Verknüpfung von Leben und Philosophie bedingte auch sein Interesse am Leben anderer Menschen. Er veröffentlichte eine Reihe innovativer Lebensbeschreibungen, unter anderem von Baudelaire, Mallarmé, Genet und Flaubert, sowie Erinnerungen an seine eigene Kindheit.[36] Simone de Beauvoir wiederum sammelte eigene Erlebnisse und Geschichten aus ihrem Freundeskreis, die in vier dicke autobiographische Bände eingingen; hinzu kamen ein Buch mit Erinnerungen an ihre Mutter und ein weiteres über ihre letzten Jahre mit Sartre.

Sartres Selbsterfahrungen bis hin zu seinen Verschrobenheiten fanden Eingang selbst in seine tiefgründigsten philosophischen Abhandlungen: die beunruhigenden Flashbacks seines Meskalin-Trips ebenso wie peinliche Situationen mit Geliebten und Freunden oder seine sonderbaren Obsessionen – ob es nun Bäume, klebrige Flüssigkeiten, Tintenfische oder Krustentiere waren. All das fügte sich dem Prinzip, das Raymond Aron an jenem Tag im Bec de Gaz verkündet hatte: «Du kannst auch über diesen Cocktail sprechen, und das ist dann Philosophie!» Gegenstand der Philosophie kann alles sein, was man erlebt.

Kierkegaard und Nietzsche

Ein solches Ineinander von Leben und Denken steht in einer langen Tradition, auch wenn die Existenzialisten neue Akzente setzten. Die Stoiker und Epikureer der Antike hatten Philosophie als einen Weg

zum guten Leben praktiziert und nicht nach Erkenntnis und V
um ihrer selbst willen gestrebt. Sie hofften, das philosophische Nach
denken über die Wechselfälle des Lebens befähige sie zu Gelassenheit
und zur besseren Bewältigung von Schmerz, Angst, Wut, Enttäuschung und Sorge. In der von ihnen begründeten Tradition ist die Philosophie weder eine rein intellektuelle Übung noch eine Sammlung
von Ratschlägen zur Alltagsbewältigung, sondern eine Disziplin zur
Ausbildung und Entfaltung eines menschlichen und verantwortungs-
bewussten Lebens.

Im Lauf der Jahrhunderte wurde die Philosophie dann zunehmend zu einem Beruf, der in Akademien und Universitäten ausgeübt
wurde – von Gelehrten, die auf die hehre Nutzlosigkeit ihrer Disziplin
manchmal sogar stolz waren. Doch die Tradition der Philosophie als
Lebenskunst existierte weiter, auch wenn sie nur ein Schattendasein
führte. Sie wurde von Querdenkern praktiziert, die es durch die
Lücken des Systems manchmal sogar bis in die Universitäten schafften.
Zwei solche Außenseiter des neunzehnten Jahrhunderts übten auf die
Existenzialisten einen besonders großen Einfluss aus: Søren Kierkegaard und Friedrich Nietzsche. Keiner von beiden war ein akademischer
Philosoph. Kierkegaard machte keine akademische Karriere, und Nietzsche war zwar Professor für klassische Philologie in Basel, musste seine
Lehrtätigkeit jedoch aus gesundheitlichen Gründen aufgeben. Beide
waren Individualisten, beide waren von einem tiefen Widerspruchsgeist
erfüllt und wollten gängige Auffassungen erschüttern. Und mit beiden
konnte man es offenkundig nicht länger als ein paar Stunden aushalten.
Sie stehen zwar außerhalb des Hauptstrangs der hier erzählten Geschichte des modernen Existenzialismus, prägten aber als deren Vorläufer dessen weitere Entwicklung.

Søren Kierkegaard, 1813 in Kopenhagen geboren, setzte neue
Maßstäbe, indem er mit «existenziell» ein Denken beschrieb, das sich
mit den Problemen der menschlichen Existenz auseinandersetzte. Das
Wort «existenziell» taucht in dem sperrigen Titel seines 1846 erschienenen Werkes *Abschließende unwissenschaftliche Nachschrift zu den Philosophischen Brocken. Mimisch-pathetisch-dialektische Zusammenschrift, existenzielle Einsprache* auf. Kierkegaard gab seinen Veröffentlichungen
gern exzentrische Titel, und er hatte ein Gespür für Formulierungen,

die aufhorchen ließen. Andere seiner Werke heißen *Aus eines noch Lebenden Papieren, Entweder – Oder, Angst und Zittern, Der Begriff Angst* oder *Die Krankheit zum Tode*.

Kierkegaard war geradezu prädestiniert, das Unbehagliche und Paradoxe der menschlichen Existenz zu fassen. Alles an ihm widersprach der Regel, sogar sein Gang, denn er litt an einer Wirbelsäulenverkrümmung, weswegen er von seinen Widersachern grausam verspottet wurde. Gepeinigt von religiösen Fragen und im Gefühl, anders zu sein als die Menschen seiner Umgebung, führte er zumeist ein einsames Leben. Gelegentlich jedoch nahm er in den Straßen Kopenhagens ein «Bad in der Menge». Dann verwickelte er Leute, die er kannte, in Gespräche und nahm sie auf lange philosophische Spaziergänge mit. Seine Begleiter hatten Mühe, mit ihm Schritt zu halten, denn er ging zügig, schimpfte dabei und gestikulierte mit seinem Stock. Sein Freund Hans Brøchner erinnerte sich, dass man bei Spaziergängen mit Kierkegaard «nie geradeaus gehen konnte; nach und nach wurde man … an die Häuser und Kellerhalse oder in den Rinnstein gedrängt».[37] Gelegentlich musste man versuchen, auf die andere Seite zu wechseln, um Platz zu gewinnen. Kierkegaard machte es sich zum Prinzip, andere aus der Bahn zu werfen. Er würde, schrieb er, gern jemanden auf ein Pferd setzen und es in wilden Galopp bringen; oder einen eiligen Mann auf ein lahmes Pferd setzen; oder einem Fuhrmann, «falls er überhaupt in Leidenschaft kommen könnte, einen Pegasus und einen Schinder zusammen vor einen Wagen spannen» und sagen: Fahr los! «Dann, denke ich, würde es glücken», und er würde begreifen, was er, Kierkegaard, mit der «Leidenschaft» der Existenz meine.[38] Kierkegaard zettelte gern Streit an, brach persönliche Beziehungen ab und problematisierte schlichtweg alles. «Abstraktion», schrieb er, sei «interesselos, aber … der Existierende ist unendlich interessiert am Existieren.»[39]

Dieselbe streitbare Grundeinstellung legte Kierkegaard auch gegenüber den Großen der Philosophiegeschichte an den Tag. So widersprach er René Descartes, der mit seinem Satz «Cogito, ergo sum» – Ich denke, also bin ich – die moderne Philosophie begründet hatte.[40] Kierkegaard zufolge dachte Descartes verkehrt herum. Die menschliche Existenz komme zuerst. Sie sei der Ausgangspunkt für alles, was wir tun, und nicht das Ergebnis einer logischen Deduktion.

Unsere Existenz ist aktiv: Wir leben sie und wählen sie, und damit geht sie jeder Aussage, die wir über sie machen können, voraus. Außerdem gehört meine Existenz mir und nur mir allein: Sie ist persönlich. Descartes' «Ich» ist eine allgemeine Bestimmung und kann sich auf jedermann beziehen. Kierkegaards «Ich» dagegen ist das «Ich» eines streitlustigen, angstgepeinigten Außenseiters.

Kierkegaard legte sich auch mit Georg Wilhelm Friedrich Hegel an, dem zufolge die Welt in einer Aufeinanderfolge von «Bewusstseinsformen» dialektisch immer weiter fortschreitet, bis sie im «absoluten Geist» zu sich selbst kommt. Hegels *Phänomenologie des Geistes* kulminiert in einem Zustand so großartig wie die endzeitliche Vision der Johannes-Apokalypse. Doch statt eines Weltgerichts, in dem die Menschheit zwischen Himmel und Hölle aufgeteilt wird, steht bei Hegel am Ende der Weltgeist, in dem alles aufgeht. Kierkegaard widersprach mit einer für ihn typischen Frage: Was ist, wenn ich beschließe, nicht Teil dieses «absoluten Geistes» sein zu wollen? Wenn ich mich weigere, in ihm aufzugehen, sondern einfach nur *ich selbst* bleiben möchte?

Sartre las Kierkegaard und war fasziniert von seinem Widerspruchsgeist und seiner Infragestellung der großen philosophischen Systeme. Von Kierkegaard übernahm er die Interpretation der Existenz als spezifische Seinsweise des Menschen, der sich dadurch erschafft, dass er unablässig Entweder-oder-Entscheidungen trifft. Sartre stimmte Kierkegaard zu, dass dieses unablässige Sich-entscheiden-Müssen ein Gefühl der Angst erzeugt ähnlich dem Schwindel beim Blick über eine Klippe: Es ist weniger die Angst zu fallen als vielmehr die Angst, sich selbst hinunterzustürzen. Es dreht sich einem der Kopf. Man möchte festen Halt gewinnen, aber gegen die Gefahren, welche die Freiheit mit sich bringt, kann man sich nicht so leicht absichern. «Die Angst ist der Schwindel der Freiheit», heißt es bei Kierkegaard.[41] Wir leben unser ganzes Leben lang am Rand einer Klippe – dies war Kierkegaards, aber auch Sartres Überzeugung.

Andere Aspekte von Kierkegaards Denken konnte Sartre dagegen nicht akzeptieren. Für Kierkegaard war die Antwort auf die Angst der Sprung in den Glauben, in die Arme Gottes, auch wenn man nicht sicher sein konnte, dass dieser Gott existierte. Es war ein Sprung in das

«Absurde» – in das, was die Vernunft weder beweisen noch rechtfertigen kann. Sartre dagegen hatte schon früh im Leben seinen Glauben verloren, offenbar bereits, als er zwölf Jahre alt war und an einer Bushaltestelle stand. Plötzlich habe er gewusst, dass Gott nicht existiert.[42] Sein Glaube kehrte nie wieder zurück, und Sartre blieb für den Rest seines Lebens ein überzeugter Atheist. Dasselbe gilt für Simone de Beauvoir, die ihre religiöse Erziehung über Bord warf. Andere Denker folgten Kierkegaards theologischem Existenzialismus auf unterschiedliche Weise, Sartre und Beauvoir fühlten sich davon abgestoßen.

Mehr nach ihrem Geschmack war die Philosophie eines anderen großen Vorläufers des Existenzialismus, Friedrich Nietzsche. Geboren 1844 in Röcken in der preußischen Provinz Sachsen, startete Nietzsche seine brillante Karriere als klassischer Philologe, begann aber schon bald, eigenwillige philosophische Abhandlungen und Aphorismen zu schreiben. Darin wandte er sich gegen die christlichen Dogmen und die traditionelle Philosophie. Beide verschleierten seiner Ansicht nach die harsche Wirklichkeit des Lebens. Gebraucht würden keine hehre Moral und keine theologischen Idealvorstellungen, sondern eine kritische Kulturgeschichte oder «Genealogie», welche die Gründe aufdeckt, warum wir Menschen so sind, wie wir sind, und wie wir wurden, wer wir sind. Nietzsche zufolge lässt sich die gesamte Philosophie sogar als eine Form der Psychologie oder Geschichte interpretieren. Jede große Philosophie sei ein «Selbstbekenntnis ihres Urhebers und eine Art ungewollter und unvermerkter *mémoires*» und keineswegs eine unpersönliche Wissenssuche.[43] Die Erforschung unserer moralischen Genealogie helfe uns zwar nicht, uns selbst zu entkommen oder uns zu transzendieren, trage aber dazu bei, unsere Illusionen klarer zu sehen und eine vitalere, selbstbewusstere Existenz zu führen.

In diesem Entwurf gibt es keinen Gott. Die Menschen, die Gott erfunden haben, haben ihn auch getötet, so Nietzsche. Es komme jetzt allein auf uns an. Der Mensch solle nicht den Sprung in den Glauben vollziehen, sondern sein Leben jeden Augenblick bejahen, so wie es ist, ohne etwas anderes zu ersehnen, ohne Ressentiments gegen andere oder sein Schicksal.

Nietzsche war es nicht gegeben, seine Ideen biographisch zu beglaubigen, nicht weil es ihm an Mut fehlte, sondern weil ihn sein Körper im Stich ließ. Nach seinem fünfundvierzigsten Lebensjahr erkrankte er – womöglich an Syphilis oder einem Gehirntumor – und musste seine Basler Professur aufgeben. Nach einem Zusammenbruch im Januar 1889 in Turin, als er, so die Geschichte, ein von einem Kutscher misshandeltes Droschkenpferd weinend umarmte, fiel er in geistige Umnachtung und wurde zum Pflegefall. Er kam in eine psychiatrische Klinik und starb 1900 im Alter von fünfundfünfzig Jahren in Weimar, ohne zu ahnen, was für eine Wirkung seine Sicht der menschlichen Existenz eines Tages auf die Denker des Existenzialismus haben würde. Es hätte ihn wahrscheinlich nicht überrascht: Zu Lebzeiten unverstanden, war er stets überzeugt, dass seine Zeit noch kommen werde.

Nietzsche und Kierkegaard waren die Vorboten des modernen Existenzialismus, die Bahnbrecher eines Gefühls der Rebellion und der Unzufriedenheit. Sie definierten die menschliche Existenz als Vollzug von Entscheidungen, als Handeln und Selbstbehauptung und stellten die Angst und die Herausforderungen des Lebens in den Mittelpunkt ihrer Betrachtungen. Philosophie war für sie nicht nur ein Beruf. Sie war das Leben selbst – das Leben eines Individuums.

Befreiung von jeder Unterdrückung

Die modernen Existenzialisten nahmen diese Einflüsse auf und inspirierten mit ihrer Botschaft des Individualismus und des Nonkonformismus ihrerseits die nachfolgenden Generationen. In der zweiten Hälfte des zwanzigsten Jahrhunderts lieferte der Existenzialismus vielen die Begründung dafür, die Konventionen abzulehnen und ihr Leben zu ändern.

Das bahnbrechende Werk des Existenzialismus ist Simone de Beauvoirs feministische Studie *Das andere Geschlecht*, die 1949 erschien. Darin erkundete sie die weibliche Existenz, die weiblichen Lebensentscheidungen und die Geschichte der patriarchalischen Gesellschaft und ermunterte die Frauen, selbstbewusster zu sein, alte Denkweisen und Gepflogenheiten in Frage zu stellen und ihr Leben selbst in die Hand zu nehmen. Viele, die das Buch lasen, waren sich gar nicht bewusst, dass sie ein existenzialistisches Werk in der Hand hielten. Doch wenn die Frauen nach der Lektüre ihr Leben änderten, dann ganz im Sinne des Existenzialismus: Sie strebten nach Freiheit, Individualität und «Authentizität».

Das andere Geschlecht erregte bei seinem Erscheinen nicht zuletzt deshalb Anstoß, weil ein Kapitel von der lesbischen Liebe handelte, obwohl nur wenige wussten, dass Beauvoir selbst sexuelle Beziehungen mit beiden Geschlechtern pflegte. Auch Sartre setzte sich für die Rechte von Homosexuellen ein, betonte aber stets, Sexualität sei eine freie Entscheidung. Dies brachte ihn in Konflikt mit vielen Schwulen, die überzeugt waren, Homosexualität sei angeboren.

Denjenigen, die wegen ihrer Rasse oder sozialen Klasse unterdrückt wurden und gegen den Kolonialismus kämpften, eröffnete der Existenzialismus eine neue Perspektive, und zwar im buchstäblichen Sinn. Schließlich hatte Sartre erklärt, jede Situation müsse danach beurteilt werden, wie sie den Unterdrückten und Leidenden selbst erscheine. Als der Bürgerrechtler Martin Luther King seine Strategie des gewaltlosen Widerstands entwickelte, las er Sartre, Heidegger und den deutschamerikanischen existenzialistischen Theologen Paul Tillich.[44]

Man kann nicht sagen, dass der Existenzialismus für den gesamten sozialen Wandel in der Mitte des zwanzigsten Jahrhunderts verantwortlich war. Doch seine Maximen von Freiheit und Authentizität gaben den Protestbewegungen der sechziger Jahre starke Impulse. Dies belegen die Slogans an den Häuserwänden 1968 in Paris und anderswo:[45]

> Es ist verboten zu verbieten.
> Weder Gott noch Herr!
> Ein Mensch ist nicht «intelligent». Er ist entweder frei oder nicht.
> Sei realistisch: Verlange das Unmögliche!
> Die Phantasie an die Macht!

Wie Sartre sagte, verlangten die Studenten und Arbeiter, die 1968 auf die Barrikaden stiegen, «nichts, zumindest nichts Bestimmtes, was das System ihnen hätte geben können. Das heißt, sie verlangten alles: die Freiheit.»[46]

1968 waren die Nachteulen der späten vierziger Jahre mit ihren zerrissenen Klamotten und kajalumrandeten Augen in der Mitte der Gesellschaft angekommen, sie hatten eine Wohnung und einen Job. Sartre und Beauvoir nicht. Sie marschierten bei den Demonstrationen ganz vorne mit und sprachen vor Fabrikarbeitern und studentischen Streikposten. Am 20. Mai 1968 hielt Sartre eine Rede vor 7000 Studenten, die den großen Hörsaal der Sorbonne besetzt hatten. Unter all den Intellektuellen, die mit den Studenten diskutieren und das Wort ergreifen wollten, hatte man Sartre als Redner ausgewählt. Man drückte ihm ein Mikrofon in die Hand. Obwohl er so klein war, dass er in der Menge unterging, ließ er keinen Zweifel daran, dass er der Aufgabe gewachsen war. Zuerst sprach er zu den im Innenhof versammelten Massen vom Fenster aus wie der Papst, der sich von der Loggia des Vatikans an die Gläubigen auf dem Petersplatz wendet; anschließend führte man ihn in den überfüllten Hörsaal. «Einige Studenten hatten es sich auf den Armen Descartes', andere auf den Schultern Richelieus bequem gemacht», schilderte Beauvoir die Szene. Auf den Pfeilern in den Korridoren waren Lautsprecher montiert, um die Rede nach draußen zu übertragen. Fernsehkameras tauchten auf, aber die Studenten wollten keine Kameras. Trotz des Mikrofons musste Sartre zunächst schreien, um sich verständlich zu machen, doch allmählich trat Stille ein, und die Studenten lauschten den Worten des großen alten Existenzialisten. Anschließend stellten sie ihm Fragen zum Sozialismus und zu den postkolonialistischen Befreiungsbewegungen. Beauvoir war besorgt, ob er aus dem Gewühl je wieder herauskommen würde. Als er dann auftauchte, waren seine eifersüchtig wartenden Schriftstellerkollegen verärgert, dass Sartre der alleinige Star des Abends war.[47]

Sartre stand damals kurz vor seinem dreiundsechzigsten Geburtstag. Seine Zuhörer hätten seine Enkel sein können. Kaum einer von ihnen erinnerte sich noch an das Ende des Krieges, geschweige denn an die frühen dreißiger Jahre, als Sartre angefangen hatte, über Freiheit und Existenz nachzudenken. Sie betrachteten ihn als nationales Kulturerbe und weniger als einen der ihren. Und doch verdankten sie ihm sehr viel mehr als nur den politischen Aktivismus. Er stellte ein Bindeglied zwischen ihnen und seiner eigenen Generation unzufriedener

Studenten Ende der zwanziger Jahre dar, aber auch zu einer ganzen Ahnengalerie philosophischer Rebellen, allen voran Nietzsche und Kierkegaard.

Sartre bildete die Brücke zu all diesen Traditionen, die er geplündert, modernisiert, sich anverwandelt und neu erfunden hatte. Dennoch beharrte er darauf, dass es nicht um die Vergangenheit gehe, sondern um die Zukunft. Man dürfe nicht stehen bleiben, sondern müsse beginnen, das Notwendige zu schaffen: indem man handelnd in die Welt eingreift und sie verändert. Sein Engagement für die Zukunft blieb auch dann noch unerschütterlich, als er bereits auf die siebzig zuging, seine Sehkraft und sein Gehör immer schwächer wurden und eine mentale Erschöpfung eintrat, bevor er schließlich der Last der Jahre erlag.

Sartres letzter Auftritt

Zwölf Jahre nach der Besetzung der Sorbonne durch die Studenten versammelte sich eine ungleich größere Menschenmenge zu Sartres letztem großen Auftritt: seinem Begräbnis am 19. April 1980. Es wurde nicht als Staatsakt inszeniert. Noch am Ende seines Lebens respektierte man, dass er den Pomp der etablierten Institutionen immer abgelehnt hatte. Aber es war ein bedeutsames öffentliches Ereignis.

Ausschnitte der Fernsehübertragung sind heute noch online verfügbar.[48] Man sieht, wie sich die Krankenhaustore öffnen und sich ein kleiner schwarzer, mit Blumenbuketts überhäufter Wagen langsam durch die Menge schiebt. Helfer bahnen dem Fahrzeug den Weg. Es folgt der Leichenwagen mit dem Sarg und unmittelbar dahinter Simone de Beauvoir mit anderen Trauergästen. Die Kamera richtet sich auf eine einzelne Rose, die jemand in den Türgriff des Leichenwagens gesteckt hat, dann auf einen Zipfel des schwarzen Tuchs, das über den Sarg gebreitet ist, darauf der Buchstabe «S». Der Kommentator spricht von 50 000 Teilnehmern. 30 000 von ihnen säumen den drei Kilometer langen Weg bis zum Friedhof Paris-Montparnasse, weitere 20 000 warten direkt am Friedhof. Wie 1968 die Studenten klettern die Leute auch jetzt auf den Schoß oder Kopf von Statuen, und es kommt zu kleineren Zwischenfällen. Ein Mann stürzt in das ausgehobene Grab und muss herausgezogen werden.

Die Fahrzeuge kommen vor dem Friedhof zum Stehen. Die Träger holen den Sarg aus dem Leichenwagen und bringen ihn zum Grab. Sie haben Mühe, Haltung und Würde zu bewahren. Einer von ihnen nimmt seinen Hut ab, merkt dann, dass keiner seinem Beispiel folgt, und setzt ihn wieder auf: ein irritierender Moment. Die Träger senken den Sarg in die Grube und treten vom Grab zurück. Jemand stellt Simone de Beauvoir einen Stuhl hin. Sie wirkt verwirrt und erschöpft, ein Kopftuch verhüllt ihr Haar. Sie steht unter Beruhigungsmitteln. Sie wirft eine einzelne Blume ins Grab, viele weitere folgen.

Der Film zeigt jedoch nur die erste Trauerfeier. In einer zweiten, stilleren eine Woche später wurde der Sarg geöffnet und der kleinere Sarg darin herausgenommen und zur Einäscherung gefahren, später dann die Urne an ihren endgültigen Bestimmungsort gebracht: auf demselben Friedhof, aber an einer für große Menschenmassen unzugänglichen Stelle. Die erste Beisetzung fand für Sartre als öffentliche Person statt; an der zweiten nahmen nur diejenigen teil, die ihm nahestanden. Das Grab, in dem sich auch die Urne mit Simone de Beauvoirs Asche befindet – sie starb sechs Jahre später –, gibt es bis heute. Es ist gepflegt und manchmal mit Blumen geschmückt.

Mit diesen Zeremonien ging nicht nur eine Ära zu Ende, sondern auch die persönliche Geschichte Jean-Paul Sartres und Simone de Beauvoirs, die mit dem Leben so vieler anderer verwoben war. Der Filmclip zeigt alte und junge, schwarze und weiße, männliche und weibliche Gesichter, Studenten und Schriftsteller, Menschen, die sich noch an Sartres Aktivitäten in der Résistance erinnerten, Gewerkschaftsmitglieder, deren Streiks er unterstützt hatte, und Unabhängigkeitsaktivisten aus Indochina, Algerien und anderen Ländern, die ihm die letzte Ehre erwiesen. Einige betrachteten den Trauerzug als einen Protestmarsch. Claude Lanzmann nannte ihn später die letzte große Achtundsechziger-Demonstration.[49] Viele waren aus Neugier gekommen, weil sie spürten, dass hier ein historisches Ereignis stattfand. Andere, weil Sartre für sie in irgendeiner Weise wichtig gewesen war oder weil das Ende eines so großen Lebens diese Geste der Teilnahme zu erfordern schien.

Wieder über Freiheit sprechen

Ich habe mir dieses kurze Filmdokument immer wieder angeschaut. Ich habe in die verschwommenen Gesichter geblickt und mich gefragt, was der Existenzialismus und Jean-Paul Sartre für sie wohl bedeutet haben mochte. Ich weiß nur, was er für mich bedeutet hat. Sartres Bücher haben auch mein Leben verändert, wenngleich auf sehr indirekte und subtile Weise. Ich habe die Nachricht von Sartres Tod und Begräbnis im Jahr 1980 gar nicht mitbekommen, obwohl ich damals, mit siebzehn, schon ein existenzialistischer Teenager war.

Meine Faszination von Sartre begann ein Jahr zuvor, nachdem ich mir, sechzehnjährig, aus einer Laune heraus seinen 1938 erschienenen Roman *Der Ekel* gekauft hatte, hauptsächlich wegen Salvador Dalís Gemälde eines giftgrünen Felsens mit einer darüber hängenden geschmolzenen Uhr auf dem Schutzumschlag des Penguin-Taschenbuchs. Auch der Klappentext, in dem es hieß, *Der Ekel* sei ein «Roman über die Entfremdung des Menschen und das Rätsel des Seins», hatte mich neugierig gemacht. Ich wusste nicht genau, was «Entfremdung» bedeutete, obwohl ich selbst damals ein gutes Beispiel dafür war. Doch ich hatte keinen Zweifel, dass das Buch für mich das Richtige war. Und so war es auch. Ich verbündete mich sofort mit dem Protagonisten und Außenseiter Antoine Roquentin, der tieftraurig die kleine Stadt Bouville durchstreift, die Le Havre nachgebildet ist, wo Sartre als Lehrer arbeitete. Roquentin besucht Cafés und hört Bluesplatten statt, wie geplant, eine Biographie zu schreiben. Er spaziert am Meeresufer entlang und wirft Kieselsteinchen in das graue trübe Wasser. In einem Park starrt er auf die knorrige Wurzel eines Kastanienbaums, die ihm vorkommt wie gegerbtes Leder und ihn mit der dunklen Kraft ihres nackten Seins überwältigt.[50]

Das alles gefiel mir, und ich war fasziniert, als ich hörte, dass Sartre mit dieser Geschichte eine Philosophie namens «Existenzialismus» vermitteln wollte. Aber was hatte es mit diesem «Sein» auf sich? Das Sein der Wurzel eines Kastanienbaums hatte mich nie überwältigt. Auch war mir nie aufgefallen, dass Dinge überhaupt ein Sein hatten. Ich suchte den Park meiner Heimatstadt Reading auf und betrachtete einen der Bäume, bis er vor meinen Augen verschwamm. Es funktio-

*Existenzialistischer Teenager:
Sarah Bakewell als Sechzehnjährige,
fasziniert von Sartres «Ekel»*

nierte nicht. Ich glaubte eine Bewegung zu erkennen, aber es war nur der Wind in den Zweigen. Doch dieses intensive Betrachten entzündete irgendetwas in mir. Von da an vernachlässigte ich die Schule, um *zu existieren*. Unter Sartres Einfluss wurde ich zu einer leidenschaftlichen Schulschwänzerin. Ich nahm einen Nebenjob in einem Laden an, wo ich Reggae-Platten und Haschischpfeifen verkaufte. Es war eine interessantere Ausbildung als jeder Schulunterricht.

Sartre hatte mich gelehrt auszusteigen – eine oft verkannte und manchmal sinnvolle Reaktion auf die Welt. Und er hatte in mir den Wunsch geweckt, Philosophie zu studieren. Also paukte ich im letzten Moment den Prüfungsstoff und schaffte den Schulabschluss gerade noch. Ich studierte an der Universität Essex und las weitere Bücher von Sartre und anderen Philosophen. Nach meinem Diplom geriet ich in den Bann Heideggers und begann eine Doktorarbeit über ihn, stieg dann aber aus.

Das Studium hatte mich verändert. Ich führte ein Leben wie die Existenzialisten in ihren Cafés: Ich las, schrieb und trank, verliebte und entliebte mich, schloss Freundschaften, führte philosophische Diskussionen und dachte, das ganze Leben wäre ein einziges großes Existenzialistencafé.

Doch der Existenzialismus kam langsam aus der Mode. In den achtziger Jahren trat eine Generation von Strukturalisten auf den Plan, gefolgt von Poststrukturalisten, Dekonstruktivisten und Postmodernisten. Sie alle schienen die Philosophie als ein Spiel zu betrachten. Sie jonglierten mit Zeichen, Symbolen und Bedeutungen, lösten aus den Texten ihrer Kollegen einzelne Wörter heraus, bis das ganze Gedankengebäude wie ein Kartenhaus zusammenbrach, und suchten in den älteren Texten nach noch ausgeklügelteren und abseitigeren Bedeutungsnuancen.

Auch wenn alle diese philosophischen Strömungen einander widersprachen, hatten sie doch eines gemeinsam: Sie betrachteten den Existenzialismus und die Phänomenologie als den Inbegriff dessen, was sie *nicht* waren. Das Schwindelgefühl der Freiheit und die Angst der Existenz waren etwas Peinliches für sie. Das Biographische war nicht mehr gefragt, weil das Leben, die eigene Lebenserfahrung nicht mehr gefragt war. Der strukturalistische Philosoph Claude Lévi-Strauss schrieb, eine Philosophie, die auf persönlicher Erfahrung basiere, sei eine «Metaphysik für junge Mädchen».[51] Das letzte Ziel der Humanwissenschaften müsse es sein, «den Menschen aufzulösen».[52] Und das Ziel der Philosophie schien dasselbe zu sein. So anregend diese Denker auch waren, sie machten die Philosophie erneut zu etwas Abstraktem, zu etwas Leidenschaftslosem ohne praktische Implikationen.

Meine alten Favoriten standen zwar nach wie vor in meinem Bücherregal, doch es ähnelte dem Gewürzbord in einer Kreativküche: *Das Sein und das Nichts, Sein und Zeit, Zur Sache des Denkens, Totalität und Unendlichkeit.* Sie sammelten Staub an – bis ich vor ein paar Jahren auf der Suche nach einem Aufsatz über Michel de Montaigne eine Textsammlung von Maurice Merleau-Ponty herauszog.

Merleau-Ponty, mit Sartre und Simone de Beauvoir befreundet, bevor sie sich zerstritten, war ein Phänomenologe, der sich auf das Thema Leiblichkeit und Wahrnehmung spezialisiert hatte. Außerdem war er ein brillanter Essayist. Ich las die Essays dieses Bandes und anschließend Merleau-Pontys Hauptwerk, die *Phänomenologie der Wahr-*

nehmung. Erneut staunte ich, wie abenteuerlich und reich sein Denken war. Kein Wunder, dass mir das schon früher gefallen hatte! Nach Merleau-Ponty las ich erneut Simone de Beauvoir, deren Autobiographie ich in jenem langen Sommer entdeckt hatte, als ich, noch Studentin, an einem grauen, trostlosen englischen Strand Eis verkaufte. Ich las Albert Camus, Gabriel Marcel, Jean-Paul Sartre und schließlich Martin Heideggers monumentales *Sein und Zeit.*

Immer stärker wurde dabei das gespenstische Gefühl, wieder zwanzig zu sein, auch deshalb, weil meine alten Ausgaben mit den emphatischen Anmerkungen und Unterstreichungen des Menschen versehen waren, der ich damals gewesen war. Gleichzeitig machte der Mensch, der ich jetzt war, kritische oder sarkastische Bemerkungen über die Person von damals. Diese beiden Ichs stritten miteinander, ließen sich voneinander angenehm überraschen oder fanden einander einfach nur lächerlich.

Ich erkannte, dass nicht nur ich mich in den letzten fünfundzwanzig Jahren verändert hatte, sondern dass auch die Welt eine andere geworden war. Einige Strömungen, die den Existenzialismus verdrängt hatten und dann en vogue gewesen waren, hatten inzwischen selbst Patina angesetzt und an Boden verloren. Die Sorgen und Nöte des einundzwanzigsten Jahrhunderts sind andere als die des späten zwanzigsten. Vielleicht suchen wir in der Philosophie heute etwas anderes.

Die erneute Lektüre der Existenzialisten könnte uns frische Perspektiven eröffnen. Diese Leute saßen nicht herum und spielten mit Signifikaten und Signifikanten, sondern stellten große Fragen: was es heißt, ein authentisches, im umfassenden Sinn menschliches Leben zu führen, hineingeworfen in eine Welt mit vielen anderen Menschen, die gleichfalls versuchen zu leben. Sie beschäftigten sich mit dem Atomkrieg, mit unserer Inbesitznahme der Natur, mit Gewalt und der Problematik internationaler Beziehungen in gefährlichen Zeiten. Viele Existenzialisten wollten die Welt verändern und fragten sich, welche Opfer die Menschheit für dieses Ziel zu bringen bereit war. Atheistische Existenzialisten fragten, wie ein sinnvolles Leben ohne Gott möglich sei. Sie schrieben über Angst und Überforderung angesichts permanenter Entscheidungszwänge – ein Gefühl, das in den relativ reichen Nationen der gegenwärtigen Welt besonders ausgeprägt ist, obwohl oder gerade weil der Handlungsspielraum erschreckend gering geworden ist. Sie prangerten menschliches Leiden, Ungleichheit und Ausbeutung an und suchten nach Möglichkeiten, den Status quo zu verändern. Dazu gehörte auch die Frage, was jeder Einzelne tun kann und was sie selbst zu bieten hatten.

Angesichts des immer präziseren Verständnisses der Physiologie des Gehirns und der chemischen Prozesse im menschlichen Körper fragten sie auch, was der Mensch *ist*. Wenn wir von Neuronen und Hormonen beherrscht werden, wie können wir dann noch behaupten, frei zu sein? Was unterscheidet den Menschen von anderen Lebewesen? Ist es nur ein gradueller Unterschied, oder ist der Mensch wirklich grundlegend anders?

Vor allem aber fragten sie nach der – von einigen als fundamental angesehenen – Freiheit sowohl in individueller als auch gesellschaftlicher Hinsicht. Nach der großen Zeit des Existenzialismus geriet dieses Thema aus dem Blick, vielleicht auch deshalb, weil die großen Befreiungsbewegungen der 1950er und 1960er Jahre in Sachen Bürgerrechte, Entkolonialisierung, Gleichheit der Frau und Schwulenrechte so weit gekommen waren. Es schien, als seien die wichtigsten politischen Ziele erreicht. In einem Fernsehinterview aus dem Jahr 1999 sagte Michel Contat, in den sechziger Jahren habe Sartre ihm und seiner Generation «ein Bewusstsein der Freiheit vermittelt, die unser Leben bestimmte».[53] Doch er fügte hinzu, dass dieses Thema heute kaum mehr jemanden interessiere.

Seither sind sechzehn Jahre vergangen, und das Thema Freiheit ist erneut ins Rampenlicht gerückt. Wir fühlen uns in extremer Weise überwacht und kontrolliert, unserer persönlichen Daten beraubt und mit Konsumgütern überhäuft, gleichzeitig aber daran gehindert zu sagen, was wir denken, oder etwas zu tun, was die reibungslosen Abläufe allzu sehr stört. Doch Konflikte zwischen Ethnien, Religionen, Ideologien oder zwischen den Geschlechtern gehören keineswegs der Vergangenheit an. Vielleicht sind wir heute bereit, wieder über Freiheit zu sprechen – und über politische Freiheit zu sprechen heißt auch, über unsere persönliche Freiheit zu sprechen.

Wenn man liest, was Sartre über Freiheit, Beauvoir über die subtilen Mechanismen der Unterdrückung, Kierkegaard über Angst, Albert

Camus über die Revolte, Heidegger über Technik und Merleau-Ponty über Kognitionswissenschaften zu sagen haben, beschleicht einen oft das Gefühl, die neuesten Nachrichten zu lesen. Ihre philosophischen Ideen sind nach wie vor aktuell, weil sie das Leben betreffen und weil sie die zwei großen Menschheitsfragen stellen: *Was sind wir?* und *Was sollen wir tun?*

Das Café der Existenzialisten

Diese beiden Fragen haben die meisten (nicht alle) Existenzialisten im Licht ihrer eigenen Lebenserfahrungen beantwortet. Aber diese Erfahrungen waren selbst von der Philosophie geprägt. Merleau-Ponty beschrieb diesen Bezug so: «Das Leben wird Idee, und die Ideen kehren zum Leben zurück.» Das wird besonders im gedanklichen Austausch deutlich, der für die Existenzialisten so wichtig war. «Ein Gespräch», heißt es bei Merleau-Ponty,

> ist nicht Austausch oder Konfrontation von Gedanken, so als formte ein jeder zuerst seine eigenen Gedanken, zeigte sie danach den anderen, betrachtete sodann die ihrigen und käme zuletzt auf seine eigenen zurück, um sie zu berichtigen. Sobald einer spricht, sind die Anderen nur noch gewisse Abweichungen im Vergleich zu seinen Worten, und er selbst präzisiert seine Abweichung im Verhältnis zu jenen. Ob ganz laut oder ganz leise, ein jeder spricht sich ganz aus, mit seinen «Ideen», aber auch mit dem, was ihn heimsucht, mit seiner verborgenen Geschichte.[54]

Der philosophische Austausch zwischen Denkern, die so viel Persönliches in ihr Werk hineinlegten, war oft emotional und artete bisweilen in offenen Streit aus. Ihre intellektuellen Auseinandersetzungen bilden eine lange Abfolge von Fehden, die die Geschichte des Existenzialismus durchziehen. In Deutschland wandte sich Martin Heidegger gegen seinen Mentor Edmund Husserl, später kehrten Heideggers Freunde und Kollegen dem Meister den Rücken. In Frankreich attackierte Gabriel Marcel Jean-Paul Sartre. Sartre überwarf sich mit Albert Camus, Camus mit Merleau-Ponty, Merleau-Ponty mit Sartre, und der ungarische Intellektuelle Arthur Koestler verkrachte sich mit allen und verprügelte Camus auf offener Straße. Die Begegnung zwischen den philosophischen Giganten Sartre und Heidegger im Jahr 1953 ging schief, danach sprachen sie nur noch voller Spott übereinander.

Andere Beziehungen dagegen waren besonders eng, am intimsten die zwischen Sartre und Beauvoir, die einander aus ihren Werken vorlasen und in beinah täglichem Austausch standen. Beauvoir und Merleau-Ponty kannten sich seit ihrer Jugend, und als Sartre und Beauvoir zum ersten Mal Camus begegneten, waren sie von ihm begeistert.

Wenn diese Freundschaften zerbrachen, dann meist aufgrund unterschiedlicher, vor allem politischer Positionen. Die Existenzialisten lebten in einer Zeit extremer Ideologien und Bedrängnisse, und sie engagierten sich. Die Geschichte des Existenzialismus ist daher nicht zuletzt eine politische Geschichte, in gewisser Weise sogar die Geschichte eines ganzen europäischen Jahrhunderts. Die Phänomenologie entstand in den Jahren vor und während des Ersten Weltkriegs. In den für Deutschland schwierigen Zwischenkriegsjahren trat Heideggers Philosophie auf den Plan. Als Sartre 1933 nach Berlin ging, erlebte er Naziaufmärsche und Hakenkreuzfahnen, und das Unbehagen darüber fand einen Niederschlag in seinem Werk. Sartres und Beauvoirs Existenzialismus entwickelte sich während des Zweiten Weltkriegs unter dem Eindruck der französischen Niederlage gegen Deutschland und der Okkupation. Dann nahm er mit voller Kraft und hohen Erwartungen Kurs in Richtung Nachkriegszeit. Existenzialistische Ideen nährten den anschwellenden Strom des Nonkonformismus der fünfziger und den Idealismus der späten sechziger Jahre, und so, wie sich die Welt veränderte, veränderte sich auch das existenzialistische Denken. Durch ihre ständigen Kurswechsel blieben die Existenzialisten lebendig, auch wenn sie oft nicht konsistent waren und, um es vorsichtig zu sagen, nicht immer auf der richtigen Seite standen.

Die Existenzialisten bewohnten nicht nur die politisch-soziale und ihre persönliche Welt, sondern auch ihre Ideen. Der Begriff der «inhabited philosophy» («bewohnte» oder «gelebte» Philosophie) stammt von der englischen Philosophin und Romanautorin Iris Murdoch, die sich schon früh für den Existenzialismus begeisterte (sich später jedoch von ihm abwandte) und mit *Sartre. Romantic Rationalist* das erste umfangreiche Buch über den französischen Philosophen schrieb. Ihrer Ansicht nach dürfen wir nicht erwarten, dass Moralphilosophen «nach ihren Ideen leben» wie nach einem festen Regelwerk.[55] Allerdings dürfen wir erwarten, dass sie uns zeigen, wie man *in* ihren Ideen leben kann. Wir sollten durch die Fenster einer Philosophie schauen und sehen können, wie Menschen darin leben, sich bewegen und verhalten.

Inspiriert von Merleau-Pontys Sätzen über gelebte Ideen und von Iris Murdochs «bewohnter» oder «gelebter» Philosophie sowie beflügelt durch die erneute Lektüre der Bücher in meinem Regal, nahm ich mir vor, die Geschichte des Existenzialismus und der Phänomenologie in einer Weise zu erkunden, die das Philosophische und das Biographische miteinander verbindet. Viele der von mir betrachteten Philosophen gingen denselben Weg (außer Heidegger). Für mich ist eine Philosophie interessanter, wenn sie in die Form eines Lebens gegossen wird – so wie umgekehrt die persönliche Erfahrung interessanter ist, wenn sie in Philosophie eingebunden wird.

Die Geschichte, die ich hier erzähle, spielt im zwanzigsten Jahrhundert, und deshalb werden die frühen Existenzialisten Nietzsche und Kierkegaard nur gestreift. Auch die theologischen Existenzialisten und die existenzialistischen Psychotherapeuten werden nur am Rande erwähnt, obwohl sie so faszinierend sind, dass sie ein eigenes Buch verdient hätten. Andererseits haben Iris Murdoch, der englische Neoexistenzialist Colin Wilson, der streitbare Norman Mailer mit seiner Existenzialistischen Partei und der existenzialistisch geprägte Romancier Richard Wright aus ganz unterschiedlichen Gründen ihren Weg in dieses Buch gefunden. Und einige tauchen nur deshalb auf, weil sie im Leben der Existenzialisten eine interessante Rolle spielten: der Moralphilosoph Emmanuel Lévinas zum Beispiel, Herman Leo Van Breda, der wagemutig einen Nachlass rettete, oder der tschechische Phänomenologe Jan Patočka, der das politische Regime seines Landes herausforderte und dafür mit dem Leben bezahlte.

Die beiden Giganten dieser Geschichte sind natürlich Heidegger und Sartre. Wer *Sein und Zeit* und *Das Sein und das Nichts* kennt, mag überrascht sein, dass diese beiden Hauptwerke in kleinen Splittern in den Text gemischt werden wie Schokoladestückchen in einen Kuchenteig, statt am Stück, als ganzer Schokoriegel, dargeboten zu werden. Aber vielleicht haben sie auch nicht unbedingt am meisten zu sagen.

Alle diese Philosophen, zu denen auch Edmund Husserl, Karl Jaspers, Albert Camus und andere gehören, kommen mir vor wie die Teilnehmer einer vielsprachigen und vielschichtigen Unterhaltung, die über das gesamte zwanzigste Jahrhundert hinweg geführt wurde. Viele von ihnen sind einander nie begegnet. Trotzdem stelle ich sie mir gern in einem großen, trubeligen Café des Geistes vor, einem Pariser Café voller Leben und Bewegung, erfüllt von Gesprächen und Gedanken: definitiv ein Café, das bewohnt und in dem gelebt wird.

Schaut man durch die Fenster ins Innere, sieht man zunächst die bekannten Gestalten ihre Debatten führen. Sie ziehen an ihrer Pfeife und beugen sich vor, um ihrem Gegenüber den eigenen Standpunkt zu erläutern. Gläser klirren und Tassen klappern. Die Kellner gleiten zwischen den Tischen hindurch. Vorne, in der größten Gruppe, sitzen ein dicklich wirkender Typ und eine elegante, Turban tragende Dame mit ihren jüngeren Freunden zusammen, andere sind weiter hinten, an ruhigeren Tischen. Einige bewegen sich auf der Tanzfläche, andere haben sich in ein Zimmer im ersten Stock zurückgezogen und schreiben. Irgendwo erhebt jemand vor Empörung die Stimme, aber man hört auch das leise Gemurmel von Liebespaaren in den dunkleren Winkeln des Cafés.

Wir können eintreten und Platz nehmen. Vielleicht vorne, vielleicht in einer ruhigeren Ecke. Es gibt so viele Gespräche, denen man lauschen kann, dass man kaum weiß, wem man sein Ohr leihen soll.

Aber zuerst, bevor der Kellner kommt …

Was ist das überhaupt, Existenzialismus?

Einige Bücher zu diesem Thema versuchen erst gar nicht, diese schwierige Frage zu beantworten. Die Hauptvertreter dieser philosophischen Strömung waren sich darüber derart uneins, dass alles, was man darüber sagen kann, immer irgendeiner Position Unrecht tut oder jemanden ausschließt. Außerdem ist nicht ganz klar, wer genau zu ihrem Kreis gehörte und wer nicht. Sartre und Beauvoir zählten zu

Das Café de Flore 1939. Unter den Gästen befindet sich auch Picasso. Foto: Brassaï

den wenigen, die das Etikett für sich akzeptierten, aber auch sie wehrten sich zunächst dagegen.[56] Andere lehnten es ab, oft zu Recht. Einige der wichtigsten Protagonisten dieses Buches waren Phänomenologen und nicht Existenzialisten (Husserl, Merleau-Ponty) oder Existenzialisten, aber keine Phänomenologen (Kierkegaard); andere keines von beiden (Camus), und einige waren das eine oder das andere oder beides und änderten dann ihre Ansichten (Lévinas).

Trotzdem möchte ich versuchen zu definieren, was Existenzialisten tun. Ich stelle es hierher, als Referenz. Aber überblättern Sie es ruhig zunächst einmal, und greifen Sie bei Bedarf später darauf zurück.

– Existenzialisten beschäftigen sich mit der *individuellen, konkreten menschlichen Existenz.*
– Sie unterscheiden die menschliche Existenz von der Existenz anderer Wesen und Dinge. Diese sind das, was sie sind, der Mensch jedoch ist das, was er aus sich zu machen entschlossen ist, und

zwar in jedem Augenblick seines Lebens. Der Mensch ist *frei* – und damit ist er *verantwortlich* für alles, was er tut: eine schwindelerregende Erkenntnis, und sie weckt eine *Angst*, die mit der menschlichen Existenz untrennbar verbunden ist.

–   Andererseits ist der Mensch nur frei in *Situationen*, das heißt in einem Umfeld, das bestimmt ist von seiner eigenen Biologie und Psychologie sowie von den physischen, historischen und sozialen Variablen der Welt, in die er geworfen ist.

–   Trotz der Beschränkungen will er immer mehr: Er ist leidenschaftlich involviert in persönliche *Projekte* aller Art.

–   Die menschliche Existenz ist damit *ambivalent*: Sie verläuft in engen Grenzen, überschreitet sie aber auch und ist beglückend.

–   Ein Existenzialist, der gleichzeitig *Phänomenologe* ist, stellt für die Behandlung dieser Conditio humana keine einfachen Regeln auf, sondern *beschreibt* die gelebten Erfahrungen, wie sie sich ihm präsentieren.

–   Durch die genaue Beschreibung seiner Erfahrung hofft er, die menschliche Existenz zu verstehen, und fordert uns auf, ein *authentischeres* Leben zu führen.

Kehren wir jetzt also ins Jahr 1933 zurück, zu dem Moment, als Sartre nach Deutschland fuhr, um die neuen Philosophen kennenzulernen, die ihn aufforderten, seine Aufmerksamkeit dem Cocktail auf dem Tisch und allem anderen zuzuwenden, mit dem ihn das Leben konfrontierte – kurzum, den Sachen selbst.

Zweites Kapitel
Zu den Sachen selbst

in dem wir die Phänomenologen kennenlernen

Seine Suche nach der Phänomenologie führte Sartre zwar nach Berlin, aber die Hochburg der Phänomenologen war die sehr viel kleinere Stadt Freiburg im Breisgau in der südwestlichen Ecke Deutschlands unweit der französischen Grenze.

Im Westen durch den Rhein von Frankreich getrennt und im Osten durch den dunklen Schwarzwald abgeschirmt, war Freiburg eine Universitätsstadt mit rund 100 000 Einwohnern, die im Sommer von Wanderern und im Winter von Skiläufern besucht wurde: Wandern und Skifahren waren in den 1920er und 1930er Jahren beliebte Sportarten.[1] Sie belebten das Stadtbild in ihren Wanderschuhen, mit ihren gebräunten Beinen, bestickten Hosenträgern und Wanderstöcken mit bunten Metallplaketten, die bekundeten, wie weit sie schon herumgekommen waren. Mit ihnen und den Studenten lebten die Freiburger zwischen eleganten Universitätsgebäuden und einem großen Dom aus Sandstein, dem Freiburger Münster, dessen gotischer Turm mit seiner filigranen Spitze in den Himmel stieß und in der Abendsonne rosarot leuchtete. An den Rändern Freiburgs wurde das Gelände hügelig, besonders im nördlichen Stadtteil Zähringen, wo in den steilen Straßen viele Universitätsprofessoren wohnten.

Es war eine erzkatholische, zugleich jedoch von intellektuellem Leben erfüllte Stadt mit Priesterseminar und Universität, an deren philosophischer Fakultät sich eine einflussreiche Gruppe zusammengefunden hatte: die Phänomenologen. Anfangs waren damit die Anhänger Edmund Husserls gemeint, der 1916 auf den Lehrstuhl für Philosophie nach Freiburg berufen wurde und zahlreiche Schüler und Studenten mitbrachte. Sein Kreis wurde so groß, dass Freiburg

noch lange nach seiner Emeritierung im Jahr 1928 mit seinem Werk
verbunden blieb. Es war die «Stadt der Phänomenologie», wie Emmanuel Lévinas sagte, der junge jüdische Litauer, dessen Buch Sartre
später in Paris kaufen sollte.² Lévinas' Werdegang war typisch für
viele, die zur Phänomenologie konvertierten. Während er 1928 in
Straßburg Philosophie studierte, fiel ihm ein Buch von Edmund Husserl in die Hände. Fasziniert las er es und wechselte prompt auf die
andere Rheinseite an die Universität Freiburg, wo er zu Husserls letzten Schülern zählte. «Für die jungen Deutschen, die ich in Freiburg
kennenlernte», schrieb er, «ist diese neue Philosophie mehr als nur
eine neue Theorie, sie ist ein neues Lebensideal, eine neu aufgeschla-
gene Seite in der Geschichte, ja fast eine neue Religion.»³

Wenn Sartre nach Freiburg gegangen wäre, hätte auch er ein später Gefolgsmann dieses Kreises werden können. Er wäre womöglich
ein Wanderer und Skifahrer geworden und nicht der «kleine Buddha»,
zu dem ihn das Bier und die vielen Klöße in Berlin gemacht hatten.⁴
Doch Sartre blieb Stipendiat am Institut Français in der Hauptstadt,
studierte die Werke der Phänomenologen, vor allem Husserl, und
machte sich mit der schwierigen deutschen Fachterminologie vertraut. Ein Jahr lang machte er sich «persönliche Gedanken auf Husserls Kosten», wie er später sagte, jedoch ohne den Meister selbst ken-
nenzulernen.⁵ Das war vielleicht besser so, denn Husserl wäre von
dem, was der junge Franzose aus seinen Ideen machte, wahrscheinlich
nicht begeistert gewesen.

Husserl oder Das vor Augen Stehende beschreiben

Hätten wir Husserls Vorlesungen in Freiburg besucht wie Lévinas,
wären wir wohl erst einmal enttäuscht gewesen. Denn Husserl wirkte
weder wie ein Guru noch wie der Gründer einer bedeutenden philosophischen Bewegung. Er war ein stiller, zurückhaltender Mann mit run-
der Nickelbrille. Als junger Mann hatte er blonde Locken, aber schon
bald wich sein Haaransatz zurück; er trug Schnurrbart und einen ge-
stutzten Kinnbart und gestikulierte beim Sprechen so heftig, dass sich
ein Hörer seiner Vorlesungen an einen «wahnsinnig gewordenen Uhr-

macher» erinnert fühlte. Dem Philosophen Hans-Georg Gadamer fiel
auf, dass bei seinem Vortrag «die Finger der rechten Hand in langsam
drehender Bewegung auf der gerundeten inneren Handfläche der Linken kreisten». Es sah aus, als wendete er den Gedankengegenstand in
seiner Handfläche hin und her, um ihn aus verschiedenen Blickwin-
keln zu betrachten.[6] In einem Filmdokument aus dem Jahr 1936, das
ihn als älteren Herrn bei einem Spaziergang mit seiner Tochter zeigt,
bewegt sich seine Hand beim Reden langsam auf und ab.[7] Husserl
selbst erklärte dieses zwanghafte Verhalten damit, dass er als Kind ein
Taschenmesser geschenkt bekommen habe, das er so oft schliff, bis
von der Klinge nichts mehr übrig war. «Ich frage mich, ob meine
Philosophie nicht diesem Messer ähnelt.»[8]

Dabei war Husserl die Philosophie keineswegs in die Wiege
gelegt. Geboren am 8. April 1859 im mährischen Proßnitz (heute
Prostějov, Tschechien), entstammte Husserl einer jüdischen Familie,
konvertierte jedoch mit zwanzig zum Protestantismus. Er war ein
unauffälliger Schüler. Ein Schulkamerad erzählte einem Biographen,
Husserl sei «im Unterricht regelmäßig eingeschlafen, und einer von
uns musste ihn anstupsen, um ihn zu wecken. Wenn der Lehrer ihn
aufrief, erhob er sich schläfrig, gähnte und starrte vor sich hin. Einmal
sperrte er den Mund so weit auf, dass er sich den Unterkiefer aus-
renkte.»[9] Aber das passierte nur, wenn Husserl sich nicht für das
Thema interessierte. In seinem damaligen Lieblingsfach, der Mathematik, war er hellwach. Er begann ein Studium an der Universität
Leipzig, wo er dem späteren tschechoslowakischen Staatspräsidenten
Tomáš Masaryk begegnete, der ihn auf den Philosophen Franz Brentano aufmerksam machte. Nach seiner Promotion in Mathematik an
der Universität Wien studierte Husserl dort bei dem charismatischen
Franz Brentano Philosophie. Dessen Überzeugungskraft war so groß,
dass Husserl beschloss, «Philosophie als Lebensberuf zu wählen».[10]
Von Schläfrigkeit konnte jetzt keine Rede mehr sein.

Der katholische Priester Brentano, beschlagen in aristotelischer
Philosophie, war wegen des Dogmas von der Unfehlbarkeit des Papstes aus der Kirche ausgetreten und hatte in der Folge seine Professur
verloren. Ohne eine feste Anstellung reiste er ein Jahr lang durch
Europa und lernte neue Ideen kennen, darunter die experimentelle

Edmund Husserl um 1930

Psychologie. Überzeugt, dass die Philosophie aus solchen Quellen wiederbelebt werden müsse, übernahm er eine Lehrstelle an der sehr viel aufgeschlosseneren Universität Wien. Er ermutigte seine Studenten, mit der Tradition zu brechen, die großen Philosophen der Vergangenheit kritisch zu lesen und selbstständig und systematisch zu denken. Auf dieser Grundlage entwickelte Husserl sein eigenes philosophisches Werk.

Husserls akademische Karriere verlief langsam und auf Umwegen. Er begann als unbesoldeter Privatdozent in Deutschland. Mit seinem schmalen Gehalt, das er sich freiberuflich verdiente, musste er schon bald eine Familie ernähren. Er heiratete Malvine Steinschneider, eine gleichfalls zum Protestantismus konvertierte Jüdin, die wie er selbst im mährischen Proßnitz aufgewachsen war. Sie bekamen drei Kinder. Im Lauf der Jahre veröffentlichte Husserl zunehmend innovative philosophische Schriften. Aufsehen erregten 1900/01 die *Logischen Untersuchungen* und 1913 die *Ideen zu einer reinen Phänomenologie und phänomenologischen Philosophie*. Er erhielt eine bezahlte Stelle in Göttingen und schließlich den Lehrstuhl für Philosophie in Freiburg, wo er sich niederließ.

Husserl kam 1916, mitten im Ersten Weltkrieg, nach Freiburg. Für seine Familie war es ein leidvolles, schweres Jahr. Tochter Elli arbeitete in einem Feldlazarett, die beiden Söhne kämpften an der Front. Gerhart, der Ältere, überlebte schwer verwundet, der zwanzigjährige Wolfgang wurde am 8. März 1916 in Verdun getötet. Husserl, der ohnehin zu Depressionen neigte, fiel in eine tiefe Verzweiflung.[11]

In der Regel gelang es ihm, sich durch konzentriertes Arbeiten aus seiner niedergedrückten Stimmung zu befreien. Manchmal schrieb er innerhalb weniger Wochen umfangreiche Untersuchungen. Diesmal war es schwieriger. Doch Freiburg bot vielfältige Ablenkungen. Neben seiner Lehrtätigkeit und der Arbeit an seinen Schriften hatte Husserl einen Kreis von Schülern um sich geschart, eine Art Husserl'sches Forschungslabor. Sie gaben ein Jahrbuch heraus, in dem sie phänomenologische Texte veröffentlichten, und unterrichteten die Studienanfänger – den «phänomenologischen Kindergarten», wie Edith Stein es nannte, eine von Husserls wichtigsten Mitarbeiterinnen.[12] Stein war sich bewusst, dass Husserl von ihr und ihren Kollegen bedingungslose Hingabe erwartete. Es scheint kaum übertrieben, wenn sie einem Freund gegenüber scherzte: «Ich muss zunächst so lang bei ihm bleiben, bis ich heirate; dann darf ich nur einen Mann nehmen, der ebenfalls sein Assistent wird und die Kinder desgleichen.»[13]

Husserl begegnete seinen besten Schülern auch deshalb so besitzergreifend, weil nur wenige – unter ihnen Edith Stein – seine Manuskripte entziffern konnten. Er benutzte eine eigenwillige Version der Gabelsberger Stenographie und füllte mit seiner winzig kleinen Handschrift Tausende von Seiten. So akkurat er in seiner Gestik war, so unordentlich verfuhr er mit seinen Manuskripten. Er ließ alte Projekte liegen und fing neue an, die er ebenso wenig abschloss. Seine Assistenten bemühten sich, die Entwürfe ins Reine zu schreiben und ihm seine Argumentation zu entlocken. Reichten sie ihm dann ein Dokument zur Durchsicht, schrieb er es erneut um. Immer wollte er seinen Gedanken eine noch überraschendere Wendung geben und ihnen ein neues, noch unerforschtes Terrain eröffnen. Dorion Cairns, sein Schüler und späterer Übersetzer ins Englische, erinnerte sich an Husserls Bemerkung, er habe stets das Ziel gehabt, sich «ganz besonders anstrengenden und unsicheren» Themen zu widmen, solchen, die ihn mit größter Angst und größtem Selbstzweifel erfüllten.[14]

Husserls Philosophie wurde zu einer schwierigen, aber aufregenden Disziplin, die Konzentration und Kraft verlangte. Um sie zu praktizieren, sei eine «völlig geänderte Weise der Einstellung nötig», um «das vor Augen Stehende sehen, unterscheiden, beschreiben zu lernen», so Husserl.[15] Das war die ihm gemäße Arbeitsweise – und es war zugleich eine perfekte Definition der Phänomenologie.

Wie aus Kaffee Phänomenologie wird

Was genau ist also Phänomenologie? Sie ist eher eine Methode als ein Theoriesystem. Auf die Gefahr hin, extrem zu vereinfachen, könnte man ihren Grundansatz in zwei Worten zusammenfassen: Beschreibe Phänomene!

Der erste Teil dieser Definition ist klar: Die Aufgabe eines Phänomenologen besteht darin zu *beschreiben*. Dazu forderte Husserl seine Studenten unablässig auf. Es bedeutet, alle Ablenkungen, Gewohnheiten, Klischees, Mutmaßungen und überkommenen Ideen beiseitezuschieben und seine ganze Aufmerksamkeit auf das zu richten, was Husserl «die Sachen selbst» nannte. Auf sie müssen wir unseren Blick richten und sie so erfassen, wie sie uns vor Augen treten – nicht so, wie wir glauben, dass sie sein sollten.

Die Dinge, die wir so sorgfältig beschreiben, sind die *Phänomene*, und das ist der zweite Teil der Definition. Der Begriff bezeichnet jedes gewöhnliche Objekt oder Ereignis, *wie es sich unserer Erfahrung präsentiert*, und nicht, wie es in Wirklichkeit sein könnte oder nicht sein könnte.

Nehmen wir eine Tasse Kaffee. (Husserl liebte Kaffee; lange bevor Aron über die Phänomenologie von Aprikosencocktails sprach, sagte Husserl zu seinen Studenten: «Geben Sie mir Kaffee, dann mache ich Phänomenologie daraus!»[16])

Was also ist eine Tasse Kaffee? Ich könnte sie im Hinblick auf die Botanik des Kaffeestrauchs beschreiben und darlegen, wie die Bohnen angebaut, exportiert und gemahlen werden, wie heißes Wasser unter Dampfdruck durch das Pulver gepresst, der so entstehende Kaffee in ein kleines Porzellangefäß gegossen und dann serviert wird. Ich könnte die Wirkung des Kaffees auf den menschlichen Organismus untersuchen oder über den weltweiten Kaffeehandel sprechen. Mit allen diesen Fakten könnte ich eine ganze Enzyklopädie füllen und käme doch kein bisschen dem näher, was *diese* bestimmte Tasse Kaffee vor mir ist. Wenn ich den umgekehrten Weg gehen und rein persönliche, sentimentale Assoziationen abrufen würde – wie Marcel Proust, als er ein Madeleine in seinen Tee tunkte und ein siebenbändiges Werk darüber schrieb –, würde mir auch das nicht diese konkrete Tasse Kaffee als unmittelbar gegebenes Phänomen nahebringen.

Dieser Kaffee ist ein volles Aroma, duftend und robust zugleich; er ist die träge Bewegung eines Dampfkringels, der aus der Tasse aufsteigt. Wenn ich sie an meine Lippen führe, ist er eine sich träge bewegende Flüssigkeit und das Gewicht in meiner Hand, die das schwere Porzellan umfasst. Dieser Kaffee ist der leicht bittere Geschmack auf meiner Zunge und eine wohltuende Wärme, die sich langsam in meinem Körper ausbreitet mit dem Versprechen von Wachheit und Erfrischung. All dies gehört zum Kaffee als Phänomen und offenbart sich durch die Erfahrung.

Wenn ich nur rein «subjektive» Elemente darin sehen würde, die ich besser außer Acht lassen sollte, um «objektiv» über meinen Kaffee zu sprechen, müsste ich feststellen, dass von meiner Tasse Kaffee als Phänomen – das mir durch meine Erfahrung als Kaffeetrinkerin vor Augen tritt – nichts mehr übrig bleibt. Diese meiner Erfahrung gegebene Tasse Kaffee ist das Einzige, über das ich mit Gewissheit etwas sagen kann; alles andere, was mit dem Anbau der Kaffeebohnen und deren Chemie zu tun hat, kenne ich nur vom Hörensagen. Doch so interessant dies sein mag, für einen Phänomenologen ist es irrelevant.

Um eine Tasse Kaffee phänomenologisch zu beschreiben, muss ich, so Husserl, die abstrakten Suppositionen, aber auch alle sich mir aufdrängenden gefühlsmäßigen Assoziationen ignorieren und mich ganz auf das dunkle, wohlriechende, köstliche Phänomen vor mir auf dem Tisch konzentrieren. Dieses «Ausklammern» oder «Beiseitestellen» spekulativer Hinzufügungen nennt Husserl die *Epoché*. Sie ist eine Methode der antiken Skeptiker, die sich jeglicher vorgefassten Urteile über die Welt zu enthalten suchten. Husserl spricht manchmal auch von der phänomenologischen «Reduktion», die den theoretischen Aussagen über das, was Kaffee «wirklich» ist, die Geltung entzieht, so dass – um bei unserem Beispiel zu bleiben – lediglich das intensive und unmittelbare Aroma und der Geschmack des Kaffees übrig bleiben: das Phänomen.

Die Folge ist eine große Befreiung. Die Phänomenologie verschafft uns die Freiheit, über den unserer Erfahrung zugänglich gewordenen Kaffee als ernsthaften Untersuchungsgegenstand zu sprechen. Sie verschafft uns auch die Freiheit, über viele andere Bereiche zu sprechen, die erst dann zu sich selbst kommen, wenn sie phänomenologisch erörtert werden. Ein weiteres unmittelbar einleuchtendes Beispiel für diese Methode ist die Weinverkostung durch einen Sommelier, eine phänomenologische Übung, bei der die Fähigkeit, erfahrungsbasierte Eigenschaften des Phänomens Wein zu erkennen *und* zu beschreiben, wichtig ist.

Es gibt viele weitere Beispiele. Wenn ich von einem Streichquartett erzählen möchte, das mich innerlich berührt hat, befähigt mich die Phänomenologie, es als ein ergreifendes Musikstück zu beschreiben statt lediglich als eine Aufeinanderfolge von Schwingungen der Saiten verschiedener Instrumente oder als mathematische Beziehung von Notenwerten. Wehmutsvolle Musik *ist* wehmütig; eine bezaubernde Melodie *ist* bezaubernd – diese Beschreibungen sind grundlegend für das, was Musik ist. Tatsächlich sprechen wir immer auf phänomenologische Weise über Musik.[17] Auch wenn ich eine Sequenz von Noten als «höher» oder «niedriger» auf einer Tonleiter beschreibe, hat das weniger mit den Schallwellen zu tun (mit ihrer Frequenz, ihrer Länge und Kürze) als mit der Art und Weise, in der die Musik in meinem Kopf erklingt. Ich höre, wie die Noten eine unsichtbare Leiter oder Skala hinaufklettern. Ich erhebe mich fast von meinem Stuhl, während ich Ralph Vaughan Williams' «The Lark Ascending» («Die Lerche steigt auf») höre. Meine Seele bekommt Flügel. Das bin nicht einfach nur ich: das *ist* die Musik.

Phänomenologie ist auch hilfreich, um über religiöse oder mystische Erfahrungen zu sprechen. Wir können diese Erfahrungen von innen heraus beschreiben und müssen nicht beweisen, dass sie die Welt exakt abbilden. Aus ähnlichen Gründen ist die Phänomenologie auch für die Medizin interessant, weil sie es ermöglicht, Krankheitssymptome nicht ausschließlich als physische Prozesse zu betrachten, sondern so, wie der Patient sie wahrnimmt: einen diffusen oder stechenden Schmerz, ein Gefühl der Schwere oder Taubheit etc. Amputierte leiden oft an Phantomempfindungen im Bereich ihrer amputierten Gliedmaße. Die Phänomenologie erlaubt es, diese Empfindungen zu analysieren. Der Neurologe Oliver Sacks erörterte solche Erfahrungen in seinem 1984 erschienenen Buch *Der Tag, an dem mein Bein fortging*, wo er von seiner Genesung nach einer schweren Beinverletzung erzählt.[18] Noch lange nachdem die Verletzung geheilt war, hatte er das Gefühl, das Bein gehöre nicht zu ihm, es war «leblos wie Marmor». Er konnte es zwar bewegen, aber es fühlte sich für ihn nicht an wie seines. Nach intensiver Krankengymnastik verschwand dieser Eindruck. Wenn Sacks den Ärzten allerdings nicht hätte begreiflich machen können, dass sein Gefühl phänomenologisch wichtig und Teil des Krankheitsbildes war und kein persönlicher Tick, hätte er diese Therapie womöglich gar nicht erhalten und nie mehr die volle Kontrolle über sein Bein wiedergewonnen.

In allen diesen Fällen erlaubt Husserls «Ausklammern», die Epoché, es den Phänomenologen, die Frage «Aber ist es real?» vorläufig zu ignorieren, um zu fragen, wie ein Mensch seine Welt erlebt. Die Phänomenologie verschafft uns einen methodischen Zugang zur menschlichen Erfahrung. Mit ihrer Hilfe können Philosophen mehr oder weniger so über das Leben sprechen, wie es Nichtphilosophen tun, nur dass sie dabei systematisch und streng vorgehen.

Die Strenge ist entscheidend. Sie bringt uns zurück zum ersten Teil der Aufforderung: «Beschreibe Phänomene!» Ein Phänomenologe kann sich nicht damit begnügen, einer Musik zuzuhören und zu sagen: «Wie schön!» Er muss vielmehr fragen: Ist sie von Wehmut erfüllt? Ist sie erhebend? Ist sie überwältigend und heroisch? Es geht darum, immer wieder «zu den Sachen selbst», zu den von ihrem begrifflichen Ballast befreiten Phänomenen zurückzukehren, um zum Kern der Er-

fahrung vorzudringen. Mit der adäquaten Beschreibung einer Tasse
Kaffee kommt man nie an ein Ende. Und doch ist es eine befreiende
Übung: Sie gibt uns die Welt zurück, in der wir leben. Das funktioniert
besonders gut bei den Dingen, die wir für gewöhnlich gar nicht als
Gegenstand der Philosophie begreifen: bei einem Drink, einem traurigen Lied oder einer Autofahrt, bei einem Sonnenuntergang, dem Gefühl von Unbehaglichkeit, einer Pappschachtel mit alten Fotos, einem
Augenblick der Langeweile. Sie stellt unsere persönliche Welt in ihrem
ganzen Reichtum wieder her, so wie sie sich uns aus unserer eigenen
Perspektive darbietet, auch wenn wir ihr in der Regel nicht mehr Beachtung schenken als der Luft, die wir atmen.

Und beiläufig hat die Phänomenologie noch einen anderen
Effekt: Sie befreit uns von politischen und anderen ideologischen
Scheuklappen. Indem sie uns zwingt, unserer Erfahrung zu folgen
und Autoritäten zu ignorieren, die uns in der Interpretation unserer
Erfahrung beeinflussen wollen, kann die Phänomenologie alle
«ismen» neutralisieren: vom Szientismus bis zum religiösen Funda-
mentalismus und vom Marxismus bis zum Faschismus. Im Zuge der
Epoché muss alles ausgeklammert werden, was sich an die Dinge
selbst anzulagern versucht. Richtig praktiziert, besitzt die Phäno-
nologie somit ein überraschend revolutionäres Potenzial.

Kein Wunder, dass dies eine aufregende Sache war. Die Phäno-
nologie konnte aber auch verstörend sein, und oft war sie beides
gleichzeitig. Das bekundete die Reaktion eines jungen Deutschen, der
sie in ihren Anfängen entdeckte: Karl Jaspers. Nach dem Medizinstu-
dium arbeitete er 1913 an der psychiatrischen Klinik in Heidelberg. Er
hatte der Psychologie gegenüber der Philosophie den Vorzug gegeben,
weil er deren konkreten, praktischen Ansatz schätzte. Die Philosophie
wirkte auf ihn wie eine «Scheinwissenschaft»,[19] während die Psychologie mit ihren experimentellen Methoden offenkundig stichhaltige Ergebnisse lieferte. Bald jedoch empfand er die Psychologie als zu hand-
werklich, es fehlte ihr an den großen Ambitionen, wie er meinte. Dann
lernte er die Phänomenologie kennen, die aus beiden Disziplinen das
Beste vereinte: eine angewandte Methode, kombiniert mit dem hoch-
gesteckten philosophischen Ziel, das Leben und die Erfahrung in ihrer
Gesamtheit zu verstehen. Er schrieb Husserl einen begeisterten Brief,

gestand aber, dass er eigentlich nicht klar wisse, was Phänomenologie sei. Husserl schrieb ihm zurück: «Sie üben die Methode ausgezeichnet aus. Machen Sie nur weiter. Sie brauchen gar nicht zu wissen, was sie ist. Das ist in der Tat eine schwierige Sache.»[20] In einem Brief an seine Eltern äußerte Jaspers die Vermutung, Husserl wisse selber nicht, was Phänomenologie sei.[21]

Doch diese Unsicherheit tat seiner Begeisterung keinen Abbruch. Wie jede Philosophie stellte auch die Phänomenologie hohe Ansprüche. Sie verlange ein «anderes Denken», schrieb Jaspers, «ein Denken, das im Wissen zugleich mich erinnert, wach macht, zu mir selbst bringt, mich verwandelt».[22]

Ein fleißiges Eichhörnchen

Die Phänomenologen beanspruchten nicht nur, die Art und Weise unseres Nachdenkens über die Wirklichkeit zu verändern, sondern auch die Art und Weise unseres Nachdenkens über uns selbst. Wir sollen, so sagten sie, nicht länger ergründen wollen, was das menschliche Bewusstsein *ist*, als ließe es sich lokalisieren und dingfest machen. Vielmehr sollen wir darüber nachdenken, wie es *tätig* ist und wie es seine Erfahrungen festhält.

Husserl übernahm diese Idee von seinem Lehrer Franz Brentano in Wien. In einer Passage seines Werks *Psychologie vom empirischen Standpunkt* hatte Brentano dazu aufgefordert, das Bewusstsein im Hinblick auf seine «Intentionen» zu betrachten – ein missverständlicher Begriff, der an Ziele und Absichten denken lässt. Gemeint ist aber ein Über-etwas-Hinausreichen, vom Lateinischen *intentatio*, das Sichausstrecken nach etwas. Für Brentano ist dieses Hinausgreifen auf einen Gegenstand das, was unser Geist ständig tut. Unsere Gedanken seien stets Gedanken *von* oder *über* etwas, schrieb er: «In der Vorstellung ist etwas vorgestellt, in dem Urtheile ist etwas anerkannt oder verworfen, in der Liebe geliebt, in dem Hasse gehasst, in dem Begehren begehrt.»[23] Auch wenn wir uns ein Objekt vorstellen, etwas, das gar nicht existiert, ist unsere geistige Struktur ein Bewusstsein «über etwas» oder «von etwas». Wenn ich träume, ein weißes Kaninchen hoppelt an mir vorbei und schaut auf seine Taschenuhr, träume ich von dem Traum-Kaninchen *meiner* Phantasie. Wenn ich an die Decke schaue und versuche, die Struktur des Bewusstseins zu ergründen, denke ich *über* die Struktur des Bewusstseins nach. Außer im Tiefschlaf ist mein Geist immer mit einem Gegenstand beschäftigt: Er besitzt eine intentionale Struktur. Diese Überlegung Brentanos machte Husserl zum Dreh- und Angelpunkt seiner Philosophie.

Versuchen Sie doch einmal, zwei Minuten lang still dazusitzen und an nichts zu denken. Vielleicht bekommen Sie dann eine Ahnung, warum Intentionalität für die menschliche Existenz von so fundamentaler Bedeutung ist. Wie ein hamsterndes Eichhörnchen, das in einem Park Futter sucht, springt der Geist von einem Ort zum anderen, nimmt ein aufleuchtendes Handy-Display wahr, ein Graffito an einer Hausmauer, Geschirrklappern, eine Wolke, die wie ein Riesenwal geformt ist, die Erinnerung an die gestrige Äußerung einer Freundin, ein Stechen im Knie, einen dringenden Termin, die vage Hoffnung auf Wetterbesserung oder das Ticken einer Uhr. Einige fernöstliche Meditationstechniken zielen darauf ab, diese umherhuschende Kreatur zum Stillstand zu bringen. Doch die Tatsache, dass dies so unendlich schwer ist, zeigt, wie sehr es unserer Natur widerstrebt, geistig untätig zu sein. Sich selbst überlassen, greift das Bewusstsein in alle Richtungen aus, nicht nur im Wachzustand, sondern auch in den Traumphasen des Schlafs.

So verstanden, *ist* das menschliche Bewusstsein nicht etwas, sondern *hat einen Gegenstand.* Und darin unterscheidet es sich (möglicherweise wie das Bewusstsein einiger Tiere) von allen anderen Entitäten. Nichts ist seinem Wesen nach so *intentional,* also auf einen Gegenstand gerichtet, wie das Bewusstsein. Selbst ein Buch enthüllt das, wovon es handelt, nur dem, der es in die Hand nimmt und durchblättert; andernfalls ist es bloß ein Speichermedium. Ein Bewusstsein aber, das nichts erlebt, sich nichts vorstellt und über nichts spekuliert, kann kaum als Bewusstsein bezeichnet werden.

Die Idee der intentionalen Struktur des Bewusstseins ermöglichte es Husserl, zwei große ungelöste Fragen der Geschichte der Philosophie auszuklammern: die Frage, was Objekte «wirklich» sind, und die Frage, was das Bewusstsein «wirklich» ist. Die Epoché, also das Ausklammern jeglicher Überlegungen zur Realität von Gegenständen und Bewusstsein, verschafft uns die Freiheit, uns auf die Beziehung zwischen beiden zu konzentrieren. Wir können unsere deskriptive Kraft der endlosen Bewegung der Intentionalität widmen, die in unserem Leben stattfindet: unserem herumwirbelnden Bewusstsein, das die Phänomene, auf die es sich richtet, eines nach dem anderen ergreift, damit über die Tanzfläche gleitet und nicht damit aufhört, solange die Musik spielt.

Drei einfache Ideen – Beschreibung, Phänomen, Intentionalität – lieferten genügend Anregungen, um in Freiburg Husserls Assistenten jahrzehntelang in Atem zu halten. Wie konnte ihnen auch angesichts der Fülle der menschlichen Existenz, die ihrer Aufmerksamkeit harrte, jemals die Arbeit ausgehen?

Das Bewusstsein, hell und klar

Husserls Phänomenologie gewann nie den Einfluss, den Sartres Existenzialismus hatte, aber es waren seine Überlegungen, die es Sartre und anderen Existenzialisten ermöglichten, in so abenteuerlicher Weise über die Welt zu schreiben – von den Kellnern im Café bis zu Bäumen oder einem Jazzsong. Sartre nahm Husserls Schriften, die er 1933 in Berlin gelesen hatte, zum Ausgangspunkt für seine eigenen Überlegungen. Besonders faszinierte ihn die Idee der Intentionalität, die das Bewusstsein in die Welt und ihre Objekte ausgreifen lässt. Dadurch erhalte es eine immense Freiheit. Wenn wir nur das sind, worüber wir nachdenken, kann uns keine vorgegebene «innere Natur» in die Schranken weisen. Wir sind proteushaft, also in ständigem Wandel. In einem Aufsatz mit dem Titel *Eine grundlegende Idee der Phänomenologie Husserls: Die Intentionalität*, den er in Berlin zu schreiben begann, aber erst 1939 veröffentlichte, erläuterte Sartre seine Idee.

Die Philosophen der Vergangenheit, schrieb er, seien in einer «Verdauungsphilosophie» des Bewusstseins gefangen gewesen. Sie glaubten, um etwas zu erkennen, müsse man es sich einverleiben wie eine Spinne, die ein Insekt einspeichelt, um es aufzulösen. Husserl dagegen habe gezeigt, dass die Dinge sich nicht im Bewusstsein auflösen lassen; seine Intentionalität sei ein «In-die-Welt-Sprengen»:

> Erkennen heißt «sich zersprengen», sich aus der feuchten Intimität des Magens losreißen und über sich selbst hinaus hinüberschnellen zu dem, was nicht das Ich ist, was dort drüben ist, bei dem Baum und doch außerhalb von ihm, denn er flieht vor mir, stößt mich zurück, und ich kann mich ebenso wenig in ihm verlieren, wie er sich in mir aufzulösen vermag: außerhalb von ihm, außerhalb von mir … Jetzt hat sich auf einmal das Bewusstsein geläutert, es ist hell geworden wie ein frischer Wind, nichts birgt sich mehr in ihm als eine Fluchtbewegung, ein Außer-sich-Gleiten, wenn wir das Unmögliche vollbrächten und in ein Bewusstsein eindrängen, würden wir von einem Wirbel ergriffen und wieder hinausgeschleudert werden, neben den Baum, mitten in den Staub, denn das Bewusstsein hat kein Drinnen; es ist nichts als das Draußen seiner selbst, und eben diese absolute Flucht, diese Weigerung, Substanz zu sein, machen es zu einem Bewusstsein. Stellen wir uns nur eine Folge solcher Sprengungen vor, die uns von uns selbst losreißen, die nicht einmal einem Wir Zeit lassen, sich hinter ihnen zu bilden, sondern die uns im Gegenteil jenseits von sich in den trockenen Staub der Welt, auf die harte Erde, mitten unter die Dinge werfen; stellen wir uns vor, dass wir so durch unsere innerste Natur in eine gleichgültige, feindliche, störrische Welt geworfen und ausgesetzt sind, dann haben wir den tiefen Sinn der Entdeckung verstanden, die Husserl in den berühmten Satz kleidet: «Jedes Bewusstsein ist Bewusstsein von etwas.»[24]

Wenn wir uns in dem «trauten Stübchen» unseres Bewusstseins bei «verschlossenen Laden» einsperren, so Sartre, hören wir auf zu existieren. Es gibt kein behagliches Zuhause. Das Unterwegssein auf staubigen Straßen definiert uns als das, was wir sind.

Sartres Sinn für drastische Metaphern macht aus seinem Aufsatz zur Intentionalität die verständlichste Einführung in die Phänomenologie, die jemals geschrieben wurde – und die kürzeste. Sie ist sicherlich leichter zu lesen als irgendetwas, das Husserl formuliert hat. Dass Husserl später von der Idee einer Außenbindung der Intentionalität abrückte und sie als eine Operation betrachtete, die letztlich doch wieder alles ins Bewusstsein holte, entging Sartre nicht.[25]

Cartesianische Meditationen

Husserl hatte schon längere Zeit darüber nachgedacht, dass die Bewegung der Intentionalität auch als etwas verstanden werden konnte, das *im Innern* des Menschen stattfand. Nachdem mit der Epoché die Frage nach der Realität der Objekte auf Eis gelegt war, stand dieser Interpretation nichts mehr im Weg. Real oder nicht real; drinnen oder draußen, was machte das schon für einen Unterschied? Und so konstituierte Husserl seine Phänomenologie als einen Teilbereich des Idealismus, jener philosophischen Tradition, die die äußere Wirklichkeit bestritt und alles als eine Art privater Halluzination verstand.

Was Husserl in den 1910er und 1920er Jahren zu diesem Schritt bewog, war sein Wunsch nach einem festen Boden. Es gab kaum Gewissheiten, weder über die Welt noch über das, was im eigenen Kopf vorging. In einer Vorlesungsreihe im Februar 1929 in Paris, die viele junge französische Philosophen hörten (Sartre und Beauvoir verpassten sie), legte Husserl seine idealistische Deutung dar und betonte seine Nähe zu Descartes und dessen Gewissheit «Ich denke, also bin ich» – der introspektive Ausgangspunkt par excellence. «Jeder, der ernstlich Philosoph werden» wolle, so Husserl, müsse «einmal im Leben» tun, was Descartes getan hatte: «sich auf sich selbst zurückziehen und in sich den Umsturz aller ihm bisher geltenden Wissenschaften und ihren Neubau versuchen», um festen Boden zu finden.[26] Er schloss seine Vorlesung mit einem Zitat des heiligen Augustinus:

> Geh nicht nach außen, kehre zurück in dich selbst.
> Die Wahrheit wohnt im Innern des Menschen.[27]

Husserl vollzog später erneut eine Wende und kehrte in das Außen zurück, das der Mensch mit anderen teilt: die reiche Fülle an leiblichen und sozialen Erfahrungen. In seinen letzten Jahren sprach er nicht mehr von der Innerlichkeit Descartes' und Augustinus', sondern von der «Welt», in der jegliche Erfahrung stattfindet. Vorerst jedoch richtete er seinen Blick fast vollständig nach innen. Vielleicht hatten die Wirren des Krieges seine Sehnsucht nach einer privaten, unberührbaren Sphäre verstärkt, obwohl seine ersten Ansätze für diesen Rück-

zug dem Tod des Sohnes im Jahr 1916 vorausgingen. Bis heute hält die
Debatte darüber an, wie wichtig Husserls Richtungswechsel waren
und wie weit seine idealistische Wende ging.

Husserl wurde in seiner langen Zeit in Freiburg jedenfalls «idealis-
tisch» genug, um einige seiner wichtigsten Schüler vor den Kopf zu
stoßen. Zu denen, die sich schon früh darüber beklagten, zählte Edith
Stein: schon kurz nach dem Abschluss ihrer Dissertation über die Phänomenologie der Empathie («Zum Problem der Einfühlung»). Bereits
1917 hatte sie, in einer Ecke des «lieben alten Ledersofas» in seinem
Büro sitzend, mit Husserl eine lange Diskussion über dieses Thema.[28]
Zwei Stunden lang debattierten sie leidenschaftlich, ohne einander
überzeugen zu können. Wenig später gab Stein ihre Assistentenstelle
auf und verließ Freiburg.

Es gab für sie auch andere Gründe zu gehen. Sie brauchte mehr
Zeit für ihre eigenen Arbeiten. Aber eine andere Stelle zu finden erwies
sich als nahezu aussichtslos. An der Universität Göttingen hatte sie als
Frau keine Chance. Um eine freie Stelle in Hamburg bewarb sie sich erst
gar nicht, weil dort die Philosophie «bereits durch 2 jüdische Ordinarien
vertreten ist» – das war offenbar die Obergrenze.[29] So kehrte sie in ihre
Heimat Breslau zurück und arbeitete dort an ihrer Habilitationsschrift.
Nachdem sie die Autobiographie der heiligen Teresa von Ávila gelesen
hatte, konvertierte sie zum Katholizismus und trat 1922 in den Karmeliterorden ein, wo sie ihre Studien fortsetzte.[30]

Ihr Weggang aus Freiburg hinterließ in Husserls engstem Kreis eine
Lücke, die 1918 von einem jungen, eindrucksvollen Phänomenologen
geschlossen wurde, lange bevor Sartre von Husserl oder von diesem
Schüler irgendetwas gehört hatte. Sein Name war Martin Heidegger,
und er sollte dem Meister sehr viel mehr Probleme bereiten als Edith
Stein, die gleichfalls unverblümt und rebellisch war.

Wenn Sartre 1933 nach Freiburg gegangen und Husserl *und*
Heidegger begegnet wäre, hätte sein Denken womöglich eine andere
Richtung genommen.

Drittes Kapitel
Der Zauberer von Meßkirch

in dem Martin Heidegger auftritt und das Sein uns in Verlegenheit bringt

Meister des Staunens

Schon die ersten Zeilen von Heideggers Schrift *Sein und Zeit*, die 1927 in Husserls phänomenologischem Jahrbuch erschien, enthalten eine Kampfansage an Husserl:

> «Denn offenbar seid ihr doch schon lange mit dem vertraut, was ihr eigentlich meint, wenn ihr den Ausdruck ‹seiend› gebraucht, wir jedoch glaubten es einst zwar zu verstehen, jetzt aber sind wir in Verlegenheit gekommen.»[1]

Das Unverständlichste von allem, was über das «Sein» gesagt werden kann, fährt Heidegger fort, sei, dass jeder es zu verstehen glaubt. Wir sagen: «Der Himmel *ist* blau» oder «Ich *bin* froh», als ob das Wörtchen dazwischen völlig bedeutungslos wäre.[2] Aber wenn ich anfange, darüber nachzudenken, erkenne ich, dass es eine grundlegende und rätselhafte Frage auf den Plan ruft: Was bedeutet es zu sagen, dass etwas *ist*? Die meisten Philosophen haben diese Frage vernachlässigt. Einer der wenigen, die sie stellten, war Gottfried Wilhelm Leibniz, der es 1714 so formulierte: «Warum ist überhaupt etwas und nicht vielmehr nichts?»[3] Heidegger erwartete darauf keine Antwort von der Physik oder von der Kosmologie; keine Big-Bang-Theorie und keine biblische Schöpfungsgeschichte könnte sie zufriedenstellend beantworten. Vielmehr liegt der Sinn dieser Frage vor allem darin, uns stutzig zu machen. Wenn man Heideggers Eröffnungspassage aus *Sein und Zeit* mit einem

Wort zusammenfassen wollte, wäre es: «Wow!» Und deshalb nannte
George Steiner Heidegger auch «den großen Meister des Staunens,
dessen Verwunderung vor der bloßen Tatsache, dass wir *sind*, anstatt
nicht zu sein, dem Offensichtlichen ein strahlendes Hindernis in den
Weg gelegt hat».[4]

Als Ausgangspunkt für die Philosophie ist dieses Staunen eine Art
Big Bang. Und es ist eine enorme Brüskierung Husserls. Heidegger
deutet an, dass es vorrangig Husserl und sein Kreis sind, die sich vom
Sein nicht in Verlegenheit bringen lassen, weil sie sich auf sich selbst
zurückgezogen haben und Nabelschau betreiben. Sie haben die brutale Wirklichkeit vergessen, an der wir uns doch unablässig die Zehen
anstoßen müssten. Heidegger würdigt in seinem Buch zwar Husserls
phänomenologische Methode und widmet ihm das Buch «in Vereh-
rung und Freundschaft».[5] Aber er lässt zugleich durchblicken, dass sich
Husserl und seine Schüler in ihren eigenen Köpfen verirrt haben, dem
Ort der Unsicherheit und Isolation, aus dem die Intentionalität sie
doch hätte befreien sollen. Wacht auf, ihr Phänomenologen! Erinnert
euch an das Seiende – dort draußen, hier drinnen, unter und über
euch –, das euch bedrängt. Erinnert euch an die Sachen selbst, und
erinnert euch an euer *eigenes* Sein!

Auf diesem Weg wurde Heidegger durch die Lektüre Franz Brentanos ermuntert, nicht durch dessen Ausführungen zur Intentionalität, sondern durch dessen Doktorarbeit *Von der mannigfachen Bedeutung
des Seienden nach Aristoteles*.[6] Der Philosoph, der Heidegger auf das
Sein aufmerksam machte, war derselbe, der Husserl zur Intentionalität und schließlich zur Wende nach innen geführt hatte.

Das phänomenologische Kind

Heidegger entdeckte Brentanos Arbeit mit achtzehn, da lebte er noch
in Meßkirch nicht weit von Freiburg, einer katholisch geprägten und
von der Stadtkirche Sankt Martin beherrschten ruhigen schwäbischen
Kleinstadt. Die außen schmucklose Kirche überrascht mit üppigem
Stuck- und Golddekor, mit Engel- und Heiligenfiguren und himmel-
wärts strebenden Putten im Rokokostil.

Martin, geboren am 26. September 1889, war das älteste von drei Geschwistern.[7] Der Vater Friedrich war Küster der Martinskirche, die Familie wohnte gleich gegenüber in einem bescheidenen Häuschen, eingerahmt von zwei Fachwerkhäusern. Die Brüder Martin und Fritz gingen ihrem Vater schon früh zur Hand. Sie pflückten die Blumen für den Kirchenschmuck und stiegen die Turmtreppe hinauf, um zur Morgenmesse die sieben Glocken zu läuten.[8] An den Weihnachtsfeiertagen mussten sie besonders früh aufstehen. Die Mutter deckte den Tisch mit Kuchen und Milchkaffee, und nach dem Frühstück unterm Weihnachtsbaum gingen sie noch vor vier Uhr morgens hinüber zur Kirche und begannen mit dem «Schrecke-Läuten», das den ganzen Ort wecken sollte. In der Karwoche, wenn die Glocken schwiegen, wurde geratscht. Die Ratsche, eine Holzkurbel, setzte eine Reihe von Hämmerchen in Bewegung, die beim Zurückschnellen ein klapperndes Geräusch erzeugten.

Der Klang von Hammerschlägen erfüllte Heideggers Kindheit, denn sein Vater war gleichzeitig der Küfer des Ortes und stellte Fässer und andere Behälter aus Dauben her, die mit eisernen Reifen zusammengehalten wurden. Wenn die Holzfäller ihre Arbeit getan hatten, suchte der Vater im Wald nach dem ihm zugewiesenen Ster Holz für seine Werkstatt, und aus der Eichenrinde schnitten die Buben ihre Schiffe.[9] Später, in einem Brief an die Verlobte, beschrieb Heidegger seine Erinnerungen an den Vater, der die Reifen um die Fässer trieb, und an seinen Großvater, einen Schuster, der auf seinem dreibeinigen Hocker saß und im Lichtschein einer Glasglocke Nägel in Schuhsohlen hämmerte.[10] Für Heidegger, der mit der Welt seiner Kindheit lebenslang verbunden blieb, waren diese Bilder von großer Bedeutung.

Waren die Hilfsarbeiten für den Vater erledigt, lief Martin an der Kirche vorbei durch den Park des imposanten Meßkircher Schlosses und setzte sich mit seinen Hausaufgaben auf die roh gezimmerte Bank eines Feldwegs am Waldrand. Die Bank und der Weg halfen ihm, einen kniffeligen Text zu verstehen; und auch später, wenn er mit einem schwierigen philosophischen Problem nicht weiterkam, dachte er an die Bank am Feldweg und fand eine Lösung.[11] Sein Denken war geprägt vom Bild des Waldes mit dunklen Bäumen und dem gesprenkelten Licht, das durch die Zweige auf Wege und Lichtungen fällt. Er gab seinen Büchern Titel wie *Holzwege* und *Wegmarken*. Durch seine Schriften hallen

Hammerschläge, das friedliche Geläut von Dorfglocken und die Geräusche der bäuerlichen und handwerklichen Betriebsamkeit.

Selbst – und ganz besonders – in seinen schwierigsten späteren Schriften sah Heidegger sich gern als einfachen schwäbischen Landmann, der an seinem Werk hobelt und feilt. Aber ein Mann aus dem Volk war er nie. Schon als Kind unterschied er sich von seinen Altersgenossen. Dem eher schüchternen Mann von kleiner Statur mit den dunklen Augen und dem schmalen, zusammengekniffenen Mund fiel es sein Leben lang schwer, anderen in die Augen zu blicken.[12] Dennoch übte er eine geheimnisvolle Anziehungskraft aus. In einem BBC-Fernsehinterview erzählte Hans-Georg Gadamer 1999, er habe in Meßkirch einen älteren Mann gefragt, ob er Martin Heidegger gekannt habe. Der Mann antwortete:

«Martin? Ja, freilich erinnere ich mich an ihn.»
«Wie war er?»
«Tja», erwiderte der Mann. «Was soll ich sagen? Er war der Kleinste, er war der Schwächste, er war der Ungezogenste, er war der größte Taugenichts. Aber er hat uns alle herumkommandiert.»[13]

Als Heidegger älter wurde, wechselte er vom Gymnasium zum erzbischöflichen Konvikt in Freiburg und begann dort anschließend ein Theologiestudium. Nach der Lektüre von Brentanos Dissertation jedoch beschäftigte er sich mit Aristoteles und fühlte sich bald mehr zu philosophischen als zu theologischen Fragestellungen hingezogen. Aus der Freiburger Universitätsbibliothek entlieh er Husserls *Logische Untersuchungen* und behielt das Buch zwei Jahre lang auf seinem Studierpult.[14] Fasziniert stellte er fest, dass in Husserls Philosophie Gott keine Rolle spielte. (Der Protestant Husserl trennte strikt zwischen seiner religiösen Überzeugung und seiner wissenschaftlichen Arbeit.) Jetzt studierte Heidegger Husserls Methode, die Aufmerksamkeit auf die Phänomene zu richten und sie genau zu beschreiben.

Wie Husserl wechselte er zur Philosophie und arbeitete jahrelang als Privatdozent ohne festes Gehalt, um sich eine akademische Karriere aufzubauen. Und wie Husserl gründete auch er schon bald eine Familie. Im März 1917 heiratete er Elfride Petri und bekam zwei Söhne,

Martin Heidegger in Todtnauberg, 1968

Jörg und Hermann. Elfride war evangelisch, weshalb sie sich zuerst standesamtlich und dann zwei Mal kirchlich trauen ließen – einmal evangelisch und einmal katholisch, um es allen recht zu machen –, bevor sie beide aus der Kirche austraten. Heidegger betrachtete sich von da an offiziell nicht mehr als gläubig, obwohl die Sehnsucht nach dem Heiligen in seinem Werk unschwer zu finden ist. Trotz wiederholter Seitensprünge beider Partner hatte die Ehe Bestand. Erst sehr viel später, im Jahr 2005, gab Hermann Heidegger ein Geheimnis preis, das ihm als Vierzehnjährigem von seiner Mutter anvertraut worden war: Sein leiblicher Vater war nicht Martin Heidegger, sondern ein Arzt und Jugendfreund, mit dem Elfride eine Affäre gehabt hatte.[15]

In Heideggers ersten Jahren des Studiums und der Dozentur lehrte Husserl noch nicht an der Freiburger Universität. Als er 1916 nach Freiburg kam, wurde er von Heidegger umworben. Husserl reagierte zunächst reserviert, doch bald war auch er von diesem seltsamen jungen Mann fasziniert. Und als der Krieg zu Ende war, brannte Husserl darauf, gemeinsam mit Heidegger zu philosophieren, griechisch *symphilosophein*, wie sie im Phänomenologenkreis sagten.[16]

Husserl trauerte immer noch um seinen im Krieg gefallenen Sohn –
und Heidegger war etwa so alt wie seine Kinder. Aufgrund einer Herz-
schwäche hatte Heidegger nicht an die Front gemusst, sondern war den
Diensten für Post (als Briefzensor) und Wetterbeobachtung zugewiesen
worden. Der enge Kontakt zum jungen Heidegger hatte auf Husserl
eine belebende Wirkung. «O Ihre Jugend», schrieb er ihm überschwänglich, «wie ist es mir Freude u. rechte Herzerquickung, dass Sie mich
durch Ihre Briefe an ihr theilnehmen lassen.» Er fügte drei Postscripta
hinzu und schalt sich selbst, dass er sich anhöre wie ein «Über-Frauen-
zimmer».[17] Im Rückblick wunderte sich Husserl darüber, dass er sich
von Heidegger hatte betören lassen, aber es ist unschwer zu verstehen,
warum.[18] Bei der Feier seines einundsechzigsten Geburtstags 1920
nannte Malvine Husserl Heidegger scherzhaft das «phänomenologische
Kind».[19] Heidegger spielte diese Rolle gern und benutzte in seinen Briefen an Husserl manchmal die Anrede «Lieber väterlicher Freund». Einmal schickte er Husserl einen Dankesbrief für seine Gastfreundschaft:
«Ich hatte wirklich das Gefühl wie ein Sohn aufgenommen zu sein.»[20]

1924 verschaffte Husserl ihm eine außerordentliche Professur an der
Universität Marburg, die Heidegger vier Jahre lang bekleidete. 1928, mit
neununddreißig, kehrte er nach Freiburg zurück und übernahm den
vakant gewordenen Lehrstuhl Husserls, erneut mit dessen Unterstützung. Er war froh, wieder zu Hause zu sein. Heidegger war in Marburg
nicht glücklich geworden, er nannte es ein «nebliges Nest».[21] Doch die
Stelle half seiner Karriere auf die Sprünge, und zudem hatte er mit
einer seiner Studentinnen, Hannah Arendt, eine aufregende Affäre.

In Heideggers Marburger Jahren kaufte Elfride Heidegger mithilfe
einer Erbschaft ein Grundstück in Todtnauberg, 25 Kilometer südlich
von Freiburg, mit einem großartigen Blick auf das Dorf unten in der
Talmulde. Dort ließ sie eine Walmdachhütte bauen, deren Sockel in
den Hang einschnitt. Es war ein Geschenk für ihren Mann. Die Familie
hielt sich oft dort auf, aber meist zog sich Heidegger allein hierher zurück, um still für sich zu arbeiten.[22] Die von Feldwegen durchzogene
Landschaft, die ihm beim Denken half, war sogar noch schöner als die
seiner Kindheit. Damals wie heute ist die Gegend bei Skifahrern und
Wanderern sehr beliebt, doch wenn es Abend wurde und die Saison
vorbei war, kehrten Stille und Frieden ein, und dann blickten die hohen

Hannah Arendt um 1930

Tannen voll erhabener Würde auf die Menschen hinunter. Wenn Heidegger allein auf der Hütte war, unternahm er Skitouren und Spaziergänge, zündete im Kachelofen ein Feuer an, kochte sich einfache Mahlzeiten, plauderte mit den Bewohnern des benachbarten Bauernhofs und saß lange Stunden an seinem Schreibtisch, wo die Arbeit «die Gleichmäßigkeit des fernen Schlages eines Holzfällers im Bergwald» hatte, wie er an Hannah Arendt schrieb.[23]

Seine bäuerliche Kleidung trug Heidegger jetzt zunehmend auch in der Stadt: «eine Art Schwarzwälder Bauernrock mit breiten Aufschlägen und einem halb militärischen Kragen und dazu Kniehosen, beides aus braunem Tuch». Seine Studenten nannten das seinen «existenziellen» oder «je eigenen» Anzug in Anspielung auf eine von ihm häufig gebrauchte Wendung.[24] Sie fanden ihn lustig, aber er lachte nicht mit, denn er hatte, wenn überhaupt, einen sehr eigenwilligen Humor. Aber egal: Seine Kleidung, sein bäurischer schwäbischer Akzent und sein Ernst erhöhten nur den Nimbus des Geheimnisvollen. Sein Schüler Karl Löwith erlebte ihn als «undurchsichtig» – und sah Heideggers faszinierende Wirkung nicht zuletzt darin begründet. «Niemand kannte sich mit ihm aus», und deshalb hing man an seinen Lippen.[25] Hans

Jonas, der bei Husserl und bei Heidegger studiert hatte, meinte in einem Rundfunkinterview, Heidegger sei «wegen seiner viel schwierigeren Verständlichkeit» der «ungleich aufregendere» dieser beiden «gewaltigen und sehr eigenwilligen Lehrerpersönlichkeiten» gewesen.[26]

Gadamer zufolge war das Besondere an Heidegger, dass er einen «atemberaubenden Wirbel von Fragen» in Gang setzte, «um sich dann selber in der zweiten oder dritten dieser Fragen ganz zu verstricken», bis sich «die tiefdunklen Satzwolken zusammenballten, aus denen Blitze zuckten, die uns halb betäubt zurückließen».[27] Das hatte etwas Magisches, weshalb Heidegger bei den Studenten den Spitznamen «der kleine Zauberer von Meßkirch» hatte.[28] Doch trotz all der Wolken und Blitze stand im Mittelpunkt seiner Seminare die konzentrierte Lektüre der klassischen Philosophen. Hannah Arendt sagte, Heidegger habe seinen Studenten das Denken beigebracht, und Denken sei «bohrend». Heidegger habe sich in die Tiefe gebohrt, aber nicht, um dort «einen letzten und sichernden Grund zu entdecken oder gar zutage zu fördern, sondern um, in der Tiefe verbleibend, Wege zu legen und ‹Wegmarken› zu setzen» – ähnlich seinen geliebten Wegen, die sich durch den Wald schlängelten.[29] Viele Jahre später werden Daniel Dennett und Asbjørn Steglich-Petersen in ihrem satirischen «Philosophischen Lexikon» einen «Heidegger» als ein «schweres Gerät definieren, mit dem man durch dicke Schichten bohren kann», Schichten, «so tief, dass man dafür einen Heidegger braucht».[30]

Georg Picht, der achtzehnjährig als Student Heideggers Vorlesungen besuchte, ist «die Macht des Denkens» in Erinnerung geblieben, die ihn, wenn Heidegger den Hörsaal betrat, «als eine sinnlich fühlbare Gewalt» traf, eine Gewalt, die auch beängstigend sein konnte. Heideggers Vorlesungen waren Picht zufolge ein «meisterhaft inszenierter und auch rhetorisch hoch stilisierter Auftritt». Heidegger forderte seine Studenten auf zu denken, aber nicht unbedingt dazu, Antworten zu geben. «Jenes undurchdachte Dahinreden, das man heute ‹Diskussion› nennt, hielt er für leeres Geschwätz.» Studenten sollten respektvoll, aber nicht unterwürfig sein. «Als eine Studentin ein mit seiner Phraseologie gespicktes Protokoll vorlas, unterbrach er sie nach wenigen Sätzen: ‹Hier wird nicht geheideggert! Wir gehen zur Sache über›», erinnerte sich Picht.

Picht vermutete in dieser Schroffheit eine Abwehrreaktion. Heidegger habe sich bedroht gefühlt, durch andere, aber auch durch sich selbst. «Die Seinsgeschichte konnte jählings ins Private, das Private in das zu Denkende durchschlagen.» Einmal glaubte Picht einen Blick in Heideggers innerstes Wesen erhascht zu haben. «Wie soll man den Menschen Heidegger beschreiben? Er lebte in einer Gewitterlandschaft. Als wir in Hinterzarten bei heftigem Sturm einen Spaziergang machten, wurde zehn Meter vor uns ein Baum entwurzelt. Das traf mich, als ob ich mit Augen vor mir sähe, was in seinem Inneren vorging.»[31]

Auch wenn sie ihre nervösen Späße machten, wussten Heideggers Studenten, dass es ein Privileg war, die Entstehung einer bedeutenden Philosophie mitzuerleben. Mitte der zwanziger Jahre hielt er Vorlesungen über Platon, Aristoteles und Kant und entlockte den Texten so ungewöhnliche Interpretationen, dass die Studenten das Gefühl hatten, die Denkgebäude früherer Philosophen würden vor ihnen in die Luft gesprengt. In Hannah Arendts Worten: «Das Denken ist wieder lebendig geworden, die totgeglaubten Bildungsschätze der Vergangenheit werden zum Sprechen gebracht [...] Es gibt einen Lehrer; man kann vielleicht das Denken lernen.»[32]

Von all den aufregenden Momenten, die man erleben konnte, war wohl kaum einer so aufregend wie jener Anfang 1927. Sein Schüler Hermann Mörchen erinnert sich, wie Heidegger bei einer geselligen Zusammenkunft mit bündischen Studenten «wortlos-erwartungsvoll wie ein Kind, das sein geheimes Lieblingsspielzeug vorzeigt, einen frischen Korrekturbogen hinlegte».[33] Es war das Titelblatt seines Opus magnum *Sein und Zeit* mit jenem großen einleitenden Aufruf zum Staunen, gefolgt von vielen Seiten eines Textes, den man mit nichts vergleichen konnte, was irgendein anderer Philosoph jemals zuvor geschrieben hatte.

Ein Romancier der Moderne

Was also *ist* das Sein, über das Heidegger uns in *Sein und Zeit* zu staunen auffordert, und was sind die Seienden, die dieses Sein besitzen?

Das Wort *Sein*, wie es Heidegger verwendet, ist nicht leicht zu definieren, bezieht es sich doch auf keine anderen Kategorien oder

Eigenschaften. Es ist kein irgendwie geartetes Objekt und keine gemeinsame Eigenschaft von Objekten. Man kann jemandem erklären, was ein «Haus» ist, indem man auf viele unterschiedliche Gebäudetypen verweist, von Strohhütten bis zu Wolkenkratzern; es mag eine Weile dauern, aber am Ende wird der andere begreifen, was man meint. Doch man könnte bis in alle Ewigkeit auf Hütten, Essen, Tiere, Feldwege, Kirchenportale, Festtagsstimmungen und dunkle Gewitterwolken zeigen und sagen: «Siehst du: das Sein!», aber der andere wird wahrscheinlich nur noch ratloser werden.[34]

Heidegger fasst das Problem in dem Satz zusammen: «Das Sein des Seienden ‹ist› nicht selbst ein Seiendes.»[35] Es ist keine bestimmte oder fest umrissene Entität. «Seiend» bezieht sich auf jedes einzelne Ding: Wolken oder Kirchenportale zum Beispiel. «Sein» dagegen meint das, was allen diesen Seienden zukommt. Heidegger nennt diesen Unterschied die «ontologische Differenz» (Ontologie als die Wissenschaft vom Sein).[36] Es ist keine einfache Unterscheidung, doch die ontologische Differenz zwischen dem Sein und den Seienden ist für Heidegger extrem wichtig. Diese Begriffe zu verwechseln führt in die Irre, etwa wenn man annimmt, eine Wissenschaft von bestimmten Entitäten – die Psychologie oder die Kosmologie zum Beispiel – untersuche das Sein selbst.

Man kann sich zwar auf das Seiende, aber nur schwer auf das Sein konzentrieren, und daher gerät es leicht in Vergessenheit. *Ein* bestimmtes Seiendes jedoch besitzt ein erkennbareres Sein, nämlich ich selbst, weil ich im Unterschied zu Wolken und Kirchenportalen ein Seiendes bin, das über sein Sein nachdenkt. Ich besitze sogar ein vages, nichtphilosophisches Vorverständnis vom Sein, sonst würde es mir gar nicht einfallen, darüber nachzudenken.[37] Somit bin ich selbst der optimale Ausgangspunkt für eine ontologische Untersuchung. Ich bin das Seiende, dessen Sein in Frage steht, und gleichzeitig das Seiende, das irgendwie schon die Antwort kennt.

Ich selbst bin also der Weg. Dies bedeutet jedoch nicht, dass ich mich für das Studium der Humanwissenschaften – Biologie, Anthropologie, Psychologie oder Soziologie – einschreiben sollte. Diese bloß «ontischen» Disziplinen, so Heidegger, haben zu einer ontologischen Untersuchung nichts beizutragen.[38] Wie das spekulative Geröll, das im

Zuge von Husserls Epoché beiseitegeräumt wird, kommen auch diese Disziplinen unserer Untersuchung nur in die Quere und versperren uns mit irrelevanten Ideen den Weg. Wenn wir wissen möchten, was ein Mensch ist, hilft es nicht weiter, seine Gehirnströme zu messen oder seine Verhaltensweisen zu analysieren. So wie sich Jaspers von der Psychologie ab- und der Philosophie zuwandte, um ein «anderes Denken» zu praktizieren, war auch Heidegger überzeugt, die Frage nach dem Sein könne nur philosophisch gestellt werden – oder gar nicht. Allerdings nicht auf die althergebrachte philosophische Weise, die sich auf die Frage beschränkte, was wir überhaupt wissen können. Ein *neuer* Anfang war erforderlich.

Für Heidegger hieß das nicht nur, dass das Sein den Ausgangspunkt bildet, sondern auch, dass man beim Denken Wachsamkeit und Sorgfalt walten lässt. Dankenswerterweise erleichtert er uns dies dadurch, dass er eine Sprache verwendet, die den Leser beständig frustriert.

Denn Heidegger, das zeigt seine Lektüre sofort, neigte dazu, geläufige philosophische Termini durch neue, eigene Wortschöpfungen zu ersetzen. Den Begriff «Sein» belässt er in etwa so, wie er ist. Doch wenn es um denjenigen geht, der nach seinem eigenen Sein fragt (also um mich, einen Menschen), vermeidet er es konsequent, von Mensch, Geist, Seele oder Bewusstsein zu sprechen – Begriffe, die allesamt naturwissenschaftliche, religiöse oder metaphysische Implikationen besitzen. Er spricht stattdessen von «Dasein».

Das hat einen irritierenden und gleichzeitig faszinierenden Effekt. Wenn man Heidegger liest und das Gefühl hat, er beschreibt eine Erfahrung, die man kennt, möchte man am liebsten sagen: «Ja genau, das bin ich!» Aber man gerät sofort ins Stocken und fühlt sich gezwungen weiterzufragen. Schon der Begriff «Dasein» führt tief hinein in Heideggers Welt. Er ist so wichtig, dass englische Übersetzer ihn zumeist auf Deutsch belassen; eine frühe französische Übersetzung von Henry Corbin gibt «Dasein» mit «réalité humaine» wieder, was aber nur noch mehr Verwirrung stiftet.[39]

Warum, so wird oft geklagt, kann Heidegger nicht verständlich schreiben? Seine komplizierte und artifiziell anmutende Terminologie fordert zur Parodie geradezu heraus. Ein Beispiel ist die 1963 erschie-

nene Novelle *Hundejahre* von Günter Grass, wo eine Figur unter dem
Einfluss eines namentlich nicht genannten Philosophen halbgare Pell-
kartoffeln als «seinsvergessene Bulven» bezeichnet und sich fragt: «Warum Wasserratten und nicht ähnlich Seiende? Warum überhaupt etwas
und nicht nichts?»[40] Man könnte meinen, dass Heidegger, wenn er etwas
Nennenswertes zu sagen gehabt hätte, es doch in gewöhnlicher Sprache
hätte tun können.

Tatsache ist, dass er nicht nur ungewöhnlich sein, sondern sich
wohl auch in ungewöhnlicher Weise mitteilen wollte. George Steiner
zufolge wollte Heidegger nicht verstanden, sondern in «empfundener
Seltsamkeit erfahren» werden:[41] eine Methode, vergleichbar Brechts Ver-
fremdungseffekt, um zu verhindern, dass sich der Theaterzuschauer
allzu sehr von der Handlung fesseln lässt und der Illusion des Bekannten
erliegt.[42] Heideggers Sprache legt die Nerven blank. Sie ist dynamisch,
penetrant, manchmal lächerlich und oft kraftvoll. Das, worum es geht,
brandet an oder drängt gewaltsam vorwärts, wirkt wie von einem
Schlaglicht erhellt oder aufgesprengt. Zwar räumt Heidegger selbst eine
gewisse «Umständlichkeit der Begriffsbildung» ein.[43] Aber dies schien
ihm ein geringer Preis für sein Vorhaben, die Geschichte der Philosophie umzukrempeln und uns zum Sein zurückzuführen.

Man kann Heidegger auch als einen Spracherneuerer, ja vielleicht
sogar als einen Romancier der Moderne sehen. Während meiner
Arbeit an diesem Buch stieß ich durch Janet Malcolms Studie *Two Lives*
auf Auszüge aus Gertrude Steins experimentellem Roman *The Making
of Americans*. Er beginnt wie eine herkömmliche Familiensaga, gibt
aber die konventionelle Erzählweise schon bald auf und beschreibt
seine Figuren beispielsweise so:

> Ich fühle immer jede Art von ihnen als eine Substanz die dunkler, heller,
> dünner, dicker, schmutziger, klarer, glatter, klumpiger, körniger, vermisch-
> ter, einfacher ist ... und immer fühle ich bei jedem von ihnen ihre Art von
> Material als viel in ihnen, als wenig in ihnen, als ganz aus einem Stück in
> ihnen, als Klumpen in ihnen die manchmal durch Teile derselben manch-
> mal durch andere Arten von Material in ihnen zusammengehalten wer-
> den ... [Manche bestehen] aus kleinen Klumpen einer Art von Sein die zu-
> sammengehalten werden oder voneinander getrennt sind, wie man es in
> ihnen gerade fühlt, die Klumpen in ihnen voneinander getrennt durch

andere Art von Sein in ihnen, manchmal durch andere Art von Sein in ihnen die fast das völlige Gegenteil der Klumpen in ihnen ist, manche weil die Klumpen immer im umliegenden Sein aufgehen, das die Klumpen am Berühren hindert, bei manchen weil die Art von Sein in ihnen so dünn in ihnen verbreitet ist, daß alles was sie gelernt haben, was sie im Leben sein möchten, alle Reaktion gegenüber allem Interessanten, in ihnen, wirklich nichts in ihnen mit dem dünn verbreiteten Sein in ihnen zu tun hat … Manche wie ich schon sagte werden nie Ganze in ihrem Inneren. Manche sind immer Ganze obwohl das Sein in ihnen eine breiige Masse ist mit einer Haut, die sie zusammenhält und so zu einem macht.[44]

Das «Sein» in ihnen, heißt es weiter, «kann etwas Schleimiges, Gallertartiges, Klebriges, weißes Trübes sein und es kann weiß und vibrierend sein, und klar und erhitzt und das ist mir alles nicht sehr klar».[45]

Steins Ungenauigkeit hätte Heidegger wohl missfallen. Aber vielleicht hätte er es zu würdigen gewusst, dass hier eine Autorin die Sprache bis zum Äußersten strapaziert, um dem Abstumpfen der gewöhnlichen Wahrnehmung entgegenzuwirken. Vielleicht hätte er auch erkannt, dass Steins Differenzierung zwischen ihren Figuren und dem «Sein in ihnen» seine «ontologische Differenz» vorwegnimmt.

Es könnte daher hilfreich sein, Heidegger als einen experimentellen Romanautor oder Dichter zu betrachten. Er selbst aber sah sich, bei aller Ablehnung der traditionellen philosophischen Tugend der Klarheit, als einen Philosophen mit einer keinesfalls bloß literarischen oder spielerischen Sprache. Er wollte das Denken revolutionieren, die überkommene Metaphysik zerstören und mit der Philosophie ganz von vorn anfangen. Und bei einem so extremen und subversiven Ziel kann es natürlich nicht ausbleiben, dass man der Sprache ein wenig Gewalt antut.

Die Sorge, das Zeug und das Mitsein

Der schwerste Schlag, den *Sein und Zeit* der althergebrachten Philosophie versetzte, war eine Zugangsweise zum Dasein und zum Sein, wie man sie eigentlich von Husserl erwartet hatte: die Hinwendung zum alltäglichen Leben.

Heidegger zeigt uns das Seiende nicht im feinen Sonntagsstaat, sondern in seiner «durchschnittlichen *Alltäglichkeit*».[46] Andere Philosophen wählten einen ungewöhnlichen Ausgangspunkt – Descartes zum Beispiel, der sich in eine beheizte Stube zurückzog, um in die brennenden Holzscheite zu starren und in Ruhe nachzudenken – und beschrieben das Ergebnis ihrer Reflexion mit einfachen, ganz gewöhnlichen Begriffen. Heidegger geht den umgekehrten Weg. Er betrachtet das Dasein in seiner alltäglichsten Form und spricht darüber in völlig neuartiger Weise. Für Heidegger zeigt sich das Dasein des alltäglichen Seienden genau hier: im «In-der-Welt-sein».[47]

Die Grundverfassung des alltäglichen In-der-Welt-seins des Daseins besteht darin, dass es mit irgendetwas beschäftigt ist. In der Regel denke ich nicht über die Dinge nach, sondern nehme sie in die Hand und tue etwas mit ihnen. Wenn ich einen Hammer in der Hand halte, dann normalerweise nicht, um «das Hammerding nur zu begaffen», wie es Heidegger ausdrückt, sondern um damit Nägel einzuschlagen.[48]

Darüber hinaus hat mein Hantieren mit dem Hammer einen bestimmten Zweck, beispielsweise den, ein Regal für meine Philosophiebücher zu bauen. Der Hammer in meiner Hand ruft ein ganzes System von Zielsetzungen und Bezügen auf. Er offenbart, dass das Dasein mit Dingen zu tun hat, mit deren «Besorgen».[49] Heidegger nennt Beispiele: «zutunhaben» mit etwas, herstellen von etwas, bestellen und pflegen von etwas, aufgeben von etwas. Er zählt aber auch «defiziente Modi» des Besorgens auf: den Modus des Unterlassens, Versäumens und Verzichtens. Sie zeigen, dass das Sein des Daseins im Allgemeinen eines der «Sorge» ist. Die Unterscheidung zwischen «Besorgen» und «Sorge» ist verwirrend, aber beides bedeutet, dass das Dasein bis zu den Ellbogen in der Welt und in ihr aktiv ist. Dieser Gedanke ist gar nicht weit von Kierkegaard und seiner Überlegung entfernt, dass der Mensch nicht einfach nur existiert, sondern ein konkretes Interesse an seiner Existenz hat.

Unser In-der-Welt-sein, fährt Heidegger fort, hat zur Folge, dass wir Utensilien benutzen, «das Zeug»: Schreibzeug, Nähzeug, Werk-, Fahr-, Messzeug oder auch einen Hammer. Diese Dinge haben eine je eigene Seinsart, die Heidegger «Zuhandenheit» nennt: Wenn ich hämmere, besitzt der Hammer das ihm konstitutive «Um-zu». Wenn ich jedoch den Hammer beiseitelege und ihn als ein Hammerding «nur begaffe», hat er eine andere Seinsart: die «Vorhandenheit».[50]

Heidegger zufolge war es (nach der Seinsvergessenheit) der größte Fehler der Philosophen, über alles so zu sprechen, als sei es einfach nur vorhanden, und damit die Dinge von der alltäglichen «Besorgtheit» zu trennen, mit der wir ihnen die meiste Zeit begegnen. Sie wurden zu Objekten der Kontemplation durch ein unbeteiligtes Subjekt, das den ganzen Tag nichts anderes tat, als Zeug anzugaffen. Kein Wunder also, dass Philosophen so weltfremd zu sein scheinen!

Indem die Philosophen diesen Fehler begingen, ließen sie das ganze Gefüge des In-der-Welt-seins zerfallen und hatten dann immense Schwierigkeiten, es wieder so zusammenzusetzen, dass die alltägliche Existenz, wie wir sie führen, erkennbar wurde. Bei Heideggers In-der-Welt-sein dagegen ist alles mit allem verbunden. Wenn die Strukturen des Daseins auseinanderbrechen, so ist es ein «defizienter» oder sekundärer Zustand. Eine strukturierte Welt offenbart sich daher durch die einfachsten Tätigkeiten.[51] Ein Füllfederhalter ruft ein ganzes Bezugssystem von Tinte, Papier, Schreibtisch und Lampe auf den Plan, aber auch ein Beziehungsgeflecht anderer Menschen, für die oder an die ich schreibe, jeder mit seinen eigenen Zielsetzungen in der Welt. Wie Heidegger an einer anderen Stelle ausführt, ist ein Tisch nicht einfach nur ein Tisch: Er ist ein Familientisch, an dem «sich die Buben zu schaffen» machen; «an dem Tisch da führten wir damals die und die Diskussion; hier fiel damals jene Entscheidung mit Freunden, da wurde damals jene Arbeit geschrieben, jenes Fest gefeiert».[52] Wir sind nicht nur instrumentell, sondern auch sozial involviert. Und somit ist für Heidegger jedes «In-der-Welt-sein» auch ein «Mitsein». Wir leben mit anderen zusammen in einer «Mitwelt».[53]

Das alte philosophische Problem, wie die Existenz anderer «Bewusstseine» bewiesen werden kann, ist damit vom Tisch. Das Dasein ist immer schon eingebettet in die «Mitwelt», lange bevor es sich über andere den Kopf zerbricht. «Die Anderen sind … die, von denen man selbst sich zumeist *nicht* unterscheidet, unter denen man auch ist.»[54] Das «Mitsein» charakterisiert ein Dasein selbst dann, wenn es auf einer verlassenen Insel gestrandet ist oder sich aus der Welt zurückzieht, um auf einer Säule zu leben; denn auch diese Situationen sind wesenhaft durch das Fehlen des «Mitseins» anderer bestimmt. Das Leben eines Styliten ist nach wie vor ein Mitsein, wenn auch ein «defizienter Modus des Mitseins».[55]

Heidegger gibt ein anschauliches Beispiel.[56] Ich gehe spazieren und sehe ein Boot am Strand. Welches Sein besitzt dieses Boot für mich? Es ist unwahrscheinlich, dass es «einfach nur» ein Objekt ist, ein «Zeug», das ich von einem abstrakten Blickpunkt aus betrachte. Ich begegne dem Boot vielmehr als (1) einem potenziell nützlichen Objekt in (2) einer Welt, die ein Geflecht aus vielen solchen Objekten ist, und (3) in einer Situation, in der das Boot offenkundig für jemand anderen – wenn auch nicht für mich – ganz konkret nützlich ist. Das Boot verdeutlicht gleichermaßen das Zeug, die Welt und das Mitsein. Ich kann es zwar als bloßes «Objekt» betrachten, aber damit tue ich dem alltäglichen In-der-Welt-sein Gewalt an.

Das Überraschende ist, dass die Philosophie so lange auf jemanden warten musste, der all dies sagt. Amerikanische Pragmatisten wie Charles Sanders Peirce, John Dewey und William James erforschten zwar das menschliche Leben als eine praktische, aktive Angelegenheit, aber es fehlte ihnen Heideggers große philosophische Vision. Der Pragmatismus war für sie ein Weg, die Philosophie auf den Boden der Wirklichkeit zurückzubringen; es ging weniger darum, an ihre großen Aufgaben und Fragestellungen zu erinnern. Husserl besaß zwar Heideggers Ehrgeiz, aber er verfrachtete alles in seine idealistische Höhle zurück. In Heideggers Augen ein fataler Fehler: Husserl habe das Falsche ausgeklammert. Er habe das Sein ausgeklammert, das Einzige, was unverzichtbar ist.

Heidegger ist der große Umstürzler der Philosophie. In *Sein und Zeit* erweist sich das alltägliche Sein und nicht die fernen Weiten der Kosmologie oder der Mathematik als in höchstem Maße «ontologisch». Praktisches Besorgen und Sorge sind ursprünglicher als die Reflexion. Nützlichkeit kommt vor Kontemplation, die Zuhandenheit vor der Vorhandenheit, das In-der-Welt-sein und das Mitsein vor dem Alleinsein. Wir schweben nicht über dem großen und vielgestaltigen Geflecht der Welt und schauen darauf hinunter. Wir sind in diese Welt «hineingeworfen». Und diese «Geworfenheit» muss unser Ausgangspunkt sein.

Heideggers Biographen Rüdiger Safranski zufolge sagt Heidegger «das Selbstverständliche so, dass es auch Philosophen begreifen können».[57]

Die Stadt der zwei Phänomenologien

Husserl entging nicht, dass *Sein und Zeit* auch gegen ihn gerichtet war, trotz der Widmung und der lobenden Worte. Um sich darüber Gewissheit zu verschaffen, las er das Buch mehrmals. Er nahm es im Sommer 1929 mit in die Ferien am Comer See, arbeitete es gewissenhaft durch und machte Anmerkungen an den Rand – «Das ist doch widersinnig» –, unter häufiger Verwendung von Frage- und Ausrufezeichen, manchmal beidem.[58] Als er jedoch Heidegger freundschaftlich erzählte, er sei oft genug gewarnt worden, Heideggers Phänomenologie sei etwas völlig anderes als die seine, lachte der nur und sagte: «Unsinn!»[59]

Privat jedoch äußerte sich Heidegger durchaus abschätzig über Husserls Philosophie. Noch als sein Mentor ihm überschwänglich lobende Empfehlungsbriefe schrieb, sagte er über ihn: «Huss. war nie auch nur eine Sekunde seines Lebens Philosoph. Er wird immer lächerlicher.»[60] An Karl Jaspers, mit dem er inzwischen befreundet war, schrieb Heidegger 1923: «Er lebt von der Mission des ‹Begründers der Phänomenologie›, kein Mensch weiß, was das ist.»[61] (Da Jaspers seinerseits zugegeben hatte, nicht zu wissen, was Phänomenologie eigentlich ist, konnte er in diesem Punkt kaum weiterhelfen.) Die Differenzen zwischen Heidegger und Husserl wurden 1927 offenkundig. Ihr im Frühjahr 1927 begonnenes Projekt, für die *Encyclopaedia Britannica* gemeinsam einen Artikel über Phänomenologie zu schreiben, scheiterte kläglich.[62] Jeder fand, der andere habe Mühe, sich klar und deutlich auszudrücken.[63] Gravierender war, dass sie bei der Definition von Phänomenologie inzwischen in fast allen Punkten unterschiedlicher Ansicht waren.

Von Heideggers Rebellion war Husserl tief getroffen. Wie anders hatte er sich das vorgestellt! Er hatte seinen Schüler zu seinem Universalerben machen wollen, der seine Philosophie in die Zukunft trägt. Die Berufung nach Marburg hatte Heidegger Husserl zu verdanken,

der jetzt auch dessen Wahl zu seinem Nachfolger in Freiburg befürwortete – in der Hoffnung, wie er später einräumte, dass er dann «an
meine Seite zurückkehren» würde.[64] Doch nachdem Heidegger den
Lehrstuhl übernommen hatte, wurde Freiburg zur Stadt der zwei
Phänomenologien. Husserls Phänomenologie erschien immer weniger aufregend, Heidegger dagegen gewann Kultstatus.

Zu Husserls siebzigstem Geburtstag am 8. April 1929 hielt Heidegger eine lange Festrede in einem huldigenden, aber unterschwellig
kränkenden Ton. Husserls Philosophie, so Heidegger, fordere «jederzeit die Bereitschaft der Umkehr oder Abkehr».[65] In seiner schlichten,
kurzen Antwort sagte Husserl, es sei ihm gegeben gewesen, manches
zu vollbringen, das meiste aber liege noch unvollendet da. Auch hier
gab es einen Subtext: Anders als Heidegger glaubte, sei er, Husserl,
selbst auf dem richtigen Weg, und man solle sich ihm anschließen, um
die Mission gemeinsam zu erfüllen.[66]

Heideggers Verhalten war schnöde, aber Husserls Erwartungen
waren unrealistisch. Sein Wunsch, aus Heidegger einen Mini-Husserl
für die nächste Generation zu machen, muss für Heidegger beklem-
mend gewesen sein. Es gab keinen Grund, anzunehmen, dass sein
Schüler ihm kritiklos folgen würde. Das entspricht auch nicht dem
Entwicklungsgang der Philosophie. Je revolutionärer der Anspruch,
mit dem eine philosophische Strömung auftritt, desto stärker formiert
sich der Widerstand, um der Herausforderung gerecht zu werden.

Aber Husserl betrachtete sich keineswegs als alte Garde, von der
sich eine neue Generation absetzen musste, um sich weiterzuentwickeln. In seinen Augen waren es vielmehr die Jungen, die es mit seinen
zunehmend radikalen Positionen nicht aufnehmen konnten. Er sah
sich als «berufenen Führer ohne Gefolge […] in dem radikal neuen
Geiste der transzendentalen Phänomenologie».[67]

Heideggers philosophischer Fehler lag für Husserl darin, auf der
Ebene der «natürlichen Einstellung» zu verharren.[68] Ein merkwürdiger
Vorwurf. Was konnte daran falsch sein? Aber Husserl meinte etwas
anderes. Heidegger habe die Vorannahmen über die Welt nicht ausgeklammert, also die Epoché nicht vollzogen. Fixiert auf das Sein, habe
er vergessen, den für die Phänomenologie grundlegenden Schritt zu
tun.

Für Heidegger wiederum war es Husserl, der etwas vergessen hatte. Seine idealistische Wende gab dem abstrakten, kontemplativen Geist Vorrang vor dem dynamischen In-der-Welt-sein. Schon zu Beginn von *Sein und Zeit* macht Heidegger deutlich, dass er keine theoretische Untersuchung, keine bloße Abfolge von Definitionen und Beweisen liefern wolle, sondern eine *konkrete* Ausarbeitung der Frage nach dem Sinn von «Sein», beginnend mit dem, was das Dasein im jeweiligen Moment tut.

Das sei bloß «Wissenschaft vom Menschen», meinte Husserl in einem Vortrag von 1931.[69] Das «konkret-weltliche» Dasein zum Fundament der Philosophie zu machen bedeute, deren hohe transzendentale Ziele aufzugeben. Husserl konnte nicht verstehen, warum Heidegger das nicht zu begreifen schien – aber Heidegger interessierte sich immer weniger für das, was Husserl dachte. *Er* war jetzt die magische Gestalt und zog Husserls Schützlinge auf seine Seite.

Wie ein verbogener Nagel alles in Frage stellt

In *Sein und Zeit* skizziert Heidegger zunächst eine konsistente Welt fröhlich hämmernder Menschen, die im «Mitsein» mit den anderen kommunizieren und ein vages Vorverständnis des Seins besitzen, ohne intensiver darüber nachzudenken. Hätte Heidegger nicht mehr zu bieten gehabt, hätte er wohl kaum diese Begeisterung ausgelöst. Und wenn das alles wäre, was das menschliche Leben ausmacht, würde uns die Philosophie überhaupt wohl kaum interessieren. Denn wer bräuchte in einer so unkomplizierten, problemlosen Welt Philosophen? Zum Glück für die Philosophie bleiben Reißverschlüsse hängen und Gegenstände gehen kaputt. Und Heidegger legt dar, was dann passiert.

Ich hämmere also Nägel in einen Schrank; den Hammer nehme ich dabei kaum wahr, nur den Nagel, der in das Brett eindringt, und mein Vorhaben. Oder ich tippe einen Abschnitt über Heidegger in den Computer und schenke dabei meinen Fingern, der Tastatur und dem Bildschirm keine Beachtung. Mein «Besorgen» geht durch sie hindurch auf das Ziel, das ich erreichen will. Aber dann läuft etwas schief. Der

Nagel verbiegt sich, der Kopf des Hammers fällt vom Stiel, oder der Computer streikt.

Für einen Moment starre ich ratlos den kaputten Hammer an; ich schaue nicht mehr durch den Computer hindurch, sondern fixiere wütend die blockierten Tasten. Heidegger nennt diesen defizienten Modus das «Nur-noch-vorhandensein eines Zuhandenen».[70]

Beispiele dafür gibt es zuhauf. In Nicholson Bakers Roman *Rolltreppe*, der phänomenologischen Beschreibung einer Mittagspause, will sich der Protagonist den Schuh zubinden, doch der Schnürsenkel reißt. Während er ungläubig auf das Stück Schnürsenkel in seiner Hand starrt, gehen ihm ähnliche Zwischenfälle durch den Kopf: wenn man an dem roten Streifen zieht, der ein Verbandspäckchen in der Mitte aufreißen soll, sich der Streifen dann aber von der Hülle löst, ohne sie zu zerteilen; oder wenn man einen Stapel Papiere mit Heftklammern binden will und das Heftgerät «zahnlos auf das Papier sackt», weil es leer ist.[71] (Ich habe das Buch vor zwanzig Jahren gelesen, aber diese Beschreibung hat sich mir so tief eingeprägt, dass ich jedes Mal, wenn ein Heftgerät keine Klammern hat, vor mich hinmurmle: «Es sackt zahnlos auf das Papier.»)

Solche Vorkommnisse, sagt Heidegger, machen «die *Aufsässigkeit* des zunächst und zuvor zu Besorgenden sichtbar».[72] Sie rücken meinen Plan und den Gesamtzusammenhang meines Besorgens in ein anderes Licht. Die Welt ist plötzlich keine gleichmäßig surrende Maschine mehr, sondern eine Ansammlung störrischer Objekte, denen ich perplex und ratlos gegenüberstehe. Das ist der Zustand, in den Heidegger uns bei der Lektüre seiner Texte versetzen möchte.

Ein so kleiner Zwischenfall wie ein leeres Heftgerät führt in der Regel nicht zum Zusammenbruch unserer Welt. Nach kurzem Stocken geht alles reibungslos weiter im Takt. Manchmal jedoch hat das Versagen des gewohnten Mechanismus gravierendere Folgen, und plötzlich kann ein leeres Heftgerät meinen gesamten Lebensweg in Frage stellen.

Einen solchen Kollaps des Sinngefüges eines ganzen Lebens beschrieb der österreichische Schriftsteller Hugo von Hofmannsthal 1902 in seinem berühmten Chandos-Brief.[73] Der fiktive Brief des fiktiven englischen Aristokraten Philipp Lord Chandos aus dem Jahr 1603 beschreibt eine persönliche Krise Hofmannsthals, die seine ganze Welt zerfallen lässt. Dinge des alltäglichen Lebens erscheinen Chandos so nah wie durch ein Vergrößerungsglas betrachtet und sind nicht mehr wiederzuerkennen. Er hört, wie Leute sich über Bekannte und Freunde unterhalten, kann ihren Worten aber keinen Sinn abgewinnen. Unfähig, zu arbeiten oder sich um sein Anwesen zu kümmern, starrt er stundenlang auf einen moosbewachsenen Stein, auf einen Hund in der Sonne oder auf eine Egge, die auf dem Feld liegt. Die Verbindungen zwischen den Dingen sind verlorengegangen. Kein Wunder, dass wir von einem Zusammenbruch sprechen. Jeder, der schon einmal eine Depression erlebt hat, kennt diese Situation, die auch bei bestimmten neurologischen Erkrankungen auftritt.[74] Heidegger sähe hier den Extremfall eines Bruchs der Verweisungszusammenhänge unseres alltäglichen In-der-Welt-seins, von denen wir in der Regel keine Notiz nehmen.

Heidegger weckt ein neuartiges Verständnis dafür, warum es einen zur Verzweiflung treiben kann, wenn sich ein Nagel unter dem Hammer verbiegt und man das Gefühl hat, alles habe sich gegen einen verschworen. Wenn man – um ein Beispiel aus Philip Larkins Gedicht «As Bad as a Mile» zu zitieren – mit einem Apfelgehäuse auf einen Abfalleimer zielt und ihn verfehlt, ist es nicht nur deshalb ärgerlich, weil man aufstehen und das Apfelgehäuse vom Boden aufheben muss. Diese kleine Störung kann auf einmal *alles* kompliziert, fragwürdig und beunruhigend erscheinen lassen. Aber mit Fragen und Beunruhigung beginnt die Philosophie.

Genau diese eindringlichen, das persönliche Leben betreffenden Probleme wollen die Menschen in schwierigen Zeiten von der Philosophie behandelt wissen. Und hier liegt ein Grund, warum Heidegger so großen Einfluss gewonnen hat. Sein Ausgangspunkt war die Wirklichkeit in ihrem alltäglichen Gewand, aber er hat auch wie Kierkegaard über die befremdlichsten Erfahrungen im Leben gesprochen, jene Momente, in denen alles entsetzlich schiefgeht – und über jene Momente, in denen wir mit der eklatantesten Ungerechtigkeit überhaupt konfrontiert sind, dem Tod. So gut wie jedem Menschen sind solche Erfahrungen vertraut. Wir machen sie auch in politisch stabilen, friedlichen Zeiten. Im Deutschland der zwanziger Jahre, als auf den Ersten Weltkrieg eine Zeit des Chaos und der Ressentiments folgte, fühlte sich fast jeder irgendwie von Heidegger angesprochen.

Auf dem Zauberberg

1929 hatte sich der Heidegger-Kult über Freiburg und Marburg hinaus verbreitet. In jenem Frühjahr trat der Philosoph bei den Davoser Hochschulkursen im schweizerischen Skiort Davos auf.[75] Davos ist auch der Schauplatz von Thomas Manns Roman *Der Zauberberg*. Heidegger hatte den Roman gelesen, in dem ein erbittertes Wortgefecht zwischen dem italienischen Intellektuellen Lodovico Settembrini, einem aus der Zeit gefallenen Rationalisten, und dem mystisch-fanatischen Jesuiten Leo Naphta stattfindet.[76] Es ist reizvoll, nach Parallelen in der Begegnung zwischen den beiden Stars dieser Tagung in Davos zu suchen: Heidegger auf der einen Seite und der große humanistische Gelehrte der kantischen Philosophie und der Aufklärung Ernst Cassirer auf der anderen.

Cassirer, ein Jude, war großgewachsen, elegant, in sich ruhend und mit weißem, wie zu einem Bienenstock aufgetürmtem Haar. Heidegger war von kleiner Statur, ausweichend, mit gestutztem Schnurrbart und streng nach hinten gekämmtem Haar. Ihre Debatte drehte sich um Kants Philosophie, und sie interpretierten diesen Philosophen auf dramatisch unterschiedliche Weise. Für Cassirer war Kant der letzte große Vertreter der aufklärerischen Werte von Vernunft, Erkenntnis und Freiheit. Heidegger, der gerade seine Schrift *Kant und das Problem der Metaphysik* veröffentlicht hatte, vertrat die Ansicht, Kant habe diese Werte demontiert, indem er zeigte, dass wir keinen Zugang zur Realität oder zu wahrer Erkenntnis in irgendeiner Form haben können. Kant habe sich zudem nicht primär für die Frage der Erkenntnis interessiert, sondern für die Ontologie: die Frage nach dem Sein.

Aus der Debatte ging zwar kein klarer Sieger hervor, aber viele Zuhörer betrachteten Cassirer als den Vertreter einer zivilisierten, aber überholten Vergangenheit und Heidegger als den Propheten einer gefährlichen, aber aufregenden Zukunft. Unter ihnen war auch Emmanuel Lévinas, der einstige Schüler Husserls und nunmehr glühende Anhänger Heideggers. Wie er später in einem Interview sagte, war es, als hätte man den Untergang der einen und den Beginn einer neuen Ära miterlebt.[77]

Toni Cassirer, die Ehefrau des Philosophen, fand Heidegger «gewöhnlich».[78] Sie erinnerte sich an seine Ankunft am ersten Abend, als sich alle nach ihm umdrehten. Er erschien mit Verspätung. Die anderen Teilnehmer hatten sich bereits zum Eröffnungsdiner versammelt, die Ansprachen waren in vollem Gang. Fast wie im *Zauberberg*, wo die verführerische Clawdia Chauchat den Speisesaal stets türenschlagend und als Letzte betritt. Toni Cassirer drehte sich um und sah einen kleinen Mann eintreten. Er kam ihr vor wie einer der in Deutschland damals zahlreichen Handwerker «etwa aus dem südlichen Österreich oder Bayern», nur dass Heidegger seine Schwarzwälder Tracht trug. Er wirkte «wie ein Bauernkind, das man durch die Türe eines Schlosses stößt».

Seinen Kreis beurteilte sie als geistig noch beschränkter. Zufällig wurde sie Zeugin einer satirischen Reinszenierung der Debatte durch Heideggers Studenten. Lévinas spielte Ernst Cassirer. Er hatte sich die Haare mit Talkum gepudert und zu einer Tolle aufgetürmt. Toni Cassirer fand ihn nicht lustig. Jahre später bereute Lévinas, dass er sich damals nicht bei ihr entschuldigt hatte; aber da war er längst kein Bewunderer Heideggers mehr und besaß sehr viel mehr Lebenserfahrung.[79]

Ein paar Monate nach der Veranstaltung in Davos, am 24. Juli 1929, hielt Heidegger in Freiburg eine brillante Vorlesung mit dem Titel «Was ist Metaphysik?». Es war jener Text, den Sartre und Beauvoir 1931 in französischer Übersetzung zu lesen versuchten, aber nicht verstanden. Diesmal war Husserl selbst unter denen, die sich im Auditorium Maximum der Universität versammelten, um die Antrittsvorlesung des neu ernannten Professors zu hören. Und Heidegger enttäuschte nicht. *Was ist Metaphysik?* war ein Publikumserfolg. Die Rede enthielt dramatische Gedanken aus *Sein und Zeit* und einige neue Ideen. Sie beginnt mit einer überraschenden Passage voll trockenen Humors:

«Was ist Metaphysik?» – Die Frage weckt die Erwartung, es werde über Metaphysik geredet. Wir verzichten darauf.[80]

Heidegger stellt dem Seienden das Nichts gegenüber und erörtert ausführlich das «Gestimmtsein», ein weiterer Schlüsselbegriff seiner Philosophie. Die Stimmungen des Daseins reichen von Freude über Langeweile bis zu einem diffusen Gefühl von Bedrücktheit und Unbehagen,
das Kierkegaard als Angst bezeichnet hatte. Bei jedem «Gestimmtsein»
zeigt sich die Welt in einem anderen Licht. Bei der Angst ist es das
«Unheimliche». Es offenbart das «Seiende in seiner vollen Befremdlich-
keit».[81] In diesem unheimlichen, unvertrauten Moment brechen sich in
der Gestimmtheit der Angst die ersten Fragen der Philosophie Bahn,
besonders jene, auf die Heideggers Vorlesung zusteuert: «Warum ist
überhaupt Seiendes und nicht vielmehr Nichts?»[82]

Heideggers Vortrag war erschreckend und auf geheimnisvolle
Weise packend, bisweilen auch rätselhaft, was seine Wirkung noch
steigerte. Am Ende hatte mindestens ein Zuhörer, Heinrich Wiegand
Petzet, das Gefühl, «als spalte ein riesiger Blitz jenen dunkel verhange-
nen Himmel, der über dem Höhlengleichnis gelegen hatte; in einer
fast schmerzenden Helle lagen die Dinge der Welt offen da».[83]

Husserl war weniger euphorisch. Er hatte die schlimmsten Befürchtungen und betrachtete Heidegger jetzt nicht länger als seinen Schützling, sondern als einen monströsen Abkömmling. Einem Kollegen
schrieb er, er sei zu dem Resultat gekommen, «dass ich das Werk [*Sein
und Zeit*] nicht dem Rahmen meiner Phänomenologie einordnen kann,
dass ich es leider aber auch methodisch ganz und gar u. im Wesentlichen auch sachlich ablehnen muss». Und in einem Brief an Alexander
Pfänder achtzehn Monate später heißt es: «Ich kam zum betrüblichen
Ergebnis, daß ich philosophisch mit diesem Heidegger'schen Tiefsinn
nichts zu schaffen habe.» Heideggers Philosophie müsse um jeden Preis
bekämpft werden. Sie sei «von jener Art, die für immer unmöglich zu
machen ich zu meiner Lebensaufgabe stets gerechnet habe».[84]

Viertes Kapitel
Das «Man», der Ruf

in dem Sartre Albträume hat und Heidegger zu denken
versucht, Karl Jaspers bestürzt ist und Husserl zu Heroismus
aufruft

1933, ein «unheimliches» Jahr

Heideggers magnetisierende Auftritte 1929 erhöhten nur die Anziehungskraft seiner Philosophie in einem Land, das nach dem Ersten Weltkrieg und der Hyperinflation 1923 in einer noch schwereren wirtschaftlichen Katastrophe zu versinken drohte. Viele Deutsche empfanden die Revolution von 1918/19 wie einen Staatsstreich, durch den Sozialdemokraten und Kommunisten das gute alte Kaiserreich zerstört hätten. Man munkelte über mutmaßliche Pläne von Juden und Kommunisten, den Staat zu unterminieren. Heidegger schien diesen Argwohn zu teilen. Auch er fühlte sich orientierungslos und verachtete die Weimarer Demokratie.

Besucher jener Jahre erschraken über Elend und Armut, die die Menschen links- und rechtsextremen Parteien in die Arme trieben. Raymond Aron, der 1930 erstmals in Deutschland war, fragte sich schockiert, was Europa tun müsse, um nicht in einen neuen Krieg hineinzuschlittern.[1] Zwei Jahre später bereiste die junge französische Philosophin Simone Weil Deutschland und berichtete für eine linksgerichtete Zeitung über Not und Arbeitslosigkeit, die das soziale Gefüge zerstörten. Wer einen Arbeitsplatz habe, schrieb sie, lebe in der ständigen Angst, ihn zu verlieren. Wer sich keine Wohnung leisten könne, verliere das Dach über dem Kopf oder müsse auf Kosten seiner Angehörigen leben, was die Familienbeziehungen extrem belaste. Das Unglück könne jeden treffen: «Greise mit steifem Kragen und Melone betteln an den U-Bahn-Ausgängen oder singen mit gebrochener Stimme auf der Straße.»[2] Die Alten litten, aber die Jungen, die nichts anderes kannten, konnten sich nicht einmal in schöne Erinnerungen flüchten.

Revolution lag in der Luft, aber man konnte nur spekulieren, wohin die politische Entwicklung führen würde: in Richtung der Kommunisten oder der Nationalsozialisten. Simone Weil setzte ihre Hoffnung auf die Linken, befürchtete aber, dass in einer so verzweifelten Lage die strenge Disziplin der uniformierten nationalsozialistischen Aufmärsche eindrucksvoller und attraktiver war als vage sozialistische Träume von Gleichheit.[3] Sie sollte recht behalten. Am 30. Januar 1933 ernannte Reichspräsident Paul von Hindenburg Adolf Hitler zum Reichskanzler. Einst eine belächelte Randfigur, beherrschte Hitler jetzt das Land. Die Wahlen am 5. März stärkten seine Partei, die NSDAP. Am 23. März erhielt er mit dem Ermächtigungsgesetz nahezu unumschränkte Vollmachten, die er im Lauf des Sommers weiter ausbaute. Zwischen Arons Aufforderung an Sartre, ausgesprochen nach dem Gespräch über Aprikosencocktails, und dessen Aufbruch nach Berlin veränderte sich das Land so stark, dass es kaum wiederzuerkennen war.

Die ersten Umbrüche zeigten sich schon in jenem Frühjahr, und sie schränkten das Leben der Menschen in elementarer Weise ein. Bereits im März gab es willkürliche Verhaftungen, Hausdurchsuchungen und Beschlagnahmungen. Mit neuen Verordnungen wurden das Brief- und das Telefongeheimnis aufgehoben – persönliche Freiräume, die bis dahin als unantastbar gegolten hatten.[4] Im April wurde zum Boykott jüdischer Geschäfte aufgerufen, und das «Berufsbeamtengesetz» erlaubte es, jüdische und politisch missliebige Staatsbedienstete zu entlassen. Am 2. Mai wurden die Gewerkschaften verboten. Am 10. Mai fand die erste öffentliche Bücherverbrennung auf dem Berliner Opernplatz statt. Am 14. Juli 1933 wurden alle politischen Parteien außer der NSDAP verboten.

Viele Deutsche, aber auch viele Menschen in Europa, beobachteten diese Entwicklung mit Entsetzen. Simone de Beauvoir wunderte sich später, wie gelassen sie und Sartre dem Aufstieg der Nationalsozialisten zugesehen hatten, ausgerechnet sie, die sich in der Folge so stark politisch engagierten.[5] Sie hätten zwar eifrig Zeitung gelesen, sich aber mehr für Mordgeschichten und psychologisch extreme Fälle wie die Tragödie der Papin-Schwestern interessiert (die beiden Zofen ermordeten ihren Arbeitgeber) oder die Geschichte eines jungen Paares, das ein unbekanntes Ehepaar mit in ihre Wohnung nahm, Orgien feierte und sich am nächsten Tag umbrachte.[6] Angesichts solcher Merkwürdigkeiten erschien ihnen der Aufstieg von Faschismus und Nationalsozialismus als eine eher abstrakte Angelegenheit. Doch im Sommer 1933, kurz vor Sartres Aufbruch nach Berlin, machten die beiden auf irritierende Weise Bekanntschaft mit dem italienischen Faschismus. Sie nutzten ein Sonderangebot der italienischen Eisenbahn und fuhren nach Rom. Als sie nachts im Kolosseum waren, richteten plötzlich zwei Schwarzhemden ihre Taschenlampen auf sie und schrien sie an, was sie hier zu suchen hätten.[7] Sie waren zwar schockiert, wurden aber politisch nicht wachgerüttelt.

Während seines Aufenthalts in Berlin war Sartre so sehr mit der Lektüre Husserls und anderer Philosophen beschäftigt, dass er die Außenwelt zunächst kaum wahrnahm. Er trank mit seinen Mitstudenten und unternahm lange Spaziergänge. «Dort entdeckte ich erneut die Verantwortungslosigkeit», erinnerte er sich später.[8] Doch die Hakenkreuzfahnen, die Aufmärsche und die regelmäßigen Gewaltexzesse wurden immer beunruhigender. Im Februar 1934 besuchte Beauvoir zum ersten Mal Sartre und wunderte sich darüber, wie normal Deutschland wirkte.[9] Als sie dann aber im Juni erneut nach Berlin reiste und mit Sartre über Dresden, München und Nürnberg nach Paris zurückfuhr, erlebte sie Militäraufmärsche und am Rande auch brutale Szenen auf den Straßen mit, so dass sie froh war, Deutschland wieder zu verlassen. Sartre bekam Albträume von Städten im Aufruhr, von «Blut an den Straßenkreuzungen und auf der Mayonnaise der Metzger».[10]

Diese Mischung aus Beklemmung und dem Gefühl des Irrealen war nichts Ungewöhnliches. Viele Deutsche empfanden es ähnlich. Es herrschte ein Gefühl der «Unheimlichkeit», wie es Heidegger nannte.

In der Regel wurden die Nazis gerade von den gebildeteren Bevölkerungsschichten nicht sehr ernst genommen. Karl Jaspers gab im

Nachhinein zu, diesen Fehler gemacht zu haben. Eine ähnliche Einstellung beobachtete Simone de Beauvoir bei den französischen Studenten in Berlin. [11] Immerhin lernten die meisten, die Hitlers Ideologie ablehnten, dass es besser war, ihre Ansichten für sich zu behalten. Bei Aufmärschen überließen sie den Nazis die Straßen. Ließ es sich nicht vermeiden, entboten sie den obligatorischen Hitlergruß. Sie fanden, diese Geste sei bedeutungslos, wenn sie nicht daran glaubten. Wie der Psychologe Bruno Bettelheim später über diese Zeit schrieb, waren nur wenige bereit, für eine scheinbare Kleinigkeit wie den unterlassenen Hitlergruß ihr Leben aufs Spiel zu setzen – dennoch wurde auf diese Weise die Kraft des Widerstands geschwächt, die Verantwortung für das eigene Tun und die moralische Integrität unterminiert. [12]

Der Journalist Sebastian Haffner, damals Jurastudent, sprach in seinen Erinnerungen gleichfalls von einer Atmosphäre des «Unheimlichen». Alles geschah «in einer Art von halber Narkose, mit einer dünnen, kümmerlichen Gefühlssubstanz hinter dem objektiv Ungeheuerlichen: daß Morde begangen werden aus der Stimmung eines Dumme-Jungen-Streichs, daß Selbsterniedrigung und moralischer Tod hingenommen werden wie ein kleiner störender Zwischenfall». Seiner Ansicht nach trug nicht zuletzt die Moderne selbst die Schuld daran: Die Menschen, schrieb er, standen im Bann ihrer Gewohnheiten und der Massenmedien und vergaßen, die Routine ihres täglichen Lebens zu unterbrechen, um sich zu fragen, was eigentlich vorgehe. [13]

Heideggers ehemalige Geliebte und Schülerin Hannah Arendt schrieb in ihrer Studie *Elemente und Ursprünge totaler Herrschaft*, nicht zuletzt die Zersplitterung des modernen Lebens mache die Menschen anfällig für Demagogen und verschaffe totalitären Bewegungen Zulauf. [14] Arendt prägte auch das Schlagwort von der «Banalität des Bösen»: das völlige Versagen des individuellen moralischen Bewusstseins. [15] Damit erntete sie Kritik, denn sie bezog sich auf Adolf Eichmann, den Organisator des Holocaust, der sich sehr viel mehr als nur mangelnder Bereitschaft zu persönlicher Verantwortung schuldig gemacht hatte. Aber sie blieb bei ihrer Analyse. Das persönliche Versagen in einer konkreten Situation offenbare einen Mangel an Vorstellungskraft und Aufmerksamkeit, der sich so gefährlich auswirken könne wie ein gezielter Übergriff. Es sei der Verstoß gegen jenes

Pflichtgebot Heideggers aus der Marburger Zeit, das Arendt beher-
zigte: *zu denken*.[16]

Aber was heißt «denken»? – *Was heißt Denken?* lautet der Titel eines
Aufsatzes von Martin Heidegger, den man im Sinne von «Was bedeutet Denken?», aber auch von «Was ruft zum Denken?» verstehen kann.
Man hätte erwarten müssen, dass gerade Heidegger mit seiner ständigen Ermahnung, sich nicht dem Vergessen anheimzugeben, sondern
die alltägliche Wirklichkeit in Frage zu stellen, von allen Philosophen
am gründlichsten denken und seine Landsleute dazu aufrufen würde,
ihrer Pflicht zu verantwortungsvoller Wachsamkeit gerecht zu werden.

Heidegger selbst war davon überzeugt, genau das zu tun. Aber er
tat es nicht auf die Weise, wie Arendt, Jaspers, Husserl und die meisten
seiner späteren Leser es sich gewünscht hätten.

Aufruf zum Widerstand?

Sein und Zeit enthält mindestens einen großen Gedanken, der dem
Widerstand gegen den Totalitarismus hätte dienlich sein können. Das
Dasein, so schreibt Heidegger, tendiere dazu, unter die Herrschaft des
unpersönlichen «Man» zu fallen, das uns unserer Freiheit beraubt,
selbstständig zu denken: «Weil das Man […] alles Urteilen und Entscheiden vorgibt, nimmt es dem jeweiligen Dasein die Verantwortlichkeit ab. Das Man kann es sich gleichsam leisten, daß ‹man› sich ständig
auf es beruft.»[17] Um authentisch zu leben, gelte es, diesem Einfluss zu
widerstehen oder ihn auszuschalten, was jedoch nicht einfach ist, weil
das «Man» so ungreifbar ist. Es ist überall und nirgends; es ist unbestimmt, und gleichzeitig ist es jeder Einzelne von uns. Wie das Seiende
ist es so allgegenwärtig, dass wir es kaum bemerken. Und wenn wir
nicht aufpassen, übernimmt dieses «Man» alle wichtigen Entscheidungen, die wir selbst treffen müssten. Es entzieht uns unsere Verantwortlichkeit. Hannah Arendt hätte gesagt, wir verfallen der Banalität, wenn
wir es versäumen, selbstständig zu denken.

Um dem «Man» zu widerstehen, müssen wir dem Ruf antworten, der die «Stimme des Gewissens» ist.[18] Dieser Ruf kommt nicht

von Gott, wie es die christliche Definition des Gewissens nahelegt, sondern entstammt einer wahrhaft existenzialistischen Quelle: meinem authentischen Selbst. Doch womöglich erkenne und höre ich diese Stimme gar nicht, weil sie nicht die meines gewöhnlichen «Man-selbst» ist, sondern «fremd» oder unheimlich klingt. Ich kenne zwar mein alltägliches Man-selbst, nicht jedoch meine unverfremdete Stimme – und so ist auf verquere Weise meine wirkliche Stimme diejenige, die mir fremd klingt. Vielleicht höre ich sie nicht – oder ich höre sie zwar, erkenne aber nicht, dass sie mich ruft. Vielleicht halte ich sie für etwas, das aus weiter Ferne kommt: ein dünner, heiserer Klagelaut wie die ungehörten Hilferufe des zu winziger Größe geschrumpften Protagonisten in dem Film *The Incredible Shrinking Man (Die unglaubliche Geschichte des Mister C.)* von 1957, eine eindringliche Darstellung der Paranoia angesichts der zunehmenden Ohnmacht des Menschen. Der Gedanke, zur Authentizität aufgerufen zu sein, wurde später zu einem großen Thema des Existenzialismus. «Sei du selbst!», lautete dieser Ruf zu Authentizität und Wahrhaftigkeit. Für Heidegger ist dieser Ruf noch viel fundamentaler. Es ist der Ruf, das eigene Selbst anzunehmen, von dessen Existenz man gar nichts wusste: der Ruf, zum eigenen Sein zu erwachen. Zugleich ist es ein Aufruf zu handeln, etwas zu *tun:* eine Entscheidung zu treffen.

Man könnte glauben, diese Entscheidung für das eigene Selbst bestehe darin, dem Sirenengesang des Man-selbst im Raum der Öffentlichkeit und damit auch der Einschüchterung und Neigung zum Konformismus zu widerstehen. Man könnte folgern, die authentische Stimme des Daseins rufe dazu auf, bei vorbeiziehenden Aufmärschen nicht den Arm zum Hitlergruß zu heben.

Aber gerade das meinte Heidegger nicht.

Heideggers Nationalsozialismus

Es kursierten bereits seit längerem Gerüchte über Heideggers Verbindungen zu den Nazis. Im August 1932 notierte der Schriftsteller René Schickele in sein Tagebuch, in Freiburger Universitätskreisen werde erzählt, Heidegger «verkehre nur noch mit Nationalsozialisten».[19]

Husserl wurde berichtet, Heidegger habe antisemitische Bemerkungen gemacht.[20] Hannah Arendt kamen ähnliche Geschichten zu Ohren. Im Winter 1932/33 schrieb sie Heidegger einen Brief und fragte ihn rundheraus, ob er mit den Nazis sympathisiere. Er antwortete mit einem empörten Brief, in dem er von «Gerüchten», «Verleumdungen» und «übler Nachrede» sprach und betonte, dass er jüdischen Studenten und Kollegen geholfen habe.[21] Arendt konnte das nicht überzeugen. Ihr Kontakt zu Heidegger brach für die folgenden siebzehn Jahre ab.

Offenkundig war Heidegger in der Lage, seine Ansichten zu verbergen, wenn es ihm opportun erschien. Dass Hannah Arendt Jüdin war, hatte ihn scheinbar nicht gestört, solange er eine Affäre mit ihr hatte, ebenso wenig die jüdische Herkunft seiner späteren Geliebten Elisabeth Blochmann. Er hatte viele jüdische Studenten unterrichtet, und offenkundig war es für ihn auch kein Problem gewesen, zu Beginn seiner Karriere mit Husserl zusammenzuarbeiten. Ein gewisser Antisemitismus war im alltäglichen Sprachgebrauch üblich, und daher konnte man durchaus bezweifeln, ob an den Gerüchten über Heideggers Sympathie für die Nazis viel dran war.

Doch wie sich herausstellte, befürchtete Arendt zu Recht das Schlimmste. Als Heidegger im April 1933 die Stelle des Rektors der Universität Freiburg annahm, konnte es keinen Zweifel mehr geben. Das neue Amt verpflichtete ihn, die neuen nationalsozialistischen Verordnungen umzusetzen und in die Partei einzutreten. Er tat es. Und er wandte sich mit flammenden Reden im NS-Jargon an Studenten und Fakultätsmitglieder. Gleichzeitig füllte er Notizhefte mit nationalsozialistisch gefärbten philosophischen Gedanken und antisemitischen Bemerkungen. Die Veröffentlichung der ersten dieser «Schwarzen Hefte» 2014 lieferte nur eine weitere Bestätigung für etwas, das längst bekannt war: dass Heidegger ein Nazi war, zumindest eine Zeitlang, und zwar nicht aus Bequemlichkeit, sondern aus *Überzeugung*.[22]

Einen Eindruck von seinem damaligen Denken vermittelt seine Rektoratsrede, die er am 27. Mai 1933 vor Universitätsangehörigen und Parteimitgliedern in einer mit Hakenkreuzfahnen geschmückten Aula hielt.[23] Das meiste von dem, was er sagte, entsprach der Parteilinie. Die «vielbesungene ‹akademische Freiheit›», verkündete er, müsse aus der deutschen Universität verbannt und durch eine neue Bindung der

Studenten an die «Volksgemeinschaft», an die «Ehre und das Geschick
der Nation» und den «geistigen Auftrag des deutschen Volkes» ersetzt
werden: durch «Arbeitsdienst, Wehrdienst und Wissensdienst». Seine
Rede hatte aber auch einen unverkennbaren Heidegger-Ton, wenn er
darlegte, dieser Wissensdienst bedeute «die schärfste Gefährdung des
Daseins inmitten der Übermacht des Seienden». So wie das deutsche
Volk «der äußersten Fragwürdigkeit des eigenen Daseins ausgesetzt»
sei, seien auch die Studenten «zuerst zur Wesentlichkeit und Einfachheit des Fragens inmitten der geschichtlich-geistigen Welt des Volkes»
verpflichtet. Heideggers Rede geriet zu einer Travestie zweier grundlegender Themen der Existenzphilosophie: der Selbstbefragung und
der Freiheit. Das «echte Fragen und Forschen» betonte er in einer weiteren Rede am 11. November 1933 in Leipzig, diesmal im Zusammenhang mit dem obligatorischen «Bekenntnis zu Adolf Hitler und dem
nationalsozialistischen Staat».[24] Er entwickelte auch voller Begeisterung Pläne für ein «Wissenschaftslager», das im Tal unterhalb seiner
Hütte in Todtnauberg stattfinden sollte: ein Sommerlager für Dozenten und Studenten mit Seminardiskussionen, aber auch körperlicher
Ertüchtigung, eine Art philosophisches Ausbildungslager für die Hitler-
jugend.[25]

Heideggers Nationalsozialismus kann man nicht einfach beiseite-
wischen, denn als Rektor besaß er Macht über das Leben anderer. Aus
einem verrückt erscheinenden, komisch gekleideten Professor, der
schöne und kaum verständliche geniale Texte für ein paar Auserwählte
schrieb, war ein Funktionär geworden, um den kein Student und kein
Professor herumkam. Wenn er wollte, konnte er Karrieren zerstören
und Menschenleben gefährden. Heidegger hatte gesagt, der Ruf des
Daseins sei schwer erkennbar. Aber nur wenige von denen, die *Sein
und Zeit* gelesen hatten, konnten sich vorstellen, dass dieser Ruf gleichbedeutend sein sollte mit der Gefolgschaft für die Nationalsozialisten.

Seine Position verleitete Heidegger auch zu persönlichem Verrat.
Zu den neuen Verordnungen, die er umsetzen musste, gehörte das «Gesetz zur Wiederherstellung des Berufsbeamtentums» vom 7. April 1933,
das die Entlassung all jener aus öffentlichen und universitären Ämtern
vorsah, die die Nazis als Juden definierten. Davon war auch Husserl
betroffen. Er blieb zwar emeritierter Professor, verlor aber den mit die-

sem Status verbundenen Zugang zu den universitären Einrichtungen.[26] Husserls Sohn Gerhart, Juraprofessor an der Universität Kiel, verlor seine Stelle aufgrund derselben Bestimmungen, obwohl er als Frontkämpfer im Ersten Weltkrieg verwundet worden und sein Bruder gefallen war. Für Husserls Familie, die für Deutschland so viele Opfer gebracht hatte, waren diese neuen Gesetze eine tiefe Kränkung. Heideggers einzige Reaktion war ein Blumenstrauß an Malvine Husserl mit einem Brief Elfride Heideggers auch in seinem Namen, der Husserls Patriotismus hervorhob.[27] Der Brief sollte offenkundig ihrer Verteidigung dienen, falls eine solche notwendig werden würde. Doch der Ton des Briefes war kalt, und Malvine Husserl war tief getroffen. Im selben Jahr erschien eine Neuausgabe von *Sein und Zeit*: Heideggers Widmung an Husserl war verschwunden.[28]

Karl Jaspers' lange Beine

Noch ein Freund beobachtete Heideggers neue Rolle voll Bestürzung: Karl Jaspers. Er und Heidegger hatten sich nach der Begegnung bei Husserls Geburtstagsfeier befreundet – jener Feier, auf der Malvine Husserl Heidegger als das «phänomenologische Kind» bezeichnete. Da Jaspers in Heidelberg lebte, sahen sie sich nur gelegentlich, aber sie korrespondierten miteinander und pflegten ihre Freundschaft aus der Ferne.

Zwischen Jaspers und Heidegger gab es philosophisch viele Berührungspunkte. Nachdem Jaspers schon früh Husserls Ideen kennengelernt hatte, entwickelte er, aufbauend auf der Psychologie und auf Kierkegaards Existenzialismus, sein eigenes Denken weiter. Besonders interessierten ihn Kierkegaards *Entweder – Oder* und seine Idee der Freiheit: die Art und Weise des Verhaltens und der Entscheidungsfindung angesichts eines Dilemmas. Jaspers spricht von «Grenzsituationen» als jenen Momenten, in denen man von einem Ereignis erschüttert wird und an die Grenzen der normalen Erfahrung stößt: etwa wenn man eine Entscheidung auf Leben und Tod treffen muss, sich plötzlich der eigenen Sterblichkeit bewusst wird oder erkennt, dass man die Last der Verantwortung für das eigene Handeln selbst tragen muss. Die Erfahrung solcher Situationen ist für Jaspers fast gleichbedeutend mit der Erfahrung der Existenz im Sinne Kierkegaards. Sie sind die Rätsel unseres Lebens und öffnen damit die Tür zur Philosophie. Wir können diese Rätsel nicht lösen, indem wir abstrakt darüber nachdenken. Sie müssen vielmehr gelebt werden und fordern eine Entscheidung mit unserem ganzen Sein. Es sind existenzielle Situationen.[29]

Jaspers' Interesse an Grenzsituationen hat vermutlich viel damit zu tun, dass er schon früh mit seiner eigenen Sterblichkeit konfrontiert war. Er litt seit seiner Kindheit an einer lebensbedrohlichen Herzerkrankung. Ein Lungenemphysem zwang ihn zudem, langsam zu sprechen und immer wieder Pausen zu machen, um Luft zu holen. Er musste mit seinen Kräften haushalten, um arbeiten zu können.[30]

Bei alledem war ihm seine Frau Gertrud eine große Stütze. Wie viele Ehefrauen von Philosophen organisierte auch sie seine Termine und half ihm bei der Büroarbeit; doch Jaspers entwickelte auch seine philosophischen Ideen in der Diskussion mit ihr, ähnlich wie Sartre später mit Beauvoir. Heidegger reagierte verwundert, als Jaspers ihm sagte, Gertrud sei «für all mein Philosophieren entscheidend».[31] Heidegger wäre es nie eingefallen, Elfride so in sein geistiges Leben einzubinden. Philosophie war etwas, das er allein in seiner Hütte in Todtnauberg betrieb – oder bestenfalls mit ausgewählten Schülern und Studenten.

Viel stärker als Heidegger glaubte Jaspers an den Wert des gemeinsamen Denkens. Trotz seiner Kurzatmigkeit debattierte er gern mit anderen. Hannah Arendt, mit der ihn eine lebenslange Freundschaft verband, schrieb im Rückblick über die gemeinsamen Gespräche in den zwanziger und dreißiger Jahren: «Ich denke an Ihr Zimmer [...]. Mit dem Stuhl am Schreibtisch und dem Sessel gegenüber, auf dem Sie so herrlich Ihre Beine ver- und entknoten konnten.»[32] Heidelberg war bekannt für seine gelehrten Salons und geselligen Zusammenkünfte; am berühmtesten war der Gesprächszirkel des Soziologen Max Weber gewesen. Jaspers war der Mittelpunkt eines anderen Kreises. Er brachte dem Ideal der Universität als Brennpunkt kultureller Aktivitäten eine fast religiöse Ehrfurcht entgegen, weshalb er selbst öde Verwaltungsaufgaben gewissenhaft erledigte. Sein Ideal der Kommunikation entwickelte er zu einer umfassenden Theorie der Geschichte und führte die

Grundlage aller Zivilisation auf eine «Achsenzeit» um das fünfte Jahrhundert v. Chr. zurück, als in Europa, im Nahen Osten und in Asien Philosophie und Kultur erblühten, gleichsam eine gewaltige Eruption des Geistes. «Wahre Philosophie» könne «nur in *Gemeinschaft* zum Dasein kommen», schrieb er und fügte hinzu: «Die Kommunikationslosigkeit des Philosophen wird ein Kriterium der Unwahrheit seines Denkens.»[33]

Jaspers' Begeisterung für den philosophischen Austausch führte dazu, dass er Heidegger nach seiner Begegnung mit ihm bei Husserls Geburtstagsfeier 1920 zu sich nach Heidelberg einlud, um erstmals gemeinsam zu philosophieren, und dann erneut 1922 zu einem achttägigen Aufenthalt. Diesmal war Gertrud verreist, und die beiden Männer lebten zwanglos zusammen wie Kinder bei einer ausgedehnten Übernachtungsparty.[34] Jaspers begeisterte sich auch für die Idee einer Zeitschrift, die sie gemeinsam herausgeben und in der nur sie beide schreiben sollten. Sie sollte den Titel tragen *Die Philosophie der Zeit. Kritische Hefte von Martin Heidegger und Karl Jaspers* und prägnante, maßgebliche Aufsätze beinhalten.[35] Das Projekt wurde zwar nie realisiert, festigte aber ihre Freundschaft. Nachdem sie einander in Briefen zunächst als «Sehr verehrter Herr Professor» und «Sehr geehrter Herr Kollege», dann als «Lieber Herr Heidegger» und «Lieber Herr Jaspers» angesprochen hatten, gingen sie Ende 1923 zu «Lieber Jaspers!» und «Lieber Heidegger!» über. Heidegger war verhaltener. Wenn sie zusammensaßen, verfiel er manchmal in Schweigen, was Jaspers veranlasste, noch mehr zu reden. Doch Heidegger schrieb ihm auch, «der unsentimentale, herbe Schritt, mit dem eine Freundschaft auf uns zukam», sei für ihn «unheimlich in dem Sinn, wie die Welt und das Leben für den Philosophen unheimlich sind» – in Heideggers Sprachgebrauch ein großes Kompliment.[36]

Beide glaubten, die Philosophie benötige eine Revolution, über deren Art sie jedoch uneins waren. Auch über den Schreibstil hatten sie unterschiedliche Vorstellungen. Heidegger kritisierte Jaspers' Vorliebe für Listen und Wortkolonnen, Jaspers wiederum hatte Teile des Manuskripts von *Sein und Zeit* gelesen und fand sie dunkel und unverständlich. Es gab weitere frühe Anzeichen von Disharmonie. Als Jaspers erfuhr, dass Heidegger hinter seinem Rücken schlecht über ihn gesprochen hatte, erzählte er ihm davon. Heidegger bestritt es und fügte betroffen hinzu: «So etwas habe ich noch nicht erlebt» – eine für Jaspers unverständliche Antwort. Am Ende waren beide irritiert und gekränkt, aber Jaspers ließ die Sache auf sich beruhen.[37]

Die Verwirrung wuchs. Mit dem Aufstieg der Nazis trat eine «Fremdheit» in ihre Beziehung, wie Jaspers Jahre später schrieb.[38] Jaspers hatte durchaus Grund für ein Gefühl der Entfremdung. Er selbst war nicht jüdisch, wohl aber seine Ehefrau Gertrud. Wie viele andere war auch dieses Paar geneigt, die Bedrohung durch die Nazis zunächst herunterzuspielen: Diese Barbaren würden sich doch gewiss nicht lange an der Macht halten. Und selbst für einen so bekannten Professor wie Jaspers wäre die Flucht aus Deutschland schwierig und ein Neuanfang in einem anderen Land, abgeschnitten von allen bisherigen Lebenszusammenhängen, nicht leicht. Außerdem würden sie die «Reichsfluchtsteuer» bezahlen müssen, und sie bräuchten ein Visum. Ab 1933 erwogen Karl und Gertrud immer wieder, Deutschland zu verlassen, taten es aber dann doch nicht.

Bei Heideggers letztem längeren Besuch bei Jaspers im März 1933, kurz vor Antritt seines Rektorats in Freiburg, gab es einen unangenehmen Moment. Sie kamen auf den Nationalsozialismus zu sprechen, und Heidegger meinte: «Man muss sich einschalten.» Jaspers wunderte sich, sagte aber nichts und wollte auch nicht hören, was Heidegger sonst noch darüber dachte. Im Juni desselben Jahres war Heidegger noch einmal kurz und zum letzten Mal bei Jaspers, als er, nunmehr Rektor der Universität Freiburg, seinen Vortrag über das neue Regime und die Universitäten auch in Heidelberg hielt. Jaspers, einer der Zuhörer, war überrascht von dem «gewaltigen Applaus» der Studenten. Er selbst, schrieb er, «saß vorn am Rande mit weit vorgestreckten Beinen, die Hände in den Taschen, und rührte mich nicht». Die langen Beine, die Hannah Arendt so beeindruckt hatten, gaben jetzt einen eigenen Kommentar zu Heideggers Rede ab.[39]

Später, bei Tisch, sagte Jaspers: «Es ist wie 1914 …», und wollte fortfahren: «wieder dieser trügerische Massenrausch». Aber «angesichts des den ersten Worten strahlend zustimmenden Heideggers blieb mir das Wort im Hals stecken», schreibt Jaspers. Auf seine Frage, «wie ein so ungebildeter Mensch wie Hitler Deutschland regieren» solle, antwortete Heidegger: «Bildung ist ganz gleichgültig. Sehen Sie

Karl Jaspers in seinem Haus in Basel, 1956

nur seine wunderbaren Hände an!» Bei jemand anderem hätte diese Bemerkung einfach nur verschroben geklungen. Bei Heidegger und seiner Betonung des Handwerklichen und des Gebrauchs von Werkzeug war sie verräterisch. Er schien weniger von der NS-Ideologie als von der Vorstellung angezogen, dass Hitler geschickt und entschlossen das Land zu etwas Neuem umgestalte.[40]

Gertrud Jaspers hatte dem Besuch Heideggers mit Bangen entgegengesehen, aber ihrem Mann zuliebe bemühte sie sich um Freundlichkeit. Vor seiner Ankunft schrieb sie an ihre Eltern: «Nun ich muss mir sagen: Du bist eine Orientalin, die haben Gastfreundschaft zu pflegen! Und ich muss einfach liebenswürdig schweigen! Hoffentlich kriege ich es fertig.»[41] Sie kriegte es fertig, später jedoch schrieb Jaspers an Arendt, Heidegger habe sich «beim Fortgang nach dem letzten Besuch [...] von ihr [Gertrud] unhöflich, fast gar nicht verabschiedet».[42] Das konnte Jaspers ihm nicht vergessen. Nach 1945 gab Heidegger als Grund dafür an, er habe sich «einfach geschämt» – vermutlich seiner Sympathien für die Nazis.[43] Jaspers konnte diese Erklärung nicht überzeugen. Ihre Korrespondenz brach für viele Jahre ab, und Heidegger betrat Jaspers' Haus nie wieder. Später räumte Jaspers ein, es sei wohl ein Fehler gewesen, mit Heidegger so behutsam umzugehen. Als Heidegger ihm 1933 die Druckfassung seiner berüchtigten Rektoratsrede schickte, reagierte er in einem Antwortbrief sehr diplomatisch: «Es war mir lieb, daß ich sie nach der Zeitungslektüre nun in authentischer Fassung kennenlernte.»[44] Hätte er kritischer sein sollen?, fragte er sich später. Vielleicht hatte er gegenüber «diesem Heidegger» versagt. Vielleicht hätte Heidegger eine «Intervention» gebraucht, wie es eine spätere Generation nannte, um ihn vor sich selbst zu retten. Jaspers warf sich vor, versagt zu haben – so wie viele tolerante, gebildete Deutsche, die es versäumten, sich der Herausforderung ihrer Zeit zu stellen.[45]

Mit zeitlichem Abstand fällt es viel leichter zu erkennen, welche Herausforderung diese «Grenzsituation» stellte. Denjenigen, die sie selbst erlebten, war dies nicht vergönnt. Der Mensch folgt seiner natürlichen Neigung, sein gewohntes Leben so normal, so zivilisiert und so lange wie möglich weiterzuführen. Bruno Bettelheim meinte später, im Nationalsozialismus hätten nur wenige unmittelbar erkannt, dass das Leben nicht so weitergehen konnte wie bisher – und diese verließen schnell das Land.[46] Bettelheim selbst gehörte nicht zu ihnen. Nach dem «Anschluss» Österreichs wurde er im Konzentrationslager Dachau und dann in Buchenwald interniert, 1939 jedoch im Zuge einer Massenamnestie anlässlich von Hitlers Geburtstag freigelassen, ein ungewöhnliches Glück. Er ging sofort nach Amerika.

Wie wichtig die Wachsamkeit ist, um zu erkennen, wann eine Entscheidung gefordert ist, beschäftigte in jenem Jahr auch einen anderen existenzialistischen Philosophen, diesmal einen französischen. Der christliche Denker Gabriel Marcel, der sich als Dramatiker einen Namen machte und seine Gedanken hauptsächlich in Essays oder im Austausch mit Studenten und Freunden in seiner Pariser Wohnung entwickelte, repräsentiert eine stark theologisch geprägte Strömung des Existenzialismus. Seine Religiosität unterschied ihn von Sartre und Heidegger, doch er teilte mit ihnen die Überzeugung, dass die Geschichte Anforderungen an das Individuum stellt.

Gabriel Marcel

In seinem 1932 entstandenen und im Schicksalsjahr 1933 erschienenen Essay *Das ontologische Geheimnis* schrieb Marcel von der Neigung des modernen Menschen, in Gewohnheiten und überkommenen Ideen zu verharren und engstirnig an Besitz und Funktionen festzuhalten. Er forderte seine Leser auf, für neue Situationen «verfügbar zu sein». Ähnliche Ideen der *disponibilité* oder des Verfügbarseins entwickelten zwar auch andere Denker, namentlich André Gide; in Gabriel Marcels Denken jedoch war dies ein zentraler existenzieller Imperativ. Wie schwierig und ungewohnt es war, das umzusetzen, blieb ihm durchaus bewusst. Die meisten Menschen verfallen in das, was er «Verkrustung» nennt, eine erstarrte, verhärtete Lebensform: «als ob jeder von uns eine immer härter werdende Kruste absonderte, die ihn einschließt».[47]

Marcels «Kruste» erinnert an Husserls starre, vorgefertigte Annahmen, die in der Epoché ausgeklammert werden sollten, um Zugang «zu den Sachen selbst» zu gewinnen. Hier wie dort wird das Erstarrte aus dem Weg geräumt, und das pulsierend Lebendige dessen, was darunter zutage tritt, wird zum Gegenstand philosophischer Betrachtung. Marcel zufolge besteht die vorrangige Aufgabe der Philosophie darin, der Wirklichkeit gegenüber in dieser Weise wachsam zu sein.[48] Besonders der Philosoph sei aufgerufen, auf der Hut zu bleiben, um als Erster Alarm zu schlagen, wenn etwas schiefläuft.

Auch Heidegger wollte aus Vergessenheit wachrütteln. Wachsamkeit bedeutete für ihn jedoch nicht die Warnung vor nationalsozialistischer Gewalt, staatlicher Überwachung oder der Gefahr für Leib und Leben. Sie bedeutete vielmehr die unverbrüchliche Entschlossenheit, die an Deutschland gestellten geschichtlichen Anforderungen zu erfüllen, im Gleichschritt mit dem auserwählten Protagonisten dieser schicksalhaften Mission.

Verschlüsselte politische Botschaften

Anfang der dreißiger Jahre drehte sich für Heidegger tatsächlich alles um die Deutschen.

Dieser Aspekt seines Werks kann allzu leicht aus dem Blick geraten, assoziiert man doch mit philosophischem Denken für gewöhnlich ein Raum und Zeit übergreifendes Betrachten der Welt. Heidegger aber missfiel die Vorstellung von universellen Wahrheiten oder von einer universellen Menschheit, für ihn waren das Hirngespinste. Dasein war für ihn nicht, wie bei den Philosophen der Aufklärung, an eine allgemeingültige Vernunft- und Verständnisfähigkeit gebunden. Und noch viel weniger an eine irgendwie geartete transzendente, ewige Seele nach religiösem Verständnis. Unsere Existenz besitze keine höhere, ewige Ebene. Das Sein des Daseins sei vielmehr lokal: Es habe einen konkreten historischen Ort und konstituiere sich in Raum und Zeit.

Zu Beginn von *Sein und Zeit* verspricht Heidegger ein großes Finale, an dem er als Sinn des Daseins die Zeitlichkeit aufweisen werde.[49] Dieses Versprechen hat er nicht eingelöst, das Buch blieb unvollendet. Wir kennen nur den ersten Teil, der jedoch zeigt, welchen Weg Heidegger hatte gehen wollen: Wenn wir von unserer Natur her zeitliche Wesen sind, bedeutet eine authentische Existenz zuallererst, dass wir unsere Endlichkeit und Sterblichkeit akzeptieren. Wir werden sterben. Diese überaus wichtige Erkenntnis nennt Heidegger das authentische «Sein zum Tode».[50] Es ist für seine Philosophie grundlegend.

Zweitens müssen wir erkennen, dass wir historische Wesen sind, und begreifen, was unsere spezifische historische Situation von uns verlangt. In dieser «vorlaufenden Entschlossenheit», wie Heidegger es nennt, begreift das Dasein, dass «ihm als äußerste Möglichkeit der Existenz bevorsteht, sich selbst aufzugeben».[51] In diesem Augenblick – im «Sein zum Tode» und in der Entschlossenheit, sich den Anforderungen seiner Zeit zu stellen – ist der Mensch vom Man-selbst befreit und gewinnt sein wahres, authentisches Selbst.

In diesen Passagen von *Sein und Zeit* klingt Heidegger geradezu faschistisch. Es besteht kaum ein Zweifel, dass er politisch dachte, als er diese Abschnitte über Tod und Entschlossenheit schrieb. Er hätte auch zu völlig anderen Schlussfolgerungen kommen können. Seine Ausführungen zum «Man» und zur Authentizität hätten zu einem Plädoyer für die Opposition gegen jede Art totalitärer Gleichschaltung werden können. Und die Idee der «vorlaufenden Entschlossenheit» und die Akzeptanz der menschlichen Sterblichkeit hätten den Ausgangspunkt für heroischen Widerstand gegen ein repressives Regime bilden können. Die politischen Implikationen dieses Textes sind unverkennbar – wenn auch vielleicht nur für diejenigen, die bereits ähnlich dachten und empfanden.

Hans Jonas, einer von Heideggers Studenten, erinnerte sich, dass solche verschlüsselten Begriffe schon in früheren Vorlesungen auftauchten, auch wenn er selbst dies damals gar nicht wahrnahm, weil er nicht dafür sensibilisiert war. Erst rückblickend, so erklärte er in einem Interview, habe er die «Blut-und-Boden-Einstellung» von Heideggers Vorlesungen erkannt und den «wie soll ich sagen – primitiven Nationalismus» in seiner Rede von Entschlossenheit und Geschichte, in gewissen antifranzösischen Bemerkungen sowie in der Betonung seines Schwarzwäldertums. Damals erschien ihm das alles nur als eine Marotte Heideggers. Erst 1933, als er von der Rektoratsrede erfuhr, stellte er seine Erinnerung an diese Vorlesungen auf den Prüfstand. Da seien «gewisse Züge des Heideggerschen Denkens» zutage getreten, «und ich schlug mir auf die Stirn und sagte: Ja, da habe ich etwas nicht bemerkt.»[52]

Der Charakterlose

Um die Jahreswende 1933/34 fühlte sich Heidegger in der Rolle des
öffentlichen nationalsozialistischen Philosophen weniger wohl als erwartet. Nach eigenem Bekunden rang er in diesen Tagen damit, am
Ende des Sommersemesters das Rektorat niederzulegen. In einem
Brief vom 14. April 1934 teilte er dem Kultusminister seinen Entschluss
mit.[53] Danach, so behauptete er, habe er mit dem Nationalsozialismus
nichts mehr zu tun gehabt. Er wagte sogar eine kleine Rebellion, als er
in die Auflage von Sein und Zeit von 1935 die Widmung an Husserl
wieder einfügte.[54] Diese neue Haltung hatte ihren Preis, wie Heidegger in einer 1945 verfassten Stellungnahme mit dem Titel «Das
Rektorat 1933/34. Tatsachen und Gedanken» versicherte. Er habe «seit
der Niederlegung meines Rektorats im Frühjahr 1934 als politisch
unzuverlässig» gegolten und sei «von Jahr zu Jahr in steigendem Maße
überwacht worden».[55]

Heidegger äußerte sich nicht gern über diese Zeit, und keiner seiner Erklärungsversuche der Geschehnisse von 1933 erschien jemals ausreichend. In der oben genannten Stellungnahme räumte er ein, er habe
«in der zur Macht gekommenen Bewegung die Möglichkeit zu einer
inneren Sammlung und Erneuerung des Volkes und einen Weg» zu dessen «geschichtlich-abendländischer Bestimmung» gesehen.[56] Doch «alle
Hoffnungen wurden enttäuscht», und er habe sich entzogen. Die Botschaft des Aufsatzes lässt sich in einem Satz zusammenfassen: Oh, ich
wollte doch gar kein Nazi sein! Er sei naiv gewesen. 1945 brach der französische Schriftsteller Frédéric de Towarnicki Heideggers Widerstand
mit einer guten Flasche badischen Wein, bevor er ihn fragte: «Warum?»
Heidegger beugte sich vor und sagte im feierlichen Ton dessen, der
ein großes Geheimnis verrät: «Dummheit.»[57] Und er wiederholte nachdrücklich: «Dummheit.» Weltfremdheit sei sein schwerster Fehler gewesen, gab er zu verstehen. Damit überzeugte er sogar den stets nachsichtigen Jaspers, der nach dem Krieg schrieb, Heidegger habe sich «den
nationalsozialistischen Erscheinungen gegenüber» verhalten «wie ein
Knabe, der träumt [und] nicht weiß, was er tut».[58]

Die Wahrheit ist eine andere. Heidegger sympathisierte auch nach
seinem Rücktritt vom Rektorat mit den Nazis. Im August 1934 machte

er dem Ministerium für Wissenschaft und Erziehung detaillierte Vorschläge für eine Dozentenakademie in Berlin, ein in die Stadt transponiertes Todtnauberger Sommerlager, wo Lehrer und Studenten im «natürlichen Wechsel von wissenschaftlicher Arbeit, Entspannung, Sammlung, Kampfspiel, körperlicher Arbeit, Ausmärschen, Sport und Feier» in einer Gemeinschaft zusammenleben sollten – unter Führung eines hauptamtlichen Leiters und «politisch zuverlässiger» Lehrer, die imstande sein sollten, «als Nationalsozialisten des Geistes die Revolution der Wissenschaft von innenher vorzubereiten».[59] Heideggers Eingabe wurde abgelehnt, allerdings nicht, weil es ihm an Begeisterung für die Sache gemangelt hätte. Zwei Jahre später, 1936, als er in Rom einen Vortrag über Hölderlin hielt, trug er immer noch das Parteiabzeichen im Knopfloch, und er entfernte es auch dann nicht, als er mit seinem ehemaligen Studenten Karl Löwith, dessen Frau und seiner eigenen Familie einen Ausflug machte. Es ist ihm «offenbar nicht in den Sinn gekommen», schrieb der Jude Löwith später, «daß das Hakenkreuz nicht am Platz war, wenn er mit mir einen Tag verbrachte».[60]

Das war nicht das einzige Mal, dass Heidegger sich im Umgang mit anderen hart zeigte – eine extreme Form von Gabriel Marcels «Verkrustung». Max Müller, der bei Heidegger studierte und als sein Assistent arbeitete, wurde aufgrund seiner Tätigkeit in der studentischen katholischen Jugend denunziert. Der stellvertretende Rektor der Universität Freiburg, Theodor Maunz, vertraute ihm an, Heidegger sei um ein Gutachten zu Müllers politischer Gesinnung gebeten worden, in dem er ihn «menschlich, pädagogisch und philosophisch» gelobt, aber auch geschrieben habe, Müller sei dem Staat gegenüber negativ eingestellt. Ein einziger Satz wie dieser konnte den Untergang bedeuten. «Gehen Sie hin!», empfahl ihm Maunz. «Wenn er diesen einen Satz streicht […], wird auch alles weitere gutgehen. Wenn der Satz stehenbleibt, allerdings nicht.»[61]

Müller wandte sich an Heidegger, der darauf beharrte: «Ich kann den Satz nicht streichen. Ich bin ja nur nach Ihrer politischen Einstellung gefragt worden […] Deshalb habe ich die Antwort gegeben, die allein der Wahrheit entspricht. Aber ich habe sie eingepackt in eine Hülle verantwortbarer guter Dinge.»

«Das nützt mir nichts», erwiderte Müller. «Der Satz steht da.»

Darauf Heidegger: «Als Katholik müßten Sie wissen, daß man die Wahrheit sagen muß. Infolgedessen kann ich doch den Satz nicht streichen.»

Müller wandte ein, es gebe keine grundsätzliche Wahrheitspflicht, aber Heidegger ließ sich nicht erweichen: «Nein, ich halte mich daran, wonach ich gefragt worden bin. Ich kann jetzt nicht mein ganzes Gutachten zurückziehen und sagen, ich mache überhaupt keines, nachdem bekannt ist, daß ich eins an die Universität zur Weiterleitung geliefert habe. Da ist nichts zu machen. Nehmen Sie mir die Sache nicht übel.»

Dieser letzte Satz überraschte Müller am meisten. «Es dreht sich nicht ums Übelnehmen», sagte er zu ihm, «sondern um meine Existenz.» Von dem Augenblick an sah er Heidegger in einem anderen Licht. Die «Erfahrung einer gewissen Ambiguität im Charakter von Heidegger war nicht mehr auszulöschen», meinte Müller. Heidegger ging es nur um die Rechtfertigung seines eigenen Handelns; dass er damit andere in Gefahr brachte, kümmerte ihn nicht. Glücklicherweise blieben Müller ernste Konsequenzen erspart, allerdings nicht dank Heidegger.

Wenn es um Heidegger geht, tauchen immer wieder Begriffe wie «Ambiguität» oder «Ambivalenz» auf, die auch auf seine Philosophie zutreffen. Seit 1945 versuchen Philosophen und Historiker zu ergründen, ob Heideggers Denken durch seinen Nazismus entwertet ist oder ob seine Philosophie unabhängig von seinen persönlichen und politischen Fehlern betrachtet werden kann.[62] Einige wollten bestimmte Aspekte retten und andere verwerfen und vergruben die gefährlichen Passagen wie radioaktiven Müll.[63] Eine unbefriedigende Lösung: Heideggers Philosophie bildet ein kompliziertes Ganzes, in dem alles aufeinander bezogen ist. Versucht man, die unangenehmen Passagen aus *Sein und Zeit* herauszunehmen, stürzt das ganze Gebäude in sich zusammen.

Außerdem haben fast alle wichtigen Gedanken bei Heidegger etwas Ambivalentes, und oft sind es gerade die verfänglichsten, die am meisten zu bieten haben, etwa die Passage mit dem Ruf zu Authentizität und Verantwortung. Am rätselhaftesten sind die Abschnitte über das «Mitsein». Heidegger war der erste Philosoph, der dem «Mitsein», der Sorge und Fürsorge für andere, einen so zentralen Platz einräumte.[64] Doch das befähigte ihn nicht zum Mitgefühl für Menschen, die unter den Nazis litten oder verfolgt wurden, auch nicht für solche, die ihm hätten nahestehen müssen. Er konnte zwar über «Mitsein» und «Fürsorge» philosophieren, aber diese Konzepte nicht auf die geschichtliche Wirklichkeit und auf die missliche Lage der Menschen um ihn herum anwenden, auch derer, denen er nahezustehen schien.

Offenkundig hatte Heidegger keine Vorstellung, was er seinen Freunden zumutete. Vor allem Husserl, Jaspers und Arendt waren von seiner Ambivalenz verwirrt und durch seine Handlungsweise und Gesinnung gekränkt. 1949 sprach Hannah Arendt in einem Brief an Karl Jaspers von Heideggers «Charakterlosigkeit, aber in dem Sinne, daß er buchstäblich keinen hat, bestimmt auch keinen besonders schlechten».[65] Ähnlich äußerte sich Sartre in einem Essay von 1944 im Zusammenhang mit Heideggers NS-Gesinnung: «Heidegger hat keinen Charakter. Das ist die Wahrheit.»[66] Es scheint, als gäbe es im menschlichen Alltagsleben etwas, das der große Philosoph der Alltäglichkeit nicht begriffen hat.

Kehre und Kitsch

Die gesamten dreißiger Jahre hindurch saß Heidegger in seiner Hütte in Todtnauberg, arbeitete an seinen Texten und dachte nach. 1935 schrieb er von der «Verdüsterung der Welt, der Flucht der Götter, der Zerstörung der Erde, der Vermassung des Menschen, dem hassenden Verdacht gegen alles Schöpferische und Freie».[67] Aber auch dieser Satz war ambivalent: Wollte er damit sagen, dass die Nazis für diese Situation verantwortlich waren, oder meinte er, dass die Verdüsterung und Vermassung der Menschheit den Nationalsozialismus notwendig gemacht hatte?

Vielleicht befand er sich in diesen Jahren selbst in einer gewissen Verwirrung. Im Juli 1935 schrieb er an Jaspers, was er in letzter Zeit zustande gebracht habe, sei nur ein «dünnes Gestammel», er arbeite jedoch an Übersetzungen.[68] Dem Brief legte er zwei Zeilen des ersten Chorlieds aus der *Antigone* des Sophokles bei:

Vielfältig das Unheimliche, nichts doch
über den Menschen hinaus Unheimlicheres ragend sich regt.[69]

Heideggers Denken wurde jetzt selbst zunehmend «unheimlich». In seinem verschneiten Schwarzwald vollzog er eine langsame Neuorientierung, die «Kehre», die sich allerdings nicht auf ein bestimmtes Ereignis festlegen lässt.[70] Es war vielmehr ein Prozess, der ihn zu einer eher erdverbundenen, aufnahmebereiten und dichterisch geprägten Denkweise führte. Um dieselbe Zeit, als er seinen Rücktritt vom Rektorat erwog, erhielt er einen Ruf an die Universität Berlin, den er jedoch ablehnte. Seine Gründe erläuterte er in einem Rundfunkvortrag, der am 7. März 1934 in der NS-Zeitung *Der Alemanne* erschien. Es ging darin, trotz der politischen Implikationen, vordergründig nicht um Politik. Er werde nicht nach Berlin gehen, sagte er, weil er sonst seine Arbeitswelt, den Schwarzwald, verlassen müsste: das «bedächtige Wachsen der Tannen, die leuchtende, schlichte Pracht der blühenden Matten, das Rauschen des Bergbaches in der weiten Herbstnacht, die strenge Einfachheit der tiefverschneiten Flächen». Und er fährt fort: «Wenn in tiefer Winternacht ein wilder Schneesturm mit seinen Stößen um die Hütte rast und alles verhängt und verhüllt, dann ist die hohe Zeit der Philosophie.»[71]

> Wenn der Jungbauer den schweren Hörnerschlitten den Hang hinaufschleppt und ihn alsbald mit Buchenscheiten hoch beladen in gefährlicher Abfahrt seinem Hof zulenkt, wenn der Hirt langsam-versonnenen Schrittes sein Vieh den Hang hinauftreibt, wenn der Bauer in seiner Stube die unzähligen Schindeln für sein Dach werkgerecht herrichtet, dann ist meine Arbeit von derselben Art.

Als er den Ruf erhalten habe, erzählt Heidegger, habe er den Rat seines Todtnauberger Nachbarn gesucht, eines fünfundsiebzigjährigen Bauern; wie man heute weiß, handelte es sich um Johann Brender.[72] Brender dachte kurz nach – einen dieser bedächtigen Momente lang, wie sie typisch zu sein scheinen für kluge Leute vom Land – und schüttelte kaum merklich den Kopf. Mehr bedurfte es nicht. Heidegger würde nicht nach Berlin gehen, er würde kein kosmopolitisches, urbanes Leben führen und nicht mehr in einen «Machtrausch» geraten.[73] In seinem Schwarzwald, bei den hohen Bäumen, den Geräuschen des Holzfällens und den grob gezimmerten Bänken am Rand der Feldwege – da, wo «jeglich Ding *einsam und langsam*»[74] *wird* – konnte er am besten denken.

Das war die – in kitschiger NS-Heimatromantik geschilderte – Szenerie, in der Heideggers Philosophieren für den Rest seines Lebens angesiedelt war.

Flucht der Schüler, Tod des Lehrers

Karl und Gertrud Jaspers rangen die gesamten dreißiger Jahre hindurch mit der Entscheidung, Deutschland zu verlassen. Die Nürnberger Rassengesetze von 1935 brachten bittere Einschränkungen ihres Alltagslebens. Den Juden wurde die deutsche Staatsbürgerschaft entzogen, Mischehen wurden verboten, auch wenn man bereits bestehende vorerst noch tolerierte. 1937 verlor Jaspers aufgrund seiner Ehe mit einer Jüdin seine Professorenstelle an der Universität, aber zur Flucht aus Deutschland konnte er sich nach wie vor nicht durchringen. Er und Gertrud duckten sich und führten ein vorsichtiges Leben, ganz so, wie Jaspers gelernt hatte, vorsichtig zu atmen und sich vorsichtig zu bewegen, aus Angst, seine lebenswichtigen Organe zu schädigen.

Hannah Arendt hingegen verließ, nach einem eindringlichen Warnschuss, Deutschland schon früh. Kurz nach der Machtübernahme der Nazis im Frühjahr 1933 war sie verhaftet worden, als sie in der Preußischen Staatsbibliothek Berlin im Auftrag der Zionistischen Vereinigung für Deutschland antisemitische Hetzartikel zusammentrug. Ihre Wohnung wurde durchsucht, sie und ihre Mutter wurden von der Gestapo ins Gefängnis gesteckt, aber bald darauf wieder freigelassen. Sie verließen Deutschland ohne Reisedokumente über die grüne Grenze und gelangten in die (damals noch sichere) Tschechoslowakei auf einem Weg, der fast zu phantastisch klingt, um wahr zu sein: Eine deutsche Sympathisantenfamilie lebte an der Grenze in einem Haus, dessen Eingang in Deutschland und dessen Hinterausgang in der Tschechoslowakei lag. Sie empfingen ihre Gäste am Tag, bewirteten sie und ließen sie nach Einbruch der Dunkelheit durch die Hintertür hinaus. Nach einem kurzen Aufenthalt in Prag gingen Hannah und ihre Mutter nach Genf, dann nach Paris und schließlich nach New York, wo sich Arendt niederließ. In einem Fernsehinterview sagte sie später, jeder in Deutschland habe von Anfang an gewusst, wie gefährlich die Nazis waren; aber es zu wissen, sei das Eine, zu handeln und das allgemein Politische zu einem «persönlichen Schicksal» zu machen, etwas völlig anderes.[75]

Ernst Cassirer, Heideggers einstiger Sparringspartner in Davos, wartete einen Warnschuss gar nicht erst ab. In Hamburg, wo er seit 1919 lehrte, konnte er beobachten, wie sich die Situation nach den Verordnungen vom April 1933 zuspitzte, und verließ Deutschland schon einen Monat später mit seiner Familie. Er arbeitete zwei Jahre an der Universität Oxford und danach sechs Jahre im schwedischen Göteborg. Als es Anzeichen dafür gab, dass Schweden von den Deutschen besetzt werden würde, ging er in die Vereinigten Staaten, wo er zunächst in New Haven an der Yale University und dann in New York an der Columbia University lehrte. Er starb kurz vor Kriegsende am 13. April 1945 in New York an einem Herzinfarkt während eines Spaziergangs.

Emmanuel Lévinas hatte noch vor der Machtübernahme der Nationalsozialisten Deutschland verlassen und war nach Frankreich gegangen. Er lehrte an der Sorbonne, wurde 1931 französischer Staatsbürger und nach Kriegsbeginn eingezogen.

Husserls Kinder Elli und Gerhart emigrierten in die Vereinigten Staaten. Im November 1933 erhielt Husserl ein Angebot von der University of Southern California; er hätte Kalifornier werden können. Es fällt mir erstaunlich leicht, mir vorzustellen, wie Husserl so wie andere emigrierte europäische Intellektuelle im Anzug und mit einem Spazierstock in der Hand unter Palmen in der Sonne flaniert. Aber er war nicht bereit, das Land zu verlassen, das seine Heimat war. Malvine Husserl blieb trotzig an seiner Seite.

Husserl setzte seine Studien in seiner großen Privatbibliothek fort.[76] Max Müller, den sein Lehrer Heidegger fast in Lebensgefahr gebracht hätte, wurde von diesem oft mit Gängen zu Husserl beauftragt, um den emeritierten Professor zu informieren, was sich in der philosophischen Fakultät im laufenden Semester ereignete und welche Doktorarbeiten geschrieben wurden. Offenkundig wollte Heidegger nicht, dass sich Husserl vollständig isoliert fühlte. Müller freute sich

Martin Heidegger vor seiner Hütte in Todtnauberg, 1968

über diese Aufträge, weil sie ihm die Gelegenheit gaben, mit dem großen Phänomenologen zu sprechen. Seinem Eindruck nach war Husserl tatsächlich vom Leben ziemlich abgeschnitten, nicht zuletzt deshalb, weil er sich für das Geschehen um ihn herum kaum interessierte.
«Er war ein stark monologischer Typ», befand Müller, «und hat – im
Gegensatz zu seiner Frau –, ganz konzentriert auf seine philosophischen Probleme, die 1933 angebrochene Zeit nicht eigentlich als
‹schwer› empfunden.»[77]

Husserl schenkte jedoch der Welt mehr Beachtung, als es den
Anschein hatte. Im August 1934 beantragte er ein Visum zur Teilnahme
am achten Internationalen Philosophenkongress in Prag, der dem
Thema «Welches ist die Mission der Philosophie in unserer Zeit?»
gewidmet war. Als ihm das Visum verweigert wurde, äußerte er sich
schriftlich zu dieser Frage. Sein Brief wurde auf dem Kongress ver-
lesen: ein kurzes, aber eindringliches Statement, in dem Husserl vor
einer Krise warnte, die den europäischen Geist der autonomen Vernunft und der philosophischen Welterkenntnis bedrohe. Er rief zu
«wissenschaftlicher Selbstverantwortung» auf, die sich «in philosophie-

render Gemeinschaft» verwirkliche – in einer «völlig neuartigen Inter-
nationalität», zu der die Philosophen über alle Grenzen hinweg zusam-
menfinden müssten, um dieser Krise entgegenzutreten.[78]

Husserl wiederholte diese Botschaft in einem Vortrag, den er auf
Einladung des Wiener Kulturbundes unter dem Titel «Die Philosophie
in der Krisis der europäischen Menschheit» im Mai 1935 in Wien hielt.
Die Wissenschaftler müssten sich zusammenschließen, sagte er, und
«den Verfall in Geistfeindschaft und Barbarei» bekämpfen. Ein «Heroismus der Vernunft» sei Europas einzige Hoffnung.[79] Im November 1935
beantragte er erneut ein Visum für eine Reise nach Prag, und diesmal
wurde es bewilligt. Er hielt einen ähnlich lautenden Vortrag. Im selben
Jahr begann er mit der Arbeit an einem umfangreicheren Projekt. Die
ersten beiden Teile beendete er im Januar 1936 und veröffentlichte sie
unter dem Titel *Die Krisis der europäischen Wissenschaften und die transzendentale Phänomenologie*. Da die Rassengesetze ihm die Veröffentlichung in Deutschland verboten, erschien das Werk im internationalen Jahrbuch *Philosophia* in Belgrad.[80]

Von einem Sturz im August 1937 erholte sich Husserl nur schwer,
und im Laufe des Winters verschlechterte sich sein Gesundheits-
zustand. Unterstützt von wissenschaftlichen Assistenten und fachkun-
digen Besuchern arbeitete er an einem dritten Teil des *Krisis*-Projekts,
der jedoch unabgeschlossen blieb. In den letzten Lebensmonaten ver-
fielen seine geistigen Kräfte. Er sprach wenig, sagte aber gelegentlich
Sätze wie «Ich habe viele Fehler gemacht, aber es kann noch alles gut
werden» oder «Ich schwimme in dem Strom Lethe und habe keine Gedanken». Und dann, im Wiederaufflammen seines alten Ehrgeizes:
«Die Philosophie muss ganz von Anfang an neu aufgebaut werden.»[81]
Edmund Husserl starb am 27. April 1938. Die Pflegerin, die sich um ihn
kümmerte, sagte später zu Malvine Husserl: «Er ist wie ein Heiliger
gestorben.»[82]

Husserl hatte vor seinem Tod bestimmt, dass seine Leiche einge-
äschert wird, weil er befürchtete, sein Grab könne geschändet werden.[83] Malvine Husserl bewohnte weiter das schöne Haus und hütete
die Urne mit der Asche ihres Mannes, seine umfangreiche Bibliothek
und sein Archiv mit den persönlichen Dokumenten, darunter zahlreichen unveröffentlichten und unvollendeten Schriften einschließlich

des letzten Teils von *Krisis*, geschrieben in schwer lesbarer Stenographie mit vielen Abkürzungen.

Mit der Entschuldigung, er sei krank, blieb Heidegger dem Begräbnis fern.[84]

in dem Jean-Paul Sartre einen Baum beschreibt,
Simone de Beauvoir Ideen zum Leben erweckt und wir
Maurice Merleau-Ponty und der Bourgeoisie begegnen

«Some of These Days»

1934, nach einjähriger Husserl-Lektüre in Berlin, kehrte Sartre voller
Energie nach Frankreich zurück und begann, der Phänomenologie seinen Stempel aufzudrücken. Dabei griff er nicht nur auf Kierkegaard
und Hegel zurück, sondern auch auf persönliche Erfahrungen: die Erlebnisse seiner Kindheit und seiner begeisterungsfreudigen Jugend,
seine Phobien und seine Obsessionen. Mit Simone de Beauvoir wieder
vereint, entwickelten sie in regem Austausch miteinander ihre Ideen
und ihr Schreiben.

Sartre musste seine Tätigkeit als Lehrer wieder aufnehmen, zunächst erneut in Le Havre. Doch in seiner freien Zeit wurde er zu
einem Missionar der Phänomenologie und drängte seine Freunde, die
Schlüsseltexte zu lesen, auch Merleau-Ponty, der dies jedoch längst
getan hatte.[1] Simone de Beauvoir, die Deutsch lesen konnte (jedenfalls
besser als Sartre, obwohl er fast ein ganzes Jahr die Sprache gelernt
und benutzt hatte), vertiefte sich fast das ganze Jahr 1934 in phänomenologische Texte.[2]

Darauf brennend, seine Gedanken zu Papier zu bringen, bringt
Sartre den Essay zu Ende, den er in Berlin begonnen hatte – «Eine
grundlegende Idee der Phänomenologie Husserls: Die Intentionalität» – und der die Intentionalität so unvergesslich als Austritt aus dem
gemütlichen Verdauungstrakt des Geistes in die staubige Welt des
Seins beschreibt. Er arbeitete auch an einer Studie zur Phänomeno-

logie der Imagination, von der eine gekürzte Fassung 1936 unter dem Titel *L'Imagination* und die Langfassung 1940 als *L'Imaginaire* erschien. Hier wie dort beschäftigte ihn die phänomenologische Frage, wie Träume, Phantasien oder Halluzinationen im Hinblick auf die Struktur der Intentionalität gedacht werden können, auch dann, wenn deren Objekte inexistent und ohne Bezug zur Realität sind.

Um seine Untersuchungen zu vertiefen, hielt Sartre es für notwendig, eigene halluzinatorische Erfahrungen zu machen. Er bat den Arzt Daniel Lagache, einen alten Studienfreund, ihm die psychedelische Droge Meskalin zu verabreichen, die 1919 erstmals synthetisiert worden war. Um die Mitte des zwanzigsten Jahrhunderts waren die Intellektuellen erpicht darauf, Meskalin auszuprobieren – ein Trend, aus dem 1953 Aldous Huxleys berühmte phänomenologische Studie *Die Pforten der Wahrnehmung* hervorging. Darin beschrieb er seine Erfahrungen mit Meskalin und seine Eindrücke beim Betrachten eines Gemäldes oder beim Hören eines Musikstücks im Drogenrausch. Der Existenzialist Colin Wilson, der in den 1950er Jahren gleichfalls mit Drogen experimentierte, schrieb von seiner Begegnung mit einer kruden Seinsweise, die sich anfühlte, als würde man «in einem Zug aufwachen und feststellen, dass ein Fremder nur Zentimeter vom eigenen Gesicht entfernt neben einem liegt».[3] Sartre suchte schon sehr viel früher die intime Begegnung mit dem Sein. Dr. Lagache injizierte ihm Meskalin und überwachte den Trip. Als guter Phänomenologe beobachtete Sartre sich dabei selbst und machte sich Notizen.

Seine Erlebnisse waren dramatisch. Während Huxleys Drogenabenteuer mystisch und ekstatisch war und einer von Dr. Lagaches Assistenten mit exotischen Tänzerinnen über imaginäre Wiesen hüpfte, brachte Sartres Geist eine teuflische Vielzahl von Schlangen, Fischen, Geiern, Kröten, Käfern und Krustentieren hervor, die gar nicht mehr verschwinden wollten. Monatelang bewegten sich langustenartige Lebewesen am Rand seines Gesichtsfelds, und die Häuserfassaden starrten ihn mit menschlichen Augen an.[4]

Relativ wenig von diesen Drogenerfahrungen floss in Sartres Untersuchungen zur Imagination ein, vielleicht weil er eine Zeitlang befürchtete, den Verstand zu verlieren. In anderen Werken verarbeitete er sie jedoch, etwa in der Erzählung *Das Zimmer* von 1937 oder im

Theaterstück *Die Eingeschlossenen von Altona* aus dem Jahr 1959 – hier wie dort steht ein junger Mann im Banne von Wahnvorstellungen – sowie in dem halbfiktionalen Text *Nourritures* von 1938. Er basiert auf den Eindrücken seines Meskalin-Trips und einer Italienreise im Sommer 1936. Der Erzähler streift an einem brütend heißen Tag durch Neapel und erlebt bizarre Szenen: Ein Kind auf Krücken hebt ein von Fliegen wimmelndes Stück Wassermelone aus dem Rinnstein und beißt hinein. Durch eine offene Tür sieht er einen Mann neben einem kleinen Mädchen knien. Während sie lachend sagt: «Papa, mein Papa», hebt der Mann ihren Rock und beißt sie in den Hintern, als wäre es Brot.[5] Sartres Erzähler ist von Ekel überwältigt, aber er gewinnt auch eine Einsicht: dass nichts auf der Welt einer zwingenden Notwendigkeit folgt. Alles ist «kontingent», vom Zufall bestimmt, und hätte auch ganz anders passieren können. Diese Erkenntnis beängstigt ihn.

Sartres Erkenntnis der «Kontingenz» muss jedoch älter sein, denn er machte sich schon seit längerer Zeit Notizen dazu, anfangs in einem leeren Schreibheft mit der Aufschrift «Suppositoires Midy» auf dem Umschlag, offenbar ein Notizbuch, das man an Ärzte verteilte und das Sartre, wie er sagte, in einem U-Bahn-Abteil gefunden hatte. Aus diesen Aufzeichnungen entstand in Berlin der Entwurf eines Romans, dem er den Arbeitstitel «Melancholia» gab.[6] Daraus erwuchs schließlich der Roman, der mir als Sechzehnjährige in die Hände fiel: *Der Ekel*, die Geschichte des Schriftstellers Antoine Roquentin und seiner Streifzüge durch Bouville.

Ursprünglich war Roquentin in dieses öde Städtchen am Meer gekommen, um über das Leben eines Höflings aus dem achtzehnten Jahrhundert zu recherchieren, des Marquis de Rollebon, dessen Nachlass in der städtischen Bibliothek aufbewahrt wird. Rollebons Leben bestand aus einer Abfolge wilder Abenteuer – ein Geschenk für jeden Biographen, nur dass Roquentin jetzt keinen Weg findet, darüber zu schreiben. Er entdeckt, dass das Leben mit verwegenen Geschichten nichts zu tun hat, und er möchte die Wirklichkeit nicht verfälschen. Tatsächlich war Roquentin selbst aus der Bahn geworfen. Ohne eine Familie, die dem Leben der meisten Menschen eine Struktur gibt, verbringt er seine Zeit in der Bibliothek, streift durch die Stadt oder trinkt Bier in einem Café, wo aus einem Grammophon Ragtime-Musik erklingt. Er beobachtet, wie die Leute ihren alltäglichen bürgerlichen Verrichtungen nachgehen. Das Leben ähnelt einem gestaltlosen Teigklumpen, der vom Zufall und nicht von der Notwendigkeit bestimmt ist. Diese Erkenntnis bestätigt sich ihm in immer neuen Episoden und überflutet ihn in immer neuen Wellen, und jedes Mal empfindet Roquentin einen Ekel, der sich an die Objekte selbst zu heften scheint, an die Welt um ihn herum. Er hebt einen Kieselstein auf, um ihn ins Meer zu werfen, aber der Stein fühlt sich an wie eine formlose, abstoßende Masse. Er drückt eine Türklinke, um einen Raum zu betreten, doch da ist etwas wie ein dicker weißer Wurm in seiner Hand. Im Café erscheint ihm sein schrägkantig geschliffenes Bierglas mit dem Wappenschild darauf erschreckend und kontingent. Er versucht, diese Erfahrung phänomenologisch in seinem Tagebuch festzuhalten und aufzuschreiben, «wie ich diesen Tisch, die Straße, die Leute, mein Tabakpäckchen sehe, denn gerade *das* hat sich verändert».[7]

Als er im Stadtpark das «gegerbte Leder» eines Kastanienbaums erblickt und erneut von Ekel erfüllt ist, erkennt Roquentin, dass es nicht der Baum, sondern das Dasein des Baumes ist, das ihn bedrängt. Es ist die Art und Weise, wie dieser Baum auf unerklärliche Weise einfach existiert: sinnlos und hartnäckig. Genau das ist Kontingenz: das zufällige, unfassliche Dasein der Dinge in ihrer schlichten Tatsächlichkeit. Roquentin erkennt, dass er die Welt nicht mehr so betrachten kann wie bisher und dass er seine Rollebon-Biographie niemals beenden wird, weil er keine Abenteuergeschichten erfinden kann. In diesem Moment ist er zu überhaupt nichts fähig:

> Ich ließ mich auf die Bank sinken, benommen, betäubt von dieser verschwenderischen Fülle von Seiendem ohne Anfang: überall Aufbrechen, Aufblühen, meine Ohren dröhnten von Existenz, mein eigenes Fleisch zuckte und öffnete sich, gab sich dem allgemeinen Knospen hin, es war abstoßend.[8]

Eine kurze Erholungspause ist ihm vergönnt, als in seinem Stammcafé der melancholische Song «Some of These Days» erklingt.[9] Er beginnt mit leisen Klavierklängen, dann setzt die warme Stimme der Sängerin ein. In den nachfolgenden Minuten ist Roquentins Welt in Ordnung.

Eine Note führt zwangsläufig zur nächsten, keine könnte anders sein. Die Notwendigkeit dieses Liedes verleiht auch Roquentins Existenz Notwendigkeit. Alles hat seinen festen Platz und ist unentbehrlich. Roquentin greift nach seinem Bierglas und führt es in einem leichten Bogen seines Arms an den Mund, und er kann es absetzen, ohne etwas zu verschütten. Seine Bewegungen sind fließend wie die eines Sportlers oder Musikers – bis das Lied aufhört und alles wieder zerfällt.

Der Roman endet damit, dass für Roquentin diese Vision der Kunst als einer Quelle der Notwendigkeit zum Ausweg wird. Er beschließt, nach Paris zurückzukehren, um zu schreiben, jedoch keine Biographie, sondern eine andere Art von Buch: «eine Geschichte … wie es keine geben kann … Sie müßte schön sein und hart wie Stahl und müßte die Leute sich ihrer Existenz schämen lassen.»[10] Später fand Sartre, er habe es sich mit dieser Lösung zu leicht gemacht. Kann uns die Kunst wirklich aus dem Chaos des Lebens erretten? Doch die Kunst gibt Roquentin wenigstens ein Ziel in einem ansonsten endlosen, unabschließbaren Roman, der überall «aufbricht, aufblüht». Wie wir noch sehen werden, ist Sartre alles willkommen, was ihm hilft, ein Buch zu beenden.

In Sartres Roman sind viele eigene Erfahrungen eingeflossen: die Kleinstadt am Meer außerhalb der Feriensaison, die Halluzinationen, die Erkenntnis der Kontingenz. Sogar die Obsession von Kastanienbäumen hat einen persönlichen Hintergrund; und sein Werk ist voller Bäume. In seiner Autobiographie *Die Wörter* erinnert er sich an eine Geistergeschichte aus seiner Kindheit, in der sich eine kranke Frau ruhelos in ihrem Bett wälzt, dann mit dem Finger auf einen Kastanienbaum zeigt und im nächsten Moment stirbt. Und für den Protagonisten Lucien in der Erzählung *Die Kindheit eines Chefs* hat der Kastanienbaum etwas Unheimliches, weil er nicht reagiert, als Lucien mit dem Fuß gegen seinen Stamm tritt.[11] Sartre erzählte seinem Freund John Gerassi, wie er in seiner Berliner Wohnung auf einen großen Baum schaute, der ihm – obwohl kein Kastanienbaum – beim Schreiben die Bäume von Le Havre in Erinnerung gerufen habe.[12]

Bäume waren für Sartre gleichbedeutend mit Sein und Geheimnis, mit der physischen Welt und ihrer Kontingenz. Sie eigneten sich auch zur phänomenologischen Beschreibung. In seiner Autobiographie zitiert er eine Bemerkung seines Großvaters: «Es genügt nicht, Augen zu haben, man muß lernen, sie zu gebrauchen. Weißt du, was Flaubert mit dem kleinen Maupassant gemacht hat? Er setzte ihn vor einen Baum und gab ihm zwei Stunden Zeit, den Baum zu beschreiben.»[13] Die Geschichte stimmt. Flaubert erteilte Maupassant den Rat, «alles, was man ausdrücken will, lange und aufmerksam zu betrachten»:

> Unentdecktes gibt es überall, weil wir gewohnt sind, uns unserer Augen nur mit Erinnerung daran zu bedienen, was man schon vor uns über das Objekt unserer Betrachtung gedacht hat. Das unscheinbarste Ding enthält noch etwas Unbekanntes. Wir müssen es nur finden. Um ein flammendes Feuer und einen Baum auf einer Ebene zu beschreiben, müssen wir so lange vor diesem Feuer oder diesem Baum stehenbleiben, bis sie für uns keine Ähnlichkeit mit irgendeinem anderen Baum oder irgendeinem anderen Feuer haben.[14]

Flaubert sprach zwar über eine literarische Fertigkeit, er hätte aber auch die phänomenologische Methode meinen können, die demselben Prinzip folgt. Im Zuge der Epoché werden überkommene Vorstellungen ausgeklammert, um die Dinge so zu beschreiben, wie sie sich unmittelbar präsentieren. Husserl betrachtete diese Fähigkeit zur Beschreibung eines Phänomens, unbeeinflusst von den Theorien anderer, als eine Befreiung für den Philosophen.

Dieser Gedanke faszinierte auch Sartre. Ein Schriftsteller beschreibt, und damit ist er frei. Denn wer exakt beschreiben kann, was er erlebt, kontrolliert die Ereignisse in gewisser Weise. Sartre erkundete diesen Zusammenhang zwischen Schreiben und Freiheit in seinem Werk immer und immer wieder. Als ich *Der Ekel* zum ersten Mal las, war vermutlich dieser Aspekt ein Grund für die Faszination, die der Roman auf mich ausgeübt hat. Auch ich wollte den Dingen auf den Grund gehen, sie erfahren, über sie schreiben – und Freiheit erlangen. Deshalb ging auch ich in einen Park, um das Sein eines Baums zu betrachten, und deshalb habe ich Philosophie studiert.

In *Der Ekel* erlangt man Befreiung durch Kunst, weil sie die Dinge so erfasst, wie sie sind, und ihnen zugleich eine innere Notwendigkeit verleiht. Sie sind nicht mehr unförmig und abstoßend: Sie ergeben einen Sinn. Der Ragtime-Song, den Roquentin im Café hört, ist beispielhaft dafür. Simone de Beauvoir berichtet allerdings in ihren Erinnerungen, Sartre sei durch das Kino auf die Idee gekommen, nicht durch Musik.[15] Sie und Sartre waren leidenschaftliche Kinogänger und von den Filmen Charlie Chaplins und Buster Keatons begeistert, von den Bildern voll tänzerischer Anmut und liedhafter Eleganz.[16] Mir gefällt die Vorstellung, dass Sartre seine Offenbarung über Notwendigkeit und Freiheit der Kunst aus Chaplins *Der Tramp* bezog.

Zähflüssiges, Klebriges, Schleim

Auch bei einem anderen Aspekt von Roquentins Obsession schöpfte Sartre aus eigenen Erfahrungen: dem Horror vor allem Körperlichen, Klebrigen und Schleimigen. Einmal ekelt ihn sogar der Speichel in seinem Mund, seine Lippen und sein Körper überhaupt, «ganz feucht von Existenz».[17] In seinem 1943 erschienenen Hauptwerk *Das Sein und das Nichts* beschreibt Sartre das Zähflüssige und Klebrige *(le visqueux)* in seiner Stofflichkeit noch viel eindringlicher: den sämigen Honig, der von einem Löffel in den Honigtopf tropft und mit der Oberfläche verschmilzt. Voll Schaudern spricht er von der «weichen, schleimigen weiblichen Aktivität des Ansaugens», wenn eine klebrige Substanz zwischen den Fingern hängen bleibt.[18] Vermutlich hätte Sartre weder das sich auf Gesichtern festsaugende Wesen in Ridley Scotts Film *Alien* gemocht noch den gallertartigen Callisto-Haftschwamm in Philip K. Dicks Roman *Eine andere Welt*, dessen Fressröhren sich in die Brust seines Opfers graben, noch den Großen Krummen in Ibsens *Peer Gynt*, ein gärendes, brodelndes, gestaltloses Etwas. Und schon gar nicht das Lebewesen am Ende von H. G. Wells' Roman *Die Zeitmaschine*: ein Wesen mit Tentakeln, das vor den blutroten Wogen eines toten Meeres den Strand entlangkriecht. Sartre hatte eine instinktive Abneigung gegen derartige Objekte. In seinen Texten gibt es eine solche Fülle dieser Bilder, dass man fast sicher sein kann, Sartre zu lesen, wenn in einem philosophischen Werk eine dickflüssige Pfütze oder ein schleimiges Klümpchen vorkommt – auch wenn Gabriel Marcel behauptete, er sei es gewesen, der Sartre auf die Idee gebracht habe, in philosophischer Weise darüber zu schreiben.[19] Das Klebrige steht bei Sartre für den Horror der Kontingenz, für die «Faktizität», wie er es nennt: für alles, was uns in eine Situation hineinzieht und uns daran hindert, uns frei darüber zu erheben.

Sein Talent, innerste Empfindungen philosophisch zu analysieren, hat Sartre regelrecht kultiviert. Manchmal war es harte Arbeit. In einem Fernsehinterview gestand er 1972, nie ein spontanes Ekelgefühl verspürt zu haben. Sein Gesprächspartner war skeptisch und sagte, er habe einmal beobachtet, wie Sartre mit angeekeltem Gesichtsausdruck Algen betrachtete, die im Wasser unaufhörlich an einen Felsen klatschten. Ob das nicht «Ekel» gewesen sei.[20] Aber vielleicht betrachtete Sartre die Algen, um dieses Gefühl in sich erzeugen und beschreiben zu können.

Sartre entwickelte seine Ideen aus dem Leben, aber auch seine Lektüre fand den Weg in sein Denken. In *Der Ekel* entdeckt man unschwer Spuren Heideggers, wenn auch nicht von *Sein und Zeit*, mit dem sich Sartre noch nicht näher beschäftigt hatte. Die Spurensuche führt eher zu Martin Heideggers Freiburger Antrittsvorlesung von 1929 «Was ist Metaphysik?»: das Nichts, das Sein und die «Stimmungen», die offenbaren, wie die Dinge sind. Dies war das Bändchen, von dem Simone de Beauvoir sagte, sie und Sartre hätten es zu lesen versucht, aber nicht verstanden.

Ich sehe auch verblüffende Ähnlichkeiten zu Emmanuel Lévinas' Essay *De l'évasion (Ausweg aus dem Sein)*, der 1935 in den *Recherches Philosophiques* erschien, während Sartre noch an seinem Romanmanuskript arbeitete. Lévinas beschreibt Empfindungen, die sich bei Schlaflosigkeit oder körperlicher Übelkeit manifestieren können, besonders das Gefühl, eingeschlossen und angekettet zu sein, einem unerbittlichen, unbestimmten «Sein» ausgeliefert. Lévinas nennt dieses sich selbst erdrückende Sein das *«il y a»* («es gibt»).[21] Anderswo vergleicht er es mit dem Rauschen einer Meeresmuschel, die man an sein Ohr hält, oder mit den Empfindungen eines Kindes, das allein in der Stille seines Zimmers liegt, ohne schlafen zu können. «Als wäre die Leere voll, als wäre die Stille ein Lärm.»[22] Ein Albtraum der totalen Fülle, in der kein Raum für Gedanken bleibt, kein innerer Rückzugsort. In seinem Buch *Vom*

Emmanuel Lévinas 1992

Sein zum Seienden (1947) beschreibt Lévinas diese Erfahrung als einen Zustand, in dem es uns vorkommt, «als ob die Dinge keine Welt mehr wären»,[23] also das Heidegger'sche Beziehungsgeflecht von Zweckhaftigkeit und Mitsein verloren hätten. Unsere natürliche Reaktion auf diese Situation ist ein Fluchtimpuls. Einen Ausweg jedoch finden wir in all jenem, was unser Bedürfnis nach Form und Struktur erfüllt. Das kann Kunst sein oder Musik oder der Kontakt zu einem anderen Menschen.[24]

Weder ist mir der Vorwurf begegnet, Sartre habe diese Gedanken von Lévinas übernommen, noch habe ich eine Bestätigung dafür gefunden, dass Sartre den Aufsatz kannte, auch wenn gelegentlich auf Ähnlichkeiten hingewiesen wurde.[25] Die naheliegende Erklärung ist, dass beide ihre Gedanken aus der Lektüre Husserls und Heideggers entwickelten. Sartre hatte *Sein und Zeit* in Berlin zunächst beiseitegelegt, da die Lektüre Husserls *und* Heideggers zu viel auf einmal war.[26] In späteren Jahren fand er zu Heidegger zurück, während Lévinas' Bewunderung für seinen einstigen Mentor aufgrund von dessen politischer Gesinnung abrupt endete. Lévinas kam zu dem Schluss, dass der Mensch das nackte Sein niemals so akzeptieren sollte, wie es ist.[27] Der

Wert der zivilisierten Menschheit, so Lévinas, beruhe darauf, dass wir der Last dessen, was uns in unseren Albträumen bedrückt, *entfliehen* und nicht, dass wir sie schultern.

Die Lektüre Sartres gibt einem manchmal das Gefühl, er habe sich tatsächlich fremder Ideen bedient, sie sich jedoch so anverwandelt, dass er zu völlig neuartigen Schlussfolgerungen gelangte. Sartre schrieb in fast tranceartiger Konzentration, die ihn für visionäre Erfahrungen aufgeschlossen machte. Seine Methode lässt sich am besten anhand eines frühen Briefes an seine Freundin Simone Jollivet beschreiben, in dem er ihr Ratschläge zum Schreiben erteilte. «Man betrachtet ein Bild in Gedanken», erklärte er ihr, «man spürt plötzlich etwas in sich anschwellen wie eine Blase, eine Art Richtung auch, die einem gewiesen wird, schon ist fast alle Arbeit getan.» Dann müsse man es nur noch ausarbeiten und niederschreiben.[28]

Darin bestand im Wesentlichen die phänomenologische Methode – oder wenigstens eine sehr handfeste Version davon, denn Husserl hätte Sartres Neigung zu Anekdoten und Metaphern wahrscheinlich missbilligt. Während Heidegger Husserls Phänomenologie zu einer Art poetischem Schreiben entwickelte, wählten Sartre und Beauvoir die Form des Romans und erleichterten damit Nichtfachleuten den Zugang. In ihrem Vortrag «Literatur und Metaphysik» von 1945 meinte Beauvoir, Romane von Phänomenologen seien nicht so öde wie andere philosophische Romane, weil sie etwas beschrieben, statt Systeme oder Theorien aufzustellen.[29] Phänomenologen bringen den Leser zu den Sachen selbst zurück. Man könnte auch sagen, sie folgen der Standardanweisung von Creative-Writing-Kursen: «Show, don't tell.»

Sartres fiktionale Texte sind nicht immer funkensprühend. Für Simone de Beauvoir gilt dasselbe, doch ihr lag das Romaneschreiben mehr als ihm. Sie verwendete mehr Sorgfalt auf Handlungsaufbau und Sprache und war eher bereit, eine Idee dem Zusammenspiel der Figuren und Ereignisse unterzuordnen. Außerdem erkannte sie oft genau, wo Sartre falsch lag. Als er sich Mitte der dreißiger Jahre mit der Überarbeitung des *Melancholia*-Manuskripts abmühte, ermunterte sie ihn, etwas mehr von der Art Spannung hineinzubringen, die ihnen in Kriminalfilmen und -romanen so gefiel.[30] Er folgte ihrem Rat und meinte später in einem Interview, er habe versucht, es in *Der Ekel* wie in einem Kriminalroman zu machen: «Am Ende wird der Schuldige gezeigt: der Schuldige, das ist die Kontingenz.»[31]

Er begann intensiv, das Manuskript zu überarbeiten, und er hörte auch nicht auf, als es bereits von mehreren Verlagen abgelehnt worden war. Schließlich fand er einen Verleger in Gaston Gallimard, der ihm bis zum Schluss die Treue hielt. Doch Gallimard empfahl Sartre, einen anderen Titel zu finden. «Melancholia» war nicht werbewirksam genug. Sartres Alternativvorschläge «Factum über die Kontingenz» (der Arbeitstitel seiner ersten Notizen 1932) und «Essay über die Einsamkeit des Geistes» überzeugten Gallimard nicht, worauf Sartre «Die ungewöhnlichen Abenteuer von Antoine Roquentin» als Titel vorschlug. Im Klappentext sollte erklärt werden, dass es sich um eine falsche Fährte handelte, denn es seien keine Abenteuergeschichten. Schließlich kam Gallimard selbst auf den so schlichten wie bestürzenden Titel *Der Ekel*.[32] Das Buch erschien im April 1938 und wurde von der Kritik wohlwollend aufgenommen; einer der Rezensenten war Albert Camus. *Der Ekel* brachte Sartre den Durchbruch.

Leben und Schreiben, gegen die Bourgeoisie

Zur selben Zeit arbeitete auch Simone de Beauvoir an ihrem ersten Roman, der allerdings erst 1943 erschien: *L'Invitée (Sie kam und blieb)*. Er basiert auf einer Ménage à troi zwischen ihr selbst, Sartre und ihrer ehemaligen Schülerin Olga Kosakiewicz. Im wirklichen Leben war es eine anstrengende Geschichte, in die noch weitere Personen hineingezogen wurden – eine Fünferbeziehung, die sich schließlich auflöste. Am Ende war Olga mit Sartres ehemaligem Schüler Jacques-Laurent Bost verheiratet, Sartre ging mit Olgas Schwester Wanda ins Bett, und Beauvoir zog sich zurück, leckte ihre Wunden – und begann eine lange und heimliche Liaison mit Bost. Für den Roman ließ sie einige Komplikationen beiseite, fügte jedoch eine philosophische Dimension hinzu sowie ein melodramatisches Finale mit einem Mord. Sartre fiktionalisierte später dieselben Ereignisse im ersten Band der Romantetralogie *Die Wege der Freiheit*.

Die beiden Romane zeigen die unterschiedlichen philosophischen und persönlichen Interessen ihrer Autoren. Sartres Roman ist eine epische Erkundung der Freiheit, und die Liebesaffäre bildet nur einen von mehreren Handlungssträngen. Beauvoir interessierte sich für die Kraftlinien des Begehrens, der Beobachtung, Eifersucht und Kontrolle, die die Personen miteinander verbinden. Sie schildert eindrucksvoll, wie sich bei ihren Protagonisten Gefühle und Erfahrungen körperlich manifestieren, in einer Krankheit oder in physischen Phänomenen: So schießt der Protagonistin das Blut ins Gesicht, als sie versucht, jemandem etwas vorzulügen.[33] Für diese Passagen erntete Simone de Beauvoir Lob von Maurice Merleau-Ponty, der sich auf die Phänomenologie der Leiblichkeit und der Wahrnehmung spezialisiert hatte. Seinen Essay *Der Roman und die Metaphysik* von 1945 begann er mit einem Zitat aus *Sie kam und blieb*, in dem der (Sartre ähnelnde) Pierre zu der (Beauvoir ähnelnden) Protagonistin Françoise sagt, es überrasche ihn, dass sie von einer metaphysischen Situation in so «konkreter Weise» berührt sei:

> «Aber das ist konkret», sagte Françoise, «der ganze Sinn meines Lebens wird aufs Spiel gesetzt.»
> «Da sage ich ja nichts», sagte Pierre. [...] «Doch dieses Vermögen, das du hast, eine Idee mit Leib und Seele zu leben, ist schon außergewöhnlich.»[34]

Diese Bemerkung trifft auch auf Simone de Beauvoir selbst zu. Zwar verkörperlichte auch Sartre in seinem Roman *Der Ekel* Ideen, aber nie so plausibel wie sie, vielleicht deshalb, weil sie sie tiefer empfand. Sie besaß die Fähigkeit, über die Welt und über sich selbst zu staunen. Wie sie in ihren Erinnerungen schreibt, lag hier der Ursprung ihres fiktionalen Schreibens. Literatur «tritt dann in Erscheinung, wenn irgendetwas im Leben aus den Fugen gerät»; sie beginne dann, «wenn die Realität aufhört, *selbstverständlich* zu sein».[35]

Sartre beneidete sie darum. Er versuchte, sich in diesen Zustand zu versetzen, schaute seinen Tisch an und wiederholte: «Es ist ein Tisch, es ist ein Tisch», bis, wie er in sein Tagebuch schrieb, «ein zaghafter Schauer entstand, den ich Freude taufte». Aber er musste sich dazu zwingen, es überkam ihn nicht, wie es bei Beauvoir der Fall war. Sartre fand ihr Talent zum Staunen die «auf natürlichere Weise authentische» Philosophie und zugleich von einer «philosophischen Armut» – womit

er vielleicht meinte, dass sie nirgendwohin führte, unzureichend entwickelt und wenig durchdacht war. Und er fügte eine Bemerkung
hinzu, die seine damalige Lektüre Heideggers reflektiert: Es sei dies
«der Moment, in dem die Frage den Fragenden verwandelt».[36]

Von all den Dingen, über die Simone de Beauvoir staunte, habe
sie, wie sie selbst erzählte, vor allem eines gewundert: die Unermess-
lichkeit ihres Nichtwissens. Nach Diskussionen mit Sartre in jener
frühen Zeit ihrer Beziehung sagte sie gern: «Ich bin dessen, was ich
denke, nicht mehr sicher, ja nicht einmal mehr sicher, überhaupt zu
denken.»[37] Offenkundig suchte sie sich Männer aus, die brillant genug
waren, sie dermaßen zu verunsichern – und solche gab es nur wenige.

Vor Sartre war Maurice Merleau-Ponty ihr Partner bei dieser
Übung. Die beiden lernten sich 1927 kennen, mit neunzehn. Sie stu-
dierte an der Sorbonne, er an der École normale supérieure, die auch
Sartre besuchte. Beauvoir übertrumpfte Merleau-Ponty in jenem
Jahr bei der Prüfung in allgemeiner Philosophie. Er wurde Dritter, sie
Zweite. Und beide wurden von einer anderen Frau überrundet:
Simone Weil. Sie wurden Freunde, weil Merleau-Ponty, so berichtet es
Beauvoir, unbedingt die Frau kennenlernen wollte, die ihn überflügelt
hatte. (Weniger interessierte ihn offenkundig die respekteinflößende
Simone Weil. Und Weil wiederum war von Beauvoir nicht besonders
angetan und wies ihre freundlichen Annäherungsversuche zurück.)

Die Prüfungsergebnisse von Weil und Beauvoir waren in der Tat
ungewöhnlich, denn beide hatten nicht an der berühmten Eliteuniversität studiert. Als Beauvoir 1925 ihr Studium begann, war die École
normale supérieure nicht für Frauen zugänglich. Das war nur für ein
kurzes Jahr der Fall gewesen, 1910, danach blieben ihre Pforten Studentinnen wieder verschlossen – bis 1927, zu spät für Beauvoir.[38] Sie
besuchte verschiedene Mädchenschulen. Die waren zwar auch nicht
schlecht, verfolgten aber weniger hochgesteckte Ziele. Der erschwerte
oder verweigerte Zugang zu Bildungseinrichtungen war nur eines von
vielen Beispielen für die Benachteiligung junger Frauen. Simone de
Beauvoir schrieb darüber ausführlich in ihrer 1949 erschienenen Studie *Das andere Geschlecht*. Vorerst konnte sie nur fleißig studieren, sich
mit Freundschaften bei Laune halten und mit den Beschränkungen
ihres Lebens hadern. Die Gründe für diese Einengungen suchte sie im

Moralkodex ihrer bürgerlichen Herkunft. Sie war nicht die Einzige. Sartre, gleichfalls ein Kind der Bourgeoisie, rebellierte nicht minder heftig dagegen. Auch Merleau-Ponty kam aus bürgerlichem Elternhaus, doch er reagierte anders. Er konnte sich im bourgeoisen Milieu durchaus wohlfühlen, führte aber ein Leben außerhalb dieser Kreise.

Simone de Beauvoir und Maurice Merleau-Ponty

Simone de Beauvoir musste sich ihre Unabhängigkeit hart erkämpfen. Geboren wurde sie am 9. Januar 1908 in Paris, wo sie auch aufwuchs, allerdings in einem eher provinziellen sozialen Umfeld mit strengen Konventionen. Besonders nachdrücklich vertrat ihre Mutter Françoise die überkommenen Prinzipien von Weiblichkeit und Vornehmheit, ihr Vater war in dieser Hinsicht entspannter. Simones Rebellion begann schon in der Kindheit, verstärkte sich während ihrer Teenagerjahre und dauerte ihr Leben lang an. Ihre unermüdliche schriftstellerische Tätigkeit, ihre Reiselust, ihre Entscheidung gegen das Kinderkriegen und nicht zuletzt die unkonventionelle Wahl ihrer Partner – all dies spricht für einen bedingungslosen Freiheitsdrang. So schildert sie selbst ihr Leben im ersten Band ihrer Autobiographie, den *Memoiren einer Tochter aus gutem Hause*, und ebenso in ihrem Buch über die letzte Krankheit ihrer Mutter, *Ein sanfter Tod*.

Maurice Merleau-Ponty lernte sie durch einen Freund kennen, als sie, eine junge Studentin, allein auszugehen begann. Sie hielt ihre Eindrücke in ihrem Tagebuch fest, wo sie ihn «Merloponti» nennt. Er sei nicht nur als Mensch attraktiv, sondern auch als Mann, schrieb sie, obwohl er sich, wie sie meinte, zu viel auf sein Aussehen einbildete. In ihrer Autobiographie, wo er unter dem Pseudonym «Pradelle» auftaucht, beschrieb sie sein «offenes, recht hübsches Gesicht» und seine «unmittelbare und heitere Art, sich zu geben». Er war ihr sofort sympathisch, was, wie sie hinzufügte, nicht überraschend war. Auch ihrer Mutter gefiel er.[39]

Merleau-Ponty, geboren am 14. März 1908, war nur zwei Monate jünger als Beauvoir, und er fühlte sich in seiner Haut sehr viel wohler als sie. Er bewältigte gesellschaftliche Anlässe entspannt und selbstbewusst – die Folge einer ausgesprochen glücklichen Kindheit, wie er selbst vermutete. Er habe nie um Anerkennung kämpfen müssen und sich als Kind so geliebt und ermuntert gefühlt, dass diese Disposition ihn lebenslang begleitet habe. So reizbar er manchmal sei, stehe er doch fast immer im Einklang mit sich selbst, erklärte er 1959 in einem Rundfunkinterview.[40] Damit bleibt er in dieser ganzen Geschichte die Ausnahme: ein glückliches Naturell. Sartre schrieb einmal über Flaubert, er habe in seiner Kindheit keine Liebe erfahren: «Es ist die Liebe, die mangelt; ist sie anwesend, geht der Teig auf; fehlt sie, sackt er zusammen.»[41] Doch auch Merleau-Pontys Kindheit war wohl nicht ganz so unbeschwert, wie er selbst gern behauptete. Sein Vater starb bereits 1913 an einer Lebererkrankung; er und seine Schwester wurden von der Mutter erzogen. Während Beauvoir zu ihrer Mutter ein gespanntes Verhältnis hatte, blieb Merleau-Ponty der seinen lebenslang eng verbunden.

Alle, die Maurice Merleau-Ponty kannten, spürten die Aura des Wohlbehagens, die von ihm ausging. Simone de Beauvoir war anfangs ganz von ihm eingenommen. Sie hatte auf jemanden gewartet, den sie bewundern konnte, und er schien dafür der Richtige zu sein. Kurz erwog sie, ihn zu ihrem festen Freund zu erwählen, doch einen streitbaren Charakter wie sie irritierte seine entspannte Einstellung. Sein größter Fehler sei, dass er «nicht gewalttätig ist, und das Reich Gottes ist für die Gewalttätigen», notierte sie in ihr Tagebuch.[42] Er bestand darauf, zu allen nett und freundlich zu sein. «Ich merke, dass ich so anders bin!», klagte sie. Sie war ein Mensch strenger Urteile, Merleau-Ponty dagegen sah stets die verschiedenen Aspekte einer Situation. Seiner Ansicht nach hatte jeder Mensch gute und schlechte Seiten, und im Zweifelsfall übte er Nachsicht. Beauvoir dagegen hatte eine manichäische Weltsicht: Für sie gab es «nur eine winzige Elite, ihr gegenüber jedoch eine ungeheure Masse, die des Daseins unwürdig war».[43]

Was Beauvoir jedoch wirklich gegen den Strich ging, war Merleau-Pontys «Einvernehmen mit seiner Klasse, seinem Leben, er akzeptierte durchaus die bürgerliche Gesellschaft». Wenn sie über die Dummheiten und Grausamkeiten der bürgerlichen Moral schimpfte, widersprach er ihr ruhig und gelassen. Er verstand sich ausgezeichnet mit Beauvoirs Mutter und Schwester und teilte, wie sie schrieb, «mein

Grauen vor dem engumgrenzten Familienleben nicht». Auch hegte er
«keinen Abscheu vor gesellschaftlichen Unternehmungen und tanzte
gelegentlich. ‹Warum nicht?›, fragte er mich mit entwaffnend unbefan-
gener Miene.»

Im ersten Sommer ihrer Freundschaft waren sie oft zusammen,
weil die anderen Studenten ihre Ferien nicht in Paris verbrachten. Sie
unternahmen Spaziergänge im Garten der École normale supérieure –
für Simone de Beauvoir eine «Weihestätte» – und im Jardin du Luxembourg, wo sie zu Füßen einer steinernen Königin saßen und philosophische Diskussionen führten. Obwohl sie im Examen besser abgeschnitten hatte als er, übernahm sie wie selbstverständlich die Rolle des
philosophischen Neulings. Zwar trug in den Debatten manchmal sie
den Sieg davon, aber sehr viel häufiger rief sie glückselig aus: «Ich weiß
nichts, nichts; ich habe nicht nur keine Antwort bereit, sondern ich
weiß nicht einmal eine Frage zu stellen.»

Durch Merleau-Ponty gewann Beauvoir ihre Heiterkeit zurück.
«Er trug so leicht an der Last der Welt, daß sie auch mich nicht mehr
niederzudrücken vermochte; im Jardin du Luxembourg strahlten morgens der blaue Himmel, der grüne Rasen, die Sonne, wie an den
schönsten Tagen.» Als sie eines Tages den See im Bois de Boulogne
umrundeten, die Schwäne bewunderten und den bootfahrenden Leuten zusahen, ging es Beauvoir durch den Kopf, «wie wenig ernsthaft
von den Dingen bewegt er doch war! Seine Ruhe verletzte mich».[44] Sie
kam zu dem Schluss, dass er sich eher als Bruderfigur eignete; sie hatte
nur eine Schwester, die Rolle war also unbesetzt.[45]

Ihre beste Freundin Elisabeth Le Coin oder Lacoin («Zaza» in
Beauvoirs Memoiren) dagegen verliebte sich leidenschaftlich in ihn
und hoffte, ihn zu heiraten. Auch er schien nicht abgeneigt, doch dann
brach er die Beziehung plötzlich ab. Erst später erfuhr Beauvoir,
warum. Elisabeths Mutter betrachtete Merleau-Ponty als ungeeignet
für ihre Tochter und drohte, eine Geschichte über seine Mutter publik
zu machen, falls er die Beziehung nicht abbreche: Merleau-Pontys
Mutter, so behauptete sie, sei ihrem Mann untreu gewesen, und mindestens eines ihrer Kinder sei nicht von ihm. Merleau-Ponty schreckte
vor der öffentlichen Bloßstellung seiner Mutter zurück.[46]

Als Simone de Beauvoir davon erfuhr, war sie empört. Wie typisch für diese verlogene Bourgeoisie! Das Verhalten von Elisabeths Mutter war eine Mischung aus Moralismus, Kaltherzigkeit und Feigheit – mit buchstäblich tödlichen Folgen, so sah es jedenfalls Beauvoir. Elisabeth erkrankte schwer, wahrscheinlich an Enzephalitis, und starb im Alter von einundzwanzig Jahren.[47]

Es gab keinen ursächlichen Zusammenhang zwischen den beiden Ereignissen, aber Beauvoir war fest überzeugt, dass ihre Freundin ein Opfer bourgeoiser Heuchelei geworden war. Zwar verzieh sie Merleau-Ponty die Rolle, die er bei all dem gespielt hatte, doch kritisierte sie seinen Respekt gegenüber den traditionellen Werten – einen Fehler, den sie, so schwor sie sich, niemals begehen würde.

Notwendige und zufällige Liebe

Kurz darauf lernte Simone de Beauvoir Jean-Paul Sartre kennen, der sie darin bestärkte, ihre «gewalttätige», unduldsame Seite auszuleben.

Das verhätschelte Einzelkind Sartre, geboren am 21. Juni 1905, war nur zweieinhalb Jahre älter als Simone de Beauvoir. Wie Merleau-Ponty wuchs auch er ohne Vater auf. Jean-Baptiste Sartre, ein Marineoffizier, starb an Tuberkulose, als Jean-Paul ein Jahr alt war. Sartres Mutter und deren Eltern, mit denen sie zusammenlebten, liebten das Kind mit seinen mädchenhaften Locken und seiner zarten Schönheit abgöttisch, doch nach einer Infektion im Alter von drei Jahren bekam Sartre Probleme mit den Augen. Niemand bemerkte es, bis sein Großvater ihn, als er sieben war, zum Friseur brachte und ihm die wallenden Locken abschneiden ließ. Jetzt war die Wahrheit nicht mehr zu verbergen: sein geschädigtes Auge, aber auch seine Fischlippen und andere irritierende Züge. Darüber schreibt Sartre voller Ironie in seinen Kindheitserinnerungen *Die Wörter*.[48] Der amüsierte Ton wird geradezu übermütig, wenn er über sein Aussehen spricht, aber die Reaktion der anderen kränkte ihn wirklich. Das Thema seiner «Hässlichkeit», die er unumwunden beim Namen nannte, blieb jedoch seine Obsession. Eine Zeitlang war er menschenscheu, aber dann beschloss er, sich nicht in Verzweiflung zu stürzen. Er würde wegen seines Äußeren nicht seine Freiheit opfern.

Sartres Mutter heiratete erneut, aber mit seinem Stiefvater kam er nicht zurecht. Sie zogen nach La Rochelle, wo Sartre von größeren und stärkeren Mitschülern schikaniert wurde. Es war die große Krise seiner Kindheit. Später sagte er, die Einsamkeit in La Rochelle habe ihn alles gelehrt, was er über «die Kontingenz und die Brutalität» zu wissen brauchte.[49] Aber er ließ sich nicht unterkriegen und blühte auf, als die Familie nach Paris zurückkehrte. Man schickte ihn auf gute Schulen, zuletzt an die École normale supérieure, und bald entwickelte er sich vom sozialen Außenseiter zum Anführer einer anarchischen Clique, die unter seinen Altersgenossen großes Ansehen genoss. Er blieb ein geselliger, dominanter Typ – voller Komplexe, aber stets imstande, einen Kreis von Leuten zu beherrschen.[50]

Die Bilderstürmer und Provokateure, die sich um Sartre und seinen besten Freund Paul Nizan scharten, saßen in Cafés herum und schlachteten wortgewaltig die heiligen Kühe der Philosophie, der Literatur und der bürgerlichen Wohlanständigkeit. Sie attackierten alles, hinter dem sie zarte Sensibilitäten, ein «inneres Leben» oder eine «Seele» vermuteten. Als sie sich weigerten, im Fach Religion die Prüfung abzulegen, kam es zu einem Eklat. Mit der Lässigkeit und dem Selbstbewusstsein gebildeter Söhne aus gutem Hause stießen sie jedermann vor den Kopf, indem sie den Menschen als eine Ansammlung körperlicher Bedürfnisse bezeichneten und ihm eine edle Seele absprachen.

Zu der Zeit, 1929, lernte Simone de Beauvoir durch René Maheu die Sartre-Clique kennen. Beauvoir fand sie aufregend und einschüchternd, wurde jedoch belächelt, weil sie ihr Studium so ernst nahm. Die Sorbonne war das Ziel gewesen, auf das sie hingearbeitet hatte. Bildung bedeutete Freiheit und Selbstbestimmung – für diese jungen Männer eine Selbstverständlichkeit. Aber man akzeptierte sie, und sie und Sartre wurden Freunde. Er gab ihr den Spitznamen «Castor», das französische Wort für «Biber», wohl in Anspielung auf ihre unermüdliche Geschäftigkeit und als Wortspiel mit dem englischen Wort für Biber, «beaver». Sartre besaß nicht die Ruhe und Gelassenheit Merleau-Pontys, an der Beauvoir Anstoß genommen hatte. Er war ein großmäuliger, kompromissloser Extremist. Und Beauvoir degradierte ihn nicht zum Bruder. Er wurde ihr Geliebter und bald noch viel mehr als das. Sartre betrachtete Simone de Beauvoir als seine Verbündete, seine ideale Gesprächspartnerin, die erste und beste Leserin aller seiner Texte. Er dachte ihr die Rolle zu, die Raymond Aron während des Studiums gespielt hatte: Sie wurde seine Mitdenkerin, mit der er alle seine Ideen erörterte.

Sie erwogen eine Heirat, aber keiner von ihnen wollte eine bürgerliche Ehe – oder Kinder; Beauvoir jedenfalls wollte die schwierige Beziehung, die sie zu ihrer eigenen Mutter hatte, nicht mit eigenen Kindern wiederholen.[51] Als sie eines Abends auf einer steinernen Bank in den Tuilerien saßen, schlossen sie einen Vertrag. Sie würden für zwei Jahre ein Paar sein, danach würden sie entscheiden, ob sie ihren Pakt erneuern, sich trennen oder ihre Beziehung auf andere Weise fortsetzen würden. In ihren Memoiren bekannte Simone de Beauvoir, dass dieses zeitlich begrenzte Arrangement sie zunächst mit Angst erfüllte. Ihre Schilderung des Gesprächs ist voll beeindruckender, emotionsgeladener Details:

> Als Rückenlehne diente eine Balustrade, die durch einen engen Spalt von der Wand des Gebäudes getrennt war. In diesem Käfig miaute eine Katze, wie war sie hineingeraten? Sie war zu dick, um sich wieder herauszuzwängen. Es wurde Abend, und eine Frau erschien, eine Papiertüte in der Hand; sie holte Küchenabfälle hervor und fütterte die Katze, wobei sie sie zärtlich streichelte. In diesem Augenblick schlug Sartre vor: «Schließen wir einen Zwei-Jahres-Pakt.»[52]

Gefangenschaft, Eingesperrtsein, Bedrängnis, hingeworfene Küchenabfälle: Es ist das beklemmende Bildrepertoire einer Geschichte, die eigentlich von Freiheit handeln sollte. Und doch mutet sie an wie eine Szene aus einem unheilkündenden Traum. Hat es sich wirklich so abgespielt, oder hat Beauvoir ihre Erinnerungen mit symbolträchtigen Bildern angereichert?

Beauvoirs Angst jedenfalls verschwand, und das Arrangement funktionierte. Sie überstanden die zwei Jahre und wurden lebenslange Partner in einer keineswegs monogamen Beziehung. Erleichtert wurde dies vielleicht durch die Tatsache, dass Sartre und Beauvoir ab den späten dreißiger Jahren keine sexuelle Beziehung mehr hatten. An ihren Geliebten Nelson Algren schrieb Beauvoir: «In der Liebe war unsere Beziehung nicht sehr erfolgreich ... Wir gaben es nach acht oder zehn Jahren auf.»[53] Sie und Sartre schworen einander zwei Dinge: erstens, dass sie ihre Affären mit anderen nicht voreinander verheimlichten; Ehrlichkeit war wichtig, aber sie hielten sich nur zum Teil daran.[54] Und zweitens sollte ihre Beziehung immer an erster Stelle stehen. Sie nannten sie «notwendige Liebe» («un amour nécessaire»), die Beziehungen zu anderen dagegen «Zufallsliebe» («les amours contingentes»).[55] Daran hielten sie fest, auch wenn dadurch ein paar Liebhaber vergrault wurden. Aber so war der Pakt, und das wussten alle, die mit ihnen zu tun hatten.

In der Regel wird Simone de Beauvoir dafür bedauert, so als wäre sie (typisch Frau!) gegen ihren Willen in eine solche Beziehung hineingeraten. Tatsächlich deutet die Szene in den Tuilerien darauf hin, dass es nicht unbedingt das war, was sie als junge Frau ersehnt hatte. Gegen Angst und Eifersucht war sie nicht gefeit, doch auch eine bürgerliche Ehe hätte sie vor solchen Gefühlen kaum geschützt.

Vermutlich gab ihr die Beziehung zu Sartre genau das, was sie brauchte. Eine «normale» Partnerschaft hätte gewiss entweder mit einer Trennung geendet oder zu sexueller Frustration geführt. Beauvoir jedoch hatte ein erfülltes Sexualleben, offenbar ein besseres als Sartre mit seinen vielen Überempfindlichkeiten. In ihren Memoiren beschreibt sie «Fieberschauer», «köstliche Wirbel» und das «Rauschen des Blutes in meinen Adern».[56] Liest man dagegen die anschaulichen Beschreibungen in Sartres Büchern, muss man zu dem Schluss kommen, dass ihr Verfasser Sex als einen albtraumhaften Akt empfand, bei dem man aufpassen musste, nicht im Schleimigen und Klebrigen zu ertrinken.[57] (Bevor wir uns jedoch allzu sehr darüber mokieren, vergessen wir nicht, dass wir all das nur wissen, weil Sartre so freimütig darüber Auskunft gegeben hat. Oder vielmehr: Ja, mokieren wir uns doch ein wenig darüber.)

Das Körperlich-Sinnliche des Lebens empfand Simone de Beauvoir nie als bedrohlich, im Gegenteil. Sie konnte gar nicht genug davon bekommen. Als Kind hätte sie am liebsten alles in sich hineingestopft, was ihr begegnete. Starr vor Bewunderung blieb sie vor den Schaufenstern der Süßwarenläden stehen, versunken in den «Anblick der

transparenten Fruchtpastenherrlichkeiten und des vielfarbigen Blüten-
flors der sauren Drops. Ich war ebenso begierig auf ihre Farben, Grün,
Rot, Orange und Violett, wie auf das Gaumenvergnügen, das sie mir
verhießen.» Sie schwärmte: «Wenn die Welt, in der wir leben, um und
um eßbar wäre, welche Macht besäßen wir über sie! Als ich erwachsen
war, hätte ich am liebsten die blühenden Mandelbäume abgeweidet
und in die Pralinen des Sonnenuntergangs kräftig hineingebissen.»
Und 1947 in New York kamen ihr die Neonreklamen vor dem nächt-
lichen Himmel wie überdimensionale Leckereien vor.[58]

Ihre Lust, sich die Welt anzueignen, führte zu einer wahren Sam-
melleidenschaft. Als sie 1955 von einem Hotelzimmer endlich in eine
richtige Wohnung umzog, füllten sich ihre Schränke schnell mit «gua-
temaltekischen Jacken und Röcken, mexikanischen Blusen […], Strau-
ßeneiern aus der Sahara, Tamtams aus Blei, Trommeln, die mir Sartre
aus Haiti mitgebracht hatte, gläsernen Degen und venezianischen
Spiegeln, die ich mir in der Rue Bonaparte gekauft hatte, […] und den
Lampenständern Giacomettis».[59] Auch ihr Tagebuch und ihre Memoiren belegen das Bedürfnis, alles zu erwerben und zu genießen, was ihr
in die Hände fiel.

Sie bereiste die Welt mit derselben Begeisterung und wanderte
leidenschaftlich gern. Als junge Lehrerin in Marseille packte sie in ihrer
Freizeit Bananen und Brioches in den Rucksack, schlüpfte in ein altes
Kleid und ihre Espadrilles und machte sich in aller Herrgottsfrühe auf,
um das gebirgige Umland zu erkunden.[60] Einmal nahm sie Brot, eine
Kerze und eine mit Rotwein gefüllte Feldflasche mit und bestieg den
Berg Mézenc, wo sie die Nacht in einer Hütte auf dem Gipfel verbrachte. Als sie erwachte, lag unter ihr eine dicke Wolkenschicht. Sie
rannte den felsigen Weg hinunter, der sich von der Sonne derart aufge-
heizt hatte, dass sie sich durch die Sohlen ihrer Espadrilles die nackten
Füße verbrannte.[61] Ein anderes Mal versperrte ihr in einer steilen
Schlucht ein breiter Felsspalt den Weg, den sie mit einem gefährlichen
Sprung überwand.[62] 1936, in den Alpen allein unterwegs, rutschte
sie einen steinigen Abhang hinunter, kam aber mit ein paar Kratzern
davon.[63]

Sartre war anders. Er ließ sich zwar dazu überreden, sich ihren
Wanderungen anzuschließen, aber er konnte das Gefühl der Erschöp-

fung nicht genießen. In *Das Sein und das Nichts* wird eine Bergbesteigung mit einer namentlich nicht genannten Begleitung geschildert, die Simone de Beauvoir sein könnte (die Szene erinnert allerdings auch ein bisschen an Petrarcas berühmte Besteigung des Mont Ventoux). Dieser anderen Person macht die Tour Spaß, Sartre jedoch empfindet die Anstrengung als entmutigend und als Beeinträchtigung seiner Freiheit. Er gibt rasch auf, wirft seinen Rucksack ab und sinkt am Wegrand nieder. Auch die andere Person ist müde, aber sie möchte trotzdem weitergehen; sie liebt es, die Strapazen zu spüren, den Sonnenbrand auf der Haut und die Beschwerlichkeit des Wegs bei jedem Schritt. Den beiden Wanderern stellt sich die Landschaft in völlig unterschiedlicher Weise dar.[64]

Sartre fuhr lieber Ski, und auch diese Erfahrung fand Eingang in *Das Sein und das Nichts*. Über ein Schneefeld zu wandern sei Schwerarbeit, schrieb er, aber mit Skiern darüber hinwegzugleiten ein Vergnügen. Phänomenologisch betrachtet, verändert sich der Schnee unter den Füßen. Er ist bald nicht mehr pappig, sondern wird hart und glatt. Man gleitet über ihn hinweg, eine Fließbewegung ähnlich der Ragtime-Melodie aus dem Roman *Der Ekel*. Sartre fügte hinzu, ihn interessiere besonders das Gleiten auf Wasserskiern, eine neue Erfindung, die er noch nicht ausprobiert habe.[65] Im Schnee hinterlasse man Spuren, nicht aber im Wasser. Das war das größte Vergnügen, das Sartre sich vorstellen konnte.

Sein Traum war es, sich ungehindert durch die Welt zu bewegen. Besitz anzuhäufen, wie es Beauvoir liebte, erfüllte ihn mit Entsetzen. Auch er reiste gern, aber er sammelte keine Souvenirs. Bücher, die er gelesen hatte, verschenkte er. Das Einzige, was er stets bei sich trug, waren seine Pfeife und sein Füllfederhalter, doch auch an denen hing nicht sein Herz. Er verliere sie ständig, schrieb er, «sie sind bei mir im Exil».[66]

Anderen gegenüber war Sartre großzügig bis zur Obsession. Er gab das Geld ebenso schnell aus, wie er es bekam, um es sich «gewissermaßen vom Hals zu schaffen und weit von mir wegzuschleudern wie eine Handgranate». Wenn er es für sich ausgab, dann «zum Beispiel an einem Abend. In irgendein Tanzlokal gehen, dort viel ausgeben, im Taxi herumfahren usw. usw., kurz, damit vom Geld nichts übrig bleibt als eine

Erinnerung – manchmal weniger als eine Erinnerung».[67] Seine Trinkgelder waren legendär; er trug dicke Bündel Banknoten bei sich, aus denen er Scheine herauszog.[68] Auch als Autor geizte er nicht. Er schrieb Essays und Vorworte und gab Interviews, wann immer er darum gebeten wurde. Auch Worte waren nicht dazu da, um an ihnen zu kleben oder sie zu horten. Simone de Beauvoir war zwar gleichfalls großzügig, aber in beide Richtungen: Sie sammelte und sie verteilte. Vielleicht könnte man in diesen unterschiedlichen Stilen die zwei Seiten des phänomenologischen Existenzialismus fassen: das Beobachten, Sammeln und Nachdenken auf der einen Seite und auf der anderen das Beiseiteschieben vorgefertigter Denkmuster, um sich – im Sinne von Husserls Epoché – Freiheit zu verschaffen.

Bei allen Divergenzen herrschte jedoch ein Einverständnis zwischen Sartre und Beauvoir, das, wie es schien, kein Außenstehender bedrohen konnte. Gegenüber Simone de Beauvoirs Biographin Deirdre Bair meinte Colette Audry, eine Freundin Beauvoirs, über deren Verhältnis zu Sartre: «Ihre Beziehung war etwas vollkommen Neues, so etwas hatte ich noch nie gesehen. Ich kann nicht beschreiben, was es für ein Gefühl war, diese beiden zusammen zu erleben. Es war so intensiv, daß man manchmal ganz traurig wurde, nicht auch so etwas zu haben.»[69]

Diese Beziehung währte extrem lange, von 1929 bis zu Sartres Tod 1980: fünfzig Jahre praktizierter Existenzialismus, definiert durch die Prinzipien der Freiheit und der Gemeinschaft. Man könnte auch sagen, geteilte Erinnerungen, Ansichten und Erheiterungen schweißten sie zusammen wie in einer langen Ehe. Und sie heiterten einander tatsächlich immer wieder auf: Einmal, bei einem Zoobesuch, beobachteten sie einen dicken, traurig wirkenden See-Elefanten, der seufzte und in stummem Flehen die Augen verdrehte, als ihm der Wärter einen Eimer mit kleinen Fischen in den Schlund kippte. Immer wenn Sartre von da an verdrießlich dreinschaute, rief Beauvoir ihm den See-Elefanten aus dem Zoo in Erinnerung. Dann rollte er mit den Augen und stieß lustige Seufzer aus, und es ging ihnen beiden besser.[70]

In späteren Jahren, als Sartre häufiger unterwegs war, sahen sie sich nicht mehr ganz so oft, doch er blieb Simone de Beauvoirs fester Bezugspunkt. Nur bei ihm konnte sie ihrer Neigung frönen, jeglichen

Abstand zu Menschen und Dingen aufzugeben – sich zu verlieren, ohne ihre Freiheit als Frau und als Schriftstellerin zu opfern.[71]

Und das war das Prägende ihrer Beziehung: Sartre und Beauvoir waren beide Schriftsteller. Sie führten Tagebuch, schrieben Briefe und erzählten einander alles, was sie tagsüber erlebten.[72] Geradezu überwältigend ist die Vorstellung der Fülle geschriebener und gesprochener Worte, die ein halbes Jahrhundert lang zwischen ihnen hin- und herströmten. Sartre war der Erste, der Beauvoirs Texte las, sie vertraute seinem Urteil, und er drängte sie weiterzumachen. Wenn sie träge wurde, tadelte er sie: «Aber Castor, warum denken Sie nicht mehr! Warum arbeiten Sie nicht mehr! Sie wollten doch schreiben! Sie wollen doch wohl keine Hausfrau werden, oder ...?!»[73]

Die Gefühlsdramen kamen und gingen, doch die Arbeit blieb ihre wichtigste Konstante! Sie schrieben im Café, auf Reisen, zu Hause. Wenn sie in derselben Stadt waren, arbeiteten sie zusammen, egal, was in ihrem Leben sonst noch geschah. Als Sartre 1946 (mit seiner Mutter) in eine Wohnung in der Rue Bonaparte 42 zog, verabredete er sich jeden Tag mit Simone de Beauvoir, und sie verbrachten entweder den Vormittag oder den Nachmittag Seite an Seite an zwei Schreibtischen. Ein Dokumentarfilm aus dem Jahr 1972 für das kanadische Fernsehen zeigt sie bei dieser Tätigkeit: Beide rauchen wie verrückt, und das einzige Geräusch ist das Kratzen der Feder auf dem Papier: Beauvoir notiert etwas in ein Heft, Sartre liest ein Manuskript.[74] Ich stelle mir vor, über ihrem gemeinsamen Grab auf dem Friedhof Montparnasse liefe diese Szene in einer sich endlos wiederholenden Videoschleife: Sie und Sartre arbeiten die ganze Nacht, wenn der Friedhof geschlossen ist, und auch tagsüber, wenn die Besucher kommen. Das würde besser zu ihnen passen als ein weißer Grabstein oder ein unbewegtes Bild.

Sechstes Kapitel
Ich möchte nicht, dass man mich zwingt,
meine Manuskripte zu fressen

in dem es zu einer Krise kommt, zu zwei heroischen
Rettungsaktionen und zu einem neuen Krieg

Eine Woche im Herbst 1938

Der Titel von Husserls letztem, unvollendetem Werk *Die Krisis der euro-*
päischen Wissenschaften und die transzendentale Phänomenologie ist weit
weniger fesselnd als *Der Ekel.* Aber «Krisis» beschreibt die Situation in
Europa Mitte der dreißiger Jahre sehr präzise. In Italien waren Mussoli-
nis Faschisten seit 1922 an der Macht. In der Sowjetunion konnte Stalin
nach Lenins Tod 1924 seine unumschränkte Herrschaft bis 1929 festigen
und ließ in den dreißiger Jahren zahllose Menschen foltern, einsperren,
exekutieren und verhungern. Nach seiner Machtübernahme 1933 hielt
Hitler mit seinen expansionistischen Bestrebungen immer weniger
hinter dem Berg. 1936 begann in Spanien der Bürgerkrieg zwischen
linksgerichteten Republikanern und faschistischen Nationalisten unter
Führung von General Franco. Alles schien auf eine Spaltung Europas
hinauszulaufen – und auf einen neuen Krieg. Diese Aussicht rief Angst
und Schrecken hervor, vor allem in Frankreich, wo im Ersten Weltkrieg 1,4 Millionen französische Soldaten in den Schützengräben ihr
Leben verloren hatten. Das Land trug tiefe Wunden, da der Krieg vor
allem auf französischem Boden geführt worden war. Niemand wollte
diesen Horror noch einmal erleben.

Zwar gab es auch in Frankreich rechtsextreme Organisationen –
die Action française und die jüngere, noch radikalere Bewegung Croix-
de-Feu –, aber deren Einfluss blieb aufgrund der herrschenden pazifis-
tischen Stimmung beschränkt. Der Romancier Roger Martin du Gard

verlieh einem weit verbreiteten Gefühl Ausdruck, als er im September 1936 an einen Freund schrieb: «Alles, bloß keinen Krieg! Alles! … Sogar den Faschismus in Spanien! … ja … sogar den Faschismus in Frankreich!»[1] Simone de Beauvoir empfand es ähnlich. Zu Sartre sagte sie: «Ein Frankreich im Krieg, ist das nicht schlimmer als ein nazistisches Frankreich?» Worauf Sartre, der die Nazis aus der Nähe gesehen hatte, den Kopf schüttelte. Wie immer produzierte seine Phantasie schreckliche Details: «Ich möchte nicht, daß man mich zwingt, meine Manuskripte zu fressen. Ich möchte nicht, daß man Nizan stückchenweise die Augen ausreißt!»[2]

1938 hegten nur noch wenige die Hoffnung, von einem Krieg verschont zu bleiben. Im März annektierte Hitler Österreich. Im September richtete er seine Begehrlichkeiten auf das zur Tschechoslowakei gehörende Sudetenland mit seiner großen deutschen Minderheit. In Mähren, einem Teil der Tschechoslowakei, war Husserl geboren worden. Die britische und die französische Regierung unter Neville Chamberlain und Édouard Daladier gaben Hitlers Forderung des Selbstbestimmungsrechts für die Sudetendeutschen und der Abtretung der Gebiete mit mehr als 50 Prozent deutscher Bevölkerung nach. Prag musste sich in das Unvermeidliche fügen. Hitler betrachtete dies als Ermunterung, noch einen Schritt weiterzugehen. Am 22. September, bei einem erneuten Treffen mit Chamberlain, verlangte er das Recht zur militärischen Besetzung der sudetendeutschen Gebiete, was ihm den Zugang zur übrigen Tschechoslowakei eröffnete. Es folgte die Münchner Konferenz – eine krisenhafte Woche, während der die Menschen an ihren Rundfunkgeräten saßen und Zeitungen lasen. Sie fürchteten beinahe stündlich die Ausrufung des Kriegs.

Für einen jungen Existenzialisten war Krieg der schlimmste Affront. Er drohte alles, was der Einzelne dachte und fühlte, wie Spielzeug vom Tisch zu fegen. Der englische surrealistische Dichter David Gascoyne, der damals in psychisch prekärer Verfassung in Paris lebte, schrieb in jener Woche in sein Tagebuch: «Das Abscheuliche am Krieg ist, dass er das Individuum zu völliger Bedeutungslosigkeit herabstuft.» Er hörte Radio und stellte sich vor, wie Bombenflugzeuge am Himmel auftauchen und Häuser einstürzen.[3] Ähnlich düstere Visionen verarbeitete George Orwell in seinem Roman *Auftauchen, um Luft zu holen*, der ein Jahr später veröffentlicht wurde: Der Versicherungsagent George Bowling geht durch eine Vorstadtsiedlung und sieht sich durch eine völlig zerbombte Straße laufen. Alles Vertraute scheint im Begriff zu verschwinden. Als Folge befürchtet Bowling eine nicht endende Tyrannei.[4]

Die Stimmung dieser Krisenzeit versuchte Sartre in *Der Aufschub* zu beschreiben, dem zweiten Band seiner Romantetralogie *Die Wege der Freiheit*. Er erschien zwar erst 1945, spielt aber in der schicksalhaften Woche zwischen dem 23. und dem 30. September 1938. Die Figuren des Romans ringen mit dem Gedanken an eine ungewisse Zukunft. Sartre springt von einer zur anderen, in der Technik des Bewusstseinsstroms, die er den Romanen von John Dos Passos und Virginia Woolf abgeschaut hat.[5] Der junge Boris (der Sartres ehemaligem Schüler Jacques-Laurent Bost nachgestaltet ist) rechnet aus, wie lange er nach Kriegsbeginn in der Armee überleben wird und wie viele Omeletts er noch essen kann, bevor er stirbt.[6] In dem entscheidenden Augenblick, als alle sich um das Rundfunkgerät versammeln, um Hitlers Rede zu hören, verlässt Sartre die Szene und blendet auf Frankreich, dann auf Deutschland und dann auf ganz Europa: «Hundert Millionen freie Bewußtseine, von denen jedes einzelne Wände, ein glimmendes Zigarrenende, vertraute Gesichter sah und sich sein Schicksal in eigener Verantwortung fabrizierte.»[7]

Nicht alle literarischen Experimente in diesem Roman gelingen, doch Sartre schafft es, die bizarre Situation in dieser einen Woche lebendig werden zu lassen, als Millionen Menschen versuchten, ihre Pläne und ihre Sorge, wie Heidegger gesagt hätte, den neuen Gegebenheiten des Lebens anzupassen. Hier finden sich auch erste Anzeichen für eine Neuorientierung in Sartres Denken. In den folgenden Jahren sollte er sich noch stärker für Situationen interessieren, bei denen Menschen in den Strudel politischer Ereignisse geraten und versuchen müssen, sich ihre Freiheit und Individualität zu bewahren.

Die Antwort auf seine eigenen Ängste fand Sartre bei Heidegger. Er hatte schon mehrfach Anläufe gemacht, *Sein und Zeit* zu lesen, aber erst jetzt begann er, sich intensiver mit diesem Werk auseinanderzusetzen. Im Rückblick schrieb er, erst die «bedrohliche Lage im Frühjahr 1938 und dann im Herbst» habe ihn allmählich dahin gebracht, «eine Philosophie zu suchen, die nicht nur Kontemplation war, sondern Weisheit, Heroismus, Heiligkeit».[8] Er verglich sich mit den Athenern, die sich nach dem Tod Alexanders des Großen von der aristotelischen Wissenschaft abkehrten, um sich die mehr subjektbezogenen, «brutaleren» Gedanken der Stoiker und Epikureer anzueignen – Philosophen, «die sie *leben* lehrten».

Die Rettung des Husserl-Nachlasses

Husserl war bereits vor den Ereignissen jenes Herbstes gestorben, doch seine Frau Malvine, inzwischen achtundsiebzig Jahre alt, lebte weiterhin in dem schönen Haus am Rande von Freiburg und hütete die Bibliothek und den umfangreichen Nachlass ihres Mannes: die Manuskripte und unveröffentlichten Arbeiten. Trotz ihres protestantischen Bekenntnisses galt sie offiziell als Jüdin, doch ihr trotziger Widerspruchsgeist schützte sie vorerst noch.

Nach Hitlers Machtergreifung hatten sie und Husserl erwogen, alle Schriften in das vermeintlich sicherere Prag zu schaffen. Der tschechische Phänomenologe Jan Patočka, ein ehemaliger Schüler Husserls, bot seine Hilfe an, doch der Plan wurde nicht ausgeführt – zum Glück, denn der Nachlass wäre in Prag keineswegs sicher gewesen.[9]

Anfang des zwanzigsten Jahrhunderts hatte sich Prag zu einer Art Zentrum der Phänomenologie entwickelt, nicht zuletzt weil Tomáš Masaryk, der spätere tschechoslowakische Staatspräsident, seinen Freund Husserl überredet hatte, bei Franz Brentano zu studieren. Masaryk starb 1937, und damit blieb ihm die Katastrophe erspart, die sein Land erleben musste. Doch er hatte viel für die Weiterentwicklung der Phänomenologie getan und andere Schüler Brentanos dabei unterstützt, die Schriften ihres Lehrers in einem Archiv in Prag zu sammeln. 1938, angesichts der drohenden deutschen Invasion, war dieses Brentano-Archiv in Gefahr. Die Phänomenologen konnten erleichtert sein, dass Husserls Nachlass nicht ebenfalls dort lagerte.

Aber auch Freiburg war kein sicherer Ort. Falls ein Krieg ausbräche, wäre die Stadt, nur wenige Kilometer von der französischen Grenze entfernt, eines der ersten militärischen Angriffsziele. Malvine

Husserl war zudem der Willkür der Nazis ausgeliefert. Falls sie das Haus stürmten, würde sie nicht viel tun können, um die Bestände zu retten.

Auf die prekäre Lage des Husserl-Nachlasses und die Gefahr für Husserls Witwe wurde der belgische Philosoph und Franziskanerpater Herman Van Breda aufmerksam.[10] Er machte dem Philosophischen Institut der Universität Löwen den Vorschlag, die wichtigsten stenographischen Manuskripte Husserls in Freiburg zu transkribieren – eine Aufgabe, für die nur ehemalige Assistenten des Philosophen in Frage kamen, die Husserls Handschrift entziffern konnten. Edith Stein war in den Karmeliterorden eingetreten, und auch Heidegger ging eigene Wege. Übrig blieben daher nur zwei seiner Schüler, die in den letzten Jahren mit ihm gearbeitet hatten: Eugen Fink aus Konstanz, nunmehr in Freiburg, und Ludwig Landgrebe, der zu diesem Zeitpunkt noch in Prag lebte.

Van Breda schlug zunächst vor, das Projekt vor Ort in Freiburg durchzuführen, doch angesichts des drohenden Krieges schien dies keine gute Idee zu sein. Wie er schrieb, lebte Malvine Husserl selbst, «als gäbe es kein Naziregime, und ohne merken zu lassen, dass sie ein Opfer dieses Regimes war» – eine bewundernswerte und mutige Einstellung, mit der sich der Nachlass ihres Mannes allerdings nicht retten lassen würde. Am 29. August 1938, mit Beginn der Sudetenkrise, fuhr Van Breda nach Freiburg und traf sich mit Eugen Fink und Malvine Husserl, die ihm den Nachlass zeigten. Er staunte über den Umfang der philosophischen Aufzeichnungen: eine eindrucksvolle Reihe von Manuskriptmappen, 40 000 Seiten stenographische Handschriften Husserls, dazu 10 000 Seiten Transkriptionen, handschriftlich oder maschinenschriftlich erstellt von seinen Assistenten. Hinzu kamen die große philosophische Bibliothek mit über 2700 Bänden, zusammengetragen im Laufe von sechzig Jahren, sowie zahllose Sonderdrucke seiner Artikel, viele mit handschriftlichen Anmerkungen des Philosophen.

Van Breda konnte Malvine Husserl von der Notwendigkeit überzeugen, Maßnahmen zur Rettung dieses Nachlasses zu treffen. Nach Löwen zurückgekehrt, überredete er seine Kollegen am Institut, die Sammlung nach Löwen zu holen, statt das Editionsprojekt aus der

Ferne zu finanzieren. Dann kehrte er nach Freiburg zurück, wo inzwischen auch Ludwig Landgrebe aus Prag eingetroffen war. Es war Mitte September. Der Krieg schien nur noch Wochen, vielleicht Tage entfernt.

Jetzt war die Frage, wie man den Nachlass wegschaffen sollte. Handschriften waren leichter zu transportieren als Bücher; sie mussten vorrangig in Sicherheit gebracht werden. Aber es war keineswegs ungefährlich, mit Tausenden Manuskriptseiten, die in einem scheinbar unentzifferbaren Geheimcode geschrieben waren, Richtung Reichsgrenze zu fahren.

Van Breda kam die Idee, den Nachlass mit Hilfe einer der belgischen diplomatischen Vertretungen aus Deutschland herauszuschaffen. Sie genossen exterritoriale Vorrechte, weshalb die Handschriften, als Diplomatengepäck deklariert, über die Grenze gebracht werden konnten. Doch die nächstgelegene diplomatische Vertretung Belgiens, die dafür infrage kam, war die Botschaft in Berlin – ein langer Weg in die falsche Richtung. Van Breda fragte die Mönche eines Franziskanerklosters bei Freiburg, ob sie die Manuskripte verstecken oder außer Landes schmuggeln könnten, doch sie lehnten ab. Dann kam eine Benediktinerin zu Hilfe: Schwester Adelgundis Jägerschmidt aus dem Lioba-Kloster in Freiburg-Günterstal. Auch sie hatte vor ihrem Eintritt ins Kloster bei Husserl Vorlesungen gehört und war von ihm promoviert worden. In den letzten Wochen vor seinem Tod hatte sie ihn regelmäßig besucht, allen Bestimmungen zum Trotz, die Kontakte mit Juden verboten. Jetzt schlug sie vor, die Manuskripte in eine Niederlassung der Lioba-Schwestern nach Konstanz zu bringen. Von dort aus, so hoffte sie, könnten die Schwestern sie nach und nach in die Schweiz schaffen.

Ein abenteuerlicher Plan. Wenn während des langwierigen Unternehmens der Krieg ausbrach, würden zusammenhängende Manuskripte auseinandergerissen, einige Teile konnten sogar für immer verlorengehen. Auch die Gefahr für die Schwestern war nicht unbeträchtlich. Aber eine bessere Lösung gab es nicht, und deshalb packte die couragierte Schwester Adelgundis 40 000 Manuskriptseiten in drei schwere Koffer und fuhr mit dem Zug nach Konstanz.

Zwar waren die Lioba-Schwestern bereit, die Dokumente vorübergehend bei sich zu lagern, doch sie über die Grenze zu schmuggeln erschien ihnen wegen der scharfen Grenzkontrollen zu riskant. Adelgundis deponierte die Koffer bei den Schwestern und kehrte zu Van Breda zurück, um ihm die schlechte Nachricht zu überbringen.

Jetzt kam Van Breda auf seine anfängliche Idee zurück, die Manuskripte in die belgische Botschaft nach Berlin und von dort ins Ausland zu bringen. Am 22. September, dem Tag, an dem Chamberlain sich mit neuen Forderungen Hitlers und Ansprüchen auf tschechoslowakisches Staatsgebiet konfrontiert sah, fuhr Van Breda nach Konstanz und reiste mit den Koffern im Nachtzug nach Berlin. Man kann sich seine Anspannung vorstellen: Europa stand am Rande eines Krieges, er hatte drei Koffer mit ominösen Schriften bei sich, und der Zug, in dem er saß, rollte durch die dunkle Nacht. Nach seiner Ankunft in Berlin am Freitagmorgen, dem 23. September, übergab er die Koffer einem Franziskanerkloster in Berlin-Pankow, danach fuhr er zur belgischen Botschaft – nur um zu erfahren, dass der Botschafter zur Zeit nicht in Berlin weilte und somit keine Entscheidung getroffen werden konnte. Seine Stellvertreter versprachen jedoch, sich in der Zwischenzeit um die Koffer zu kümmern.

Also fuhr Van Breda wieder zu den Franziskanern und dann mit den Koffern zur Botschaft zurück. Am Samstag, dem 24. September, wurden im Beisein Van Bredas die Dokumente in einem Safe der Botschaft deponiert. Van Breda fuhr nach Freiburg und kehrte über Frankreich nach Löwen zurück. Er hatte eine Handvoll Texte dabei, das Transkriptionsprojekt konnte also beginnen. Zu seiner Erleichterung winkten ihn die Grenzposten durch, ohne sich die rätselhaften Handschriften anzuschauen.

Ein paar Tage später wurde die europäische Krise gelöst – vorübergehend. Benito Mussolini vermittelte bei einem Treffen in München am 29. September, an dem neben Hitler auch Daladier und Chamberlain, die Regierungschefs Frankreichs und Großbritanniens, teilnahmen. Kein Vertreter der Tschechoslowakei war anwesend, als in den frühen Morgenstunden des 30. September Daladier und Chamberlain Hitlers zusätzlichen Forderungen nachgaben. Am nächsten Tag besetzte die Wehrmacht das Sudetenland.

Chamberlain flog triumphierend nach Großbritannien zurück,

Daladier beschämt und voller Angst nach Frankreich. Als er aus dem Flugzeug stieg und von einer jubelnden Menschenmenge begrüßt wurde, murmelte er: «*Les cons!* – Die Idioten!» – das zumindest ist die Szene, die auch Sartre kolportiert.[11] Als die erste Erleichterung verflogen war, bezweifelten in Frankreich und Großbritannien viele, dass das Abkommen Bestand haben könne. Sartre und Merleau-Ponty waren pessimistisch, Beauvoir hielt an der Hoffnung auf Wahrung des Friedens fest. Die drei diskutierten ausführlich darüber.[12]

Das Friedensabkommen minderte den Druck, Husserls Nachlass aus Deutschland herauszuschaffen. Erst im November 1938 wurde ein Großteil der Dokumente auf diplomatischem Weg von Berlin nach Löwen transportiert. Sie wurden in der Universitätsbibliothek untergebracht und stolz präsentiert. Niemand ahnte, dass zwei Jahre später die Deutschen Belgien überfallen und die Dokumente erneut in Gefahr sein würden.

Im November 1938 fuhr Van Breda noch einmal nach Freiburg. Malvine Husserl hatte sich entschieden, ein US-Visum zu beantragen, um zu ihren Kindern in die Vereinigten Staaten zu reisen. Bis sie die Einwanderungspapiere erhielt, sollte sie nach Belgien kommen. Im Juni 1939 erreichte sie Löwen, wo sie mit Fink und Landgrebe zusammentraf, die bereits seit dem Frühjahr dort waren und begonnen hatten, die Handschriften zu transkribieren.[13] Malvine Husserl hatte nicht nur das Mobiliar ihres Hauses dabei, sondern auch die gesamte Bibliothek Husserls in sechzig Kisten, die Asche ihres Mannes in einer Urne und sein Porträt, das Franz Brentano gemeinsam mit seiner Frau Ida gemalt hatte.[14]

Brentanos Nachlass, der immer noch in einem Archiv in Prag lagerte, erlebte inzwischen selbst eine wechselvolle und dramatische Geschichte. Als Hitler im März 1939 das restliche Staatsgebiet der Tschechoslowakei besetzte, schmuggelte eine Gruppe von Archivaren und Wissenschaftlern einen Großteil der Dokumente an Bord des letzten Zivilflugzeugs aus dem Land. Sie landeten in der Houghton Library der Harvard University, wo sie sich heute noch befinden. Die wenigen Ordner, die man zurückließ, wurden von deutschen Soldaten aus den Fenstern des Archivgebäudes geworfen und sind zum größten Teil verschollen.[15]

Das Husserl-Archiv überstand den Krieg. Es befindet sich zusammen mit Husserls Privatbibliothek bis heute in Löwen und ist seit mehr als 75 Jahren Gegenstand wissenschaftlicher Forschung.[16]

Merleau-Ponty und das Geheimnis von Husserls Spätwerk

Einer der ersten Besucher des neu eröffneten Husserl-Archivs in Löwen war Maurice Merleau-Ponty, der Husserls Werke bereits kannte und in einem Artikel in der *Revue internationale de philosophie* von den unveröffentlichten Handschriften des Philosophen erfahren hatte. Im März 1939 wandte er sich schriftlich an Pater Van Breda und bat um Zugang zum Archiv, da er über die Phänomenologie der Wahrnehmung arbeite. Die erste Aprilwoche verbrachte Merleau-Ponty in Löwen und studierte einige unveröffentlichte Schriften, die Husserl in seine Werke *Ideen zu einer reinen Phänomenologie und phänomenologischen Philosophie* und *Die Krisis der europäischen Wissenschaften und die transzendentale Phänomenologie* hatte einarbeiten wollen.[17]

Merleau-Ponty zufolge bekunden diese späten Schriften Husserls dessen Abkehr von der nach innen gerichteten, idealistischen Deutung der Phänomenologie und zeigen die Hinwendung zu einem weniger isolierten Verständnis der Existenz an der Seite anderer Menschen und in einer Welt der sinnlichen Wahrnehmung. Merleau-Ponty vermutete hier sogar Einflüsse Heideggers – eine Interpretation, die nicht alle Forscher teilen. Man könnte auch andere Einflüsse sehen: die Soziologie und Jakob von Uexkülls Untersuchungen zur Umweltwahrnehmung verschiedener Spezies. Husserl beschäftigte sich jedenfalls mit der von ihm so genannten «Lebenswelt», das heißt dem wenig beachteten sozialen, historischen und physischen Kontext, in dem alle unsere Aktivitäten stattfinden und der uns selbstverständlich und vertraut erscheint.[18] Selbst unser Körper fordert nur selten unsere bewusste Aufmerksamkeit, obwohl das Gefühl, *verleiblicht zu sein*, Teil fast aller unserer Erfahrungen ist. Wenn ich einen Raum durchmesse oder die Hand ausstrecke, um nach etwas zu greifen, spüre ich meine Gliedmaßen und die Beschaffenheit meines körperlichen Ichs in der Welt. Ich spüre meine Hände und Füße von innen heraus; ich muss nicht in den Spiegel sehen, um zu wissen, wo sie positioniert sind. Diese Tatsache bezeichnet Husserl als Leiberfahrung oder Selbstapperzeption.[19] Sie ist ein wichtiger Aspekt unserer Erfahrung, den wir in der Regel nur dann registrieren, wenn die vertrauten Abläufe ins Stocken geraten. Andere Menschen, sagt Husserl, erkennen wir gleichfalls als Lebewesen mit einer eigenen Lebensumwelt. Körper und Leiblichkeit, Lebenswelt, Selbstwahrnehmung und sozialer Kontext, all das gehöre zum Gefüge des Seins in der Welt.

Damit wird auch verständlich, warum Merleau-Ponty in diesen neuen Ansätzen Husserls Anklänge an Heideggers Philosophie des «In-der-Welt-seins» entdecken konnte. Und es gibt weitere Gemeinsamkeiten. In seinem Spätwerk beschäftigte sich Husserl mit langen kulturgeschichtlichen Prozessen, genau wie Heidegger. Allerdings mit einem großen Unterschied: Heideggers Schriften zur Geschichte des Seins sind durchdrungen von der Sehnsucht nach einer Heimat, einem verlorenen Zeitalter oder Ort, auf den sich die Philosophie zurückbeziehen und von dem aus sie erneuert werden müsse. Heideggers Traumheimat beschwört Erinnerungen an die Welt seiner Kindheit, an deutsche Wälder, Handwerkskunst und stille Weisheit. Anderswo beschwört Heidegger die archaische griechische Kultur, für ihn die letzte historische Epoche, in der die Menschheit wirklich philosophiert hat. Heidegger war nicht der Einzige, die Griechenland-Begeisterung hatte damals viele Deutsche erfasst. Betrachteten jedoch andere das vierte Jahrhundert v. Chr. mit Sokrates und Platon als eine Blütezeit der Philosophie und Gelehrsamkeit, war dies für Heidegger der Moment, in dem alles anfing, in die falsche Richtung zu laufen. Für ihn waren die Vorsokratiker – Heraklit, Parmenides und Anaximander – der Grunderfahrung des Seins sehr viel nähergekommen. Heideggers Äußerungen über Deutschland und Griechenland jedenfalls verdeutlichen die Sehnsucht nach einer Rückkehr in den tiefen Wald, zur Unschuld der Kindheit und zu den dunklen Wassern, in denen sich die ersten Anfänge des Denkens regen. Zurück, zurück in eine Zeit, in der die menschlichen Gesellschaften einfach, tiefgründig und poetisch waren.

Husserl suchte nicht nach einer solchen einfachen verlorenen Welt. Wenn er über Geschichte schrieb, dann über höher entwickelte

Epochen, in denen Kulturen einander begegnen: durch Migration, Entdeckungsreisen, Handel.[20] In solchen Zeiten, schrieb er, treten die Menschen aus einer bestimmten Kultur oder «Heimatlichkeit» (anderswo spricht er von «Heimwelt»[21]) mit Menschen aus einer Fremdheit (oder «Fremdwelt») in Kontakt, für die diese Fremdwelt die Heimwelt ist, während sie die Welt der anderen als Fremdwelt erleben. Der Schock dieser Begegnung ist wechselseitig, und er bringt jeder Kultur die erstaunliche Entdeckung, dass ihre Welt nicht außer Frage steht. Ein Grieche auf Reisen stellte fest, dass es neben der griechischen auch eine indische Lebenswelt gab. Eine solche Einsicht lässt die Angehörigen einer Kultur erkennen, dass sie «umweltliche» Menschen sind und nichts als selbstverständlich betrachten sollten.

Husserl sieht die Begegnung mit anderen Kulturen positiv, weil sie dazu anregt, das eigene Lebensumfeld zu hinterfragen. Für ihn liegen die Ursprünge der Philosophie nicht deshalb im alten Griechenland, weil die Griechen einen tiefen, nach innen blickenden Bezug zu ihrem Sein hatten, wie Heidegger es sich vorstellte, sondern weil sie ein (wenn auch bisweilen kriegerisches) Handelsvolk waren, das unablässig mit allen möglichen Fremdwelten in Kontakt kam.

Diese Unterschiede beleuchten eine grundsätzlichere Differenz zwischen Husserl und Heidegger in den dreißiger Jahren. Heidegger wandte sich immer mehr dem Archaischen, dem Provinziellen und der Innenschau zu, wie es bereits in seinem Vortrag «Warum bleiben wir in der Provinz?» anklingt. Husserls Reaktion auf dieselben Ereignisse war die Wendung nach außen. Er schrieb in einem kosmopolitischen Geist über seine Lebenswelten – und das zu einer Zeit, da «kosmopolitisch» fast als Beleidigung galt und oft als Codewort für «jüdisch» interpretiert wurde. Husserl lebte zwar isoliert in Freiburg, aber er nutzte seine Vorträge in den dreißiger Jahren in Wien und Prag für Aufrufe an die internationale Wissenschaftsgemeinde. Angesichts der sozialen und geistigen «Krisis», die er beobachtete, forderte er sie auf, gegen den Aufstieg von Irrationalismus und Mystizismus und gegen den Kult des rein Lokalen, Bodenständigen zu kämpfen, um den aufklärerischen Geist der Vernunft und der freien Kritik zu retten. Er rede nicht der Rückkehr zu einem naiven Rationalismus das Wort, schrieb er, aber Europa müsse die Vernunft schützen, deren Verlust den Untergang des Kontinents und der Kultur insgesamt bedeuten würde.

In seinem Essay *Das ontologische Geheimnis* von 1933 fasst Gabriel Marcel anschaulich zusammen, was aus Husserls Sicht die Begegnung mit dem «Fremden» und Unbekannten bewirken kann:

> Ich kann es auf Grund eigener Erfahrungen verstehen, daß von einem Unbekannten, den man zufällig trifft, plötzlich ein unwiderstehlicher Anruf aufsteigt, so daß alle gewöhnlichen Perspektiven über den Haufen geworfen werden, gerade so, als wenn ein Windstoß die Kulissen einer Dekoration umbliese – was nahe schien, wird unendlich fern, und umgekehrt.[22]

Abrupte Szenen- und Perspektivwechsel charakterisieren viele der überraschenden Begegnungen, die wir in diesem Buch bisher gemacht haben: Heideggers Entdeckung Brentanos schon in der Schulzeit, Lévinas' Entdeckung Husserls in Straßburg, Sartres Entdeckung Husserls (und Lévinas') durch Raymond Aron im Bec de Gaz. Und es gibt weitere. Merleau-Pontys Entdeckung von Husserls Spätwerk 1939 war besonders fruchtbar. Nach jener einen Woche in Löwen, in der er Husserl las, entwickelte er eine eigene subtile und facettenreiche Philosophie der Leiblichkeit und der sozialen Erfahrung. Und mit seinem Werk wiederum beeinflusste er Generationen von Forschern und Denkern bis heute und verband sie mit Husserl.

Husserl wusste, welche Bedeutung seinen unveröffentlichten und unvollendeten, chaotischen und schwer entzifferbaren Schriften für die Nachwelt zukam. 1931 schrieb er an seinen früheren Schüler Adolf Grimme: «Der größte und wie ich sogar glaube, wichtigste Teil meiner Lebensarbeit steckt noch in meinen, durch ihren Umfang kaum zu bewältigenden Manuskripten.»[23] Der Nachlass war fast eine eigene Lebensform. Der Heidegger-Biograph Rüdiger Safranski verglich ihn mit dem riesigen Gehirnozean in Stanislaw Lems Science-Fiction-Roman *Solaris*.[24] Der Vergleich ist treffend, weil Lems Ozean dadurch kommuniziert, dass er in den Köpfen der Menschen, die ihm nahe kommen, Ideen und Bilder evoziert. Die Wirkung von Husserls Nachlass könnte man in gewisser Weise damit vergleichen.

Ohne die beherzte Unermüdlichkeit Pater Van Bredas wären diese

Schätze wohl für immer verloren gewesen. Und wenn sich Husserl nach seiner Emeritierung zurückgezogen hätte, ohne seine Philosophie weiterzuentwickeln, gäbe es diese Schriften gar nicht. Hier wie dort bedurfte es also eines glücklichen Zufalls – was uns daran erinnert, welche Rolle die Kontingenz auch im Rahmen wohldurchdachter menschlicher Belange spielt.

Von der Côte d'Azur in den Krieg

Maurice Merleau-Ponty kam in den letzten Friedensmonaten des Jahres 1939 nach Löwen. Es war das Jahr, in dem «die Geschichte nach mir griff und mich nie wieder losließ», wie Simone de Beauvoir später schrieb.[25]

Beauvoir und Sartre verbrachten den August in einer Villa in Juan-les-Pins an der Côte d'Azur zusammen mit Paul Nizan und Jacques-Laurent Bost. Sie verfolgten die Nachrichten in der Zeitung und im Radio und erfuhren am 23. August mit Erschrecken und Empörung von Hitlers Nichtangriffspakt mit Stalin. Die Sowjetunion würde also ihre Macht erweitern und gleichzeitig einem deutschen Vormarsch keinen Widerstand entgegensetzen: ein Schlag vor allem für jene, die den Kommunismus als großen Gegenspieler zum Nationalsozialismus betrachteten wie Nizan, bis zu einem gewissen Grad aber auch Sartre und Beauvoir. Wenn sich nicht die Sowjets den Nazis entgegenstellten, wer dann? Erneut schien Europa am Abgrund des Krieges zu stehen.

Ihre Diskussionen in der Villa wurden von einem Thema dominiert: «War es besser, blind aus dem Krieg zu kommen oder mit verstümmeltem Gesicht? Ohne Beine oder ohne Arme? Würde Paris bombardiert werden? Würde man Giftgas einsetzen?»[26] Ähnliche Debatten wurden auch in einer anderen Villa in Südfrankreich geführt, wo sich der ungarische Schriftsteller Arthur Koestler mit seinem Freund Ettore Corniglion aufhielt. Corniglion fühlte sich durch das emotionale Wechselbad an seine Großmutter erinnert, die «ihm seine Frostbeulen kurierte, indem sie ihn die Füße abwechselnd in einen Eimer kaltes und in einen Eimer heißes Wasser stellen ließ».[27]

Sartre wusste, dass ihn seine Augenprobleme vor dem Fronteinsatz bewahren würden. Als junger Mann hatte er seinen Militärdienst in einer Wetterstation abgeleistet, und auch jetzt würde man ihn zu einer ähnlichen Tätigkeit abkommandieren. (Heidegger war im Ersten Weltkrieg gleichfalls dem Wetterbeobachtungsdienst zugeteilt worden, und Raymond Aron wurde im Zweiten Weltkrieg den Meteorologen überstellt: offenkundig *der* Posten für Philosophen.) Sartre würde somit zwar nicht an Kampfhandlungen teilnehmen, gefährlich war es trotzdem. Für Bost und Nizan war die Gefahr größer. Sie waren kriegsdiensttauglich und mussten damit rechnen, an die Front geschickt zu werden.

Die französische Feriensaison endete am 31. August, als viele Pariser von ihren Urlaubsorten auf dem Land zurückkehrten, auch Sartre und Beauvoir. Sartre musste seinen Soldatenrucksack und die Militärstiefel aus dem Hotelzimmer holen und sich bei seiner Einheit melden. Als er und Beauvoir in Toulouse umsteigen wollten, war der Zug nach Paris so überfüllt, dass sie keinen Platz fanden und zweieinhalb Stunden in einem dunklen Bahnhof inmitten ängstlicher Mitreisender warten mussten. Es herrschte Weltuntergangsstimmung. Der Zug kam, alle stürmten hinein, und mit viel Glück ergatterten sie zwei Sitzplätze. Sie erreichten Paris am 1. September, dem Tag des deutschen Überfalls auf Polen.[28] Am nächsten Morgen begleitete Simone de Beauvoir Sartre mit seiner Soldatenausrüstung zur Gare de l'Est.[29] Am 3. September erklärten Großbritannien und Frankreich Deutschland den Krieg.

Edith Stein, Phänomenologin und Heilige

Malvine Husserl gelangte nicht mehr rechtzeitig in die Vereinigten Staaten. Bei Kriegsausbruch war sie noch in Löwen und blieb dort, versteckt in einem bescheidenen Kämmerchen in einem Kloster im nahe gelegenen Herent. Husserls Nachlass wurde im Januar 1940 von der Universitätsbibliothek in das Philosophische Institut gebracht, in letzter Sekunde. Vier Monate später, mit dem deutschen Einmarsch in Belgien, wurde fast die gesamte Universitätsbibliothek durch Bomben zerstört, zum zweiten Mal.[30] Bereits im Ersten Weltkrieg waren ein

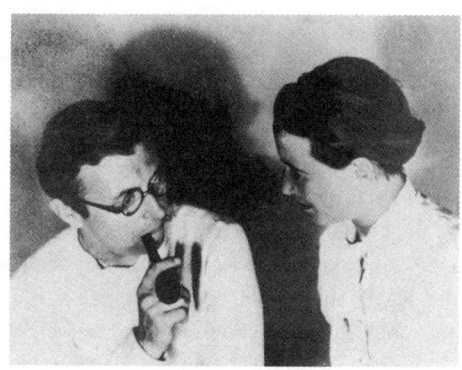

*Jean-Paul Sartre und Simone
de Beauvoir in Juan-les-Pins
an der Côte d'Azur*

älteres Gebäude und eine Sammlung von Büchern und Handschriften von unschätzbarem Wert vernichtet worden.

Am 16. September 1940 wurde der Container mit Malvines Besitztümern, der nunmehr in Antwerpen lagerte, durch einen Bombenangriff der Alliierten getroffen. Es klingt unglaublich, aber nach seinem eigenen Bericht gelang es Van Breda, an der Unglücksstelle die Urne mit Husserls Asche wiederzufinden, die er bis Kriegsende in seiner Klosterzelle in Löwen aufbewahrte. Alles andere war zerstört worden, auch Brentanos Husserl-Porträt. Um Malvine zu schonen, verschwieg er ihr zunächst, was geschehen war. Die Husserl-Dokumente verteilte er an verschiedenen sicheren Orten in Löwen.[31]

Bei Kriegsausbruch gab es noch jemanden, der in den Niederlanden festsaß: Husserls ehemalige Assistentin Edith Stein. Nachdem sie ihre Doktorarbeit «Zum Problem der Einfühlung» beendet hatte, konvertierte sie zum katholischen Glauben, legte das Gelübde als Karmeliterin ab und erhielt den Ordensnamen Teresa Benedicta a Cruce. 1938 siedelte sie von Köln in den Karmel im niederländischen Echt über, das zu diesem Zeitpunkt sicherer zu sein schien. Ihre Schwester Rosa begleitete sie.[32]

1940 wurden die Niederlande von den Deutschen besetzt. 1942 begann man mit der Deportation der Juden in die Vernichtungslager. Die Karmeliterinnen versuchten, Edith und Rosa Stein in die Schweiz zu bringen, aber zu diesem Zeitpunkt bekam man schon keine Ausreisevisa mehr. Für eine kurze Zeit waren Juden, die zum Christentum konvertiert waren, von der Deportation ausgenommen, doch das änderte sich bald. Im Juli führten die Nazis Razzien in allen niederländischen Klostergemeinschaften durch. In Echt fanden sie Edith und Rosa. Die beiden Frauen wurden zusammen mit vielen anderen Konvertiten jüdischer Herkunft in das Durchgangslager Westerbork gebracht. Anfang August erfolgte ihre Deportation nach Auschwitz. Der Zug fuhr durch Steins Heimatstadt Breslau. Ein Postangestellter, der am Bahnhof arbeitete, erinnerte sich an eine Frau im Habit der Karmeliterinnen. Während des kurzen Halts des Zuges bei geöffneten Türen habe die Frau hinausgeschaut und zu ihm gesagt, dies sei ihre Heimatstadt.[33] Unterlagen vom Roten Kreuz zeigen, dass die Schwestern am 7. August 1942 in Auschwitz ankamen. Am 9. August wurden sie in der Gaskammer in Birkenau ermordet.

Im den Jahren ihres Klosterlebens arbeitete Edith Stein weiter an ihrem philosophischen Werk. Auch sie hinterließ eine Vielzahl von Manuskripten und unveröffentlichten Arbeiten. Die Karmeliterinnen in Echt sicherten Edith Steins schriftlichen Nachlass, doch als im Januar 1945 die deutschen Truppen auf ihrem Rückzug das Kloster passierten, mussten die Nonnen im allgemeinen Chaos fliehen und die Dokumente zurücklassen.

Im März kehrten einige Karmeliterinnen in Begleitung Herman Van Bredas zurück. Viele Manuskriptseiten lagen unter freiem Himmel verstreut. Mit Hilfe der einheimischen Bevölkerung trugen sie alles zusammen, was von Steins Nachlass noch geblieben war. Van Breda brachte die Unterlagen ins Husserl-Archiv nach Löwen. In den fünfziger Jahren inventarisierte die Wissenschaftlerin Lucy Gelber Edith Steins nachgelassene Schriften in mühevoller Kleinarbeit und veröffentlichte sie in einer Gesamtausgabe.[34]

Edith Stein wurde 1987 selig- und 1998 von Papst Johannes Paul II. heiliggesprochen. 2010 wurde ihre Marmorbüste in der vom bayerischen König Ludwig I. errichteten Ruhmeshalle und Gedenkstätte Walhalla auf einem Hügel über der Donau unweit von Regensburg aufgestellt – neben Friedrich dem Großen, Goethe, Kant, Wagner und vielen anderen, die dort geehrt werden, unter ihnen auch die 1943 hingerichtete NS-Widerstandskämpferin Sophie Scholl.[35]

Malvine Husserl überlebte den Krieg im belgischen Löwen. Erst im Mai 1946, mit sechsundachtzig, konnte sie in die Vereinigten Staaten reisen, um ihre letzten Lebensjahre bei ihren Kindern zu verbringen. Sie starb am 21. November 1950. Ihre sterblichen Überreste und Edmund Husserls Asche, die sie mit nach Amerika genommen hatte, wurden nach Deutschland gebracht und auf dem Friedhof Freiburg-Günterstal beigesetzt.[36] Das Grab, in dem auch der 1973 verstorbene Sohn Gerhart seine letzte Ruhestätte fand, existiert heute noch; auch wurde ein Gedenkstein für den im Ersten Weltkrieg gefallenen jüngeren Sohn Wolfgang aufgestellt. Man kann die grünen, stillen Friedhofswege entlangspazieren und mit einer der bereitstehenden kleinen Gießkannen das Grab bewässern.

Siebtes Kapitel
Okkupation und Befreiung

in dem der Krieg weitergeht, wir Albert Camus kennenlernen,
Sartre die Freiheit entdeckt, Frankreich befreit wird, die
Philosophen sich engagieren und alle nach Amerika wollen

Der komische Krieg

Nachdem sich Simone de Beauvoir an der Gare de l'Est von Sartre mit seinem Soldatenrucksack und seinen Militärstiefeln verabschiedet hatte, konnte sie nur noch auf Nachricht von ihm warten; eine Zeitlang wusste sie nicht einmal, wo er überhaupt stationiert war. Es überraschte sie, wie normal das Leben in Paris am Tag nach der Kriegserklärung am 3. September 1939 weiterging. Nur ein paar Kleinigkeiten wirkten merkwürdig. Die Polizisten waren mit kleinen Beuteln ausgestattet, die Gasmasken enthielten, und nach Einbruch der Nacht sahen viele Autos aus wie mit Edelsteinen besetzt: als Tarnmaßnahme trugen ihre Scheinwerfer eine blaue Abdeckung.[1]

Dieser «Sitzkrieg», wie die monatelange ereignislose Phase des Kriegs an der Westfront genannt wurde, hieß bei den Franzosen *drôle de guerre*, «komischer» oder «seltsamer» Krieg, bei den Engländern *phony war*, «Scheinkrieg», und bei den von der Wehrmacht überfallenen Polen *dziwna wojna*, «sonderbarer Krieg». Die Nervosität war groß, aber Gas- und Bombenangriffe blieben aus. In Paris holte sich Beauvoir eine Gasmaske vom Lycée Molière ab, wo sie unterrichtete, schrieb Tagebuch und räumte wie besessen ihr Zimmer auf: «Sartres Pfeife, seine Kleidung».[2] Sie und Olga Kosakiewicz hatten jede ein Zimmer im Hotel Danemark in der Rue de Vavin, das es bis heute gibt. Gemeinsam schwärzten sie die Fenster mit einer Mischung aus blauer Farbe, Öl und Sonnenöl. Paris war Ende 1939 eine Stadt in gedämpftem Blau.[3]

Simone de Beauvoir schrieb immer neue Entwürfe zu *L'Invitée*. Neben ihrer Arbeit fand sie Zeit für Affären mit zwei ihrer Schülerinnen, Nathalie Sorokine und Bianca Bienenfeld, die später beide auch mit Sartre liiert waren. Biographen sind mit Beauvoir hart ins Gericht gegangen wegen dieser, wie es schien, schäbigen «Anmache», wegen dieses ihrer Position als Lehrerin unangemessenen Verhaltens. Es lässt sich schwer sagen, was sie dazu bewog. Vielleicht liegt die Erklärung in der angespannten, lähmenden Atmosphäre während der *drôle de guerre*, die auch andere zu sonderbaren Verhaltensweisen bewog. Für Arthur Koestler, der damals gleichfalls in Paris lebte, schien alles grau zu werden, als wäre die Stadt in ihren Wurzeln von einer Krankheit angegriffen.[4] Albert Camus, der aus seiner Heimat Algerien nach Paris gekommen war, verkroch sich in ein Zimmer, lauschte den Geräuschen auf der Straße und fragte sich, warum er eigentlich hier war. «Alles ist mir fremd, alles», notierte er im März 1940 in sein Tagebuch. «Ohne Zukunft», fügte er in einer undatierten Bemerkung hinzu.[5] Das hinderte ihn jedoch nicht, an literarischen Projekten zu arbeiten: dem Roman *Der Fremde (L'Étranger)*, dem Essay *Der Mythos des Sisyphos* und dem Theaterstück *Caligula*. Er nannte sie «mes trois Absurdes», weil alle drei Projekte von der Sinnlosigkeit oder Absurdität der menschlichen Existenz handelten, ein Thema, das damals in der Luft lag.

Sartre in seiner Wetterstation im elsässischen Brumath nahe der deutschen Grenze hatte außer lesen und schreiben wenig zu tun. Wenn er keine Ballons aufsteigen ließ, nicht durchs Fernglas schaute oder in der Unterkunft hockte und dem Klacken der Tischtennisbälle seiner Kameraden zuhörte, arbeitete er bis zu zwölf Stunden täglich an seinen eigenen Projekten. Er führte Tagebuch und schrieb lange Briefe, darunter auch viele Herzensergießungen, an Simone de Beauvoir, denn endlich konnten sie wenigstens schriftlich wieder miteinander kommunizieren.[6] Er machte sich Notizen, aus denen später *Das Sein und das Nichts* hervorging, und fertigte erste Entwürfe für seinen Romanzyklus *Die Wege der Freiheit*. Den ersten Band beendete er am 31. Dezember 1939 und begann sofort mit Band zwei. «Wenn der Krieg in diesem langsamen, wiegenden Rhythmus weitergeht, werde ich, glaube ich, bis zum Frieden drei Romane und 12 philosophische Werke geschrieben haben», teilte er Beauvoir mit.[7] Er bat sie, ihm Bücher zu schicken: Cervantes, Marquis de Sade, Edgar Allan Poe, Kafka, Defoe, Kierkegaard, Flaubert sowie Radclyffe Halls lesbischen Roman *Quell der Einsamkeit (The Well of Loneliness).*[8] Sein Interesse an Letzterem wurde vermutlich durch Simone de Beauvoirs Geschichten über ihre eigenen Liebesabenteuer entfacht, von denen sie ihm, der Abmachung entsprechend, alles erzählte.

Sartre hätte jahrelang so weitermachen können, aber der «komische Krieg» war ein Witz mit einer bösen Pointe: Im Mai 1940 überfiel Deutschland Holland und Belgien und griff dann Frankreich an. Bost, an der Front verwundet, würde das Croix de guerre erhalten.[9] Sartres alter Freund Paul Nizan, mit dem er erst kürzlich noch die Sommerferien verbracht hatte, fiel am 23. Mai bei Dunkerque, kurz bevor die alliierten Truppen evakuiert wurden. Merleau-Ponty war als Infanterieoffizier an der Front in Longwy im Einsatz. Er erinnerte sich später an die lange Nacht, als er und seine Einheit die Hilferufe eines deutschen Leutnants hörten, der mit einer Kugel im Bauch im Stacheldrahtverhau lag: «Französische Soldaten, holt einen Sterbenden heraus.» Man hatte ihnen verboten, zu ihm hinauszugehen, am nächsten Tag fanden sie ihn tot im Stacheldrahtzaun. Merleau-Ponty sollte diesen Anblick nie mehr vergessen: «die kaum mit einem Waffenrock bedeckte schmale Brust, die aschblonden Haare und die feinen Hände».[10]

Mit dem heldenhaften Kampf war es schnell vorbei. Die furchtbaren Erinnerungen an den Ersten Weltkrieg waren noch so lebendig, dass die französischen Militärkommandeure und Politiker eine frühzeitige Kapitulation befürworteten, um sinnlose Opfer von Menschenleben zu vermeiden – ein vernünftiger Gedanke, doch der psychologische Preis war hoch. Raymond Arons Einheit zum Beispiel zog sich zurück, ohne den Feind überhaupt gesichtet zu haben. Die Soldaten wurden vom Strom der flüchtenden Zivilbevölkerung mitgerissen.[11] Als Jude wusste Aron um die Gefahr, die ihm von den Deutschen drohte. Er ging nach Großbritannien, wo er während des gesamten Krieges als Journalist für die Freien Französischen Streitkräfte tätig war. Merleau-Ponty wurde im Juni 1940 in das Militärkrankenhaus in Saint-Yrieix evakuiert.[12] Sartre geriet in Kriegsgefangenschaft.

Erneut hatte Simone de Beauvoir lange keinen Kontakt zu ihm. Sie schloss sich dem Flüchtlingstreck in den Südwesten an, ohne ein

klares Ziel. Sie wollte nur weg von dem, was von Nordosten auf
Frankreich zukam. Zusammen mit Bianca Bienenfelds Familie verließ
sie Paris in einem restlos vollgepackten Wagen. Vor der Kühlerhaube
war ein Fahrrad befestigt, das die Scheinwerfer unbrauchbar machte,
und so rumpelten sie in der hereinbrechenden Dunkelheit durch den
Verkehr. Als die Stadt hinter ihnen lag, trennten sich ihre Wege. Beauvoir fuhr mit dem Bus für ein paar Wochen zu Freunden nach Angers,
danach kehrte sie, wie viele andere, nach Paris zurück, einen Teil der
Strecke sogar in einem deutschen Lkw.[13]

Die Stadt war auf gespenstische Weise normal, nur dass jetzt überall Deutsche waren, die sich arrogant, verlegen oder beschämt zeigten.
Noch ein halbes Jahr später, im Januar 1941, notierte Jean Guéhenno in
sein Tagebuch: «Mir scheint, ich kann das Unbehagen, die Verlegenheit in den Gesichtern der Besatzer lesen. Sie wissen nicht, was sie auf
den Straßen von Paris machen oder wen sie anschauen sollen.»[14] Beauvoir nahm ihre Gewohnheit wieder auf, in Cafés zu schreiben, aber an
den Anblick uniformierter Nazioffiziere, die an den Nachbartischen
Kaffee und Cognac tranken, musste sie sich erst gewöhnen.[15]

Sie gewöhnte sich auch an die kleinen Frustrationen und an die
Kompromisse, die alle Pariser schließen mussten. Um ihre Stelle als
Lehrerin zu behalten, war es nötig, eine Erklärung zu unterzeichnen,
dass sie weder Jüdin noch Freimaurerin war. «Es widerstrebte mir
heftig», schrieb sie.[16] Trotzdem leistete sie die Unterschrift. Lebensmittel auf dem Schwarzmarkt zu finden oder Brennmaterial für den
bevorstehenden Winter wurde fast zu einer Vollzeitbeschäftigung.
Wer Freunde auf dem Land hatte wie Beauvoir war dankbar für die
Pakete mit frischen Lebensmitteln, die aber manchmal lange unterwegs waren. Ihr allererstes enthielt ein Stück goldgelb gebratenes
Schweinefleisch, das von Maden wimmelte. Sie kratzte die Würmer ab
und rettete, was zu retten war. Später rieb sie das «anrüchige» Fleisch
kräftig mit Essig ein und kochte es stundenlang mit frischen Kräu-
tern.[17] Ihr Zimmer war nicht geheizt, also legte sie sich in Skihose und
Wollpullover in ein eisiges Bett und ging im selben Outfit auch aus
dem Haus.[18] Sie fing an, einen Turban zu tragen, um seltener zum
Friseur zu müssen, und fand, er stehe ihr ausgezeichnet.[19] Sie strebe
nach Vereinfachung in allen Dingen, heißt es in ihren Memoiren.

Sie musste auch lernen, die idiotischen, moralisierenden Predigten hinzunehmen, die tagtäglich von der Kollaborationsregierung, dem Vichy-Regime in der unbesetzten Südzone, verlauteten: die Ermahnung zur Gottesfurcht, zur Achtung der Familie und der traditionellen Tugenden. Beauvoir erkannte die «eifernde Borniertheit wieder, die meine Kindheit überschattet hatte». Doch jetzt wurde das ganze Land damit unterjocht.[20]

Ein glücklicher Gefangener

Nach wie vor wusste Simone de Beauvoir nicht, ob Sartre noch am Leben war. Um Ruhe zu finden (und um nicht zu frieren), besuchte sie nach dem Unterricht bzw. sobald sie mit ihrer Arbeit an den eigenen Texten fertig war, die Bibliothèque Nationale oder die Bibliothek der Sorbonne, um Hegels *Phänomenologie des Geistes* zu lesen. «Es gibt nichts, was beruhigender wäre», notierte sie in ihr Tagebuch.[21] Tröstlich fand sie auch Hegels Vision der Weltgeschichte, die in einer permanenten Abfolge von These, Antithese und Synthese stetig fortschreitet bis zur Sublimation im absoluten Geist. Wenn sie die Bibliothek verließ, war sie erfüllt von der Richtigkeit des Gedankens, das eigene Leben «unter der Perspektive des Ziels der Geschichte zu betrachten».[22] Doch schon fünf Minuten später verschwand dieses Gefühl der Gewissheit, und dann griff erneut die deprimierende Wirklichkeit Raum. Jetzt las sie Kierkegaard, diesen von Angst heimgesuchten, respektlosen Anti-Hegelianer, der in solchen Momenten mehr zu bieten hatte. Die gleichzeitige Lektüre der beiden Philosophen war gewiss verwirrend, in dieser Situation jedoch für Beauvoir offenbar genau das Richtige: eine wohltuende Kombination aus Aufputsch- und Beruhigungsmitteln. Gedanken beider Philosophen flossen in ihren Roman *L'Invitée* ein, an dem sie damals arbeitete. Kierkegaard und Hegel wurden zu wichtigen Bezugsgrößen nicht nur für sie, sondern für den Existenzialismus generell: der eine mit seinem Beharren auf Freiheit und Entscheidungsmöglichkeit, der andere mit seiner epischen Vision einer das Individuum übersteigenden Geschichte.

Unterdessen befand sich Sartre im Kriegsgefangenenlager Stalag XII D oberhalb von Trier. Er war wohlauf. Und auch er las ein schwieriges Buch: Heideggers *Sein und Zeit*, das ihm bereits 1938 Trost gespendet hatte. Als Sartre es jetzt intensiver studierte, fand er, es sei die perfekte Inspiration für ein besiegtes Land.[23] Heideggers Philosophie war nicht zuletzt aus der Demütigung einer Nation heraus erwachsen, die den Ersten Weltkrieg verloren hatte. Jetzt, im gedemütigten Frankreich nach dem Juni 1940, fühlte sich Sartre davon angesprochen. Während er *Sein und Zeit* las, arbeitete er an seinen eigenen philosophischen Aufzeichnungen, die sich allmählich zu einem Buch summierten. In einem der zahlreichen Briefe an Beauvoir lautet das Postskriptum: «Ich habe angefangen, eine metaphysische Abhandlung zu schreiben.»[24] Es sollte sein Hauptwerk werden: *L'Être et le néant, Das Sein und das Nichts*. Am selben Tag erhielt er zu seiner Erleichterung einen Packen mit sieben Briefen von Simone de Beauvoir. Endlich standen sie wieder in Kontakt. Kurz darauf gelang Sartre die Flucht aus dem Lager.

Es war keine abenteuerliche Flucht, vielmehr ging alles ganz einfach. Er litt seit längerem unter Augenproblemen, weil er zu viel las und schrieb, zumal sein rechtes Auge ohnehin fast erblindet war. Manchmal hatte er so starke Schmerzen, dass er versuchte, mit geschlossenen Augen zu schreiben. Doch gerade diese Schwierigkeiten eröffneten ihm einen Fluchtweg. Er bat um eine medizinische Behandlung und erhielt erstaunlicherweise die Erlaubnis zum Besuch eines Augenarztes außerhalb des Lagers. Er kehrte nie mehr dorthin zurück.[25]

Seine Augen retteten Sartre tatsächlich mehrmals das Leben. Sie bewahrten ihn vor dem Einsatz an der Front und vor Zwangsarbeit, jetzt öffneten sie ihm den Weg aus dem Kriegsgefangenenlager. Doch langfristig forderte die Krankheit ihren Preis. Exotropie kann zu Erschöpfung und Konzentrationsschwäche führen, was ein Grund dafür sein mag, dass sich Sartre in späteren Lebensjahren mit Aufputschmitteln und Alkohol selbst zu kurieren versuchte.

Aber jetzt war er frei. Bei seiner Ankunft in Paris fühlte er sich glücklich, aber auch verwirrt. Monatelang hatte er Tag und Nacht mit anderen Gefangenen verbracht und dieses einträchtige Zusammenleben zu seiner eigenen Überraschung als tröstlich empfunden. Im Lager gab es keine Auseinandersetzungen um persönliche Freiräume.

Wie Sartre später schrieb, «war die Grenze meines Lebensraums meine Haut gewesen», und selbst im Schlaf hatte er «die Wärme einer Schulter oder einer Hüfte gegen mich gespürt». Doch das störte ihn nicht: «Die andern, das war noch einmal ich.»[26] Die körperliche Nähe anderer zu ertragen war für ihn nie einfach gewesen, und daher kam die Erfahrung im Kriegsgefangenenlager für ihn fast einer Offenbarung gleich. Nunmehr, in Paris, zögerte er, seine alten Treffpunkte aufzusuchen:

> Am ersten Abend nach meiner Freilassung nun, als ich fremd – ich hatte meine Freunde von früher noch nicht wieder getroffen – durch meine Heimatstadt irrte, betrat ich ein Café. In diesem Augenblick überfiel mich Angst, oder doch etwas dergleichen; ich konnte nicht verstehen, wie diese behäbigen, dickbäuchigen Häuser solche Wüsten in sich bergen konnten; ich fühlte mich verloren: die paar Kunden erschienen mir weiter entfernt als die Sterne; jeder hatte Anrecht auf ein großes Stück Bank, einen ganzen Marmortisch […] Sie erschienen mir unnahbar, diese funkelnden, in ihrer Hülle aus verdünnter Luft sich wohl fühlenden Menschen, denn ich hatte nicht mehr das Recht, ihnen mit der Hand auf die Schultern oder Schenkel zu klopfen und sie «alter Junge» zu nennen: ich war wieder in der bürgerlichen Gesellschaft.[27]

Es scheint, dass Sartre später nur selten so entspannt und glücklich war wie als Kriegsgefangener.

Résistance, im Alltag

So glücklich Simone de Beauvoir auch war, Sartre wiederzusehen, so sehr ärgerte sie sich bald über seine Kritik an den Aktivitäten, mit denen sie sich das Überleben sicherte. Ob sie Schwarzhandel treibe, wollte er wissen. Sie habe dann und wann ein wenig Tee gekauft, antwortete sie. «Schon zu viel», meinte er. Er missbilligte, dass sie die Erklärung unterschrieben hatte, sie sei weder Jüdin noch Freimaurerin. Für Beauvoir war dies nur der Beleg dafür, wie geschützt Sartre im Lager gelebt hatte. Die Gefangenen hatten eine verschworene Gemeinschaft, eine Art Bruderschaft gebildet, doch das Leben in Paris war anders – nicht so «bürgerlich», wie er zu glauben schien, und psychisch sehr viel aufreibender.[28] Beauvoirs Memoiren schlagen an dieser

Stelle Sartre gegenüber einen ungewöhnlich kritischen Ton an. Er fand dann aber ihren Steckrübeneintopf mit Zutaten vom Schwarzmarkt gar nicht so übel.[29] Auch Sartre passte sich den neuen Lebensbedingungen an und veröffentlichte sogar unter den Bedingungen der NS-Zensur.

Andererseits wollte Sartre unbedingt etwas *tun*. Mit einem Dutzend Freunden schloss er sich zur Widerstandsgruppe Socialisme et liberté zusammen und verfasste deren Manifest. Man traf sich, um zu schreiben oder Programme und polemische Artikel zu diskutieren – selbst das war gefährlich. Deshalb war der Schreck groß, als Jean Pouillon eine Aktentasche mit verbotenen Flugblättern und Listen mit den Namen und Adressen der Mitglieder verlor. Jedem von ihnen drohte Verhaftung, Folter und Tod. Doch der Finder gab die Aktentasche in einem Fundbüro ab.[30] Die Tatsache, dass es in Frankreich unter den Nazis und der Gestapo mit ihren Foltergefängnissen noch so zivile Einrichtungen wie Fundbüros gab, zeigt, wie widerspüchlich das Leben unter der Besatzung war.

Schließlich löste sich die Gruppe auf – «weil sie nicht wusste, was tun», schrieb Sartre später.[31] Immerhin trugen dieses Engagement und andere Aktionen des Widerstands, so vergeblich sie auch zu sein schienen, zur Stärkung der Moral bei. Ermutigend waren auch kleine Akte der Rebellion. Jean Paulhan zum Beispiel, einer aus der Gruppe, ließ auf Kaffeehaustischen oder am Schalter von Postämtern kleine Gedichte gegen die Kollaboration liegen, die er nur mit seinen Initialen signierte.[32] Und obwohl es verboten war, am Jahrestag des Sturms auf die Bastille die Trikolore zu hissen, fanden die Pariser Mittel und Wege, diese Symbolik zum Ausdruck zu bringen: mit einem Schal in den Farben Blau, Weiß und Rot oder einer roten Jacke mit einem blauen Geldbeutel und weißen Handschuhen.[33] All das war belangvoll.

Merleau-Ponty, inzwischen gleichfalls wieder in Paris, gründete die Widerstandsgruppe Sous la botte («Unterm Stiefel»), die sich bald Sartres Gruppe anschloss.[34] Ende 1940 heiratete er Suzanne Berthe Jolibois und bekam eine Tochter, die den patriotischen Namen Marianne erhielt – ein Name, der für Hoffnung stand, der Okkupation zum Trotz. Merleau-Ponty unterrichtete am Lycée Carnot, wo er, der selber im Widerstand aktiv war, seine Schüler zur Vorsicht ermahnte. Als sie eines Tages das obligatorische Porträt Marschall Pétains von der Wand nahmen, befahl er ihnen, es wieder zurückzuhängen – nicht aus

Sympathie für die Kollaborationsregierung, sondern aus Sorge um die Sicherheit seiner Schüler.[35] Der Alltag verlangte einen ständigen Balanceakt zwischen Unterwerfung und Widerstand, zwischen unauffälligem Verhalten und situationsbedingter Auflehnung.

Es war sogar möglich, Urlaub von den Deutschen zu machen. Beauvoir und Sartre unternahmen mehrere Fahrradtouren in der «freien» südfranzösischen Zone, wo die Marionettenregierung des Vichy-Regimes formal die Macht innehatte. Sie schickten ihre Räder als Zugfracht voraus und ließen sich nach Einbruch der Dunkelheit von einem schwarzgekleideten Grenzlotsen, einer Frau, über die Demarkationslinie führen. Nachdem sie ein paar Wochen durch die Provence geradelt waren und mit anderen Schriftstellern Kontakt aufgenommen hatten, um sie für die Mitarbeit in der Résistance zu gewinnen, kehrten sie zurück, belebt von der frischen Luft partieller Freiheit.[36] In der Südzone war die Versorgungslage besser, aber für ausreichendes Essen fehlte ihnen das Geld. Die karge Ernährung schwächte sie körperlich und forderte ihren Preis. Einmal stürzte Sartre über die Lenkstange seines Fahrrads. Ein andermal stieß Beauvoir mit einem Radfahrer zusammen, schlug aufs Gesicht und verlor einen Zahn. Wochen später, wieder in Paris, wollte sie einen vermeintlichen Furunkel am Kinn ausdrücken und stellte fest, dass der abgebrochene Zahn hindurchgeeitert war.[37]

In Paris durfte man nie vergessen, welche Gefahren von den Besatzern ausgingen. Wenn man nicht in ihr Visier geriet, konnte man sich leicht darüber hinwegtäuschen. Die Deutschen, schrieb Sartre, boten in der Metro alten Damen ihren Platz an. «Sie ließen sich gerne von Kindern rühren und tätschelten ihnen die Wange ... Und stellen Sie sich bitte bei den Franzosen auch nicht irgendeinen tödlich-verächtlichen Blick vor.»[38] Allerdings leistete sich die Bevölkerung durchaus kleine Unhöflichkeiten, um ihre Selbstachtung nicht zu verlieren. Jean Guéhenno hielt jedesmal in seinem Tagebuch fest, wenn er Deutschen auf der Straße keine oder nur unfreundlich Auskunft gegeben hatte, was sonst gar nicht seine Art war.[39] Und Merleau-Ponty schrieb, wie schwer es ihm fiel, die Regeln des guten Benehmens zu missachten, die ihn seine Erziehung gelehrt hatten. Aber auch er empfand es als seine patriotische Pflicht, den Deutschen eher ruppig zu begegnen.[40]

Juden und all jene, die im Verdacht standen, in der Résistance aktiv zu sein, bekamen bitter zu spüren, was Besatzung wirklich bedeutete, aber auch sie hielten noch eine Zeitlang stand. Als am 29. Mai 1942 für Juden die Vorschrift erlassen wurde, den gelben Stern zu tragen, setzten sich viele von Sartres und Beauvoirs jüdischen Freunden darüber hinweg.[41] Sie ignorierten auch das Verbot, Restaurants, Kinos, Bibliotheken und andere öffentliche Einrichtungen zu besuchen. Mit jeder neuen Verfügung entschlossen sich ein paar mehr von ihnen zur Flucht, meist über Spanien nach England oder Amerika, andere dagegen harrten aus. Noch schien es möglich, mit all den Kränkungen und Drohungen zu leben – bis es damit plötzlich vorbei war.

Völlig unerwartet taten sich versteckte Löcher im Gefüge des Lebens auf; es schien, als entleere sich die Stadt durch diese Öffnungen. Sartre beschreibt es mit seinem Gespür für filmische Effekte:

> Eines schönen Tages rief man einen Freund an, und das Telefon klingelte lange in der leeren Wohnung; man klingelte an seiner Tür, und er machte nicht auf; als der Concierge die Tür aufbrach, fand man im Vorzimmer zwei aneinandergerückte Stühle und zwischen ihren Beinen Kippen von deutschen Zigaretten.[42]

Sartre verglich den Feind mit einem Kraken, der im Dunkeln nach Leuten greift und sie verschwinden lässt. Die Cafés, in denen man früher stets bekannte Gesichter getroffen hatte, illustrierten diese Entwicklung am deutlichsten. Zwei attraktive Frauen, die regelmäßig das Café de Flore besucht hatten, waren eines Tages verschwunden und tauchten nie wieder auf. Für Beauvoir war es unerträglich, ihre leeren Plätze zu sehen: «Es war, genau genommen, ein Nichts.» [43]

Keep Calm and Carry On

Cafés wie das Flore blieben auch während der deutschen Besatzung ein Mittelpunkt des Pariser Lebens. Sie waren der ideale Ort, um sich aufzuwärmen, jedenfalls besser als die billigen Hotels, in denen viele ohne Heizung oder Kochgelegenheit wohnten. Noch in den fünfziger

Jahren schrieb der amerikanische Schriftsteller James Baldwin: «Als ich
in französischen Hotels wohnte, verstand ich die Notwendigkeit
französischer Cafés.»[44] Die Cafés waren aber auch Orte der Gesellig-
keit, der Debatten und der Konspiration, um intellektuell nicht zu
erstarren. Sie bestimmten Beauvoirs und Sartres soziales Leben. Hier
begegneten sie einem wachsenden Kreis neuer Bekannter: Dichtern,
Dramatikern, Journalisten und Künstlern wie Pablo Picasso und
Alberto Giacometti oder Avantgarde-Schriftstellern wie Michel Leiris,
Raymond Queneau und Jean Genet. Genet, der als Zuhälter, Gelegenheitsdieb und homosexueller Prostituierter im Gefängnis gesessen
hatte und sich jetzt als Schriftsteller einen Namen machte, kam eines
Tages im Flore an Sartres Tisch und sagte *bonjour*:[45] eine von zahlreichen Freundschaften, die während des Krieges am Kaffeehaustisch
geschlossen wurden.

Die Begegnung mit Albert Camus fand auf ähnlich überraschende
Weise statt, allerdings im Théâtre Sarah-Bernhardt, wo er eines Tages
im Jahr 1943, während der Proben zu Sartres Drama *Die Fliegen*, auftauchte und sich vorstellte. Er und Sartre hatten bereits viel voneinander gehört. Camus hatte *Der Ekel* rezensiert und Sartre kurz zuvor
etwas über Camus' Roman *Der Fremde* geschrieben. Sie verstanden sich
auf Anhieb. Beauvoir meinte später, sie und Sartre hätten Camus
«unkompliziert» und «fröhlich» gefunden, einen «lustigen» und «zyni-
schen» Gesprächspartner und so impulsiv, «dass er sich um zwei Uhr
morgens auf dem Bordstein in den Schnee setzen und pathetisch über
die Liebe nachgrübeln» konnte.[46]

Seit seinem einsamen Zwischenspiel in Paris 1940 war Camus
immer wieder nach Algerien gefahren. Seine Frau Francine lebte noch
dort und konnte auch nach der Landung anglo-amerikanischer Truppen in Algerien Ende 1942 das Land nicht verlassen. Camus war zu
diesem Zeitpunkt in der Nähe von Lyon und ließ sich wegen seiner
Tuberkulose behandeln, mit der er lebenslang zu kämpfen hatte. Er
hatte soeben die «trois Absurdes» beendet, an denen er mehrere Jahre
gearbeitet hatte: den Essay *Der Mythos des Sisyphos*, das Theaterstück
Caligula sowie den Roman *Der Fremde*. Diese Texte erzählen vom Gefühl der Ortlosigkeit als Algerienfranzose – zerrissen zwischen zwei
Ländern und in keinem ganz zu Hause – und von der Armut, in der

*Im Café Le Pont Royal:
Dolorès Vanetti, Jacques-
Laurent Bost, Jean Cau, Jean
Genet und Jean-Paul Sartre*

Camus aufgewachsen war. Seine Familie war materiell nie gut gestellt. Nach dem Tod von Camus' Vater Lucien im ersten Jahr des Ersten Weltkriegs jedoch verschärfte sich ihre prekäre Situation. (Als Rekrut eines algerischen Regiments wurde Camus' Vater in einer pittoresken Kolonialuniform mit roter Pumphose, blauer Weste und rotem Fes in den Krieg geschickt; beim Beschuss im grauen Schlamm Nordfrankreichs war er ein leichtes Ziel.[47]) Albert, geboren am 7. November 1913, war kaum ein Jahr alt. Er wuchs mit seinem Bruder, seiner trauernden, schwerhörigen Mutter, die weder lesen noch schreiben konnte, und seiner tyrannischen Großmutter, die gleichfalls Analphabetin war, in einer ärmlichen Wohnung auf.

Während Sartre in behaglichen Verhältnissen heranwuchs und von literarischen Großtaten träumte, Merleau-Ponty sein Glück darin fand, bedingungslos geliebt zu werden, und Beauvoir entweder Bücher las oder die Schaufenster von Süßwarenläden betrachtete, vollzog sich Camus' Kindheit in einer stummen, nackten Welt.[48] Er kannte keinen elektrischen Strom, kein fließendes Wasser, keine Zeitungen, Bücher oder Radio. Es gab nur wenige Besucher. Das Leben hatte einen engen Kreis um ihn gezogen. Dennoch schaffte er es, dieser Enge zu entkommen. Er besuchte ein *lycée* in Algier und wurde Journalist und Schriftsteller, doch seine Kindheit hinterließ prägende Spuren. Der erste Eintrag in sein erstes Tagebuch im Alter von zweiundzwanzig Jahren enthält den Satz: «Eine gewisse Anzahl im Elend verbrachter Jahre genügt, eine Empfindlichkeit entstehen zu lassen.»[49]

Obwohl Camus die meiste Zeit seines Lebens in Frankreich lebte, fühlte er sich dort stets als Fremder, verloren ohne die strahlend helle Mittelmeersonne, den einzigen Trost seiner frühen Jahre.[50] Die Sonne wird in seinen literarischen Werken fast zum Protagonisten, besonders in *Der Fremde*. Camus' erster Roman erzählt von dem Algerienfranzosen Meursault (der Vorname wird nicht mitgeteilt). Am Strand gerät er in Streit mit einem «Araber», der sein Messer zieht. Meursault hat zufällig den Revolver eines Freundes in der Tasche und erschießt den Mann fast geistesabwesend, geblendet von den Spiegelungen der Sonne auf dem Meer und der glänzenden Messerklinge. Verhaftet und vor Gericht gestellt, gibt er der Sonne die Schuld daran, dass er geschossen hat.[51] Eine wenig überzeugende Verteidigungsstrategie. Auch sein Anwalt setzt sich nicht besonders für ihn ein. Nach Ansicht des Gerichts fehlt es Meursault an Reue für seine Tat, ja grundsätzlich an emotionaler Anteilnahme; selbst der Tod seiner kürzlich verstorbenen Mutter lasse ihn gleichgültig. Er wird schuldig gesprochen und zum Tod durch die Guillotine verurteilt: eine Art des Tötens, so kaltblütig und unmenschlich wie Meursaults Revolverschüsse, auch wenn dies dem Richter nicht klar ist. Am Ende des Romans sitzt Meursault in seiner Zelle und wartet auf das Ende. Er hat Angst, findet aber Trost, wenn er in den Nachthimmel voller Sterne blickt, und öffnet sich für die «zärtliche Gleichgültigkeit der Welt».[52]

Es mag merkwürdig erscheinen, dass der Mann, den Simone de Beauvoir als warm, lustig und von überströmender Emotionalität beschrieb, so anschaulich von einem Mann erzählen konnte, der keine Gefühle hat – oder sie zumindest nicht so ausdrücken kann, wie es die Gesellschaft erwartet. Mögliche Gründe dafür finden sich in Camus' Biographie: im sinnlosen Tod des Vaters, in seiner immer wieder ausbrechenden lebensbedrohlichen Lungenkrankheit und in der Stummheit und Isolation seiner Familie. Doch der Roman erfasst auch etwas von der Atmosphäre Frankreichs im Krieg: Hier wie dort lauert unter einer scheinbar ausdruckslosen Fassade ein Abgrund.

Im gleichen Jahr wie *Der Fremde*, 1942, erschien auch *Der Mythos des*

Sisyphos, ein gleichfalls kurzer Text. Camus verzichtete auf ein Kapitel über Franz Kafka. Die Zensurbehörden in dem von den Nazis besetzten Paris hätten der Veröffentlichung eines Textes über den Prager Juden Kafka wohl nicht zugestimmt. Wie Sartre und viele andere hatte auch Camus gelernt, Kompromisse zu schließen. In einem Vorwort zur englischen Übersetzung 1955 schrieb er, bei der Arbeit am *Sisyphos* während der Besatzungszeit habe er entdeckt, dass «man selbst in den Grenzen des Nihilismus Mittel und Wege finden kann, über den Nihilismus hinauszugelangen».[53]

Der Titel des Buches nimmt Bezug auf eine Geschichte aus Homers *Odyssee*.[54] König Sisyphos fordert in seinem Hochmut die Götter heraus und muss zur Strafe bis in alle Ewigkeit einen schweren Felsblock einen Berg hinaufwälzen. Sobald er oben angelangt ist, rollt der Stein wieder hinunter. Camus fragt: Wie sollen wir uns einem Leben gegenüber verhalten, das so sinnlos ist wie die Arbeit des Sisyphos?

Wie Sartre in *Der Ekel* weist auch Camus darauf hin, dass uns das Grundproblem des Lebens zumeist gar nicht bewusst wird, weil wir nicht innehalten und darüber nachdenken. Wir stehen jeden Morgen auf, fahren zu unserem Arbeitsplatz, arbeiten, essen, kehren nach Hause zurück und schlafen. Doch ab und zu bricht die alte Ordnung zusammen – ein Moment wie bei Hofmannsthals Chandos. Die gewohnten Abläufe geraten ins Stocken, und plötzlich erhebt sich die Frage nach dem Sinn. In solchen Momenten erfahren wir «den Überdruß, in den sich Erstaunen mischt», und wir sehen uns mit der grundlegendsten Frage überhaupt konfrontiert: Warum leben wir eigentlich weiter?[55]

In gewisser Weise ist dies Camus' Version von Heideggers Seinsfrage. Heidegger zufolge wird die Fragwürdigkeit der Existenz dann sichtbar, wenn ein Hammer kaputtgeht. Auch bei Camus öffnet sich der existenzielle Horizont, sobald die tägliche Routine aussetzt. Und auch für Camus muss die Antwort die Form einer Entscheidung und nicht einer Aussage haben. Wir müssen entscheiden, ob wir aufgeben oder weitermachen wollen. Wenn wir weitermachen, dann indem wir akzeptieren, dass das, was wir tun, letztlich keinen Sinn hat. Camus verlässt Sisyphos am Fuß des Berges, bevor dieser erneut seine Last schultert und sich der Absurdität seiner Lage ergibt. Der letzte Satz

lautet: «Wir müssen uns Sisyphos als einen glücklichen Menschen vorstellen.»[56]

Der wichtigste Einfluss für Camus' Sisyphos-Aufsatz war jedoch
nicht Heidegger, sondern Kierkegaard, besonders dessen Schrift *Furcht
und Zittern* von 1843. Auch Kierkegaard veranschaulicht das «Absurde»
mit einer Geschichte: der biblischen Erzählung, in der Gott Abraham
auffordert, statt des üblichen Widders seinen geliebten Sohn Isaak zu
opfern. Zur Überraschung Gottes, wie es scheint, macht sich Abraham
mit Isaak klaglos auf den Weg zur Opferstätte. Im letzten Moment
jedoch entbindet Gott ihn von diesem Opfer. Abraham und Isaak kehren nach Hause zurück. Was Kierkegaard erstaunt, ist jedoch weder
Abrahams Gehorsam noch Gottes Schonung, sondern die Tatsache,
dass Abraham und Isaak imstande sind, danach genauso weiterzumachen wie bisher. Sie wurden aus den Gefilden der Menschlichkeit
und des väterlichen Schutzes herausgerissen, und trotzdem ist sich
Abraham der Liebe zu seinem Sohn nach wie vor gewiss. Kierkegaard
zufolge zeigt diese Geschichte, dass wir diesen unmöglichen Sprung
vollziehen müssen, um unser Leben weiterführen zu können, auch
nachdem dessen Mängel offenbar geworden sind. Abraham, so meint
Kierkegaard, habe «in unendlicher Resignation auf alles verzichtet».[57]
Dasselbe empfahl Camus seinen Lesern, allerdings ohne dabei Gott ins
Spiel zu bringen. Auch hier lassen sich Bezugspunkte zum Leben im
besetzten Frankreich erkennen. Alles ist gefährdet, alles ist verloren –
und doch scheint alles noch da zu sein. Verloren ist allein der *Sinn*. Wie
kann man ohne Sinn leben? Die Antwort, die Camus und Kierkegaard
geben, könnte man mit dem Slogan «Keep Calm and Carry On»
(«Ruhe bewahren und weitermachen») zusammenfassen. Er befindet
sich auf einem Plakat von 1939, das die Moral der Briten stärken
sollte.

Absurd oder nicht absurd

Camus' «trois Absurdes» wurden populär, auch wenn das dritte dieser
Werke heute weniger bekannt ist: das Theaterstück *Caligula*, das Sue-
tons Bericht über den lasterhaften und grausamen römischen Kaiser

Albert Camus im Café Les Deux Magots, 1945

des ersten Jahrhunderts als Fallstudie der äußersten Freiheit und Sinnlosigkeit neu erzählt. *Der Fremde* und *Der Mythos des Sisyphos* sind bis
heute Bestseller. Sie sprechen auch Leser späterer Generationen an,
sogar jene, für die es nichts Unerträglicheres gibt als die Ödnis des
Vorstadtlebens. Zu denen gehörte auch ich, als ich diese Bücher zum
ersten Mal las, etwa zur selben Zeit wie Sartres *Ekel*. Und ich las sie alle
in einem ähnlichen Geist, obwohl ich mich mit Roquentins Unbehagen eher identifizieren konnte als mit Meursaults Gleichgültigkeit.

Die grundsätzlichen philosophischen Unterschiede zwischen
Camus' und Sartres Werk blieben mir damals verschlossen. Sosehr
Beauvoir und Sartre Camus als Person mochten, so sehr lehnten sie
seine Sicht der Absurdität des Lebens ab. Für sie ist das Leben nicht
absurd, auch nicht auf universaler Ebene. Es als absurd zu bezeichnen
besage gar nichts, meinten sie. Es sei vielmehr voll mit konkretem Sinn,
der freilich für jeden Einzelnen in anderer Weise in Erscheinung tritt.

Wie Sartre 1943 in seiner Rezension des *Fremden* schrieb, zeigen phänomenologische Grundprinzipien, dass jede Erfahrung einen Sinn in sich trägt. Eine bestimmte Klaviersonate ist eine melancholische Beschwörung der Sehnsucht. Schaue ich mir ein Fußballspiel an, sehe ich es als ein Fußballspiel und nicht als ein bedeutungsloses Hin- und Hergerenne von Leuten, die mit den Füßen gegen einen runden Gegenstand treten. Wenn ich das Geschehen auf diese Art beschreibe, gebe ich keine essentiellere, wahrheitsgetreuere Beschreibung des Fußballspiels. Ich unterschlage vielmehr den Sinn dessen, was ich sehe: nämlich ein Fußballspiel.[58]

Sartre wusste sehr wohl, dass Sinn und Bedeutung von Dingen und Geschehnissen aus dem Blick geraten können. Wenn ich mich über die Leistung meiner Mannschaft aufrege oder, allgemeiner gesagt, im Erfassen der Welt eine Krise erlebe, starre ich vielleicht tatsächlich auf die Spieler, als seien es ziellos durcheinanderrennende Gestalten. In *Der Ekel* gibt es viele derartige Momente, etwa wenn Roquentin durch den Anblick einer Türklinke oder eines Bierglases verwirrt ist. Doch anders als für Camus enthüllt Sartre zufolge ein solcher Zusammenbruch lediglich einen pathologischen Zustand: das Versagen der Intentionalität – aber keine tiefere Wahrheit. Daher schrieb Sartre auch in seiner Rezension des *Fremden*, Camus tue so, «als gebe er nichts als die nackte Erfahrung wieder», lasse dabei aber «heimlich alle bedeutsamen Verbindungen weg, die doch ebenfalls zur Erfahrung gehören». So habe es auch Hume gemacht, wenn er «behauptete, er könne in der Erfahrung nichts anderes als isolierte Sinneseindrücke sehen».[59] Sartre zufolge sieht das Leben nur dann aus wie ein pointillistisches Gemälde, wenn irgendetwas schiefgegangen ist.

Für Sartre ist das erwachte Individuum weder Roquentin, der auf bestimmte Objekte in Cafés und Parks fixiert ist, noch Sisyphos, der mit der vorgetäuschten Fröhlichkeit eines Tom Sawyer beim Streichen eines Gartenzauns einen Felsblock den Berg hochwuchtet. Es ist vielmehr der Mensch, der etwas Zweckhaftes im Vertrauen darauf tut, dass es einen Sinn hat. Dieser Mensch ist wirklich frei.

Frei oder nicht frei

Freiheit ist das große Thema von Sartres Philosophie, auch und vor allem in jener Zeit, als Frankreich nicht frei war. Und das ist kein Zufall. «Freiheit» steht im Mittelpunkt aller Texte, die er damals schrieb: des Theaterstücks *Die Fliegen* (das geprobt wurde, als er Camus kennenlernte), des Romanzyklus *Die Wege der Freiheit*, seiner vielen Essays und Vorträge und vor allem seines Opus magnum *Das Sein und das Nichts*, das aus jahrelangen Notizen hervorging und im Juni 1943 erschien. Es mutet erstaunlich an, dass eine Schwarte von 692 Seiten, die hauptsächlich von Freiheit handelt, in einem repressiven Regime erscheinen konnte, ohne dass die Zensoren die Stirn runzelten. Aber so war es. Vielleicht hielt sie der Titel davon ab, es genauer unter die Lupe zu nehmen.

Der Titel war natürlich eine Anspielung auf Heideggers *Sein und Zeit*, mit dem es *Das Sein und das Nichts* in Umfang und Gewicht durchaus aufnehmen kann. (Der amerikanische Rezensent William Barrett bezeichnete das Werk nach seiner Veröffentlichung als den «ersten Entwurf eines guten Buchs von 300 Seiten».[60]) Es ist ein reiches und höchst anregendes Werk, in das nicht nur Sartres Lektüre von Husserl, Heidegger, Hegel und Kierkegaard, sondern auch eine Fülle von Geschichten und Beispielen Eingang gefunden haben. Sie basieren oft auf realen Vorkommnissen, in denen Simone de Beauvoir, Olga Kosakiewicz und andere eine Rolle spielten. Das Buch ist durchdrungen von der Stimmung jener Kriegszeit in Paris, angereichert mit Miniszenen in Bars und Cafés, auf Plätzen und in Parks oder auf den Stufen irgendeiner Absteige. Die Atmosphäre knistert oft vor Spannung, Sehnsucht oder Misstrauen zwischen den Figuren. Viele Schlüsselszenen könnten aus einem Film noir oder einem Nouvelle-vague-Film stammen.

Und noch etwas hat *Das Sein und das Nichts* mit *Sein und Zeit* gemeinsam: es ist unvollendet. Beide Werke enden mit der Ankündigung eines zweiten Teils, der die Argumentation weiterführen werde. Heidegger verspricht, seinen Hauptpunkt zu beweisen: dass der Sinn des Seins die Zeit sei. Sartre verspricht die Grundlegung einer existenzialistischen Ethik. Was *Das Sein und das Nichts* uns bietet, ist eine weit ausgreifende Untersuchung der menschlichen Freiheit, ausgehend von

der Behauptung, dass die Freiheit uns ängstigt, wir ihr aber nicht entfliehen können, weil wir sie *sind*.

Um dies darzulegen, teilt Sartre das gesamte Sein in zwei Regio-
nen auf. Auf der einen Seite das *pour-soi* (Für-sich), das sich allein
dadurch definiert, dass es frei ist. Das sind wir; hier ist der Ort, an dem
es menschliches Bewusstsein gibt. Auf der anderen Seite das *en-soi*
(An-sich), die materielle Welt: Steine, Taschenmesser, Gewehrkugeln,
Autos, Baumwurzeln. (Sartre sagt nicht viel über nichtmenschliche
Lebewesen, aber auch sie – vom Schwamm bis zum Schimpansen –
scheinen fast alle zu dieser Gruppe des An-sich zu gehören.) Diese
Entitäten brauchen keine Entscheidungen zu treffen: Sie können sie
selbst sein.

Bei Sartre sind An-sich und Für-sich Gegensätze wie Materie und
Antimaterie. Heideggers «Dasein» ist immerhin eine Art von Sein,
doch bei Sartre ist das Für-sich überhaupt kein Sein. Es ist «reines
Nichts» – ein «Loch aus Nichts»[61] in der Welt –, allerdings ein aktives
und spezifisches Nichts, eines von der Art, die rausgeht und Fußball
spielt. Gabriel Marcel hat Sartres «Nichts» einprägsam als eine «Luft-
blase» im Herzen des Seins beschrieben.[62]

Die Vorstellung eines spezifischen Nichts mag merkwürdig an-
muten, aber Sartre erklärt sein Konzept mit einer Geschichte aus dem
Pariser Caféleben. Stellen wir uns vor, schreibt er, ich habe um 16 Uhr
in einem bestimmten Café eine Verabredung mit meinem Freund
Pierre. Ich komme fünfzehn Minuten zu spät und sehe mich im Lokal
um. Ist Pierre noch hier? Ich nehme viele andere Dinge wahr: Gäste,
Tische, Spiegel und Licht, die verrauchte Atmosphäre, das Klappern
der Tassen und ein allgemeines Gemurmel. Aber Pierre ist nicht da.
Diese anderen Dinge bilden den Hintergrund, vor dem sich eines klar
und deutlich abzeichnet: Pierres Abwesenheit.[63] Man denkt unwillkürlich an die beiden Frauen, die eines Tages aus dem Café de Flore verschwunden waren: Ihre Abwesenheit ist vielsagender und auffälliger,
als es ihre Anwesenheit jemals war.

Sartre gibt noch ein einfacheres Beispiel: Ich schaue in meine
Brieftasche und sehe 1300 Francs darin. Das scheint etwas Positives.
Aber wenn ich erwartet habe, 1500 Francs darin zu finden, führt mir die
Brieftasche das Nichtvorhandensein von 200 Francs vor Augen.[64] Ein

hübscher kleiner Witz, basierend auf einer Szene aus Ernst Lubitschs Film *Ninotschka*, verdeutlicht, worauf es ankommt (leider konnte ich den Urheber dieser Adaption nicht ausfindig machen): Jean-Paul Sartre betritt ein Café, und der Kellner fragt, was er gern hätte. Sartre sagt: «Eine Tasse Tee mit Zucker, aber ohne Sahne.» Der Kellner verschwindet, kommt aber wieder und entschuldigt sich: «Tut mir leid, Monsieur Sartre, wir haben keine Sahne. Wie wäre es ohne Milch?»[65] Der Witz funktioniert deshalb, weil er suggeriert, dass die Abwesenheit von Sahne und Milch in derselben Weise zwei negative Sachverhalte darstellen wie dessen Vorhandensein zwei positive.

Was Sartre darlegen möchte, ist die Struktur von Husserls Intentionalität, die das Bewusstsein als eine substanzlose «Gerichtetheit» definiert. Mein Bewusstsein ist spezifisch meines, aber es besitzt kein wirkliches Sein: Es *ist* nichts, aber es greift auf Dinge aus. Wenn ich in mich selbst hineinblicke und das Gefühl habe, ein Konglomerat von Persönlichkeitsmerkmalen, Neigungen, Begrenztheiten, erlittenen Kränkungen etc. zu sehen, die alle zusammen meine Identität ausmachen, dann vergesse ich, dass nichts davon mich letztlich definiert. In Aufhebung von Descartes' Satz «Ich denke, also bin ich» sagt Sartre praktisch: Ich bin nichts, und deshalb bin ich frei.[66]

Kein Wunder, dass diese radikale Freiheit verunsichert. Es ist schon schwierig genug, sich selbst als frei zu denken, aber Sartre geht noch einen Schritt weiter, wenn er sagt, ich *bin* buchstäblich nichts außer dem, was ich zu sein beschließe. Das Ausmaß meiner Freiheit zu erkennen ist wie der Sprung in das, was Heidegger und Kierkegaard als «Angst», französisch *angoisse*, bezeichneten. Es ist nicht die Furcht vor etwas Bestimmtem, sondern ein alles durchdringendes Unbehagen an sich selbst und der eigenen Existenz. Sartre entlehnte sich Kierkegaards Bild vom Schwindelgefühl der Angst: Wenn ich in einen Abgrund blicke und erschaudere, dann nicht vor Angst, in den Abgrund zu fallen, sondern vor Angst, mich aus einem unerklärlichen und zwanghaften Grund hinunterzustürzen.[67] Je mehr Bewegungsfreiheit ich besitze, desto stärker wird diese Angst.

Wenn mich, rein theoretisch, jemand am Rand des Abgrunds festbinden würde, wäre mein Schwindel weg, denn ich wüsste, es wäre unmöglich, mich hinunterzustürzen; ich könnte mich also entspannen. Wenn wir für unsere Lebensangst einen ähnlichen Trick parat hätten, wäre alles sehr viel einfacher, aber es gibt keinen. Sartre nennt das Beispiel eines Spielers, der beschlossen hat, seiner Sucht nicht mehr nachzugeben. Aber sobald er in die Nähe eines Spielkasinos kommt, gerät er erneut in Versuchung und sieht alle seine Entschlüsse dahinschwinden.[68] Er muss einen neuen Entschluss fassen. Er kann sich nicht auf seinen Entschluss vom Tag zuvor berufen. Zwar kann ich beschließen, in meinem Leben bestimmten allgemeinen Grundlinien zu folgen, aber ich kann mich nicht zwingen, an ihnen festzuhalten.

Um diesem Problem aus dem Weg zu gehen, versuchen viele Menschen, ihre Entschlüsse, die sie langfristig getroffen haben, als Zwänge zu betrachten. Sartre erklärt es am Beispiel des Weckers.[69] Wenn er morgens klingelt, stehe ich auf, als hätte ich keine andere Wahl. Ich treffe nicht jeden Morgen neu die Entscheidung, ob ich aufstehen möchte oder nicht. Ein ähnliches Prinzip liegt Software-Anwendungen zugrunde, die Internetnutzer daran hindern, zwanghaft Videos von kleinen Katzen und Hunden anzuschauen, statt weiterzuarbeiten. Man kann diese Sperren nutzen, um entweder die Verweildauer auf bestimmten Internetseiten zu begrenzen oder den Zugriff aufs Internet ganz zu blockieren. Paradoxerweise heißt das meistgenutzte derartige Programm «Freedom», Freiheit.

Alle diese Einrichtungen funktionieren, weil sie uns erlauben, so zu tun, als wären wir nicht frei. Wir wissen sehr gut, dass wir den Wecker und die Software ausschalten können, aber wir richten es so ein, dass uns diese Option nicht so leicht verfügbar ist. Würden wir nicht zu solchen Tricks greifen, müssten wir in jedem Moment das ganze große Spektrum unserer Freiheit bedenken, und dann wäre das Leben ungeheuer kompliziert. Daher benutzen die meisten von uns im Alltag ausgeklügelte Techniken. Sartre gibt Beispiele: «Ich treffe mich heute abend mit Pierre, ich darf nicht vergessen, Simon zu antworten, ich habe nicht das Recht, Claude länger die Wahrheit zu verbergen.»[70] Solche Sätze scheinen zu belegen, dass wir eingeschränkt sind; doch für Sartre sind es Projektionen unserer Entscheidungen. Es sind, in seiner großartigen, schwindelerregenden Wendung, «lauter Geländer gegen die Angst».

Wie tief solche Projektionen unser Alltagsleben durchdringen, zeigt Sartre am Beispiel eines Kellners im Café, eines erfahrenen, beflissenen Pariser Kellners, der sich zwischen den Tischen hindurchschlängelt und sein Tablett trägt, «indem er es in einem ständig labilen und ständig gestörten Gleichgewicht hält, das er mit einer leichten Bewegung des Arms und der Hand ständig wiederherstellt».[71] Als Mensch ist er ein freies «Für-sich», aber er bewegt sich, als wäre er eine perfekt gesteuerte Maschine, die eine ganz bestimmte Funktion erfüllt: ein Spiel zu spielen. Was ist das für ein Spiel? «Man braucht ihn nicht lange zu beobachten, um sich darüber klarzuwerden: er spielt Kellner *sein*.» Und das tut er so gekonnt wie der Dieb in G. K. Chestertons Pater-Brown-Geschichte *Die seltsamen Schritte*, der sich in einen Herrenclub einschleicht: In der Nähe der Clubmitglieder bewegt er sich wie ein Kellner, in der Nähe der Kellner dagegen wie ein Clubmitglied.[72] Ein Kellner, der einen Kellner spielt, tut dies so beschwingt, wie der Ragtime im Café des Romans *Der Ekel* seiner Melodie und seinem Rhythmus folgt: Alles erscheint absolut zwingend. Der Kellner spielt das Kunstwerk *Kellner*, während er in Wirklichkeit ein freier, fehlbarer, kontingenter Mensch ist. Damit leugnet er jedoch seine Freiheit und tritt in den Zustand der Unwahrhaftigkeit oder Unaufrichtigkeit, der *mauvaise foi*, wie Sartre es nennt: Er belügt sich selbst. Daran ist nichts Ungewöhnliches; wir machen uns ununterbrochen etwas vor, denn nur so können wir leben.

Unaufrichtigkeit ist in der Regel harmlos, aber sie kann auch schlimme Folgen haben. In der 1938 entstandenen Erzählung *Die Kindheit eines Chefs* schafft sich der Protagonist Lucien eine Identität als Antisemit, um *etwas* zu sein. Er freut sich, wenn jemand sagt: «Lucien kann Juden nicht ausstehen.»[73] Das gibt ihm die Illusion, genau so ein Mensch zu sein. Unaufrichtigkeit verwandelt in diesem Fall Nicht-Sein in Sein. Sartre entwickelte diesen Gedanken in dem 1944 begonnenen und 1946 erschienenen Essay *Überlegungen zur Judenfrage* weiter. Er behauptet nicht, Antisemitismus sei generell eine unaufrichtige Haltung (diese These wäre schwer zu belegen); vielmehr dient ihm das Konzept der Unaufrichtigkeit dazu, einen Zusammenhang zwischen Sachverhalten herzustellen, der so klar noch nie gedacht worden ist: nämlich der Zusammenhang zwischen der Angst vor der Freiheit und der Neigung, andere zu beschuldigen und zu dämonisieren.

Für Sartre sind wir immer dann unaufrichtig, wenn wir so tun, als seien wir passive Produkte unserer Rasse und Klasse, unseres Berufs, unserer Geschichte, Nation und Familie, unserer Erbanlagen und unserer Herkunft, abhängig von den Ereignissen des Lebens oder von verborgenen Triebkräften, über die wir keine Kontrolle haben.[74] Nicht, dass solche Faktoren unwichtig wären. Den prägenden Einfluss insbesondere der Klassen- und Rassenzugehörigkeit in unserem Leben erkennt Sartre durchaus an – und Beauvoir sollte als weiteren Faktor bald das Geschlecht hinzufügen. Sartre meinte auch nicht, dass privilegierte Gruppen das Recht hätten, die Armen und Geknechteten über die Notwendigkeit zu belehren, für sich selbst «Verantwortung zu übernehmen». Das wäre eine groteske Fehlinterpretation Sartres, dessen Sympathie stets den Unterdrückten galt. Aber für jeden von uns – für *mich* – bedeutet Aufrichtigkeit, keine Entschuldigungen geltend zu machen. Ich kann nicht sagen (um noch einmal aus Sartres Vortrag von 1945 zu zitieren): «Ich habe keine große Liebe und große Freundschaft erlebt, aber das liegt daran, dass ich keinem Mann oder keiner Frau begegnet bin, die dessen würdig gewesen wären, ich habe keine sehr guten Bücher geschrieben, da mir die Muße dazu fehlte.»[75] Solche Dinge sagen wir ständig. Und dabei sind wir unaufrichtig.

All dies bedeutet jedoch nicht, dass ich meine Entscheidungen im luftleeren Raum treffe. Ich befinde mich immer in einer vorgegebenen «Situation», in der ich handeln muss. Ja, ich brauche diese «Situationen» oder – wie Sartre es auch nennt – die «Faktizität», um überhaupt sinnvoll handeln zu können.[76] Sonst wäre meine Freiheit nur die unbefriedigende Freiheit eines Hochspringers, der seinen großen Sprung in der Schwerelosigkeit macht: ein Sprung, der nichts zählt. Freiheit ist keine vollkommen uneingeschränkte Bewegung, und sie ist auch kein zufälliges Handeln. Oft halten wir das, was es uns ermöglicht, frei zu sein – Zusammenhänge, Sinn, Faktizität, Situation, eine bestimmte Ausrichtung des Lebens –, für das, was uns einschränkt und unserer Freiheit beraubt. In Wahrheit können wir erst *aufgrund* all dessen wirklich frei sein.

Sartre treibt diese Argumentation auf die Spitze, wenn er behaup-

tet, selbst im Krieg, im Gefängnis oder im Tod könne uns diese existenzielle Freiheit nicht genommen werden. All dies ist Teil meiner «Situation». Sie mag extrem oder unerträglich sein, dennoch bildet sie nur
den Kontext für das, was ich als Nächstes zu tun beschließe.[77] Wenn ich
sterben muss, kann ich entscheiden, wie ich dem Tod begegne, und
ihn damit zu *meinem* Tod machen. Sartre greift hier zurück auf die
Idee der Stoiker: Wir können zwar nicht wählen, was uns zustößt,
wohl aber, was wir geistig daraus machen. Während jedoch die Stoiker
angesichts schrecklicher Ereignisse nach Gleichmut strebten, plädierte
Sartre für einen leidenschaftlichen, ja wild entschlossenen Einsatz für
das, was uns begegnet, und das, was wir bewirken können. Wir sollten
nicht erwarten, dass die Freiheit anders als verteufelt schwer ist.

Handeln gegen die Unfreiheit

Genau diese Einsicht steht auch im Mittelpunkt des Theaterstücks, das
Sartre auf der Bühne probte, als Camus sich ihm vorstellte: *Die Fliegen*.
Es wurde am 3. Juni 1943 uraufgeführt und war Sartres erstes richtiges
Bühnenstück, einmal abgesehen von den Sketchen, die er für seine Mitgefangenen im Stalag XII D geschrieben hatte. Später nannte er es ein
Drama «über die Freiheit, über meine absolute Freiheit, meine Freiheit
als Mensch, und vor allem über die Freiheit der Franzosen angesichts
der deutschen Besatzer».[78] Auch in diesem Fall sahen die Zensoren
offenbar keinen Grund zur Besorgnis. Vielleicht half es Sartre diesmal,
dass er die Handlung in der klassischen Antike ansiedelte – ein Trick,
mit dem sich auch andere Schriftsteller behalfen. Die Rezensenten gingen kaum auf die politische Botschaft ein; nur einer, Jacques Berland
vom *Paris-Soir*, meinte, Sartre sei mehr Essayist als Dramatiker.[79]

   Camus hatte seinen Sisyphos, Sartre griff auf einen antiken Stoff
zurück, die *Orestie* des Aischylos: Als Orest in seine Heimatstadt Argos
zurückkehrt, muss er feststellen, dass seine Mutter Klytämnestra
zusammen mit ihrem Geliebten Ägist ihren Gemahl ermordet hat,
Orests Vater, König Agamemnon. Jetzt herrscht Ägist als Tyrann über
die Stadt. In Sartres Stück ist die Bevölkerung von dieser Schreckens-
herrschaft so sehr erniedrigt, dass sie unfähig ist, sich dagegen zu erhe-

Jean-Paul Sartre mit Kellner, 1966

ben. Eine Fliegenplage steht symbolisch für Demoralisierung, Schuld und Schande.

Dann betritt Orest die Szene. Wie bei Aischylos tötet er Ägist und – nach einigen Skrupeln – auch die eigene Mutter. Damit hat er zwar seinen Vater gerächt und Argos befreit, aber zugleich etwas Entsetzliches getan. Jetzt muss er Schuld und Schande der Bewohner als Bürde seiner eigenen Schuld auf sich nehmen. Von den Fliegen, nunmehr die Verkörperung der antiken Erinnyen, wird Orest aus der Stadt vertrieben. Der Göttervater Zeus bietet ihm an, den Bann der Erinnyen zu brechen, aber Sartres Orest lehnt ab. Als existenzialistischer Held, der gegen Tyrannei aufbegehrt und die Last der persönlichen Verantwortung trägt, handelt er lieber frei und allein.

Die Parallelen zu Frankreich im Jahr 1943 sind offenkundig. Sartres Zuschauer erkannten die demoralisierende Wirkung der Kompromisse, die die meisten von ihnen eingehen mussten, und die Erniedrigung des Lebens in einem repressiven Regime. Und was die Schuld angeht: Jeder wusste, dass man seine Freunde und seine Familie in Gefahr brachte, wenn man sich der Résistance anschloss. Jeder Akt der Rebellion bedeutete eine moralische Bürde. Sartres Stück wurde von den Zensoren nicht beanstandet, doch es enthielt eine subversive, provozierende Botschaft, die auch in anderen Ländern und zu anderen Zeiten gehört wurde, wenn das Stück zur Aufführung kam.

Simone de Beauvoir beschäftigte sich mit ähnlichen Themen. Sie schrieb ihr einziges Theaterstück, das allerdings erst nach dem Krieg aufgeführt wurde (und schlechte Rezensionen erhielt). Die *unnützen Mäuler* spielt in einer belagerten flämischen Stadt des vierzehnten Jahrhunderts. Der Stadtrat schlägt vor, die Frauen und Kinder zu opfern, um mehr Lebensmittel für die Krieger zur Verfügung zu haben. Später erkennt man, dass es besser ist, die Bevölkerung für den gemeinsamen Kampf zu gewinnen. Eine sperrige Geschichte. Die Kritik überrascht also nicht, obwohl Sartres Stück kaum subtiler ist. In ihrem nach dem Krieg veröffentlichten, sehr viel besseren «Widerstandsroman» *Das Blut der anderen* wird die Notwendigkeit zur Rebellion gegen die Schuld abgewogen, die darin besteht, dass das Blutvergießen weitergeht.

Beauvoir schrieb auch einen Essay mit dem Titel *Pyrrhus und Cineas*, in dem es um die Notwendigkeit geht, entschlossen zu handeln. Dabei greift sie gleichfalls auf eine antike Quelle zurück, Plutarchs *Leben und Taten berühmter Griechen und Römer:* Der griechische General Pyrrhus hört nicht auf, immer weiter ausgreifende Eroberungspläne zu schmieden. Sein Berater Cineas fragt ihn, was er zu tun gedenke, wenn alle Schlachten gewonnen sind und die ganze Welt erobert ist. «Dann werde ich mich ausruhen», sagt Pyrrhus. «Warum», fragt Cineas, «ruhst du dich nicht lieber gleich aus?»[80]

Das klingt auf den ersten Blick vernünftig, doch Beauvoir fordert uns auf, genauer darüber nachzudenken. Für sie kann ein Mensch, der stehen bleibt und Nabelschau betreibt, kein Vorbild sein. Warum bilden wir uns ein, dass die Weisheit in Inaktivität und Rückzug liege? Wenn sich ein Kind schmollend in eine Ecke verkriecht und sagt: «Mir ist alles egal», so sei das kein Zeichen von friedvoller Seelenruhe, sondern von Gestörtsein und Depression. Auch Erwachsene, die sich aus der Welt zurückziehen, werden der Ruhe bald überdrüssig und langweilen sich. Und sogar Liebende, die zu lange in der Zweisamkeit verharren, verlieren irgendwann das Interesse aneinander.[81] Wir entfalten uns nicht in Sattheit und Innerlichkeit. Menschliche Existenz bedeute vielmehr «Transzendenz», den Bezug auf etwas außerhalb unserer selbst, nicht «Immanenz», passives In-sich-selbst-Ruhen. Der Mensch muss unentwegt handeln, bis der Tag kommt, an dem es nichts mehr zu tun gibt – und dieser Tag kommt erst mit dem letzten Atemzug. Für Simone de Beauvoir und Sartre lautete die große Lektion der Kriegsjahre: Die Kunst des Lebens liegt darin, Dinge zu tun.

Eine ähnliche Botschaft, wenngleich mit einer anderen Nuance, enthält ein anderer «Widerstandsroman», der ebenfalls erst nach dem Krieg, 1947, veröffentlicht wurde: Camus' *Die Pest*. Schauplatz ist die algerische Stadt Oran nach dem Ausbruch einer Epidemie. Der Pestbazillus steht für die Besatzung und alle ihre Übel. Jeder Bewohner reagiert anders, als der Ausnahmezustand verhängt und die Stadt nach außen abgeschottet wird, als Klaustrophobie und Angst grassieren. Einige versuchen, in Panik zu fliehen, andere nutzen die Situation zu ihrem persönlichen Vorteil. Wieder andere bekämpfen die Krankheit, mit unterschiedlichem Erfolg. Der Held des Romans, Dr. Bernard Rieux, handelt pragmatisch. Er kümmert sich um die Patienten und vermindert die Ansteckungsgefahr, indem er Quarantänebestimmungen durchsetzt, so grausam sie auch sein mögen. Rieux hegt nicht die Illusion, die Menschheit könne sich langfristig von tödlichen Epidemien befreien. Unterwerfung unter das Schicksal klingt an – hier wie auch in anderen Romanen Camus' –, eine für Beauvoir und Sartre völlig inakzeptable Vorstellung. Rieux dagegen bemüht sich um Schadensbegrenzung und kämpft für die Durchsetzung temporär erfolgreicher Maßnahmen.

Das entschlossene Handeln, das uns Camus hier vor Augen führt, ist aus gutem Grund unheroisch: Manchmal kann man einfach nicht viel tun. Das klingt vielleicht nach Defätismus, zeigt jedoch eine realistischere Einschätzung der Handlungsoptionen im Kampf gegen die Okkupation des eigenen Landes.

Schmutzige Hände

Anfang Sommer 1944, als die alliierten Truppen auf Paris vorrückten, wussten alle, dass die Freiheit nahe ist. Die aufbrechenden Emotionen waren schwer zu ertragen, wie Simone de Beauvoir in ihren Memoiren schrieb.[82] Es war ein schmerzhaftes Kribbeln, wie man es spürt, wenn das Taubheitsgefühl verschwindet und die Empfindung zurückkehrt. Zugleich wuchs die Angst, was die Deutschen bei ihrem Rückzug tun würden. Der Alltag blieb mühevoll, besonders der Kampf ums tägliche Brot. Doch mit dem fernen Dröhnen von Bomben und Artilleriefeuer regte sich Hoffnung.

Das Dröhnen wurde immer lauter – und dann plötzlich, an einem heißen Tag Mitte August, waren die Deutschen verschwunden. Zunächst wusste niemand, was als Nächstes passieren würde, denn durch die Stadt hallten immer noch Schüsse. Am Mittwoch, dem 23. August, machten sich Sartre und Beauvoir zum Büro der Résistance-Zeitung *Combat* auf, um sich mit Camus zu treffen, dem verantwortlichen Redakteur des Blatts. Er hatte sie aus Anlass der Befreiung um einen Artikel gebeten. Sie mussten ans andere Seineufer. Auf der Brücke hörten sie Schüsse und rannten um ihr Leben. Aber es wehte bereits die Trikolore aus den Fenstern, und am nächsten Tag verkündete der BBC-Rundfunk die offizielle Befreiung von Paris.

Die ganze Nacht läuteten die Kirchenglocken. Simone de Beauvoir schloss sich auf der Straße einer Gruppe von Leuten an, die um ein Freudenfeuer tanzten. Als jemand sagte, er habe einen deutschen Panzer gesehen, liefen alle auseinander und kehrten nur zaghaft zurück. Zwischen nervöser Anspannung und Freude hielt in Frankreich der Frieden Einzug. Tags darauf fand die offizielle Befreiungsparade statt. Angeführt von Charles de Gaulle, dem Chef der Freien Französischen Streitkräfte, der aus dem Exil zurückgekehrt war, verlief der Zug von den Champs-Élysées zum Arc de Triomphe. Beauvoir mischte sich unter die jubelnde Menge, während Sartre von einem Balkon aus zusah. Endlich, schrieb Beauvoir, «waren uns die Welt und die Zukunft wiedergeschenkt».[83]

Der erste Schritt in die Zukunft war die Abrechnung mit der Vergangenheit. Es kam zu brutalen Vergeltungsaktionen gegen Kollaborateure, gefolgt von regulären Gerichtsprozessen, die nicht selten mit einem Todesurteil endeten. Auch hier waren sich Beauvoir und Sartre nicht mit Camus einig. Nach anfänglichem Zögern sprach sich Camus gegen die Todesstrafe aus. Die kaltblütige, staatlich sanktionierte Tötung sei grundsätzlich falsch, sagte er, wie schwer die Straftat auch sei.[84] Anfang 1945, vor Beginn des Prozesses gegen Robert Brasillach, den ehemaligen Chefredakteur der faschistischen, antisemitischen Zeitschrift *Je suis partout*, unterzeichnete Camus eine Petition, mit der im Falle eines Schuldspruchs um Gnade gebeten wurde. Sartre war zu diesem Zeitpunkt außer Landes, aber Beauvoir lehnte es ab, das Gnadengesuch zu unterzeichnen. Von nun an, schrieb sie, seien harte Entscheidungen nötig, um jene zu ehren, die im Widerstand ihr Leben opferten, und um einen Neuanfang zu ermöglichen.[85]

Simone de Beauvoir war neugierig genug, den Prozess gegen Brasillach im Gerichtssaal zu verfolgen. Er fand am 19. Januar 1945 in einem tief verschneiten Paris statt. Als das Gericht nach kurzer Beratung das Todesurteil verkündete, war sie beeindruckt, wie ruhig der Angeklagte es hinnahm. Das änderte jedoch nichts an ihrer Ansicht, es sei ein gerechtes Urteil. Das Gnadengesuch blieb ohne Erfolg; Robert Brasillach wurde am 6. Februar 1945 hingerichtet.

Von da an stellten sich Beauvoir und Sartre bei ähnlichen Themen grundsätzlich gegen Camus. Camus hatte in der Résistance mehr Mut und mehr Effizienz bewiesen, nicht zuletzt durch seine Mitarbeit in der Zeitschrift *Combat*; jetzt aber zog er klare Grenzen. Er lehnte Hinrichtung, Folter und andere Formen staatlicher Gewalt ab. Beauvoir und Sartre befürworteten diese Maßnahmen zwar nicht ausdrücklich, verwiesen aber gern auf die komplizierten politischen Zusammenhänge und die Rechtfertigung einer Maßnahme als Mittel zum Zweck. Sie fragten sich, ob es nicht Situationen gebe, in denen staatliche Gewalt gerechtfertigt sei. Was, wenn das Schicksal einer großen Zahl von Menschen auf dem Spiel stand und unerbittliches Handeln erforderlich machte? Camus verwies stets auf sein Grundprinzip: keine Folter, kein Töten, jedenfalls nicht mit staatlicher Billigung. Beauvoir und Sartre waren überzeugt, dass ihr Standpunkt differenzierter und realistischer war.

Auf die Frage, warum sich zwei harmlose Philosophen plötzlich so unerbittlich zeigten, hätten sie wohl geantwortet, der Krieg habe sie tiefgreifend verändert und ihnen klargemacht, dass die Verpflichtungen, die der Einzelne der Menschheit gegenüber habe, komplizierter sein konnten, als es schien. «Der Krieg hat mein Leben regelrecht in zwei Teile geteilt», sagte Sartre später.[86] Noch während des Krieges rückte er von so manchem ab, was er in *Das Sein und das Nichts* über eine rein individualistisch aufgefasste Freiheit geschrieben hatte. Jetzt tendierte er zu einer marxistisch geprägten Sicht des menschlichen Lebens als zweckorientiert und sozial ausgerichtet. Sein neuer Blick auf den Menschen ist einer der Gründe dafür, dass es ihm nicht gelang, als Fortsetzung seines Opus magnum eine existenzialistische Ethik zu schreiben. Zwar erschienen seine umfangreichen Entwürfe postum unter dem Titel *Cahiers pour une morale (Entwürfe für eine Moralphilosophie)*, doch blieben seine Überlegungen unsystematisch.[87]

Auch Merleau-Ponty, der durch den Krieg radikalisiert war, bemühte sich weiter, weniger freundlich zu sein. Nachdem er die Kunst gemeistert hatte, den deutschen Besatzern gegenüber schroff aufzutreten, übertraf er Beauvoir und Sartre sogar mit glühenden Plädoyers für einen kompromisslosen Kommunismus nach sowjetischem Vorbild. In seinem Essay *Der Krieg hat stattgefunden* von 1945 schrieb er, der Krieg habe jede Möglichkeit zerstört, ein rein privates Leben zu führen: «Wir sind in der Welt, mit ihr im Gemenge, mit ihr kompromittiert.»[88] Niemand könne sich über die Geschehnisse hinwegsetzen, alle hätten sich die Hände schmutzig gemacht. Eine Zeitlang wurde in existenzialistischen Kreisen «schmutzige Hände» zu einem beliebten Schlagwort. Damit ging ein neuer Imperativ einher: Kremple die Ärmel hoch und tu was!

Moderne Zeiten

Sobald der Krieg in Frankreich zu Ende war, stürmte die Sartre-Clique los wie eine Meute Windhunde aus den Startboxen. Sartre schrieb eine Serie von Essays zum Thema engagierter Schriftsteller. Die Texte erschienen 1947 in den *Temps modernes* und 1948 als Buch unter dem Titel: *Was ist Literatur?* Schriftsteller besäßen reale Macht in der Welt, erklärte er darin, und sie müssten der damit verbundenen Verantwortung gerecht werden.[89] Er forderte eine *littérature engagée*, eine politisch engagierte Literatur. Simone de Beauvoir erinnerte sich in ihren Memoiren, wie dringend ihr alle diese Aufgaben erschienen: «Wenn ich einen irritierenden Artikel las, sagte ich mir sofort: Ich werde antworten!»[90] Und dann verfasste sie einen Text, der sofort veröffentlicht wurde.

Beauvoir, Sartre, Merleau-Ponty und ihre Freunde produzierten in so rascher Folge so viele Texte, dass sie 1945 eine Kulturzeitschrift gründeten: *Les Temps modernes*. Sartre war die Galionsfigur, und die meisten Leser glaubten, dass er selbst die Leitartikel schrieb. Tatsächlich aber war es Merleau-Ponty, der die meisten der namentlich nicht gezeichneten Texte beisteuerte.[91] Der Name der Zeitschrift geht auf Charlie Chaplins Film *Moderne Zeiten* (1936) über die Ausbeutung der Arbeiter und die Mechanisierung der Fabrikwelt zurück, den sich Sartre und Beauvoir gleich zweimal hintereinander angeschaut hatten.[92] Das Tempo der literarischen Produktion konnte mit der Fließbandfertigung in Chaplins Film spielend mithalten, und in den folgenden Jahrzehnten stießen die *Temps modernes* immer wieder bedeutende intellektuelle Debatten an, nicht nur in Frankreich. Die Zeitschrift erscheint bis heute.

Auch die Produktion und Publikation existenzialistischer Romane und Theaterstücke ging kontinuierlich weiter. Im September 1945 kam Beauvoirs Roman *Das Blut der anderen* heraus. Im selben Jahr erschienen die beiden ersten Bände von Sartres Romanzyklus *Die Wege der Freiheit*, die Jahre zuvor entstanden waren und im Jahr 1938 spielen: Der Protagonist Mathieu Delarue gelangt von einem naiven Verständnis der Freiheit, egoistisch tun zu können, was er will, zu einem Konzept, das die Anforderungen der historischen Situation berücksichtigt. Im dritten, 1949 erschienenen Band *Der Pfahl im Fleische (La mort dans l'âme)* verteidigt Mathieu mit der Waffe in der Hand tapfer den Kirchturm eines Dorfes gegen die Deutschen. Er nutzt seine Freiheit also jetzt für sinnvollere Ziele, doch die Niederlage Frankreichs scheint auch sein Ende zu besiegeln. Sartre hatte noch einen vierten Band geplant: Mathieu, mit dem Leben davongekommen, tritt der Résistance bei und findet in der Solidarität mit anderen die wahre Freiheit. Doch wie so oft, wenn Sartre ein Projekt zu einem großartigen Abschluss führen wollte, blieb auch dieser Band auf halbem Weg stecken. Jahre später wurden nur ein paar Fragmente publiziert.[93] Wie das Problem der Moral in *Das Sein und das Nichts* blieb das Problem der Freiheit in *Die Wege der Freiheit* ungelöst. Aber nicht deshalb, weil er das Interesse am Thema verloren hätte. Sartre gab vielmehr seiner alten Neigung nach, seine philosophischen und politischen Ansichten zu ändern.

All diese Romane, Erzählungen und Essays der vierziger Jahre zeigen weniger einen Zustand der posttraumatischen Erschöpfung als den einer erwartungsvollen Erregung. Die Welt lag in Trümmern, aber gerade deshalb war jetzt fast alles möglich. Diese Mischung aus Spannung und Angst prägte die erste Phase des Existenzialismus nach dem Zweiten Weltkrieg.

Diese Atmosphäre war nicht nur in Paris zu spüren. In seinen erstmals 1959 erschienenen philosophischen Erinnerungen an den Krieg schildert der amerikanische Heideggerianer J. Glenn Gray eine Fahrt mit seiner Einheit durch das ländliche Italien kurz nach Kriegsende. Eines Abends wechselte er in gebrochenem Italienisch ein paar Worte mit einem älteren Mann, der vor einem Häuschen saß und Pfeife rauchte. Die Begegnung machte Gray traurig, denn er spürte, dass diese Welt mit ihrer altehrwürdigen Ruhe zu verschwinden drohte. Doch diese Ahnung des Untergangs wurde von einem Gefühl der Euphorie und Zukunftshoffnung begleitet. Was auch immer als Nächstes käme, dachte Gray an jenem Abend, eines sei sicher: Die Philosophen, deren Werke er am College studiert hatte, konnten der Nachkriegszeit wenig bieten. Es war eine andere Welt, und dafür bedurfte es anderer Philosophen.[94]

Und hier waren sie.

Existenzialismus und Jazz

So begann das existenzialistische annus mirabilis 1945 mit all den wilden Experimenten, von denen das erste Kapitel dieses Buches bereits einen Vorgeschmack gegeben hat. Sartres mitreißender Vortrag im Oktober endete im Chaos – und mit einem ausführlichen Zeitungsbericht. Die Kunde von seiner Philosophie verbreitete sich in ganz Paris und weit darüber hinaus. 1946 schrieb Gabriel Marcel: «Es vergeht kaum ein Tag, an dem ich nicht gefragt werde, was Existenzialismus ist.» Und er fuhr fort: «Für gewöhnlich ist es eine Gesellschaftsdame, die Auskunft erbittet, aber morgen könnte es meine Putzfrau

oder der Fahrkartenkontrolleur in der Metro sein.»[95] Jeder mode-
bewusste Mensch wollte es wissen, jede offizielle Institution beschäftigte sich damit, und jeder Journalist schien sich seinen Lebensunter-
halt damit zu verdienen.

Sartres Freund Boris Vian parodierte den Hype in seinem surrea-
listischen, verspielten Roman *Der Schaum der Tage (L'écume des jours)*.
Darin tritt unter anderem ein berühmter Philosoph namens Jean-Sol
Partre auf. Wenn Partre einen Vortrag hält, erscheint er in einer Sänfte
auf dem Rücken eines Elefanten, begleitet von seiner Gefährtin, der
Duchesse de Bovouard. Von seiner schlanken, asketischen Gestalt geht
eine starke Energie aus. Das Publikum ist so verzückt, dass seine
Worte in lauten Schreien und Zurufen untergehen. Vom Ansturm der
Massen stürzt die Decke ein, und im Staub und Schutt taumeln weiße
Gestalten umher. Partre unterbricht seinen Vortrag und freut sich,
so viele Leute engagiert zu sehen. Vians Persiflage gefiel Simone de
Beauvoir, sie nannte es ein Werk von «großer Zärtlichkeit».[96]

Vian, der auch Trompete spielte, war in der existenzialistischen
Szene für das Feiern zuständig, und Mittelpunkt dieser Aktivitäten war
das Pariser Viertel Saint-Germain-des-Prés. Bereits gegen Ende der Besatzungszeit hatte Vian in Privatwohnungen Jazzpartys veranstaltet.
Die jungen Leute, *zazous* genannt, die daran teilnahmen, umgingen
die Ausgangssperre dadurch, dass sie einfach erst am nächsten Tag
nach Hause zurückkehrten. Nach Kriegsende spielte Vian in den
neuen Kellerclubs, mixte sonderbare Cocktails hinter der Bar und
schrieb, je nach Stimmung, amüsante, sensationsheischende oder surrealistische Romane. Später verfasste er ein Handbuch mit Karten,
Beschreibungen und Bleistiftporträts der exotischen «Höhlenmen-
schen», die die Kellerclubs von Saint-Germain-des-Prés bevölkerten.

Hier gingen Philosophen mit Jazzstars buchstäblich Arm in Arm
und durchtanzten die Nächte. Bei den Stammgästen der Clubs an der
Rive Gauche war der stets fröhliche und witzige Merleau-Ponty mit
seinem verführerischen Charme besonders beliebt. Er war, bemerkte
Vian, «der Einzige unter den Philosophen, der ein Mädchen zum Tanzen aufforderte».[97] Er bat Juliette Gréco auf die Tanzfläche, und sie
bombardierte ihn mit tausend Fragen. So wurde er ihr «persönlicher
Philosophielehrer, immer mit einem Lächeln auf den Lippen».[98]

Auch Sartre und Beauvoir tanzten, wenn sie es denn schafften, sich
der Belagerung durch Fans und Journalisten an den bekannteren Treff-
punkten zu entziehen. Sie liebten den Jazz. Sartre schrieb den Text für
«La rue des Blancs-Manteaux», einem von Juliette Grécos erfolgreichs-
ten Liedern. Sie sang auch ein Lied, dessen Text Merleau-Ponty, Boris
Vian und Anne-Marie Cazalis gemeinsam geschrieben hatten, «eine
Art ‹existenzialistische› Hymne», wie Gréco meinte. Es erzählt die
traurige Geschichte von einem, der Sartre, Beauvoir und Merleau-
Ponty gelesen hat und frei ist, gleichzeitig aber so arm, dass er im Café
de Flore keinen Kredit erhält.[99]

Traduit de l'américain

Die existenzialistische Kultur der späten vierziger Jahre musste jedem
Außenstehenden sehr pariserisch vorkommen, doch sie wurde auch
von der Begeisterung für alles befeuert, was amerikanisch war. Paris
selbst war von Amerikanern bevölkert, von den hier stationierten Soldaten der Befreiungsstreitkräfte ebenso wie von Neuankömmlingen.
Kaum ein junger Pariser konnte amerikanischer Kleidung, amerikanischen Filmen oder amerikanischer Musik widerstehen. Dass all dies
von den Besatzungsbehörden verboten gewesen war, erhöhte nur den
Reiz. Die *zazous* tanzten insgeheim schon seit Monaten zu amerikanischer Jazzmusik. Deren Bedeutung für eine ganze Generation illustriert eine Geschichte, die Juliette Gréco erzählte. Sie war 1943 von der
Gestapo verhaftet, in eine fensterlose Zelle gesperrt und dann überraschend freigelassen worden. Durch winterliche Straßen kehrte sie in
ihrem dünnen Baumwollkleid nach Hause zurück. Und obwohl die
Deutschen amerikanische Musik verboten hatten, sang sie trotzig aus
voller Kehle «Over the Rainbow».[100]
  Passend zu Jazz, Blues und Ragtime trug man amerikanische Kleidung vom Flohmarkt. Besonders begehrt waren karierte Hemden und
Jacken. Wenn man mit der Zeitmaschine in einen Pariser Jazzclub von
damals reisen könnte, würde man nicht in ein Meer aus existenzialisti-
schem Schwarz eintauchen, sondern sich eher wie bei einem Hoe-
down für Holzfäller fühlen. Einen Eindruck davon vermittelt Jacques

Beckers Film *Rendezvous de juillet* von 1949 mit einer ausgelassenen Tanzszene im Club Lorientais. Zur Musik von Claude Luters Band drängen sich junge Frauen und Männer in Holzfällerhemden auf der kleinen Tanzfläche. Der schwarze Rollkragenpulli kam später. Und als die Amerikaner diese Mode übernahmen, erkannten nur wenige, dass sie damit nur ein Kompliment erwiderten.

Die jungen Leute jener Zeit strömten in amerikanische Kriminalfilme und kauften bei den Bouquinisten an der Seine amerikanische Romane. Am populärsten waren die Bücher von James M. Cain, Dashiel Hammett und Horace McCoy, dessen 1935 entstandener Roman über die Große Depression, *They Shoot Horses, Don't They?*, 1946 bei Gallimard erschien.[101] Camus hatte bereits mit *Der Fremde* amerikanischen Noir-Romanen nachgeeifert, und Sartre und Beauvoir waren gleichfalls Fans dieses Genres. Sie lasen aber auch Ernest Hemingway, William Faulkner, John Steinbeck und John Dos Passos, Sartre zufolge der «größte Schriftsteller unserer Zeit».[102] Die französischen Verleger brachten viele amerikanische Bücher in Übersetzungen heraus; «traduit de l'américain» wurde zu einem beliebten Hinweis auf dem Buchcover. Ein Buch mit dem Titel *I Spit on Your Grave* von einem Autor namens Vernon Sullivan und übersetzt von Boris Vian, stammte in Wirklichkeit von Vian selbst. Er hatte die Wette abgeschlossen, innerhalb weniger Wochen einen «amerikanischen» Roman schreiben zu können. Es war die brutale, spektakuläre Geschichte eines Schwarzen, der zwei weiße Frauen tötet, um den Lynchmord an seinem Bruder zu rächen, am Ende aber von der Polizei gefasst und erschossen wird. Vian verdiente zwar viel Geld mit dem Buch, aber ein Jahre später bekam er Probleme, als ein Mann in Montparnasse seine Freundin erdrosselte und sich anschließend erschoss. Auf seinem Bett fand sich ein Exemplar des Romans mit einer eingekreisten Stelle, die eine Erdrosselung beschreibt.[103]

Amerikaner, die nach fünf Jahren endlich wieder Paris besuchen konnten, verliebten sich in die Stadt wie schon in den 1920er Jahren. Sie saßen im Flore und im Deux Magots, wagten sich aber auch in die Kellerclubs. Sie lauschten den Unterhaltungen über «l'existentialisme» und «les existentialistes» und berichteten ihren Freunden zu Hause darüber. Kultivierte New Yorker begannen, Sartre, Beauvoir und Camus zu umwerben und luden sie zu Besuchen und Lesereisen ein.

Der Erste, der Mitte Januar 1945 dieser Einladung folgte, war Sartre. Auf Vorschlag von Camus schloss er sich einer Delegation französischer Journalisten der Zeitungen *Combat* und *Le Figaro* an. (Deshalb war Sartre bei dem Prozess gegen Brasillach nicht in Paris.) Während seiner zwei Monate dauernden USA-Reise lernte er zahllose Leute kennen, von denen eine, Dolorès Vanetti, seine langjährige Geliebte wurde. Sein schlechtes Englisch verhinderte, dass er so frei und ungehindert sprechen konnte, wie er es gewohnt war, aber er beobachtete alles sehr genau, machte sich Notizen und schrieb nach seiner Rückkehr zahlreiche Artikel. Sein Augenmerk galt vor allem sozialen Fragen, etwa den Problemen durch die zunehmende Automatisierung in amerikanischen Fabriken.[104] Technische Geräte, der Konsumismus allgemein und moderne Produktionstechniken standen in Europa nicht für die Errungenschaften des modernen Lebens, sondern galten als typisch amerikanisch. Sie prägten das Image des Landes und ließen es als glamourös, aber auch beängstigend erscheinen. Kann man mit all dieser Technologie wirklich leben? Was macht sie mit dem Menschen? Sartre staunte darüber, wie fröhlich amerikanische Arbeiter wirkten, obwohl sie nur Rädchen im Getriebe einer chaplinhaften, von kapitalistischen Unternehmern immer weiter angekurbelten Produktionsmaschinerie waren. Ganz Amerika schien eine solche Maschinerie zu sein, und Sartre fragte sich, wie lange das noch so weitergehen konnte.

Ende der vierziger Jahre kehrte er mehrmals in die Vereinigten Staaten zurück. Jetzt fiel ihm auch die Kommunikation leichter, trotz seiner nach wie vor dürftigen Englischkenntnisse. Lionel Abel, der Sartre bei seinem dritten Besuch 1948 in den Büros der *Partisan Review* kennenlernte, staunte über dessen Redefluss in einer Sprache, die er kaum beherrschte.[105]

Camus bereiste die Vereinigten Staaten von März bis Mai 1946. Er war nervöser als Sartre. Viele kleine Schwierigkeiten des Alltags und des richtigen Verhaltens machten ihm bewusst, in einem fremden Land zu sein, und schärften seine Beobachtungsgabe.[106] Er schrieb:

> Der Fruchtsaft am Morgen, das Nationalgetränk Scotch and Soda [...] der Antisemitismus und die Tierliebe, angefangen mit den Gorillas in der Bronx bis zu den Protozoen im Museum für Naturgeschichte, die Bestattungsinstitute, wo die Toten und der Tod in rasender Geschwindigkeit zurechtgemacht werden («sterben Sie, den Rest erledigen wir»), die Barbierläden, wo man sich um drei Uhr morgens rasieren lassen kann.[107]

Besonders beeindruckte Camus eine Camel-Reklame am Times Square, wo dem weit geöffneten Mund eines G. I. mächtige Wolken echten Rauchs entwichen.[108] Der einzige Ort, der ihm tröstlich bekannt vorkam, war New Yorks Bowery, damals ein verwahrloster Distrikt mit billigen Kneipen, heruntergekommenen Hotels und einer Hochbahn, die in Höhe des fünften Stockwerks zwischen den Häusern dahinbrauste und das Licht schluckte.[109] «Als Europäer ist man versucht zu sagen: ‹Endlich das Konkrete›», schrieb er. Bei der Begegnung mit Fabrikarbeitern war er wie Sartre abgestoßen und fasziniert zugleich. Vor allem konnte er nicht verstehen, warum man in Amerika keine Angst hatte. Nichts war wirklich tragisch.

1947 brach Simone de Beauvoir zu ihrer Amerika-Reise auf. Anders als Sartre konnte sie bereits Englisch sprechen und lesen, und wie Camus staunte sie über die seltsamen Geräte und Erfindungen. In ihrem Tagebuch äußerte sie sich erschrocken über Phänomene wie den Briefkasten in ihrem Hotel: Neben dem Aufzug gab es in jeder Etage eine kleine Rutsche, über die die eingeworfenen Briefe in einen Kasten im Kellergeschoss fielen. Als sie dieses «Flügelschlagen» neben dem Aufzug, «diese hellen Blitze», zum ersten Mal wahrnahm, glaubte sie, sie hätte Halluzinationen.[110] Beim Zeitungshändler war sie mit einem Automaten konfrontiert, in den man Münzen einwerfen musste und Briefmarken bekam; sie brachte das Kleingeld durcheinander. Aber sie schloss viele Freundschaften, und nachdem sie New York erkundet hatte, begab sie sich auf eine Lesereise quer durch die USA, besuchte Jazzclubs und ging ins Kino, wo sie «thrillings» – Gruselfilme – und «laffmovies» – lustige Filme – schaute.[111] In Chicago lernte Beauvoir Nelson Algren kennen, der Romane über Drogensüchtige und Prostituierte schrieb, Geschichten über die dunkle Seite Amerikas. Sie begannen eine Affäre, und sie verliebte sich in ihn. Sie blieben drei Jahre ein Liebespaar, auch wenn sie sich nur in großen Abständen in den Vereinigten Staaten oder in Frankreich treffen konnten.

Beauvoirs Reaktion auf Amerika war die schon gewohnte Mischung aus Skepsis und Glückseligkeit. Sie ließ sich gern verführen: Amerika war «Überfluß und grenzenlose Horizonte; ein Tohuwabohu legendärer Bilder».[112] Es war die Zukunft – oder zumindest eine mögliche Zukunft. Eine andere Variante präsentierte die Sowjetunion, die sie nicht minder faszinierte. Vorerst jedoch übten die Vereinigten Staaten den stärkeren Sog aus. Amerika war selbstbewusster, es war reich, und es hatte die Atombombe.

Ein Aspekt des amerikanischen Lebens erschreckte Sartre, Beauvoir und Camus gleichermaßen: die rassische Ungleichheit, die es nicht nur im Süden gab. Nach seiner ersten Reise schrieb Sartre im *Figaro* von der «Unsichtbarkeit des schwarzen Blicks»: als würden die Schwarzen niemanden sehen, und als sollte man selbst sie auch nicht sehen.[113] Ein späterer Besuch inspirierte ihn zu einem Theaterstück über den Rassismus in den Vereinigten Staaten. *Die ehrbare Dirne* basierte auf einer wahren Begebenheit, einem Fall, in dem zwei Schwarze der Vergewaltigung von zwei weißen Prostituierten schuldig gesprochen und hingerichtet wurden, obwohl es keinen Beweis dafür gab. Auch Beauvoir war schockiert über die Trennung der Schwarzen und der Weißen. Ungeachtet eindringlicher Warnungen weißer New Yorker machte sie sich auf nach Harlem.[114] Auch andere französische Besucher wollten sich nicht der Rassentrennung fügen, die für viele weiße Amerikaner ganz natürlich zu sein schien. Als Juliette Gréco 1949 den Jazztrompeter Miles Davis, mit dem sie eine Affäre hatte, in New York besuchte, warnte er sie, sich in der Öffentlichkeit nicht so selbstverständlich mit ihm zu zeigen wie in Paris, wenn sie nicht als «Negerhure» beschimpft werden und ihre Karriere aufs Spiel setzen wolle.[115]

Umgekehrt würdigten es viele schwarze Amerikaner im Paris der Nachkriegszeit, dass man ihnen mit ganz normalem menschlichem Respekt begegnete. Mehr noch: Sie wurden zum Idol, denn die französische Jugend liebte die schwarze amerikanische Musik und Kultur. Einige von ihnen beschlossen, in Frankreich zu bleiben, und fühlten sich zum Existenzialismus mit seiner Philosophie der Freiheit hingezogen.

Zu ihnen zählte Richard Wright, der sich schon in den USA mit den Romanen *Native Son* (1940) und *Black Boy* (1945) einen Namen gemacht hatte. In New York hatte er Sartre und Camus kennengelernt, und er und seine Frau freundeten sich besonders mit Simone de Beauvoir an, die 1947 bei ihnen wohnte. In sein Tagebuch schrieb er in jenem Jahr: «Wie diese französischen Jungs und Mädels denken und schreiben; so etwas gibt es heute nirgendwo anders auf der Welt. Was für ein tiefes Gespür für die menschlichen Nöte sie haben.»[116] Seinen französischen Besuchern gefielen seine mutigen, autobiographisch geprägten Schilderungen des Lebens eines Schwarzen in Amerika. Camus setzte sich bei Gallimard für die Übersetzung seiner Bücher ein, und Sartre gewann ihn für die Mitarbeit bei den *Temps modernes*. Wright erhielt nur unter großen Schwierigkeiten ein Visum für Frankreich und bekehrte sich dort sofort zum Existenzialismus. Sosehr das amerikanische Alltagsleben die Franzosen in Erstaunen versetzte, so sehr begeisterte sich Wright für die Eigentümlichkeiten von Paris: «Die Türknäufe befinden sich in der Mitte der Türen!»[117] Er kehrte mehrmals nach Frankreich zurück und ließ sich schließlich dort nieder.

Amerikanische Missverständnisse

So verblüfft die Europäer vom amerikanischen Lebensstil auch waren, sie genossen den herzlichen Empfang, der ihnen dort bereitet wurde. Die Vereinigten Staaten waren (und sind) ungeheuer offen für neue Ideen und heißen potenzielle Stars mit offenen Armen willkommen. Ein Jahr, nachdem im *Time Magazine* Sartres Foto mit der Bildunterschrift «Women swooned» («Frauen sanken in Ohnmacht») erschienen war, wurde Simone de Beauvoir im *New Yorker* als die «schönste Existenzialistin» gefeiert.[118] Artikel über den Existenzialismus erschienen in allen möglichen Zeitungen und Kulturzeitschriften: in der *New York Post*, dem *New Yorker* und *Harper's Bazaar*. Die *Partisan Review*, das Lieblingsblatt der Intellektuellen, widmete Sartre, Beauvoir und Camus eigene Artikel und druckte Auszüge aus ihren Werken in englischer Übersetzung.[119] Der französische Exilant Jean Wahl schrieb im

Oktober 1945 für die *New Republic* den Aufsatz *Existentialism: a Preface*.[120] 1948 übernahm das *New York Times Magazine* von der britischen Wochenzeitschrift *Spectator* einen satirisch-parodistischen Text von Paul F. Jennings mit dem Titel *Thingness of Things*. Jennings stellte eine Philosophie des «Resistenzialismus» vor, die von einem gewissen Pierre-Marie Ventre propagiert wird und der Frage nachgeht, warum die Dinge des Alltags so widerspenstig sind und die Menschen auf Schritt und Tritt frustrieren, indem sie ihnen Fallen stellen oder sich einfach nicht mehr finden lassen. Ventres Leitspruch lautet: «Les choses sont contre nous», «Die Dinge sind gegen uns.»[121]

Eines jedoch störte amerikanische Intellektuelle an den Existenzialisten: ihre Begeisterung für die Niederungen der amerikanischen Kultur – ihre Vorliebe für Jazz und Blues, ihr Interesse an den anrüchigen Morden im tiefen Süden und den reißerischen Geschichten über Killer und Psychopathen. Auch ihr Interesse an gehobener amerikanischer Literatur war ihnen suspekt, denn kultivierte Amerikaner brachten ihren eigenen modernen Romanciers sehr viel weniger Wertschätzung entgegen als den filigran mäandernden Romanen von Marcel Proust, den Sartre verabscheute. William Barrett, einer der frühen Vermittler des Existenzialismus in Amerika, schrieb in der *Partisan Review*, Sartres Romane seien ein klarer Beleg dafür, «dass man Steinbeck und Dos Passos nicht ungestraft als große Romanautoren betrachten kann». Alle diese Bücher mit ihren «banalen und sinnlosen Dialogen, ihren auf- und wieder abtretenden Figuren, ihren Bars und Tanzlokalen» übten einen schlechten Einfluss aus, meinte er.[122] In derselben Ausgabe kam der Kritiker F. W. Dupee zu dem Schluss, die französische Wertschätzung Faulkners sei weniger ein Kompliment für die amerikanische Literatur, als vielmehr Zeichen einer tiefen «Krise des Geschmacks und der Vernunft der Franzosen».[123]

Divergenzen gab es auch bei den Vorstellungen, die man sich in beiden Ländern vom Existenzialismus machte. Die Franzosen der vierziger Jahre betrachteten die neue Strömung als Chiffre für Jazz, Sex und Draufgängertum. Die Amerikaner dachten eher an schmuddelige Cafés und schummrige Pariser Straßen. Für sie war der Existenzialismus gleichbedeutend mit dem alten Europa. Während die französische Presse in den Existenzialisten die rebellische, sexbeses-

*Simone de Beauvoir (rechts) mit
Nelson Algren und Olga Kosakiewicz
in Cabris an der Côte d'Azur, 1949*

sene Jugend erkannte, waren sie für viele Amerikaner blasse, pessi-
mistische Individuen in der Tradition Kierkegaards, gepeinigt von
Angst und Verzweiflung. Dieses Bild blieb haften. Bis heute beschwört – besonders im englischsprachigen Raum – der Begriff «Existenzialist» eine schwarz gekleidete Gestalt herauf, die in eine Espres-
sotasse starrt, so niedergeschlagen und angstgeplagt, dass sie es nicht
einmal schafft, in einem zerlesenen Exemplar von *L'Être et le néant* zu
blättern.[124] Einer der wenigen, die diesem Klischee schon früh widersprachen, war Richard Wright. Nach seiner ersten Begegnung mit
den Existenzialisten schrieb er an seine Freundin Gertrude Stein, er
könne nicht verstehen, warum die Amerikaner unbedingt eine düstere Philosophie darin erkennen wollten. Seiner Ansicht nach stehe
sie für Optimismus und Freiheit.[125]

Damals standen nur wenige Auszüge aus Schriften Sartres und
Beauvoirs in englischer Übersetzung zur Verfügung, und weder *La
Nausée* (erstmals 1949 unter dem Titel *The Diary of Antoine Roquentin* in
der Übersetzung von Lloyd Alexander) noch *L'Être et le néant* (erstmals
1956 in der Übersetzung von Hazel Barnes) waren erschienen.

Noch schwieriger war es, die deutschen Philosophen, die das Fundament der neuen Strömung gelegt hatten, aus erster Hand kennenzulernen. Dieses Defizit versuchte unter anderem Heideggers ehemalige Schülerin und Geliebte Hannah Arendt zu beheben, die jetzt in den Vereinigten Staaten für jüdische Flüchtlingsorganisationen tätig war. 1946 schrieb sie zwei Essays für die *Partisan Review* und The *Nation*. Ihr Aufsatz *French Existentialism* zerstörte einige der Mythen über Sartre und seine Mitstreiter. Mit *What is Existenz Philosophy?* führte sie den Existenzialismus auf seine Wurzeln bei Karl Jaspers und Martin Heidegger zurück.[126]

Doch es war ein denkbar ungünstiger Zeitpunkt, um öffentlich zu sagen, dass die schöne Existenzialistin Simone de Beauvoir und Jean-Paul Sartre, bei dessen Vorträgen die Frauen in Ohnmacht sanken, ihre Ideen deutschen Philosophen verdankten. Und Heidegger war nicht irgendein Deutscher. Wenn der Zauberer von Meßkirch seine eigene Vergangenheit hätte wegzaubern können, wären alle glücklicher gewesen.

Achtes Kapitel
Verwüstung

in dem Heidegger eine Kehrtwende vollzieht, viele sich von ihm
abwenden und es zu unangenehmen Begegnungen kommt

Auf Burg Wildenstein

Deutschland war im Jahr 1945 kein Ort, an dem man gerne sein wollte. Überlebende des Kriegs und der Gewalt, versprengte Soldaten, Vertriebene und Flüchtlinge irrten durch die Städte und übers Land. Flüchtlingsorganisationen waren den Menschen bei der Rückkehr nach Hause behilflich, und die Besatzungstruppen versuchten, wenigstens eine notdürftige Infrastruktur wiederaufzubauen und Ordnung zu schaffen. Überall war der Geruch verwesender Leichen, die unter den Trümmern der Häuser lagen. Hungernde Menschen versuchten, auf improvisierten Parzellen Gemüse anzubauen, und kochten auf offenem Feuer. Zwischen 14 und 15 Millionen Deutsche waren durch Bombenangriffe und Zerstörung obdachlos geworden. Der englische Dichter Stephen Spender, der nach dem Krieg das Land bereiste, verglich die Menschen, die er durch das zerbombte Köln irren sah, mit Wüstennomaden in den Ruinen einer untergegangenen Stadt.[1] Aber sie und besonders die «Trümmerfrauen» fingen bereits an, den Schutt wegzuräumen.

Befreite aus den Lagern fanden nur schwer einen Platz zum Leben. Viele deutsche Soldaten waren vermisst. Einige machten sich zu Fuß auf den Weg nach Hause, oft über Ländergrenzen hinweg. Ihnen schloss sich ein Zug von mehr als 12 Millionen Deutschen aus Polen, der Tschechoslowakei und anderen mittel- und osteuropäischen Ländern an, mit Handwagen und Koffern, die all ihre Habseligkeiten enthielten.[2]

Zu denen, die 1945 keinen Kontakt zu ihrer Familie hatten, gehörten auch Heideggers Söhne Jörg und Hermann. Sie waren als Soldaten an der Ostfront gewesen und in russische Kriegsgefangenschaft geraten. Ihre Eltern wussten nicht einmal, ob sie noch lebten.

Seit seinem Rücktritt vom Freiburger Rektorat 1934 hatte sich Heidegger still verhalten. Die Herzbeschwerden, die ihm schon die Teilnahme am Ersten Weltkrieg erspart hatten, schützten ihn auch im Zweiten. Er lehrte an der Universität und verbrachte viel Zeit in seiner Todtnauberger Hütte, fühlte sich missverstanden und schlecht behandelt. Der mit ihm befreundete Max Kommerell, der ihn 1941 in Todtnauberg besuchte, beschrieb sein Gesicht als «straff und braunhäutig ... umspielt von einer Verlorenheit des Auges ... Manchmal lächelt er fein und ein klein, klein wenig verrückt.»[3]

Als Ende 1944 die Alliierten näherrückten, ordnete das NS-Regime die Mobilisierung aller arbeitsfähigen Männer an, auch derjenigen, die bisher vom Kriegseinsatz verschont geblieben waren. Heidegger, inzwischen fünfundfünfzig Jahre alt, wurde zum Volkssturm eingezogen und musste ein paar Wochen lang im Elsass Gräben ausheben, um den Vormarsch der Franzosen zu verhindern. Gleichzeitig traf er Maßnahmen, um im Falle einer Invasion seine Manuskripte in Sicherheit zu wissen. Einige hatte er bereits im Tresor der Meßkircher Volksbank eingelagert, wo sein Bruder Fritz arbeitete, andere versteckte er im Turm der Kirche von Bietingen.[4] Im April 1945 schrieb er seiner Frau von der Idee, seine Manuskripte in Blechkisten versiegelt in einer Höhle einzulagern, die dann geschlossen werden sollte.[5] Ein geheimer Lageplan sollte erstellt und an wenige vertrauenswürdige Personen verteilt werden. Es gibt keine Belege dafür, dass dieses Vorhaben umgesetzt wurde. Seine Vorsicht jedenfalls war keineswegs irrational: Freiburg wurde durch Luftangriffe stark zerstört, und Todtnauberg war aufgrund seiner Lage kein guter Aufbewahrungsort. Vielleicht fürchtete Heidegger auch, dass einige seiner Texte belastendes Material enthielten.

Nur wenige Manuskripte behielt er bei sich, darunter seine jüngste Arbeit über Friedrich Hölderlin, den er geradezu obsessiv las. Der große Dichter, der 1770 in Lauffen am Neckar geboren wurde und sein Leben lang unter Wahnvorstellungen litt, siedelte seine visionäre Dich-

tung zumeist in der heimatlichen Landschaft an, gleichzeitig beschwor
er ein idealisiertes Bild des antiken Griechenland – eine Kombination,
die Heidegger seit jeher faszinierte. Der einzige Dichter, der für ihn
eine vergleichbare Bedeutung hatte, war der Österreicher Georg Trakl,
der, schizophren und drogensüchtig, 1914 im Alter von siebenundzwan-
zig Jahren gestorben war. In Trakls düsteren Gedichten tauchen Jäger,
junge Frauen und blaues Wild auf, das im Mondlicht durch stille Wälder
streicht. Nicht zuletzt in der Auseinandersetzung mit diesen beiden
Dichtern beschäftigte Heidegger die Frage, wie die poetische Sprache
das Sein beschwören und für dieses Sein in der Welt Raum schaffen
könne.

Als im März 1945 französische Truppen Freiburg besetzten, verließ
Heidegger die Stadt. Er hatte dafür gesorgt, dass Philosophen und
Studenten seiner Fakultät in Wildenstein Zuflucht fanden, einer mäch-
tigen Burg über der Donau bei Beuron unweit von Meßkirch (und
unweit des Hohenzollernschlosses Sigmaringen, wohin die Deutschen
nach ihrer Flucht aus Frankreich Mitglieder der Vichy-Kollaborations-
regierung gebracht hatten). Es war ein seltsames Refugium, das an
den Rückzugsort junger Adliger auf der Flucht vor der Pest in Boccac-
cios *Decamerone* erinnert. Besitzer der Burg waren Prinz Bernhard von
Sachsen-Meiningen und seine Gattin Prinzessin Margot, die Heideggers Geliebte gewesen war. Vielleicht war sie der Grund dafür, dass
Elfride Heidegger in Freiburg-Zähringen zurückblieb und das Haus
hütete. Als es von den Alliierten requiriert wurde, musste sie es eine
Zeit lang mit einer Vertriebenen aus Schlesien und der Familie eines
französischen Sergeanten teilen.

Die kleine Gruppe von Flüchtlingen aus der Universität – zehn
Professoren und dreißig Studenten, zumeist weiblichen Geschlechts –
radelten durch den Schwarzwald nach Wildenstein, Heidegger kam
auf dem Fahrrad seines Sohnes nach.[6] Er wohnte bei der Prinzessin
und ihrem Gemahl in deren Forsthaus, die anderen fanden Unterkunft
in der Märchenburg. Im Mai und Juni 1945, die Franzosen waren bereits da, halfen die Philosophen bei der Heuernte und vertrieben sich
die Zeit mit Vorträgen und Klavierkonzerten. Ende Juni fand im Forsthaus das Abschiedsessen statt, mit einem Vortrag Heideggers zu Hölderlin.[7] Die angenehmen Monate waren zu Ende, alle kehrten nach

Freiburg zurück, rotwangig und körperlich gekräftigt. Die Stadt stand
unter französischer Verwaltung, und Heidegger selbst erhielt als mut-
maßlicher Nazisympathisant Lehrverbot.

Das Geräumige, das in der Weite waltet

In jenem Frühjahr an der Donau schrieb Heidegger mehrere neue
Texte, darunter einen philosophischen Dialog, den er auf den 8. Mai 1945
datierte, den Tag der deutschen Kapitulation. Er trägt den Titel *Abendgespräch in einem Kriegsgefangenenlager in Rußland zwischen einem
Jüngeren und einem Älteren.*[8] Die beiden Gesprächspartner sind Kriegs-
gefangene und soeben von der Zwangsarbeit im Wald ins Lager
zurückgekehrt.

Der Jüngere sagt: «Als wir heute früh zu unserem Arbeitsplatz
marschierten, überkam mich plötzlich aus dem Rauschen des weiten
Waldes etwas Heilsames. Den ganzen Tag hindurch sann ich darüber
nach, worin wohl dieses Heilende beruhen könnte.» Der Ältere er-
widert, es sei vielleicht «das Unerschöpfliche der sich verhüllenden
Weite». Der Fortgang des Dialogs klingt wie ein Selbstgespräch Heideggers:

> Der Jüngere: Du meinst wohl, das Geräumige, das in der Weite waltet,
> bringt uns etwas Befreiendes zu.

> Der Ältere: Nicht nur das Geräumige meine ich in der Weite, sondern auch
> dieses, daß solches Weite uns hinaus und fortführt.

> Der Jüngere: Das Geräumige der Wälder schwingt in eine verborgene
> Ferne aus, aber zugleich wieder zu uns zurück, ohne bei uns zu enden.[9]

Die beiden versuchen weiter, dieses Heilsame genauer zu fassen, und
überlegen, wie es sie aus der «Verwüstung» retten könnte, «die über
der Heimaterde und ihren ratlosen Menschen lagert», wie der Ältere
sagt. «Verwüstung» wird im weiteren Verlauf zum Schlüsselbegriff.
Gemeint sind nicht nur die jüngsten Ereignisse, sondern eine Verwüs-

tung, wie sie die Erde seit Jahrhunderten heimsucht und alles in eine
«Wüste» verwandelt. Am weitesten fortgeschritten sei sie in einem
Arbeiterparadies (offensichtlich die Sowjetunion) und in einem tech-
nisch fortgeschrittenen Land, wo «alles übersehbar ins Nützliche ver-
rechnet und eingerichtet bleibt».[10] Das sind natürlich die Vereinigten
Staaten, die Heidegger – wie Sartre und andere Europäer der damaligen Zeit – mit Technologie und Massenproduktion verbindet. Statt
zu versuchen, mit der universellen Verwüstung solchen Ausmaßes
«fertig zu werden», müsse man einfach warten, meint schließlich der
Jüngere.[11] Und so warten sie – wie Becketts Wladimir und Estragon in
ihrer kahlen Landschaft.

Es ist ein typischer Heidegger-Text mit viel Geraune über Kapitalismus, Kommunismus und ausländische Staaten, die nichts Gutes im
Schilde führen – Zeichen «einer gewissen Blut-und-Boden-Einstellung», wie es Hans Jonas nannte.[12] Doch der Text enthält auch bewegende und schöne Bilder, und man muss unwillkürlich an Heideggers
Söhne irgendwo im Osten denken. Heideggers Text spricht eindringlich
über das in Trümmern liegende Deutschland und die geistige Verfassung der Deutschen inmitten der Ruinen: eine Mixtur aus posttrauma-
tischer Störung, Verwirrung, Ressentiment, Bitterkeit und vorsichtiger
Erwartung.

Expedition und Sanatorium

Nachdem Heidegger im Sommer 1945 in sein ungewisses Leben nach
Freiburg zurückgekehrt war, machte er sich eines Tages im November
auf, um seine in der Umgebung von Meßkirch und am Bodensee versteckten Manuskripte zu bergen. Begleitet wurde er von dem jungen
französischen Philosophen Frédéric de Towarnicki, der Heidegger auf-
gesucht und sich mit ihm angefreundet hatte.

Deutsche Zivilisten durften noch nicht ohne Genehmigung reisen, daher organisierte Towarnicki einen Chauffeur und beschaffte
Heidegger ein offiziell aussehendes Dokument, falls man sie anhalten würde. Heidegger nahm mit einem leeren Rucksack auf dem
Rücksitz des Wagens Platz, und los ging's. Es war spät abends, ein

Gewitter zog auf, und bald zuckten Blitze am Himmel, und es fing an zu regnen.

Nach zwanzig Kilometern begann einer der Scheinwerfer zu flackern und erlosch, aber sie fuhren trotzdem weiter, im dichten Regen und zwischen dunklen Bäumen. Eine französische Patrouille tauchte aus dem Dunkel auf, und die Reisenden mussten anhalten. Der Posten kontrollierte die Ausweise, wies den Chauffeur darauf hin, dass auch die Rücklichter nicht funktionierten, und ließ sie weiterfahren. Zweimal bat Heidegger den Fahrer, vor einem Haus im Nirgendwo anzuhalten. Zweimal stieg er mit seinem Rucksack aus, ging hinein und kam lächelnd und mit Dokumenten beladen zurück.

Dann fing auch der zweite Scheinwerfer zu flackern an. Towarnicki wollte mit seiner Taschenlampe leuchten, als der Wagen auch schon ins Schleudern geriet und in der Straßenböschung landete. Der Fahrer inspizierte den Schaden: ein Reifen war platt. Er versuchte, den Ersatzreifen zu montieren, was zunächst nicht gelang. Heidegger schaute interessiert zu – eines seiner neuen philosophischen Lieblingsthemen war die Technik. Er bot zwar nicht seine Hilfe an, hob aber maliziös den Zeigefinger und sagte: «Technik.» Es machte ihm sichtlich Spaß. Schließlich war der Reifen montiert, und sie fuhren weiter zu ihrem letzten Halt: Bietingen.

Inzwischen war es hell geworden, und so beschloss Heidegger, bei seinen Freunden zu bleiben. Der leidgeprüfte Towarnicki aber fuhr nach Freiburg zurück, um einen anderen Wagen zu holen. Elfride empfing ihn mit großen Augen. Was hatte er mit ihrem Mann gemacht? Heidegger revanchierte sich später für die Gefälligkeit und schenkte Towarnicki ein signiertes Exemplar seiner Übersetzung des Chorlieds aus Sophokles' *Antigone* mit der Passage über das Befremdliche oder Unheimliche des Menschen; darin die Widmung «Zur Erinnerung an unsere Expedition an den Bodensee».[13]

Heideggers gute Laune hielt jedoch nicht lange an, denn er musste sich auf eine lange Wartezeit einstellen, bis der Entnazifizierungsausschuss und die Universität ihr Urteil gefällt hatten. Volle vier Jahre sollten vergehen, bis er im März 1949 als Mitläufer eingestuft und zur Universität wiederzugelassen wurde. Erst 1950 nahm er seine Lehrtätigkeit wieder auf. Diese Jahre im Ungewissen setzten ihm zu; das

erste Jahr war zudem von der Sorge um seine beiden Söhne überschattet. Anfang 1946 erlitt Heidegger einen Zusammenbruch, und im
Februar wurde er im Haus Baden in Badenweiler psychiatrisch behandelt.[14] Eine Zeitlang schien es, als würde er enden wie seine Idole Hölderlin und Trakl. Doch im Sanatorium und in der Obhut von Psychia-
tern, die sich mit seiner philosophischen Sprache und seinem Denken
vertraut gemacht hatten, genas er allmählich. Hilfreich war auch die
Nachricht im März, dass seine Söhne in Russland am Leben waren.
Allerdings musste er noch lange auf ihre Rückkehr warten. Hermann
wurde 1947 krank aus der Kriegsgefangenschaft entlassen, Jörg, der
Ältere, war 1949 immer noch nicht heimgekehrt.[15]

Heidegger verließ das Sanatorium im Frühjahr 1946 und erholte
sich in seiner Todtnauberger Hütte. Der Journalist Stefan Schimanski,
der ihn im Juni 1946 dort besuchte, schrieb von der Stille und Isolation.
Heidegger habe ihn mitten im Sommer in schweren Skistiefeln emp-
fangen. Er schien seine Ruhe haben zu wollen, um zu schreiben. Als
Schimanski ihn zum zweiten Mal besuchte, war Heidegger sechs Monate nicht mehr in Freiburg gewesen. «Seine Lebensumstände waren
primitiv; er hatte nur wenige Bücher, und sein einziger Bezug zur Welt
war ein Stapel Briefpapier.»[16]

Heideggers Kehre

Schon vor dem Krieg hatte sich in Heideggers philosophischem Denken ein Wandel vollzogen. Er schrieb jetzt nicht mehr über Entschlossenheit, das Sein zum Tode und andere persönliche Anforderungen
ans Dasein, sondern von Aufmerksamkeit und Empfänglichkeit, von
Abwarten und Sichöffnen – Themen, die bereits in dem *Abendgespräch
in einem Kriegsgefangenenlager* anklingen. Diese «Kehre» Heideggers
war jedoch keine abrupte Wende, sondern ein langsamer Prozess –
wie wenn jemand das Rauschen des Windes in einem Weizenfeld hört
und sich umdreht, um genauer hinzuhören.

Heidegger wandte seine Aufmerksamkeit jetzt zunehmend der
Sprache, Hölderlin und den Griechen zu sowie der Bedeutung der
Poesie für das Denken. Er reflektierte auch über historische Entwick-

lungen und über den Aufstieg der «Machenschaft», wie er es nannte, insbesondere der «Technik»: moderne Verhaltensweisen gegenüber dem Sein, denen er ältere Traditionen entgegenstellte. «Machenschaft» war für ihn die Automatisierung in den Fabriken, aber ebenso die Ausbeutung der Umwelt, das moderne Management und der Krieg. Diese neue Verhaltensweise beschreibt er als ein «Herausfordern», das von der Natur verlangt, etwas zu liefern, statt geduldig zu hobeln und zu schnitzen wie ein Handwerker und den Boden zu bestellen wie ein Kleinbauer. Mit der modernen Technik zwingen wir die Natur, ihre Schätze zu «entbergen», wie Heidegger in einem 1953 gehaltenen Vortrag schrieb, dessen Entwürfe in die späten vierziger Jahre zurückreichen.[17] Als brutalstes Beispiel nennt er den modernen Bergbau, bei dem die gewaltsam dem Boden entzogene Kohle nicht einmal sofort benutzt, sondern in abstrakte Energie verwandelt wird, als Ressource für Generatoren oder in Form gespeicherter Wärme. In den vierziger und fünfziger Jahren wurde sogar die Materie auf diese Weise herausgefordert, als die Atomtechnik Energie als Ressource für Kraftwerke produzierte.

Man könnte entgegnen, dass auch ein Bauer, der sein Feld pflügt, das Land «herausfordert», um Getreide hervorzubringen, das er dann als Vorrat lagert. Doch Heidegger sah hier einen grundlegenden Unterschied. Das bäuerliche Tun, schreibt er, «fordert den Ackerboden nicht heraus. Im Säen des Korns gibt es die Saat den Wachstumskräften anheim und hütet ihr Gedeihen». Jedenfalls war dies so, bis die modernen landwirtschaftlichen Maschinen auf den Plan traten. Im modernen «Herausfordern» werde die in der Natur verborgene Energie nicht gesät, gehegt und gepflegt und schließlich geerntet; sie werde vielmehr «aufgeschlossen, das Erschlossene umgeformt, das Umgeformte gespeichert, das Gespeicherte wieder verteilt und das Verteilte erneut umgeschaltet. Erschließen, umformen, speichern, verteilen, umschalten sind Weisen des Entbergens». Heidegger greift zu einem militärischen Bild: «Überall ist es bestellt, auf der Stelle zur Stelle zu stehen, und zwar zu stehen, um selbst bestellbar zu sein für ein weiteres Bestellen.»

Eine monströse Verkehrung – und für Heidegger ist tatsächlich die ganze Menschheit monströs geworden. Der Mensch ist «schaurig», schrecklich – *deinos* im Griechischen (das Wort steckt auch in «Dinosaurier», was soviel heißt wie «schreckliche Echse»). Sophokles benutzte dieses Wort in seinem Chorlied über das Befremdliche oder Unheimliche des Menschen.

Dieser Vorgang bedroht sogar die Grundstruktur der Intentionalität: die Art und Weise, wie der Geist zu den Sachen als seinen Gegenständen ausgreift. Wenn etwas «zur Stelle» sein muss, sagt Heidegger, verliert es seine Fähigkeit, Gegenstand zu sein. Es steht uns nicht mehr als Gegenstand gegenüber, sondern geht uns ausschließlich als Bestand an, als «Ge-stell». Die Phänomenologie selbst sei durch die herausfordernde, zerstörerische Inbesitznahme der Erde durch den modernen Menschen bedroht. Dies könne zur größten Katastrophe führen. Wenn wir «innerhalb des Gegenstandslosen» alleingelassen werden, werden wir als Menschen selbst zum «Bestand» – zur «Ressource», wie Heidegger den Managementjargon zitiert.

Heidegger zufolge übersteigt die Bedrohung durch die Technik die konkreten Ängste der unmittelbaren Nachkriegszeit: die Angst vor unbeherrschbaren Maschinen und explodierenden Atombomben, vor Radioaktivität, Epidemien und chemischer Vergiftung. Er sieht vielmehr eine ontologische Bedrohung der Realität und des Menschen. Wir fürchten die Katastrophe, aber diese Katastrophe ist vielleicht schon im Gange. Dennoch gibt es Hoffnung. Heidegger zitiert seinen Hölderlin:

Wo aber Gefahr ist,
wächst das Rettende auch.

Wenn wir der Technik unsere Aufmerksamkeit schenken oder vielmehr dem, was die Technik uns über uns und unser Sein offenbart, gewinnen wir Einsicht in das Wesen der menschlichen «Zugehörigkeit». Und dann finden wir vielleicht einen Ausweg – der für Heidegger natürlich den Weg nach rückwärts markiert, zum Ursprung der Geschichte, um in der Vergangenheit eine längst vergessene Quelle der Erneuerung zu finden.

An diesem Stoff arbeitete Heidegger jahrelang weiter. Am konzentriertesten sind seine Überlegungen dazu in dem gerade ausführ-

lich zitierten Vortrag *Die Frage nach der Technik*, den er im November 1953 im Rahmen eines Symposiums der Bayerischen Akademie der
Schönen Künste in München hielt. Zu seinen Zuhörern zählte auch
der Atomphysiker Werner Heisenberg, der am Abend zuvor einen
naturwissenschaftlichen Vortrag über «Das Naturbild der heutigen
Physik» gehalten hatte und gewiss wusste, was mit «Herausforderung
der Naturenergien» gemeint war.[18]

Gleichzeitig überarbeitete Heidegger Schriften aus den dreißiger
Jahren, einige mit einer positiveren Sicht der Rolle des Menschen auf
der Erde. Hierzu zählt der Aufsatz *Der Ursprung des Kunstwerkes*, der in
überarbeiteter Form 1950 in *Holzwege* erschien.[19] Darin geht Heidegger
von einem Begriff des spätmittelalterlichen Mystikers Meister Eckhart
aus: der «Gelassenheit».[20]

«Gelassenheit» wurde zu einem Schlüsselbegriff im Denken des
späteren Heidegger. «Was scheint leichter», schreibt er, «als das Seiende nur das Seiende sein zu lassen, das es ist?»[21] Doch das ist alles
andere als einfach, weil es nicht bedeutet, sich gleichgültig von der
Welt abzuwenden. Wir sollten uns den Dingen zuwenden, wenngleich
nicht in herausfordernder Weise, sondern indem wir sie bei ihrem
«Insichruhen belassen».[22]

Die moderne Technik tue das nicht, wohl aber andere menschliche
Aktivitäten, allen voran die Kunst. Heidegger beschreibt die Kunst als
eine Form der Poesie, für ihn eine erhabene Tätigkeit. Aber er verwendet das Wort «Poesie» in einem umfassenderen Sinn, der mehr bedeutet,
als Worte in Versform zu bringen. Heidegger greift zurück auf die griechische Wurzel *poiesis* – «machen» oder «gestalten» – und zitiert erneut
Hölderlin: «Dichterisch wohnt der Mensch auf dieser Erde.»[23]

Dichter und Künstler «lassen die Dinge sein», sie lassen die Dinge
aber auch in Erscheinung treten. Sie helfen ihnen in ihre «Unverbor-
genheit», wie Heidegger das griechische *aletheia*, «Wahrheit», übersetzt. Es handelt sich dabei jedoch um eine tiefere Wahrheit als nur um
die Übereinstimmung mit der Realität wie etwa im Satz «Die Katze
liegt auf der Matte», während wir auf eine Matte mit einer Katze darauf deuten. Lange bevor wir diesen Satz sagen können, müssen Katze
und Matte «aus der Verborgenheit heraustreten».[24] Sie müssen sich
«entbergen».

Der spezifische Beitrag des Menschen besteht darin, den Dingen dabei zu helfen. Wir sind eine «Lichtung» im Wald, in die das Sein treten kann wie ein scheues Reh. Oder wie ein Laubenvogel, der aus seinem eindrucksvoll geschmückten Balzplatz im Unterholz heraustritt, um zu tanzen. Es wäre allzu vereinfachend, die Lichtung mit dem menschlichen Bewusstsein gleichzusetzen, aber darauf läuft es hinaus. Wir helfen den Dingen, ins Licht zu treten, indem wir uns ihrer bewusst werden, und wir werden uns ihrer *in poetischer Weise* bewusst, indem wir ihnen respektvoll unsere Aufmerksamkeit zuwenden und ihnen erlauben, sich so zu zeigen, wie sie sind, statt sie unserem Willen zu unterwerfen.

Heidegger verwendet hier nicht das Wort «Bewusstsein», weil er uns – wie schon in seinen früheren Werken – dazu bringen möchte, in radikal anderer Weise über uns nachzudenken. Wir dürfen uns also den Geist nicht als eine leere Höhle vorstellen oder als ein Behältnis, das mit Repräsentationen von Dingen gefüllt ist – ja nicht einmal als Pfeile der «intentionalen Gerichtetheit» wie in Franz Brentanos Phänomenologie. Heidegger zieht uns vielmehr tief hinein in seinen Schwarzwald und fordert uns auf, eine sonnendurchflutete Lücke zwischen den Bäumen zu imaginieren, auf die andere Seiende für einen Moment heraustreten können, um sich zu wärmen. Wenn wir diese Gelegenheit nicht ergreifen würden, bliebe alles im Dickicht des Waldes und sogar sich selbst verborgen.

Der Astronom Carl Sagan begann seine Fernsehserie *Cosmos* im Jahr 1980 mit dem Satz, wir seien zwar alle Sternenstaub, hätten aber Bewusstsein, und damit gebe es «eine Möglichkeit des Kosmos, sich selbst zu erkennen».[25] Und Merleau-Ponty zitierte seinen Lieblingsmaler Cézanne mit dem Satz: «Die Landschaft denkt sich in mir, ich bin ihr Bewußtsein.»[26] In ähnlicher Weise stellt sich auch Heidegger den Beitrag des Menschen für die Erde vor. Wir sind nicht aus geistigem Nichts; wir sind Teil des Seins, verfügen jedoch über etwas Einmaliges. Das ist nicht viel: eine kleine Lichtung, eine offene Fläche im Wald, vielleicht mit einem Weg und einer Bank wie der, auf der Heidegger als Schüler seine Hausaufgaben machte. Aber wir sind es, durch die das Wunder geschieht.

Solche Dinge haben mich fasziniert, als ich im Studium Heidegger las, und am meisten beeindruckte mich Heidegger nach seiner «Kehre», auch wenn er schwer verständlich war. Sein weitaus handfesteres Werk *Sein und Zeit*, in dem gehämmert wird und von Werkzeug und Zeug die Rede ist, war zwar ebenfalls spannend, aber es besaß nicht diese tiefe, verstörende Schönheit. Der späte Heidegger schrieb in einer poetischen Sprache, auch wenn er, wie alle Philosophen, darauf bestand, dass er nur ausdrücke, was und wie die Dinge sind. Wenn ich diese Texte heute lese, sagt ein Teil von mir «Was für ein Unsinn!», während der andere Teil so begeistert ist wie damals.

Einmal abgesehen von ihrer Schönheit, können Heideggers späte Schriften mit ihrer zunehmend mystischen Sicht auf das Menschsein aber auch irritierend wirken. Sieht man den Menschen als einen offenen Raum, als eine Lichtung oder Möglichkeit, «das Seiende sein zu lassen» und dichterisch auf dieser Erde zu wohnen, rückt das Personale ganz in den Hintergrund. Das «Dasein» ist jetzt weniger menschlich denn je. So verlockend es sein mag, sich selbst als eine botanische oder geologische Formation, als eine freie Fläche in der Landschaft zu betrachten – ist so ein «Dasein» noch imstande, Bücherregale aufzustellen? Zu einer Zeit, als sich Sartre immer intensiver mit der Frage des konkreten Handelns und des Engagements in der Welt beschäftigte, zog sich Heidegger aus derartigen Überlegungen fast vollständig zurück. Freiheit, Entscheidung und Angst spielten für ihn jetzt kaum mehr eine Rolle, ja sogar der Mensch selbst ist in seinen Texten schwer auszumachen – besonders verstörend bei einem Philosophen, der sich bis zu diesem Zeitpunkt nicht eindeutig von denen losgesagt hatte, die im zwanzigsten Jahrhundert die schlimmsten Verbrechen gegen die Menschheit begangen hatten.[27]

Außerdem muss selbst der überzeugteste Heideggerianer bisweilen insgeheim das Gefühl haben, Heidegger rede wirres Zeug. In einer oft zitierten Passage aus *Der Ursprung des Kunstwerkes* legt er dar, was er mit Kunst als *poiesis* meint. Heidegger beschreibt ein Gemälde van Goghs, das, wie er sagt, Schuhe darstellt, die eine Bäuerin auf dem Acker trägt. Er beschreibt, was in diesen Schuhen «mitschwingt», und lässt dabei seiner Phantasie freien Lauf. Er spricht von der «Mühsal der Arbeitsschritte», der «Zähigkeit des langsamen Ganges durch die weithin gestreckten und immer gleichen Furchen des Ackers», «dem verschwiegenen Zuruf der Erde, ihrem stillen Verschenken des reifenden

Korns und ihrem unerklärten Sichversagen in der öden Brache des winterlichen Feldes». Durch diese Schuhe ziehe «das klaglose Bangen um die Sicherheit des Brotes, die wortlose Freude des Wiederüberstehens der Not, das Beben in der Ankunft der Geburt und das Zittern in der Umdrehung des Todes».[28] 1968 hat der Kunsthistoriker Meyer Schapiro darauf hingewiesen, dass die Schuhe vermutlich nie einer Bäuerin gehörten, sondern van Gogh selbst. 1994 fand er heraus, dass van Gogh sie wohl bei einem Trödler als elegante Stadtschuhe gekauft, aber auf einem Spaziergang verdreckt hatte. Und er zitierte eine handschriftliche Randbemerkung Heideggers, mit der dieser einräumt: «Nach dem Gemälde von van Gogh können wir nicht einmal feststellen, wo diese Schuhe stehen und *wem sie gehören*.»[29] Das mag eine Marginalie sein, Tatsache jedoch ist, dass Heidegger ungebührlich viel in das Gemälde hineininterpretierte, um ein romantisches Bild des bäuerlichen Lebens zu beschwören.

Vielleicht ist es aber lediglich eine Geschmacksfrage: Entweder sprechen einen Heideggers Überlegungen zu van Goghs Gemälde an oder nicht. Bei mir ist es nicht der Fall. Andere Passagen im selben Aufsatz dagegen sagen mir durchaus etwas. Die nachfolgende Beschreibung eines altgriechischen Tempels hat mir schon immer gefallen:

> Dastehend ruht das Bauwerk auf dem Felsgrund. Dies Aufruhen des Werkes holt aus dem Fels das Dunkle seines ungefügen und doch zu nichts gedrängten Tragens heraus. Dastehend hält das Bauwerk dem über es wegrasenden Sturm stand und zeigt so erst den Sturm selbst in seiner Gewalt. Der Glanz und das Leuchten des Gesteins, anscheinend selbst nur von Gnaden der Sonne, bringt doch erst das Lichte des Tages, die Weite des Himmels, die Finsternis der Nacht zum Vor-schein. Das sichere Ragen macht den unsichtbaren Raum der Luft sichtbar.[30]

Ein anderer Leser wird diese Passage langweilig oder sogar unerträglich finden. Heideggers Gedanke jedoch, dass ein vom Menschen geschaffenes Bauwerk selbst die Luft anders erscheinen lassen könne, leuchtet mir so unmittelbar ein, dass meine Wahrnehmung architektonischer Werke und der Kunst bis heute davon geprägt ist.

Mag sein, dass ich diese Passage eher unter literarischen als philosophischen Aspekten betrachte. Aber das entspricht nicht Heideggers Intention. Seine Schriften sollten keine ästhetische Erfahrung bewirken, so wie man etwa nach einem Museumsbesuch sagt: «Der Tempel hat mir gefallen, die Schuhe nicht.» Es ging ihm vielmehr um das, was der junge Jaspers «ein anderes Denken» nannte – ein Denken, das «im Wissen zugleich mich erinnert, wach macht, zu mir selbst bringt, mich verwandelt».[31] Außerdem betrachtete Heidegger die Sprache inzwischen als «das Haus des Seins» und hätte es daher abgelehnt, sich Gedanken darüber zu machen, ob ein Text als Dichtung oder als Philosophie zu klassifizieren sei.[32]

Bei der Lektüre des späten Heidegger muss man kritisches Denken «sein lassen». In der Philosophie gilt dies als inakzeptabel, in der Kunst sind wir viel eher dazu bereit. Um Wagners *Ring*-Zyklus oder Prousts Romane genießen zu können, müssen wir uns auf den künstlerischen Ansatzpunkt einlassen, sonst hat es keinen Sinn. Ähnliches gilt für Heideggers Spätwerk – und ich habe hier noch relativ zugängliche Passagen zitiert.

Die größere Gefahr könnte darin bestehen, dass man sich in der Lektüre verrennt. Heidegger hatte ja selbst Probleme, sein philosophisches Universum zu verlassen. Hans-Georg Gadamer zufolge konnte Heidegger sich Diskussionen nur mit Mühe öffnen. Es wurde ihm «schwer, andere zu verstehen», und darüber war er «sehr unglücklich und zuweilen auch ungnädig». Er ging erst auf, «wenn einer von uns den von ihm vorbereiteten Weg des Denkens durch seine Antworten traf» – schlechte Voraussetzungen für einen Dialog. Gadamer fügte jedoch hinzu, wenn man nach dem Vortrag zusammen ein Glas badischen Wein getrunken habe, sei Heidegger entspannter gewesen.[33]

Marcuse fragt, Heidegger schweigt

Einige, die Heidegger bewundert und sich zum Vorbild genommen hatten, wandten sich nach dem Krieg von ihm ab, entsetzt über seine NS-Vergangenheit und seine späte Philosophie. 1949 schrieb Hannah Arendt aus Amerika an Karl Jaspers, Heideggers Nietzsche-Vorlesun-

gen (nach seiner «Kehre» entstanden) seien «scheußlich» und «ver-
schwatzt». Auch missbilligte sie, dass er von seinem Refugium in Todtnauberg aus auf die Zivilisation schimpfte – in sicherer Distanz zu
Kritikern, die sich gewiss nicht die Mühe machen würden, den Berg
hinaufzusteigen, nur um ihm Vorwürfe entgegenzuschleudern: «Es
wird ja so leicht nicht einer 1200 Meter steigen, um eine Szene zu
machen.»[34]

Einige taten es dennoch, zum Beispiel sein ehemaliger Schüler
Herbert Marcuse, ehemals glühender Heideggerianer, jetzt Marxist.
Er suchte Heidegger im April 1947 auf in der Hoffnung, eine Erklärung und Entschuldigung für dessen NS-Verstrickung zu erhalten. Ver-
gebens. Im August schrieb er an Heidegger und fragte ihn erneut,
warum er der Naziideologie nicht klar und deutlich abschwöre, wo
doch so viele nur auf ein Wort von ihm warteten: «Sollten Sie wirklich
so in die Geistesgeschichte eingehen?» Aber Heidegger tat ihm nicht
den Gefallen. Am 20. Januar 1948 dankte er Marcuse für ein Paket, das
er ihm geschickt hatte – wahrscheinlich Bedarfsgüter, die immer
noch knapp waren –, und fügte hinzu, er habe den Inhalt an frühere
Schüler verteilen lassen, «die weder in der Partei waren, noch sonst
irgendwelche Beziehungen zum Nationalsozialismus hatten». Auf Marcuses Frage zurückkommend, fügte er hinzu, gerade dieser Brief zeige
ihm, «wie schwer ein Gespräch mit Menschen ist, die seit 1933 nicht
mehr in Deutschland waren». Er wolle nicht einfach ein öffentliches
Gegenbekenntnis ablegen, weil «Nazianhänger in der widerlichsten
Weise ihren Gesinnungswechsel bekundeten, ich aber mit ihnen nichts
gemein» habe.[35]

Zu den wenigen, die für diese Haltung Verständnis zeigten, gehörte
der große Philosoph des Dekonstruktivismus Jacques Derrida. In einem
Interview kehrte er 1988 die Frage nach Heideggers Schweigen um und
fragte, was geschehen wäre, wenn er gesagt hätte: «Auschwitz ist der
absolute Schrecken, es ist das, was ich von Grund auf verurteile.»[36] Eine
solche Erklärung hätte alle Erwartungen erfüllt, Heidegger hätte die
Absolution erhalten, und die Akte Heidegger wäre geschlossen worden.
Doch dann, so Derrida weiter, «stünden wir heute nicht im Begriff, uns
fragen zu müssen, was die Erfahrung von Heideggers Denken enthalten
könnte an Affinitäten … und dergleichen». Damit aber würden wir «uns

leichter aus der Pflicht entlassen fühlen», darüber nachzudenken und zu fragen, was Heideggers «Erbe, das schreckliche, vielleicht unentschuldbare Schweigen», für die Philosophie bedeute: «Er hinterläßt uns das Gebot, das zu denken, was er selbst nicht gedacht hat.»

Marcuse war nicht bereit, eine so komplizierte Rechtfertigung zu akzeptieren, und Heidegger versuchte auch gar nicht, ihn zu überzeugen. Seinen letzten Brief an Marcuse schloss er mit einer, wie es scheint, gezielten Provokation: Er verglich, wie es damals viele Deutsche taten, den Holocaust mit der Vertreibung der Deutschen aus den sowjetisch dominierten Gebieten Osteuropas. Aber es war auch ein Seitenhieb gegen Marcuses kommunistische Sympathien. Marcuse war so empört, dass er in seinem Antwortbrief fast ausschließlich auf diesen Punkt einging. Wenn Heidegger ein solches Argument vorbringe, frage er: «Stehen Sie nicht mit diesem Satz außerhalb der Dimension, in der überhaupt noch ein Gespräch zwischen Menschen möglich ist?»[37] Wenn Heidegger schweige und sich der Vernunft verschließe, sehe er, Marcuse, keine Möglichkeit, mit ihm zu sprechen oder zu diskutieren. Wieder senkte sich ein Vorhang des Schweigens herab.

Jaspers kommuniziert, und Heidegger begeistert

Heideggers philosophische «Kehre» veranlasste auch seinen alten Freund Karl Jaspers, mit dem der Kontakt seit Jahren abgebrochen war, zu einer kritischen Reaktion.

Karl und Gertrud Jaspers hatten in Heidelberg den Krieg überlebt, obwohl Jaspers weder unterrichten noch publizieren konnte. Und sie waren nur mit knapper Not der Vernichtung entronnen: Ihre Namen hatten auf einer Liste mit Personen gestanden, die im April 1945 ins Konzentrationslager deportiert werden sollten.[38] Im März erreichten amerikanische Truppen Heidelberg, in letzter Minute. Jaspers und seine Frau lebten zunächst weiter in der Stadt, bevor sie 1948 – reichlich spät – zu dem Schluss kamen, dass sie sich in Deutschland nicht mehr wohlfühlten, und in die Schweiz emigrierten.[39]

1945 äußerte sich Jaspers für die Entnazifizierungsbehörden der Freiburger Universität zu der Frage, ob man Heidegger die Lehrerlaubnis zurückgeben solle. Im Dezember verfasste er ein abwägendes Gutachten: Heidegger sei ein überaus bedeutender Philosoph, der die volle Unterstützung der Universität verdiene, um sein Werk weiterzuführen, aber die Lehrerlaubnis solle er vorerst noch nicht erhalten. Heideggers Denkungsart sei «ihrem Wesen nach unfrei, diktatorisch, kommunikationslos» und «gegenwärtig in der Lehrwirkung verhängnisvoll».[40]

Während der Arbeit an diesem Gutachten trat Jaspers erstmals seit Kriegsbeginn wieder mit Heidegger in Kontakt. 1949 schickte er ihm ein Exemplar seines 1946 erschienenen Buches *Die Schuldfrage*, in dem er unter dem Eindruck des Nürnberger Prozesses das schwierige Problem der deutschen Vergangenheitsbewältigung und des Aufbruchs in die Zukunft erörterte. Für Jaspers war der Ausgang der verschiedenen Prozesse und der Entnazifizierungsverfahren weniger bedeutsam als der Gesinnungswandel der Deutschen selbst. Sie sollten die volle Verantwortung übernehmen für das, was geschehen war, statt nach Entschuldigungen und Rechtfertigungen zu suchen. Jeder Deutsche, schrieb er, müsse sich prüfen und fragen: «Was ist meine Schuld?»[41] Auch jene, die «mit Vorsicht ihr Leben gewagt haben», um diese Entwicklung zu verhindern, stünden in einer tiefen «metaphysischen» Schuld. Denn «wenn es geschieht, und wenn ich dabei war, und wenn ich überlebe, wo der andere getötet wird, so ist in mir eine Stimme, durch die ich weiß: daß ich noch lebe, ist meine Schuld».[42]

Jaspers' innere «Stimme» erinnert an Heideggers authentische Stimme des Daseins, die aus dem Innern ruft und Verantwortung einfordert. Doch Heidegger lehnte jetzt die Verantwortung ab und schwieg. Er hatte Marcuse gesagt, er wolle nicht einer von denen sein, die Entschuldigungen daherplapperten und danach so weitermachten, als wäre nichts geschehen. Auch Jaspers hielt nichts von einfachen oder heuchlerischen Entschuldigungen, aber Heideggers Schweigen konnte er ebenso wenig akzeptieren. Was er für notwendig hielt, war kein feierliches Abschwören, sondern aufrichtige Kommunikation. Die Deutschen, so Jaspers, hätten in den zwölf Jahren des Leugnens und Schweigens vergessen, miteinander zu reden. Jetzt müssten sie es wieder lernen.[43]

Heidegger, für den das Miteinandersprechen auf der Liste dessen, was Sprache leisten konnte, ganz weit unten stand, konnte er damit nicht beeindrucken. In seinem Antwortbrief an Jaspers ging er auf dessen Buch zur Schuldfrage gar nicht ein, sondern schickte ihm drei seiner eigenen neueren Schriften. Jaspers empfand dies als Zurückweisung. Heideggers Lieblingssatz von der Sprache als dem «Haus des Seins» aufgreifend, schrieb Jaspers ihm zurück: «Ich sträube mich, wo alle Sprache mir nur Brücke scheint.»[44] Heideggers Brief vom April 1950 hinterließ bei Jaspers einen noch viel schlechteren Eindruck. Heidegger sprach darin von der Erwartung eines «Advents», eines «Ereignisses», Begriffe, die beim späten Heidegger häufiger vorkommen.[45] Diesmal war es Jaspers, der in Schweigen verfiel. Als er ihm 1952 erneut schrieb, teilte er ihm mit, dass ihn Heideggers neuer Stil an den mystischen Unsinn erinnere, der die Menschen «dieses halbe Jahrhundert genarrt» habe. Es sei «reine Träumerei».[46] Bereits zuvor hatte er Heidegger «einen Knaben, der träumt», genannt.[47] Das war eine eher nachsichtige Interpretation von dessen gedanklichen Fehlgriffen. Jetzt fand Jaspers, es sei an der Zeit für Heidegger, aufzuwachen.

Seinen Glauben an die Macht der Kommunikation bewahrte sich Jaspers sein Leben lang. Er gab Rundfunkinterviews und schrieb Artikel zu aktuellen Ereignissen, um ein möglichst breites Publikum zu erreichen. Aber auch Heidegger wandte sich an Nichtfachleute, insbesondere während der Zeit des Lehrverbots; es war für ihn die einzige Möglichkeit, sich Gehör zu verschaffen. Im März 1950 hielt er im Rahmen der «Mittwochabende», einer Veranstaltungsreihe unter Leitung des Arztes Gerhard Stroomann, im Sanatorium Bühlerhöhe im Nordschwarzwald zwei öffentliche Vorträge. Stroomann schrieb später im begeisterten Heidegger-Jargon, die Vorträge seien «wie eine Feier, eine Durchglühung. Das Wort verstummt. Wenn sich aber Diskussion meldet, enthält dies höchste Verantwortung, aber auch letzte Gefahr. Oft fehlt es an Übung. Es muß zur Sache gesprochen werden … und wenn es auch nur eine Frage ist.»[48]

Heidegger blieb weiter am Ball. Er präsentierte frühe Fassungen seines Vortrags über Technik im «Club zu Bremen», dem vor allem Reeder und Kaufleute angehörten. Die Vortragsreihe wurde von seinem Freund Heinrich Wiegand Petzet organisiert, dessen Familie in Bremen lebte, und war offenkundig ein Erfolg. Vielleicht fiel es Heidegger leichter, vor einem gemischten Publikum zu sprechen, das sich von seinen Worten in Bann schlagen ließ, als vor Philosophen, die widersprachen, wenn etwas offenkundig keinen Sinn ergab.

Während sich Heidegger also hartnäckig der Kommunikation verweigerte, wuchs sein Einfluss weiter. Als er 1953 in München die endgültige Fassung seines Technik-Vortrags präsentierte, konnte sein Freund Petzet feststellen, dass sich am Ende «ein Sturm aus tausend Kehlen zu einer Ovation erhob, die nicht enden wollte».[49] (Dass man klatschte, weil es endlich vorbei war, zog er nicht in Betracht.)

Bis heute wird der leidenschaftliche Kommunikator Jaspers sehr viel weniger gelesen als Heidegger, der Architekten, Sozialwissenschaftler, Psychologen, Künstler, Filmemacher, Umweltaktivisten und Scharen von Studenten und Enthusiasten beeinflusste – nicht zuletzt die dekonstruktivistischen und poststrukturalistischen Denkschulen, die von seinen späten Schriften ausgingen. Ende der vierziger Jahre ein Außenseiter, stieg er nach seiner Rehabilitation in der akademischen Philosophie des gesamten europäischen Kontinents zu übermächtiger Größe auf. Calvin O. Schrag, der 1955 mit einem Fulbright-Stipendium in Heidelberg Philosophie studierte, war überrascht, dass es Seminare zu allen möglichen zeitgenössischen Philosophen gab, aber keine zu Heidegger. Das änderte sich schnell. Bald, so schrieb er, «gab es *nur noch* Seminare über Heidegger».[50]

Wer war also letztlich der bessere Kommunikator?

Nach der misslungenen Verständigung kam es zu keiner weiteren Begegnung zwischen Heidegger und Jaspers mehr. Es habe keinen Bruch gegeben, es sei einfach so gekommen, meinte Jaspers.[51] Als Heidegger 1950 erfuhr, dass Jaspers mit dem Zug durch Freiburg kam, fragte er nach der genauen Uhrzeit, um ihm wenigstens am Bahnsteig die Hand zu schütteln.[52] Jaspers reagierte nicht.

Zu Jaspers' siebzigstem Geburtstag 1953 schickte Heidegger ihm Glückwünsche. Jaspers antwortete mit einer nostalgischen Reminiszenz an die Gespräche, die sie in den zwanziger und frühen dreißiger Jahren geführt hatten, an den Klang von Heideggers Stimme, seine Gebärden, seinen Blick. Aber, fügte er hinzu, wenn sie sich heute begegnen würden, wüsste er ihm nichts zu sagen. Er bedauerte seinen eigenen «Mangel an Kraft zu eindringlicher, bezwingender Offenheit.

Wäre ich dazu imstande gewesen, hätte ich Sie gleichsam festgehalten, unablässig befragt und aufmerksam gemacht.»[53]

Sechseinhalb Jahre später war es an Jaspers, Heidegger Glückwünsche zum siebzigsten Geburtstag zu schicken. Er beendete seinen kurzen Brief mit der Erinnerung an einen Nachmittag als achtzehnjähriger Student während einer Winterwoche auf dem Feldberg, einem Skiort nicht weit von Heideggers Hütte. Ohne jeden Elan habe er sich, anders als Heidegger, in der Nähe des Hotels auf Skiern bewegt und sei dennoch «verzaubert [gewesen] im Schneetreiben bei Sonnenuntergang, als die Welt nur mehr Licht und Farbe in unendlichen, ständig sich wandelnden reinen Tönen war». Er unterzeichnete mit einem freundlichen «Ihr Karl Jaspers.»[54] Jaspers beschreibt sich selbst hier als vorsichtig, zögerlich und skeptisch, die weiten Ausblicke durchaus genießend, aber unwillig, darauf zuzugehen. Heidegger dagegen erscheint wagemutiger, aber vielleicht auf dem falschen Weg: in Gefahr, aber schon zu weit entfernt, um noch zurückgerufen werden zu können.

Jaspers gibt sich hier allzu bescheiden. In Wirklichkeit war er derjenige, dessen Denken Kulturen und Epochen überspannte und Verknüpfungen und Vergleiche suchte, während Heidegger sich nie weit von seiner Schwarzwälder Heimat entfernte.

Lévinas verlässt das Heidegger-Klima

Ein anderer ehemaliger Freund, der sich nach dem Krieg gegen Heidegger wandte, war der junge Mann, der 1929 in Davos Ernst Cassirer parodiert hatte: Emmanuel Lévinas.

Er war noch vor dem Krieg nach Frankreich gegangen und hatte die französische Staatsbürgerschaft angenommen. Er kämpfte an der Front, geriet nach der Niederlage Frankreichs in Gefangenschaft und kam in ein jüdisches Arbeitskommando von Stalag XI B in Fallingbostel in der südlichen Lüneburger Heide. Es folgten fünf schreckliche Jahre, in denen er und seine Mitgefangenen von wässriger Suppe und Küchenabfällen lebten und zu kräftezehrender Holzfällerarbeit gezwungen wurden. Ihre Bewacher verhöhnten sie mit der Drohung, sie jederzeit in ein Todeslager schicken zu können.[55] Tatsächlich rettete aber wohl sein Status als Kriegsgefangener Lévinas das Leben; als jüdischer Zivilist wäre er in höchster Gefahr gewesen. Auch seine Frau und seine Tochter überlebten. Sie hatten sich in einem französischen Kloster verstecken können.[56] Doch Lévinas' Eltern und Geschwister im heimatlichen Litauen fielen den Nazis zum Opfer. Nach dem Einmarsch der Wehrmacht in Litauen 1941 wurden sie in das Ghetto von Kaunas gesperrt. Eines Morgens trieben die Nazis eine große Gruppe aus dem Ghetto zusammen, brachten sie aus der Stadt hinaus und erschossen sie, unter ihnen auch Lévinas' Vater, seine Mutter und zwei seiner Brüder.[57]

Wie Sartre während seines kurzen Aufenthalts im Lager schrieb auch Lévinas während seiner Kriegsgefangenschaft. Er erhielt Zugang zu Schreibpapier und Büchern und las Proust, Hegel, Rousseau und Diderot.[58] Aus diesen Aufzeichnungen entstand sein erstes großes philosophisches Werk *Vom Sein zum Seienden*, das 1947 erschien.[59] Darin entwickelte er frühere Themen wie das *«il y a»* («es gibt») weiter – jenes amorphe, undifferenzierte und unpersönliche Sein, das im Zustand der Schlaflosigkeit oder Erschöpfung auftaucht. Hier finden wir Heideggers «Sein» wieder, allerdings als tiefe Bedrängnis und nicht als ein mystisches, ehrfurchtsvoll erwartetes Geschenk. Heideggers ontologische Differenz, die Unterscheidung zwischen den Seienden und ihrem Sein, lehnte Lévinas entschieden ab. «Das ‹Seiende› hat schon einen Vertrag geschlossen mit dem Sein. Man kann es nicht isolieren. Es ist.»[60] Wenn man die individuellen Seienden ausklammert, um zum reinen Sein zu gelangen, so Lévinas, bleibe nur etwas Erschreckendes und Inhumanes. Aus diesem Grund waren seine Überlegungen, wie er schreibt, zwar von der Philosophie Heideggers inspiriert, dennoch aber «von einem tiefen Bedürfnis geleitet ..., das Klima dieser Philosophie zu verlassen».[61]

Lévinas wandte sich vom Nebel des Seins ab und ging den anderen Weg: auf das individuelle, lebendige menschliche Seiende zu. In seinem bekanntesten Werk *Totalität und Unendlichkeit*, das 1961 erschien, machte er die Beziehung des Ichs zum Anderen zum Ausgangspunkt seiner gesamten Philosophie. Dieses Konzept ist für ihn so zentral wie für Heidegger das Sein.

Lévinas sagte einmal, diese Verschiebung in seinem Denken gehe zurück auf eine Erfahrung, die er im Lager gemacht habe. Er hatte sich daran gewöhnt, dass die Wachen ihn und seine Mitgefangenen entwürdigend behandelten, als wären sie Objekte, inhuman und menschlicher Gefühle unfähig. Abends jedoch, als sie von der Arbeit ins stacheldrahtumzäunte Lager zurückmarschierten, wurden sie von einem zugelaufenen Hund mit freudigem Gebell begrüßt. Dieser Hund gab Lévinas seine Menschenwürde zurück: eine elementare Achtung, die ein Lebewesen einem anderen zubilligt.[62]

In der Reflexion dieser Erfahrung entwickelte Lévinas eine Philosophie, die ihrem Wesen nach ethisch fundiert war, nicht ontologisch wie bei Heidegger. Dabei nahm er Bezug auf die Schriften des jüdischen Theologen Martin Buber, der in seinem Werk *Ich und Du* die Beziehung zu einem unpersönlichen Er, Sie oder Es von der personalen Begegnung mit einem Du abgrenzte.[63] Lévinas ging noch einen Schritt weiter: Wenn ich dir begegne, dann von Angesicht zu Angesicht. Und es ist das Angesicht, durch das du, der Andere, moralische Ansprüche an mich stellen kannst.[64] Das ist etwas fundamental anderes als Heideggers «Mitsein» oder «Miteinandersein» von Menschen, die nebeneinander stehen, Schulter an Schulter, in Solidarität verbunden, vielleicht als geeintes Volk. Lévinas zufolge stehen wir aber einander gegenüber, von Individuum zu Individuum, und es ist eine Beziehung des Austauschs und der moralischen Erwartung. Wir verschmelzen nicht miteinander, wir antworten einander. Statt dafür vereinnahmt zu werden, in meinem persönlichen Drama der Authentizität eine Rolle zu spielen, blickst du mir in die Augen – und bleibst dabei der Andere. Du bleibst *du*.

Diese Beziehung ist grundlegender als das Ich, grundlegender als das Bewusstsein, grundlegender sogar als das Sein – und sie bedeutet eine unausweichliche moralische Verpflichtung. Seit Husserl hatten Phänomenologen und Existenzialisten versucht, die Definition der Existenz auf das soziale Leben und die menschlichen Beziehungen hin zu erweitern. Lévinas ging darüber hinaus. Er machte diese Beziehungen zur *Grundlage* unserer Existenz, nicht zu deren Erweiterung.

Dies war so radikal anders, dass Lévinas – wie Heidegger vor ihm – sprachliche Verrenkungen vollführen musste, um nicht in die alten Geleise des Denkens zurückzufallen. Aber auch wenn im Lauf der Jahre seine Sprache immer gewundener wurde: Die Priorität der ethischen Beziehung zum Anderen blieb für ihn zentral. Als er schon alt war, machten seine Kinder über seine berühmtesten Konzepte Witze: Wenn sich Lévinas' Enkel bei Tisch um die größte Portion stritten, sagten sie über den, der den Löwenanteil ergatterte und somit die Ansprüche Anderer nicht an die erste Stelle setzte: «Er befolgt Opas Philosophie nicht!»[65]

Man brauchte Mut, um über Lévinas Witze zu machen, denn er wurde immer mehr zu einer respekteinflößenden Gestalt, der anderen gegenüber heftig und schroff reagieren konnte, wenn sie bei einer Veranstaltung oder in einem Seminar dumme Fragen stellten oder ihn offenkundig missverstanden.[66] Das immerhin hatte er mit seinem ehemaligen Mentor gemeinsam.

Moral und Mystik

Auch andere Denker vollzogen in den Kriegsjahren eine radikale Wende, allen voran Simone Weil, die den moralischen Ansprüchen anderer in ihrem eigenen Leben rigoros Vorrang einräumte. Nach der Rückkehr von ihrer Deutschlandreise 1932 arbeitete sie in einer Fabrik, um das Erniedrigende dieser Tätigkeit unmittelbar kennenzulernen.[67] Nach der Niederlage Frankreichs im Juni 1940 gelangte sie auf der Flucht vor den Nazis über Amerika nach England, wo sie sich der Résistance-Organisation France libre anschloss. Auch im Exil brachte sie außerordentliche Opfer. Weil es auf der Welt Menschen gab, die kein Bett zum Schlafen hatten, schlief sie selbst am Boden. Weil andere hungerten, hungerte sie ebenfalls.

Simone Weil erkrankte an Tuberkulose, die sich durch ihre Unterernährung noch verschlimmerte, und starb am 24. August 1943 im Middlesex Hospital an Herzversagen. In ihren letzten Lebensjahren schrieb sie die *Cahiers*, philosophische Aufzeichnungen über Ethik und Gesellschaft und über das, was Menschen einander schuldig sind. In ihrem letzten Werk, *Die Verwurzelung*, erklärte sie, kein Mensch habe Rechte, aber jeder Mensch habe eine «einzige und ewige Pflicht» anderen gegenüber, die an keine Bedingungen geknüpft sei.[68] Was auch immer die Ursache für ihren Tod war – Magersucht spielte auch eine

Rolle –, niemand kann bestreiten, dass sie vollkommen nach ihrer Philosophie gelebt hat. Von allen Personen, die in diesem Buch vorgestellt werden, ist Simone Weil vielleicht der extremste Fall dessen, was Iris Murdoch als «bewohnte» oder «gelebte» Philosophie bezeichnet hat.

Auch für den christlichen Existenzialisten Gabriel Marcel spielte die Ethik eine herausragende Rolle. Die Verpflichtung anderer gegenüber besitze die Bedeutung eines transzendenten Mysteriums oder «Geheimnisses».[69] Auch ihn hatte der Krieg tief erschüttert. Im Ersten Weltkrieg hatte er beim Auskunftsdienst des Roten Kreuzes gearbeitet und die wenig beneidenswerte Aufgabe gehabt, Vermisstenanfragen zu beantworten. Es waren meistens Todesnachrichten, die er mitzuteilen hatte. Wie Marcel später sagte, wurde er dadurch immun gegen Kriegsrhetorik jeder Art und aufmerksam auf die Kräfte des *Unbekannten* im menschlichen Leben.[70]

Eine auffallende Gemeinsamkeit zwischen diesen radikal ethischen Denkern, die alle am Rand unserer Hauptgeschichte stehen, ist ihre religiöse Überzeugung und die besondere Bedeutung, die sie dem «Mysterium» beimessen: dem, was nicht erkannt, analysiert oder verstanden werden kann, besonders in den Beziehungen der Menschen zueinander. Heidegger dagegen lehnte die Religion ab, mit der er aufgewachsen war, und hatte kein echtes Interesse an ethischen Fragen – wahrscheinlich weil er kein echtes Interesse am Menschen hatte. Und doch deutet jede Seite seines Spätwerks auf eine unmittelbare Erfahrung mit dem Unaussprechlichen und Unbegreifbaren hin. Auch er war ein Mystiker.

Die Tradition des Mysteriums hat Wurzeln in Kierkegaards «Sprung in den Glauben»; und Kierkegaard wiederum verweist auf Dostojewski, einen anderen großen Mystiker des neunzehnten Jahrhunderts, und auf ältere theologische Denkansätze. Diese Tradition erwuchs aber auch aus dem Trauma der ersten Hälfte des zwanzigsten Jahrhunderts. Nach 1914 und mehr noch nach 1939 verbreitete sich in Europa und anderswo die Einsicht, dass wir uns selber nie ganz kennen und vertrauen können; dass es keine Entschuldigungen und Erklärungen für unser Tun gibt – und wir dennoch für unser Leben und die Beziehungen zu anderen etwas brauchen, an das wir uns halten können.

Selbst der Atheist Sartre sah die Notwendigkeit, auf eine neue Art

*Simone Weil 1936 im
Spanischen Bürgerkrieg*

und Weise über ethische Werte nachzudenken. In *Der Ekel* hatte er die traditionelle Ethik angegriffen und – wie Lévinas – über Leute geschrieben, die sich zwar als wohlmeinende Humanisten ausgeben, deren «zarte und abstrakte Seele» sich jedoch nie «vom Sinn eines Gesichtes» hat berühren lassen.[71] In *Das Sein und das Nichts* schrieb er, die alten, nur auf Toleranz basierenden ethisch-moralischen Prinzipien reichten nicht mehr aus; sie deckten das Ausmaß der Anforderungen, die andere an uns stellen, nicht mehr ab.[72] Es gehe darum zu handeln, mehr noch: Wir alle müssten uns in unserer gemeinsamen Welt «engagieren».

Hat Heidegger Sartres «Dreck» gelesen?

Frédéric de Towarnicki, der Heidegger dabei geholfen hatte, seine Manuskripte zurückzuholen, war erpicht darauf, Heidegger und Sartre einander vorzustellen. Er hatte Heidegger bereits mehrere Artikel von Jean Beaufret über Sartres Existenzialismus zu lesen gegeben.[73] Als er bei einem späteren Besuch darüber mit Heidegger sprach, staunte dieser, dass Sartre gleichzeitig Phänomenologe, Dramatiker, Romancier, Essayist und Journalist sein konnte. Elfride, ebenfalls anwesend, fragte: «Mais, enfin, qu'est-ce que l'existentialisme?» «Aber was ist dieser Existenzialismus eigentlich?»

Beim nächsten Besuch brachte Towarnicki Heidegger ein Exemplar von *L'Être et le néant* mit. Heidegger wog das schwere Buch in der Hand und meinte, er habe im Moment wenig Zeit zum Lesen – eine billige Ausrede.[74] (Bevor Towarnicki ging, zeigte Heidegger ihm einen seiner Schätze in seiner Schreibtischschublade: ein Originalfoto von Nietzsche, eingeschlagen in Seidenpapier. «Das zeigt er nicht jedem», flüsterte Elfride.[75])

Trotz allem gab Towarnicki die Hoffnung, eine private oder öffentliche Begegnung zwischen Heidegger und Sartre zu vermitteln, nicht so schnell auf. Er versuchte, auch Camus für ein Treffen zu interessieren, doch der wollte mit Heidegger nichts zu tun haben. Sartre zeigte sich aufgeschlossener, sagte aber ebenfalls, er habe im Moment zu viel zu tun. Er machte Towarnicki jedoch den Vorschlag, für die *Temps modernes* über seine Begegnungen mit Heidegger zu schreiben, was er auch tat.[76]

Unterdessen hatte Heidegger Zeit gefunden, sich *Das Sein und das Nichts* genauer anzuschauen. Er schätzte Sartres psychologische Analyse und seinen «Sinn für das Konkrete», so berichtete es jedenfalls Towarnicki.[77] Da Towarnicki jedoch für die *Temps modernes* schrieb, könnte es sein, dass er dem Herausgeber schmeicheln wollte. Heidegger übergab ihm auch einen artigen Brief für Sartre mit einer Bemerkung, die man so oder so interpretieren kann: «Ihr Werk ist von einem so unmittelbaren Verstehen meiner Philosophie beherrscht, wie es mir noch nirgends begegnet ist.»[78]

Anderen gegenüber äußerte sich Heidegger unverblümter. Als der amerikanische Philosoph Hubert Dreyfus *Das Sein und das Nichts* auf Heideggers Schreibtisch liegen sah und eine Bemerkung darüber machte, gab Heidegger knapp zurück: «Wie kann ich jemals anfangen, diesen Dreck zu lesen!»[79] Er begann einen langen Aufsatz in Form eines Briefes an Jean Beaufret zu schreiben, in dem er den humanisti-schen Existenzialismus angriff, den Sartre unter großer öffentlicher Zustimmung in «Der Existentialismus ist ein Humanismus» als Hymne an die Freiheit und das individuelle Handeln präsentiert hatte. Mit dieser Art Philosophie wollte Heidegger nichts zu tun haben. Sein 1947 erschienener *Brief über den «Humanismus»* mit der Beschwörung von Waldlichtungen und Gelassenheit ist ein Schlüsseltext für Heideggers neuen, entschieden antihumanistischen Denkstil.[80] Sartre reagierte nicht darauf.

In einem bereits zuvor geschriebenen Brief hatte Heidegger Sartre nach Todtnauberg eingeladen: «In unserer kleinen Skihütte können wir zusammen philosophieren und von dort aus Skitouren im Schwarzwald unternehmen.»[81] Towarnicki zufolge war Heidegger von Sartres Beschreibung des Skifahrens in *Das Sein und das Nichts* beein-druckt.[82] Die Stelle kommt im Buch ziemlich weit hinten, was darauf hindeutet, dass Heidegger mit «diesem Dreck» doch ziemlich weit vorangekommen war. Ein schönes Bild, sich vorzustellen, wie Sartre und Heidegger – und vielleicht auch Simone de Beauvoir, die sport-licher war als Sartre – mit geröteten Wangen die Skihänge hinunter-fliegen, während der Wind ihnen die Worte abschneidet. Heidegger wäre natürlich uneinholbar schnell Richtung Tal geschossen. Das tat er gern, wie sich Max Müller erinnerte: «Beim Skifahren lachte er mich einige Male aus, weil ich Bögen und Kurven einlegte, wo er in einer schneidigen Geraden hinunterjagte.»[83]

Doch zu diesem gemeinsamen Skiausflug kam es nie. Sartre war viel zu beschäftigt, sein Terminkalender quoll über. Und es wäre wohl auch ziemlich peinlich gewesen, wenn im Jahr 1945 ein Franzose mit einem ehemaligen NS-Sympathisanten und Ex-Rektor der Freiburger Universität durch den verschneiten Schwarzwald gestapft wäre.

«*Die Fliegen*» in Berlin

Anfang 1948 fuhren Sartre und Beauvoir dennoch nach Deutschland. Anlass war die Inszenierung von Sartres Stück *Die Fliegen* aus dem Jahr 1943 in Berlin. Sartre hatte aus dem klassischen Stoff der Orestie eine Parabel auf die Situation im besetzten Frankreich gemacht. Jürgen Fehlings Inszenierung am Berliner Hebbel-Theater übertrug diesen Stoff auf die Situation in Deutschland nach dem Krieg. Die düstere Bühne beherrschte ein bunkerähnlicher Tempel – ein Verweis darauf, dass jetzt die Deutschen von Scham und Schande paralysiert waren. Sartre hatte die Franzosen aufgefordert, die Vergangenheit abzuschütteln und die Zukunft aufzubauen; vielleicht konnten mit dieser Botschaft jetzt auch die Deutschen etwas anfangen.[84]

Sartre war ganz gewiss dieser Ansicht. In einem Artikel aus dem Jahr zuvor hatte er anlässlich einer kleineren Produktion in der französisch besetzten Zone geschrieben, die Deutschen stünden jetzt vor ähnlichen Schwierigkeiten wie die Franzosen nach der Befreiung.

> Auch für die Deutschen sind, glaube ich, Schuldgefühle unfruchtbar. Ich will nicht sagen, dass sie die Erinnerung an die Fehler der Vergangenheit aus ihrem Gedächtnis ausradieren sollten, nein. Aber ich bin überzeugt, dass sie nicht durch ein billiges Schuldbekenntnis die Vergebung erlangen werden, die ihnen die Welt gewähren kann. Dafür bedarf es eines uneingeschränkten und aufrichtigen Engagements für eine Zukunft in Freiheit und Arbeit, eines standhaften Bemühens, diese Zukunft aufzubauen, und einer möglichst großen Zahl von Menschen guten Willens. Das Stück kann sie zwar nicht in diese Zukunft führen, aber es kann sie wenigstens ermutigen, darauf zuzugehen.[85]

Nicht alle Deutschen waren mit dieser Analyse einverstanden, und die Debatte um das Stück gewann große Aufmerksamkeit, was wiederum die Nachfrage nach Theaterkarten erhöhte. Beauvoir hatte gehört, dass einige Zuschauer bereit waren, 500 Mark für eine Karte auszugeben, das Doppelte eines durchschnittlichen Monatslohns. Ein Besucher bezahlte sogar mit zwei Gänsen, ein hoher Preis in einer Stadt, in der Lebensmittel nach wie vor knapp waren. Beauvoir hatte ein ungutes Gefühl. Im Speisewagen des Zuges saßen ausschließlich franzö-

sische Offiziere, was sie an die deutschen Besatzer in Frankreich erinnerte. Das Ausmaß der Verwüstung (im Heideggerschen wie im
konkreten Sinn) erschreckte sie. Es herrschte tiefster Winter mit Tem-
peraturen bis zu minus achtzehn Grad, doch viele Berliner trugen keinen Mantel. Beauvoir sah Leute mit Rucksäcken oder kleinen Karren
auf den Straßen, um nützliche Dinge aufzusammeln.[86] In Berlin mit
seinen vier Besatzungszonen, von denen sich ein paar Monate später
drei (die französische, britische und amerikanische) zu West-Berlin
zusammenschlossen, waren viele öffentliche Strukturen zusammen-
gebrochen. Die Stadt war nicht wiederzuerkennen. In einer freien
Minute zwischen seinen öffentlichen Auftritten suchte Sartre das Haus
auf, in dem er 1933/34 gewohnt hatte. Es stand zwar noch, war aber
stark beschädigt.[87]

Höhepunkt des Besuchs war eine Diskussion im Hebbel-Theater
am 1. Februar 1948. Sartre musste sein Stück gegen christliche *und* marxistische Kritiker verteidigen, die fanden, es enthalte die falsche Botschaft für die Deutschen. Die existenzialistische Befreiungsphilosophie
sei zwar für die Franzosen im Jahr 1943 das Richtige gewesen, es sei
jedoch falsch, die Deutschen schon jetzt zu ermuntern, zur Tagesord-
nung überzugehen. Der Nürnberger Prozess war gerade zu Ende,
viele NS-Verbrecher waren noch immer nicht zur Rechenschaft gezogen worden. Einer der Podiumsteilnehmer warnte, das Stück könne
als Rechtfertigung für eine Generalabsolution verstanden werden.[88]

Sartre verfolgte die Diskussion auf Deutsch, antwortete aber auf
Französisch. Die existenzialistische Freiheit, so argumentierte er, biete
keine Entschuldigung irgendeiner Art, sondern sei das genaue Gegenteil. Im Existenzialismus gebe es keine Entschuldigungen. Freiheit
bedeute uneingeschränkte Verantwortung.

Diese Ausführungen veranlassten den christlichen Publizisten
Gert Theunissen zu einem Generalangriff auf Sartres Begriff der Freiheit. Es sei schlichtweg falsch zu sagen, die Existenz gehe der Essenz
voraus. Der Mensch habe eine Essenz, die ihm von Gott gegeben sei
und der er folgen müsse. Dem Protokoll der Diskussion zufolge erhob
sich «lauter Beifall im Saal. Einige Pfiffe. Erheiterung». Alfons Steini-
ger, Vorsitzender der Gesellschaft zum Studium der Kultur der Sowjetunion, sagte, Sartres Stück laufe Gefahr, als «Aufforderung [...] zum

Nihilismus, zum Pessimismus» verstanden zu werden – das waren die gängigen Schlagworte der Kommunisten in ihrer Kritik am Existenzialismus. Die Diskussion kam über dieses Niveau kaum hinaus, nicht zum ersten und nicht zum letzten Mal. Sartre saß zwischen zwei Gegnern, die ihn hassten, obwohl sie so gut wie nichts miteinander gemeinsam hatten.

Freilich trafen sie einen wunden Punkt. Nur weil der Existenzialismus behauptete, keine Entschuldigungen zu liefern, war nicht ausgeschlossen, dass man ihn dazu benutzen konnte, die Vergangenheit zu entschuldigen. Man musste nicht besonders spitzfindig argumentieren, um in *Die Fliegen* Argumente für ein selektives Vergessen zu finden. Unklar war auch, ob die Parallelen zwischen der Situation in Frankreich 1943 und in Deutschland 1948 über das hinausgingen, was die ganze Welt damals empfand: Abscheu über die jüngste Vergangenheit und (mit Hoffnung gemischte) Sorge um die Zukunft.

Andere Aspekte des Stücks vermochten die Berliner im Jahr 1948 durchaus anzusprechen. Die krasse Bühnenlandschaft ähnelte der von Not und Elend gezeichneten Stadt draußen vor dem Theater. Auch weckten die titelgebenden Fliegen Erinnerungen an den heißen Sommer 1945, als deutsche Städte von einer Plage heimgesucht wurden: von großen grünschillernden Fliegen, wie man sie nie zuvor gesehen hatte; sie vermehrten sich mit der Zahl der unter den Trümmern verwesenden Leichen.[89]

Vor allem aber war Berlin selbst eine besetzte Stadt. Sie war besetzt von Angst und Not, von rivalisierenden ausländischen Mächten und vor allem von der Angst vor der Sowjetunion. Zwei Monate nach Sartres und Beauvoirs Besuch riegelten die Sowjets die Versorgung der Westsektoren ab. Im März 1948 kappten sie die Eisenbahnverbindungen, im Juni wurden die Straßen gesperrt. Sie wollten Berlin aushungern wie die Deutschen im Zweiten Weltkrieg Leningrad.

Die Westmächte reagierten mit der Errichtung einer Luftbrücke, um die Stadt mit allem zu versorgen, was sie brauchte: Lebensmittel, Kohle, Medikamente. Ein Jahr gelangten alle lebensnotwendigen Güter per Flugzeug nach Berlin. Zeitweilig landete jede Minute ein Flugzeug, rund um die Uhr. Im Mai 1949 wurde eine Vereinbarung mit der Sowjetunion erreicht und die Blockade gelockert, doch die Versorgung aus der Luft ging bis Ende September weiter. Schon vor dem Mauerbau im Jahr 1961 war Berlin eine geteilte und eingeschlossene Stadt, und das blieb sie die nächsten vierzig Jahre. Warum sollten sich die Berliner von dem belagerten und bedrängten Argos nicht in irgendeiner Weise angesprochen fühlen?

Der Alte vom Berg

Auch wenn Sartre und Simone de Beauvoir ihre Bedenken gegen eine Deutschland-Reise überwunden hatten, hegten sie nach wie vor nicht den Wunsch, Heidegger zu besuchen. Sartre sollte ihn erst 1953 kennenlernen – und das ging nicht gut.

Die Begegnung fand anlässlich eines Vortrags von Sartre an der Universität Freiburg statt. Die Studenten waren begeistert, der Saal war überfüllt, aber Sartres dreistündigen Ausführungen in anspruchsvollem Französisch konnten nur wenige Zuhörer folgen.[90] Vermutlich fiel Sartre gegen Ende seines Vortrags auf, dass die Begeisterung nachgelassen hatte. Bei seinem Aufbruch nach Zähringen, wo Heidegger wohnte, war er daher wohl bereits in defensiver Stimmung. Er ging nicht nach Todtnauberg, und sie fuhren nicht gemeinsam Ski.

Sartre und Heidegger unterhielten sich auf Deutsch, was Sartre gerade noch hinbekam. Keiner von ihnen gab später über den genauen Inhalt der Unterredung Auskunft, aber Heidegger sprach darüber mit Petzet und Sartre mit Beauvoir, und beide machten sich dazu Notizen.[91] Ihre Berichte stimmen darin überein, dass das Gespräch schnell in die Binsen ging. Zunächst kam Heidegger auf *La dimension Florestan* zu sprechen, ein neues Theaterstück von Gabriel Marcel, in dem ein namentlich nicht genannter Philosoph auftritt, der sich in einer abgelegenen Hütte verschanzt hat und ab und zu unverständliche Erklärungen abgibt. Heidegger hatte davon erfahren, und obwohl er das Stück weder gelesen noch gesehen hatte, erkannte er sich darin wieder und war verärgert.

Sartre erfüllte seine diplomatische Pflicht als Franzose und entschuldigte sich bei Heidegger im Namen von Gabriel Marcel.[92] Eine

noble Geste, da Sartre selbst von Marcel angegriffen worden war:
einmal 1943 in einer Rezension von *Das Sein und das Nichts* und dann
1946 in dem Essay *Menschliche Existenz und menschliche Freiheit*.[93]
Marcel war gegen Sartres Atheismus zu Felde gezogen, gegen das
Fehlen einer Moralphilosophie und gegen die, wie er fand, Unfähigkeit
Sartres, ein Geschenk anzunehmen, eine «Gabe» – sei es von Gott, sei
es von seinen Mitmenschen. Jetzt war Sartre großherzig genug, stell-
vertretend für Marcel Heideggers Schelte über sich ergehen zu lassen.

Nachdem Heidegger seinem Ärger über diese Lappalie Luft
gemacht hatte, war Sartre an der Reihe, sein Steckenpferd zu reiten. Er
brannte darauf, über die Frage des politischen Engagements zu sprechen: die Pflicht von Schriftstellern und Denkern, sich in die Politik
ihrer Zeit einzumischen. Ein mehr als nur unangenehmes Thema für
Heidegger; er wollte Sartres Ansichten dazu nicht hören. Später sagte
Sartre zu seinem Privatsekretär Jean Cau, als er auf dieses Thema zu
sprechen gekommen sei, habe ihn Heidegger «unendlich mitleidig»
angesehen.[94]

Heideggers Miene drückte wohl eher so etwas aus wie «*Müssen
wir darüber reden?*» Wie auch immer, auch dieses Thema war reine
Zeitverschwendung in einem Gespräch, das sehr viel interessanter
hätte verlaufen können. Falls Heidegger und Sartre über Freiheit, das
Sein, Humanismus, Angst oder Authentizität gesprochen haben, so ist
davon nichts überliefert. Sie redeten schlichtweg aneinander vorbei.

Freiburg, die «Stadt der Phänomenologie», ein Thema, mit dem
sich Sartre zwanzig Jahre lang beschäftigt hatte, war eine Enttäuschung. Doch sein Denken hatte sich von Heidegger längst weit entfernt. Er reiste in so gereizter Stimmung ab, dass er sich sogar über die
Organisatoren des Vortrags ärgerte. Den Strauß Rosen, den man ihm
ins Zugabteil gelegt hatte – vielleicht eine Geste der Dankbarkeit –,
fand er einfach nur lächerlich. «Rosensträuße. Arme voller Rosen!»,
sagte er später zu Cau, gewiss übertreibend. Er wartete, bis der Zug
den Bahnhof verlassen hatte, dann warf er sie aus dem Fenster.[95]

Zurück in Paris, zeigte er sich Simone de Beauvoir gegenüber
erstaunt, wie sehr Heidegger verehrt wurde: «Und dabei plagen sich
viertausend Studenten und Professoren den ganzen lieben langen Tag
mit Heidegger ab, stellen Sie sich das vor!»[96] Von da an nannte er Hei-

degger abschätzig den «Alten vom Berg». Die Zeit nach der Niederlage Frankreichs 1940, als *Sein und Zeit* Sartres einziger Trost gewesen war, schien lange vorbei. Aber er war nicht der Einzige, der die Zeit nicht zurückdrehen konnte. Der Krieg hatte alles verändert, für alle.

Neuntes Kapitel
Studien nach dem Leben

*in dem der Existenzialismus auf leibhaftige Menschen
angewandt wird*

Simone de Beauvoir und das andere Geschlecht

Eines Tages, etwa um die Zeit der Berlin-Reise 1948, saß Beauvoir mit
dem Stift in der Hand da und starrte auf ein Blatt Papier. «Warum machen Sie denn ein so böses Gesicht?», fragte Alberto Giacometti. «Weil
ich schreiben möchte und nicht weiß, was ich schreiben soll», antwortete sie. Darauf meinte Giacometti leichthin: «Schreiben Sie doch
irgend etwas.»[1] Sie hatte Lust, von sich selbst zu erzählen. Inspiriert
von den experimentellen autobiographischen Schriften ihres Freundes Michel Leiris, die sie gerade gelesen hatte, fing sie an, darüber zu
schreiben, wie es war, als Mädchen aufzuwachsen. Sartre drängte
sie, sich intensiver mit dem Thema zu beschäftigen. Diese drei Männer, Giacometti, Leiris und Sartre, nennt Simone de Beauvoir, wenn
sie vom Ursprung ihres feministischen Opus magnum *Das andere
Geschlecht* erzählt.

Ausgehend von einer bescheidenen Idee, die vielleicht erst männ-
licher Ermunterung bedurfte, entwickelte sich ihr Projekt bald zu
etwas wahrhaft Revolutionärem. Sie warf herkömmliche Vorstellungen über das Wesen der menschlichen Existenz über den Haufen und
ermutigte ihre Leserinnen, das eigene Leben umzukrempeln. *Das
andere Geschlecht* war aber auch ein souveränes Experiment in Sachen
«angewandter Existenzialismus». Gestützt auf die Philosophie, nahm
Beauvoir zwei große Themenkomplexe in Angriff: die Geschichte der
Menschheit, die sie als eine Geschichte des Patriarchats interpretierte,
und die Lebensgeschichte einer individuellen Frau von der Geburt bis

ins hohe Alter. Beides hängt eng miteinander zusammen, wird aber jeweils in einem eigenen Teil behandelt. Dabei verknüpfte Beauvoir eigene Erfahrungen mit denen anderer Frauen sowie mit historischen, soziologischen, biologischen und psychologischen Untersuchungen.[2]

Sie kam schnell voran. Auszüge erschienen 1948 in der Monatsschrift *Les Temps modernes*, 1949 folgte das Buch. Die Wirkung kam einem Schock gleich.[3] Diese frei denkende Existenzialistin mit ihrer offenen Zweierbeziehung, ihrer Kinder- und Gottlosigkeit stieß die Leute ohnehin vor den Kopf. Und jetzt hatte sie auch noch ein Buch geschrieben, in dem sie sexuelle Erfahrungen von Frauen schilderte und ein Kapitel der lesbischen Liebe widmete. Selbst ihre Freunde schreckten zurück. Extrem abwehrend reagierte Albert Camus, der ihr, wie sie in ihren Memoiren schrieb, «mit einigen mißgelaunten Sätzen» vorwarf, «den französischen Mann lächerlich gemacht zu haben».[4] *Männer* fanden das Buch unbequem, viele Frauen jedoch, die es lasen, fingen an, über ihr Leben nachzudenken. Die englische Übersetzung 1953 – drei Jahre früher als *Das Sein und das Nichts* und neun Jahre früher als Heideggers *Sein und Zeit* – erzielte eine noch viel größere Wirkung als die französische Originalausgabe. Simone de Beauvoirs *Das andere Geschlecht* kann als das einflussreichste Werk der existenzialistischen Bewegung überhaupt betrachtet werden.

Beauvoirs Leitgedanke ist, dass es das Leben eines Menschen entscheidend prägt, ob er als Junge oder als Mädchen aufwächst. Einige Unterschiede sind offenkundig und ganz praktischer Art. Die französischen Frauen hatten erst nach der Befreiung 1944 das Wahlrecht erhalten, andere Grundrechte wurden ihnen immer noch verweigert.[5] So konnte eine verheiratete Frau bis 1965 kein eigenes Bankkonto eröffnen. Dabei spiegelten die rechtlichen Benachteiligungen nur tiefere existenzielle Unterschiede. Die Alltagserfahrungen und das In-der-Welt-Sein von Frauen sind bereits zu einem frühen Zeitpunkt ihres Lebens so grundlegend anders als die Erfahrungen von Männern, dass man sie für einen «natürlichen» Ausdruck der Weiblichkeit hält. Für Beauvoir jedoch sind es *Mythen* der Weiblichkeit – ein Begriff, den sie von dem Ethnologen Claude Lévi-Strauss übernommen hat und der letztlich auf Nietzsches «genealogische» Methode der Entlarvung von Irrtümern über Kultur und Moral zurückgeht. Der «Mythos» in Beauvoirs Sprachgebrauch entspricht Husserls Idee von verkrusteten Vorannahmen, die sich an die Phänomene anlagern und abgekratzt werden müssen, damit man «zu den Sachen selbst» gelangen kann.

Nach einem historischen Rückblick auf «Fakten und Mythen» schildert Beauvoir im zweiten Teil, «Gelebte Erfahrung», das typische Leben einer Frau von der frühen Kindheit an und zeigt, dass «man nicht als Frau zur Welt kommt, sondern es wird».[6]

Dieser Prozess beginnt bereits in der frühen Kindheit. Während man Jungen ermahnt, tapfer zu sein, wird von einem Mädchen erwartet, dass es weint und Schwäche zeigt. Jungen und Mädchen hören zwar dieselben Märchen, aber in diesen Geschichten sind die Männer Helden, Prinzen oder Krieger, die Frauen dagegen werden in einem Turm eingesperrt, in Tiefschlaf versetzt oder an einen Felsen gekettet und warten auf ihren Retter. Wenn ein Mädchen diese Geschichten hört, erkennt sie, dass auch ihre Mutter die meiste Zeit zu Hause verbringt wie eine eingesperrte Prinzessin, während ihr Vater in die Welt hinauszieht wie ein Krieger in den Kampf. Und sie begreift ihre eigene zukünftige Rolle.[7]

Wenn sie älter wird, lernt sie Bescheidenheit, Tugendhaftigkeit und Zurückhaltung. Jungen dagegen rennen, greifen an, klettern, erobern, schlagen mit den Fäusten zu: Sie greifen buchstäblich nach der physischen Welt und ringen mit ihr. Mädchen tragen hübsche Kleider und wagen nicht zu rennen, um sich nicht schmutzig zu machen. Später tragen sie hochhackige Schuhe, Korsetts und Röcke; sie lassen sich lange Fingernägel wachsen und müssen aufpassen, dass sie nicht abbrechen.[8] Sie lernen auf alle mögliche Art und Weise, sich vorzusehen und nicht zu verletzen. Wie Iris Marion Young, anknüpfend an Simone de Beauvoir, 1980 in ihrem Aufsatz *Werfen wie ein Mädchen* darlegte, erlebt sich der weibliche Körper als «im Raum positioniert» und nicht als ein Subjekt, das den Raum definiert oder konstituiert.[9]

In der Pubertät wächst das Bewusstsein für den eigenen Körper. Es ist das Alter, in dem manche Mädchen zur Selbstverstümmelung neigen, Jungen dagegen gern mit anderen raufen.[10] Die Sexualität entwickelt sich. Aber bereits kleine Jungen sind stolz auf ihren Penis, während die weiblichen Genitalien verschwiegen werden und inexistent zu sein scheinen.[11] Die frühen weiblichen Erfahrungen mit der

Sexualität sind oft unangenehm, schmerzlich oder bedrohlich und können Selbstzweifel und Angst hervorrufen. Hinzu kommt die Angst vor einer Schwangerschaft. (Beauvoir schrieb lange vor Erfindung der Pille.) Und selbst wenn eine junge Frau Sex genieße, könne die sexuelle Lust Verkrampfungen und Spannungen verursachen.[12] Für die meisten Frauen sei Sex an die Ehe gebunden, mit der die monotone und vereinsamende Hausarbeit einhergeht. Hausarbeit sei keine nach außen wirkende Leistung und somit auch keine «wirkliche Handlung», die die Welt verändern kann.[13]

Alle diese Faktoren tragen dazu bei, dass eine Frau in der Welt keine Autorität gewinnen und keine Aktivität entfalten kann. Für Frauen ist die Welt kein «Zeugganzes», wie Heidegger es definiert, sondern «beherrscht vom Schicksal und von unwägbaren Launen».[14] Deshalb, so glaubt Beauvoir, erreichen Frauen in Kunst und Literatur auch so selten Größe; als eine seltene Ausnahme nennt sie Virginia Woolf.[15] In ihrem Essay *Ein Zimmer für sich allein* von 1928 zeigte Woolf, mit welchen Hindernissen eine fiktive Schwester Shakespeares zu kämpfen hatte, die literarisch ebenso begabt war wie der große englische Dichter. Beauvoir zufolge wirken sämtliche Faktoren der weiblichen Existenz zusammen, um die Frau in der Mittelmäßigkeit einzusperren – nicht weil sie von Natur aus unterlegen ist, sondern weil sie lernt, sich nach innen zu wenden, passiv und voller Selbstzweifel und nur darauf bedacht zu gefallen. Von den meisten Schriftstellerinnen ist Beauvoir enttäuscht, weil sie das Menschsein nicht als ihr eigenes begreifen und annehmen und es schwierig finden, sich für die Welt verantwortlich zu fühlen. [16] Wie kann, fragt sie, eine Frau jemals sagen: «Ich trage das Gewicht der Welt für mich ganz allein», wie es Sartre in *Das Sein und das Nichts* formuliert.[17]

Für Beauvoir liegt das größte Hemmnis für die Entfaltung der weiblichen Existenz in der anerzogenen Neigung, sich als die «Andere» zu sehen statt als transzendentes Subjekt. Damit knüpft sie an Hegel an, dessen *Phänomenologie des Geistes* sie während des Krieges gelesen hatte. Hegel beschreibt in einem berühmten Kapitel des Buches, wie rivalisierende Bewusstseine um die Vorherrschaft ringen, wobei das eine die Rolle des «Herrn» und das andere die des «Knechts» übernimmt.[18] Der Herr nimmt alles aus seiner Perspektive wahr, was ganz natürlich ist. Seltsamerweise tut dies aber auch der Knecht, der sich geradezu verrenkt, um die Welt aus der Perspektive des Herrn zu sehen: eine «entfremdete» Perspektive. Der Knecht übernimmt sogar dessen Ansichten und entwirft sich selbst als Objekt und den Herrn als Subjekt. Beauvoir sieht die Frau in der Rolle dieses Knechts. Das Gefüge jedoch zerbricht, wenn die Frau (der Knecht) erwacht und erkennt, dass sie alles verkehrt herum sieht und die ganze Beziehung auf ihrer Arbeit beruht, auf ihrer Mühe und Anstrengung. Sie rebelliert und erwacht damit endlich zu vollem Bewusstsein.

Hegels Sicht der menschlichen Beziehungen als Kampf der Perspektiven war für Simone de Beauvoir hochproduktiv. Schon seit Jahren hatte sie mit Sartre immer wieder darüber diskutiert. Auch Sartre interessierte sich seit den dreißiger Jahren für Hegels Herr-Knecht-Dialektik; in *Das Sein und das Nichts* ist sie ein wichtiges Thema. Seine Beispiele illustrieren den Kampf der entfremdeten Perspektiven, des entfremdeten Blicks, besonders anschaulich. Wir wollen daher kurz von Beauvoir abschweifen und uns erneut Sartre zuwenden.

Sartre, der Blick und die Liebe

Sartre fordert uns in einem berühmten Kapitel von *L'Être et le néant* – «Der Blick» – auf, uns vorzustellen, wir befänden uns in einem öffentlichen Park.[19] Wenn ich allein bin, arrangiert sich der ganze Park um meinen Blickwinkel: Alles, was ich sehe, präsentiert sich *mir*, es ist *mein* Universum. Doch dann sehe ich einen Mann, der über den Rasen auf mich zukommt. Plötzlich vollzieht sich eine Verschiebung: Mir wird bewusst, dass auch der Mann sein Universum um sich selbst herum arrangiert. Wie Sartre sagt, wendet sich das Grün des Rasens nicht nur mir zu, sondern auch diesem Mann. Und damit orientiert sich etwas aus meinem Universum auf diesen Mann hin. Aber auch etwas von mir orientiert sich um, denn ich bin ein Objekt in seiner Welt – und dasselbe gilt auch umgekehrt. Ich bin nicht länger nur ein wahrnehmendes Nichts. Ich habe ein sichtbares Außen, das, wie ich weiß, der andere sehen kann.

Sartre gibt noch ein Beispiel, das einen anderen Aspekt beleuchtet.

Diesmal versetzt er uns in einen Pariser Hotelflur. Ich spähe durch ein Schlüsselloch in ein Zimmer, sei es aus Eifersucht, aus Wollust oder Neugier.[20] Ich bin fasziniert von dem, was ich sehe, und ganz darauf konzentriert. Dann höre ich Schritte im Flur – es kommt jemand! Und damit verändert sich die gesamte Szenerie. Plötzlich bin ich mir meiner selbst bewusst als jemand, der durch ein Schlüsselloch späht, denn so sieht mich die Person, die den Flur entlangkommt. Mein Blick durchs Schlüsselloch wird ein «Angeblicktwerden». Meine «Transzendenz» – meine Fähigkeit, aus mir herauszutreten und mich auf etwas zu richten, das ich wahrnehme – wird durch die Transzendenz des anderen selbst transzendiert. Dieser Andere besitzt die Macht, mich als eine bestimmte Art von Objekt abzustempeln und mir Eigenschaften zuzuschreiben, statt mir meine Freiheit zu lassen. Ich versuche, dies abzuwehren und zu kontrollieren, wie mich diese Person sieht: indem ich zum Beispiel so tue, als würde ich mir die Schuhe zubinden, um nicht als widerwärtiger Voyeur abgestempelt zu werden.

Solche Episoden des Anblickens und Angeblicktwerdens tauchen in Sartres Texten immer wieder auf. In einem journalistischen Artikel erinnerte er sich daran, wie niederschmetternd es nach 1940 war, «unter den ironischen Blicken der Deutschen, unserer Besieger», zu leben.[21] 1944 schrieb er sogar ein Theaterstück darüber: *Geschlossene Gesellschaft (Huit clos,* in einer früheren Übersetzung *Bei geschlossenen Türen).* Es handelt von drei Personen, die zusammen in einem Zimmer eingesperrt sind: ein desertierter Soldat, dem Feigheit vorgeworfen wird, eine erbarmungslose Lesbierin und eine verführerische Frau. Jeder betrachtet mindestens einen der anderen voreingenommen, und jeder möchte dem mitleidslosen Blick der beiden anderen entfliehen. Aber das ist nicht möglich, denn sie sind tot und in der Hölle. Ein vielzitierter, häufig missverstandener Satz am Ende des Stücks lautet: «Die Hölle, das sind die andern.»[22] Sartre erklärte später, er habe damit nicht sagen wollen, dass andere Menschen generell die Hölle sind. Er habe vielmehr gemeint, dass wir nach dem Tod im Blick der anderen gleichsam erstarren und uns nicht mehr gegen ihre Deutung wehren können. Nur solange wir leben, können wir den Eindruck korrigieren, den andere von uns haben. Im Tod verschwindet diese Freiheit, und wir sind in den Erinnerungen und Wahrnehmungen anderer begraben.

Sartres Sicht menschlicher Beziehungen als eine Art intersubjektives Jiu-Jitsu verleitete ihn zu einigen bemerkenswerten Beschreibungen der Liebe. Folgt man seinen Ausführungen in *Das Sein und das Nichts,* dann war eine Sartresche Liebesaffäre ein episches Ringen, ein Kampf um Perspektiven und damit um Freiheit:[23] Der Liebende beansprucht zwar nicht direkt die Kontrolle über das Denken des Geliebten, aber er will, dass der Andere ihn liebt und begehrt und seine Freiheit freiwillig für ihn aufgibt. Er soll ihn nicht als einen x-beliebigen kontingenten und fehlbaren Menschen betrachten, sondern als «notwendig» seiner Welt zugehörig, ohne seine Fehler und ärgerlichen Angewohnheiten kühl und rational zu beurteilen. Vielmehr soll der Geliebte den Liebenden so nehmen, wie er ist. Auf den Roman *Der Ekel* zurückgreifend, könnte man sagen: Der Liebende möchte für den Geliebten wie der Ragtime-Song sein. Sartre wusste, dass ein solcher Zustand nicht von Dauer sein kann. Außerdem gibt es einen Deal: Der Geliebte verlangt von dem Liebenden dieselbe bedingungslose Anbetung. Iris Murdoch fand, Sartre reduziere die Liebe auf «einen Kampf zwischen zwei Hypnotiseuren in einem abgeschlossenen Raum».[24]

Angewandter Existenzialismus

Auch Sartre leitete diese Analyse der Liebe und anderer zwischenmenschlicher Beziehungen – wenigstens zum Teil – aus Hegels Dialektik von Herr und Knecht ab und entwickelte dazu verblüffende, extreme Beispiele. Simone de Beauvoir hingegen machte Hegels Konzept zu einer substanziellen Grundlage ihres Opus magnum. In ihrer weitaus vielschichtigeren Interpretation Hegels legte sie dar, dass die Idee der Liebe und überhaupt jede Beschreibung zwischenmenschlicher Beziehungen als eines Austauschs zwischen zwei gleichen Partnern eine entscheidende Tatsache außer Acht lasse: In den realen menschlichen Beziehungen gibt es Status- und Rollenunterschiede. Sartre hatte die unterschiedliche Lebenssituation von Männern und Frauen vernachlässigt.

Die Frau, so Beauvoir, verkörpere für den Mann stets die «Andere». Zwar ist auch für die Frau der Mann der «Andere», aber nicht in derselben Weise, denn beide Geschlechter betrachten den Mann als das Definierende und als perspektivischen Fluchtpunkt. Frauen versuchen unablässig, sich so zu sehen, wie der männliche Blick sie erfährt. Statt die Welt zu betrachten, wie sie sich ihnen selbst präsentiert (wie der Schlüssellochgucker, solange er im Flur allein ist), nehmen sie eine Perspektive ein, bei der sie zum Objekt werden (wie der Schlüssellochgucker, der plötzlich Schritte hört).[25] Hier liegt für Beauvoir der Grund dafür, dass Frauen so viel Zeit vor dem Spiegel verbringen. Und auch der Grund dafür, dass Männer wie Frauen die Frau als das sinnlichere, erotisch aufgeladenere und sexuell aufreizendere Geschlecht betrachten. Für eine heterosexuelle Frau müssten natürlicherweise die Männer Sexappeal haben und sich den Blicken der Frau zur Schau stellen; doch sie betrachtet sich selbst als Objekt der Begierde und den Mann als denjenigen, in dessen Augen sie begehrenswert erscheint.[26]

Mit anderen Worten: Frauen leben die meiste Zeit ihres Lebens in einem Zustand der Unaufrichtigkeit, wie Sartre es genannt hätte, weil sie vorgeben, Objekt zu sein. Sie verhalten sich wie der Kellner, der sich zwischen den Gästen eines Cafés hindurchschlängelt und die Kellnerrolle spielt. Sie identifizieren sich mit dem «immanenten» Bild statt mit ihrem «transzendenten» Bewusstsein eines freien «Für-sich». Der Kellner spielt seine Rolle während seiner Arbeitszeit, die Frau hingegen tut es den ganzen Tag und in einem sehr viel umfassenderen Sinn. Eine anstrengende Übung, denn auch die weibliche Subjektivität möchte sich – wie es für jede Subjektivität ganz natürlich ist – als Mittelpunkt des Universums geltend machen. Im Innern jeder Frau findet also ein Kampf statt – und hier liegt der Grund dafür, dass Simone de Beauvoir das Problem der weiblichen Existenz als das existenzialistische Problem par excellence betrachtete.[27]

Aus Beauvoirs persönlichen Erinnerungssplittern war eine epochale Studie über die Entfremdung geworden: eine phänomenologische Untersuchung nicht nur der weiblichen Erfahrung, sondern der Kindheit, der Körperlichkeit, der Befähigung, des Handelns, der Freiheit und Verantwortung sowie des In-der-Welt-Seins. *Das andere Geschlecht* ist die Frucht jahrelanger Lektüre, jahrelangen Nachdenkens und ausgiebiger Gespräche mit Sartre. Dieses Werk ist keinesfalls nur ein Appendix der Sartre'schen Philosophie, wie man einst dachte. Zwar schockierte Beauvoir im Jahr 1972 eine Feministin im Interview mit der Bemerkung, beim Schreiben habe *Das Sein und das Nichts* sie am meisten beeinflusst.[28] Sieben Jahre später jedoch versicherte sie in einem anderen Interview, Sartre habe mit ihrer Interpretation von Hegels Idee des Anderen und des entfremdeten Blicks nichts zu tun: «Ich war es, die darüber nachgedacht hat! Es war ganz und gar nicht Sartre!»[29]

Wie auch immer, Simone de Beauvoir übertrumpfte mit ihrem Opus magnum Sartres *Das Sein und das Nichts* durch ein feines Gespür für die Balance zwischen Freiheit und Zwang. Sie zeigte, wie sich Entscheidungen, Einflüsse und Gewohnheiten im Lauf eines Lebens summieren und eine Struktur schaffen, aus der man sich nur noch schwer befreien kann. Zwar glaubte auch Sartre, dass durch unser Handeln langfristig eine feste Struktur entsteht: der «grundlegende Entwurf, der ich bin».[30] Aber Beauvoir verwies auf den Zusammenhang zwischen diesem Initialentwurf und unserer Gesamtsituation als geschlechtliche Wesen in einem konkreten historischen Umfeld. Und sie arbeitete heraus, wie schwierig es ist, aus solchen Situationen auszubrechen – auch wenn sie nie daran zweifelte, dass wir trotz allem existenziell frei bleiben. Frauen sind in der Lage, ihr Leben zu ändern, und deshalb lohnt es sich, Bücher zu schreiben, um ihnen das bewusst zu machen.

Das andere Geschlecht hätte einen Platz neben anderen Grundlagenwerken der Moderne verdient: neben Charles Darwin (der die Entwicklungsgeschichte des Menschen zur Evolution des Lebens neu in Beziehung setzte), neben Karl Marx (der die Beziehung zwischen dem kulturellen «Überbau» und den ökonomischen Prozessen neu bewertete) und neben Sigmund Freud (der Bewusstsein und Unbewusstes in eine neue Beziehung setzte). Simone de Beauvoir wiederum zeigte, in welchem Ausmaß wir geschlechtliche Wesen sind. Sie setzte die Männer in eine ganz neue Beziehung zu den Frauen und entlarvte zugleich einige Mythen. Auch ihr Buch wurde kontrovers aufgenommen. Auch ihr Buch ist im Detail kritisierbar, was bei derart revolutionären Thesen unvermeidlich ist. Aber in seiner epochalen Bedeutung wurde es nie wirklich gewürdigt.

Ist das ein weiterer Beleg für Sexismus? Oder war die existenzialistische Terminologie ein Hindernis für die Rezeption? Englischsprachige Leser haben von dieser Terminologie allerdings wenig mitbekommen. Die existenzialistische Sprache des *Second Sex* (so der Titel der englischen Übersetzung) wurde, nicht zuletzt auf Drängen des Lektors im Verlag Alfred Knopf, von dem ersten englischen Übersetzer, dem Zoologieprofessor Howard M. Parshley, eliminiert. Das war 1953. Erst nach der Lektüre des ersten der beiden Teile bat er den Übersetzer, behutsamer vorzugehen, und schrieb ihm: «Ich bin jetzt überzeugt, dass dieses Buch zu den wenigen großen Werken über das Geschlecht zählt, die jemals geschrieben wurden.» Das Problem waren aber nicht nur die Auslassungen. Parshley übersetzte Beauvoirs *pour-soi* («Für-sich») mit «her true nature in itself», was den Sinn völlig verzerrte. Den Titel des zweiten Teils «L'expérience vécue» («Gelebte Erfahrung») übersetzte er mit «Women's Life Today», als handelte es sich um ein Frauenmagazin.[31] Außerdem zeigten die Paperback-Ausgaben der sechziger und siebziger Jahre auf dem Cover einen weiblichen Rückenakt oder eine weichgezeichnete nackte Frau. Es erinnerte an einen Softporno. Beauvoirs Romanen erging es nicht viel besser. Sartres Büchern blieb das Schicksal der Trivialisierung bezeichnenderweise erspart. Keine einzige Ausgabe von *Das Sein und das Nichts* zeigt auf dem Umschlag einen nur mit einer Kellnerschürze bekleideten Muskelprotz. Sartres Übersetzerin Hazel Barnes vereinfachte auch nicht die Terminologie, obwohl ein Rezensent sie dafür kritisierte.[32]

Ein Grund für die mangelnde geistesgeschichtliche Würdigung von *Das andere Geschlecht* könnte darin liegen, dass es sich als eine Fallstudie präsentiert: als existenzialistische Studie eines ganz bestimmten Lebenstypus. Und in der Philosophie wie in vielen anderen Wissenschaften gelten angewandte Studien oft als Nebenprodukte seriöserer Werke.

Dem Existenzialismus ging es jedoch stets um das konkrete, individuelle Leben. Wahrer Existenzialismus ist stets angewandter Existenzialismus.

Sartre über Sartre, Genet und andere

Angewandter Existenzialismus, das war auch Sartres Programm. Wenn Simone de Beauvoir das Leben einer Frau vom Säuglingsalter bis zur Reife exemplarisch nachzeichnete, so verfasste Sartre Lebensbeschreibungen einzelner Männer und machte Charles Baudelaire, Stéphane Mallarmé, Jean Genet, Gustave Flaubert und auch sich selbst zum Gegenstand seiner Untersuchung. In *Der Ekel* hatte Roquentin sein biographisches Projekt aufgegeben, weil er das Leben eines Individuums nicht in eine konventionelle narrative Form pressen wollte. Doch Sartres Biographien haben nichts Konventionelles. Statt der üblichen Chronologie eines Lebens zu folgen, suchte er nach charakteristischen Ausprägungen und Schlüsselmomenten, jenen Situationen, in denen eine alles verändernde Entscheidung getroffen wird: dem Punkt, an dem aus der Existenz Essenz wird.

Die wichtigsten dieser Schlüsselmomente liegen in der Kindheit. Sartres Biographien konzentrieren sich daher auf die frühen Lebensjahre ihrer Sujets, auch seine autobiographischen Erinnerungen *Die Wörter*. Dieses Interesse an der Kindheit verdankt sich nicht zuletzt Sigmund Freud, der in seinen Psychobiographien das Drama eines Lebens auf eine «Urszene» zurückführte. Auch Sartre suchte nach solchen Urszenen, die jedoch, anders als bei Freud, in der Regel nichts mit der Sexualität zu tun haben. Für Sartre beziehen sexuelle Erfahrungen ihre Kraft aus grundlegenderen Seinserfahrungen: jenen herausfordernden Situationen, in denen ein Kind Kontrolle und damit die Freiheit gewinnt. Besonders deutlich wird dies in seinem Buch über Jean Genet, das 1952 erschien, drei Jahre nach Beauvoirs *Das andere Geschlecht* und unverkennbar davon beeinflusst.

Nach seiner ersten Begegnung mit Jean Genet im Café de Flore noch in der Kriegszeit hatte Sartre dessen Karriere mit Interesse verfolgt. Genet veröffentlichte erotische, poetische Romane und Erinnerungen an sein Leben in Besserungsanstalten, Gefängnissen und auf der Straße, als Dieb und als Prostituierter. Sein provozierender Roman *Pompes Funèbres. Das Totenfest* erzählt von einem französischen Teenager, der in den letzten Tagen der Okkupation auf Seiten der Deutschen kämpft, obwohl – oder vielmehr gerade weil – sie verlieren.

Genet sympathisierte mit den Besiegten und Unterdrückten in jeder Situation.[33] Und 1944 waren das die Deutschen und die Kollaborateure, nicht die jubelnden *résistants*. Er solidarisierte sich ebenso mit Verrätern, die den eigenen Verbündeten in den Rücken fallen, wie mit gewalttätigen Revolutionären, den RAF-Terroristen, den Black Panthers und mehr oder weniger mit allen, die von der Gesellschaft ausgestoßen waren.[34] Er unterstützte die radikalen Studenten der sechziger Jahre, sagte aber zu William Burroughs: «Wenn sie jemals siegen, wende ich mich gegen sie.»[35]

Sartre gefiel Genets Widersprüchlichkeit und seine Art und Weise, die Realität in Literatur zu verwandeln. Deshalb sagte er zu, als sein Verleger Gallimard ihn bat, ein Vorwort für eine Ausgabe mit Werken Genets zu schreiben. Doch dieses Vorwort war schon bald auf 700 Seiten angeschwollen.[36] Statt es jedoch Sartre um die Ohren zu schlagen, veröffentlichte Gallimard es als eigenes Buch, das das Motiv der Verklärung schon im Titel trug: *Saint Genet. Komödiant und Märtyrer*. Eine gute Entscheidung, wie sich herausstellte, denn es war ebenso sehr eine theoretische Abhandlung wie eine Biographie. Sartre verwendete Elemente der marxistischen Analyse, aber hauptsächlich nahm er Genets Leben als Beleg für seine These, dass «allein die Freiheit über eine Person in ihrer Totalität Aufschluß geben kann».[37]

Er interpretierte Genet in erster Linie als einen *Schriftsteller*, der die Kontingenzen seines Lebens dadurch beherrschbar machte, dass er über sie schrieb. Doch woher hatte Genet diese Fähigkeit, die Ereignisse seines Lebens in Kunst zu verwandeln, fragte Sartre. Gab es einen bestimmten Moment, in dem Genet, ein verachtetes und misshandeltes Kind, das von seiner unverheirateten Mutter in ein Waisenhaus gegeben wurde, angefangen hat, sich in einen Dichter zu verwandeln?

Sartre fand diesen Moment in einem Vorfall, der sich ereignete, als Genet zehn Jahre alt war und bei Adoptiveltern lebte. Von einem Kind wie ihm erwartete man Bescheidenheit und Dankbarkeit. Genet jedoch lehnte sich dagegen auf, indem er im Haus der Familie und der Nachbarn kleine Dinge stahl. Eines Tages, er hatte gerade die Hand in einer Schublade, kam jemand herein und ertappte ihn auf frischer Tat. «Eine Stimme erklärte öffentlich: ‹Du bist ein Dieb.›»[38] Für Sartre war dies der Moment, in dem Genet im Blick des Anderen erstarrte: Er wurde zu einem als Dieb gebrandmarkten Objekt. Aber statt sich zu schämen, übernahm Genet dieses Etikett und verwandelte es sich an: Ihr nennt mich einen Dieb? Na gut, dann werde ich ein Dieb *sein!*[39]

Damit vollzog Genet dieselbe psychologische Verrenkung, die Simone de Beauvoir bei Frauen beobachtet hatte.[40] Wurden Beauvoir zufolge den Frauen dadurch lebenslange Beschränkungen, Unsicherheit und Selbstzweifel auferlegt, sah Sartre im Fall von Genet den genau umgekehrten Effekt: Genet begriff diese Entfremdung als Möglichkeit zur Flucht, als Ausweg. Er machte sich seine Identität als Außenseiter – als Dieb, Vagabund, Homosexueller und Prostituierter – zu eigen und befreite sich damit aus der Unterdrückung. «Er drehte die Richtung seiner Flucht um», schreibt Sartre.[41] Aus dieser Inversion bezogen Genets Bücher ihre Kraft. Die niedrigsten Aspekte seiner Erfahrungen – Exkremente, Körperflüssigkeiten, schlechte Gerüche, Gefängnis, gewalttätiger Sex – werden zu etwas Erhabenem. Aus Exkrementen werden Blumen, aus Gefängniszellen geweihte Stätten, und die brutalsten Mörder sind Gegenstand zärtlichster Zuneigung. Deshalb nennt Sartre Genet einen Heiligen: Eine Heiliger überhöht das Leiden zu Heiligkeit, Genet überhöht Unterdrückung zu Freiheit.

Sartre verließ sich bei all dem weitgehend auf seine Intuition, denn seine Deutung schöpfte auch aus den Motiven seines eigenen Lebens. Seine bürgerliche Kindheit hatte mit Genets Kindheit zwar kaum etwas gemeinsam, aber auch er hatte schwere Zeiten durchgemacht. In La Rochelle war der zwölfjährige Sartre seinem Stiefvater ausgeliefert, der ihn einschüchterte, und Mitschülern, die ihn verprügelten, ausgrenzten und wegen seiner Hässlichkeit verspotteten. In seiner Not entschloss er sich zu einer rituellen Geste, mit der, so hoffte er, die Gewalt ein Teil seiner selbst werden und sich gegen seine Peiniger richten würde: Er stahl seiner Mutter Geld aus der Tasche, mit dem er Kuchen kaufte, um ihn seinen Mitschülern zu spendieren.[42] Eine merkwürdige Form der Gewalt, es kommt wohl auf den Kuchen an. Für Sartre war es ein magischer Akt der Verwandlung. Seine Peiniger hatten ihm seine Sachen weggenommen, jetzt *gab* er ihnen etwas dafür. Mithilfe solcher kleinen Diebstähle und Geschenke definierte er die Situation

neu – zu seinen Bedingungen – und machte daraus so etwas wie ein
Kunstwerk. Danach, so sagte er später zu Beauvoir, sei ihm «überhaupt nicht mehr nachgestellt» worden.[43] Interessanterweise blieb er
für den Rest seines Lebens jemand, der andere geradezu obsessiv be-
schenkte.

Wie Genet hatte auch Sartre eine weitere, ungleich machtvollere
Strategie, um der Wirklichkeit Herr zu werden: Er schrieb Bücher.
Schriftsteller zu sein bedeutete für Genet wie für Sartre, den Kontingenzen der Welt «Notwendigkeit» zu verleihen, die Notwendigkeit der
Kunst – so wie die Jazzsängerin in *Der Ekel*, die das Chaos des Seins in die
Notwendigkeit der Schönheit verwandelt. Alle Biographien, die Sartre
geschrieben hat, kreisen um dieses Thema. In seiner Baudelaire-Studie
von 1947 beschreibt er einen jungen Dichter, der auf dem Schulhof schikaniert wird, seine Nöte und Kümmernisse jedoch in Literatur transfor-
miert.[44] Dasselbe gilt für seine Autobiographie *Die Wörter*, mit der er 1953
begann, ein Jahr nach der Veröffentlichung von *Saint Genet*.[45] Er habe,
sagte Sartre später in einem Interview, damit die Frage zu beantworten
versucht: «Wie wird ein Mensch zu einem Schriftsteller, zu einem, der
vom Imaginären sprechen will?»[46] Mit *Die Wörter* wollte er herausfinden,
wie ein Kind, jemand wie er selbst, der «Literaturneurose» verfällt.[47]

Als Sartre *Die Wörter* schrieb, hatte er ernsthafte Zweifel, ob an seiner Analyse der Freiheit und Selbstbestimmung als einer Seinsweise,
die ein Schriftsteller ganz besonders intensiv auskostet, ideologisch
nicht etwas falsch sei. Sollte man wirklich sein Leben damit verbringen, einzig und allein durch die Kunst Kontrolle über die eigene Existenz zu gewinnen? Ist das nicht eine Schwäche? Sollte man seine Ener-
gien nicht auf andere Weise nutzen – indem man etwa im Dienst der
Revolution Schulter an Schulter mit dem Proletariat marschiert? *Die
Wörter* geben darauf eine beißend ironische Antwort. Das tut Sartre
jedoch auf seine eigenen Kosten, und deshalb ist dieses Buch sein bei
weitem unterhaltsamstes Werk. Als er es abgeschlossen hatte, verkündete er, *Die Wörter* sei sein «Abschied von der Literatur».[48]

Das bedeutete keineswegs, dass Sartre aufhörte zu schreiben wie
Rimbaud, nachdem er *Eine Zeit in der Hölle* geschrieben hatte. Ganz im
Gegenteil, er schrieb mehr und immer noch mehr, in rasender Manie,
unter Verzicht allerdings auf Feinschliff und sorgfältige Ausformulie-

Jean Genet um 1955

rung seiner Gedanken, was nicht zuletzt seiner schwindenden Sehkraft geschuldet war. Sein «Abschied» sollte wie ein tugendhafter Verzicht klingen, doch für seine Leser klang es eher wie eine Kriegserklärung.

Flaubert, der Idiot der Familie

Sein nächstes biographisches Werk betrachtete Sartre als seine größte Leistung im biographischen Genre. Tatsächlich ist es eines der unlesbarsten Bücher überhaupt. *Der Idiot der Familie* erzählt in mehreren Bänden vom Leben Flauberts. Sartres Ausgangspunkt ist hier erneut die Frage, was jemanden dazu veranlasst, Schriftsteller zu werden. Er verfolgte Flauberts Weg als Schreibender zurück in seine Kindheit in einem bürgerlichen Elternhaus. Seine Familie stempelte ihn als «Idiot» ab, weil er oft einfach nur ins Leere starrte und vor sich hinträumte und an gar nichts zu denken schien.[49] Damit blieb er vom normalen sozialen Miteinander ausgeschlossen. Sartre vergleicht den kleinen Flaubert mit einem Haustier, das nur zum Teil in die menschliche Kultur eingebunden ist – eine Zerrissenheit, unter der Flaubert litt.[50]

Was ihm aber vor allem gefehlt habe, sei die Liebe seiner Familie gewesen, die ihm in der Welt der Menschen einen Platz zugewiesen hätte. Stattdessen erlebte er diesen Mangel «als quälenden vegetativen Überfluß seiner eigenen Säfte, seiner selbst. Ein Pilz: ein an den Boden gefesselter, passiver, rudimentärer Organismus, der eine widerliche Fülle ausschwitzt.»[51] Flaubert fühlte sich «überflüssig», er wusste nicht, worin seine Rolle in der Welt bestand. Daraus ergab sich «ein ständiges Fragen» und ein Fasziniertsein von den Grenzbereichen des bewussten Erlebens. Wie es Sartre in einem Interview auf die Frage formulierte, warum er über Flaubert schreiben wolle: «Bei ihm bin ich an der Grenze, an der Schwelle des Traums.»[52]

Das Flaubert-Projekt brachte auch Sartre an die Grenze, an die Grenze des Sinns. Er bediente sich der marxistischen Ideologiekritik, aber auch der Psychoanalyse. Immer wieder spricht er von «le vécu», der «gelebten Erfahrung», ein Begriff, den auch Simone de Beauvoir verwendet. Für Sartre jedoch wird er fast zum Synonym für «Bewusstsein», für den Bereich also, in dem ein Schriftsteller wie Flaubert sich selbst zu begreifen imstande ist, ohne sich jedoch ganz zu erkennen – in Sartres Worten: den Bereich, in dem «das Individuum immerfort von sich selbst und seinen Reichtümern überwältigt wird und wo das Bewußtsein zu der List greift, sich selbst durch Vergessen zu bestimmen».[53]

Sartre selbst tat sich mit diesem monumentalen Projekt schwer. Er begann mit der Flaubert-Studie 1954, doch dann ging ihm die Luft aus, und er legte das Manuskript beiseite, bevor er erneut die Ärmel hochkrempelte und die drei Bände fertigschrieb, die 1971 und 1972 erschienen: insgesamt 2800 Seiten. Und er war noch längst nicht fertig. Er hatte Flauberts Geschichte lediglich bis zur Entstehung von *Madame Bovary* erzählt.[54] Ein vierter Band war geplant, ist aber nie erschienen.

Mindestens eine Person gab es, die von diesem monströsen, kaum lesbaren Werk begeistert war. In ihren Memoiren schrieb Simone de Beauvoir:

Ich weiß nicht, wie oft ich größere Abschnitte von *L'idiot de la famille* planlos durcheinander gelesen und die Stellen mit Sartre diskutiert habe. Im Sommer 1971 habe ich mir das Buch in Rom noch einmal vorgenommen und es von der ersten bis zur letzten Seite ohne Unterbrechung verschlungen.[55]

Ich würde gern verstehen, was Beauvoir daran fand. Bei kaum einem anderen Buch war mein Wunsch, es zu mögen, so stark, aber es nützte nichts. Ich bin voll ehrfürchtigem Staunen über die Leistung Carol Cosmans, die dreizehn Jahre lang an der englischen Übersetzung gearbeitet hat.[56] Sartre dagegen war wohl entschlossen, bei diesem Projekt Überarbeitungen, Feinschliff oder dem Bemühen um Klarheit keinen Raum zu geben.

Dennoch hat das Buch große Momente. Gelegentlich durchflackern Lichtblitze die Ursuppe, auch wenn sie nie wirklich Funken sprühen. Aber man nimmt sie nur wahr, wenn man sich durch all das unwegsame Gelände hindurchquält.

In einem dieser lichten Momente ist von der Macht des Blicks die Rede. Sartre erinnert sich an eine Szene, deren Zeuge er wurde – eine Variante der von Lévinas beschriebenen Episode über einen Hund, der ihn im Kriegsgefangenenlager freudig begrüßte. Sartre also beobachtet, wie der Hund, während ein paar Leute über ihn sprechen und dabei zu ihm hinunterblicken, merkt, dass ihm Aufmerksamkeit geschenkt wird. Aber er kann nicht verstehen, warum. Unruhig und verwirrt springt er an ihnen hoch, zögert, winselt und fängt schließlich an zu bellen. Wie Sartre schreibt, schien der Hund «die merkwürdige wechselseitige Täuschung der Beziehung zwischen Mensch und Tier» zu spüren.[57]

Sartre gesteht anderen Lebewesen nur selten eine eigene Form des Bewusstseins zu. Bis dahin hatte er die Tiere stillschweigend dem An-sich zugeordnet, derselben Stufe wie Bäume und Betonplatten. Jetzt, so scheint es, hat sich seine Sicht verändert. Tiere mögen kein voll entwickeltes Bewusstsein haben – aber vielleicht haben auch Menschen keines; womöglich war es das, was Sartre meinte, als er uns an die Schwelle des Traums führte.

Wenn Sartre Freud analysiert

Sartres Interesse am Unterbewusstsein oder Halbbewusstsein seiner Sujets ist jedoch älter als das Flaubert-Buch. Gegen Ende von *Das Sein und das Nichts* äußert er den Gedanken, dass es in unserem Leben Aufgaben gibt, die genuin unsere sind, ohne dass wir sie voll und ganz verstehen. Er forderte auch eine «existenzielle Psychoanalyse», gegründet auf der Freiheit und dem innerweltlichen Sein.[58] Sartre teilte nicht Freuds Sicht der Psyche als einer geschichteten Struktur, deren tiefste das Unbewusste ist, ähnlich dem Aufbau einer Blätterteigpastete oder der Struktur geologischer Sedimente; und ebenso wenig teilte er Freuds Primat der Sexualität. Zunehmend jedoch beschäftigten ihn die undurchdringbareren Bereiche des Lebens und die rätselhaften Beweggründe menschlichen Handelns. Dabei interessierte ihn vor allem die Frage, auf welche Weise Freud seine Ideen immer wieder verändert und verfeinert hatte, denn in dem Punkte waren sie sich ähnlich. Freud war eine ebenso monumentale Gestalt wie er selbst – Sartre respektierte das –, und natürlich war auch er in erster Linie ein Schriftsteller.

Als der Regisseur John Huston ihn 1958 mit dem Drehbuch für einen Spielfilm über Sigmund Freud beauftragte, erhielt Sartre die Chance, Freuds Leben genauer zu erkunden. Er sagte nicht zuletzt deshalb zu, weil er Geld brauchte. Nachdem er eine hohe Taxirechnung bezahlt hatte, war er knapp bei Kasse. Er stürzte sich wie üblich in die Arbeit und schrieb das Treatment für einen siebenstündigen Film.[59]

Natürlich wollte Huston keinen siebenstündigen Film machen, und er lud Sartre in sein Haus nach Irland ein, um über Kürzungen im Skript mit ihm zu sprechen. Sartre war ein anstrengender Gast. Er redete pausenlos und in schnellem Französisch. Huston konnte kaum folgen. Wenn er aus dem Zimmer ging, redete Sartre einfach weiter, weil er offenkundig gar nicht bemerkte, dass sein Gastgeber gegangen war. Sartre wiederum war über Hustons Verhalten verblüfft. Wie er an Beauvoir schrieb, «verschwindet er plötzlich mitten in der Diskussion. Man hat Glück, wenn man ihn vor dem Mittag- oder Abendessen noch einmal sieht».[60]

Sartre strich folgsam einige Szenen, konnte aber nicht widerstehen, neue Szenen einzufügen und andere zu erweitern. Das «gekürzte» Skript, das er Huston nun präsentierte, war nicht mehr die Vorlage für einen siebenstündigen Film, sondern für einen achtstündigen. Huston feuerte Sartre und beauftragte zwei seiner altgedienten Drehbuchautoren mit dem Skript für einen konventionelleren Film, der 1962 mit Montgomery Clift in der Hauptrolle herauskam. Sartres Name wurde nicht genannt, offenkundig auf seine eigene Bitte. Sehr viel später wurde sein Drehbuch in den verschiedenen Fassungen veröffentlicht. Es ist also möglich, die Szenen miteinander zu vergleichen – und eine weitere von Sartres unkonventionellen Biographien zu studieren.

Eine bizarre Häufung von Unwahrscheinlichkeiten

Flaubert, Baudelaire, Mallarmé und Freud konnten Sartres Deutungen nicht mehr widersprechen, Genet schon. Und seine Reaktion war durchaus gemischt. Sartre erzählte gern, Genet habe das Manuskript zuerst ins Feuer geworfen, dann aber wieder herausgeholt; das mag stimmen oder auch nicht.[61] Genet bemerkte jedoch zu Jean Cocteau, Sartre habe aus ihm eine «Statue» gemacht.[62] Sartre wird die Ironie nicht entgangen sein, die darin bestand, dass er eine interpretierende Studie über jemanden geschrieben hatte, der sich weigerte, den interpretierenden Blick anderer zu akzeptieren. Genet, der sich selbst zum Mythos stilisierte, wollte kein Dichter sein, der selbst zum literarischen Sujet wird, und war «entrüstet», dass man ihn seiner künstlerischen Verkleidung beraubte.

Andererseits fühlte er sich geschmeichelt, Gegenstand einer solchen Aufmerksamkeit zu sein. Und hilfreich war sicher auch, dass er Sartre mochte. Im selben Interview, in dem er seine Empörung äußerte, sagte er: «Es macht Spaß, mit jemandem zusammen zu sein, der alles versteht und lacht, statt zu urteilen ... Er ist ungeheuer feinfühlig. Vor zehn, fünfzehn Jahren habe ich ihn ein paar Mal erröten sehen. Und ein errötender Sartre ist einfach hinreißend.»[63]

Ein massiver Dissens zwischen Sartre und Genet betraf Genets Homosexualität.[64] Sartre interpretierte sie als Teil von Genets kreativer

Antwort auf sein Außenseitertum – und somit als eine freie Entscheidung. Für Genet dagegen war sie eine faktische Gegebenheit wie die Augenfarbe. Er diskutierte darüber mit Sartre, doch der blieb eisern. In *Saint Genet* besaß Sartre sogar die Unverfrorenheit zu sagen: «Auf diesem Weg können wir ihm nicht folgen.»[65]

Heute geben viele Genet recht, denn ungeachtet anderer Faktoren, die womöglich eine Rolle spielen, *sind* manche Menschen eben einfach homosexuell veranlagt. Sartre jedoch schien zu glauben, dass der Mensch nicht frei ist, wenn er über seine sexuelle Orientierung nicht völlig frei entscheiden kann. Aber «auf diesem Weg können wir ihm nicht folgen», ich zumindest nicht.

In diesen subtilen Bereichen des menschlichen Lebens war Beauvoir sensibler als Sartre. *Das andere Geschlecht* beschäftigt sich fast ausschließlich mit dem komplizierten Zusammenspiel von freier Entscheidung, biologischen, sozialen und kulturellen Faktoren, die einen Menschen formen und seinem Leben eine Richtung geben. Bereits 1947 hatte sich Beauvoir in einem kurzen philosophischen Essay mit diesem Thema auseinandergesetzt. In ihrem Essay *Für eine Moral der Doppelsinnigkeit* schrieb sie, der Zusammenhang zwischen unseren physischen Zwängen und unserem Ringen um Freiheit sei kein «Problem», das Lösungen erforderlich mache. Er sei vielmehr eine Bedingung des Lebens. Unser Menschsein sei ambivalent bis auf den Grund, und unsere Aufgabe bestehe darin zu lernen, mit der Veränderlichkeit und Unsicherheit unserer Existenz umzugehen, nicht, sie zu leugnen.[66]

Sie fügte jedoch hinzu, wir sollten uns nicht wie Sisyphos unserem Schicksal wie einem kosmischen Strom überlassen, der einen mit sich reißt. Menschsein in seiner Ambivalenz bedeute vielmehr den unermüdlichen Versuch, die Dinge selbst in die Hand zu nehmen. Wir müssten zwei nahezu unmögliche Dinge gleichzeitig versuchen: uns als Wesen begreifen, die durch die Lebensumstände eingeschränkt sind, und dennoch unsere Ziele so weiterverfolgen, als hätten wir alles in der Hand. Beauvoirs Ansicht nach ist der Existenzialismus diejenige Philosophie, die uns dazu am besten befähigt, weil sie sich so grundlegend mit Freiheit und Kontingenz auseinandersetzt. Der Existenzialismus erkennt das radikale und erschreckende Ausmaß unserer Freiheit an, aber auch die konkreten Abhängigkeiten, die von anderen philosophischen Entwürfen meist außer Acht gelassen werden: die Geschichte, den Körper, die sozialen Beziehungen und die Umwelt.

Simone de Beauvoirs Skizzierung dieser Gedanken in *Für eine Moral der Doppelsinnigkeit* ist für mich einer der interessantesten Versuche, die bizarre Häufung von Unwahrscheinlichkeiten zu beschreiben, die der Mensch ist. Mit diesem Aufsatz legte sie das Fundament für *Das andere Geschlecht* und für ihr gesamtes Romanwerk. Leider stellte sie später einige Passagen des Essays infrage, weil sie ihrer marxistischen Sozialtheorie widersprachen. «Es war eine Verirrung, die Moral außerhalb des gesellschaftlichen Zusammenhangs definieren zu wollen», meinte sie kleinlaut.[67] Aber vielleicht müssen wir ihr auf diesem Weg nicht folgen.

Zehntes Kapitel

Der tanzende Philosoph

ein Kapitel, das Merleau-Ponty ganz für sich allein hat

Was geschieht, wenn wir an unserem Cocktail nippen

Ein Denker aus Simone de Beauvoirs engerem Kreis, der ihre Sicht der Ambivalenz des Menschseins teilte, war ihr alter Freund Maurice Merleau-Ponty. Mit neunzehn hatte sie sich über ihn geärgert, weil er die Dinge differenziert betrachtete, während sie zu entschiedenen, schnellen Urteilen neigte.[1] Beide hatten sich seither geändert. Zwar zeigte Beauvoir manchmal immer noch ihre rechthaberische Seite, aber sie war doch aufgeschlossener für Widersprüche und Komplexität. Und Merleau-Ponty hatte während des Krieges kompromisslose Haltungen entwickelt, was ihm eigentlich widerstrebte. So vertrat er eine dogmatisch prosowjetische Position, an der er noch ein paar Jahre nach dem Krieg festhielt, bevor er sie auf dramatische Weise aufgab. Er änderte oft seine Ansichten, wenn seine Überlegungen ihm eine neue Richtung wiesen. Im Grunde seines Herzens jedoch blieb er ein Phänomenologe, der Erfahrungen so nah und so genau wie möglich beschreiben wollte. Das tat er auf so spannende Weise, dass er ein eigenes (kurzes) Kapitel in diesem Buch verdient hat.

Maurice Merleau-Ponty schlug eine konventionelle akademische Laufbahn ein, während Beauvoir und Sartre zu Medienstars avancierten. Dafür wurde er auch nicht von Fotografen oder amerikanischen Fans durch das Viertel Saint-Germain-des-Prés verfolgt. Kein Journalist befragte ihn nach seinem Sexualleben – was schade ist, denn er hätte einige interessante Geschichten erzählen können. Dafür entwickelte er sich in aller Stille zum revolutionärsten Denker der ganzen Gruppe, was nach Erscheinen seines Hauptwerks *Phänomenologie der Wahrneh-*

mung im Jahr 1945 offenkundig wurde. Und er ist bis heute einfluss-
reich geblieben, nicht nur für die moderne Philosophie, sondern auch
für verwandte Bereiche wie der Kognitionspsychologie. Seine Sicht
des menschlichen Lebens lässt sich am besten mit einem Zitat aus der
Phänomenologie der Wahrnehmung zusammenfassen:

> Ich bin als eine psychologische und geschichtliche Struktur. Mit meiner
> Existenz habe ich schon eine Weise zu existieren, einen Stil empfangen. All
> meine Tage und Gedanken haben Bezug zu dieser Struktur, und selbst das
> Denken des Philosophen ist nur eine Weise der Auslegung seines Anhalts
> an der Welt – das, was er ist. Und doch, ich bin frei, nicht trotz diesen Moti-
> vationen oder ihnen zuvor, sondern vermittels ihrer. Denn dieses bedeut-
> same Leben, diese bestimmte Bedeutung von Natur und Geschichte, die
> ich bin, beschränkt nicht meinen Zugang zur Welt, ist vielmehr selbst mein
> Mittel, mit ihr zu kommunizieren.[2]

Das muss man zweimal lesen. Die Aspekte unserer Existenz, die uns
beschränken, sagt Merleau-Ponty, sind dieselben, die uns an die Welt
binden und uns den Spielraum des Handelns und der Wahrnehmung
geben. Sie machen uns zu dem, was wir sind. Sartre erkannte zwar die
Notwendigkeit eines solchen Kompromisses an, tat sich aber schwerer
damit, ihn zu akzeptieren. Alles an ihm strebte nach Freiheit von Fesseln, Hindernissen, Beschränkungen und klebrigen, haftenden Dingen. Auch Heidegger erkannte Beschränkungen an, suchte dann aber
in der Mythologisierung des Seins nach etwas Unbedingtem. Merleau-
Ponty dagegen erkannte ruhig und gelassen, dass wir nur aufgrund
eines Kompromisses mit der Welt existieren – und dass dies in Ordnung
ist. Wir brauchen nicht dagegen anzukämpfen oder dieser Tatsache
eine übertriebene Bedeutung beizumessen. Vielmehr gilt es zu beobachten und zu verstehen, wie dieser Kompromiss funktioniert.

Merleau-Pontys eigener Werdegang ist eine Fallstudie in der
Kunst, Kompromisse zu schließen und einen Ausgleich zwischen zwei
Disziplinen zu schaffen, die oft als konkurrierend betrachtet wurden:
Psychologie und Philosophie. Und das kam beiden Disziplinen zugute.
Seine Doktorarbeit 1938 schrieb er zwar über Verhaltenspsychologie,
doch 1945 ging er als Professor für Philosophie an die Universität Lyon.
1949 wurde er als Nachfolger von Jean Piaget Professor für Psychologie

und Pädagogik an der Sorbonne, bevor er 1952 als Philosophieprofessor ans Collège de France berufen wurde. Während all dieser Jahre aber betrieb er philosophisch geprägte psychologische Untersuchungen und baute seine Philosophie auf psychologischen und neurologischen Fallstudien auf, etwa zu den Folgen von Hirnverletzungen und anderen Traumata. Besonders stark beeinflusste ihn die Gestaltpsychologie, die die menschliche Wahrnehmung nicht in einzelne Sinnesreize zerstückelt, sondern als Ganzheit untersucht.

Was Merleau-Ponty faszinierte, war nicht die existenzialistische Rede von Angst und Authentizität. Es waren weitaus einfachere Fragen, die sich bei näherem Hinsehen alles andere als einfach beantworten ließen: Was geschieht, wenn wir in einem Café eine Tasse in die Hand nehmen; oder wenn wir an unserem Cocktail nippen, während wir das Stimmengewirr um uns herum wahrnehmen. Was bedeutet es, mit einem Stift zu schreiben oder durch eine Tür zu gehen? Diese Handlungen sind fast unmöglich zu beschreiben oder in vollem Umfang zu verstehen – und doch vollführen wir sie mit größter Leichtigkeit, Tag für Tag. Das ist das eigentliche Geheimnis der Existenz.

Ich denke, also gibt es andere

Die Phänomenologie der Wahrnehmung geht von Husserls Grundprinzip aus, die Philosophie müsse mit der Wahrnehmung der Phänomene beginnen. Merleau-Ponty ergänzte diesen Ansatz durch den naheliegenden Aspekt, dass diese Wahrnehmung über unseren feinfühligen, sich bewegenden und perzeptiven Körper stattfindet. Selbst wenn wir an etwas denken, das in der Wirklichkeit gar nicht existiert, stattet unser Geist dieses imaginäre Objekt mit Farbe, Form, Geruch, Geschmack, Geräuschen und taktilen Eigenschaften aus. Selbst im abstrakten Denken verwenden wir sensorische Metaphern und Bilder, etwa wenn wir Ideen als «gewichtig» oder eine Diskussion als «hitzig» bezeichnen.[3] Wir sind auch dann sensorisch, wenn wir hochphilosophisch sind.

Merleau-Ponty folgte Husserl und den Gestaltpsychologen auch darin, dass uns diese Sinneserfahrungen nur selten in «roher», unbear-

Maurice Merleau-Ponty um 1950

beiteter Form erreichen. Phänomene sind immer schon durch Vorannahmen, Bedeutungen und Erwartungen geprägt, wenn wir sie wahrnehmen – sei es durch frühere Erfahrungen, sei es durch den Kontext,
in dem sie uns begegnen. Einen bunten Haufen auf dem Tisch erfassen wir unmittelbar als eine Tüte Bonbons und nicht als eine diffuse
Ansammlung von Ecken und Kanten, Farben und Schatten, die wir
erst entziffern und identifizieren müssen. Die Leute, die wir auf einem
Spielfeld hin und her rennen sehen, erkennen wir sofort als Fußball-
mannschaft. Das ist auch der Grund, warum wir auf optische Täuschungen hereinfallen: Wir haben bereits ein festes Bild im Kopf, bevor
wir genauer hinschauen und merken, dass wir uns haben irreführen
lassen. Deshalb erscheint uns ein Rorschach-Tintenklecks als ein Bild
von etwas Bestimmtem und nicht als bedeutungsloses Muster.

Diese Fähigkeit, die Welt zu interpretieren und vorwegzunehmen,
müssen wir natürlich erlernen. Das geschieht in der frühen Kindheit,
und deshalb betrachtete Merleau-Ponty die Kinderpsychologie als be-

deutsam auch für die Philosophie. Bis auf Rousseau haben nur sehr wenige Philosophen die Kindheit ernst genommen. Die meisten taten so, als wäre jede Wahrnehmung immer schon die Wahrnehmung eines vernünftigen, sprachlich versierten und sich seiner selbst bewussten Erwachsenen. Wie wir gesehen haben, spielt die Kindheit auch in Simone de Beauvoirs *Das andere Geschlecht* und in Sartres Biographien eine wichtige Rolle. «Natürlich redet jeder ständig von dem Kind, das er war, das er ist», schreibt Sartre in seiner Flaubert-Studie.[4] Dennoch messen Sartres genuin philosophische Schriften der Kindheit nicht dieselbe Bedeutung zu wie Merleau-Ponty.

Merleau-Ponty zufolge können wir unsere Wahrnehmung nicht verstehen, wenn wir uns nicht wenigstens zum Teil als große Babys betrachten. Wir fallen auf optische Täuschungen herein, weil wir *gelernt* haben, überall Formen und Objekte zu sehen, die für uns praktische Bedeutung besitzen. Mit unseren ersten Wahrnehmungen begann die aktive Erkundung unserer Welt, und deshalb sind diese Wahrnehmungen dauerhaft mit den dabei gemachten Erfahrungen verknüpft. Wir haben gelernt, eine Tüte Bonbons zu erkennen, als wir gelernt haben, wie gut Bonbons schmecken. Der Anblick von Bonbons und der Impuls, nach ihnen zu greifen, die Vorfreude und die Gier, das Rascheln des Papiers beim Auswickeln und die bunten Farben der Bonbons – all das verschmilzt zu einem großen Ganzen. Wenn das Kind Simone de Beauvoir am liebsten «blühende Mandelbäume abgeweidet und in die Pralinen des Sonnenuntergangs kräftig hineingebissen» hätte, dann deshalb, weil ihr sich entwickelndes Bewusstsein bereits ein synästhetischer Wirbel aus Gelüsten und Sinneserfahrungen war. Die Wahrnehmung vollzieht sich in dieser Weise, und dabei wirken alle Sinnesorgane ganzheitlich zusammen. Wir «sehen» gewissermaßen die Sprödigkeit und Zerbrechlichkeit des Glases und die Weichheit einer Wolldecke. Wie Merleau-Ponty schreibt: «In der Schwingung des Zweigs, von dem ein Vogel fortfliegt, sehen wir die Biegsamkeit und Elastizität.»[5]

Gleichzeitig ist die Wahrnehmung eng damit verknüpft, wie wir uns in der Welt bewegen. Wir berühren Dinge, wir greifen nach ihnen und interagieren mit ihnen, um sie zu verstehen. Um die Struktur eines Stoffs zu erfahren, reiben wir ihn mit geübter Bewegung zwischen den Fingern. Selbst unsere Augen bewegen sich unablässig; wir erfassen nur selten etwas mit einem einzigen starren Blick. Und wenn wir nicht auf einem Auge blind sind wie Sartre, messen wir die Entfernung durch stereoskopisches oder binokulares Sehen. Die beiden Augen kalibrieren gemeinsam den Winkel, ohne dass wir diesen Vorgang «sehen». Was wir sehen, ist das Objekt da draußen: das Ding selbst. Wir verschwenden kaum einen Gedanken daran, dass es sich nicht zuletzt durch unseren den Gegenstand erfassenden Blick konstituiert, durch die Art und Weise unserer Aufmerksamkeit und unseres Ausgreifens auf die Dinge.[6]

Unsere Wahrnehmungen gehen einher mit einer Eigenempfindung, einer Propriozeption, die uns sagt, ob unsere Beine übereinandergeschlagen sind oder unser Kopf zur Seite geneigt ist.[7] Mein Körper ist kein Objekt wie jedes andere; er ist ich. Wenn ich mich mit meinem Strickzeug hinsetze, sagt Merleau-Ponty, muss ich zwar vielleicht die Stricknadeln suchen, aber nicht meine Hände und Finger. Und wenn mein Arm auf dem Tisch ruht, «werde ich nie auf den Gedanken kommen zu sagen, er liege neben dem Aschbecher, so wie der Aschbecher neben dem Telephon steht».[8] Unsere Propriozeption ist äußerst sensibel und komplex:

> Wenn ich, an meinem Schreibtisch stehend, mich mit den Händen auf seine Platte stütze, so sind allein meine Hände akzentuiert, und mein ganzer Körper hängt ihnen gleichsam bloß an wie ein Kometenschweif. Nicht daß ich die Lage meiner Schultern und meiner Lenden nicht wüßte, doch sie ist in die meiner Hände bloß eingeschlossen, meine ganze Stellung ist gleichsam aus der Stützung meiner Hände auf den Tisch abzulesen. Halte ich, aufrecht stehend, in der geschlossenen Hand meine Pfeife, so ist die Lage meiner Hand nicht analytisch bestimmt etwa durch die von Hand und Unterarm, Unter- und Oberarm, Arm und Rumpf und endlich Rumpf und Boden gebildeten Winkel. Vielmehr weiß ich mit einem absoluten Wissen, wo meine Pfeife ist, und *daher* weiß ich, wo meine Hand, wo mein Körper ist.[9]

Propriozeption kann auch durch Erweiterung meiner selbst stattfinden. Wenn ich Auto fahre, entwickle ich ein Gefühl dafür, wie viel Platz der Wagen braucht und in welche Parklücke er passt, ohne dass ich jedes Mal aussteigen und Abmessungen durchführen muss. Der

Wagen ist gleichsam ein Teil von mir und nicht mehr eine externe Maschine mit Rädern und Pedalen. Auch meine Kleider oder das, was ich am Körper trage, wird *ich*: «Eine Frau hält ohne jede Berechnung zwischen der Feder ihres Hutes und Gegenständen, die sie zerknicken könnten, einen Sicherheitsabstand ein, sie hat es im Gefühl, wo die Feder ist, wie wir fühlen, wo unsere Hand ist.»[10]

Wir betrachten diese Wunder als etwas Selbstverständliches, aber erst wenn etwas schiefgeht, merken wir, wie unsere alltägliche Wahrnehmung funktioniert. Merleau-Ponty beschäftigte sich mit Fallstudien von Kranken, zum Beispiel von Johann Schneider, der nach einer Hirnverletzung kein Gefühl mehr dafür hatte, in welcher Position sich seine Gliedmaßen befanden oder wo man ihn berührte, wenn man ihm die Hand auf den Arm legte.[11] Andere Studien beschreiben Amputierte, die unangenehme Phantomempfindungen an der Stelle haben, wo ihr amputierter Arm oder ihr amputiertes Bein gewesen ist: ein Kribbeln, Schmerzen oder das Gefühl, ihre Gliedmaße seien noch vorhanden.[12] Heute kann man solche Empfindungen durch sensorischen Input anderer Sinnesorgane zum Verschwinden bringen. Wenn der Patient sich so vor einen Spiegel stellt, dass der gesunde Arm darin gespiegelt wird, als sei es der amputierte, und dann die Bewegungen des gesunden Arms im Spiegel verfolgt, spürt er diese Bewegung auch im Phantomarm, und die Schmerzen werden gelindert. Oliver Sacks, der in *Der Tag, an dem mein Bein fortging* sein gestörtes Körperbild nach einer Beinverletzung beschrieb, versuchte später in Experimenten, durch einfache Sinnestäuschungen mit Hilfe von Datenbrillen, Schaufensterpuppen und Gummiarmen bei sich das Gefühl zu erzeugen, er habe einen dritten Arm bekommen oder er hätte seinen Körper mit jemandem getauscht.[13] Die Experimente waren unterhaltsam, die Beinverletzung war es nicht. Sacks war unendlich erleichtert, als er seine normale Selbstwahrnehmung und einen gesunden, intakten Körper zurückgewann.[14] Es sei wie die Rückkehr zu einem «Ich» gewesen, nachdem er mit einem «Ich» hatte auskommen müssen, das in Teilen nur abstrakt war.

Ein weiterer Faktor in diesem Beziehungsgeflecht ist für Merleau-Ponty unsere soziale Existenz. Wir können ohne andere Menschen nicht – oder nicht lange – leben, schon gar nicht in der frühen Kindheit. Aus diesem Grund sind solipsistische Spekulationen über die Realität anderer unsinnig. Wir könnten solche Spekulationen niemals anstellen, wenn wir nicht bereits durch andere Menschen geformt wären. Descartes hätte sagen können (tat es aber nicht): Ich denke, also existieren *andere Menschen.* Wir wachsen mit Menschen auf, die mit uns spielen, uns etwas zeigen, mit uns sprechen, uns zuhören und uns beibringen, Emotionen und Bewegungen zu entziffern; auf diese Weise werden wir zu tüchtigen, reflektierenden und sozial eingebundenen Wesen. Merleau-Ponty interessierte sich besonders dafür, wie Säuglinge die Menschen ihrer Umgebung nachahmen. Wenn ich aus Spaß die Finger eines fünfzehn Monate alten Babys zwischen die Zähne nehme und so tue, als würde ich zubeißen, schrieb er, so öffnet das Kind den Mund.[15] (Vielleicht hat er das bei seinem eigenen Kind ausprobiert, das ein Baby war, als er an der *Phänomenologie der Wahrnehmung* arbeitete.)

Merleau-Ponty zufolge können wir die menschliche Wahrnehmung nur dann nachvollziehen, wenn wir uns von der klassischen Psychologie verabschieden, die von einem abgekapselten und starren, von seinem Körper und von der Welt isolierten Ich ausgeht.[16] In Wirklichkeit gelangen wir aus dem Mutterleib durch den Geburtskanal in eine Welt, in die wir gleichfalls völlig eintauchen. Dieses Eingetauchtsein dauert an, solange wir leben – auch dann, wenn wir uns von Zeit zu Zeit aus der Welt zurückziehen, um nachzudenken oder zu träumen.

Anders als für Sartre in *Das Sein und das Nichts* ist für Merleau-Ponty das Bewusstsein kein vom Sein radikal getrenntes «Nichts», ja nicht einmal eine «Lichtung» wie für Heidegger. Merleau-Pontys Metapher für das Bewusstsein ist die «Falte»: eine «Falte, die sich im Sein gebildet hat und auch wieder verschwinden kann».[17] Wie bei einem Stück Stoff, den man einschlägt, um eine kleine Vertiefung oder Höhlung zu schaffen; die Falte bleibt erhalten, bis man den Stoff wieder glattstreicht.

Diese Vorstellung des bewussten Ichs als provisorische Höhlung im Stoff der Welt hat etwas Verführerisches, ja Erotisches: Es gibt ein Refugium, einen Ort, an den ich mich zurückziehen kann, aber ich bin zugleich Teil des Gewebes der Welt, und solange ich hier bin, bin ich aus diesem Stoff geformt.

Verwoben mit der Welt

«Von da aus eine Vorstellung von der Philosophie ausarbeiten», lautet eine spätere Arbeitsnotiz Merleau-Pontys[18] – denn die *Phänomenologie der Wahrnehmung* war nur der Anfang seiner wissenschaftlichen Forschung. Er schrieb sehr viel mehr, unter anderem ein unvollendet gebliebenes Werk, das später unter dem Titel *Das Sichtbare und das Unsichtbare* erschien. Darin griff er die Metapher vom gefalteten Stoff wieder auf, ergänzte sie aber durch ein weiteres Bild des Bewusstseins als «Chiasmus».[19]

«Chiasmus» oder «Chiasma» ist abgeleitet vom griechischen Buchstaben *chi* (geschrieben χ) und bezeichnet eine kreuzweise ineinander verschlungene Form. In der Biologie nennt man die Überkreuzung von zwei Nerven oder Bändern Chiasma. In der Linguistik ist ein Chiasmus die rhetorische Figur, bei der zwei aufeinander bezogene Satzglieder kreuzweise zueinander stehen: etwa in John F. Kennedys berühmtem Ausspruch «Frage nicht, was dein Land für dich tun kann, sondern frage, was du für dein Land tun kannst» oder in Mae Wests Diktum: «Was zählt, sind nicht die Männer in meinem Leben, sondern das Leben in meinen Männern.»

Diese Stilfigur erinnert an zwei Hände, die einander ergreifen, oder an den Wollfaden, den man beim Stricken durch eine Masche führt. Wie Merleau-Ponty sagt: «Jede Beziehung zum Sein ist *gleichzeitig* Ergreifen und Ergriffenwerden, der Zugriff ist ergriffen.»[20]

Für Merleau-Ponty war der Chiasmus das perfekte Bild des Zusammenhangs zwischen dem Bewusstsein und der Welt. Sie ergreifen einander so, wie sich die Maschen in einem Strickzeug verschränken. Auf diese Weise kann ich Dinge in der Welt sehen, aber ich kann auch gesehen werden, weil ich aus demselben Stoff bin wie die Welt. Wenn eine Hand eine andere berührt, wird sie in dieser Berührung auch von der anderen Hand berührt. Wenn es nicht so wäre, könnte ich weder etwas sehen noch etwas berühren. Ich betrachte die Welt nicht von außerhalb wie eine Katze ein Aquarium. Vielmehr begegne ich Dingen, weil die Dinge auch mir begegnen können. «Es ist so, als bildete sich unser Sehen inmitten des Sichtbaren, oder so, als gäbe es zwi-

schen ihm und uns eine enge Verbindung wie zwischen dem Meere
und dem Strand.»[21]

Die traditionelle Philosophie habe keinen Namen für diese «Sicht-
barkeit», sagt Merleau-Ponty. Er benutzt daher das Wort «Fleisch»
(*chair*), das weit mehr bedeutet als eine physische Substanz. Fleisch ist
das, was wir mit der Welt gemeinsam haben. Es ist «das Einrollen des
Sichtbaren in den sehenden Leib, des Berührbaren in den berührenden
Leib».[22] Weil ich Fleisch bin, bewege ich mich und reagiere auf Dinge,
während ich sie beobachte. Deshalb «folge ich *mit den Augen* den Bewegungen und den Umrissen der Dinge selbst».[23]

Hier beschreibt Merleau-Ponty Erfahrungen an den äußersten
Grenzen dessen, was Sprache zum Ausdruck bringen kann. Wie der
späte Husserl, wie Heidegger oder auch Sartre in seinem Flaubert-
Buch entfernt sich auch dieser Philosoph so weit vom Ufer, dass wir
ihm kaum mehr folgen können.

Je tiefer sich Merleau-Ponty in den Bereich des Geheimnisvollen
vorwagt, desto näher kommt er auch den Grundgegebenheiten des
Lebens: Wenn jemand ein Glas hochhebt und trinkt oder wenn der
Zweig zurückschnellt, auf dem gerade noch ein Vogel gesessen hat,
versetzt ihn das in Erstaunen, und es kann keine Rede davon sein, dass
er den Bann brechen will, indem er das Rätsel «löst». Für ihn besteht
die Aufgabe des Philosophen weder darin, das Geheimnisvolle auf ein
paar fein säuberliche Begriffe zurechtzustutzen, noch darin, in ehrfürchtigem Schweigen davor zu verharren. Vielmehr gelte es, dem
wichtigsten phänomenologischen Imperativ zu folgen: zu den Sachen
selbst zu gehen, um sie zu beschreiben. Es sei der «strenge Versuch,
etwas in Worte zu fassen, was normalerweise nicht in Worten ausge-
drückt werden kann und manchmal als unausdrückbar gilt».[24]

Ein Unterfangen, das Merleau-Ponty mit der Kunst vergleicht. Es
ist dasselbe Verfahren, das ihm zufolge Cézanne in seinen Gemälden
von alltäglichen Objekten und Szenen angewandt hat: die Welt zu
nehmen, sie neu zu gestalten und dann fast unverändert zurückzu-
geben – mit einem Unterschied: dass sie betrachtet wurde. In einem
Essay über Cézanne schrieb Merleau-Ponty: «Dieser Maler ist nur von
einem ergriffen: von der Fremdartigkeit der Dinge, kennt nur ein einziges Gefühl: das der stets neu beginnenden Existenz.»[25] Und in einem

anderen Aufsatz schrieb er, der Renaissance-Schriftsteller Michel de Montaigne rücke «den Menschen in den Mittelpunkt, nicht den selbstzufriedenen Verstand, sondern ein Bewußtsein, das über sich selbst erstaunt».[26]

Anmut und Charme

Als Merleau-Ponty 1952 den Lehrstuhl für Philosophie am Collège de France übernahm, nutzte ein Journalist der Zeitung *L'Aurore* die Gelegenheit, den Existenzialismus unter Verweis auf dessen Popularität bei Jazzclub-Besuchern zu diskreditieren. «Es ist nur eine verkopfte Art, Boogie-Woogie zu tanzen», meinte er.[27] Zufällig hatte Merleau-Ponty auch ein Talent für Boogie-Woogie. Er war der renommierteste Denker von Saint-Germain-des-Prés, aber er war auch der beste Tänzer der Rive Gauche, das bezeugen Boris Vian und Juliette Gréco.[28]

Merleau-Ponty tanzte nicht nur Jive und Swing, er hatte auch eine weltmännische und ungezwungene, gesellige Art. Er war gut gekleidet, ohne eitel zu wirken; am liebsten trug er englische Anzüge, die damals noch wegen ihrer hohen Qualität geschätzt wurden. Er arbeitete viel, besuchte aber täglich die Cafés von Saint-Germain-des-Prés unweit seiner Wohnung, um seinen Morgenkaffee zu trinken – am späten Vormittag, denn ein Frühaufsteher war er nicht.[29]

Er liebte das Nachtleben, war aber auch ein hingebungsvoller Familienmensch, dessen Alltag ganz anders aussah als der von Sartre oder Beauvoir. Seine Tochter Marianne Merleau-Ponty erinnert sich heute noch gern daran, wie er mit ihr spielte, lachte und Grimassen schnitt, um sie als Kind zum Lachen zu bringen. Sie erinnert sich, wie nervig es war, wenn sie später, als Studentin, bei einer mündlichen Prüfung herumstotterte und der Lehrer zu ihr sagte: «Wissen Sie, dass ein gewisser Merleau-Ponty darüber geschrieben hat?» Philosophie war nicht ihr Lieblingsfach. Aber wenn sie eine Prüfung wiederholen musste, half er ihr geduldig, oder er schrieb ihr Widmungen in seine Bücher: «Für Marianne, meine Lieblingsphilosophin.» Er wirkte lebendiger als andere Philosophen, sagt Marianne – mehr *im Leben* –, was daran lag, dass für ihn Philosophie und Leben ein und dasselbe waren.

Trotz all seiner Späße war Merleau-Ponty eher zurückhaltend, vor allem im Vergleich mit Sartre, der zu Konfrontation und Direktheit neigte. Dass er auch ernste Ereignisse mit einem Lächeln abtat, konnte frustrierend sein, so empfand es jedenfalls Simone de Beauvoir; aber es war auch reizvoll. Merleau-Ponty wusste um seinen Charme, und er flirtete gern. Einer Klatschgeschichte zufolge, die Sartre in einem Brief an Beauvoir kolportierte, konnte Merleau-Ponty, wenn er zu viel getrunken hatte, ganz schön über die Stränge schlagen. Er machte sich dann an Frauen ran, ohne dass er bei ihnen landen konnte. «Nicht, daß er mißfällt», schrieb Sartre, «aber er scheint zu stürmisch.»[30]

Zwar hielt er an seiner Ehe fest, aber er hatte eine ernste Beziehung mit mindestens einer anderen Frau: Sonia Brownell, die später George Orwell heiratete. Sie lernten sich 1946 kennen, als Sonia von ihm einen Text für Cyril Connollys Kulturzeitschrift *Horizon* erbat, deren Redaktionsassistentin sie war. Sie schrieben einander lustige Briefe, bevor sie am zweiten Weihnachtsfeiertag 1947 eine Affäre begannen.[31] Merleau-Ponty war nach London gefahren, und sie verbrachten eine Woche zusammen. Die Affäre endete, als Sonia eines Tages für ein Treffen nach Paris kam, dort aber nur einen höflichen Brief von seiner Frau Suzanne vorfand: Ihr Mann sei nach Südfrankreich gefahren. Wenig später, am 13. Oktober 1949, heiratete Sonia den schwerkranken George Orwell.

Bereits bevor Merleau-Ponty Sonia Brownell kennenlernte, erwog er eine Übersiedlung nach England und bat seinen Freund A. J. Ayer, ihm bei der Suche nach einer Stelle am University College in London behilflich zu sein.[32] Dazu kam es zwar nicht, aber er mochte das Land und beherrschte Englisch mündlich und schriftlich – auch wenn er nach seinem ersten englischen Brief an Sonia nur noch auf Französisch mit ihr korrespondierte, weil sie besser Französisch konnte als er Englisch. Er übte die Sprache, indem er die Fragebögen von *Meet Yourself* ausfüllte, eines exzentrischen Ratgebers von Prinz Leopold Loewenstein Wertheim-Freudenberg und dem Romancier William Gerhardie.[33] Das dürfte Merleau-Pontys Interesse an der Psychologie entgegengekommen sein, hatten diese Tests doch die Absicht, die Persönlichkeit des Lesers mit einem Labyrinth aus Fragen zu durchleuchten, durch das man je nach den Antworten unterschiedliche Wege geht. Gerhardie war selbst Schriftsteller mit ganz eigenen Sensibilitäten, und deshalb sind die Fragen manchmal äußerst skurril: «Machen Ihnen Mickey-Mouse-Filme oder andere Zeichentrickfilme Angst?» oder: «Erscheint Ihnen Ihre Umwelt manchmal seltsam entrückt, traumhaft oder unwirklich? Antworten Sie nicht sofort. Diese Gefühle sind sehr komplex, aber das Hauptmerkmal ist das Gefühl des Unheimlichen, als habe sich die eigene Identität aufgelöst.»[34]

Tatsächlich war Merleau-Ponty der Einzige unter den Existenzialisten, der nie von einem Gefühl des Unheimlichen oder der Angst überwältigt wurde, ein wichtiger Unterschied zum neurotischen Sartre. Merleau-Ponty fühlte sich nicht von Langusten verfolgt, Kastanienbäume flößten ihm keinen Schrecken ein, und ihn peinigte auch nicht die Vorstellung, dass andere ihn mit vorurteilsvollem Blick fixierten. Sehen und angesehen werden war für ihn vielmehr Ausdruck des Eingebundenseins in die Welt und des genuinen Menschseins. Sartre räumte dieses Eingebundensein wie auch die Bedeutung des Körpers durchaus ein, aber es machte ihn nervös. In seinem Werk findet immer ein Kampf statt – ein Kampf gegen das Faktische, gegen das Verschlungenwerden vom Treibsand des Seins und gegen die Macht des Anderen. Merleau-Ponty dagegen kämpft nicht sonderlich viel, und er scheint auch nicht zu befürchten, sich im Klebrigen oder Zähflüssigen aufzulösen. In *Das Sichtbare und das Unsichtbare* beschreibt er in ganz un-sartrehafter Weise erotische Begegnungen: wie ein Körper einen anderen umschlingt, indem er «mit seinen Händen unablässig die seltsame Gestalt nachzeichnet, die ihrerseits alles gibt, was sie empfängt, ganz verloren für die Welt und ihre Ziele, fasziniert durch die einzige Beschäftigung, sich mit einem anderen Leben im Sinn treiben zu lassen und sich zum Außen seines Innern und zum Innern seines Außen zu machen».[35]

Mit Bezug auf eine Meinungsverschiedenheit mit Merleau-Ponty über Husserl im Jahr 1941 bemerkte Sartre einmal, sie hätten «voll Verblüffung bald Konflikte entdeckt, die in unserer Kindheit, ja sogar in den elementaren Rhythmen unseres Organismus ihre Wurzeln hatten».[36] Merleau-Ponty erklärte in einem Interview, Sartres Werk sei ihm irgendwie fremd, nicht aufgrund der philosophischen Differenzen, sondern aufgrund einer bestimmten «Gefühlslage», besonders in *Der Ekel*, die er nicht teile.[37]

Auch verfolgten sie unterschiedliche Ziele. Wenn Sartre über den Körper und andere Aspekte der Wahrnehmung schreibt, geht es ihm eigentlich um etwas ganz anderes. Er beschreibt gekonnt die Eleganz seines Kaffeehauskellners, der sich zwischen den Tischen mit leicht vorgebeugtem Oberkörper hindurchschlängelt, das mit Getränken beladene Tablett auf Fingerspitzen durch den Raum balancierend – aber er möchte damit die Unaufrichtigkeit illustrieren. Wenn Merleau-Ponty über geschickte und anmutige Bewegungen schreibt, geht es ihm ausschließlich um diese Bewegung, die er verstehen möchte.

An den schattigen Rändern der Philosophie

Noch weniger hatte Merleau-Ponty mit Heidegger gemeinsam, einmal abgesehen davon, dass sie beide das In-der-Welt-Sein an die erste Stelle setzen. Heidegger beschreibt körperliche Erfahrungen wie das Einschlagen eines Nagels; über andere Formen physischer Empfindungen im Körper des Daseins hat er wenig zu sagen. Uneindeutige Bereiche meidet er generell. Für ihn liegt die Bedeutung des Seins des Daseins in der Zeit, dem Thema der menschlichen Entwicklung jedoch geht er aus dem Weg. Er sagt uns nicht, ob das Kind, dessen erste «Lichtung» sich gerade öffnet, oder ein Demenzkranker, um den sich der Wald immer dichter schließt, ein Dasein hat. Andere Lebewesen tut er als uninteressant ab, und er betont die Wesensdifferenz zwischen Mensch und Tier: «Das Tier ist weltarm.»[38] Der Heidegger-Forscher Richard Polt hat eine ganze Liste von Fragen zusammengestellt, die Heidegger nicht stellt: «Wie entwickelte sich das Dasein? Wann tritt ein Fötus oder ein Neugeborenes in den Zustand des Daseins? Welche Voraussetzungen im Gehirn sind nötig, damit Dasein stattfinden kann? Können andere Spezies Dasein sein? Können wir mithilfe von Computern künstliches Dasein schaffen?»[39] Heidegger weicht solchen uneindeutigen Bereichen aus, die er als «ontische» Fragen betrachtet. Damit hätten sich Psychologie, Biologie und Anthropologie zu beschäftigen, nicht jedoch die edle Philosophie.[40]

Merleau-Ponty traf keine solchen Abgrenzungen. Die Ränder und Schatten der Philosophie waren es, die ihn am meisten interessierten, und er begrüßte die Beiträge der «ontischen» Wissenschaften. Seine Philosophie gründet im Menschen, der sich unablässig verändert, angefangen mit der Kindheit. Er wollte wissen, was passiert, wenn Fähigkeiten verloren gehen oder wenn Menschen durch Verletzungen zu Schaden kommen. Seine wichtigsten Themen sind die Wahrnehmung, die Leiblichkeit, das soziale Leben und die kindliche Entwicklung, und damit machte er ein breites Spektrum von philosophischen Randthemen zum Mittelpunkt seines Denkens.[41]

In seiner Antrittsvorlesung «Lob der Philosophie», gehalten am Collège de France am 15. Januar 1953, sagte er, der Philosoph müsse «unweigerlich» einen Sinn für die Ambiguität der menschlichen Erfahrung besitzen und diese zum Gegenstand seines Nachdenkens machen. Den Philosophen kennzeichne die Bewegung, «die unablässig vom Wissen zum Nicht-Wissen, vom Nicht-Wissen zum Wissen führt».[42]

Was Merleau-Ponty hier beschreibt, ist eine andere Art von «Chiasmus», eine Verschränkung, aber nicht von Bewusstsein und Welt, sondern von Fragen und Wissen. Wir können nie definitiv von der Unwissenheit zur Gewissheit gelangen, weil uns der Faden des Fragens immer wieder zur Unwissenheit zurückführt. Das ist die reizvollste Beschreibung der Philosophie, die ich kenne, und das beste Argument dafür, dass es sich lohnt zu philosophieren, auch wenn es uns nicht weit von unserem Ausgangspunkt wegführt (oder vielleicht gerade deshalb).

Elftes Kapitel
Croisés comme ça

in dem die Existenzialisten um die Zukunft streiten

Opfer für den Kommunismus

Merleau-Ponty bemerkte 1952 in einem Vortrag, das zwanzigste Jahrhundert habe mehr als jede andere Epoche «die Erfahrung des Zufälligen» gemacht und gezeigt, wie sehr das menschliche Leben dem Gang politischer und anderer Ereignisse unterworfen ist.[1] Dieses Gefühl herrschte noch vor, als der Krieg längst zu Ende war. Nach dem Abwurf der Atombombe auf Hiroshima und Nagasaki fürchteten viele den Ausbruch eines dritten Weltkriegs, diesmal zwischen der Sowjetunion und den Vereinigten Staaten. Die Allianz der beiden Supermächte während des Zweiten Weltkriegs war fast unmittelbar nach dem Krieg zerbrochen. Jetzt standen sie sich in einem geschwächten, verarmten und an sich selbst zweifelnden Europa feindselig gegenüber.

Zuerst besaßen nur die Vereinigten Staaten die Atombombe, doch sowjetische Ingenieure und Spione waren dabei, eine eigene Bombe zu entwickeln. Und bald lernten die Menschen deren Gefahren kennen: Radioaktivität und globale Zerstörung. Wie Sartre nach dem Abwurf der Atombombe auf Hiroshima schrieb, besitze die Menschheit jetzt die Macht, sich selbst auszulöschen, und müsse sich jeden Tag aufs Neue entscheiden, ob sie weiterleben wolle.[2] Auch Camus meinte, die Menschheit müsse sich zwischen kollektivem Selbstmord und einer intelligenteren Nutzung der Technik entscheiden; sie habe die Wahl «zwischen Hölle und Vernunft».[3] Nach 1945 schien es kaum einen Grund zu geben, an die Fähigkeit der Menschheit zu glauben, die richtige Entscheidung zu treffen.

Von da an weckte jeder weitere Atombombentest neue Ängste. Als die Amerikaner im Juli 1946 eine noch verheerendere Bombe zündeten, hörte Simone de Beauvoir im Radio die Meldung, es habe bereits eine unaufhaltsame Kettenreaktion eingesetzt, die die Materie selbst zerstöre, und «wir würden in wenigen Stunden alle sterben».[4] Das war wirklich ein *Nichts* im Herzen des Seins. Im selben Jahr kursierten Gerüchte, die Sowjets würden über eine Geheimwaffe verfügen, die noch viel fürchterlicher sei als die Atombombe. Unauffällige Koffer, mit radioaktivem Staub gefüllt, würden zu gegebener Stunde in US-amerikanischen Städten abgestellt und mit Hilfe von Zeitzündern zur Explosion gebracht werden und Millionen Menschen töten.[5] Sartre machte sich 1956 in seinem Theaterstück *Nekrassow* über diese Geschichte lustig. Doch Ende der vierziger Jahre wusste kaum jemand, was er wirklich glauben sollte.[6] Radioaktivität war unheimlich. Sie war unsichtbar und ließ sich bequem zum Einsatz bringen. Ein paar Koffer bargen eine gewaltige Zerstörungskraft.

Während die einen das Ende der Welt befürchteten, hegten andere die nicht weniger dramatische Hoffnung auf einen Neuanfang – gemäß Hölderlins Diktum: «Wo aber Gefahr ist, wächst das Rettende auch.» Vielleicht, so glaubten einige, führte die Katastrophe des Zweiten Weltkriegs zu einer kompletten Neuordnung des menschlichen Lebens ohne Krieg und andere Übel.

Der Gedanke einer Weltregierung, die Konflikte beilegen, die Einhaltung von Verträgen erzwingen und Kriege verhindern würde, reihte sich in diese hochfliegenden Hoffnungen ein. Camus teilte sie: Hiroshima halte die Lektion bereit, dass die Menschheit eine wahrhaft internationale Organisation gründen müsse, «in der die Großmächte nicht mehr Rechte haben als kleine und mittlere Nationen». Eine so zerstörerische Waffe wie die Atombombe müsse von der menschlichen Vernunft kontrolliert werden. Weder die «Gier noch die Doktrin dieses oder jenes Staates» dürfe jemals ihren Einsatz auslösen.[7] Diesem Ziel kam man mit der Gründung der Vereinten Nationen näher.

Andere betrachteten den amerikanischen Weg als zukunftsweisend. Den Vereinigten Staaten wurde im Nachkriegseuropa viel Dankbarkeit und Wohlwollen entgegengebracht – ein Vertrauen, das mit dem Marshallplan Ende der vierziger Jahre gefestigt wurde, als Milliarden Dollar in die vom Krieg traumatisierten europäischen Länder flossen. Mit dem Geld sollte der Wiederaufbau gefördert und der Kommunismus in den Staaten Mittel- und Osteuropas eingedämmt werden, die der russische Bär bereits in seiner erdrückenden Umarmung hielt. Die USA boten sogar den Russen und anderen Ländern in deren Einflussbereich finanzielle Hilfe an, aber Moskau verhinderte, dass sie in das Wiederaufbauprogramm der Amerikaner einbezogen wurden. In Westeuropa fanden es einige demütigend, amerikanisches Geld anzunehmen, mussten aber zugeben, dass es gebraucht wurde.

Neben den Internationalisten und den Befürwortern Amerikas gab es im Westeuropa der Nachkriegszeit eine dritte Gruppe. Sie setzte alle ihre Hoffnungen auf die Sowjetunion. Schließlich war die UdSSR das einzige größere Land, das versuchte, das kommunistische Menschheitsideal zu verwirklichen: die endgültige Beseitigung von Armut, Hunger, Ungleichheit, Krieg, Ausbeutung, Faschismus und anderen Übeln. Ein ehrgeiziges Programm, vielleicht die einzige Chance, für die zu kämpfen unter allen Umständen geboten schien.

All diese Ereignisse liegen erst siebzig Jahre zurück, nicht länger als ein durchschnittliches Menschenleben. Dennoch können wir heute kaum mehr nachvollziehen, warum sich so viele intelligente und kultivierte Menschen im Westen vom sowjetischen Projekt begeistern ließen. Die gängige Ansicht lautet heute, der Kommunismus hätte niemals funktionieren können, das hätte jeder vernünftige Mensch schon damals wissen können. Doch jenen, die das Elend der dreißiger Jahre und die Schrecken des Zweiten Weltkriegs erlebt hatten, erschien es ein lohnenswertes und durchaus erreichbares Ziel, auch wenn der Weg dorthin lang und schwer sein mochte, voller Tücken und Gefahren.

Diese Tücken und Gefahren waren unschwer zu erkennen. Einer langen Liste der hehren Zukunftsideale des Kommunismus stand eine ebenso lange Liste düsterer realer Schrecknisse gegenüber: Arbeitslager, politische Willkür, Massaker, Hungersnöte, Güterknappheit und eingeschränkte persönliche Freiheit. Den ersten großen Schock, schon in den dreißiger Jahren, lösten die Moskauer Schauprozesse aus, wo in Ungnade gefallene Parteimitglieder Sabotageakte oder Verschwörung «gestanden» und anschließend hingerichtet wurden. 1946 wurden weitere Einzelheiten der sowjetischen Säuberungen bekannt, nicht zuletzt durch die Memoiren des zu den Amerikanern übergelaufenen sowjetischen Funktionärs Viktor Krawtschenko mit dem Titel *Ich wählte die Freiheit (I Chose Freedom)*. Als das Buch 1947 ins Französische übersetzt wurde, bezeichnete das kommunistische Blatt *Les Lettres françaises* es als Lügengespinst, fabriziert vom amerikanischen Geheimdienst. Krawtschenko strengte daraufhin eine Verleumdungsklage an, und der Fall kam Anfang 1949 in Paris vor Gericht. Während des Verfahrens traten Dutzende Zeugen auf, die das Leben in der Sowjetunion in bunten Farben malten. Krawtschenko gewann den Prozess, erhielt aber letztlich nur einen symbolischen Franc Schadenersatz.[8] Im Jahr darauf zog ein anderer Autor gegen die *Lettres françaises* vor Gericht: David Rousset, ein Überlebender des KZ Buchenwald, der von der Zeitung angegriffen worden war, nachdem er eine Untersuchung des sowjetischen Lagersystems gefordert hatte.[9] Das Gericht entschied zugunsten Roussets. Beide Prozesse wurden kontrovers diskutiert, doch sie weckten ein Bewusstsein dafür, dass die Sowjetunion nicht – oder noch nicht – das Arbeiterparadies war, das sie zu sein vorgab.

Aber selbst jetzt noch verteidigten viele das sowjetische Modell gegenüber dem US-amerikanischen Kapitalismus. Gleichzeitig verspielten die Amerikaner viel von ihrer moralischen Glaubwürdigkeit. Eine um sich greifende paranoide Kommunisten-Angst führte dazu, dass alle auch nur entfernt linksgerichteten Organisationen verfolgt wurden. Amerikanische Staatsbürger wurden überwacht und schikaniert. Jeder, der auch nur im vagen Verdacht stand, ein «Roter» zu sein, riskierte, auf eine schwarze Liste zu kommen und seinen Job oder Reisepass zu verlieren. 1951 wurde das reichlich naive Ehepaar Ethel und Julius Rosenberg wegen angeblichen Verrats von Atomgeheimnissen an die Russen zum Tode verurteilt. Ihre Hinrichtung 1953 war für viele im In- und Ausland ein Schock. Sartre verfasste einen wütenden Artikel für die Zeitung *Libération*.[10] Aus den Vereinigten Staaten schrieb Hannah Arendt an Jaspers, sie befürchte eine Entwicklung wie in Deutschland. «Es muß eine unbegreifliche Blödheit in USA um sich gegriffen haben», schrieb Jaspers zurück. «Weil wir es kennen, ängstigt es.»[11]

Sosehr die Linken den Jazz und die Freiheit Amerikas begrüßten, so heftig kritisierten sie hemmungslose Gier, wirtschaftlichen Kolonialismus und die Ausbeutung der Arbeiter in Amerika. Und sie waren bereit, für die sowjetische Alternative moralische Kompromisse einzugehen. Siebzig Jahre zuvor hatte Dostojewski in seinem Roman *Die Brüder Karamasow* ein solches moralisches Dilemma dargelegt: Iwan stellt seinen Bruder Aljoscha vor eine unerträgliche Entscheidung: Stell dir vor, sagt er zu ihm, du hättest es in der Hand, die Menschen glücklich zu machen und ihnen endlich Ruhe und Frieden zu schenken, allerdings unter einer Bedingung: Du müsstest ein einziges kleines Geschöpf zu Tode martern, ein kleines Mädchen zum Beispiel. Wärest du dazu bereit? Aljoschas Antwort ist ein klares Nein. Die Folterung eines Kindes könne durch nichts gerechtfertigt werden.[12]

Im Paris der vierziger Jahre war es Albert Camus, der Aljoschas Position vertrat. In seinem Essay *Weder Opfer noch Henker* schrieb er, er werde «nie mehr zu jenen gehören, wer sie auch seien, die sich mit dem Mord abfinden».[13] Es gebe keine Rechtfertigung für Gewalt, schon gar nicht, wenn sie von staatlicher Seite ausgeübt werde. An dieser Position hielt er fest, aber das Problem beschäftigte ihn weiter. In seinem Theaterstück *Die Gerechten* von 1949 diskutiert eine Gruppe russischer Terroristen darüber, ob sie bei einem politischen Mord den Tod Unbeteiligter in Kauf nehmen sollten oder nicht. Camus verdeutlicht seine Ablehnung. Dieselbe Ansicht vertrat er, als in seiner Heimat Algerien im November 1954 der Kampf um die Unabhängigkeit begann. Die Aufständischen legten Bomben und töteten Unschuldige, während die französischen Behörden zum Mittel der Folter und Hinrichtung griffen. Für Camus war weder das eine noch das andere gerechtfertigt. Doch seine Ansicht war umstritten. Nach der Verleihung des Literaturnobelpreises im Dezember 1957 wurde Camus in Stockholm gefragt, warum er die Aufständischen nicht unterstütze. Er antwortete: «In den Straßenbahnen von Algier werden jetzt Bomben gelegt. In einer dieser Straßenbahnen könnte meine Mutter sitzen. Wenn das Gerechtigkeit ist, wähle ich meine Mutter.»[14] Da es für beide Seiten keine objektive Rechtfertigung gebe, so Camus, müsse man sich an den eigenen Loyalitäten orientieren.

Sartre strengte sich an, die Dinge anders zu sehen, und am Ende gelang es ihm. Noch Mitte der vierziger Jahre klang er oft wie Aljoscha oder wie Camus. Er hatte einmal zu Merleau-Ponty gesagt, aus philosophischer Sicht mache es im Grunde genommen keinen Unterschied, ob bei einer Katastrophe 10 oder 15, 300 oder 3000 Menschen ums Leben kämen. Rein rechnerisch gebe es zwar sehr wohl einen Unterschied, aber mit jedem einzelnen Individuum sterbe eine ganze Welt; der Skandal bleibe stets derselbe. Als Merleau-Ponty sich später an dieses Gespräch erinnerte, meinte er, Sartre habe vor dem Krieg rein als Philosoph gesprochen und die Sache nicht politisch und historisch gesehen, nicht aus der Perspektive von «Regierungschefs».[15]

Nach dem Krieg distanzierten sich Sartre und Beauvoir von dieser Position und meinten, man könne, ja müsse Menschenleben vernünftig gegeneinander abwägen; Aljoscha weiche dieser Verpflichtung aus. Wenn man nicht abwäge – wenn man also das Leben dieses einen Kindes nicht gegen das Leben von Millionen zukünftiger Kinder aufrechne –, sei man entweder egoistisch oder überempfindlich. Das mag heute wie ein längst überholtes Argument wild entschlossener kommunistischer Träumer klingen, doch auch heute rechtfertigen die angeblich so zivilisierten Staaten Folter, Verhaftung, Mord und Überwachung mit genau denselben Argumenten: mit dem Hinweis auf eine vage künftige Bedrohungslage für eine vage Zahl von Menschen.

Sartre, Beauvoir und (vorerst auch) Merleau-Ponty hielten sich für entschlossener und redlicher als Camus, weil sie die unabdingbare Notwendigkeit sahen, sich die Hände schmutzig zu machen – erneut dieser Slogan. Freilich ging es um das Blut von Menschen, die bequemerweise sehr weit weg waren. Sartre versicherte jedoch, dass er sich notfalls selbst opfern würde. Bei einem Schriftstellerkongress 1956 in Venedig fragte ihn der englische Dichter Stephen Spender, was er sich wünschen würde, wenn ein kommunistisches Regime ihn ungerechterweise verfolgte und einsperrte. Sollten seine Freunde eine Kampagne für seine Freilassung starten, wenn diese Kampagne der Glaubwürdigkeit des Kommunismus schadete und dessen Zukunft aufs Spiel setzte? Oder würde er sein Schicksal zum Wohl eines größeren Ganzen auf sich nehmen? Sartre dachte einen Augenblick nach, dann sagte er, er würde keine Kampagne wollen. Spender missfiel diese Antwort. «Ich denke, das einzig gute Anliegen ist immer der Einsatz für jemanden, der zu Unrecht eingesperrt ist», sagte er. Das, so Sartre, sei die Crux an der ganzen Sache; vielleicht gehe es heute gar nicht mehr um die «Ungerechtigkeit gegen einen Einzelnen».[16] Sartre hatte eine Weile gebraucht, um seine Skrupel angesichts dieses so schockierenden Gedankens argumentativ zu überwinden, doch Mitte der fünfziger Jahre war er so weit.

Koestler und die Unmöglichkeit der Freundschaft

Das fiktive Szenario, das Sartre und Spender diskutierten, erinnert an den Roman *Sonnenfinsternis* (1946) des zum Antikommunisten konvertierten einstigen Kommunisten Arthur Koestler. Der 1940 zuerst auf Englisch *(Darkness at Noon)* und 1946 auf Französisch *(Le zéro et l'infini)* erschienene Roman basiert auf der Geschichte Nikolai Bucharins, der im Zuge der sowjetischen Säuberungen 1938 verurteilt und hingerichtet wurde. Koestlers fiktiver, an den realen Bucharin angelehnter Protagonist ist so loyal gegenüber der Partei, dass er ein falsches Geständnis unterschreibt und zum Wohl des Staates freiwillig in den Tod geht: eine viel zu simple Interpretation, denn Bucharin wurde zu seinem Geständnis gezwungen. Doch Koestler gab damit den Intellektuellen ein Thema, über das sie streiten konnten: Wie weit darf man mit der Verteidigung des Kommunismus gehen? In seinem Essay *Der Yogi und der Kommissar* warf Koestler ähnliche Fragen auf. Während der «Kommissar» dem Grundsatz folgt, der Zweck heiligt die Mittel, und für ein in der Zukunft liegendes hehres Ziel zu allem bereit ist, hält der «Yogi» an der gegebenen Wirklichkeit fest und befürwortet eine Veränderung von innen heraus, durch Bemühung des Einzelnen.[17]

Im ersten Überschwang seiner «Kommissar»-Phase reagierte Merleau-Ponty auf Koestlers Essay mit einer zweiteiligen Kritik in den *Temps modernes* unter dem Titel «Der Yogi und der Proletarier». So fragwürdig die Mittel seien, mit denen die Sowjetunion ihre Ziele erreichen wolle, so fragwürdig seien auch die kapitalistischen Gesellschaften mit ihrer Gier, ihren kolonialen Kriegen und ihrer Ausbeutung, der Armut großer Bevölkerungsgruppen und ihrem Rassismus. Es handle sich «um unterschiedliche Anwendungen von Gewalt», die von den westlichen Demokratien nur besser versteckt werde.[18]

Koestler ignorierte Merleau-Pontys Artikel, sein Freund Albert

Camus jedoch war empört. Beauvoir zufolge kam er eines Abends wutentbrannt zu Boris Vian, der ein Essen gab, und griff Merleau-Ponty an. Dann drehte er sich um und schlug die Tür hinter sich zu. Sartre lief ihm nach. Der Streit führte zu einem Zerwürfnis zwischen Sartre und Camus, das eine Weile dauerte.[19]

Sartre, Beauvoir, Camus und Koestler waren bis dahin gute Freunde gewesen, die gesellige, alkoholselige Abende miteinander verbrachten und in aufgekratzter Stimmung über politische Themen diskutierten. An einem solchen Abend in einem Nachtclub für russische Emigranten etwa um das Jahr 1946 kam die Frage von Freundschaft und politischem Engagement auf: Konnte man mit jemandem befreundet sein, mit dem man politisch uneins war? Camus sagte Ja, Koestler meinte: «Unmöglich!» Mit aufrichtiger, durch den Wodka beflügelter Entschiedenheit ergriff Beauvoir Camus' Partei: «Es ist möglich. Wir beweisen es in diesem Augenblick, weil wir trotz unserer Meinungsverschiedenheiten einander herzlich zugetan sind.»[20] Von diesem herzerfrischenden Gedanken gestärkt, tranken sie bis zum Morgengrauen weiter, obwohl Sartre am nächsten Tag einen Vortrag über die Verantwortung des Schriftstellers halten musste. In ausgelassener Stimmung verabschiedeten sie sich, und Sartre entwarf seinen Vortrag, ohne viel zu schlafen.

Bei einem anderen Zechgelage 1947 kam die Frage der Freundschaft erneut zur Sprache. Diesmal war die Stimmung weniger gut. Koestler warf Sartre ein Glas an den Kopf, um seinen Standpunkt zu untermauern, aber auch weil er – wohl nicht zu Unrecht – Sartre verdächtigte, mit seiner Frau Mamaine zu flirten. (Dabei war Koestler selbst als skrupelloser und aggressiver Verführer berüchtigt.) Sie torkelten aus dem Lokal. Camus versuchte Koestler zu beruhigen und legte ihm eine Hand auf die Schulter. Doch der riss sich los und ohrfeigte Camus, der sich auf ihn stürzte. Sartre und Beauvoir trennten die Streithähne und brachten Camus zu dessen Auto. Koestler und Mamaine ließen sie auf der Straße stehen. Auf der Heimfahrt sackte Camus immer wieder über dem Lenkrad zusammen, so dass der Wagen gefährlich schlingerte, und sagte mit tränenerstickter Stimme: «Er war mein Freund! Er hat mich geschlagen!»[21]

Am Ende stimmten Sartre und Beauvoir Koestler zu: Man konnte

Arthur Koestler um 1950

doch nicht mit jemandem befreundet sein, der gegenteilige politische Ansichten vertrat. «Wenn man so verschiedener Ansicht ist», meinte Sartre, «kann man sich nicht einmal gemeinsam einen Film ansehen.»[22] 1950 erzählte Koestler Stephen Spender, er sei nach langer Zeit Sartre und Beauvoir zufällig wiederbegegnet und habe vorgeschlagen, gemeinsam zu Mittag zu essen. Sie reagierten mit peinlichem Schweigen, dann sagte Simone de Beauvoir: «Koestler, Sie wissen, dass wir nicht einer Meinung sind. Es hat keinen Sinn mehr, sich noch zu treffen.» Sie überkreuzte die Unterarme und sagte: «Wir sind in allem *croisés comme ça.*»[23]

Diesmal widersprach Koestler: «Ja, aber wir können doch trotzdem Freunde bleiben.»

Beauvoirs Antwort war die einer Phänomenologin: «Als Philosoph müssen Sie doch erkennen, dass jeder von uns ein völlig anderes Objekt sieht, wenn er ein Stück Zucker betrachtet. Unsere Zuckerwürfel sind jetzt so verschieden, dass es keinen Sinn hat, sich noch weiter zu treffen.»

Ein betrübliches Bild: ein Zuckerwürfel auf einem Tisch und Philosophen, die ihn aus unterschiedlichen Perspektiven betrachten. Für jeden von ihnen stellt sich der Zuckerwürfel anders dar. Von der einen Seite fällt Licht darauf, von der anderen nicht. Für den einen sieht er durchscheinend und leuchtend aus, für den anderen grau und matt. Für den einen ist es eine wohlschmeckende Zutat zum Kaffee, der andere erkennt darin das Übel der Sklaverei im Zuckerhandel. Und was folgt daraus? Dass es keinen Sinn hat, darüber zu sprechen. Das X als Symbol für sich durchkreuzende, gegensätzliche politische Zielsetzungen gibt Merleau-Pontys alles versöhnender Metapher des Chiasma (von dem griechischen Buchstaben Chi: X) eine unschöne Wendung: Das ganze komplizierte Wirrwarr endet in Schweigen. Ein Schweigen wie das zwischen Marcuse und Heidegger, nachdem Marcuse beschieden hatte, in Anbetracht der tiefen Kluft sei zwischen ihnen kein weiterer Dialog möglich.

Die Debatte über Freundschaft ähnelt der Debatte darüber, welche Opfer es wert sind, für den Kommunismus gebracht zu werden. Hier wie dort gilt es, abstrakte Werte gegen persönliche, individuelle und konkrete Aspekte abzuwägen. Man muss entscheiden, was wichtiger ist: der Mensch, der hier und jetzt vor einem steht, oder die Folgen der eigenen Entscheidung für eine nicht genau bestimmbare Anzahl von Menschen in der Zukunft. Jeder unserer Denker löste dieses Dilemma anders – und manchmal kam ein und dieselbe Person zu unterschiedlichen Zeiten zu unterschiedlichen Lösungen.

Die schreibende Hyäne

Sartre war am wenigsten konsequent, bezüglich der Sowjetunion ebenso wie bezüglich der Freundschaft, denn manchmal erwartete er Loyalität trotz politischer Differenzen. Im Oktober 1947 forderte er von seinem alten Studienfreund, dem politischen Philosophen Raymond Aron, Loyalität ein. Als Aron sie ihm verweigerte, war Sartre so verärgert, dass er den Kontakt mit ihm abbrach.

Es war ein schwieriges Jahr für Frankreich – und hier lag wohl auch der Grund, warum der Streit mit Koestler eskalierte. Das Land wurde von einer gemäßigten Koalitionsregierung regiert, die sowohl seitens der kommunistischen Linken als auch seitens des rechten Rassemblement du peuple français unter Führung General de Gaulles (der während des Krieges Chef der französischen Streitkräfte im Exil gewesen war) unter Beschuss stand. Sartre fand, dass die gaullistische Partei mit ihren Massenkundgebungen und ihrem Persönlichkeitskult um ihren Vorsitzenden nahezu faschistische Züge trug. Aron, der in London an der Seite der Freien Französischen Streitkräfte gearbeitet hatte und de Gaulle gut kannte, sympathisierte mit diesem Kurs und war weit nach rechts gerückt.

Im Herbst verschärfte sich die Krise, als die Aufmärsche der Gaullisten und die Streiks und Demonstrationen der Kommunistischen Partei (mit tatkräftiger Unterstützung der Sowjetunion) die Stabilität der politischen Mitte bedrohten. Man befürchtete einen Bürgerkrieg, ja eine Revolution. Einige fanden diese Aussicht aufregend. In einem Brief an Merleau-Ponty schrieb Sonia Brownell, sie komme gerade von einem Mittagessen mit französischen Schriftstellern in London, die nur noch darüber redeten, was für Kämpfe sie auf den Straßen von Paris führen wollten und wie man am besten Molotowcocktails baue.[24]

Auf dem Höhepunkt der Krise nahm Aron an einer Rundfunkdiskussion teil, in der er Sartre als Vertreter der Linken nicht gegen die beleidigenden Vorwürfe aufgeregter Gaullisten in Schutz nahm. Das verübelte ihm Sartre. Im Rückblick schrieb Aron, er habe weder Sartre recht geben noch sich dessen Gegnern anschließen können.[25] Als wahren Grund vermutete Sartre Arons Sympathien für die Gaullisten. Die beiden wechselten jahrelang kein Wort mehr miteinander.

Vielleicht war Aron nicht klar gewesen, wie sehr Sartre sich damals persönlich bedroht fühlte. Er bekam Schmähbriefe zugeschickt; einer enthielt ein mit Kot beschmiertes Foto von Sartre. Eines Abends hörte Sartre, dass ihn eine Gruppe von Offizieren in den Nachtlokalen von Saint-Germain-des-Prés suchte; er fand Zuflucht bei Freunden und kehrte ein paar Tage lang nicht zu seiner bekannten Wohnadresse über der Bar Napoléon zurück.[26] Es war nicht das letzte Mal, dass ihn seine freimütigen politischen Äußerungen in Gefahr brachten.

In Wahrheit war Sartre damals sowohl ein Gegner der Gaullisten als auch kritisch gegenüber der Sowjetunion eingestellt; und damit zog er sich den Zorn beider Lager zu. Die französischen Kommunisten hatten den Existenzialismus als eine Philosophie der Freiheit längst verworfen. Bereits 1946 bezeichnete der marxistische Soziologe Henri Lefebvre den Existenzialismus als «schlaffe, trübselige Mixtur», die zu gefährlicher «Offenheit» verleite. Der Mensch sei frei, sagte Sartre, aber Lefebvre wollte wissen, «wofür ein Mensch steht, der sich jeden

Morgen zwischen Faschismus und Antifaschismus entscheiden»
müsse. Wie könne ein solcher Mensch jemandem überlegen sein, «der
sich ein für alle Mal für die Bekämpfung des Faschismus entschieden
hat oder sich nicht einmal zu entscheiden hatte»?[27] Lefebvres Argument klingt vernünftig, solange man sich nicht klarmacht, was es
bedeutet: Die Partei verlangte bedingungsloses Engagement, das nicht
in Frage gestellt werden durfte, und das konnte Sartre nicht befürwor-
ten – noch nicht. Später verrenkte er sich argumentativ, um den Konflikt zwischen seiner Unterstützung revolutionärer Politik und seinen
existenzialistischen Grundprinzipien zu entschärfen. Aber beides passte
nicht zusammen.

Im Februar 1948 indes versuchte er das Dilemma dadurch zu lösen,
dass er sich einer neu gegründeten Splittergruppe anschloss, der Partei
Rassemblement démocratique révolutionnaire (RDR), die einen undog-
matischen Sozialismus vertrat. Die Partei brachte nicht viel zustande,
sondern machte alles nur noch komplizierter. Nach eineinhalb Jahren
trat Sartre aus.

Im April 1948 brachte er sich mit seinem neuen Stück *Die schmutzigen Hände* noch mehr in die Bredouille.[28] Darin geht es um KP-Funkti-
onäre in Illyrien, einem fiktiven kleinen Land, das an das Ungarn der
Nachkriegszeit erinnert. Diese Funktionäre schließen Bündnisse mit
Gegnern, um ihre Ziele zu erreichen, machen sich also die Hände
schmutzig, geraten dadurch aber in Konflikt mit der KP und der reinen
Lehre der Partei, die es sich ihrerseits vorbehält, am Ende die Strategie
zu wechseln und dafür Gefolgschaft einzufordern. Die Kommunisten
schäumten vor Wut. Der sowjetische Kulturfunktionär Alexander
Fadejew bezeichnete Sartre als «schreibende Hyäne».[29] Sartre geriet
in allen Ostblockstaaten in Misskredit. Als der tschechoslowakische
Autor Ivan Klíma, damals Student, hörte, wie Professoren gegen Sartres «Verfall und seine moralische Degeneration» polemisierten, wurde
er überhaupt erst neugierig und wollte diesen Schriftsteller unbedingt
lesen.[30]

Sartre stand jetzt von allen Seiten unter Beschuss. Politisch konfus
und mehr als je zuvor überarbeitet, bemühte er sich, alles miteinander
in Einklang zu bringen. Der Druck war enorm, aber Sartre war nicht
bereit, sich das Leben einfacher zu machen und ab und zu mal auf

einen Kommentar zu verzichten. Auch Simone de Beauvoir war durch die Arbeit, die politischen Spannungen und eine persönliche Krise belastet. Sie versuchte sich darüber klarzuwerden, wie es mit ihrer Fernbeziehung zu Nelson Algren weitergehen sollte. Algren war nicht glücklich darüber, dass er die zweite Geige spielte, und wollte sie in Amerika haben.[31] Sie und Sartre versuchten, ihre Erschöpfung mit Tabletten zu bekämpfen. Sartre wurde zunehmend abhängig von Corydran, einem Aufputsch- und Schmerzmittel, Beauvoir nahm Orthedrin gegen ihre Angstattacken, aber das machte alles nur noch schlimmer. Als sie mit Sartre im Sommer 1948 in die Ferien nach Skandinavien aufbrach, litt sie unter Halluzinationen: Vögel fielen über sie her, Hände packten sie an der Kopfhaut und zogen sie hoch.[32] Doch die Stille der skandinavischen Wälder half ihr, mehr als die Pillen. Beide entdeckten neue Landschaften: «Zwergwälder mit amethystfarbener Erde, mit korallroten oder goldgelben Sträuchern bepflanzt.»[33] Allmählich kehrte ihre Lebensfreude zurück, Sartre jedoch blieb in den folgenden Jahren eine gequälte Seele.

Das Taubenkomplott und Sartres Kehre

Am 29. August 1949, nach jahrelanger Spionage und technischer Entwicklung, zündeten die Sowjets eine Atombombe. Von nun an war die Drohung der Auslöschung wechselseitig. Am 1. Oktober verkündete Mao Tse-tung die Gründung der Volksrepublik China und schloss ein Bündnis mit der Sowjetunion, so dass dem Westen jetzt zwei kommunistische Supermächte gegenüberstanden. Die Angst vor den Russen wuchs. Bei Luftschutzübungen wurde amerikanischen Schülern beigebracht, wie sie sich im Fall eines Atombombenangriffs verhalten sollten: *duck and cover*. Sie sollten unter der Schulbank in Deckung gehen und die Hände über den Kopf legen. Die USA erhöhten ihre Rüstungsausgaben und forcierten die militärtechnische Entwicklung. Im Januar 1950 gab die Regierung bekannt, dass das Land an einer noch viel größeren Waffe arbeite, der Wasserstoffbombe.

In jenem Jahr brach auf der koreanischen Halbinsel ein Krieg aus, in dem China und die Sowjetunion den Norden gegen die Amerikaner

im Süden unterstützten. Die Folgen schienen unabsehbar: Würde man
die Atombombe einsetzen? Würde sich der Krieg auch nach Europa
ausbreiten? Würden die Russen Frankreich besetzen, wie es die Deutschen getan hatten?[34] Diese Frage stellten sich die Franzosen erstaunlich schnell, was merkwürdig erscheinen mag, da der Krieg auf der
anderen Seite des Globus geführt wurde. Doch diese Angst spiegelte
nur die immer noch lebendigen Erinnerungen an die Besatzungszeit
wider.

Camus fragte Sartre, ob er darüber nachgedacht habe, was mit
ihm passieren würde, wenn die Russen nach Frankreich kämen. Vielleicht würde man der «schreibenden Hyäne» ihren Triumph am Ende
doch nicht gönnen. Sartre gab die Frage an Camus zurück. Camus
antwortete, er werde «dasselbe tun, was ich während der deutschen
Besetzung getan habe»: sich dem Widerstand anschließen. Sartre erwiderte brav, er werde niemals gegen das Proletariat kämpfen. Camus
jedoch drängte ihn: «Reisen Sie ab! Wenn Sie bleiben, wird man Sie
nicht nur umbringen, sondern Ihnen auch die Ehre rauben. Sie werden auf dem Weg ins Lager sterben. Man wird behaupten, Sie seien
am Leben, man wird so tun, als predigten Sie den Rückzug, die Unterwerfung, den Verrat, und man wird Glauben finden.»[35]

Bei der Silvesterfeier mit Jacques-Laurent Bost, Olga Kosakiewicz
und Richard Wright, der inzwischen in Paris lebte, erörterten Sartre
und Beauvoir das Thema erneut: «Abreisen, wie, wohin, wann?»[36] Nelson Algren hatte angeboten, ihnen bei einer Übersiedlung in die USA
behilflich zu sein, aber das wollten sie nicht. Wenn sie Frankreich verlassen mussten, würden sie ein neutrales Land wählen, Brasilien vielleicht,[37] wo der österreichische Schriftsteller Stefan Zweig im letzten
Krieg Zuflucht gefunden hatte. Aber Zweig hatte aus Verzweiflung
über das Exil Selbstmord begangen. Außerdem würden Beauvoir und
Sartre nicht vor den Nazis, sondern vor dem Sozialismus flüchten!
Würde es wirklich so weit kommen?

Auch Merleau-Ponty befürchtete im Falle eines Krieges für Frankreich das Schlimmste, aber auch er wollte vor den Kommunisten nicht
davonlaufen.[38] Sartre fiel auf, dass Merleau-Ponty jetzt besonders
unbekümmert wirkte: «Mit jenem Anflug von Knabenhaftigkeit, den
ich jedesmal an ihm wahrgenommen habe, wenn das Gespräch ernst-

haft zu werden drohte, sagte er, er würde Liftboy in New York werden.»[39]

Die Ereignisse beunruhigten Merleau-Ponty jedoch mehr, als er
sich anmerken ließ, und das nicht nur aus persönlicher Angst. Zu der
Zeit, als der Koreakonflikt zu eskalieren drohte, begegnete er Sartre in
den Ferien in Saint-Raphaël an der Côte d'Azur. Sie freuten sich über
das Wiedersehen, doch dann diskutierten sie den ganzen Tag, zuerst
während eines Spaziergangs am Meer, dann auf der Terrasse eines
Cafés und schließlich noch am Bahnhof, wo sie auf Sartres Zug warteten. Als Herausgeber der *Temps modernes* mussten sie eine gemeinsame Position zu Korea finden, doch Merleau-Ponty war der Ansicht,
sie sollten nicht vorschnell Stellung beziehen zu einer politischen Situation, die sie nicht verstanden. Sartre widersprach. Wie könne man
schweigen, wenn ein Krieg bevorstand? Merleau-Ponty erwiderte fins-
ter: «Die rohe Gewalt allein wird entscheiden: warum reden, wenn es
keine Ohren gibt?»[40]

Letztlich stand nicht eine gemeinsame Position für die Zeitschrift
zur Debatte, sondern die Frage, wie weit man in seinem Glauben an
den Kommunismus gehen solle. Merleau-Ponty war entsetzt über den
nordkoreanischen Angriff auf den Süden des Landes.[41] Seiner Ansicht
nach war es der Beleg dafür, dass die kommunistischen Länder genauso
gierig waren wie die kapitalistischen und dass auch sie eine gesellschaftliche Vision nur als Deckmäntelchen benutzten. Auch das, was
jetzt über sowjetische Lager bekannt wurde, bewog den glühenden
Befürworter des Kommunismus zum Umdenken. Der bis dahin vor-
sichtigere Sartre dagegen war jetzt eher geneigt, den kommunistischen Staaten einen Vertrauensvorschuss zu geben.

Der bis 1953 dauernde Koreakrieg führte zwar nicht zu einem sowjetischen Einmarsch in Frankreich, aber er veränderte die globale politische Landschaft. Der Kalte Krieg erreichte in diesem Stellvertreter-
krieg einen ersten Höhepunkt – und damit grassierten Paranoia und
Angst. Was Sartre letztlich radikalisierte, war ein seltsames Vorkomm-
nis in Frankreich.

Am Abend des 28. Mai 1952 wurde der geschäftsführende Generalsekretär der französischen Kommunistischen Partei, Jacques Duclos,
von einer Polizeistreife angehalten, sein Auto wurde durchsucht. Als

die Polizei eine Pistole, ein Funkgerät und zwei Tauben in einem Korb fand, wurde Duclos unter dem Vorwand verhaftet, es handle sich um Brieftauben, mit denen er Nachrichten an die Sowjetunion hatte übermitteln wollen. Duclos sagte, die Tauben seien bereits tot gewesen; er habe sie nach Hause bringen wollen, damit seine Frau sie zum Abendessen zubereite. Die Polizei sagte, Duclos habe die Tauben offenbar gerade erstickt, sie seien noch warm gewesen. Er wurde in eine Arrestzelle gesteckt.

Am nächsten Tag wurden die Tauben obduziert und nach versteckten Mikrofilmen untersucht. Bei einer Anhörung gaben drei Sachverständige über das Alter der Tauben (26 bzw. 35 Tage) und ihre Rasse Auskunft. Doch «die Zahl und Varietäten der bekannten Taubenarten und die zahlreichen Kreuzungen von Amateurzüchtern» machten eine Bestimmung schwierig. Die Experten kamen zu dem Schluss, es handle sich wahrscheinlich um normale Haustauben, und es gebe keine Hinweise darauf, dass sie als Brieftauben abgerichtet seien. Dennoch wurde Duclos erst nach einem Monat wieder auf freien Fuß gesetzt. Man veranstaltete eine Kampagne für seine Freilassung, und der kommunistische Dichter Louis Aragon schrieb ein Gedicht über das «Taubenkomplott».[42]

Diese absurde Affäre erschien Sartre als der Gipfel jahrelanger Schikanen und Provokationen gegen die französischen Kommunisten. Wie er später schrieb, hatte er «nach zehn Jahren des Grübelns einen Punkt erreicht, an dem es nur noch eines winzigen Anstoßes bedurfte». Das Taubenkomplott bewog ihn dazu, Stellung zu beziehen. «In der Sprache der Kirche», schrieb er, «war das eine Konversion.»[43]

Es war eine «Kehre» im Heidegger'schen Sinn, bei der das ganze Denken auf den Prüfstand kam und neue Prioritäten gesetzt wurden. Heidegger war von der Entschlossenheit zum «Seinlassen» gelangt, Sartre wurde noch entschlossener, noch engagierter, noch öffentlicher und noch weniger kompromissbereit. «Ich mußte schreiben, oder ich wäre erstickt», sagte er.[44] Und er schrieb in rasender Geschwindigkeit, unter anderem den ersten Teil eines langen Aufsatzes mit dem Titel «Die Kommunisten und der Frieden».[45] Er habe mit Zorn im Herzen geschrieben, meinte er später – aber auch mit Corydran im Blut. Er schlief kaum und verfasste Rechtfertigungen und Verteidigungen des

Sowjetstaats, die im Juli 1952 in den *Temps modernes* erschienen. Ein paar Monate später kam es zu einem weiteren leidenschaftlichen Ausbruch, der sich jedoch gegen seinen Freund Albert Camus richtete.

Camus, der Konterrevolutionär

Die Konfrontation mit Camus hatte sich schon seit längerem angebahnt. Ein Eklat war angesichts ihrer unterschiedlichen Standpunkte unausweichlich. 1951 veröffentlichte Camus den langen Essay *Der Mensch in der Revolte* mit einer Theorie der Revolte und des politischen Aktivismus, die sich vom offiziellen kommunistischen Standpunkt grundlegend unterschied.

Für die Marxisten schreitet die Menschheit über bestimmte Stufen der Geschichte stetig weiter in Richtung auf ein sozialistisches Paradies voran. Es sei ein langer Weg, am Ende aber erreiche die Menschheit den Zustand der Vollkommenheit. Camus widersprach in zwei Punkten: Er glaubte nicht, dass die Geschichte nur ein einziges, unausweichliches Ziel kenne; und er glaubte nicht an ein Paradies auf Erden. Solange es menschliche Gesellschaften gebe, werde es Revolten geben. Wenn eine Revolte die Missstände einer Gesellschaft beseitigt habe, entstehe ein neuer Status quo und mit ihm der nächste Exzess und neue Ungerechtigkeiten. Jede neue Generation habe die Pflicht, gegen diese Missstände aufzubegehren, und das werde immer so bleiben.[46]

Eine wirkliche Revolte entzündet sich Camus zufolge auch nicht an der ekstatischen Vision einer strahlenden Stadt auf einem Berg. Der Sinn einer solchen Revolte liege vielmehr darin, einem ganz konkreten, inakzeptablen Zustand eine *Grenze* zu setzen: so wie ein Sklave, der sein Leben lang herumkommandiert wurde, nein sagt und eine Grenze zieht: «Bis hierher und nicht weiter.»[47] Revolte bedeute Begrenzung der Tyrannei. Und da immer wieder neue Tyranneien entstehen, muss diese Begrenzung immer wieder neu angestrebt und behauptet werden.

Camus' Sicht der endlosen, sich selbst mäßigenden Revolte ist reizvoll, doch sie wurde zu Recht als ein Angriff auf den Sowjetkommunismus und dessen Befürworter gesehen. Sartre wusste, dass der Essay teilweise auch gegen ihn gerichtet war. Er konnte es Camus nicht verzeihen, dass er in einem historisch brisanten Moment den Rechten in die Hände spielte. Das Buch schrie geradezu nach einer Rezension in den *Temps modernes*. Sartre selbst wollte jedoch keinen Verriss schreiben, sondern überließ diese Aufgabe seinem jungen Kollegen Francis Jeanson, der das Buch als Apologie des Kapitalismus verurteilte.[48] Camus verteidigte sich in einem siebzehnseitigen Brief an den Herausgeber, also Sartre, obwohl er ihn namentlich nicht nannte. Er warf Jeanson vor, seine Argumente zu verfälschen. «Ich habe es wirklich langsam ein bißchen satt», schrieb er, «unablässig Lektionen in Wirksamkeit zu erhalten, und zwar von Kritikern, die ihr Mäntelchen immer nur nach dem Wind gehängt haben.»[49]

Das veranlasste Sartre schließlich zu einer eigenen Antwort, einer Schimpftirade, die selbst an seinen Standards gemessen ein emotionaler Ausbruch war. Das war's dann, schrieb Sartre, es sei aus mit ihrer Freundschaft.[50] Natürlich werde er dieser Freundschaft nachtrauern, und vor allem werde er den alten Camus der Résistance vermissen. Aber Camus sei zum Konterrevolutionär geworden und eine Versöhnung nicht möglich. Erneut hatte die Politik gesiegt.

Camus entwarf eine Antwort auf Sartres Antwort, die er jedoch nie veröffentlichte.[51] Der Rest war Schweigen. Nun ja, nicht ganz, denn aus dem legendären Streit erwuchs ein eigener kleiner Gewerbezweig mit Büchern und Artikeln, die die Auseinandersetzung bis zum letzten Komma analysierten. Der Streit gilt als Chiffre für eine ganze Epoche und ein bestimmtes intellektuelles Milieu. Und er ließ den Mythos von Sartre als eines «träumenden Knaben» entstehen, der einer abstrusen Phantasie nachjagt, jedoch von einem klarsichtigen moralischen Helden in die Schranken gewiesen wird, der außerdem noch cooler, klüger und attraktiver ist als er: Camus.

Eine gute Geschichte, aber man muss die Sache wohl differenzierter betrachten. Dabei mag es hilfreich sein, Sartres Beweggründe für seine maßlose Reaktion darzulegen. Seit Jahren wegen seiner politischen Ansichten unter Druck und als dekadenter Bourgeois verspottet, sah Sartre nach seiner «Konversion» zum Kommunismus die Welt in einem neuen Licht. Er fühlte sich verpflichtet, seine persönlichen

Empfindungen für Camus auszuklammern. Emotionalität betrachtete
er als eine Schwäche. Wie Heidegger in der Phase von *Sein und Zeit*
war auch Sartre überzeugt, man müsse Entschlossenheit zeigen, um
jeden Preis, und tun, was getan werden muss. Im Algerienkrieg sollte
Camus das persönliche Schicksal seiner Mutter höher bewerten als die
Gerechtigkeit, Sartre jedoch fand, es sei falsch, sich für seinen Freund
zu entscheiden, wenn dieser die Arbeiterklasse verriet. Bei all ihrer
Sympathie für Camus schwenkte jetzt auch Simone de Beauvoir auf
Sartres Linie ein: *Der Mensch in der Revolte* sei ein gezieltes Geschenk an
ihre Gegner in einem entscheidenden Moment der Geschichte, und
das war nicht hinnehmbar.[52]

Der Streit traf Camus in einer für ihn ohnehin schwierigen Zeit.
Seine Ehe kriselte, und er hatte eine Schreibblockade. Außerdem
wütete in seiner Heimat Algerien ein furchtbarer Krieg. Diese persönliche Krise fand 1956 Ausdruck in der Erzählung *Der Fall*. Der Protagonist ist ein ehemaliger Strafrichter, ein «Bußrichter», der beschlossen
hat, über sich selbst zu Gericht zu sitzen. An mehreren Abenden erzählt
er in einer Amsterdamer Matrosenbar einem ungenannten Erzähler
seine Lebensgeschichte, die mit einer schockierenden Episode endet:
Eines Abends in Paris hatte er beobachtet, wie sich eine Frau eine Brücke hinunterstürzte, war ihr aber nicht zu Hilfe geeilt, um sie zu retten.
Das kann er sich nicht verzeihen. Der Richter bekennt sich zu seinen
Verfehlungen, leitet aber daraus das moralische Recht ab, die Verfehlungen anderer anzuprangern. «Je mehr ich mich selbst anklage, desto
mehr habe ich das Recht, Sie zu verurteilen», sagt er zu seinem Gesprächspartner, aber auch zum Leser.[53] In dieser Bemerkung steckt viel
von Camus selbst.

Sartre und Beauvoir waren nicht reumütig wie der Protagonist
von *Der Fall*, aber sie waren sich bewusst, dass aus der Zukunft einmal
strenge Augen auf sie blicken würden. «Wir fühlen», schrieb Sartre
1952, «daß wir von jenen verborgenen Menschen, die nach uns kommen und über alles Erkenntnisse haben werden, die wir noch nicht
einmal ahnen können, gerichtet werden.»[54] Und Beauvoir schrieb im
letzten Band ihrer Memoiren, sie habe Schriftstellern der Vergangenheit gegenüber lange ein Überlegenheitsgefühl empfunden, weil sie
mehr über die Geschichte wisse als diese. Doch dann sei ihr aufgegan-

gen, dass eines Tages auch ihre Generation nach Kriterien beurteilt werden würde, die ihr selbst noch verborgen seien.[55] Ihr und ihren Zeitgenossen werde das widerfahren, was der Historiker Edward P. Thompson «die ungeheure Arroganz der Nachwelt» nannte.[56]

Trotz dieser Nachwelt, die ihn einmal richten werde, glaubte Sartre, dass man die Dinge beim Namen nennen müsse. Wenn man nur unentschlossen herumsitze aus Angst, einen Fehler zu machen, werde man garantiert einen machen. Um mit Kierkegaard zu sprechen:

> Es ist ganz richtig, was die Philosophie sagt, dass das Leben rückwärts verstanden werden muss. Aber darüber vergisst man den anderen Satz, dass es *vorwärts gelebt werden* muss. Welcher Satz bei genauerem Durchdenken gerade damit endet, dass das Leben in der Zeitlichkeit nie recht verständlich wird, eben weil ich in keinem Augenblick vollkommene Ruhe finden kann, um die Stellung: rückwärts einzunehmen.[57]

Einen Punkt der Stille und Besinnlichkeit würde es niemals geben. Für Sartre war – nicht nur in der Politik – die richtige Richtung immer der Blick nach vorn.

Alors, c'est fini

Mit seinen Aktivitäten in den *Temps modernes* stieß Sartre 1952 einen weiteren alten Freund vor den Kopf. Er veröffentlichte den ersten Teil seines Essays *Die Kommunisten und der Frieden*, ohne den Text seinem Mitherausgeber Merleau-Ponty zu zeigen – ein Affront, wie Sartre nur allzu gut wusste,[58] doch er wollte verhindern, dass Merleau-Ponty den Artikel ablehnen oder Sartre vorschlagen würde, ihn zu entschärfen. Im Eifer des Gefechts wäre eine solche Verzögerung für ihn unerträglich gewesen.

Diesmal war Merleau-Ponty mit seiner Position näher an Camus. Doch da er – anders als Camus – selbst einst an die sozialistische Utopie geglaubt hatte, war er ein verständnisvoller Kritiker – was ihm allerdings nicht half, seine Freundschaft mit Sartre zu retten.

Die Spannungen zwischen ihnen wuchsen im Laufe des Jahres 1952. Am 15. Januar 1953 kam Sartre ins Collège de France, um Merleau-Pontys Antrittsvorlesung für den Philosophielehrstuhl zu hören. Merleau-Ponty erklärte, er sehe die Aufgabe des Philosophen in der Wachsamkeit gegenüber der Welt und der Geschichte und in der Aufmerksamkeit für Ambiguitäten, für «den Wert der Augenblicke, in denen das Leben sich tatsächlich erneuert, indem es weitergeht».[59] Sartre versäumte es anschließend, die üblichen lobenden Worte zu sprechen. Merleau-Ponty zufolge sagte Sartre in «eisigem Ton», die Vorlesung sei «amüsant» gewesen, und fügte mit einer ausgreifenden Armbewegung auf die altehrwürdige Institution des Collège hinzu: «Ich hoffe, du wirst das hier alles ein bisschen umkrempeln.»[60] Sartre selbst hatte derartige Ehrungen stets abgelehnt und tat dies auch in Zukunft. Das ging so weit, dass er zehn Jahre später den Nobelpreis ablehnte. Er hatte immer das Gefühl gehabt, Merleau-Ponty sei allzu gern bereit, es sich im System gemütlich zu machen.

Merleau-Ponty hatte die Professur am Collège de France ohne Bedenken angenommen und fühlte sich gekränkt. Er ließ den Vorfall auf sich beruhen, doch im Sommer eskalierten die Differenzen in einem Briefwechsel. Sartre war im brütend heißen Rom und meinte später, die Hitze sei ihm wohl zu Kopf gestiegen.[61] Es begann damit, dass Sartre an Merleau-Ponty schrieb, jemand, der sich politisch nicht mehr engagiere, könne nicht diejenigen kritisieren, die dies täten.[62] Sartre habe recht, schrieb Merleau-Ponty zurück. Tatsächlich habe er, Merleau-Ponty, nach dem Koreakrieg beschlossen, auf politische Ereignisse nie wieder übereilt zu reagieren. Geschichte könne nur aus einer langfristigen Perspektive verstanden werden. Er wolle sich nicht mehr «bei jedem Ereignis engagieren, als wäre es ein moralischer Test». Ein solches Engagement sei *mauvaise foi*, unwahrhaftig.[63] Dies ausgerechnet Sartre zu sagen kam einer Provokation gleich. Im gleichen Brief beschwerte er sich über die kühle Reaktion Sartres nach seiner Vorlesung am Collège de France; die Episode machte ihm immer noch zu schaffen.

Sartre antwortete am 29. Juli: «Interpretiere um Himmels willen meinen Ton und meinen Gesichtsausdruck nicht in dieser Weise, also völlig falsch und emotional.» Und anrührend und durchaus glaubwürdig fügte er hinzu: «Wenn ich Dir eisig erschien, dann deshalb, weil ich immer gehemmt bin, wenn ich jemandem gratulieren möchte. Ich weiß nicht, wie man das macht, und dessen bin ich mir bewusst. Es ist sicherlich ein Wesenszug, das gebe ich zu.»[64]

Sartre wollte Merleau-Ponty beschwichtigen, aber seine Briefe hatten einen kränkenden Unterton, und die Unstimmigkeiten zwischen ihnen reichten tief. Wie üblich ging Merleau-Ponty über die Probleme mit einem Lächeln hinweg, was Sartre nur noch mehr ärgerte.[65] Wie Sartre zugab, tendierte er selbst dazu, ein Problem durchzudiskutieren, bis entweder er sein Gegenüber oder sein Gegenüber ihn überzeugt hatte. Merleau-Ponty dagegen «fand seine Sicherheit in der Vielzahl der Perspektiven: er sah darin die Facetten des Seins».[66] Unerhört!

Tatsächlich aber ließ der Streit auch Merleau-Ponty nicht unberührt. Seine Tochter Marianne erinnert sich, dass sie ihre Eltern stundenlang mit Sartre diskutieren hörte.[67] Merleau-Ponty musste sich auch entscheiden, ob und wie er bei den *Temps modernes* weiterarbeiten wollte. Lange hatte er dort die Kärrnerarbeit erledigt, er hatte namentlich nicht gezeichnete Leitartikel geschrieben und für das pünktliche Erscheinen der einzelnen Ausgaben gesorgt. Aber Sartre war die Galionsfigur, und wer mit dem Star des Blattes nicht zurechtkam, konnte in der Monatsschrift nicht mitmachen. Sartre erinnerte sich, dass Merleau-Ponty immer öfter als Letzter zu den Redaktionssitzungen erschien; er unterhielt sich «halblaut mit jedem über alles, außer über die Zeitschrift».[68] Sartre forderte ihn auf, seine Ansichten zu äußern, doch Merleau-Ponty zog es vor zu schweigen.

Ende 1953 bedurfte es nur noch eines Tropfens, der das Fass zum Überlaufen brachte. Sie hatten einen prosowjetischen Artikel zur Veröffentlichung angenommen, und Merleau-Ponty wies in seiner Einleitung darauf hin, dass die in dem Artikel geäußerten Ansichten nicht denen der *Temps modernes* entsprachen. Sartre las die Bemerkung vor der Drucklegung und strich sie, ohne Merleau-Ponty zu informieren.

Als Merleau-Ponty davon erfuhr, führte er ein langes, spannungsgeladenes Telefonat mit Sartre. Marianne Merleau-Ponty erinnerte sich, ihr Vater habe nach zwei Stunden aufgelegt, sich zu ihrer Mutter umgedreht und gesagt: *«Alors, c'est fini* – es ist aus.»[69] Er meinte wahrscheinlich das Ende seiner Mitarbeit bei den *Temps modernes*, man könnte es aber auch auf das Ende der Freundschaft beziehen. Später begegneten sie sich noch gelegentlich, und einmal schlug Sartre ein Wiedersehen vor. Merleau-Ponty antwortete mit zurückhaltender Höflichkeit: «Ich werde dich anrufen.» Was er Sartre zufolge jedoch nie getan hat.[70]

Das Zerwürfnis mit Sartre fiel mit einem traumatischen Ereignis in Merleau-Pontys Leben zusammen: dem Tod seiner Mutter im Dezember 1953. Er war ohne Vater aufgewachsen und stand ihr sehr nahe, nicht zuletzt, weil er sie gegen üble Nachrede hatte verteidigen müssen. Wie Sartre später erkannte, hatte sie Merleau-Ponty die glückliche Kindheit beschert, die sein Leben so nachhaltig prägte. Ihr Tod durchschnitt das Band, das ihn mit dieser paradiesischen Zeit verband. Sartre erinnerte sich, dass Merleau-Ponty damals «mit jener traurigen Heiterkeit, hinter der er seine Aufrichtigkeit verbarg», zu Simone de Beauvoir sagte: «Ich bin mehr als zur Hälfte tot.»[71] Der Bruch mit Sartre war kein so tiefer Einschnitt wie der Tod der Mutter, doch er beraubte ihn seiner Aufgabe als Mitherausgeber der *Temps modernes*, die er viele Jahre fast sendungsbewusst erfüllt hatte.

Auch Sartre war durch das Zerwürfnis tiefer getroffen, als er zugeben wollte. Er reagierte überzogen und behauptete, Merleau-Ponty habe ihn in den *Temps modernes* von Anfang an stürzen wollen. Und er habe seinen Namen nur deshalb nicht auf dem Titelblatt gewollt, um sich auf keine bestimmte Position festlegen zu müssen. Seine Verantwortung sei genauso groß gewesen wie die Sartres, Merleau-Ponty jedoch sei «unbekümmert» gewesen, «frei wie die Luft». Wenn ihm etwas nicht gepasst habe, sei er einfach gegangen. Konflikte habe er in der Regel durch eine «lebendige Übereinstimmung» lösen wollen, nicht durch direkte Machtausübung.[72] Merkwürdige Vorwürfe, auch wenn sie Merleau-Ponty und seine so liebenswürdige wie fatal unverbindliche Art treffend charakterisieren.

Mit seinem Buch *Die Abenteuer der Dialektik* von 1955 wendete sich Merleau-Ponty endgültig vom Kommunismus ab. Neben der Kritik an Georg Lukács und anderen marxistischen Theoretikern enthält dieses Werk das lange Kapitel «Sartre und der Ultra-Bolschewismus», worin er Sartres neuere politische Aufsätze als Beleg für die Inkonsistenzen und die mangelnde praktische Umsetzbarkeit seiner Ideen anführte.[73]

Simone de Beauvoir warf ihm vor, er habe einige Aspekte von Sartres Denken falsch verstanden,[74] doch im Vergleich zu den Zornesausbrüchen der KPF-Getreuen nahm sich Sartres und Beauvoirs geballter Zorn regelrecht zahm aus. Eine Gruppe von kommunistischen Intellektuellen organisierte am 29. November 1955 eine Diskussionsveranstaltung, bei der es ausschließlich um Merleau-Ponty ging. Die denunziatorischen Reden, unter anderem von Henri Lefebvre, wurden 1957 in dem Band *Mésaventures de l'anti-marxisme. Les malheurs de M. Merleau-Ponty (Missgeschicke des Anti-Marxismus. Das Unglück des Herrn Merleau-Ponty)* veröffentlicht.[75]

Kurz darauf begegneten sich Merleau-Ponty und Sartre bei einem von der Europäischen Kulturgesellschaft organisierten Kolloquium in Venedig (es war die Veranstaltung, bei der Sartre zu Stephen Spender sagte, er würde eine ungerechte Gefangenschaft erdulden, um den kommunistischen Staat zu retten). Schriftsteller von beiden Seiten des Eisernen Vorhangs diskutierten über die poststalinistische «Tauwetter»-Periode in der Sowjetunion unter Chruschtschow sowie über das politische Engagement von Schriftstellern – das Thema, über das sich Merleau-Ponty und Sartre entzweit hatten. In der Annahme, ihnen einen Gefallen zu tun, hatten die Veranstalter sie nebeneinander platziert. Sartre erbleichte, als er den Namen auf dem Schildchen neben sich las, aber alles ging gut. «Irgendjemand sprach, er ging auf Zehenspitzen hinter mir vorbei, berührte mich leicht an der Schulter, und als ich mich umdrehte, lächelte er mir zu.»[76] Während des Kongresses gab es weitere entspannte Momente, und sie tauschten amüsierte Blicke, als ein englischer Delegierter das Wort ergriff, höchstwahrscheinlich Stephen Spender, der zu despektierlichen Bemerkungen über die *littérature engagée* neigte.[77] Aber ein komplizenhaftes Lächeln vermochte die Freundschaft nicht wiederzubeleben.

Ihre Position von 1945 und 1946, die gemeinsame Überzeugung, man müsse sich die Hände schmutzig machen und über das Leben anderer «schwierige» Entscheidungen treffen, hatten beide Philosophen längst aufgegeben. Ihre Wege hatten sich gekreuzt und wieder getrennt: ein weiteres Chiasma. Sartre ging aus einer Phase des Zweifels radikalisiert hervor, bereit, für den idealen Staat sein Leben zu riskieren. Merleau-Ponty wiederum vertrat zunächst vehement die kom-

munistische Ideologie, gab sie dann aber auf: das menschliche Leben
könne nicht in die feste Form eines Ideals gepresst werden. Er war
«aufgewacht», wie er bekannte: «Wenn die Nostalgie des Kommunismus erst einmal gebannt ist, lässt man die Träumereien hinter sich,
und alles wird wieder interessant und neu.»[78] Auch in seiner Antrittsvorlesung am Collège de France hatte er von der Pflicht zur Wachsamkeit gesprochen.[79]

Natürlich war Sartre überzeugt, er sei der eigentlich Wachsame.
Später resümierte er: «Ich glaubte, ich bliebe seinem Denken von 1945
[Merleau-Pontys kommunistischer Phase] treu, und nur er hätte es
aufgegeben; er glaubte, er sei sich selbst treu geblieben, und ich hätte
ihn verraten.»[80]

Das ist nicht nur eine bemerkenswert unparteiische Beschreibung
dessen, was sie trennte, sondern erinnert auch an ein anderes Schisma:
den Bruch zwischen Edmund Husserl und Martin Heidegger Ende der
zwanziger Jahre. Auch hier war jeder der beiden überzeugt, er allein
sei unterwegs zu neuen und aufregenderen Ufern und lasse den anderen auf falschem Kurs hinter sich, manövrierunfähig, verloren in einer
Windstille.

Die Mandarins von Paris

Inmitten all dieser dramatischen Ereignisse führte Simone de Beauvoir
mit ihrer unermüdlichen Beobachtungs- und Reflexionsgabe weiter
beharrlich Tagebuch. Aus ihren Aufzeichnungen entstand 1954 der
Schlüsselroman *Die Mandarins von Paris.* Darin beschreibt sie die
Befindlichkeiten, Debatten und Machtkämpfe französischer Links-
intellektueller in der Nachkriegszeit: die Angst vor der Atombombe,
die Diskussionen über die sowjetischen Gulags und Schauprozesse,
das Für und Wider des politischen Engagements, aber auch Liebesaffären und persönliche Zwistigkeiten.[81] Sie rückt einige Details so
zurecht, dass ihre Freunde manchmal klüger und weitblickender erscheinen, als sie in Wirklichkeit waren, aber alles in allem ist das Buch
das überraschend unterhaltsame Porträt einer Ära und eines Milieus.
Die *Mandarins von Paris* brachten Beauvoir den Prix Goncourt ein, den

wichtigsten französischen Literaturpreis. Von den Tantiemen kaufte sie sich eine Wohnung in der Rue Victor Schoelcher in der Nähe des Friedhofs Montparnasse. Damit entfernte sie sich räumlich weiter von Sartre, der nach wie vor mit seiner Mutter in dem Haus über der Bar Napoléon lebte, aber ihr Weg führte sie fast täglich nach Saint-Germain-des-Prés, wahrscheinlich durch den grünen Jardin du Luxembourg. Sie traf sich mit Freunden und arbeitete Seite an Seite mit Sartre, wie sie es immer getan hatte.

Ein neuer Geliebter zog bei ihr ein, der Filmemacher Claude Lanzmann. Seine leidenschaftlichen Überzeugungen und sein starkes Bewusstsein für seine jüdische Herkunft nahmen sie für ihn ein. «Um sich zu definieren, sage er zuerst: Ich bin Jude», schrieb sie.[82] Sartre hatte eine solche Bekundung einer festgefügten Identität einst als *mauvaise foi*, Unwahrhaftigkeit oder Unaufrichtigkeit, kritisiert, weil man damit die Freiheit seines Bewusstseins aufgebe. In Wirklichkeit hatten Beauvoir und Sartre seit jeher eine Schwäche für Leute mit einer kompromisslosen Identität und mit dezidierten Einstellungen. Lanzmann empöre sich unablässig darüber, was Juden erlitten hatten, schrieb sie bewundernd. Einmal sagte er zu ihr: «Unaufhörlich hätte ich Lust zu töten.»[83] Er spürte eine gewaltige innere Spannung, auch physisch. Vor schierer Wut konnte er weinen oder musste sich übergeben. Verglichen mit dem in großen Dimensionen denkenden Sartre auf dem Höhepunkt seines Ruhms, muss Lanzmann für Beauvoir geradezu erfrischend gewirkt haben. Mit Sicherheit war er das Gegenteil ihres einstigen Freundes Merleau-Ponty, der in Bedrängnis nur noch angestrengter lächelte und forciert witzige Bemerkungen machte.

Besser, mit Sartre zu irren

Um 1954 erstellte Sartre, nachdem er alte Tagebücher wiedergelesen hatte, eine Liste seiner Zerwürfnisse. Hierzu zählten der Bruch mit Koestler, Aron und Merleau-Ponty und das Ende seiner Freundschaft mit Camus; sie hätten sich zwar noch gesehen, notierte er, «wichen aber den wichtigen Themen» aus.[84] Ein beigefügtes Diagramm zeigt, dass diese Freunde sich gleichfalls miteinander überworfen hatten. An

Raymond Aron 1947

anderer Stelle meinte er: «Das macht mir nichts aus, mich zu zerstrei-
ten. Etwas ist gestorben, das ist alles.»[85] Doch ein paar Jahre später verfasste er sowohl für Camus als auch für Merleau-Ponty wohlwollende
Nachrufe. Über Camus sagte er in einem Interview wehmütig: «Ein
bißchen war er immer noch der kleine Gassenjunge aus Algier, sehr
ungezogen und frech. Er ist vermutlich mein letzter guter Freund
gewesen.»[86]

Gegen Aron hegte er einen dauerhafteren Groll, vielleicht deshalb,
weil sie sich in der Studienzeit sehr nahegestanden hatten, später aber
politisch ausgesprochen divergente Ansichten vertraten. 1955 veröffentlichte Aron mit *Opium für Intellektuelle* einen direkten Angriff auf
Sartre und seine Mitstreiter, denen er vorwarf, «unerbittlich mit dem
Versagen der Demokratien abzurechnen, aber den größten Verbrechen gegenüber Nachsicht zu üben, vorausgesetzt, daß sie im Namen
der guten Lehre begangen werden».[87] Sartre rächte sich im Mai 1968,
als sich Aron gegen die Studentenrevolte aussprach. Er warf ihm vor,
ein schlechter Lehrer zu sein.[88]

Erst Ende der siebziger Jahre, als sie beide an einer humanitä-
ren Aktion für Flüchtlinge aus Vietnam teilnahmen, trafen sich Sartre

und Aron wieder und schüttelten sich unter dem Blitzlichtgewitter der Fotografen die Hand. Die Presseleute glaubten, dies sei eine Geste der Versöhnung. Zu diesem Zeitpunkt war Sartre jedoch bereits krank, seine Seh- und Hörfähigkeit stark beeinträchtigt. Vielleicht reagierte er deshalb nicht besonders freundlich, als Aron ihn mit der Anrede aus der gemeinsamen Zeit an der École normale begrüßte: «*Bonjour, mon petit camarade.*» Sartre antwortete nichts, vielleicht nur: «*Bonjour.*»[89]

Mit Aron und Sartre wird eine berühmt gewordene Bemerkung in Verbindung gebracht, die in Wirklichkeit keiner von beiden geäußert hat. In einem Interview mit Bernard-Henri Lévy aus dem Jahr 1976 sagte Aron, er sei bei linken Intellektuellen nicht deshalb so verhasst, weil er das wahre Wesen des Kommunismus aufgezeigt, sondern weil er ihren Glauben daran nie geteilt habe. Lévy antwortete: «Und Sie, wie denken Sie selbst darüber? Ist es in diesem Fall besser, Sartre oder Aron zu sein? Lieber ein Sartre als Sieger, wenn auch im Irrtum, als ein Aron als Besiegter, wenn auch in der Wahrheit?»[90] Aron gab keine klare Antwort. Aber die Frage stand im Raum, und schon bald kursierte der Slogan: Besser, mit Sartre zu irren, als mit Aron recht zu haben.

Schreiben, schreiben, schreiben und ein Röhrchen Corydran

Entschlossen, seine Zeit und Kraft jedem Anliegen zu widmen, das seine Unterstützung zu brauchen schien, überlastete sich Sartre in den fünfziger Jahren permanent. Das führte zu so manchen törichten Äußerungen. Er folgte beispielsweise der Einladung einer russischen Schriftstellerorganisation und fuhr im Mai 1954 in die Sowjetunion. In einer danach entstandenen Artikelserie behauptete er, Sowjetbürger reisten deshalb nicht, weil sie keine Lust dazu hätten und viel zu sehr damit beschäftigt seien, den Kommunismus aufzubauen.[91] Später behauptete er, er sei völlig erschöpft nach Hause zurückgekehrt und habe das Schreiben der Artikel seinem Privatsekretär Jean Cau über-lassen.[92]

Cau erinnerte sich, dass Sartre in dieser Zeit Angst hatte, zu wenig zu produzieren, und sich oft bis an den Rand des Zusammenbruchs brachte. «Es ist keine Zeit!», rief er manchmal. Er verzichtete auf seine größten Vergnügungen: Kino, Theater, Romane.[93] Er wollte nur schreiben, schreiben, schreiben. Stilistische Ansprüche an einen Text hielt er nun für bourgeoisen Luxus. Es komme allein auf die Sache an, und es sei eine Sünde, einen fertigen Text zu überarbeiten oder auch nur ein weiteres Mal zu lesen.[94] Seiten über Seiten füllte er mit Tinte. Simone de Beauvoir, die ihre eigenen Texte akkurat überarbeitete, beobachtete das nervös.[95] Sartre schrieb wie am Fließband: Essays, Vorträge, philosophische Arbeiten, gelegentlich unter Mithilfe von Cau, aber meist allein. Seine Bibliographen Michel Contat und Michel Rybalka rechneten aus, dass Sartre über sein ganzes Leben hinweg durchschnittlich zwanzig Seiten pro Tag schrieb – fertige Texte, keine Entwürfe.[96] (In dieser Phase seines Lebens machte Sartre keine Entwürfe mehr.) Schon in Irland hatte sich John Huston beim Frühstück darüber gewundert, dass Sartre bereits seit Stunden wach war und rund fünfundzwanzig neue Seiten seines Freud-Treatments zu Papier gebracht hatte.[97] Seine Biographin Annie Cohen-Solal benutzte das Bild vom Maschinenraum und von Turbinen, um Sartres Produktion seit den späten Vierzigern zu charakterisieren.[98] Und Olivier Wickers zufolge war für Sartre der Schlaf lediglich eine soldatische Pflicht, eine notwendige Pause, so kurz wie möglich: ein Feldlager oder auch ein Boxenstopp, den man einem Motor gönnen musste, um ihn am Laufen zu halten.[99]

Unterdessen nahm Sartre weiter Corydran ein.[100] Statt der empfohlenen Höchstmenge von ein bis zwei Amphetamin-Aspirin-Tabletten pro Tag schluckte er ein ganzes Röhrchen. Dazu trank er eine Menge Alkohol und genoss das Durcheinander, das dieser Cocktail in seinem Gehirn anstellte. «Ich mochte die Destruktion als solche, ich hatte gern trübe Ideen, die unbestimmt fragend waren und sich dann auflösten.»[101] Oft nahm er am Ende eines Tages Beruhigungsmittel, um einzuschlafen. «Literatur» jedoch schrieb er nie unter Corydran; das verleite zur «Weitschweifigkeit», wie er sagte.[102] Als er nach dem Krieg versucht hatte, unter dem Einfluss des Aufputschmittels eine Romanpassage für *Die Wege der Freiheit* zu schreiben, «war es gräßlich», wie er im Gespräch mit Simone de Beauvoir erzählte. «Er [Mathieu] spazierte durch die Straßen, und alle Straßen gaben Anlaß zu Vergleichen.»[103] Beauvoir stimmte ihm zu, vermutlich mit Schaudern: «Ich erinnere mich; es war entsetzlich.» Diese fatale «Weitschweifigkeit» ist bereits in Notizen von 1951 erkennbar, über die er 1974 zu Beauvoir sagte, er habe «zwanzig Seiten über das Plätschern der Gondeln geschrieben».[104] Das könnte man allerdings auch als gewissenhafte angewandte Phänomenologie verstehen.

Sartres Überproduktion hatte mit schriftstellerischer Eitelkeit oder Geldmangel wenig zu tun. Der Auftrag für das Freud-Drehbuch, den er übernommen hatte, um eine Rechnung zu bezahlen, war eine seltene Ausnahme. Der Hauptgrund war vielmehr, dass er sich gern engagierte und Freunden half, indem er ihre Publikationen oder Kampagnen unterstützte. Diese Freigebigkeit, wenn es um konkrete Zielsetzungen ging, war ein Wesenszug Sartres, der häufig vergessen wird. Er erwartete von sich, dass er ständig etwas tat; dass er sich engagierte, auch wenn ihm gar keine Zeit blieb, die Sache gründlich zu durchdenken. Umsichtigere Menschen hätten innegehalten, aber Sartre betrachtete auch das als bourgeoisen Luxus.

Merleau-Ponty meinte einmal in einem Interview, es gebe eine schlichte Tatsache über Sartre, die nur wenigen Leuten bekannt sei und die in seinen Büchern nicht oft zur Sprache komme: *«Il est bon»*, er ist ein guter Mensch.[105] Seine «Gutherzigkeit» war sein fataler Fehler. Die Folge waren Überanstrengung und, noch bedenklicher, die feste Überzeugung, seinen Existenzialismus mit dem Marxismus versöhnen zu müssen – ein unmögliches und zerstörerisches Unterfangen. Sartre jedoch war überzeugt, die unterdrückten Massen der Welt würden genau das von ihm erwarten.

In einem Interview kurz vor seinem Tod forderte sein junger Assistent Benny Lévy ihn auf zu sagen, wer mit Sartre, dem Apologeten der Sowjetunion, eigentlich verschwunden sei. «Wer ist eigentlich gestorben?», fragte er. «Ein finsterer Schurke, ein Einfaltspinsel, ein Naivling oder ein herzensguter Kerl?»

«Ich würde eher sagen, ein gar nicht so übler Kerl», antwortete Sartre.[106]

Eine neue Kehre

Welche Gutherzigkeit auch immer ihn in den frühen fünfziger Jahren dazu bewog, den Sowjetkommunismus zu verteidigen, im Oktober und November 1956 wurde seine Position immer unhaltbarer. Nach Stalins Tod 1953 ermutigte das politische «Tauwetter» in der Sowjetunion die Reformer der kommunistischen Regierung Ungarns, Signale der persönlichen und politischen Freiheit auszusenden. Im Oktober 1956 verlangten Demonstranten noch größere Zugeständnisse. Die Sowjetunion reagierte mit der Entsendung von Soldaten, es kam zu Kämpfen in Budapest. Die Aufständischen stürmten das Rundfunkgebäude und riefen die Bevölkerung zum Widerstand auf. Ein Waffenstillstand wurde ausgehandelt, doch am 1. November rollten russische Panzer über die ukrainisch-ungarische Grenze und in Richtung Budapest. Die sowjetischen Streitkräfte zerstörten Gebäude, in denen sich die Aufständischen verschanzt hatten. Sie eröffneten das Feuer auf Bahnhöfe und öffentliche Plätze und drohten, das Parlamentsgebäude zu zerstören. Am Sonntag, dem 4. November, ergaben sich die Aufständischen mit einer letzten Verlautbarung im Rundfunk: «Wir beenden jetzt die Sendung. *Vive l'Europe! Vive la Hongrie!*»[107] Der Aufstand war niedergeschlagen.

Für kommunistische Sympathisanten im Westen war diese brutale Machtdemonstration der Sowjets ein Schock. Viele zerrissen ihre Parteiausweise; selbst die hartnäckigsten Verfechter der kommunistischen Idee rangen die Hände. Sartre und Beauvoir waren bestürzt. In einer Sondernummer der *Temps modernes* im Januar 1957 verurteilten sie den Einmarsch der Sowjetunion und gaben ungarischen Autoren die Möglichkeit, über die Ereignisse zu schreiben.[108] Insgeheim jedoch behielten sie ein mulmiges Gefühl. Sie missbilligten, dass die Rechten die sowjetische Invasion als Werbung für ihre eigene Ideologie benutzten.

Schon bald nach den Ungarn-Ereignissen begann Sartre mit der Arbeit an der *Kritik der dialektischen Vernunft*, einem Werk, das einen ähnlichen Umfang wie *Das Sein und das Nichts* haben sollte, allerdings auf der Grundlage eines neuen sozialen Denkens und des Ideals des politischen Engagements. Statt von Bewusstsein, Nichts und Freiheit leitete Sartre jetzt alles von konkreten Situationen und dem Prinzip

des konzertierten Handelns in der Welt ab. Simone de Beauvoir betrachtete die *Kritik der dialektischen Vernunft* als Sartres ultimative Antwort auf die Katastrophe von 1956.[109] War es ohnehin ein schwieriger
Drahtseilakt, Existenzialismus und Marxismus unter einen Hut bringen zu wollen, so erst recht in dieser politischen Situation, in der sich
die Sowjetunion als nicht vertrauenswürdig erwiesen hatte. Wie Sartre
selbst es 1975 formulierte: «Die *Kritik* wurde gegen die Kommunisten
geschrieben, obwohl sie marxistisch ist.»[110] Man könnte auch sagen, es
ist ein existenzialistisches Werk, das sich gegen den alten, unpoli-
tischen Existenzialismus wendet.

Sartre fiel es schwer, das Buch zu Ende zu bringen. Der erste Band
erschien 1960 unter dem Titel *Theorie der gesellschaftlichen Praxis* und
war schon für sich genommen eine Schwarte. Der zweite Band wurde
nie vollendet. Sartres Aufzeichnungen dazu wurden postum 1985 veröffentlicht.[111]

Als Sartre die Arbeit am zweiten Band aufgab, hatte er sich bereits
von der Sowjetunion abgewandt. Sein Interesse galt nun Maos China.
Auch sah er sich jetzt immer mehr als intellektuellen Pionier – nicht
des Kommunismus, sondern einer sehr viel radikaleren Revolution,
die dem existenzialistischen Lebensstil besser entsprach.

Zwölftes Kapitel
Mit den Augen der Benachteiligten

*in dem wir Revolutionären und Außenseitern begegnen und
Leuten, die nach Authentizität streben*

Das Prinzip Genet

Wenn Personen mit gegenläufigen Interessen behaupten, sie hätten
recht, wie kann man sich dann zwischen ihnen entscheiden? Im letzten
Teil seines Essays *Die Kommunisten und der Frieden* schlägt Sartre eine
kühne Lösung vor: Warum, so fragt er, betrachtet man nicht jede Situation «mit den Augen der am meisten Benachteiligten»? Deren Interpretation der Ereignisse müsse man dann übernehmen, denn die
Wahrheit einer Gesellschaft sei das, was die am meisten Benachteiligten sehen. Ihre Sicht zeige «den Menschen und die Gesellschaft in ihrer
Wahrheit».[1] Wenn etwas in ihren Augen nicht wahr ist, sagt Sartre,
dann ist es *nicht wahr*.

Ein verblüffend einfacher und erfrischender Gedanke. Er wischt die
Heuchelei der Privilegierten mit einem Streich vom Tisch – die wohl-
feile Behauptung, die Armen hätten ihr Schicksal verdient, die Reichen
hätten ein Anrecht auf den Genuss des Wohlstands und Ungleichheit
und Leid gehörten einfach zum Leben. Wenn die Armen und Benachteiligten diese Argumente ablehnten, dann seien es falsche Argumente,
so Sartre. Das ist das «Prinzip Genet»: Der Underdog hat immer recht.
Wie Jean Genet stellte sich Sartre von nun an bedingungslos auf die
Seite der Entfremdeten, Unterdrückten und Ausgeschlossenen. Er versuchte, den Blick des Außenseiters nachzuvollziehen, der sich gegen die
privilegierte Kaste richtet, obwohl er selbst zu dieser Kaste gehört.

Keine leichte Übung. Nicht nur, weil es psychisch belastend ist, die
Perspektive eines anderen einzunehmen (wie Simone de Beauvoir in

Das andere Geschlecht dargelegt hat), sondern auch weil dieser Perspektivenwechsel auf eine Vielzahl logischer und begrifflicher Schwierigkeiten stößt: Wer genau ist in einer konkreten Situation am meisten benachteiligt? Und was ist, wenn aus den Unterlegenen Privilegierte werden? Dann muss die Sache ganz neu gedacht werden. Die Positionen bedürfen einer ständigen Korrektur – und wer überwacht diesen Prozess?

Wie Merleau-Ponty in «Sartre und der Ultra-Bolschewismus» betont hat, hielt Sartre selbst sich nicht an seine Grundsätze. Von den anklagenden Blicken der Benachteiligten – der politischen Häftlinge in Stalins Gefängnissen – nahm er lange Zeit keine Notiz und nannte Gründe, warum man sie ignorieren könne.[2] Vielleicht war die Idee mit dem «Blick» gar nicht für die Praxis gedacht. Doch wie in der ethischen Philosophie von Emmanuel Lévinas oder Simone Weil, wo die Forderungen, die der Blick des Anderen an uns stellt, theoretisch unendlich viele sind, verliert ein Ideal nicht allein deshalb seine inspirierende Kraft, weil es unerfüllbar ist.

Sartres «Blick der Benachteiligten» ist so radikal wie Lévinas' auf den Anderen gerichtete Ethik und radikaler als der Kommunismus, in dem allein die Partei entscheiden darf, was richtig ist. Das moralische Recht einer Vielzahl menschlicher Sichtweisen und persönlicher Perspektiven zu überantworten beschwört geradezu Chaos herauf und mindert damit die Chance auf eine wirkliche Revolution. Mit dieser Position setzte sich Sartre über die Parteilinie hinweg und blieb damit der Querdenker, der er immer gewesen war.[3] Er konnte einfach kein guter Marxist sein, sosehr er es versuchte.

Sein neuer Ansatz sagte eher Aktivisten gegen Rassismus, Sexismus, soziale Ausgrenzung, Armut und Kolonialismus zu, die in keine Partei eintreten wollten, sich jedoch in den neuen Befreiungsbewegungen der fünfziger und sechziger Jahre engagierten. Sartre legte sein ganzes Gewicht in die Waagschale und stritt mit seiner wirksamsten Waffe, der Feder. Er verfasste Vorworte für die Streitschriften jüngerer Autoren, die seinem Engagement neue Themenbereiche eröffneten. Das stärkte seine Zuversicht, er könne mit seiner Philosophie etwas erreichen. Seit dem Scheitern des sowjetischen Projekts war ihm dieses Gefühl versagt geblieben.

Schon 1948 hatte Sartre den Aufsatz *Schwarzer Orpheus* geschrieben, der zuerst als Vorwort zu einer Anthologie schwarzer und madagassischer Poesie französischer Sprache erschien, herausgegeben von Léopold Sédar Senghor. Darin konstatiert Sartre, die Poesie schwarzer und postkolonialer Dichter kehre die Richtung des fixierenden, urteilenden Blicks ihrer Unterdrücker um. Von nun an, schrieb er, könnten weiße Europäer nicht mehr das Privileg beanspruchen, die Welt kalt und gleichgültig zu bewerten und zu beherrschen. «Heute blicken uns diese schwarzen Menschen an, und unser Blick kehrt in unsere Augen zurück; jetzt beleuchten schwarze Fackeln die Welt, und unsere weißen Köpfe sind nur noch kleine Lampions, die im Winde schaukeln.»[4] (Damals feilte Sartre noch an seinen Metaphern.)

1957 schrieb er eine Einführung zu Albert Memmis Doppelporträt *Portrait du colonisé* und *Portrait du colonisateur*. Darin analysierte er die Mythen des Kolonialismus in derselben Weise wie Beauvoir zuvor die Mythen der Weiblichkeit in *Das andere Geschlecht*.[5] Und er verfasste ein einflussreiches Vorwort zu einem Standardwerk des Antikolonialismus, Frantz Fanons *Die Verdammten dieser Erde*.

Frantz Fanon und die Gewalt der Unterdrückten

Fanon war ein messianischer Denker und ein Intellektueller, der selbst vom Existenzialismus beeinflusst war und sein allzu kurzes Leben den Fragen der Rasse, der Unabhängigkeit und der revolutionären Gewalt widmete. Geboren in Martinique als Kind afrikanisch-europäischer Eltern, studierte er Philosophie in Lyon, unter anderem bei Merleau-Ponty, auch wenn er sich für dessen ruhige, unaufgeregte Art nicht erwärmen konnte.[6] Sein 1952 veröffentlichtes erstes eigenes Buch war leidenschaftlich erregt, aber es war auch phänomenologisch. *Schwarze Haut, weiße Masken* erkundete die «erlebte Erfahrung» des Schwarzen, der in einer von Weißen dominierten Welt in die Rolle des Anderen gedrängt wird.[7]

Fanon ging anschließend nach Algier und engagierte sich in der Unabhängigkeitsbewegung, wurde aber 1956 ausgewiesen und ging nach Tunesien. Während seines dortigen Aufenthalts wurde bei ihm

Leukämie diagnostiziert, die er in der Sowjetunion behandeln ließ. 1961, als er mit der Arbeit an *Die Verdammten dieser Erde* begann, erkrankte er erneut schwer. Von Fieber gepeinigt und körperlich geschwächt, fuhr er nach Rom, wo ihn Claude Lanzmann mit Beauvoir und Sartre bekannt machte.

Sartre war auf Anhieb von ihm begeistert und gerne bereit, ein Vorwort zu *Die Verdammten dieser Erde* zu schreiben. Er mochte Fanons Werk, und ihn persönlich noch mehr. Lanzmann sagte später, er habe nie zuvor erlebt, dass Sartre so fasziniert von jemandem gewesen war. Die vier diskutierten beim Mittagessen und den ganzen Nachmittag und Abend bis zwei Uhr früh, als Beauvoir schließlich das Gespräch abbrach und erklärte, Sartre müsse jetzt schlafen. Fanon war gekränkt. «Ich mag keine Menschen, die mit ihren Kräften haushalten», erklärte er und diskutierte dann bis acht Uhr früh mit Lanzmann weiter.[8]

Zu dieser Zeit hatte Fanon nur noch wenige Monate zu leben. In den letzten Wochen vor seinem Tod wurde er in die Vereinigten Staaten geflogen, um die bestmögliche Behandlung zu erhalten, eine Reise, die der CIA-Agent Ollie Iselin organisierte, mit dem er sich angefreundet hatte.[9] Aber es gab keine Hilfe mehr. Fanon starb in Bethesda, Maryland, am 6. Dezember 1961 im Alter von sechsunddreißig Jahren. *Die Verdammten dieser Erde* erschien erst nach seinem Tod, mit einem Vorwort von Jean-Paul Sartre.

Beauvoir erinnerte sich, dass Fanon in Rom gesagt hatte: «Wir haben Ansprüche zu stellen» – etwas, das sie und Sartre nur allzu gern hörten.[10] Diese Eindringlichkeit und Entschlossenheit, Forderungen zu erheben und falls nötig Schuldzuweisungen vorzunehmen, hatte Beauvoir für Lanzmann so eingenommen. Jetzt ließ sich auch Sartre begeistern. Vielleicht fühlten sie sich an die Kriegszeit erinnert, als *alles* belangvoll war. Sartre befürwortete Fanons Militanz, unter anderem seine These, eine antiimperialistische Revolution sei zwangsläufig gewalttätig, nicht nur weil Gewalt eine Wirkung erziele, sondern auch weil sie den Kolonisierten helfe, das Lähmende der Unterdrückung abzuschütteln und eine gemeinsame neue Identität zu schaffen. Ohne die Gewalt zu verherrlichen, betrachtete Fanon sie als wesentlich für den politischen Wandel. Für Gandhis gewaltlosen Widerstand, aus dem Macht erwuchs, hatte er wenig übrig. In seinem Vorwort zu

Die Verdammten dieser Erde unterstützte Sartre Fanons Ansicht so vehement, dass er die Gewalt um ihrer selbst willen pries. Die Gewalt der Unterdrückten erschien ihm offenbar als ein nietzscheanischer Akt der Selbstschöpfung. Wie Fanon stellte er sie der latenten Brutalität des Kolonialismus gegenüber. Und wie in *Schwarzer Orpheus* forderte er seine (mutmaßlich weißen) Leser auf, den auf sie gerichteten Blick der Unterdrückten auszuhalten: den «Striptease unseres Humanismus», die Entlarvung unserer selbst als bourgeoise Heuchler und Monster an Gier und Eigennutz.[11]

In diesem Vorwort kristallisierte sich alles, wofür Sartre in diesen militanten Jahren besonders gehasst und besonders bewundert wurde. So schockierend seine Fetischisierung der Gewalt auch ist, so bemerkenswert erscheint seine radikale Entschlossenheit, sich mit den Ausgegrenzten und Entrechteten zu solidarisieren. Wie sein Freund Olivier Todd meinte, änderten sich zwar seine Überzeugungen, nicht aber sein Extremismus.[12] Sartre widersprach ihm nicht. 1975 meinte er in einem Interview: «Natürlich habe ich in meinem Leben eine Menge Fehler begangen, kleine und große, die verschiedene Ursachen gehabt haben mögen. Aber im Grunde hat es jedesmal, wenn ich einen Fehler machte, daran gelegen, daß ich nicht radikal genug war.»[13]

Radikal sein hieß, andere vor den Kopf zu stoßen, auch andere Radikale. Frantz Fanons Witwe Josie Fanon gehörte zu denen, die sich gegen Sartre wandten. Sie nahm es ihm übel, dass er auch den Zionismus unterstützte, was ihn ihrer Ansicht nach zu einem Feind der meisten Algerier machte.[14] Dass Sartre sich für beide politische Anliegen einsetzte, spricht für seine guten Absichten, offenbart aber auch eine weitere Paradoxie seines Prinzips, den Standpunkt der «Benachteiligten» einzunehmen. Es gibt mehr als nur eine Gruppe von Benachteiligten – aber was passiert, wenn ihre Forderungen nicht miteinander in Einklang zu bringen sind? Und Sartres Lob der Gewalt barg ein noch größeres Paradox: Denn wer konnte stärker benachteiligt sein als die Opfer eines Gewaltangriffs, ungeachtet der Gründe dafür und ungeachtet der konkreten Situation?

Sartre war sich bewusst, dass seinem Plädoyer für Gewalt persönliche Motive zugrunde lagen. Er führte diese rigide Einstellung auf die Gewalt zurück, die er in seiner Kindheit erfahren hatte, und auf seinen damals gefassten Entschluss, die Aggression seiner Peiniger zu internalisieren. Als er 1974 mit Simone de Beauvoir darüber sprach, sagte er, er habe die Gewalt, die er in der Schule in La Rochelle kennengelernt habe, nie vergessen. Er glaubte sogar, dass sich in seine Beziehungen zu anderen Menschen Gewalt eingeschlichen habe: «Ich habe später nie zärtliche Beziehungen zu meinen Freunden gehabt», bekannte er.[15] Es lässt sich vermuten, dass durch diese Erfahrungen auch seine extremistischen Tendenzen in allen Lebensbereichen gefördert wurden.

Von der antikolonialistischen Gewalt, der Gewalt gegen Weiße, waren auch Sartres Landsleute betroffen, aber das freute ihn nur umso mehr. Es lag Befriedigung darin, die Perspektive umzudrehen und zum Objekt des gerechten Zorns der Unterdrückten zu werden. Auch Simone de Beauvoir feierte Nachrichten über Aufstände gegen die französische Kolonialmacht und freute sich über Angriffe gegen deren Truppen im Indochina der fünfziger Jahre.[16] Es war natürlich eine Frage der politischen Überzeugung, aber Beauvoirs Reaktion war wohl eher intuitiv als rational und entsprang der komplizierten Gefühlslage eines Menschen, dessen Land erst zehn Jahre zuvor besetzt und unterdrückt worden war. Tatsächlich zeigte sie sich im Jahr 1954, als der Algerienkrieg begann, vom Anblick französischer Uniformen in der Öffentlichkeit ebenso verstört wie zuvor vom Anblick deutscher Soldaten, nur dass sie sich jetzt selbst schuldig fühlte. «Ich bin Französin» – diese Worte brannten ihr in der Kehle «wie das Eingeständnis einer Schande», schrieb sie später.[17]

Die Jahre zwischen 1954 und 1962, als Algerien um seine Unabhängigkeit kämpfte, waren eine traumatische und leidvolle Zeit. Von der blutigen Gewalt blieb auch Paris nicht verschont. Es wurden Demonstranten getötet, die für Algeriens Unabhängigkeit auf die Straße gingen. Die Folterung und Hinrichtung von Zivilisten in Algerien durch die Franzosen rief weltweites Entsetzen hervor. Camus vergaß nicht die Bedrohung für seine Mutter, verurteilte aber auch die Übergriffe der Behörden. Sartre und Beauvoir waren in ihrer Unterstützung der algerischen Befreiungsbewegung parteiischer. Sie beteiligten sich an Kampagnen und schrieben eindringliche Beiträge zu Büchern, in denen über Folterungen berichtet wurde, teils von den Betroffenen selbst. In seinem Vorwort zu Henri Allegs *La Question* erklärte Sartre:

«Jeder kann jederzeit zum Opfer oder zum Henker werden», eine Anspielung auf Camus' Essay *Weder Opfer noch Henker*.[18] Hätten sich Sartre und Beauvoir nicht längst mit Camus zerstritten gehabt, wäre die Algerienfrage der richtige Moment dafür gewesen.

Man könnte Sartre und Beauvoir vorwerfen, die Gewalt aus sicherer Distanz befürwortet zu haben, aber diesmal waren sie alles andere als sicher. Wie 1947 erhielt Sartre auch jetzt Morddrohungen.[19] Im Oktober 1960 gingen 10 000 französische Veteranen gegen die Unabhängigkeit Algeriens auf die Straße und skandierten: «Erschießt Sartre!» Als er eine Petition unterzeichnete, um französische Soldaten zur Befehlsverweigerung aufzurufen, drohten ihm Strafverfolgung und Gefängnis. Staatspräsident de Gaulle soll dies mit der Bemerkung verhindert haben: «Einen Voltaire sperrt man nicht ein.» Am 7. Januar 1962 nahm jemand den Aufruf zum Mord ernst. In der rue Bonaparte 42, ein Stockwerk über der Wohnung, in der Sartre mit seiner Mutter lebte, explodierte eine Bombe. Die beiden Wohnungen im fünften Stock wurden völlig zerstört, die Tür von Sartres Wohnung wurde aus den Angeln gerissen. Zum Glück wurde niemand verletzt.[20] Camus hatte um seine Mutter in Algerien gebangt, jetzt war das Leben von Sartres Mutter in Gefahr. Sartre zog in eine neue Wohnung in Montparnasse, 222 Boulevard Raspail, näher bei Simone de Beauvoir, und mietete unweit davon eine Wohnung für seine Mutter. Damit verabschiedete er sich von Saint-Germain-des-Prés mit all den Cafés und Bars, deren Stammgast er gewesen war.[21]

Der Anschlag hinderte Sartre nicht daran, sich weiter zu Wort zu melden. Er und Beauvoir sprachen wie gewohnt auf Kundgebungen, schrieben Artikel und unterstützten mit ihrer Aussage Leute, die wegen terroristischer Aktivitäten vor Gericht standen. Claude Lanzmann zufolge standen sie manchmal mitten in der Nacht auf und führten eindringliche Telefonate, um Aufschub für Algerier zu erwirken, die hingerichtet werden sollten.[22] Als man Sartre 1964 den Nobelpreis für Literatur zuerkannte, lehnte er ihn mit der Begründung ab, er wolle sich seine Unabhängigkeit bewahren. Zugleich äußerte er sein Bedauern darüber, dass das Komitee den Preis vorwiegend an westliche Schriftsteller oder antikommunistische Emigranten verleihe und nicht an revolutionäre Autoren aus Entwicklungsländern.[23] Er hatte im

Geist die «Benachteiligten» konsultiert – fast wie Heidegger, der den Rat eines benachbarten Todtnauberger Bauern suchte, als man ihm einen Lehrstuhl in Berlin anbot. In Heideggers Geschichte schüttelte der Bauer nur stumm den Kopf; und auch die Benachteiligten schenkten Sartre ein gebieterisches Kopfschütteln: *Nein.* Allerdings ging es bei Heidegger um Rückzug und Resignation angesichts der Kompliziertheit der Welt, bei Sartre ging es um eine Antwort auf die Forderungen der Entrechteten – und das knüpfte seine Verbindung zu dem Leben anderer fester als je zuvor.

Ein schwarzer Schriftsteller in Paris

Lange vor Sartre hatten bereits andere über die Bedeutung des «Blicks» im Rassismus nachgedacht. 1903 schrieb der schwarze Bürgerrechtler W. E. B. Du Bois in seinem soziologischen Text *Die Seelen der Schwarzen* von einem «doppelten Bewusstsein» der Schwarzen, «diesem Gefühl, sich selbst immer nur durch die Augen der anderen wahrzunehmen, der eigenen Seele den Maßstab einer Welt anzulegen, die nur Spott und Mitleid für einen übrig hat».[24] Später beschäftigten sich schwarze US-amerikanische Autoren auch mit Hegels Beschreibung des Kampfes um Anerkennung zwischen Herr und Knecht. 1953 erzählte James Baldwin von seinem Aufenthalt in einem schweizerischen Bergbauerndorf im Wallis, dessen Bewohner noch nie einen Schwarzen gesehen hatten und ihn erstaunt und neugierig anstarrten.[25] Er kam sich vor wie die ersten weißen Entdeckungsreisenden in afrikanischen Dörfern, die als «Sehenswürdigkeit» bestaunt wurden, als lebendiges Wunder. Wie sie war auch er weitgereist und kultiviert, aber er fühlte sich gedemütigt und unbehaglich.

In den Vereinigten Staaten, wo die Rassentrennung staatlich sanktioniert und Homosexualität strafbar war, wurde Baldwin als Schwarzer und als Homosexueller doppelt diskriminiert. (Der erste Bundesstaat, der die Homosexualität entkriminalisierte, war Illinois 1962.) Er lebte jahrelang in Frankreich, wo er sich seinem Landsmann, dem Romancier Richard Wright, anschloss, der inzwischen in Paris Fuß gefasst hatte.

Wright hatte in den vierziger Jahren die Existenzialisten entdeckt und viele von ihnen persönlich kennengelernt. 1952 vollendete er seinen existenzialistischen Roman *The Outsider*. Es ist die Geschichte von Cross Damon, der für tot erklärt wird, weil ihn die weißen Behörden mit einem anderen Schwarzen verwechseln. Damon macht sich die Situation zunutze und entzieht sich der Justiz, die ihn verfolgt, weil er ein minderjähriges Mädchen geschwängert hat. Später gerät er in noch größere Schwierigkeiten und begeht vier Morde, um seine wahre Identität zu verwischen. Er kommt in Kontakt mit Kommunisten wie Wright selbst und erfindet sich völlig neu. Das schenkt ihm zwar eine große Freiheit, erlegt ihm aber auch die schwindelerregende Verantwortung auf, den Sinn seines Lebens selbst zu bestimmen. Die Geschichte geht nicht gut aus, denn Damon wird für seine Verbrechen verfolgt und findet einen gewaltsamen Tod. Noch im Sterben sagt er, er habe frei sein wollen, fühlen, was er wert ist. «Wir sind anders, als wir zu sein scheinen ... Vielleicht schlimmer, vielleicht besser ... Aber ganz bestimmt anders ... Wir sind uns selbst fremd.»[26]

Wright überträgt die Philosophie Sartres und Camus' auf die Situation der Schwarzen in Amerika. Die Schwächen des Romans hat in erster Linie der Verlag zu verantworten, der entscheidende Änderungen verlangte. Von einem Autor wie Wright erwartete man eine eingängige Geschichte, keine intellektuelle Auseinandersetzung, die sich *Der Ekel* und *Der Fremde* zum Vorbild nahm. Während er seinen Text widerstrebend überarbeitete, kam ein neuer Roman heraus: Ralph Ellisons *Invisible Man (Der unsichtbare Mann)*.[27] Auch Ellison erzählt die Geschichte eines entfremdeten Schwarzen, der von der Unsichtbarkeit zur Authentizität gelangt. Dieser Roman ist einfacher zu lesen als Wrights Buch und kommt ohne Bezüge zur französischen Philosophie aus. Er wurde ein Verkaufserfolg und erhielt den National Book Award.

Wright schickte Ellison einen Brief, in dem er den Roman lobte und seinen Autor nach Paris einlud. Ellison jedoch reagierte schroff: «Ich habe langsam wirklich die amerikanischen Neger satt, die ein paar Wochen lang rübergehen und zurückkommen und sagen, es sei das Paradies.» Wright habe sich selbst geschadet, als er ins Ausland gegangen sei; er habe die Freiheit des Schreibens zugunsten der Freiheit des realen Lebens aufgegeben.[28] Wright hörte solche Bemerkungen öfter. Sein Verleger Edward Aswell meinte, er habe als Individuum zwar seinen Frieden gefunden, aber seinen literarischen Schwung verloren.[29] Und James Baldwin schrieb: «Richard konnte in Paris so leben wie er, wäre er ein Weißer gewesen, hier in Amerika gelebt hätte. Das mag erstrebenswert erscheinen, aber ich frage mich, ob es das ist.»[30]

Mich beschäftigt eine andere Frage: Warum stieß Wrights Leben in Paris auf solche Missbilligung? Baldwin lebte selbst in Frankreich, und nach dem Erfolg von *Der unsichtbare Mann* nahm Ralph Ellison die Verleihung eines amerikanischen Prix-de-Rome-Stipendiums zum Anlass, sich für zwei Jahre in Rom niederzulassen. Allerdings vermisste er Amerika und kehrte zurück. Weiße Schriftsteller reisten ständig ins Ausland, und niemand warnte sie, sie würden ihre Fähigkeit zu schreiben verlieren. Wright war überzeugt, dass er Freiheit brauche, um eine Perspektive zu gewinnen: «Ich muss frei leben, wenn ich mich als Schriftsteller entfalten soll.»[31] Das klingt wie ein legitimer Anspruch. Der wahre Einwand zielte vermutlich nicht gegen Wrights Übersiedlung nach Frankreich, sondern dagegen, dass er über französische Ideen schrieb.

Wright schrieb danach keine Romane mehr (Ellison auch nicht), sondern nur noch Reisebücher und Reportagen, darunter *The Color Curtain* über die große Konferenz der Entwicklungsländer in Bandung im April 1955 und zwei Jahre später *White Man, Listen!*, eine Reportage über verwestlichte Existenzen in Asien, Afrika und auf den Karibischen Inseln – jene «einsamen Außenseiter, die an den klippensteilen Rändern vieler Kulturen eine prekäre Existenz führen».[32] Seine Sympathie für existenzialistische Grenzgänger verlagerte sich damit jedoch lediglich vom Fiktionalen ins Nichtfiktionale.

Am 19. September 1956 sprach Wright beim Ersten Internationalen Kongress schwarzer Schriftsteller und Künstler an der Sorbonne. Er war der einzige Redner, der darauf hinwies, dass so gut wie keine Frauen an der Diskussion teilnahmen. Und er hob hervor, wie eng die Kernthemen des Kongresses mit dem verknüpft waren, was Simone de Beauvoir in *Das andere Geschlecht* erforscht hatte: Machtkämpfe, der entfremdete Blick, Unsicherheit und die Entstehung repressiver Mythen.[33] Auch feministische und antirassistische Aktivisten teilten die

Entschlossenheit der Existenzialisten zum Handeln: die Überzeugung, dass der Status quo zwar theoretisch verstanden werden könne, im realen Leben aber nicht hinzunehmen sei.

Eine Tochter aus gutem Hause

Das andere Geschlecht hatte in den fünfziger Jahren weltweit Verbreitung gefunden. Die Autorinnen des Fernsehfilms *Daughters of de Beauvoir* von 1989 und des gleichnamigen Buchs trugen Geschichten von Frauen zusammen, deren Leben durch die Lektüre von Simone de Beauvoirs Werk in den fünfziger, sechziger und siebziger Jahren verändert wurde. Eine von ihnen war die englische Hausfrau Angie Pegg, die *Das andere Geschlecht* in der Buchhandlung sah, kaufte und anfing zu lesen: zuerst das Kapitel über die soziale Isolation von Frauen durch Hausarbeit, dann verschlang sie auch den Rest und ging erst um vier Uhr früh ins Bett. Bis dahin hatte sie geglaubt, sie sei als Einzige vom Leben abgeschnitten. Durch Beauvoir erkannte sie, dass es anderen Frauen genauso ging – und warum. Es war die Art lebensverändernder Erkenntnis, die Sartre und Lévinas bei der Lektüre Husserls gemacht hatten. Pegg beschloss, die Hausarbeit an den Nagel zu hängen und Philosophie zu studieren.[34]

Viele Frauen fühlten sich auch durch Beauvoirs vierbändige Autobiographie angesprochen, die 1958 mit den *Memoiren einer Tochter aus gutem Hause* begann und 1972 mit *Alles in allem* endete. Margaret Walters in Australien war beeindruckt von dem selbstbewussten Ton dieser Bücher und von dem, was Beauvoir zu erzählen hatte: die Geschichte einer Frau, die Freiheit suchte und fand.[35] Frauen, die in einer traditionellen Ehe lebten, waren besonders fasziniert von der Schilderung ihrer offenen Beziehung zu Sartre und anderen Liebhabern. Kate Millett, später selbst eine bekannte Feministin, dachte damals: «Sie führt dort in Paris ein Leben als mutiger, unabhängiger Geist, genau das, was ich hier in Podunk auch gern wäre.»[36] Millett würdigte auch Sartres und Beauvoirs politisches Engagement. «Die beiden standen für den abenteuerlichen Versuch, ethisch zu leben, gemäß einer radikal ethischen Politik, und das ist nicht einfach die linke Bibel. Man musste vielmehr eine Situationsethik erfinden, und zwar in jedem Moment neu. Das ist ein Abenteuer.»

Dank Simone de Beauvoir fanden in diesen Jahrzehnten viele Frauen den Mut zu dramatischen Veränderungen in ihrem Leben. Manche hatten allerdings das Gefühl, sie seien zu weit gegangen. Eine der Interviewten, Joyce Goodfellow, hatte ihre Ehe aufgegeben und sich einen sicheren, aber langweiligen Job gesucht. Jetzt war sie zwar eine freie Frau und alleinerziehende Mutter, litt aber unter Einsamkeit und Geldsorgen. «Die Bücher, die du liest, beeinflussen tatsächlich dein Leben», resümierte sie bitter.[37]

Das existenzialistische Jahrzehnt in Amerika

Die Bücher, die du liest, beeinflussen dein Leben: Für den Existenzialismus, der in den fünfziger und sechziger Jahren weltweite Verbreitung fand, gilt dies mehr als für jede andere moderne philosophische Strömung. Er prägte den Feminismus, den Kampf für die Rechte von Schwulen und Lesben, für die Aufhebung der Klassenschranken und gegen Rassismus und Kolonialismus. Er veränderte die Grundlagen unseres heutigen Lebens und inspirierte zugleich viele Menschen zum Aufbruch und zur Suche nach persönlicher Befreiung. Sartre hatte eine neue, existenzialistische Psychotherapie gefordert, die sich in den fünfziger Jahren etablierte. Therapeuten versuchten jetzt, Patienten als Individuen zu betrachten und ihre Fragen nach Sinn und Entscheidungszwang ernst zu nehmen, statt nur Symptome zu behandeln. Die Schweizer Psychiater Medard Boss und Ludwig Binswanger entwickelten auf der Grundlage von Heideggers Ideen die «Daseinsanalyse». In den Vereinigten Staaten und in Großbritannien war Sartres Einfluss größer. Rollo May und Irvin Yalom zählen zu den Vertretern der existenziellen Psychotherapie, und auch die Anhänger der Antipsychiatrie wie R. D. Laing oder der Begründer der Logotherapie Viktor Frankl beriefen sich auf existenzialistische Grundideen. Frankl war durch seine Erfahrungen in nationalsozialistischen Konzentrationslagern zu der Erkenntnis gelangt, dass das Bedürfnis des Menschen nach Sinn fast genauso wichtig ist wie Nahrung und Schlaf.[38]

Alle diese Strömungen bezogen ihre Kraft aus einer unter jungen Menschen, vor allem in Amerika, weit verbreiteten Sehnsucht nach Sinn und Selbstverwirklichung. Nach dem Zweiten Weltkrieg hatten viele begonnen, ihr Leben möglichst friedlich zu gestalten. Sie schätzten den Wert eines festen Arbeitsplatzes und eines Häuschens im Grünen. Manche Kriegsveteranen fanden nur schwer in die Normalität zurück, viele andere jedoch wollten nur die guten Seiten des Lebens genießen. Ihre Kinder wuchsen mit allen Annehmlichkeiten auf, fragten sich aber, ob es im Leben nicht noch mehr gab als Rasenmähen und einen Plausch mit den Nachbarn. Sie rebellierten gegen die engstirnige politische Ordnung Amerikas, das im Wohlstand lebte und in der Paranoia des Kalten Kriegs. Als sie 1951 J. D. Salingers *Der Fänger im Roggen* lasen, beschlossen sie wie Holden Caulfield, der Protagonist des Romans, dass sie eines keinesfalls sein wollten: verlogen.

Im nachfolgenden Jahrzehnt dominierte in Literatur, Theater und Kino das, was man als «Authentizitätsdramen» bezeichnen könnte. Das Spektrum reicht von den Beat-Autoren, die über Rastlosigkeit und Drogensucht schrieben, bis zu Filmen über die Entfremdung zwischen den Generationen wie *Rebel without a cause* (1955; *Denn sie wissen nicht, was sie tun*) von Nicholas Ray oder *À bout de souffle* (1960; *Außer Atem*) von Jean-Luc Godard. Es finden sich sogar Anspielungen auf den Existenzialismus, wenngleich nur ironisch. Marcel Carnés Film *Les tricheurs* (1958; *Die sich selbst betrügen*) schildert das Leben von zwei hippen jungen Nihilisten in Saint-Germain-des-Prés, die freie Liebe praktizieren und gar nicht merken, dass sie sich ineinander verliebt haben und besser ganz bürgerlich konventionell heiraten sollten. In *Funny Face* (1957; *Ein süßer Fratz*) macht sich die Hauptfigur, gespielt von Audrey Hepburn, in einem Pariser Nachtclub auf die Suche nach einem berühmten Philosophen, wird aber von der Musik überwältigt und verliert sich in der Freiheit des Tanzes. Doch auch sie landet im sicheren Hafen der Ehe mit einem alternden Modefotografen (Fred Astaire).

Andere Filme und Romane beschritten neue Wege. Ein kleines Meisterwerk ist Sloan Wilsons Roman *Der Mann im grauen Flanell* von 1955. Der Protagonist ist ein Kriegsheimkehrer, der nicht mehr in sein altes Leben in der Vorstadt zurückfindet und seinen sinnlosen, öden

Bürojob hasst. Am Ende bricht er in ein authentischeres Leben auf, in eine Existenz ohne Sicherheiten. Der Titel des Romans wurde im Englischen zu einem Schlagwort, insbesondere nach der Verfilmung mit Gregory Peck in der Hauptrolle. Sloan Wilson erinnerte sich im Nachwort zur englischen Ausgabe, dass Angestellte plötzlich ihre grauen Anzüge ablegten und anfingen, sich sportlicher zu kleiden. Sie wollten demonstrieren, dass sie keine Konformisten, sondern freie und selbstbestimmte Individuen waren.[39]

George Orwells 1949 erschienener Roman *1984* stellte zwischen der konformistischen Kultur und der technologischen Überwachung einen Zusammenhang her. Andere Autoren griffen dieses Thema auf. David Karps wenig bekannter Roman *One* von 1953 spielt in einer psychologisch gleichgeschalteten Gesellschaft. Der Protagonist wird verhaftet, als der Staat Anzeichen von Individualismus bei ihm entdeckt, die so subtil sind, dass er selbst es nicht merkt. Er wird umerzogen – durch Psychopharmaka, nicht durch einen konfrontativen Prozess, was umso erschreckender ist.

Andere Filme verknüpften die Angst vor der Technik mit der Angst, die Menschen könnten auf den Status ameisenähnlicher Kreaturen reduziert werden, auf Lebewesen ohne eigenen Willen und Wert. Im Zusammenhang mit Heidegger habe ich bereits einen meiner Lieblingsfilme erwähnt, *The Incredible Shrinking Man* von 1957, der den Horror der Technik und zugleich ein existenzielles Drama zeigt. Die Hauptfigur gerät in einem Boot auf offenem Meer in eine radioaktive Wolke. Der Mann beginnt zu schrumpfen und verliert mit seiner Körpergröße auch seine menschliche Würde. Obwohl machtlos, kämpft er mit allen Mitteln ums Überleben. Am Ende blickt er, nur noch staubkorngroß, auf, und über ihm ist die staunenswerte Unendlichkeit des Universums. Auch andere Filme der fünfziger Jahre verknüpfen die Heidegger'schen Schrecknisse einer verlorenen Authentizität mit dem Thema der unheimlichen Technik. Einige lassen sich als Ausdruck des im Kalten Krieg grassierenden Antikommunismus verstehen wie *The Invasion of the Body Snatchers* (*Die Dämonischen*; 1956). In anderen Filmen wie *Godzilla* und *Them!* (*Formicula*; beide 1954) überfallen Kalmare, Blutegel, Skorpione, Krebse, radioaktive Ameisen und weitere albtraumhafte Kreaturen eine verwüstete, geschundene Erde, um Rache zu nehmen.[40] Es ist faszinierend, Heideggers Vortrag *Die Frage nach der Technik* über das Monströse des menschlichen Tuns, die Vergewaltigung der Erde und die Ausbeutung ihrer Ressourcen im Blick darauf zu lesen, dass im Jahr seines Erscheinens der Film *Godzilla* in die Kinos kam.

Und noch eine neue Spezies trat auf den Plan: der Soziologe, Psychologe und Philosoph als existenzialistischer Rebell. Den Anfang machte David Riesman 1950 mit seinem Buch *The Lonely Crowd* (*Die einsame Masse*) über die Entfremdung des modernen Menschen. 1956 folgten Irving Goffman mit *The Presentation of Self in Everyday Life* (*Wir alle spielen Theater*), William Whyte mit *Organization Man* (*Herr und Opfer der Organisation*) und Paul Goodman mit *Growing Up Absurd* (*Aufwachsen im Widerspruch. Über die Entfremdung der Jugend in der verwalteten Welt*). Die spektakulärste Veröffentlichung dieser Art Existenzanalyse stammt jedoch von einem Mitglied der alten Garde: Hannah Arendt. Ihr Buch *Eichmann in Jerusalem* von 1963 basierte auf Artikeln, die sie für den *New Yorker* geschrieben hatte.[41] Es geht aus vom Gerichtsprozess gegen Adolf Eichmann, den Organisator des Holocaust. Arendt verfolgte den Prozess in Jerusalem und hörte die merkwürdig nichtssagenden Antworten Eichmanns. Sie sah in dem Nazifunktionär den exemplarischen «Mann im grauen Flanell»: einen geistlosen Bürokraten, der so im Banne des Heidegger'schen «Man» steht, dass er seine menschliche Individualität und Verantwortung eingebüßt hat – ein Phänomen, das Hannah Arendt als «die Banalität des Bösen» bezeichnete. Diese Deutung wie auch andere Aspekte ihres Buches waren umstritten, faszinierten jedoch eine Leserschaft, deren Besorgnis nicht extremistischen Überzeugungen galt, sondern dem genauen Gegenteil: einem gesichts- und geistlosen Konformismus. Nicht zuletzt angeregt durch Arendts Buch, untersuchten Psychologen wie Stanley Milgram und Philip Zimbardo in wissenschaftlichen Experimenten, wie weit Menschen in ihrer Bereitschaft, Befehlen zu gehorchen, gehen würden. Die Ergebnisse waren alarmierend: Fast jeder, so schien es, war bereit, andere Menschen zu foltern, wenn eine Autorität es ihm nur nachdrücklich genug befahl.[42]

Es gab auch Auseinandersetzungen mit dem Problem der Nichtauthentizität, die weniger durchdacht waren. Norman Mailer, der ein-

zige bedeutende amerikanische Autor, den man explizit als Existenzialisten bezeichnen kann, schilderte in seinem Aufsatz *Der weiße Neger*
(1957) eine Figur, von der er schwärmte:

> Gegen diesen düsteren Hintergrund zeichnet sich eine Erscheinung ab: der
> amerikanische Existentialist – der Hipster, der Mensch, der weiß, daß,
> wenn es unser aller Los sein soll, mit dem augenblicklichen Tod durch ei-
> nen Atomkrieg, mit dem verhältnismäßig schnellen Tod durch den Staat als
> *l'univers concentrationnaire* oder mit einem langsamen Tod durch Konfor-
> mismus im Nacken zu leben, wobei jeder schöpferische und rebellische
> Instinkt erstickt wird […], daß, wenn es also dem Menschen im zwanzigs-
> ten Jahrhundert als Geschick beschieden sein soll, von Jugend an bis zur
> vorzeitigen Vergreisung mit dem Tod vor Augen zu leben, es dann nur eine
> einzige lebenspendende Antwort gibt, nämlich die Todesbedingungen
> anzunehmen, sich mit dem Tod als unmittelbarer Gefahr vertraut zu
> machen, sich selbst von der Gesellschaft loszulösen, dahinzuvegetieren,
> ohne Wurzeln zu schlagen, und sich auf die Wanderung in noch uner-
> forschte Gebiete zu den rebellischen Imperativen des Ichs zu begeben.
> Kurz, ob das Leben kriminell ist oder nicht, die Entscheidung läuft darauf
> hinaus, den Psychopathen in einem selber zu ermutigen.[43]

Mailer beschloss, dieses Vorhaben in die Praxis umzusetzen. 1960 kün-
digte er an, mit einem «existenzialistischen» Programm für das Amt
des New Yorker Bürgermeisters zu kandidieren, musste aber davon
Abstand nehmen, nachdem er während einer alkoholreichen Party
zum Wahlkampfauftakt seine Frau Adele niedergestochen hatte. Später wiederholte er seine Kandidatur, diesmal jedoch nicht als Existenzialist. Sein Verständnis dieser Philosophie war ohnehin eher oberfläch-
lich. Als der etwas besser informierte englische Autor Colin Wilson
ihn fragte, was Existenzialismus für ihn bedeute, machte Mailer eine
wegwerfende Handbewegung und meinte: «Ach, so was wie improvi-
sieren.»[44] Seiner Biographin Mary V. Dearborn zufolge stammten Mai-
lers Kenntnisse der Existenzphilosophie nicht aus dem zu diesem Zeitpunkt noch unübersetzten Buch *Das Sein und das Nichts*, wie er gern
behauptete, sondern aus einer Broadway-Produktion des Theaterstücks *Bei geschlossenen Türen* und einer kursorischen Lektüre von *Irrational Man*. Die populäre Einführung in die existenzialistische Philoso-

phie aus dem Jahr 1958 stammt von dem Philosophieprofessor William Barrett, der bereits in der *Partisan Review* über Sartre geschrieben hatte.[45]

Barretts Buch war ein Verkaufsschlager. Schon 1956 war *Existentialism from Dostoevsky to Sartre* von Walter Kaufmann erschienen, das sich gleichfalls gut verkauft hatte. Es enthielt Auszüge aus Texten von Kierkegaard, Dostojewski, Nietzsche, Jaspers, Heidegger, Sartre und Camus, «Parabeln» von Franz Kafka sowie eine Einführung des Herausgebers, der den Existenzialismus als eine Abfolge von «Revolten gegen die traditionelle Philosophie» definierte, geführt von «Autoren, die einen inbrünstigen Individualismus» vertraten.[46] Beide Bücher machten auf die Originaltexte neugierig, die jetzt nach und nach in englischer Übersetzung herauskamen. Beauvoirs *The Second Sex* war bereits 1953 erschienen. Camus' *The Myth of Sisyphus* kam 1955 heraus, nachdem zuvor bereits seine Romane übersetzt worden waren. 1956 erschien endlich auch *L'Être et le néant* in der Übersetzung von Hazel Barnes (eine Neuübersetzung von Sarah Richmond ist in Vorbereitung). Barnes schrieb später Bücher, in denen sie die existenzialistische Philosophie anderen Denktraditionen gegenüberstellte, unter anderem dem Zen-Buddhismus.[47] 1961 moderierte sie eine Fernsehserie mit dem Titel *Self-Encounter: a study in existentialism*, in der sie philosophische Grundbegriffe anhand von Miniszenen aus existenzialistischen Theaterstücken erklärte. Eine großartige Idee, auch wenn Barnes in ihren Memoiren erzählt, dass die Dreharbeiten von einem tragischen Unfall überschattet wurden. In einer Szene spielte ein Schauspieler einen Arzt, der über den Tod nachdenkt. Am Tag nach der Filmaufnahme entdeckte er auf einem Telefonmast ein Kätzchen. Er kletterte hoch, um es zu retten, berührte dabei eine Hochspannungsleitung und erhielt einen tödlichen Stromschlag.[48]

Existenzialismus der Halbstarken

Der Existenzialismus war in den Vereinigten Staaten in Mode gekommen, in Großbritannien jedoch war man zurückhaltender. Hier wie dort waren akademische Philosophen bereits durch den logischen

Positivisten Rudolf Carnap vorgewarnt worden. Der in den USA lebende deutsche Emigrant hatte schon 1932 Aussagen wie Heideggers «Das Nichts selbst nichtet» als «metaphysische Scheinsätze» kritisiert.[49] Sein Angriff spaltete die Philosophie in zwei große Denkrichtungen: die «angloamerikanische» und die «kontinentaleuropäische». Normalen Lesern war das egal. Sie fanden den Existenzialismus anregend. In England hatten sie jedoch noch andere kulturelle Hindernisse zu überwinden. Nach Iris Murdoch, die ihren Landsleuten schon sehr früh existenzialistisches Gedankengut nahebrachte, waren die Engländer an philosophische Konzepte aus einer Welt gewöhnt, in der «die Leute Kricket spielen, Kuchen backen, einfache Entscheidungen treffen, sich an ihre Kindheit erinnern und in den Zirkus gehen».[50] Die Existenzialisten kamen dagegen aus einer Welt, in der man sündigte, sich verliebte oder in die Kommunistische Partei eintrat. Im Laufe der fünfziger Jahre kamen englische Jugendliche zu der Erkenntnis, dass die Sünde und die Politik mehr Spaß machen konnten als das Kuchenbacken.

Iris Murdoch ermunterte sie dazu. Sie selbst hatte Sartre 1945 in Brüssel kennengelernt, wo sie für die Flüchtlingsorganisation UNRRA tätig gewesen war. Sartre hielt einen Vortrag über den Existenzialismus, und sie ließ sich ihr Exemplar von *L'Être et le néant* signieren. An einen Freund schrieb sie: «Diese Aufregung – seit der Zeit, als ich in sehr jungen Jahren Keats & Shelley & Coleridge entdeckte, habe ich so etwas nicht mehr erlebt.»[51] Später gab sie den Existenzialismus zwar weitgehend auf, zunächst aber tat sie viel, um ihn populär zu machen. Sie hielt Abendvorträge über Sartre und den Existenzialismus, schrieb 1953 ein Buch über Sartre und 1954 ihren ersten, existenzialistisch gefärbten Roman *Unter dem Netz (Under the Net)*.[52] Auch praktizierte sie die neue Philosophie durch freie Liebe mit wechselnden Partnern beiderlei Geschlechts.

Iris Murdochs akademische Ausbildung in Oxford und ihre vornehme Sprechweise (sie sagte «phlossofeh», wenn sie «philosophy» meinte, und «litch-cha», wenn sie «literature» meinte) schränkten ihre Wirkung ein. Damals wurden die alten gesellschaftlichen Strukturen von Halbstarken aus dem Arbeitermilieu mit frechem Gehabe und ausgeprägtem Dialekt in Frage gestellt. Dagegen hatten prätentiöse

Pariser kaum eine Chance – bis 1956, dem Jahr der existenzialistischen Wunder, als ein ganz anders gestrickter englischer Existenzialist auf den Plan trat.

Er hieß Colin Wilson, stammte aus Leicester in den Midlands und hatte kein Universitätsstudium absolviert. Sein Buch trug den Titel *The Outsider*, eine Hommage an Albert Camus, dessen Roman *Der Fremde* auf Englisch unter dem Titel *The Outsider* erschienen war, und nimmt den Leser mit auf eine Tour de force. Es handelt von gesellschaftlichen Außenseitern der modernen Literatur, beginnend mit den Romanen von Dostojewski, H. G. Wells, T. E. Lawrence und dem Tagebuch des russischen Tänzers Vaslav Nijinsky bis hin zu Sartres Roquentin und Camus' Meursault. Es war eine willkürliche Auswahl, geschrieben in kühnem Ton und mit hochfliegenden Ideen – eine Herausforderung für den akademischen Betrieb. Das Buch wurde ein sensationeller Erfolg.

Eine nicht unwesentliche Rolle spielte dabei, dass der Autor des Buches der Traum eines Verlegers war. Noch keine fünfundzwanzig Jahre alt, sah Wilson hinreißend aus, mit einem Haarschopf, der ihm in die Stirn fiel, mit markantem Kinn, trotzigem Mund und einem dicken existenzialistischen Rollkragenpulli. Er stammte aus einer Arbeiterfamilie, hatte aber Leicester früh verlassen, um sich in London den Dichtern und Beatniks anzuschließen. Den Sommer 1954 verbrachte er völlig mittellos. Er übernachtete in Hampstead Heath, einem Park im Norden Londons, in einem kleinen Zelt mit zwei Schlafsäcken. Von hier radelte er jeden Tag ins British Museum, wo er seinen Rucksack an der Garderobe abgab und im großen wohlbeheizten Lesesaal an einem Roman arbeitete. In jenem Winter mietete er ein Zimmer in New Cross und verbrachte einsame Weihnachtsfeiertage mit der Lektüre von Camus' *Der Fremde*. Beeindruckt von dem Leben, das Meursault führte – der «rauchte, mit Frauen schlief und faul in der Sonne lag»[53] –, beschloss er, ein Buch über die «Außenseiter» des modernen Lebens zu schreiben, über all die jungen Männer, die an den Rändern von Philosophie und Kunst herumlungerten, über den Sinn des Lebens nachgrübelten oder ihn im Absurden fanden. Als das British Museum nach den Weihnachtsferien wieder öffnete, bestellte Wilson stapelweise Bücher und schrieb das Manuskript in einem

Rausch der Inspiration.[54] In Victor Gollancz fand er einen Verleger, der ihn zur Feier des Vertragsabschlusses zum Essen einlud und nach Wilsons eigener Auskunft zu ihm sagte: «Ich glaube, du könntest ein Genie sein.» Wilson war überglücklich: «Zu diesem Schluss war ich schon Jahre vorher gekommen, aber es war schön, das bestätigt zu sehen.»[55]

Dem Verleger kam die Geschichte von Hampstead Heath sehr gelegen. Er vermarktete das zugkräftige Image eines gutaussehenden jungen Herumtreibers, der nachts auf Parkbänken schläft und tagsüber unter der altehrwürdigen Kuppel des Britischen Museums an seinen Texten arbeitet. Journalisten behaupteten, Wilson habe *The Outsider* als Obdachloser geschrieben – in Wahrheit wohnte er da schon in Notting Hill –, was unwidersprochen blieb.[56] Die Erstauflage von 5000 Exemplaren war binnen weniger Stunden ausverkauft.[57] Die Kritik überschlug sich vor Begeisterung. *Punch* brachte eine Parodie und demonstrierte anhand «vieler Zitate aus Büchern, die wir schon gelesen haben, sowie aus einigen, die noch nicht geschrieben wurden», wie Lewis Carrolls Alice von einem Outsider zu einem Insider wird, indem sie in die Welt hinter den Spiegeln schlüpft. Dabei wird «aus dem Existenzialismus ein Inexistenzialismus und – mit den Worten von Swami Oompah – aus den Vielen Mehr».[58]

Dann erfolgte die Demontage. Im *Times Literary Supplement* wurde auf 86 größere und 203 kleinere Fehler in Wilsons zahlreichen Zitaten hingewiesen.[59] Die *Daily Mail* gelangte in den Besitz von Auszügen aus Wilsons Tagebuch, in dem der Satz stand: «Ich bin das größte literarische Genie unseres Jahrhunderts.»[60] Die Kritiker des Establishments schickten Wilson in die Wüste zurück. Er flüchtete sich an einen ruhigen Ort auf dem Land.

The Outsider ist gewiss ein exzentrisches Buch, und es offenbart eine eher flüchtige Lektüre der zitierten Quellen. Zugleich jedoch zeugt es von Talent und Überzeugungskraft und machte auf viele Leser einen tiefen Eindruck, besonders auf jene, die – wie Wilson selbst – nicht das Privileg einer klassischen Bildung genossen hatten, aber intelligent, selbstbewusst und neugierig genug waren, unbekannte Ideen zu erkunden und die Welt in Frage zu stellen. Es war ein Buch über Außenseiter für Außenseiter. Zu diesen Lesern gehörte mein Vater, der im selben Jahr wie Wilson in den Midlands geboren wurde und dessen Neugier und Optimismus teilte. Er sagte mir, *The Outsider* sei für ihn einer der wenigen Lichtblicke im tristen England der Nachkriegszeit gewesen.

Wilson ermunterte seine Leser, sich persönlich angesprochen zu fühlen. Er nannte seinen Denkansatz «den neuen Existenzialismus», dem er einen lebensbejahenden, ja ekstatischen Furor verlieh. In seiner Autobiographie verriet er, als Teenager habe er sich einmal umbringen wollen; und in dem Moment, als er sich für das Leben entschied, habe er ein überwältigendes Erlebnis gehabt: «Ich entdeckte den wunderbaren, unendlichen Reichtum der Wirklichkeit, die bis an ferne Horizonte reichte.»[61] Diese Überzeugung, dass das Leben lebenswert ist, versuchte er zu vermitteln. Seiner Ansicht nach hatten die Existenzialisten einen Fehler gemacht, wenn sie das Leben als trostlos und bedrückend betrachteten. In seinen späteren Büchern beschäftigte sich Wilson mit einem ganzen Spektrum von intellektuell eher anrüchigen Themen: mit Mord, dem Okkulten, der Sexualität. Das war zwar nicht seinem Ruf zuträglich, brachte ihm aber Leser.

Wilson führte ein langes und produktives Leben und hörte auch dann nicht auf zu schreiben, als ihm nach den Rezensenten auch die Verleger ihre Gunst entzogen. Er wurde ein zorniger alternder Mann, der auf jeden losging, der es wagte, ihn in Frage zu stellen – auf Leute wie Humphrey Carpenter zum Beispiel, der ihn besuchte, als er ein Buch über die *Angry Young Men* schrieb. Dem verständnisvolleren Brad Spurgeon gegenüber behauptete Wilson, Carpenter sei auf dem Sofa eingeschlafen, als er über Phänomenologie gesprochen habe.[62] Das kann unmöglich sein. Während einer Erörterung der Phänomenologie kann man nicht einschlafen.

Colin Wilson ist ein abschreckendes Beispiel: voller jugendlicher Eitelkeit, mit unterentwickelten sozialen Kompetenzen, ein Mensch, der sich von seiner Begeisterung für Ideen zu allzu überschwänglichen Worten hinreißen lässt. Doch mit seiner Chuzpe, seinem an Kierkegaard erinnernden Unbehagen und seinem «inbrünstigen Individualismus» vermittelt Colin Wilson den Geist der existenzialistischen Rebellion der fünfziger Jahre besser als sonst jemand.

Zu den wenigen, die nach Wilsons öffentlicher Demontage noch Sympathie für ihn hegten, gehörte Iris Murdoch, die ihn zwar für

einen Dummkopf hielt, aber im *Manchester Guardian* bekannte, Wilsons
«Unbesonnenheit» sei ihr lieber als die pedantische «Trockenheit» der
etablierten Philosophie.[63] Sie selbst neigte gleichfalls dazu, ihre Gedanken und Worte aus sich herausprudeln zu lassen. 1961 verfasste sie
eine Art Manifest «Gegen die Trockenheit», in dem sie die Schriftsteller
aufforderte, sich von den «belanglosen Mythen, Spielereien und Prezi-
osen» des schönen Stils zu lösen, der einmal in Mode gewesen war,
und sich wieder auf die wahre Aufgabe des Schriftstellers zu besinnen:
die Erkundung von Freiheit und richtigem Verhalten in einer komplizierten Welt inmitten der reichen «Dichtheit» des Lebens.[64]

Die Existenzialisten gingen zwar oft zu weit, sie schrieben zu viel
und überarbeiteten zu wenig, sie stellten hochtrabende Forderungen
und blamierten sich sonstwie, aber sie verloren nie die Dichtheit des
Lebens aus dem Blick, und sie stellten die wichtigen Fragen. Und
darauf möchte ich nicht verzichten, die geschmackvollen Miniaturen
sind eher was fürs Wohnregal.

Gegenkulturen der Sechziger – und Herbst des Existenzialismus

In den sechziger Jahren fiel den Universitätsprofessoren ein Wandel
auf. Der Heideggerianer J. Glenn Gray, der Philosophie am Colorado
College lehrte, schrieb im Mai 1965 einen Artikel für das *Harper's Magazine.*[65] Er hatte bemerkt, dass sich neuerdings die Studenten mehr als
je zuvor für Philosophen zu interessieren begannen, die Rebellion und
Authentizität verkörperten – Sokrates zum Beispiel, der für seine
Gedankenfreiheit in den Tod ging. Sie liebten die Existenzialisten und
besonders Sartres Konzept der *mauvaise foi*, der Unaufrichtigkeit. «Ich
habe es satt, immer nur so zu tun, als ob», sagte eines Tages ein Student. Die besten von ihnen stiegen aus dem Studium aus; sie ver-
schwanden auf der Suche nach einem sinnvolleren Lebensweg. Als ein
kluger junger Doktorand sein Studium an den Nagel hängte, war Gray
besorgt. Das Letzte, was er von ihm hörte, war, dass er durch das Land
zog und sich mit Gelegenheitsarbeiten über Wasser hielt.

Gray verstand den Drang nach Freiheit und das Bedürfnis nach
etwas «Realem». Er hatte bereits prophezeit, die Nachkriegswelt werde

mit den alten philosophischen Konzepten wenig anzufangen wissen; alles müsse neu gedacht werden. Als dann, fast eine Generation später, die jungen Leute diesem Impuls folgten, machte er sich vor allem Sorgen über ihre Zukunft.

Gray bemerkte als einer der Ersten, dass die populär gewordene «Marke» Existenzialismus die immer stärker werdende Gegenkultur beeinflusste und ihren Namen und ihre transformative Kraft dem großen gesellschaftlichen Wandel lieh, der sich in den nachfolgenden Jahren vollzog: mit der Studentenrevolte, den Hippies, den Verweigerern des Kriegsdienstes in Vietnam und mit all denen, die bewusstseinserweiternde Drogen nahmen und mit der freien Liebe experimentierten. Ihr Lebensgefühl war von einem hoffnungsvollen Idealismus durchdrungen. Diese Leute waren nicht «trocken», wie Iris Murdoch gesagt hätte. Ob sie Bücher von Camus, Beauvoir und Sartre mit sich herumtrugen oder nicht, sie befolgten zwei Grundprinzipien Sartres: Streben nach persönlicher Freiheit und politischen Aktivismus. Als die Studenten, die im Mai 1968 die Sorbonne besetzten, Sartre zujubelten (einige Buhrufe gab es auch), applaudierten sie diesen Prinzipien.

Die Studentenproteste, die Streiks und Besetzungen, die Love-ins und Be-ins der sechziger Jahre waren der historische Moment, in dem der Existenzialismus seine Erfüllung fand. Die Befreiung schien erreicht, der Existenzialismus konnte abtreten. Tatsächlich bestiegen bereits neue Philosophen die Bühne, die den individualistischen Denkstil der Existenzialisten ablehnten. Neue Romanautoren wandten sich gegen die existenzialistische Ästhetik. In seinem Manifest *Pour un nouveau roman* von 1963 verwarf Alain Robbe-Grillet die Anthropozentrik Sartres und Camus'.[66] 1966 prophezeite Foucault, «der Mensch, eine junge Erfindung», werde vielleicht bald «verschwinden wie am Meeresufer ein Gesicht im Sand».[67] Man denkt dabei sofort an Claude Lévi-Strauss und seine Forderung, die Wissenschaften vom Menschen müssten «den Menschen auflösen».[68] Zu Beginn des einundzwanzigsten Jahrhunderts tat der postmoderne Philosoph Jean Baudrillard Sartres Philosophie als historische Kuriosität ab, vergleichbar den typischen Fünfziger-Jahre-Filmen mit ihren psychologischen Dramen und fest umrissenen Figuren, die «diese bereits banale postromantische Agonie der Subjektivität [...] wunderbar zum Ausdruck bringen».[69]

Niemand brauche mehr diese «existenziellen Hinterlassenschaften», schrieb Baudrillard. «Wer sorgt sich heute um die Freiheit, um Unaufrichtigkeit und Authentizität?»

Phänomenologischer Frühling in Prag

Trotz dieses Abgesangs gab es weiter Leute, die sich um Freiheit und Authentizität sorgten, und sie waren vor allem da anzutreffen, wo diese Werte bedroht waren. Zum Beispiel in der Tschechoslowakei vor und nach 1968. Während die Pariser Studenten Sartre als altehrwürdiges Relikt betrachteten, lasen junge Tschechen und Slowaken seine Texte, als kämen sie frisch aus der Druckerpresse. Das war während des «Prager Frühlings», als die Regierung Alexander Dubčeks eine liberalere und offenere Spielart des Kommunismus anstrebte. Wie in Ungarn zwölf Jahr zuvor bereiteten auch diesmal russische Panzer und Truppen dem Experiment ein Ende. Diese Invasion war es, die Sartre und Beauvoir endgültig dazu bewog, dem sowjetischen Modell abzuschwören – nur um stattdessen Mao Tse-tung und Pol Pot zu feiern.

Doch auch nach dem Einmarsch russischer Panzer gingen in Prag die Proben zu zwei von Sartres provokantesten Stücken weiter, die sich gegen jegliche Autorität richten: *Die schmutzigen Hände* und *Die Fliegen*.[70] Die Prager *Fliegen* waren die jüngste Adaption dieser Parabel von Freiheit und tatkräftigem Handeln. Ursprünglich für das vom Krieg heimgesuchte Frankreich im Jahr 1943 geschrieben, fand das Stück 1948 in Deutschland neue Zuschauer und schien jetzt auch für die Bewohner der Tschechoslowakei nach dem Einmarsch der Russen neue Aktualität zu gewinnen.

«Ist er aus der Mode?», fragte der tschechische Romancier Milan Kundera 1968 mit Bezug auf Sartre. «In Frankreich habe ich das sagen hören.»[71] Hier in Prag, fuhr er fort, habe Sartre sehr viel mehr zu bieten als etwa Robbe-Grillet mit seiner Konzeption der Literatur und des Denkens als reinem Spiel. Und der Schriftsteller Václav Havel, auch er ein Dissident, meinte, die Worte eines Schriftstellers hätten in seinem Land ein solches Gewicht und einen solchen Wert, dass sie in Menschenleben bemessen würden. Im Westen dagegen sei den Worten «alles Gewicht genommen», sie hätten sich «in Luft verwandelt».[72] Auch Philip Roth meinte nach einem Prag-Besuch, ihm sei klar geworden, dass «ich in einer Gesellschaft lebe, in der für einen Schriftsteller alles möglich ist und nichts von Belang, während für die tschechoslowakischen Schriftsteller, die ich in Prag kennenlernte, nichts möglich, aber alles von Belang ist».[73] Der Sartre'sche Existenzialismus war eine Philosophie des Belangvollen. Sartre rief seine Leser auf, Entscheidungen zu treffen, als würde die Zukunft der Menschheit von ihrem Handeln abhängen.

Nicht nur der Sartre'sche Existenzialismus besaß dieses moralische Gewicht. Für manche Tschechen und Slowaken hatte auch die Phänomenologie einen solchen Stellenwert. Ihre phänomenologische Tradition reicht zurück bis zum ersten Präsidenten der Tschechoslowakei Tomáš Masaryk, der bei Franz Brentano studiert und dessen Archiv beschützt hatte. Husserl selbst stammte aus Mähren, und einige seiner Kollegen pflegten Verbindungen zur Tschechoslowakei. In den sechziger und siebziger Jahren war einer dieser Husserlianer der wichtigste Vertreter der Phänomenologie in der Tschechoslowakei: Jan Patočka.

Wie viele andere war auch Patočka von Husserls Philosophie fasziniert, seit er ihn 1925 an der Sorbonne in Paris gehört hatte. Er ging 1933 nach Freiburg, im selben Jahr wie Sartre nach Berlin, und gehörte bald zu Husserls engstem Kreis, während er gleichzeitig Vorlesungen bei Heidegger hörte. Husserl schenkte ihm sogar ein Lesepult, das er von Tomáš Masaryk erhalten hatte. So sei er, schrieb Patočka, zum Erben einer großen Tradition geworden, «welcher ich mich nie würdig genug empfand».[74] Er kehrte nach Prag zurück und tat sein Bestes, um die Karls-Universität zu einem Zentrum der phänomenologischen Forschung zu machen.

Als 1948 die Kommunistische Partei die Macht übernahm, wurde Patočka von den Behörden schikaniert, weil seine Philosophie der marxistischen Theorie widersprach. 1972 wurde er aus der Universität gedrängt. Danach hielt er bei sich zu Hause Privatseminare ab, in denen die Texte penibel genau durcharbeitete. Er und seine Studenten beschäftigten sich oft einen ganzen Abend lang mit ein paar Zeilen aus *Sein und Zeit*.[75] Patočka hielt in Prager Theatern auch Seminare für Schauspieler und Schriftsteller. Einer von ihnen war Václav Havel.

Havel erinnerte sich, wie gut Patočka einen Text zum Leben erwecken konnte. Seine Ausführungen, «die uns in die Welt des Philosophierens im richtigen, ursprünglichen Sinne rissen», waren «engagiertes, lebendiges Suchen nach der Bedeutung der Dinge, die Befragung seiner selbst und der eigenen Situation in der Welt».[76] Patočka sprach von der «Solidarität der Erschütterten», all jener, die durch einen geschichtlichen Umbruch aus dem gedankenlosen Alltag herausgerissen worden waren.[77] Eine solche Solidarität konnte die Basis für revolutionäres Handeln sein. Patočkas Phänomenologie war also auf gefährliche Weise politisch.

Man könnte auch sagen, Patočka habe lediglich die subversiven Tendenzen der Phänomenologie ans Licht gebracht. Husserls Ruf nach Rückkehr «zu den Sachen selbst» war ja die Aufforderung, jede Ideologie – auch den Marxismus – abzulehnen, in der «Epoché» alle Dogmen auszuklammern und kritische Selbstverantwortung zu übernehmen. Dieser antidogmatische Geist lässt sich bis zu dem jungen Franz Brentano zurückverfolgen, der die Unfehlbarkeit des Papstes nicht anerkennen wollte und deswegen seine Professur verlor. Aus ähnlichen Gründen weigerte sich auch Patočka, die Unfehlbarkeit der Kommunistischen Partei anzuerkennen. Brentano hatte den Geist der skeptischen Verweigerung an Husserl weitergegeben, Husserl hatte ihn an Patočka übermittelt, und Patočka gab die Stafette jetzt an Havel und viele andere weiter.

Patočka wurde sogar selbst zum Aktivisten. 1976, fast siebzig Jahre alt und gesundheitlich angeschlagen, unterzeichnete er zusammen mit Havel und anderen die Charta 77, die berühmte Erklärung der Opposition.[78] Man könnte fast von einer Charta der Philosophen sprechen. Von deren renommiertesten Vertretern in den nachfolgenden dreizehn Jahren waren fast ein Drittel (zwölf von achtunddreißig) Philosophen oder ehemalige Philosophiestudenten; viele hatten bei Patočka studiert.[79]

Die Staatsmacht begann umgehend mit der Verfolgung. Zwischen Januar und März 1977 wurde Patočka von der Staatssicherheit regelmäßig zum Verhör in das Ruzyně-Gefängnis einbestellt – eine zermürbende Prozedur, die oft den ganzen Tag dauerte, ohne Rücksicht auf Patočkas Gesundheit.[80] Havel traf ihn einmal im Gefängnis, wo sie beide während einer Verhörpause im Warteraum des Gefängnisses saßen und philosophierten. «Jeden Augenblick konnten sie einen von uns holen», schreibt Havel, «aber das störte den Herrn Professor nicht: Bei seinem improvisierten Seminar über die Ideengeschichte der menschlichen Unsterblichkeit und Verantwortlichkeit wägte er seine Worte sorgfältig ab, so als ob uns unbegrenzt viel Zeit zur Verfügung gestanden wäre».[81]

Unmittelbar nach diesem Verhör wurde Havel eingesperrt. Patočka ließ man zwar wieder frei, bestellte ihn aber in den folgenden Monaten immer wieder ein. Gegen Ende dieser Zeit schrieb er eine Art politisches Testament, in dem es heißt: «Dies ist kein Aufruf zu ohnmächtigen Drohungen, es ist die Aufforderung zu einem unter allen Umständen würdigen, unerschrockenen, wahrhaften Auftreten.»[82] Es klingt, als wäre es ganz einfach. Wieder war es dieser Aufruf, unumwunden von den Dingen zu sprechen, wie sie sind.

Eines Tages Anfang März wurde Patočka einem elfstündigen Polizeiverhör unterzogen. Er hatte das Regime erneut gegen sich aufgebracht, als er sich mit dem niederländischen Außenminister Max van der Stoel traf, der zu einem offiziellen Besuch nach Prag gekommen war. Patočka bat ihn um Unterstützung der Charta 77. Am Tag nach dem Verhör musste Patočka ins Krankenhaus, wo er am 13. März 1977 starb.[83]

An seinem Begräbnis auf dem Friedhof Prag-Břevnov nahmen mehrere hundert Menschen teil.[84] Die Staatsmacht konnte dies nicht verhindern, versuchte aber, die Trauerfeierlichkeiten auf jede erdenkliche Weise zu stören. Ivan Klíma erinnerte sich an Männer, die in einem nahe gelegenen Stadion ihre Motorräder aufheulen ließen, und an einen Polizeihubschrauber, der über dem Friedhof kreiste, um mit dem Getöse die Trauerreden zu ersticken. Bereitschaftspolizisten drehten dem Grab demonstrativ den Rücken zu, andere fotografierten die Trauergäste ungeniert.[85]

Auf das Begräbnis folgte eine weitere abenteuerliche Aktion zur Rettung eines Nachlasses, eine jener Operationen, wie sie für die Geschichte der Phänomenologie typisch zu sein scheinen. Ehemalige Schüler und Kollegen Patočkas unter Leitung von Klaus Nellen und

Ivan Chvatík organisierten zusammen mit dem polnischen Philosophen Krzysztof Michałski von Wien aus den heimlichen Transport von Fotokopien von Patočkas Manuskripten in die österreichische Hauptstadt. Westliche Wissenschaftler und Diplomaten sollten bei jeder ihrer Reisen nach Prag einige Papiere mitnehmen. Stück für Stück wurde so ein zweites Archiv in Wien aufgebaut, die Originale wurden in Prag versteckt.[86] Die Erinnerung an Patočka wird bis heute in den beiden Städten lebendig gehalten. Paul Ricœur, einer der mit dem Wiener Jan-Patočka-Archiv verbundenen Philosophen, fasste Patočkas Vermächtnis so zusammen: «Die Hartnäckigkeit, mit der man ihn verfolgte, beweist, daß – im Falle der extremen Erniedrigung eines Volkes – das philosophische Plädoyer für die Subjektivität zum einzigen Mittel des Bürgers gegen den Tyrannen wird.»[87]

Dieser Gedanke steht auch im Zentrum von Václav Havels berühmtem Essay *Versuch, in der Wahrheit zu leben,* der Jan Patočka gewidmet ist. In einem repressiven System, schreibt Havel, tragen die Menschen auf subtile Weise zu dessen Festigung bei. Er illustriert es an einem Beispiel: Der Leiter eines Gemüseladens erhält von der Firmenzentrale das Spruchband «Proletarier aller Länder, vereinigt euch!», das er in seinem Schaufenster aufhängen soll. Obwohl er für diese Parole eigentlich gar nichts übrig hat, folgt er der Aufforderung, weil er andernfalls Schwierigkeiten bekommen würde. Er denkt nicht weiter darüber nach. Eine Kundin, die den Slogan im Schaufenster sieht, denkt auch nicht weiter darüber nach; das gleiche Spruchband hat sie kurz zuvor in ihrem Büro aufgehängt. Beide passen sich den Verhältnissen an, indem sie eine bestimmte Forderung erfüllen. Aber bedeutet dies, dass ihr Verhalten nicht weiter von Belang ist? Nein, sagt Havel. Indem sie das Spruchband aufhängen, helfen sie, das System zu festigen, weil unabhängiges Denken und persönliche Verantwortung unmerklich verschwinden. Die Spruchbänder gehören zu Heideggers «Man», und sie helfen mit, die Verhältnisse zu stabilisieren. Im ganzen Land, selbst in den Büros der obersten Führung, leiden die Menschen an dem System und halten es gleichzeitig am Leben, indem sie sagen, auf ihr Verhalten komme es nicht an: ein gigantischer Mechanismus der Unaufrichtigkeit und der Banalität, der bis hinauf an die Spitze reicht. Alle sind darin «verwickelt und versklavt».[88]

In Havels Augen muss hier der Dissident einschreiten, um dieses Muster zu durchbrechen. Der Dissident fordert «die Umkehr von einer abstrakten politischen Vision der Zukunft zu dem konkreten Menschen», zum «Hier und Jetzt»,[89] zu dem, was Husserl «die Dinge selbst» genannt hatte. Er vollzieht eine «Epoché», um die Scheinheiligkeit beiseitezuschieben, damit jeder die Dinge sieht, wie sie wirklich sind. Die Folge ist eine «existenzielle Revolution», bei der die Beziehung des Menschen zu einer «menschlichen Ordnung» erneuert wird. Und das bedeutet die Rückkehr zu einer authentischen Seinserfahrung.[90]

1989 kam es tatsächlich zu einer Revolution. Sie brachte Havel als ersten postkommunistischen Staatspräsidenten des Landes an die Macht. Nicht allen gefiel er in dieser Rolle, und die Revolution war nicht so phänomenologisch oder existenziell, wie er gehofft hatte. Aber eine Revision war es auf jeden Fall. Der phänomenologische Imperativ, direkt auf die erlebte Wirklichkeit zuzugreifen, hatte hier vielleicht einen nachhaltigeren Effekt als Sartres unverhohlener Radikalismus. Vielleicht ist die Phänomenologie – in sehr viel größerem Maße als der Existenzialismus – der eigentlich radikale Denkansatz. Brentano, der erste phänomenologische Rebell, könnte zu Recht stolz sein auf die lange Reihe derer, die er beeinflusste.

Dreizehntes Kapitel
Wer einmal von der Phänomenologie gekostet hat

in dem wir von einigen unserer Protagonisten Abschied nehmen müssen

Sein zum Tode

Vorwärts, immer weiter vorwärts! So lautete der Ruf der Existenzialisten. Aber schon Heidegger hatte konstatiert, dass man nicht immer nur vorwärts gehen kann. In *Sein und Zeit* beschreibt er das Dasein als Suche nach Authentizität im «Sein zum Tode», als Bejahung der menschlichen Sterblichkeit und Begrenzung. Auch das Sein selbst, so Heidegger, finde sich nicht in einer ewigen, unveränderlichen Sphäre, sondern erscheine in der Zeit und in der Geschichte. Auf universeller Ebene und im Leben jedes Einzelnen seien damit alle Dinge zeitlich begrenzt und endlich.

Dieser Gedanke gefiel Sartre nie so richtig. Er akzeptierte ihn zwar grundsätzlich, aber seine ganze Persönlichkeit begehrte gegen die Vorstellung auf, durch irgendetwas beschränkt zu sein, am wenigsten durch den Tod. Wie er in *Das Sein und das Nichts* schreibt, ist der Tod ein Angriff, der den Menschen von außerhalb seines Lebens trifft und alle seine Pläne zunichtemacht. Auf den Tod kann ich mich nicht vorbereiten, ich kann ihn nicht als «*meine* Möglichkeit» annehmen. Er ist vielmehr «die Möglichkeit, daß es für mich keine Möglichkeiten mehr gibt».[1] Simone de Beauvoir legte in dem Roman *Alle Menschen sind sterblich* dar, dass Unsterblichkeit unerträglich wäre, aber auch sie betrachtete den Tod als einen Eindringling. In *Ein sanfter Tod* (1964) über die letzte schwere Krankheit ihrer Mutter heißt es, erst an ihrem Sterbebett habe sie «den höhnisch grinsenden Tod der Totentänze gesehen ... den Tod, der von ferne kommt, fremdartig, unmenschlich».[2]

Und in ihrem Essay *Das Alter* erklärt sie, der Mensch könne kein Verhältnis zum Tod haben, sondern nur zum Leben.[3]

Der britische Philosoph Richard Wollheim drückte es anders aus. Der Tod sei der schlimmste Feind, nicht nur weil er uns all der Dinge beraubt, die wir in Zukunft tun, und all der Freuden, die wir noch erleben könnten, sondern auch, weil er uns die Fähigkeit nimmt, überhaupt noch jemals irgendetwas zu erleben. Er setzt der Möglichkeit ein Ende, eine Heidegger'sche Lichtung für Dinge zu sein, die auf dieser Lichtung erscheinen können. Der Tod «nimmt uns die Phänomenologie, und wenn wir einmal von der Phänomenologie gekostet haben, entwickeln wir ein unstillbares Verlangen nach ihr».[4] Haben wir einmal die Erfahrung der Welt gemacht und Intentionalität kennengelernt, wollen wir immer mehr davon, weil diese Erfahrung der Welt das ausmacht, *was wir sind*.

Doch leider ist das unser Deal: Wir können die Phänomenologie nur deshalb kosten, weil sie uns eines Tages genommen wird. Dann verlassen wir unsere Lichtung, die der Wald zurückerobert. Unser einziger Trost besteht darin, die Schönheit des Lichts, das durch die Blätter fällt, überhaupt erfahren zu haben: *etwas* gehabt zu haben statt nichts.

Die ersten Gäste verlassen das Café

Zu den sympathischsten Personen, die in dem hell erleuchteten Café der Existenzialisten mit seinem Geschirrklappern, seiner Betriebsamkeit und Debattierlust aufgetaucht sind, zählen einige, die es als Erste wieder verlassen.

Boris Vian starb am 23. Juni 1959 mit nur neununddreißig Jahren an Herzversagen. Er sah sich in einem Kino die Voraufführung einer Verfilmung seines Romans *Ich werde auf eure Gräber spucken* an. Der Film gefiel ihm nicht, und er wollte gerade seinen Protest äußern, als er zusammenbrach. Er starb auf dem Weg ins Krankenhaus.

Sechs Monate später, am 4. Januar 1960, kam Albert Camus bei einem Autounfall ums Leben. Michel Gallimard, der Neffe seines Verlegers Gaston Gallimard, saß am Steuer. Der Wagen prallte gegen

einen Baum, wurde mit voller Wucht gegen einen zweiten geschleudert und einmal im Kreis herumgewirbelt. Camus' Kopf durchschlug
die Heckscheibe. Das Armaturenbrett wurde rechts, der Motorblock
links von dem Baum gefunden. Ein Stück entfernt fand man eine
Aktentasche, die Camus' Tagebuch und das unvollendete Manuskript
von *Der erste Mensch* enthielt, dem autobiographischen Roman über
seine Kindheit in Algerien.[5]

Simone de Beauvoir erfuhr die Nachricht von Camus' Tod durch
Claude Lanzmann, der sie in Sartres Wohnung anrief. Zitternd legte sie
auf und sagte zu sich: «Ich werde nicht weinen. Er hat mir nichts mehr
bedeutet.»[6] Sie blieb am Fenster stehen und sah die Sonne über der Kirche Saint-Germain-des-Prés untergehen. In jener Nacht tat sie kein Auge
zu. Es sei nicht der sechsundvierzig Jahre alte Camus, dem sie nachtrauere, schrieb sie, sondern der junge Freiheitskämpfer aus der Kriegszeit,
der Freund, den sie schon lange verloren hatten. Auch Sartre empfand es
so: Der echte Camus, das war der Résistance-Kämpfer und Autor des
Romans *Der Fremde*. Seine politischen Ansichten verziehen sie ihm nie.
Dennoch verfasste Sartre für den *France-Observateur* einen großherzigen
Nachruf. Darin beschrieb er Camus als einen Erben der großen Tradition französischer Moralisten und einen neugierigen Beobachter des
menschlichen Wesens und Verhaltens: «Sein hartnäckiger, zugleich enger und reiner, zugleich strenger und sinnlicher Humanismus stand in
einem ungleichen Kampf gegen die gewaltigen, ungestalten Ereignisse
unserer Zeit.»[7] Als Beauvoir im selben Jahr von Studs Terkel für den
amerikanischen Rundfunk interviewt wurde, erklärte sie, Camus sei
mehr ein ethischer denn ein politischer Denker gewesen, räumte jedoch
ein, die jungen Leute könnten von beiden Ansätzen lernen.[8]

Im selben Jahr starb noch jemand viel zu früh. Am 28. November 1960 erlitt der zweiundfünfzigjährige Richard Wright in Paris eine
tödliche Herzattacke. Einige seiner Freunde und seine Tochter fragten
sich, ob er von der CIA ermordet worden war. Kurz vor seinem tödlichen Zusammenbruch hatte eine mysteriöse Frau sein Zimmer verlassen. Tatsächlich hatte ihn die US-Regierung jahrelang schikaniert
und behindert, doch Wright litt nach einer Amöbenruhr im Jahr 1957
unter Leberproblemen und versuchte, sich mit Wismutsalzen zu
kurieren, die eine Metallvergiftung verursachten.[9]

Wright schrieb in seinen letzten Lebensjahren zwar kaum noch Romane, aber weiterhin Essays und Streitschriften. Zu seinen letzten Werken zählen wunderschöne kleine Gedichte im Stil japanischer Haikus über Pfirsichbäume, Schnecken, den Frühlingsregen, Wolken, Schnee, vom Regen durchnässte Hühner – und über eine kleine grüne Klette in den gelockten Haaren eines schwarzen Jungen.[10]

Ein Jahr später, am 3. Mai 1961, starb dreiundfünfzigjährig Maurice Merleau-Ponty, schlank und fit, wie er es immer gewesen war, an einem Herzinfarkt. Er hatte den Abend mit Freunden in seiner Wohnung am Boulevard Saint-Michel verbracht, sich aber dann in sein Arbeitszimmer zurückgezogen, um an seiner Descartes-Vorlesung zu arbeiten, die er am nächsten Tag zu halten hatte. Er kam nicht wieder heraus.[11]

Auch jetzt verfasste Sartre einen Nachruf auf einen Freund, mit dem er sich zerstritten hatte, diesmal in einer Sondernummer der *Temps modernes*.[12] Und auch diesmal fand er angemessene und einfühlsame Worte. Sein Text enthält wertvolle Informationen zu ihrer Freundschaft und zu ihren Divergenzen. Sartre schildert, wie sie sich kurz vor Merleau-Pontys Tod an der École normale supérieure wiederbegegnet waren. Sartre hielt einen Vortrag und war gerührt, dass Merleau-Ponty gekommen war. Er habe gehofft, sie würden in Kontakt bleiben. Er selbst sei von einer Grippe erschöpft gewesen, doch Merleau-Ponty habe geglaubt, es bestehe weiterhin ein Unbehagen zwischen ihnen. «Als wir uns trennten, verlor er kein Wort über seine Enttäuschung, aber ich hatte einen Augenblick lang den Eindruck, daß er wieder finsterer geworden war.»[13] Sartre blieb dennoch zuversichtlich. «‹Alles ist wiederhergestellt›, sagte ich mir, ‹alles wird wieder beginnen›». Ein paar Tage später erfuhr er, dass Merleau-Ponty gestorben war.

Maurice Merleau-Ponty liegt auf dem Friedhof Père Lachaise in Paris begraben, in einer stillen, wenig besuchten Ecke neben seiner Mutter und seiner Frau Suzanne, die 2010 starb. Der Friedhof Montparnasse mit dem Grab von Jean-Paul Sartre und Simone de Beauvoir befindet sich am anderen Ende von Paris.

Ein Philosoph, der schon in jungen Jahren befürchtete, frühzeitig an einem Herzinfarkt zu sterben, war Karl Jaspers. Als er Gertrud heiratete, warnte er sie, sie würden wohl nicht lange zusammenleben, ein paar Jahre vielleicht.[14] Tatsächlich wurde er sechsundachtzig. Er starb am 26. Februar 1969, an Gertruds Geburtstag. Heidegger schickte ihr ein Beileidstelegramm mit den Worten: «Im Andenken an frühe Jahre verehrend teilnehmend.» Sie schrieb ihm am selben Tag zurück: «Ebenfalls der frühen Jahre gedenkend danke ich Ihnen.»[15]

Karl Jaspers' Denken veranschaulicht wohl am besten eine Beschreibung, die er in einer Rundfunkserie 1966/67 von sich selbst gab. Er erzählte von seiner Kindheit in Lübeck und von den Ferien mit seinen Eltern auf den Ostfriesischen Inseln. Auf Norderney ging er eines Abends an der Hand seines Vaters den Strand hinunter. «Es war tiefe Ebbe, der Weg über den frischen reinen Sand war sehr lang bis an das Wasser. Da lagen die Quallen, die Seesterne [...] Ich war wie verzaubert», sagte Jaspers. «Seitdem ist mir das Meer wie der selbstverständliche Hintergrund des Lebens überhaupt. Das Meer ist die anschauliche Gegenwart des Unendlichen. Unendlich die Wellen. Immer ist alles in Bewegung, nirgends das Feste und das Ganze in der doch fühlbaren unendlichen Ordnung. Das Meer zu sehen, wurde für mich das Herrlichste, das es in der Natur gibt. Das Wohnen, das Geborgensein ist uns unentbehrlich und wohltuend. Aber es genügt uns nicht.» Dass es auch «dieses Andere» gebe, die Unendlichkeit des Meeres, das sei etwas Befreiendes, fährt er fort. Es befreie im «Hinausgehen über die Geborgenheit». Und genau das sei das Wesen des Philosophierens. Sie bringe einen «dorthin, wo zwar alle Festigkeit aufhört, wir aber nicht ins Bodenlose versinken».[16] Deshalb habe Philosophie für ihn immer ein «anderes Denken» bedeutet.

Vier Jahre nach Karl Jaspers ging noch ein Philosoph, der das menschliche Leben als eine stetige Reise über die Grenzen des Bekannten hinaus beschrieben hatte: Gabriel Marcel starb am 8. Oktober 1973. Wie für Jaspers war für ihn der Mensch ein Vagabund. Wir haben, sagte er, keinen wirklichen Besitz, und wir sind auch nirgendwo sesshaft, selbst wenn wir unser Leben lang an einem festen Ort wohnen bleiben. Der Titel einer seiner Aufsatzsammlungen lautete denn auch *Homo viator* – Der Mensch als Wanderer.

Hannah Arendt starb am 4. Dezember 1975 mit neunundsechzig Jahren an einem Herzinfarkt. Sie hinterließ ein Manuskript von sartreschen Dimensionen, das ihre Freundin Mary McCarthy unter dem Titel *Vom Leben des Geistes (The Life of the Mind)* herausgab. Arendt vermochte das Rätsel Heidegger nie ganz zu lösen. Mal verurteilte sie ihren ehemaligen Geliebten und Lehrer, mal versuchte sie, ihn zu rehabilitieren und das Verständnis für ihn zu fördern.[17] Sie traf sich ein paar Mal mit ihm, als sie in Europa war, und bemühte sich – erfolglos –, ihm und Elfride zu helfen, *Sein und Zeit* nach Amerika zu verkaufen. Viele Elemente seines Werks blieben für ihr eigenes Denken von zentraler Bedeutung.

In ihrem Aufsatz *Martin Heidegger ist achtzig Jahre alt* beschrieb Arendt, wie aufregend Heideggers Aufruf zu denken in dem «nebligen Nest» Marburg in den zwanziger Jahren gewesen war.[18] Sie fragte sich aber auch, wie er so grandios darin hatte scheitern können, 1933 und danach selber auf die rechte Weise zu denken. Sie fand keine Antwort. So wie Jaspers Heidegger einst als «einen Knaben, der träumt» verharmlost hatte, zog auch Hannah Arendt ein äußerst wohlwollendes Fazit. Sie schloss ihren Aufsatz mit der Geschichte des griechischen Philosophen Thales, der in einen Brunnen fiel, weil er den Blick nach oben gerichtet hatte, um die Sterne zu betrachten.

Heideggers Heimkehr

Heidegger selbst, siebzehn Jahre älter als Hannah Arendt, überlebte sie um fünf Monate und starb am 26. Mai 1976 mit sechsundachtzig Jahren friedlich im Schlaf.

Mehr als vierzig Jahre lang hatte er daran festgehalten, dass die Welt ihn schlecht behandle. Er hatte seine Anhänger enttäuscht, die hofften, er würde sich eines Tages doch noch dazu durchringen, den Nationalsozialismus mit deutlichen Worten zu verurteilen. Doch seine Antwort war Schweigen. Heinrich Wiegand Petzet berichtete, Heidegger habe sich solchen Aufforderungen gegenüber äußerlich gelassen gegeben, «dennoch haben ihn diese Dinge sehr verletzt und geschmerzt».[19]

Sein Groll hielt ihn jedoch keineswegs von der Arbeit ab, die ihn in seinen letzten Lebensjahren weiter die Gebirgspfade seiner Gedanken hinauf- und hinunterführte. Er verbrachte viel Zeit in Todtnauberg, empfing Besucher, die zu ihm pilgerten, manchmal aber auch kritische Geister wie den jüdischen Dichter und KZ-Überlebenden Paul Celan, der im Juli 1967 an der Freiburger Universität eine Lesung hielt. Es war nur ein kurzer Ausflug aus der psychiatrischen Klinik, den ihm seine Ärzte gestatteten. Die Lesung fand in demselben Hörsaal statt, in dem Heidegger seine nationalsozialistische Rektoratsrede gehalten hatte.

Heidegger, ein großer Bewunderer von Celans Werk, war fürsorglich um ihn bemüht und bereitete den Besuch des Dichters sorgfältig vor. Er bat sogar einen ihm nahestehenden Buchhändler, die wichtigsten Buchhandlungen der Stadt über Celans Ankunft zu informieren und dazu zu drängen, Celan-Bände ins Schaufenster zu legen, damit der Dichter sie bei seinem Rundgang durch die Stadt sehen konnte.[20] Eine anrührende Geschichte und das einzige mir bekannte Beispiel, bei dem sich Heidegger von seiner freundlichen Seite zeigte. Er kam zu Celans Lesung und lud ihn für den nächsten Tag in seine Hütte ein. Der Dichter trug sich in das Gästebuch ein und schrieb über seinen Besuch ein verhaltenes, rätselhaftes Gedicht, das er schlicht «Todtnauberg» nannte.

Heidegger empfing gern Reisende, er selbst war jedoch kein *Homo viator*. Er verachtete den Massentourismus, den er als Symptom der «wachsenden Wüste» verstand, des «unaufhaltsamen, aufenthaltversagenden Geschicks der Erde».[21] In späteren Jahren machte er gern Ferien in der Provence. Er zerbrach sich den Kopf darüber, ob er Griechenland besuchen solle – ein naheliegendes Ziel angesichts seiner langen Beschäftigung mit griechischen Tempeln und Felshängen, mit Heraklit, Parmenides und Sophokles. Aber genau deshalb hatte er Bedenken: Es stand zu viel auf dem Spiel. 1955 beschloss er eine Griechenlandreise mit seinem Freund Erhart Kästner. Bahn- und Schiffsfahrkarten waren gebucht, aber in letzter Minute machte Heidegger einen Rückzieher. Fünf Jahre später schmiedeten sie neue Pläne, und wieder sagte Heidegger ab. An Kästner schrieb er: «Es wird dabei bleiben, daß ich Einiges von ‹Griechenland› denken darf, ohne es zu schauen [...] Die Sammlung dazu bietet am ehesten der heimische Ort.»[22]

Schließlich rang er sich doch noch zu einer Griechenlandreise durch. 1962 schiffte er sich mit seiner Frau Elfride und dem Freund Ludwig Helmken in Venedig ein. Helmken war ein Rechtsanwalt und ein liberalkonservativer Politiker, dessen Vergangenheit mindestens so anstößig war wie die Heideggers; er war 1937 in die NSDAP eingetreten. Sie fuhren mit dem Schiff durch die Adria und besuchten Olympia, Mykene, Heraklion, Rhodos, Delos, Athen und Delphi, bevor sie nach Italien zurückkehrten.

Zunächst bestätigten sich Heideggers schlimmste Befürchtungen. Er war missgestimmt. In Olympia säumten «amerikanische Touristenhotels» die Straße, notierte er in sein Tagebuch.[23] Die Gegend gebe «das Griechische des Landes, sein Meer und seinen Himmel noch nicht frei».[24] Die Südseite Kretas reizte ihn kaum, und auch Rhodos vermochte ihn nicht an Land zu locken. Er blieb lieber auf dem Schiff und las Heraklit.[25] Seine Enttäuschung war groß. Der erste Eindruck des im Dunst liegenden Athen verdross ihn, auch wenn er es genoss, in aller Frühe von einer Freundin abgeholt und mit dem Wagen zur Akropolis hinaufgefahren zu werden, bevor die Touristenmassen mit ihren Kameras anrückten.[26]

Nach dem Mittagessen und einer Darbietung griechischer Volkstänze im Hotel besuchten sie den Poseidon-Tempel am Kap Sounion – und hier fand Heidegger endlich das Griechenland, nach dem er gesucht hatte. Weiß leuchtende Tempelruinen standen auf dem steil abfallenden Vorgebirge. Heidegger schrieb von dem «baumlosen Fels des Kaps», der «den Tempel in den Himmel hinauf und über das Meer hinaushebt», und wie «diese eine Gebärde des Landes die unsichtbare Nähe des Göttlichen erwinkt».[27] Und obwohl die Griechen ein großes Seefahrervolk gewesen seien, «kannten sie die Seßhaftigkeit und die Grenzen gegen das Barbarische». Selbst jetzt, umgeben vom Meer, kehrten Heideggers Gedanken zu der Bildwelt des Umschließenden, Begrenzenden und Festhaltenden zurück. Griechenland verband er nie mit Handel und Offenheit wie Husserl. Auch störten ihn weiter die Zumutungen der modernen Welt, die Anwesenheit der anderen Besucher: «überall photographierende Leute».[28]

Heideggers Schilderungen der Kreuzfahrt vermitteln einen Eindruck davon, wie er reagieren konnte, wenn sich die Welt nicht seinen

Vorstellungen fügte. Er wirkt verdrießlich und lässt die Eindrücke nur sehr selektiv an sich herankommen. Wenn Griechenland ihn enttäuscht, steigert er sich umso tiefer in eine private Sicht der Dinge hinein; wenn es dieser Sicht entspricht, gewährt er verhaltene Zustimmung. Er hatte recht mit seiner jahrelangen Unentschlossenheit: Die Reise brachte nicht gerade seine besten Seiten zum Vorschein.

Einen überraschenden Augenblick der Schönheit gab es dennoch. Als sie auf der Rückfahrt nach Italien die Bucht von Dubrovnik verließen, tauchten bei Sonnenuntergang Delphine auf und begleiteten das Schiff. Heidegger war entzückt. Er erinnerte sich an eine Trinkschale, die der Töpfer und Vasenmaler Exekias um 540 v. Chr. schuf und die Heidegger in der staatlichen Antikensammlung in München gesehen hatte. Darauf ist Dionysos zu sehen. Er liegt auf einem Schiffsdeck, über ihm das geblähte Segel. Den Mast hoch ranken sich Weinreben, Delphine umspielen das Schiff. Heidegger beeilte sich, sein Notizheft zur Hand zu nehmen, aber als er zu schreiben begann, gewann erneut die gewohnte Terminologie des Umschließenden die Oberhand. So, wie die Dionysos-Schale «in den Grenzen des schönsten Gebildes ruht», schrieb er, «so bleibt, rund in sein eigenes Inselwesen geborgen, der Geburtsort des Abendlandes und des modernen Zeitalters dem Andenken an den Aufenthalt überlassen».[29] Selbst den Delphinen musste er eine Heimat zuweisen.

Jaspers' unendliche Weite des Meeres sucht man bei Heidegger vergeblich. Man findet bei ihm weder Gabriel Marcels rastlosen Wanderer noch die zufällige Begegnung mit einem Unbekannten. Als ein *Spiegel*-Journalist 1966 zu ihm sagte, der Mensch werde eines Tages «von dieser Erde auf andere Planeten ausgreifen. Es wird sicher noch lange nicht soweit sein. Nur, wo ist geschrieben, daß er hier seinen Platz hat?», reagierte Heidegger abwehrend: «Nach unserer menschlichen Erfahrung und Geschichte, soweit ich jedenfalls orientiert bin, weiß ich, daß alles Wesentliche und Große nur daraus entstanden ist, daß der Mensch eine Heimat hatte und in einer Überlieferung verwurzelt war.»[30]

Für Heidegger bedeutet Philosophieren immer Heimkehr, und die größte Heimkehr ist der Tod. In einem Gespräch mit dem Freiburger Theologieprofessor Bernhard Welte gegen Ende seines Lebens äußerte er seinen Wunsch nach einem kirchlichen Begräbnis auf dem Friedhof in Meßkirch, auch wenn er seinen religiösen Glauben längst verloren hatte. Für ihn und Welte war der Tod vor allem die Rückkehr auf heimatlichen Boden.[31]

Sein letzter Wunsch wurde ihm erfüllt, er wurde auf dem katholischen Friedhof von Meßkirch bestattet. Sein Grabstein trägt einen kleinen Stern anstelle eines Kreuzes. Elfride, die 1992 starb, liegt neben ihm. Rechts und links dieses Grabes befinden sich zwei weitere Gräber der Familie Heidegger, beide mit einem Kreuz. Diese drei Grabsteine nebeneinander, mit Martin und Elfride Heideggers Grab in der Mitte, dessen Grabstein die beiden anderen überragt, erinnern an ein Golgatha.

Am Tag meines Besuchs waren auf allen drei Gräbern frisch Narzissen gepflanzt, auf Heideggers Grabstein lagen ein paar Handvoll Kieselsteine. Zwischen seinem Grabstein und dem seiner Eltern befand sich ein steingemeißeltes Engelchen – ein träumender Knabe mit überkreuzten Beinen und geschlossenen Augen.

Links von Martin Heidegger liegt sein jüngerer Bruder Fritz begraben, der während der Kriegsjahre Heideggers Manuskripte in einem Banktresor verwahrt hatte und ihm zusammen mit Elfride bei Schreibarbeiten und auf andere Weise behilflich gewesen war.

Fritz hatte getan, worüber Heidegger lediglich philosophiert hatte: Er blieb sein Leben lang in Meßkirch, arbeitete bei der örtlichen Bank und starb in seinem Heimatort. Auch hielt er am Glauben seiner Kindheit fest. Die Einheimischen kannten ihn als lebhaft und humorvoll, und obwohl er stotterte, nahm er regelmäßig an den Meßkircher Fastnachtsveranstaltungen teil und hielt närrische Büttenreden.

Etwas von seinem Humor blitzt in einer Bemerkung über den Bruder auf. Er machte sich über das «Da-da-dasein» lustig und meinte, man werde Martins Schriften wohl erst im einundzwanzigsten Jahrhundert mit Verständnis lesen können, «wenn die Amerikaner schon längst auf dem Mond einen riesigen Großmarktladen eingerichtet haben».[32] Trotzdem tippte er Heideggers Manuskripte sorgfältig ab und war damit dem Philosophen, der sich mit der Schreibmaschine nie so recht anfreunden konnte, eine große Hilfe. Heidegger glaubte, das

Tippen ruiniere die Handschrift: «Die Schreibmaschine entreißt die Schrift dem Wesensbereich der Hand.»[33] Fritz schlug seinem Bruder vorsichtige Korrekturen vor. Er müsse kürzere Sätze schreiben; jeder Satz müsse einen klaren Gedanken übermitteln.[34] Heideggers Reaktion ist nicht überliefert.

Fritz Heidegger starb am 26. Juni 1980. Er wurde erst in den letzten Jahren dem Vergessen entrissen und als eine Art Anti-Martin von Biographen entdeckt: als Fallstudie eines Menschen, der *nicht* der brillanteste und meistgehasste Philosoph des zwanzigsten Jahrhunderts gewesen ist.

Sartre, petit père, tu uns das nicht an!

In den siebziger Jahren wurde Sartre immer gebrechlicher, was auch seine Fähigkeit zu arbeiten beeinträchtigte. In seinem Nachlass fand sich ein undatiertes Blatt Papier (das offenkundig kurz nach der Mondlandung im Juli 1969 geschrieben wurde, denn es beginnt mit den Worten «Der Mond»). Darin bekundet er die traurige Gewissheit, dass er seit fünf Monaten nichts geschrieben hatte. Er zählt die Projekte auf, die er noch beenden möchte: das Flaubert-Buch, einen biographischen Essay über Tintoretto, die *Kritik der dialektischen Vernunft*. Aber er verspürt keine Lust zu schreiben und befürchtet, das könnte so bleiben. Für Sartre war Nicht-schreiben gleichbedeutend mit Nicht-leben. «Seit Jahren», notierte er, «habe ich nichts mehr abgeschlossen. Ich weiß nicht, warum. Doch, ich weiß es: Corydran.»[35]

Die jahrelange Abhängigkeit von Corydran und Alkohol spielte eine Rolle, aber jetzt ließ ihn auch sein gesundes Auge im Stich. Fernsehen konnte er noch, er nahm bewegte Schatten wahr und lauschte den Kommentaren.[36] 1976 verfolgte er auf dem Bildschirm eine lange Sendung über ein außerordentlich interessantes Sujet: Jean-Paul Sartre. Der Film *Sartre par lui-même (Sartre. Ein Film)* basierte auf Interviews, die ein paar Jahre zuvor mit ihm geführt worden waren, ergänzt durch ein Interview, das er Michel Contat im Jahr 1975 gegeben hatte.[37] Nicht mehr schreiben zu können nehme ihm jede Daseinsberechtigung, sagt er. «Ich war, aber ich bin nicht mehr, wenn Sie so wollen. Ich müßte also sehr niedergeschlagen sein, aber aus einem mir unbekannten Grunde fühle ich mich recht gut; ich empfinde nie Trauer, noch habe ich schwermütige Augenblicke, wenn ich daran denke, was ich verloren habe.»[38]

Andere gesundheitliche Probleme verschlimmerten sich. Er erlitt mehrere Schlaganfälle, hatte geistige Aussetzer und Probleme mit den Zähnen.[39] Manchmal schien er ganz abzudriften. In einem solchen Moment fragte ihn Simone de Beauvoir, woran er gerade denke. Er antwortete: «An nichts. Ich bin nicht da.»[40] Er hatte das Bewusstsein immer als ein Nichts beschrieben, tatsächlich jedoch war sein Kopf immer voll gewesen mit Wörtern und Ideen. Er hatte jeden Tag geschrieben, als wäre er übervoll und müsste etwas davon abladen. Jetzt gab es zwar immer noch viel, was er zu sagen hatte, aber ihm fehlte die Kraft dazu. Seine engsten Vertrauten hofften insgeheim auf einen schnellen, gnädigen Tod, wie Camus ihn gehabt hatte. Der langsame Verfall war schwer zu ertragen: «Sartre, *petit père*, tu uns das nicht an!», schrieb Olivier Todd.[41] Doch Sartre kämpfte weiter, ein dickköpfiger kleiner Mann, der sein öffentliches Bild ganz allein bestimmen wollte.

In seinen letzten Monaten wechselten sich Partnerinnen, Geliebte und Schülerinnen in seiner Betreuung ab: Simone de Beauvoir, seine junge Gefährtin Arlette Elkaïm-Sartre (die er adoptiert hatte, um ihr Rechtsansprüche zu sichern) und seine langjährige Geliebte Michelle Vian. Benny Lévy, sein junger Privatsekretär und Assistent, unterstützte ihn beim Schreiben, übte jedoch einen ungebührlich starken Einfluss auf ihn aus, wie einige glaubten. Lévy war ein Mensch mit dezidierten Ansichten, ein zum Antikommunisten mutierter Maoist mit einer selbstbewussten jüdischen Identität, der nicht bereit war, sich als Schreibkraft dezent im Hintergrund zu halten.

Die Gespräche, die er mit Sartre führte, erschienen wenige Wochen vor dessen Tod im Wochenmagazin *Le Nouvel Observateur* und später auch als Buch unter dem Titel *L'espoir maintenant*. Sie zeigen einen ungewöhnlich defensiven Sartre: Er distanziert sich von seinen prosowjetischen und maoistischen Ansichten ebenso wie von seinem Essay über den Antisemitismus von 1946 (die Überlegungen zur Judenfrage, die Lévy fehlerhaft fand) und seiner Faszination von Gewalt.[42]

Dieser neue Sartre ist nachsichtiger gegenüber der Religion, auch wenn er nach wie vor nicht an Gott glaubt. Er räumt ein, in politischen Fragen ein Tagträumer gewesen zu sein. Er klingt gedämpft und geschlagen. Einige aus Sartres näherem Umkreis fanden, *L'espoir maintenant* bekunde keinen wirklichen Gesinnungswandel, sondern zeige nur einen kranken, gebrechlichen und verletzlichen alten Mann. Solche Einwände vorwegnehmend, will Lévy von Sartre wissen, inwieweit sein Denken durch die Beziehung zu ihm, Lévy, beeinflusst worden sei. Sartre antwortete, er sei jetzt zur Partnerschaft gezwungen, weil er nicht mehr schreiben könne, aber er sehe es positiv: «Wir bilden gemeinsam Gedanken.»[43]

Sartre hatte stets in enger Partnerschaft mit Simone de Beauvoir gearbeitet, doch sie zählte jetzt zu denen, die glaubten, Lévy übe einen zu starken Einfluss auf Sartre aus.[44] Auch Raymond Aron meinte, die Ansichten in *L'espoir maintenant* seien so vernünftig, dass selbst er ihnen zustimmen könne – ein sicheres Zeichen dafür, dass sie nicht von Sartre seien.[45]

Diese Phase von Sartres Leben bleibt rätselhaft. Sartre befürwortete friedliche politische Beziehungen und Gewaltlosigkeit und äußerte offenkundig vernünftige und ansprechende Ansichten, doch diesem neuen, weichgespülten Sartre fehlte etwas. *L'espoir maintenant* ruft in Erinnerung, was an diesem Denker so aufregend (und schockierend) gewesen war: seine Fehleinschätzungen, seine eklatanten Instinktlosigkeiten, seine Streitlust und seine Schreibwut. Aber vielleicht trauere ich etwas Verlorenem nach – so wie Simone de Beauvoir und Sartre bei Camus – und will das Neue nicht wahrhaben. Vielleicht hat auch das Bewusstsein seines nahen Endes seinen Blick auf die Welt nachsichtiger gemacht.

Sartres letzte Jahre bestätigen jedenfalls die Wahrheit von Simone de Beauvoirs Sicht des menschlichen Lebens als eines unlösbaren, doppeldeutigen Dramas der Freiheit und Kontingenz. Dieser übersprudelnde, redselige Mensch war nur noch ein Schatten seiner selbst, seiner Sehkraft beraubt und teilweise auch seines Hörvermögens, ohne Pfeife, ohne die Fähigkeit zu schreiben, ohne Engagement in der Welt – und damit letztlich auch ohne seine Phänomenologie, wie Wollheim sagen würde. Das alles stand ihm nicht mehr zur Verfügung. Und doch ließ er nicht zu, dass er zu einer Statue erstarrte. Er änderte seine Ansichten bis zum letzten Atemzug.

In der Nacht zum 19. März 1980, als Sartre – was ungewöhnlich war – ein paar Stunden allein war, erlitt er einen Zusammenbruch und drohte zu ersticken. Er wurde ins Krankenhaus gebracht. Fast einen Monat blieb er noch am Leben. Und selbst jetzt, auf dem Sterbebett, wurde er von Journalisten verfolgt, die als Krankenpfleger getarnt in sein Zimmer eindringen wollten, und von Fotografen, die ihn vom Dach eines gegenüberliegenden Hauses mit Teleobjektiven fotografierten. Am Abend des 14. April fiel Jean-Paul Sartre nach einem Nierenversagen und einer Wundinfektion ins Koma. Er starb am folgenden Tag.

Simone de Beauvoir war am Boden zerstört, doch ihre intellektuelle Redlichkeit verbot es ihr, von ihrer lebenslangen Überzeugung abzurücken, dass der Tod das Ende sei: ein Übergriff und ein Gräuel, ohne Verbindung zum Leben und ohne das Versprechen auf etwas danach. «Sein Tod trennt uns», schrieb sie. «Mein Tod wird uns nicht wiedervereinen. So ist es nun einmal. Schön ist, daß unsere Leben so lange harmonisch vereint sein konnten.»[46]

Die letzten Gäste gehen

Nach Beendigung der École normale supérieure hatten Sartre und Aron 1929 vereinbart, dass derjenige, der den anderen überlebt, den Nachruf für das Bulletin der ehemaligen École-normale-Studenten schreiben solle. Aron überlebte Sartre zwar, aber den Nachruf schrieb er nicht. Im Nachrichtenmagazin *L'Express* erklärte er, warum: Es sei inzwischen einfach zu viel Zeit vergangen.[47] In einem Interview meinte er, Sartre habe «sehr schöne Texte» über Camus und Merleau-Ponty geschrieben, er glaube aber nicht, «daß er über mich so warmherzige Texte geschrieben hätte».[48] Einen Grund dafür nannte er nicht. Ihr Bruch war deshalb so radikal gewesen, weil ihre politischen Ansichten stärker divergierten. Aber Sartre war stets großzügig mit Worten, und er hätte wohl auch in einem Nachruf auf Aron etwas Würdigendes zu sagen gewusst.

Fast jedoch wäre Aron Sartre vorausgegangen. 1977 erlitt er eine Herzattacke, von der er sich nie wieder ganz erholte. Den zweiten Herzinfarkt erlitt er am 17. Oktober 1983 beim Verlassen des Gerichtssaals, wo er für seinen Freund Bertrand de Jouvenel als Zeuge ausgesagt hatte. Ein Politologe hatte Jouvenel vorgeworfen, er habe mit den Nazis kollaboriert. Aron bezeichnete nicht nur diesen Vorwurf als unrichtig, sondern nannte es auch historisch falsch, die moralische Komplexität des Lebens im besetzten Frankreich außer Acht zu lassen. Auf der Freitreppe des Justizpalastes brach Raymond Aron zusammen. Er war sofort tot.[49]

Simone de Beauvoir überlebte Sartre fast auf die Stunde genau um sechs Jahre.

In dieser Zeit leitete sie weiterhin die Redaktionssitzungen der *Temps modernes*, die bei ihr zu Hause stattfanden, las eingesandte Manuskripte, schrieb Briefe und unterstützte jüngere Autorinnen und Autoren, darunter viele Feministinnen.[50] Eine von ihnen, die Amerikanerin Kate Millett, besuchte Beauvoir alljährlich in ihrer Pariser Wohnung. Millett berichtete, die Wohnung sei voller Bücher, Fotos von Freunden («Sartre, Genet, Camus etc.») gewesen und «mit diesen merkwürdigen Fünfziger-Jahre-Sofas mit Samtkissen» ausgestattet, «die damals, als sie sie kaufte, offenbar der letzte Schrei waren». Beauvoir, so Millett, habe sich durch absolute Integrität und durch «etwas so Unwahrscheinliches wie moralische Autorität» ausgezeichnet.[51]

So wie Sartre Arlette Elkaïm adoptierte, adoptierte Simone de Beauvoir ihre Lebensgefährtin und Erbin Sylvie Le Bon, die sich zusammen mit Claude Lanzmann und anderen um sie kümmerte. Sie litt an Leberzirrhose, nicht zuletzt eine Folge ihres jahrelangen Alkoholkonsums.[52] Nach gesundheitlichen Komplikationen wurde sie am 20. März 1986 ins Krankenhaus eingeliefert. Wenige Wochen nach der Operation kamen ein Lungenödem und eine Lungenentzündung hinzu, sie fiel ins Koma und starb am 14. April 1986.

Simone de Beauvoir wurde neben Sartre auf dem Friedhof Montparnasse beigesetzt. Wie bei Sartre wurde ihr Körper für die spätere Kremierung in einen Einäscherungssarg gelegt und dieser für den Trauerzug in einen großen Sarg. Tausende folgten dem Leichenwagen, der mit Bergen von Blumen bedeckt war. Es war ein kleineres Begräbnis als bei Sartre, aber es waren so viele Trauergäste gekommen, dass aus Angst vor einem Massenandrang die Friedhofstore geschlossen wurden. Einige kletterten über die Sperren und Mauern. Vor dem offenen Grab rezitierte Lanzmann eine Passage aus dem dritten Band ihrer Autobiographie *Der Lauf der Dinge*, in dem es um Tod, Leben und Verlust geht:[53]

> Voller Melancholie denke ich an all die Bücher, die ich gelesen, an all die Orte, die ich besucht habe, an das Wissen, das sich angehäuft hat und das nicht mehr da sein wird. Die ganze Musik, die ganze Malerei, die ganze Kultur, so viele Bindungen: plötzlich bleibt nichts mehr. Es ist kein Honig, niemand kann sich davon ernähren. Wenn man meine Bücher liest, wird der Leser bestenfalls denken: Sie hat aber viel gesehen! Aber dieses einzigartige Ganze, meine persönlichen Erfahrungen mit ihrer Folgerichtigkeit und ihren Zufällen – die Pekinger Oper, die Stierkampfarenen von Huelva, der *condomblé* von Bahia, die Dünen von El Oued, die Wabansia Avenue, die Morgendämmerung der Provence, Tirynthos, Castro, der zu 500 000 Kubanern spricht, ein schwefelgelber Himmel über einem Wolkenmeer, die purpurroten Buchen, die weißen Nächte von Leningrad, die Glocken der Befreiung, ein orangefarbener Mond über dem Piräus, eine rote Sonne, die über der Wüste aufgeht, Torcello, Rom, all die Dinge, von denen ich erzählt habe, andere, die ich verschwiegen habe – das alles wird niemals wieder auferstehen.[54]

Als sie dieses Resümee zog und im März 1963 das Buch in Druck gab, hatte sie noch dreiunddreißig Jahre zu leben. Beauvoir neigte zu solchen vorausblickenden Abschiedsgedanken. Ihr Essay *Das Alter* von 1970 ist voll davon, ebenso der 1972 erschienene Band ihrer Autobiographie, der wirklich ihr letzter sein sollte: *Alles in allem*.

Doch diese von Melancholie durchwirkten Bücher belegen auch ihre Fähigkeit, über das Leben zu staunen. In *Das Alter* fühlte sie sich durch ein Foto von den Champs-Élysées in das Jahr 1929 zurückversetzt: «Ich trug einen dieser Glockenhüte und hatte einen umgeschlagenen Kragen.»[55] Jetzt schien es ihr, als hätte diese Welt nie zu ihrem Leben gehört, sie war ihr fremd geworden. In *Alles in allem* beschreibt sie ein «kindliches Staunen», als sie nach einem Nachmittagsschläfchen

aufwacht und sich fragt: «Warum bin ich ich?»[56] Alles an ihrem Leben
erscheint ihr in diesem Moment unwahrscheinlich: die Vereinigung
jener bestimmten Samenzelle mit jenem bestimmten Ei; der Umstand,
als weibliches Wesen auf die Welt gekommen zu sein. So vieles hätte
ganz anders sein können. Es hätte möglich sein können, «Sartre nicht
zu begegnen, und wer weiß, was alles noch».

Die Auskünfte, die ein Biograph über eine Person zusammen-
tragen kann, seien dürftig, verglichen mit der unauslotbaren Vielfalt
der Beziehungen und Erfahrungen, deren jede einzelne eine andere
Bedeutung erhält, je nachdem, unter welchem Gesichtspunkt man sie
betrachtet. Die einfache Feststellung «Ich bin in Paris geboren» bedeute
für jeden Pariser etwas anderes, je nach Herkunft und Lebensumstän-
den. Aus diesen komplizierten Verflechtungen sei die Wirklichkeit
geformt, die niemand entwirren könne.[57]

Unser Protagonist, der am längsten lebte, ist Emmanuel Lévinas, der
am 25. Dezember 1995 starb, drei Wochen vor seinem neunzigsten
Geburtstag. Sein Leben umspannt einen Großteil der Geschichte der
modernen Phänomenologie, angefangen mit seiner Entdeckung Husserls im Jahr 1928 bis zu seinem Spätwerk, als er sein Denken in so
arkane Gefilde führte, dass selbst seine Fans ihm kaum noch folgen
konnten. Er interessierte sich zunehmend für die jüdischen Traditionen und die Auslegung biblischer Texte, beschäftigte sich jedoch auch
weiterhin mit Ethik und der Beziehung zum Anderen.

Lévinas' Denken beeinflusste Benny Lévy, und das ist vielleicht
der Grund, warum *L'espoir maintenant* so sehr nach Lévinas klingt.
Vielleicht haben wir hier ein weiteres Beispiel für die faszinierenden
beiläufigen Berührungen zwischen Lévinas und Sartre. Sie kannten
einander kaum, und ihr Denken war in vieler Hinsicht radikal unter-
schiedlich. Und doch kreuzten sich ihre Wege an entscheidenden
Punkten. Fast fünfzig Jahre zuvor, nach dem Gespräch über Aprikosencocktails in der Bar Bec de Gaz in Paris, hatte Sartre Lévinas' Buch
gekauft. Mitte der dreißiger Jahre schrieben sie erstaunlich ähnliche
Dinge über den Ekel und das Sein. Und nun, durch Benny Lévy, kamen
ihre Gedanken einander erneut überraschend nahe – vielleicht sogar,
ohne dass sie sich dessen bewusst waren.

Der englische «Neoexistenzialist» Colin Wilson starb am 5. Dezember 2013, zornig bis zuletzt. Seine vielen Leser weltweit, die von seinen Büchern begeistert waren und sich von ihm erleuchtet fühlten, hielten ihm die Treue. Man kann wahrlich ein schlechteres Vermächtnis hinterlassen.

Er überlebte zwei andere bedeutende Vermittler: Sartres Übersetzerin Hazel Barnes, die am 18. März 2008 starb, und Iris Murdoch, die den englischen Lesern einen ersten Eindruck vom Existenzialismus vermittelte.

Murdoch starb am 8. Februar 1999 nach langer schwerer Krankheit. Ihr letzter Roman, *Jackson's Dilemma*, zeigt bereits erste Symptome ihrer Alzheimer-Erkrankung. Um dieselbe Zeit, da sie an diesem Roman arbeitete, beschloss sie, ein philosophisches Werk aufzugeben, das den Titel «Heidegger: The Pursuit of Being» trug und an dem sie sechs Jahre lang gearbeitet hatte. Typoskript und Manuskript sind als unverbundene Sammlung von Kapiteln erhalten, von denen nur einzelne Teile postum veröffentlicht wurden.[58]

Heidegger scheint für sie – wie auch für viele andere – ein Rätsel gewesen zu sein. Zweifellos war sie von ihm als Person fasziniert. Viele ihrer Romane handeln von charismatischen, mitunter gefährlich verführerischen Guru-Gestalten. Seine Philosophie ließ sie auch dann nicht los, als sie sich von Sartre abgewandt hatte. Besonders von Heideggers Bild des Bewusstseins als Waldlichtung war sie angetan (genau wie ich).[59]

In *Jackson's Dilemma* schreibt die Hauptfigur Benet ein Buch über Heidegger und tut sich damit so schwer wie Iris Murdoch selbst. Benet fragt sich, ob seine Schwierigkeiten damit zu tun haben, dass er nicht weiß, was er von Heidegger halten soll. Manches fasziniert ihn, anderes stößt ihn ab: der Nationalsozialismus, die Vereinnahmung Hölderlins und die «Poetisierung der Philosophie, die die Wahrheit, das Gute und die Freiheit, die Liebe, das Individuum und all das ablehnt, was ein Philosoph erklären und verteidigen sollte».[60] Benet überlegt, ob ihn an Heidegger «ein gewisser gefährlicher Aspekt fasziniert, etwas, das so tief in seiner eigenen [Benets] Seele vergraben liegt, dass er es weder hinterfragen noch verdrängen kann». Woran denkt er, wenn er an Heidegger denkt? Als er später liest, was er über ihn geschrieben hat, sagt er: «Ich bin klein, und ich verstehe nicht.»[61]

Ich habe schon immer gern Iris Murdoch gelesen, drückte mich aber lange vor *Jackson's Dilemma*. Ich befürchtete, es sei ein trauriges Buch, in dem Murdochs Krankheit ihre Schatten vorauswirft. Als ich es jetzt endlich las, war ich überrascht, eine so präzise Beschreibung meiner eigenen ambivalenten Haltung zu Heidegger zu finden. In diesem Roman, ihrem letzten, vermittelt Murdoch eine Ahnung von dem, was es heißt, ein Bewusstsein (oder ein Dasein) zu haben, das seine Kohärenz und seine Bezüge verliert, sich jedoch die Fähigkeit bewahrt hat, seine Erfahrungen in Worte zu fassen, und das von der Sehnsucht durchglüht ist, bis an die Grenzen der menschlichen Möglichkeiten zu gehen. Es ist die phänomenologische Sehnsucht, die Sartre, Beauvoir, Merleau-Ponty und andere in diesem Buch teilen, auch Heidegger.

In der letzten Szene von *Jackson's Dilemma* sitzt Benets Diener Jackson, die titelgebende Figur des Romans, am Flussufer und beobachtet eine Spinne, die zwischen den Grashalmen ihr Netz webt. Er hat das Gefühl, mit Benet zu verschmelzen und wird wie dieser von dem Gefühl überwältigt, dass ihm alles entgleitet. Er atmet tief ein. Manchmal, sagt er, spüre er, dass sich etwas verschiebt, er habe Atemnot, und seine Erinnerungen drohen ihm zu entgleiten. Er fragt sich, ob er sich allmählich selbst verliert, denn er hat vergessen, wohin er gehen und was er tun wollte. Ob alles ein Traum ist? «Am Ende dessen, was notwendig ist, bin ich an einen Punkt gekommen, an dem es keinen Weg gibt.»[62]

Er steht auf, doch dann spürt er etwas. Es ist die Spinne, die auf seine Hand gekrabbelt ist. Er setzt sie behutsam in ihr Netz zurück, dann geht er zum Fluss hinunter und überquert die Brücke.

Vierzehntes Kapitel
Eine unauslotbare Strahlkraft

in dem wir über die Strahlkraft nachdenken

Im Dickicht der existenzialistischen Filme

Die berühmten Existenzialisten und Phänomenologen weilen nicht mehr unter uns, und es ist schon ein paar Generationen her, dass die junge Iris Murdoch 1945 Sartre entdeckt und begeistert geschrieben hat: «Diese Aufregung – seit sehr jungen Jahren habe ich so etwas nicht mehr erlebt.» Es ist heute nicht mehr leicht, diesen Enthusiasmus nachzuempfinden. Die Schwarzweißfotos mit dem Pfeife rauchenden Jean-Paul Sartre am Kaffeehaustisch, der Turban tragenden Simone de Beauvoir und einem grüblerischen Albert Camus mit hochgeschlagenem Mantelkragen verströmen zwar immer noch einen nostalgischromantischen Charme, aber ihre unmittelbar prägende Kraft ist für immer verloren gegangen.

Auf der anderen Seite sind existenzialistische Ideen und Vorstellungen so tief in der modernen Kultur verankert, dass wir sie kaum als solche wahrnehmen. Wir sprechen über Angst, Unaufrichtigkeit und Bindungsangst, zumindest in den relativ wohlhabenden Ländern, wo die Grundbedürfnisse des Lebens gestillt sind. Wir fühlen uns von den Konsumentscheidungen überfordert, die wir zu treffen haben, und leben in dem Gefühl, dass uns die Kontrolle zunehmend entgleitet. Eine diffuse Sehnsucht nach einem «wirklicheren» Leben ist der Grund dafür, dass sich Menschen übers Wochenende zurückziehen und sich ihr Smartphone wegnehmen lassen wie Kinder ihr Spielzeug, damit sie wenigstens zwei Tage lang in der freien Natur wandern und mit ihrem vergessenen Ich in Verbindung treten können.

Das dunkle Objekt der Begierde heißt Authentizität, ein Thema, das auch die moderne Unterhaltungsindustrie umtreibt. In *Blade Runner* von Ridley Scott und *Matrix* von den Wachowskis, in Peter Weirs *Truman Show*, Michel Gondrys *Eternal Sunshine of the Spotless Mind (Vergiss mein nicht!)* und Alex Garlands *Ex Machina* ist die existenzialistische Angst stärker als je zuvor mit der Technikangst verknüpft.[1] Konventionellere existenzialistische Helden, die mit Lebenssinn und Entscheidung ringen, treten in *American Beauty* von Sam Mendes und *A serious Man* der Coen-Brüder auf, in Steven Knights *No turning Back (Locke)* und in vielen Filmen von Woody Allen, darunter *Irrational Man*, basierend auf William Barretts gleichnamiger existenzialistischer Studie von 1958. In David O. Russells *I Heart Huckabees* von 2004 streiten existenzialistische Detektive über düstere und positive Lebensauffassungen. Und dann gibt es noch die von Heidegger inspirierten ekstatischen Filme von Terrence Malick, der seine Doktorarbeit über Heidegger schrieb und einige von dessen Schriften übersetzte, bevor er Filmregisseur wurde.[2] Alle diese ganz verschiedenen Filme kreisen um die Frage nach menschlicher Identität, Sinnsuche und Freiheit.

Freiheit ist dabei wohl *das* große Rätsel des frühen einundzwanzigsten Jahrhunderts. Ich bin in der naiven Annahme aufgewachsen, dass dieses nebulöse Ding namens Freiheit im Verlauf meines Lebens stetig größer würde, sowohl in meinem persönlichen Umfeld als auch im politischen Bereich. In mancher Hinsicht ist es tatsächlich so gekommen, in anderer Hinsicht ist das Konzept der Freiheit so radikal unter Beschuss geraten, dass wir heute keinen Konsens mehr in der Frage erzielen können, wie wir Freiheit genau definieren, wie wir sie finden, wo ihre Grenzen liegen und wie viel von dieser Freiheit wir bereit sind, an ungreifbare Konzerne abzutreten, um Bequemlichkeit zu genießen. Jedenfalls können wir Freiheit heute nicht mehr als etwas Selbstverständliches betrachten.

Unsere Unsicherheit entspringt teilweise der Ungewissheit über unser fundamentales Sein. Wissenschaftliche Bücher und Zeitschriften sagen, unser Ich sei nichts als ein Bündel irrationaler, gleichwohl statistisch vorhersehbarer Reaktionen, auch wenn uns das Gehirn vorgaukelt, wir folgten einem bewussten Willen.[3] Wenn wir etwa beschließen, uns zu setzen, nach einem Glas Wasser zu greifen, bei einer Wahl unsere Stimme abzugeben oder im Rahmen eines Gedankenexperiments (dem Trolley-Problem) ein Menschenleben zu opfern, um fünf andere zu retten, würden wir nicht wirklich eine Entscheidung treffen, sondern bloß auf Neigungen und Assoziationen reagieren, die außerhalb unserer Vernunft und unseres Willens liegen.

Wenn man solche Bücher und Aufsätze liest, beschleicht einen das Gefühl, wir fänden Gefallen an der Vorstellung, der Mensch sei nur ein mechanisches Werkzeug seiner Gene und seiner Umwelt. Wir behaupten zwar, diese Vorstellung sei erschreckend, tatsächlich aber hat sie etwas Beruhigendes, denn sie befreit uns von der existenziellen Angst, die jedes frei handelnde und für sein Tun verantwortliche Individuum empfindet. Sartre würde von *mauvaise foi*, Unaufrichtigkeit, sprechen. Neuere wissenschaftliche Untersuchungen zeigen, dass Menschen, denen man sagt, sie besäßen keinen freien Willen, zu einem weniger moralischen Handeln neigen – sie haben ja eine gute Ausrede.[4]

Aber wollen wir wirklich unser Leben so verstehen und unsere Zukunft so gestalten, als hätten wir weder einen freien Willen, noch gebe es eine wahrhaft menschliche Grundlage unserer Existenz? Vielleicht brauchen wir die Existenzialisten heute mehr, als wir denken.

Heideggers Tiefenbohrungen und Sartres Dschungelpfade

Ich glaube allerdings nicht, dass die Existenzialisten für die moderne Welt einfache und bequeme Lösungen zu bieten haben. Als Philosophen wie auch als Menschen waren sie nicht ohne Fehl und Tadel. Und in ihrem Denken gibt es Aspekte, denen wir mit Skepsis begegnen sollten, nicht zuletzt deshalb, weil sie in einem dunklen, moralisch kompromittierten Jahrhundert lebten und von den politischen und ideologischen Auseinandersetzungen ihrer Zeit genauso gezeichnet waren wie wir heute von den Wirren unserer Zeit.

Doch das ist einer der Gründe, warum wir die Existenzialisten heute wieder lesen sollten: Sie führen uns die Schwierigkeiten unserer Existenz und das oft erschreckende menschliche Verhalten vor Augen, zeigen uns jedoch auch, was für immense Möglichkeiten in uns liegen. Sie stellen beharrlich die Frage nach der Freiheit und dem Sein, die wir ebenso beharrlich zu vergessen suchen. Wir müssen uns die Existenzialisten keineswegs als exemplarische Persönlichkeiten zum Vorbild nehmen. Aber sie sind *aufregende* Denker, und deshalb lohnt sich die Auseinandersetzung mit ihnen.

Mein Interesse an ihnen wurde vor dreißig Jahren geweckt, und es ist bis heute nicht erloschen. Sie wiederzulesen war für mich eine verstörende und anregende Erfahrung – als würde man vertraute Gesichter in einem Zerrspiegel auf dem Jahrmarkt betrachten. Einige Aspekte, die ich damals gar nicht wahrgenommen hatte, traten jetzt in den Vordergrund, andere, die ich damals attraktiv fand, hatten inzwischen groteske Züge. Die Arbeit an diesem Buch bescherte mir immer wieder neue, überraschende Erkenntnisse, nicht zuletzt in Bezug auf die beiden Giganten unserer Geschichte, Heidegger und Sartre.

Als ich mit Anfang zwanzig erstmals Heidegger las, verfiel ich der Magie des Zauberers von Meßkirch. Mein Blick auf die Welt wurde von seinem schieren Erstaunen darüber beeinflusst, dass es tatsächlich *etwas* gibt und nicht vielmehr nichts. Ich war beeindruckt von seiner Betrachtung von Landschaften und Gebäuden und von dem Gedanken des Menschen als «Lichtung», auf die das Sein hinaustritt.

Heute spüre ich noch dieselbe magische Anziehungskraft. Doch je mehr ich mich in seine nur schwach erleuchtete Welt der Wald- und Feldwege und des Glockengeläuts hineinziehen lasse, desto mehr versuche ich, mich daraus zu befreien. Die Gründe dafür haben nichts – und alles – mit Heideggers Nähe zum Nationalsozialismus zu tun. Diese vegetative Welt hat etwas von einem Grab. Ich sehne mich nach Jaspers' offenem Meer oder nach den Straßen, auf denen Gabriel Marcels Wanderer ziehen und wo Begegnungen und Gespräche stattfinden. Heidegger schrieb einmal: «Denken ist die Einschränkung auf einen Gedanken.»[5] Ich finde, Denken sollte das genaue Gegenteil sein: großzügig und von gesundem Appetit. Das Leben erscheint mir viel zu kostbar, als dass man sich vor seiner Vielfalt verschließen sollte, um in die Tiefe zu bohren und unter Tage zu bleiben, wie Hannah Arendt Heideggers Denkstil einmal beschrieb.

Ich denke aber auch an Arendts und Sartres Bemerkung über die unheimliche Leere bei Heidegger dort, wo «Charakter» hätte sein sollen. In seinem Leben und in seinem Werk fehlt etwas. Iris Murdoch sprach von einem Mangel an Güte und meinte, seiner Philosophie habe es an einer ethischen Mitte gefehlt, an einem *Herzen*.[6] Denn auf Heidegger trifft nicht zu, was Merleau-Ponty über Sartre gesagt hat: «Er ist ein guter Mensch.» Vielleicht fehlte es seinem Denken an «Menschlichkeit», und zwar in verschiedener Hinsicht. Heidegger grenzte sich gegen die Philosophie des Humanismus ab – und in seinem Verhalten zeigte er sich nur selten menschlich. Er legte keinen Wert auf Individualität und wollte wenig vom Leben anderer Menschen wissen. Für besonders unwichtig hielt er seine eigene Biographie. Es ist kein Zufall, dass von allen Philosophen in diesem Buch Heidegger der einzige ist, der in der Lebensbeschreibung eines Menschen keinen Sinn sah. Eine frühe Vorlesungsreihe über Aristoteles eröffnete er mit dem Satz: «Er wurde geboren, arbeitete und starb», als wäre dies alles, was man über ein Menschenleben zu wissen bräuchte.[7] Auch sein eigenes Leben tat er als uninteressant ab; nur die Beschäftigung mit seinem Werk sei wichtig.[8] Das Ergebnis jedoch ist, trotz Heideggers Mythologisierung des Zuhauseseins, eine Philosophie, die einem unbewohnt vorkommt, um Murdochs Begriff des «gelebten» oder «bewohnten» Denkens noch einmal aufzugreifen. So anregend Heideggers Werk auch ist, es bleibt für mich letztlich eine Philosophie, in der ich mich nicht niederlassen kann.

Auf ganz andere Weise hat mich der zweite Gigant des Existenzialismus überrascht, Sartre, der mich mit seinem Roman *Der Ekel* früh für die Philosophie begeistert hatte. Ich wusste, er würde in meinem Buch eine herausragende Rolle spielen, ohne zu ahnen, wie sehr ich ihn am Ende wertschätzen, ja mögen würde.

Natürlich war er monströs. Er war maßlos, fordernd, schlecht gelaunt. Er war süchtig nach Sex, den er nicht einmal genoss, und beendete Freundschaften ohne Bedauern. Er ließ seinen Obsessionen von Klebrigem und Zähflüssigem freien Lauf, auch wenn andere ihn dafür schief anschauten. Es schien ihm egal zu sein, dass solche Idiosynkrasien auf manche Leser befremdlich wirkten. Er verteidigte eine ganze Reihe schändlicher Regime und pflegte einen Kult der Gewalt. Er behauptete, Literatur um ihrer selbst willen sei bürgerlicher Luxus, ein Schriftsteller müsse sich in der Welt engagieren, und die eigenen Texte zu überarbeiten sei Zeitverschwendung. In all dem bin ich anderer Ansicht. Aber vielem anderen, was Sartre gesagt hat, stimme ich zu.

*Jean-Paul Sartre 1959
in seiner Wohnung, 42,
rue Bonaparte, mit Blick auf
das Café Les Deux Magots.
Foto: Gisèle Freund*

Doch dann steht diese «Charakter»-Frage im Raum – und Sartre
besaß einen ausgeprägten Charakter. Er sprühte vor Energie, vor
Exzentrik, Großzügigkeit und Kommunikationsfreude. All diese Eigenschaften fasste der Historiker Joachim Fest zusammen, der ihn Ende
der vierziger Jahre in einer Wohnung in Berlin-Charlottenburg kennenlernte. Fest beschrieb, wie Sartre inmitten von dreißig Personen
Hof hielt, die ihn mit Fragen zu seiner Philosophie bestürmten – Sartre aber schwadronierte über Jazz und das Kino und über die Romane
von John Dos Passos. Einer der Teilnehmer bemerkte hinterher zu
Joachim Fest, Sartre sei ihm wie ein südamerikanischer Bauer vorge-
kommen, der sich mit der Machete seinen Weg durchs Dickicht der
Zeiterscheinungen bahne, und die Papageien hätten beim Wegfliegen
in alle Richtungen die schönsten Flügelfarben gezeigt. «Alles, was er

Martin Heidegger bei
Todtnauberg im
Schwarzwald, 1968

ausführte», schrieb Fest, «kam mir auffallend kennerisch und doch un-
geordnet, zu Teilen auch verdreht vor, aber durchweg unser Lebensgefühl berührend. Jedermann war beeindruckt. Wenn ich meine Empfindungen zusammenfasse, lerne ich durch Sartre, daß eine gewisse
Wirrköpfigkeit durchaus faszinieren kann.»[9]

Das hat auch mich an Sartre fasziniert. Während Heidegger sein
heimatliches Terrain abschritt, bewegte sich Sartre beständig vorwärts,
fand oft neue (und oft sonderbare) Antworten oder Mittel und Wege,
alte und neue Ideen miteinander in Einklang zu bringen. Heidegger
tönte, man müsse denken, Sartre tat es. Heidegger hatte seine große
«Kehre», Sartre vollzog viele solcher Kehren. «Meine Gedanken waren
immer gegen mich selbst gerichtet», sagte er einmal zu Simone de
Beauvoir.[10] Und er folgte Husserls phänomenologischer Aufforderung,

indem er stets die Themen erkundete, die gerade die schwierigsten waren. All das gilt für Sartres Leben ebenso wie für sein Schreiben. Er setzte sich unermüdlich für die Anliegen ein, die ihm wichtig erschienen, ohne Rücksicht darauf, dass er damit seine persönliche Sicherheit gefährdete. Er nahm seine «Engagements» ernst, und jeder unkluge und kontraproduktive Einsatz wurde durch einen lohnenden aufgewogen. Ein Beispiel ist seine Kampagne gegen die gewalttätigen Übergriffe der französischen Regierung in Algerien. Sosehr er es versuchte, Sartre konnte einfach keiner Parteilinie treu bleiben. Vielleicht lässt sich sein politisches Denken am besten in einer Bemerkung aus dem Jahr 1968 zusammenfassen: «Wenn man meine Bücher wiederliest, alle, wird man merken, daß ich mich im Grunde nicht geändert habe und immer ein Anarchist geblieben bin.»[11] Sartre war ein Anarchist, weil er nie aufhörte, seinen Verstand zu gebrauchen. Und obendrein war er auch noch ein guter Mensch, um erneut Merleau-Ponty zu zitieren – oder bemühte sich zumindest darum. Er konnte gar nicht anders.

Mehr als in jungen Jahren beeindruckt mich jetzt auch Sartres radikaler Atheismus, der so gar nichts mit dem Atheismus zu tun hat, zu dem sich Heidegger bekannte. Heidegger schwor seiner Religion ab, um eine noch extremere Form des Mystizismus zu verfolgen. Sartre war ein überzeugter Atheist und ein Humanist bis ins Mark. Mit seiner Fähigkeit, mutig und umsichtig mit der Überzeugung zu leben, dass es kein Jenseits und für nichts auf dieser Welt einen göttlichen Ausgleich gibt, übertraf er sogar Nietzsche. Sartre zufolge haben wir nur *dieses* Leben, und wir müssen versuchen, daraus zu machen, was wir können.

In einem Gespräch mit Simone de Beauvoir hat er gesagt: «Mir schien, daß eine große atheistische Philosophie, eine wirklich atheistische, in der Philosophie fehlte. Und in dieser Richtung mußte man sich jetzt bemühen zu arbeiten.» Beauvoir erwiderte: «Das heißt, daß Sie eine Philosophie des Menschen entwickeln wollten.»[12]

Als sie ihn ganz am Ende des Gesprächs fragte, ob er noch etwas hinzufügen wolle, sagte er, Beauvoir und er hätten gelebt, ohne sich groß mit der Frage nach Gott zu beschäftigen. Beauvoir stimmte ihm zu. Sartre fuhr fort: «Und wir haben trotzdem gelebt, wir haben den Eindruck, daß wir uns für unsere Welt interessiert, daß wir versucht haben, sie zu sehen.»[13] Dass sie dies siebzig Jahre lang auf erfrischende und (zumeist) intelligente Art und Weise taten ist eine respektable Leistung.

Ich sehe dich, aber ich sehe nicht dich

Ein Aspekt von Heideggers Engagement in der Welt, der auch einen Leser des einundzwanzigsten Jahrhunderts ansprechen kann, ist seine Auseinandersetzung mit der Technik und der Ökologie. In seinem Vortrag *Die Frage nach der Technik* von 1953 heißt es, unsere moderne Technik sei nicht nur eine Ansammlung intelligenter Maschinen, sondern offenbare uns etwas Grundlegendes über unsere Existenz. Deshalb müsse philosophisch und nicht nur praktisch über die Technik nachgedacht werden. Wir könnten unser Leben nicht verstehen, wenn wir nur fragen, was die Maschinen leisten können, wie man sie optimal einsetzt oder wofür. Das Wesen der Technik sei «ganz und gar nichts Technisches».[14] Um es in angemessener Weise zu untersuchen, müssten wir viel tiefgreifender danach fragen, wie wir arbeiten, wie wir die Erde bewohnen und wie wir *sind* in Bezug auf das Sein.

Natürlich dachte Heidegger hier an Schreibmaschinen, Projektoren für Zelluloidfilme, große alte Automobile und Mähdrescher. Kaum ein Existenzialist (oder sonst irgendjemand) sah voraus, welche Rolle einmal die Computertechnologie in unserem Leben spielen würde. Allerdings schrieb der Philosoph Fritz Heinemann bereits 1954 in *Existenzphilosophie, lebendig oder tot?*, die «Hyper-Rechenmaschine» und «das Problem, mit der Technik fertigzuwerden», werde «als ein existenzielles die Menschheit noch für absehbare Zeit begleiten»: die Frage nämlich, wie der Mensch frei bleiben könne.[15]

Heinemann sollte recht behalten. Spätere Heideggerianer, allen voran Hubert Dreyfus, haben über das Internet als jene Innovation geschrieben, die uns am deutlichsten vergegenwärtigt, was Technik ist.[16] Ihre unendlichen Verknüpfungsmöglichkeiten versprechen die ganze Welt speicherbar und verfügbar zu machen, gleichzeitig jedoch raubt sie den Dingen ihre Privatheit und ihre Tiefe. Alles, auch der Mensch selbst, so Dreyfus, werde zur Ressource. Davor hatte schon

Heidegger gewarnt. Und indem der Mensch zur Ressource wird, über-
antwortet er sich nicht anderen Individuen, sondern einem unpersönlichen «Man», das er nie kennenlernen und nie lokalisieren wird. Das
schrieb Dreyfus im Jahr 2001. Seither hat sich das Internet noch sehr
viel bedrohlicher entwickelt. Es durchdringt alles. Es ist buchstäblich
die Luft, die viele von uns jeden Tag atmen. Und gerade deshalb sollten wir darüber nachdenken und überlegen, was für Wesen wir in
unserem Online-Leben sind oder sein wollen und welche Art von Sein
wir haben – oder haben wollen.

Vielleicht ist es ein Glück, dass uns die Computertechnologie bisher immer wieder an das erinnert, was sie *nicht* kann – oder noch
nicht: Computer sind nicht besonders leistungsfähig, wenn es darum
geht, die Vielschichtigkeit der lebendigen Wirklichkeit zu durchdringen: jenes komplexe Gefüge aus Wahrnehmungen, Bewegungen,
Interaktionen und Erwartungen, das jede gewöhnliche menschliche
Erfahrung konstituiert: wenn man zum Beispiel ein Café betritt und
seinen Freund Pierre sucht. Computer können in einem Bild nicht einmal Vorder- und Hintergrund besonders gut unterscheiden. Mit anderen Worten: Computer sind schlechte Phänomenologen.

Wir Menschen bewältigen solche Aufgaben mit Leichtigkeit,
weil wir uns schon als ganz kleine Kinder in einem komplexen Gefüge von Wahrnehmungen und Vorstellungen bewegen. Wir sind
eingetaucht in das Leben, in menschliche Beziehungen und deren
«unauslotbare Strahlkraft», wie es E. M. Forster ausdrückte. Seine
Science-Fiction-Geschichte *The Machine Stops* von 1909 spielt in einer
fernen Zukunft, in der die Menschen in isolierten, wabenartigen Zel-
len unter der Erde leben. Persönlich begegnen sie einander nur selten, aber sie kommunizieren ununterbrochen über ein Bildtelefon-
system. Eine Frau in ihrer Wohnzelle in Australien kann auf diese
Weise mit ihrem Sohn in Europa Kontakt halten. Sie sehen ein Bild
voneinander auf runden Platten, die sie in der Hand halten. Aber der
Sohn ist damit unzufrieden: «Ich möchte dich sehen, aber nicht durch
die Maschine», sagt er. «Ich sehe auf dieser Scheibe etwas, das dir
ähnlich ist, aber ich sehe nicht dich. Ich höre durch dieses Telefon
etwas, das dir ähnlich ist, aber ich höre nicht dich.» Das Bild ist kein
Ersatz für die reale Begegnung mit dem Anderen. Forster schreibt:

«Die unauslotbare Strahlkraft, die eine diskreditierte Philosophie zum Wesen jeder menschlichen Beziehung erklärt hatte, wurde von der Maschine zu Recht ignoriert.»[17]

Die «unauslotbare Strahlkraft» der lebendigen Erfahrung und Kommunikation steht im Mittelpunkt des Rätsels Mensch: das, was die lebendigen, mit Bewusstsein und Leiblichkeit ausgestatteten Wesen ausmacht, die wir sind. Und dieser «unauslotbaren Strahlkraft» schenken auch die Phänomenologen und die Existenzialisten ihre wissenschaftliche Aufmerksamkeit. Sie wollen die *gelebte* Erfahrung aufspüren und festhalten – nicht die Erfahrung, wie sie die traditionelle Philosophie, die Psychologie, der Marxismus, Hegelianismus, Strukturalismus oder ein anderer -ismus oder eine andere Disziplin beschreiben, die unser Leben erklären wollen.

Unter all diesen Denkern war Merleau-Ponty derjenige, der Forsters «unauslotbare Strahlkraft» am nachdrücklichsten in den Mittelpunkt rückte, obwohl man gerade von ihm zunächst nichts Weltbewegendes erwartet hatte. Seine *Phänomenologie der Wahrnehmung* ist eine umfassende Beschreibung dessen, wie wir von einem Augenblick auf den anderen leben, und damit auch dessen, was wir sind: angefangen mit der Frau, die sich beim Betreten eines Zimmers duckt, damit ihre lange Hutfeder nicht geknickt wird, bis zu dem Mann am Fenster, der den wippenden Zweig eines Baumes beobachtet, von dem gerade ein Vogel aufgeflogen ist. Merleau-Ponty hinterließ das wohl dauerhafteste Vermächtnis von allen, nicht zuletzt weil die moderne Disziplin der *embodied cognition*, des Embodiment, direkt an ihn anknüpfte: mit einem grundlegend leiblich verstandenen Kognitionsmodell, welches das Bewusstsein als holistisches soziales und sensorisches Phänomen und nicht als eine Aufeinanderfolge abstrakter Prozesse untersucht.[18] Merleau-Ponty wies der Philosophie eine neue Richtung, indem er ihren peripheren Forschungsbereichen – Körper, Wahrnehmung, Kindheit, Sozialität – die zentrale Bedeutung gab, die ihnen im realen Leben zukommt. Wenn ich mir in der hier erzählten Geschichte einen intellektuellen Helden aussuchen dürfte, dann wäre es Maurice Merleau-Ponty, der glückliche Philosoph der Dinge, wie sie sind.

Simone de Beauvoir und Jean-Paul Sartre 1960 in Rio de Janeiro

Und noch jemand teilte Merleau-Pontys Gespür für die Ambiguität und Komplexität der menschlichen Erfahrung: Simone de Beauvoir. Nicht nur in ihren feministischen Arbeiten und ihren Romanen, sondern auch in ihren philosophischen Schriften ging sie der Frage nach, wie die Kräfte von Zwang und Freiheit bei der Selbstfindung des Menschen zusammenspielen.

Dieses Thema bestimmt *Das andere Geschlecht* und *Für eine Moral der Doppelsinnigkeit*, und es durchzieht auch ihre mehrbändige Autobiographie, in der sie sich selbst, Sartre und zahllose Freunde und Kollegen beim Denken, Handeln und Debattieren, beim Zusammensitzen und Auseinandergehen, bei Zornausbrüchen und Leidenschaften und überhaupt in ihrer Reaktion auf ihre je eigene Welt zeigt. Ihre Memoiren machen Simone de Beauvoir zu einer bedeutenden Chronistin des intellektuellen Lebens im zwanzigsten Jahrhundert und zu einer vorbildlichen Phänomenologin. Seite um Seite hielt sie ihre Erfahrungen fest und bekundete ihr Staunen darüber, am Leben zu sein. Sie schenkte anderen Menschen ihre Aufmerksamkeit und ließ ihrer Lust an allem, was ihr begegnete, freien Lauf.

Als ich Sartre und Heidegger erstmals las, konnte ich mir gar nicht vorstellen, dass die Eigentümlichkeiten der Persönlichkeit oder die Details der Biographie eines Philosophen bedeutsam sein könnten. Diese Haltung war damals zwar gängig, aber ich war noch viel zu jung, um viel Sinn für historische Zusammenhänge zu besitzen. Ich berauschte mich an Ideen, ohne deren Bezug zu realen Geschehnissen und zu all den merkwürdigen Daten und Fakten im Leben ihrer Erfinder zu sehen. Es kam nicht auf das Leben an, sondern auf die *Ideen*.

Dreißig Jahre später bin ich der gegenteiligen Ansicht. Ideen sind aufregend, aber die Menschen, die sie äußern, sind es noch viel mehr. Deshalb ist von allen existenzialistischen Werken Simone de Beauvoirs Autobiographie mit ihrem Porträt der Komplexität des menschlichen Lebens und der sich ständig verändernden Substanz der Welt am wenigsten ermüdend. Sie führt ihren Lesern den ganzen Furor und die ganze Lebendigkeit der existenzialistischen Cafés vor: «einen schwefelgelben Himmel über einem Wolkenmeer, die purpurroten Buchen, die weißen Nächte von Leningrad, die Glocken der Befreiung, einen orangefarbenen Mond über dem Piräus und eine rote Sonne, die über der Wüste aufgeht». Die unauslotbare Strahlkraft des Lebens, die sich uns offenbart, solange wir das Glück haben, sie zu erfahren.

Die Mitwirkenden

Algren, Nelson (1909–1981): Autor von *Der Mann mit dem goldenen Arm* und anderen Romanen von der dunklen Seite Amerikas; zwischen 1947 und 1950 Simone de Beauvoirs Geliebter, zumeist aus der Ferne.

Arendt, Hannah (1906–1975): Deutsche Philosophin und Politologin, die nach ihrer Flucht aus dem nationalsozialistischen Deutschland in den Vereinigten Staaten lebte; ehemalige Studentin und Geliebte von Martin Heidegger; Autorin von *Eichmann in Jerusalem* und anderen Werken.

Aron, Raymond (1905–1983): Französischer Philosoph, Soziologe und politischer Journalist; Studienkollege Jean-Paul Sartres; er studierte Anfang der dreißiger Jahre in Deutschland und berichtete seinen Freunden von der Phänomenologie.

Baldwin, James (1924–1987): Amerikanischer Autor von Romanen und Essays über Rassentrennung und Sexualität; er zog 1948 nach Paris und verbrachte einen Großteil seines Lebens in Frankreich.

Barnes, Hazel (1915–2008): Amerikanische Übersetzerin und Verfasserin von Werken zur Philosophie; 1956 übersetzte sie Jean-Paul Sartres *L'Être et le néant* ins Englische.

Barrett, William (1913–1992): machte existenzialistische Ideen in den Vereinigten Staaten bekannt; Autor von *Irrational Man* (1958).

Beaufret, Jean (1907–1982): Französischer Philosoph, der mit Martin Heidegger korrespondierte, ihn interviewte und existenzialistische Ideen aus Deutschland bekannt machte; seine Fragen gaben Heidegger den Anstoß zu seinem *Brief über den «Humanismus»* (1947).

Beauvoir, Simone de (1908–1986): Führende Philosophin des französischen Existenzialismus; Verfasserin von Romanen, Essays und Memoiren; Feministin und politische Aktivistin.

Bost, Jacques-Laurent (1916–1990): Französischer Journalist, der bei Jean-Paul Sartre studierte und die Monatszeitschrift *Les Temps modernes* mitbegründete; er heiratete Olga Kosakiewicz und hatte mit Simone de Beauvoir eine Affäre.

Brentano, Franz (1838–1917): Deutscher Philosoph und ehemaliger Priester, der Psychologie studierte und den für die Phänomenologie grundlegenden Begriff der Intentionalität neu dachte. Edmund Husserl studierte 1884–1886 bei ihm in Wien. Brentanos Doktorarbeit *Von der mannigfachen Bedeutung des Seienden nach Aristoteles* inspirierte auch Heidegger.

Brownell, Sonia (später Sonia Orwell, 1918–1980): Englische Journalistin und Redaktionsassistentin der Literaturzeitschrift *Horizon*; sie hatte eine Affäre mit Maurice Merleau-Ponty und heiratete später George Orwell.

Camus, Albert (1913–1960): Französisch-algerischer Romanautor, Erzähler, Dramatiker, Essayist und Aktivist.

Cassirer, Ernst (1874–1945): Deutscher Philosoph, Verfasser von erkenntnis- und wissenschaftstheoretischen Schriften; er beschäftigte sich mit Kant und der Aufklärung und diskutierte 1929 bei einer Tagung im schweizerischen Davos mit Heidegger.

Cau, Jean (1925–1993): Französischer Schriftsteller und Journalist; ab 1947 Sartres Assistent.

Cazalis, Anne-Marie (1920–1988): Französische Schriftstellerin und Schauspielerin; in den späten vierziger und in den fünfziger Jahren eine der «existenzialistischen Musen» von Saint-Germain-des-Prés.

Dostojewski, Fjodor (1821–1881): Russischer Romancier; er gilt als ein Vorläufer der Existenzialisten.

Dreyfus, Hubert (geb. 1929): Amerikanischer Philosoph, Professor an der University of California in Berkeley; ein Heidegger-Spezialist, der auch über die Technologie und das Internet schreibt.

Duclos, Jacques (1896–1975): Geschäftsführender Generalsekretär der französischen Kommunistischen Partei 1950–1953; 1952 verhaftet unter dem Verdacht, er habe durch Brieftauben Nachrichten an die Sowjets übermitteln wollen; das «Tauben-Komplott» trug entscheidend zu Sartres politischer Radikalisierung bei.

Ellison, Ralph (1914–1994): Amerikanischer Schriftsteller; Autor des Romans *Der unsichtbare Mann* (1952).

Fanon, Frantz (1925–1961): Philosoph und politischer Theoretiker; geboren in Martinique; Verfasser von Werken zu postkolonialer und antikolonialer Politik; für *Die Verdammten dieser Erde* (1961) schrieb Sartre ein Vorwort.

Fink, Eugen (1905–1975): Einer von Husserls wichtigsten Assistenten und Kollegen in Freiburg, der später im Husserl-Archiv mitarbeitete.

Gadamer, Hans-Georg (1900–2002): Deutscher Philosoph; bekannt vor allem für seine Arbeiten zur Hermeneutik; er studierte kurzzeitig bei Husserl und Heidegger in Freiburg und erzählte Anekdoten über beide.

Genet, Jean (1910–1986): Zuhälter, Gelegenheitsdieb und homosexueller Prostituierter; er schrieb Romane und autobiographische Werke und wurde zum Sujet von Sartres Biographie *Saint Genet* (1952).

Giacometti, Alberto (1901–1966): Bildender Künstler aus der italienischsprachigen Schweiz, bekannt für seine Skulpturen; er war mit Sartre und Beauvoir befreundet.

Gray, J. Glenn (1913–1977): Amerikanischer Philosoph; Professor am Colorado College und Heidegger-Übersetzer; er schrieb die soziologische Studie *The Warriors* über Männer im Krieg.

Gréco, Juliette (geb. 1927): Französische Sängerin und Schauspielerin; eine der «existenzialistischen Musen» von Saint-Germain-des-Prés und mit Merleau-Ponty, Sartre und anderen befreundet.

Havel, Václav (1936–2011): Tschechischer Dramatiker und Dissident; er studierte Phänomenologie bei Jan Patočka und war von 1989 bis 2003 Staatspräsident der Tschechoslowakei bzw. der Tschechischen Republik.

Hegel, Georg Wilhelm Friedrich (1770–1831): Deutscher Philosoph, dessen *Phänomenologie des Geistes* und dessen Dialektik die meisten Existenzialisten beeinflussten.

Heidegger, Elfride (geb. Petri, 1893–1992): Ehefrau von Martin Heidegger; sie kaufte das Grundstück in Todtnauberg und ließ dort die berühmte «Hütte» bauen.

Heidegger, Fritz (1894–1980): Bankangestellter in Meßkirch; er half seinem Bruder Martin Heidegger, seine Manuskripte abzutippen, und drängte ihn, kürzere Sätze zu schreiben.

Heidegger, Martin (1889–1976): Deutscher Philosoph, der bei Husserl studierte; Verfasser von *Sein und Zeit* und vieler anderer einflussreicher Werke.

Hölderlin, Friedrich (1770–1834): Deutscher Dichter; von Heidegger bewundert und immer wieder gelesen.

Husserl, Edmund (1859–1938): Philosoph aus dem deutschsprachigen Mähren; Gründer der phänomenologischen Bewegung und enttäuschter Förderer von Martin Heidegger.

Husserl, Malvine (geb. Steinschneider, 1860–1950): Ehefrau von Edmund Husserl und wie dieser aus Mähren stammend; sie half 1938 bei der Rettung von Husserls Nachlass.

Jaspers, Gertrud (geb. Mayer, 1879–1974): Ehefrau von Karl Jaspers und Mitarbeiterin bei vielen seiner Werke.

Jaspers, Karl (1883–1969): Existenzialistischer Philosoph, Psychologe und politischer Denker; er lehrte an der Universität Heidelberg, bevor er 1948 mit seiner Frau in die Schweiz übersiedelte; befreundet mit Hannah Arendt und – mit Unterbrechungen – mit Martin Heidegger.

Jeanson, Francis (1922–2009): Linksgerichteter französischer Politiker; Mitherausgeber der Zeitschrift *Les Temps modernes*; er schrieb 1952 eine kritische Rezension zu Camus' Essay *Der Mensch in der Revolte*, die zum Zerwürfnis zwischen Camus und Sartre führte.

Jonas, Hans (1903–1993): Deutscher Philosoph, der vorwiegend in den Vereinigten Staaten lebte; er studierte bei Heidegger und schrieb Werke zu Technologie, Ökologie und anderen Themen.

Kaufmann, Walter (1921–1980): Deutschamerikanischer Philosoph und Übersetzer; geboren in Freiburg; Verfasser des populären Buches *Existentialism from Dostoevsky to Sartre* (1956).

Kierkegaard, Søren (1813–1855): Dänischer Philosoph und Vorläufer des Existenzialismus; Querdenker mit religiösen Neigungen.

Koestler, Arthur (1905–1983): Ungarischer Romancier, Memoirenschreiber und Essayist; mit Sartre und anderen befreundet und später politisch zerstritten.

Kosakiewicz, Olga (1915–1983): Schauspielerin; Schützling Beauvoirs und Geliebte Sartres; verheiratet mit Jacques-Laurent Bost.

Kosakiewicz, Wanda (1917–1989): Schauspielerin; Schwester von Olga und Geliebte Sartres.

Krawtschenko, Viktor (1905–1966): Sowjetischer Überläufer zu den Amerikanern; Autor des Buches *Ich wählte die Freiheit* (1946), das 1949 in Frankreich einen Gerichtsprozess und eine Kontroverse zur Folge hatte.

Landgrebe, Ludwig (1902–1991): Österreichischer Phänomenologe, der als Husserls Assistent und Kollege in Freiburg und später im Husserl-Archiv in Löwen tätig war.

Lanzmann, Claude (geb. 1925): Französischer Filmemacher; am bekanntesten ist sein neunstündiger Dokumentarfilm *Shoah* über den Holocaust; Geliebter von Simone de Beauvoir und deren Lebensgefährte zwischen 1952 und 1959.

Le Coin, Elisabeth (auch Lacoin, 1907–1929): Jugendfreundin Simone de Beauvoirs; mit Merleau-Ponty verlobt; sie starb einundzwanzigjährig, wahrscheinlich an Enzephalitis.

Lefebvre, Henri (1901–1992): Marxistischer Theoretiker zur Soziologie des Alltagslebens; anfänglich sehr kritisch gegenüber dem Existenzialismus.

Leiris, Michel (1901–1990): Französischer Schriftsteller und Ethnologe; mit Sartre und Beauvoir befreundet; seine autobiographischen Arbeiten waren eine Inspirationsquelle für Beauvoirs Werk *Das andere Geschlecht*.

Lévinas, Emmanuel (1906–1995): Litauisch-jüdischer Philosoph, der die meiste Zeit seines Lebens in Frankreich lebte; er studierte bei Husserl und Heidegger und entwickelte dann eine eigene postexistenzialistische Philosophie der Ethik und der Begegnung mit dem Anderen; ein schmales Bändchen Lévinas' machte 1933 Sartre mit der Phänomenologie vertraut.

Lévi-Strauss, Claude (1908–2009): Strukturalistischer Anthropologe; mit Merleau-Ponty befreundet, war er dennoch ein Kritiker der Phänomenologie und des Existenzialismus.

Lévy, Benny (1945–2003): Philosoph und Aktivist; Sartres Assistent und Mitautor der umstrittenen Interviewserie *L'espoir maintenant* (1980; deutsch unter dem Titel *Brüderlichkeit und Gewalt*).

Löwith, Karl (1897–1973): Deutsch-jüdischer Philosoph, der bei Heidegger studierte und später über Heidegger schrieb.

Lukács, Georg (1885–1971): Ungarischer Marxist, der dem Existenzialismus oft kritisch gegenüberstand.

Mailer, Norman (1923–2007): Amerikanischer Schriftsteller, der mit einer Existenzialistischen Partei als Bürgermeister von New York kandidieren wollte; er musste darauf verzichten, nachdem er seine Frau niedergestochen hatte.

Marcel, Gabriel (1889–2007): Christlich-existenzialistischer Philosoph und Dramatiker.

Marcuse, Herbert (1898–1979): Philosoph und Sozialtheoretiker der Frankfurter Schule; Schüler Martin Heideggers und nach dem Zweiten Weltkrieg dessen schärfster Kritiker.

Masaryk, Tomáš (1850–1937): Nach 1918 erster Staatspräsident der Tschechoslowakei;

Jugendfreund Husserls; wie dieser studierte er bei Franz Brentano in Wien und war später an der Rettung von Brentanos Nachlass beteiligt.

Memmi, Albert (geb. 1920): Tunesisch-jüdischer Romancier, Essayist und postkolonialer Sozialtheoretiker; Verfasser des Doppelporträts *Der Kolonisator und der Kolonisierte* (1957) mit einem Vorwort von Jean-Paul Sartre.

Merleau-Ponty, Maurice (1908–1961): Französischer Phänomenologe und Essayist, der sich mit Leiblichkeit, Wahrnehmung, kindlicher Entwicklung und der Beziehung des Menschen zu anderen beschäftigte; neben seinem Hauptwerk *Phänomenologie der Wahrnehmung* verfasste er viele weitere Schriften sowie polemische Essays für und später gegen den Kommunismus.

Müller, Max (1906–1994): Katholischer Philosoph, der bei Heidegger in Freiburg studierte und später dort selbst Professor wurde; er berichtete in einem Interview, dass Heidegger ihn 1937 nicht gegen das NS-Regime in Schutz nahm.

Murdoch, Iris (1919–1999): Anglo-irische Philosophin und Romanautorin; sie schrieb schon früh über Sartre und den Existenzialismus, von dem sie sich jedoch später abwandte; gegen Ende ihres Lebens arbeitete sie an einer Heidegger-Studie.

Nietzsche, Friedrich (1844–1900): Philosoph und Vorläufer des Existenzialismus, Aphoristiker und Professor für klassische Philologie.

Nizan, Paul (1905–1940): Marxistischer Romanautor und Philosoph; Jugendfreund Sartres; er wurde als Soldat bei der deutschen Invasion Frankreichs getötet.

Patočka, Jan (1907–1977): Tschechischer Phänomenologe und politischer Theoretiker, der bei Husserl studierte und in Prag großen Einfluss ausübte, unter anderem auf Václav Havel; als einer der Hauptunterzeichner der Charta 77 wurde er vom Regime verfolgt.

Paulhan, Jean (1884–1968): Französischer Schriftsteller und Kritiker, der während des Zweiten Weltkriegs in Paris kleine Widerstandsgedichte liegen ließ; er war 1945 Mitbegründer der Monatsschrift *Les Temps modernes*; bekannter ist er als langjähriger Leiter der Literaturzeitschrift *Nouvelle Revue Française*.

Petzet, Heinrich Wiegand (1909–1997): In Bremen geborener Kulturhistoriker und Freund Heideggers; 1983 veröffentlichte er seine Erinnerungen an Heidegger unter dem Titel *Auf einen Stern zugehen*.

Sartre, Jean-Paul (1905–1980): Führender Philosoph des französischen Existenzialismus; Romancier, Biograph, Dramatiker, Essayist, Verfasser von Memoiren und politischer Aktivist.

Spender, Stephen (1909–1995): Sozialistischer Dichter und Tagebuchschreiber; er bereiste nach dem Krieg viele Länder Europas und stritt mit Sartre über die Frage des politischen Engagements.

Stein, Edith (1891–1942): Im heute polnischen Breslau geborene deutsch-jüdische Philosophin; sie promovierte bei Husserl mit einer Arbeit «Zum Problem der Einfühlung» und wurde seine wissenschaftliche Assistentin, bevor sie sich der Arbeit an eigenen Schriften zur Phänomenologie der Empathie widmete; 1922 konvertierte sie zum Katholizismus und trat in den Karmeliterorden ein; sie wurde in Auschwitz ermordet.

Todd, Olivier (geb. 1929): Französischer Journalist, Biograph und Memoirenschreiber; Freund Sartres und Verfasser einer Biographie Albert Camus'.

Towarnicki, Frédéric de (1920–2008): In Österreich geborener französischer Übersetzer und Journalist, der Heidegger in den vierziger Jahren wiederholt besuchte und Berichte über ihre Gespräche veröffentlichte.

Van Breda, Herman Leo (1911–1974): Franziskanerpater und Philosoph, der 1938 Husserls Nachlass in Freiburg rettete und das Husserl-Archiv in Löwen aufbaute und viele Jahre leitete.

*Vian, Boris (*1920–1959): Französischer Jazztrompeter, Sänger, Romancier und Barmann; eine zentrale Figur in Saint-Germain-des-Prés nach dem Krieg und mit vielen Existenzialisten befreundet; sein Roman *Der Schaum der Tage* parodiert liebevoll Sartre und Beauvoir.

Vian, Michelle (geb. Léglise, geb. 1920): Erste Ehefrau von Boris Vian und jahrelanges Mitglied des Sartre-Kreises.

Weil, Simone (1909–1943): Französische Moralphilosophin und politische Aktivistin; sie starb während des Zweiten Weltkriegs in England, nachdem sie beschlossen hatte, nichts mehr zu essen und auf materielle Annehmlichkeiten zu verzichten, solange andere Not litten.

Wilson, Colin (1931–2013): Englischer Romancier und Verfasser neoexistenzialistischer und kulturgeschichtlicher Werke; *The Outsider* (1956) war ein großer Erfolg.

Wols (Alfred Otto Wolfgang Schulze, 1913–1951): Deutscher Maler und Fotograf; er lebte in Frankreich und war mit einigen aus dem existenzialistischen Kreis befreundet; er starb früh an den Folgen seines Alkoholkonsums.

Wright, Richard (1908–1960): Amerikanischer Schriftsteller, der viele Jahre in Paris lebte; Verfasser des existenzialistischen Romans *The Outsider* über das Leben eines Schwarzen in Amerika.

Dank

Ohne die großzügige Ermunterung und Unterstützung von Freunden und Experten sowie von Experten, aus denen meine Freunde wurden, wäre dieses Buch immer noch ein Haufen Nichts. Allen, die mir geholfen haben, gilt mein inniger Dank.

Ich danke vor allem denen, die das Manuskript ganz oder teilweise gelesen, mir neue Wege aufgezeigt und / oder mich vor Katastrophen bewahrt haben (an den verbliebenen Katastrophen sind sie unschuldig): Jay Bernstein, Ivan Chvatík, George Cotkin, Robert Fraser, Peter Moore, Nigel Warburton, Jonathan Webber, Martin Woessner und Robert Zaretsky. Ich danke ihnen auch für die vielen unterhaltsamen und anregenden Gespräche.

Ich möchte auch denen danken, die mir durch ein freundliches Gespräch, gute Ratschläge oder beides geholfen haben: Peter Atterton, Antony Beevor, Robert Bernasconi, Costica Bradatan, Artemis Cooper, Anthony Gottlieb, Ronald Hayman, Jim Holt, James Miller, Sarah Richmond, Adam Sharr und Marci Shore.

Mein besonderer Dank gilt Robert Bernasconi und Jay Bernstein, die mich zum Philosophiestudium inspirierten. Ich hatte unglaubliches Glück, dass ich in den achtziger Jahren an dem interdisziplinären Studienprogramm teilnehmen konnte, das die beiden an der Universität Essex mit aufgebaut haben.

Ganz herzlich danke ich Marianne Merleau-Ponty, die ihre Erinnerungen an ihren Vater mit mir teilte.

Einige Kapitel dieses Buches habe ich während eines Aufenthalts als Writer in Residence am New York Institute of Humanities der New York University geschrieben. Ich danke Eric Banks und Stephanie Steiker für ihre Gastfreundschaft und Herzlichkeit während dieser zwei wunderbaren und produktiven Monate.

Viel Zeit habe ich in der British Library, der London Library, der Bodleian Library und der Bibliothèque Saint-Geneviève in Paris verbracht. Ich danke allen diesen Einrichtungen und ihren Mitarbeitern. Ich danke Thomas Vongehr und Ullrich Melle vom Husserl-Archiv im belgischen Löwen. Ich danke Ludger Hagedorn und (nochmals) Ivan Chvatík vom CTS / Jan-Patočka-Archiv. Ich danke Katie Giles von der Universität Kingston für ihre Hilfe im Iris-Murdoch-Archiv und Dan Mitchell vom University College, London, für ihre Hilfe im George-Orwell-Archiv.

Für ihr kenntnisreiches Lektorat, ihre Freundschaft und ihre vielen wertvollen Ratschläge danke ich Jenny Uglow; sie half mir, die Bäume im Wald zu sehen. Ich danke Clara Farmer und den Mitarbeiterinnen und Mitarbeitern des Verlags Chatto & Windus, ganz besonders Parisa Ebrahimi, die mir während des gesamten Publikationsprozesses zur Seite stand. Ich danke meinem Lektor David Milner und Simone Massoni für das Cover bei Chatto. Ich danke Anne Collins bei Penguin Random House, Kanada. In den USA danke ich meiner unnachahmlichen und lebensbejahenden Verlegerin Judith Gurewich, besonders für die sonnigen Tage in Boston, meinem Lektor Keenan McCracken und allen Mitarbeiterinnen und Mitarbeitern bei Other Press sowie Andreas Gurewich für das Cover.

Ich danke meiner Agentin Zoë Waldie und allen bei Rogers, Coleridge & White für ihre unermüdliche Unterstützung und ihre guten Ratschläge. Ich danke Melanie Jackson in New York und allen, die mir in anderer Weise behilflich waren.

Zuletzt danke ich meinen Eltern Jane und Ray Bakewell, denen dieses Buch gewidmet ist. Sie haben mich stets ermuntert, meiner Neugier und meinen Interessen zu folgen (und sie haben meine existenzialistischen Teenagerjahre erdulden müssen). Und schließlich gilt mein Dank, wie immer, Simonetta Ficai-Veltroni, die mir und meiner Phänomenologie die Treue gehalten hat, und das ist erst der Anfang.

Bildnachweis

Seite 15: © David E. Scherman / The LIFE Picture Collection / Getty Images | *Seite 20, 49:* © bpk / RMN – Grand Palais / Estate Brassaï | *Seite 27, 29:* © bpk / Georges Dudognon / adoc-photos | *Seite 41:* © Sarah Bakewell | *Seite 54:* © akg-images | *Seite 71, 115, 363:* © bpk / Digne Meller Marcovicz | *Seite 73:* © ullstein bild / Granger, NYC | *Seite 103:* © akg-images / Imagno / Franz Hubmann | *Seite 105, 127:* © Louis Monier / Rue des Archives / Süddeutsche Zeitung Photo | *Seite 157:* Aus: Annie Cohen-Solal, Sartre. 1905–1980, Abb. 23 | *Seite 172:* Foto: Brinon-Gamma, aus: Annie Cohen-Solal, Sartre. 1905–1980, Abb. 34 | *Seite 176, 251, 283:* © Bridgeman Images | *Seite 185:* © Dominique Berretty / Gamma-Rapho / Getty Images | *Seite 201:* © Rue des Archives / Tallandier / Süddeutsche Zeitung Photo | *Seite 227:* © Rue des Archives / PVDE / Süddeutsche Zeitung Photo | *Seite 262:* © bpk / adoc-photos | *Seite 301:* © ullstein bild / Roger-Viollet | *Seite 362:* © bpk / IMEC, Fonds MCC / Gisèle Freund | *Seite 368:* © STF / AFP / Getty Images

Anmerkungen

Monsieur, wie schrecklich, Existenzialismus!

1   Walter Kaufmann verwies in *Existentialism from Dostoevsky to Sartre* auf den heiligen Augustinus, Maurice Friedman in *The Worlds of Existentialism* (New York: Random House, 1964) auf Hiob, den Prediger Salomo und Heraklit als Ursprung.

2   Sartre behauptete später (*Sartre. Ein Film*, S. 28), sie hätten Bier getrunken, aber da war sein Gedächtnis schon nicht mehr ganz zuverlässig; in dem Memoirenband *In den besten Jahren*, S. 119, dem die meisten hier geschilderten Details entnommen sind, sagte Beauvoir, es seien Aprikosencocktails gewesen.

3   Husserl, *Logische Untersuchungen. Zweiter Band*, S. 10, wo es heißt: «Wir wollen auf die ‹Sachen selbst› zurückgehen»; nicht zuletzt Heidegger ist es zu verdanken, dass dieser Satz zum Slogan wurde; er nennt ihn die «Maxime» der Phänomenologie: *Sein und Zeit*, S. 27 f.

4   Beauvoir, *In den besten Jahren*, S. 71; zu Spekulationen über frühere Begegnungen mit der Phänomenologie vgl. Stephen Light, *Shūzō Kuki and Jean-Paul Sartre* (Carbondale und Edwardsville: Southern Illinois University Press, 1987), S. 3 f., mit einer Einführung von Michel Rybalka, S. XI.

5   In der Zeitschrift *Bifur* 8 (Juni 1931), wo «La Légende de la vérité» erschien, wurde Sartre als ein «junger Philosoph» vorgestellt, der «einen Band destruktiver Philosophie vorbereitet»; vgl. auch *In den besten Jahren*, S. 71; Hayman, *Writing Against*, S. 85.

6   *Sartre. Ein Film*, S. 28.

7   John Keats, «Als er zum ersten Mal in Chapmans Homer las», übersetzt von Siegfried Schmitz, in *Englische und amerikanische Dichtung*, Bd. 2, hg. von Werner von Koppenfels und Manfred Pfister (München: C.H.Beck, 2000), S. 302 f.; Sartre las Lévinas' Dissertation, *La Théorie de l'intuition dans la phénoménologie de Husserl* (Paris: Alcan, 1930).

8   Beauvoir, *Memoiren einer Tochter aus gutem Hause*, S. 492.

9   Sartre, «Der Existentialismus ist ein Humanismus», in *Der Existentialismus ist ein Humanismus und andere philosophische Essays 1943–1948*, S. 172.

10 Beauvoir, *Der Lauf der Dinge*, S. 93.

11 «Existentialism», *Time*, 28. Januar 1946, S. 16 f. Zu dem Vortrag siehe George Myerson, *Sartre's Existentialism is a Humanism: a beginner's guide* (London:

Hodder & Stoughton, 2002), S. XII-XIV, und Cohen-Solal, *Sartre*, S. 390–392.

12 Sartre, «Der Existentialismus ist ein Humanismus», in *Der Existentialismus ist ein Humanismus und andere philosophische Essays 1943–1948*, S. 145–176, hier S. 156–172; die Geschichte weist Ähnlichkeiten mit dem Fall von Sartres Freund und ehemaligem Schüler Jacques-Laurent Bost auf, der Sartre 1937 um Rat gefragt hatte, ob er im Spanischen Bürgerkrieg kämpfen sollte: siehe Thompson, *Sartre*, S. 36; in Sartres Roman *Der Aufschub* steht seine Bost nachgebildete Figur Boris vor einem ähnlichen Dilemma.

13 Mehr zum «Trolley-Problem» bei David Edmunds, *Would You Kill the Fat Man?* (Princeton: Princeton University Press, 2013).

14 Sartre im Interview mit Christian Grisoli: «Entretien avec Jean-Paul Sartre», *Paru* 13 (Dezember 1945), S. 5–10.

15 Vgl. Sartre, «Das Ende des Krieges», in *Paris unter der Besatzung*, S. 72–77, hier S. 75.

16 J. M. De Bujanda, *Index des livres interdits, XI: Index librorum prohibitorum* (Genf: Droz, 2002), S. 808, listet Sartres «Opera omnia» auf (Decr. S. Off. 27-10-1948), aber auch Beauvoirs *Das andere Geschlecht* und *Die Mandarins von Paris*: ebd., S. 116 (Decr. S. Off. 27-06-1956); vgl. Thompson, *Sartre*, S. 78.

17 *Les Nouvelles littéraires*, zitiert in «Existentialism», *Time*, 28. Januar 1946, S. 16 f.

18 Cazalis, *Les mémoires d'une Anne*, S. 84.

19 Marcel, «An Autobiographical Essay», S. 48.

20 Beauvoir, *In den besten Jahren*, S. 456.

21 Contat und Rybalka (Hg.), *Les Écrits de Sartre*, S. 144 f.; darin wird Roger Troisfontaines, *Le Choix de Jean-Paul Sartre* (2. Auflage, Paris: Aubier, 1946), zitiert, der wiederum Bemerkungen Sartres in Brüssel am 23. Oktober 1945 wiedergibt.

22 Grégoire Leménager, «Ma vie avec Boris Vian (par Michelle Vian)», *Le Nouvel Observateur*, (27. Oktober 2011).

23 Vian, *Manual de Saint-Germain-des-Prés*, S. 78 und 80 (*Manual of Saint-Germain-des-Prés*, S. 46 und 48); zitiert werden Pierre Drouin, «Tempête très parisienne», *Le Monde*, 16.–17. Mai 1948), und Robert de Thomasson, *Opéra* (Oktober 1947).

24 Gréco, *So bin ich eben*, S. 53.

25 Beauvoir, *In den besten Jahren*, S. 431.

26 In den Szenen von Jacques Beckers Film *Rendezvous de juillet* (1949), die im Jazzclub Lorientais spielen, lässt sich dieser Look nachvollziehen.

27 Beauvoir, *Der Lauf der Dinge*, S. 231.

28 Cohen-Solal, *Sartre*, S. 410.

29 Zu Sartre als Sänger vgl. Beauvoir, *Memoiren einer Tochter aus gutem Hause*, S. 484; zur Imitation von Donald Duck vgl. Beauvoir, *In den besten Jahren*, S. 276.

30   Aron, *Erkenntnis und Verantwortung*, S. 34.

31   Violette Leduc, *La folie en tête* (Paris: Gallimard, 1970), S. 56 f.

32   Sartre, «Die Gemälde Giacomettis», in *Porträts und Perspektiven*, S. 277–289, hier S. 283.

33   Bair, *Simone de Beauvoir*, S. 765.

34   John Gerassi, «The Second Death of Jean-Paul Sartre», in W. L. McBride (Hg.), *Sartre's Life, Times and Vision du monde* (New York und London: Garland, 1997), S. 217–223, hier S. 218.

35   Sartre, *Briefe an Simone de Beauvoir und andere*, Bd. 2: 1940–1963, S. 41 (15. Januar 1940).

36   Nach einer Zählung von Michael Scriven, *Sartre's Existential Biographies* (London: Macmillan, 1984), S. 1, brachte es Sartre hier auf zwei Millionen Wörter.

37   Garff, *Sören Kierkegaard*, S. 370.

38   Kierkegaard, *Abschließende unwissenschaftliche Nachschrift zu den Philosophischen Brocken*, Bd. 2, S. 12.

39   Ebd., S. 2.

40   Ebd., S. 18.

41   Kierkegaard, *Der Begriff Angst*, S. 240.

42   *Sartre. Ein Film*, S. 20.

43   Friedrich Nietzsche, *Jenseits von Gut und Böse*, Werke in drei Bänden, 2. Bd., S. 571 (Erstes Hauptstück, 6) (München: Hanser, 1977).

44   «Martin Luther King Jr. Traces His Pilgrimage to Nonviolence», in Arthur und Lila Weinburg (Hg.), *Instead of Violence* (New York: Grossman, 1963), S. 71; vgl auch Eugene Wolters, «The Influence of Existentialism on Martin Luther King, Jr.», Critical-Theory.com (8. Februar 2015), mit Verweis auf Kings Essay «Pilgrimage to Nonviolence» und seine Notizen im Archiv des King Center.

45   Die Slogans sind gesammelt unter https://libcom.org/history/slogans-68.

46   Sartre, «Selbstporträt mit siebzig Jahren», in *Sartre über Sartre*, S. 243.

47   Marguerite Duras war verstimmt; Beauvoir, *Alles in allem*, S. 433, zitiert sie mit den Worten: «Es kotzt mich an, als Aushängeschild herzuhalten»; vgl. auch Cohen-Solal, *Sartre*, S. 695–697.

48   Online unter https://www.youtube.com/watch?v=C9U0HWWd214; vgl. auch Hayman, *Writing Against*, S. 439; Cohen-Solal, *Sartre*, S. 780–782; Lévy, *Sartre*, S. 11 f.

49   Lanzmann, zitiert bei Ursula Tidd, *Simone de Beauvoir* (London: Routledge, 2003), S. 160.

50   Sartre, *Der Ekel*, S. 203–205.

51   Claude Lévi-Strauss, *Traurige Tropen*, übersetzt von Eva Moldenhauer (Frankfurt/Main: Suhrkamp, 1981), S. 51 («une sorte de métaphysique pour midinette»: *Tristes Tropiques*, Paris: Plon, 1955, S. 63).

52   Lévi-Strauss, *Das wilde Denken*, übersetzt von Hans Naumann (Frankfurt/Main: Suhrkamp, 1973), S. 284.

53 Michel Contat im Interview für die BBC-Reihe *Human, all too Human* (1999), 3. Teil: «Jean-Paul Sartre: the road to freedom».

54 Merleau-Ponty, *Das Sichtbare und das Unsichtbare*, S. 158 f.

55 Iris Murdoch, *The Souvereignty of Good* (London und New York: RKP, 2014, zuerst 1970), S. 46.

56 Beauvoir, *Der Lauf der Dinge*, S. 45.

Zu den Sachen selbst

1 Martin S. Briggs, *Freiburg and the Black Forest* (London: John Miles, 1936), S. 21 und 31.

2 Lévinas, «Freiburg, Husserl und die Phänomenologie», in Lévinas, *Die Unvorhersehbarkeiten der Geschichte*, übersetzt von Alwin Letzkus (Freiburg i. Br. und München: Alber, 2006), S. 79–88, hier S. 79.

3 Ebd., S. 87; zu Lévinas' Entdeckung Husserls vgl. das Interview in Raoul Mortley, *French Philosophers in Conversation* (London und New York: Routledge, 1991), S. 11–23, hier S. 11.

4 Sartre, *Tagebücher. November 1939-März 1940*, S. 184.

5 Ebd., S. 268.

6 Gadamer, *Philosophische Lehrjahre*, S. 31; der Vergleich mit dem Uhrmacher stammt von Gadamers Freund Fjodor Stepun.

7 *A Representation of Edmund Husserl*, ein Film von James L. Adams (1936), online unter http://www.husserlpage.com/hus_imag.html; Ausschnitt aus einer Videokassette, produziert vom Center for Advanced Research in Phenomenology, Florida Atlantic University, Boca Raton, Florida, um 1991.

8 Husserl erzählte die Geschichte Lévinas, der sie Stephan Strasser weitererzählte, dem Herausgeber von Husserls Gesammelten Werken (= Husserliana): hier Bd. I (Den Haag: Martinus Nijhoff, 1950), S. XXIX; siehe auch Karl Schuhmann, *Husserl-Chronik. Denk- und Lebensweg Edmund Husserls* (Den Haag: Martinus Nijhoff, 1977), S. 2; Husserls Kommentar ist hier zitiert nach Beauvoir, *Kriegstagebuch*, S. 202 (18. November 1939).

9 Andrew D. Osborn, *The Philosophy of Edmund Husserl: in its development from his mathematical interests to his first conception of phenomenology*, in Logical Investigations (New York: Columbia University/International Press, 1934), S. 11.

10 Husserl, «Erinnerungen an Franz Brentano», in Oskar Kraus (Hg.), *Franz Brentano. Zur Kenntnis seines Lebens und seiner Lehre* (München: C. H. Beck, 1919), S. 151–167; siehe auch Karel Čapek, *Gespräche mit Masaryk*, übersetzt von Camill Hoffmann und Eckhard Thiele (Stuttgart und München: Deutsche Verlags-Anstalt, 2001), S. 107; sowie Moran, *Introduction to Phenomenology*, S. 23–59.

11 Moran, *Introduction to Phenomenology*, S. 80 f.; Husserl, *Briefwechsel*, Bd. IV: Die Freiburger Schüler, S. 131 (Husserl an Heidegger, 10. September 1918),

sowie Husserl, *Briefwechsel*, Bd. II: Die Münchener Phänomenologen, S. 180 (Husserl an Alexander Pfänder, 6. Januar 1931).

12   Borden, *Edith Stein*, S. 5.

13   Stein, *Selbstbildnis in Briefen*, Dritter Teil: Briefe an Roman Ingarden, S. 36 (Stein an Roman Ingarden, 28. Januar 1917).

14   Dorion Cairns, *Conversations with Husserl and Fink*, hg. vom Husserl-Archiv Löwen (Den Haag: Martinus Nijhoff, 1976), S. 11 (13. August 1931).

15   Husserl, *Ideen zu einer reinen Phänomenologie und phänomenologischen Philosophie*, S. 5.

16   Zitiert bei Gerda Walther, *Zum anderen Ufer. Vom Marxismus und Atheismus zum Christentum* (Remagen: Der Leuchter, 1960), S. 212; vgl. auch Moran, *Husserl*, S. 34; Heidegger dagegen bevorzugte Tee: siehe Walter Biemel, «Erinnerungen an Heidegger», in *Allgemeine Zeitschrift für Philosophie* 2, 1 (1977), S. 1–23, hier S. 10 f.; mehr Philosophisches über Kaffee bei Scott F. Parker und Michael W. Austin (Hg.), *Coffee: philosophy for everyone: grounds for debate* (Chichester: Wiley-Blackwell, 2011), und David Robson, «The Philosopher Who Studies the Experience of Coffee» (Interview mit David Berman vom Trinity College, Dublin), BBC Future Blog, 18. Mai 2015: http://www.bbc.com/future/story/20150517-what-coffee-says-about-your-mind.

17   Zu Musik und Phänomenologie siehe zum Beispiel Thomas Clifton, *Music As Heard: a study in applied phenomenology* (New Haven und London: Yale University Press, 1983).

18   Sacks, *Der Tag, an dem mein Bein fortging*, S. 145 und 152; zu Phänomenologie und Medizin siehe u. a. S. K. Toombs, *The Meaning of Illness: a phenomenological account of the different perspectives of physician and patient* (Dordrecht: Kluwer, 1992), und Richard Zaner, *The Context of Self: a phenomenological inquiry using medicine as a clue* (Athens: Ohio University Press, 1981); zu anderen Anwendungsbereichen der Phänomenologie siehe Sebastian Luft und Søren Overgaard (Hg.), *The Routledge Companion to Phenomenology* (London und New York: Routledge, 2012).

19   Jaspers, *Philosophie I*, S. XV.

20   Jaspers, *Philosophie I: Philosophische Weltorientierung*, S. XVII.

21   Jaspers in einem Brief an seine Eltern vom 20. Oktober 1911, im Original zitiert bei Kirkbright, *Karl Jaspers*, S. 249.

22   Jaspers, *Existenzphilosophie*, S. 10.

23   Brentano, *Psychologie vom empirischen Standpunkt*, S. 106.

24   Sartre, «Eine grundlegende Idee der Phänomenologie Husserls: Die Intentionalität», übersetzt von Abelle Christaller, in Sartre, *Situationen. Essays* (zuerst 1939; Reinbek: Rowohlt, 1965), S. 106 f.

25   Sartre entwickelte seine Analyse Husserls weiter in *Die Transzendenz des Ego. Philosophische Essays 1931–1939*, übersetzt von Uli Aumüller u. a. (Reinbek: Rowohlt, 1982; zuerst in *Recherches philosophiques*, 1934).

26 Husserl, *Cartesianische Meditationen*, S. 4; siehe auch Paul S. MacDonald, *Descartes and Husserl: the philosophical project of radical beginnings* (Albany: SUNY Press, 2000).

27 Husserl, *Cartesianische Meditationen*, S. 161.

28 Stein, *Selbstbildnis in Briefen*, Dritter Teil: Briefe an Roman Ingarden, S. 46 (Stein an Roman Ingarden, 20. Februar 1917); siehe auch Alasdair Mac-Intyre, *Edith Stein: a philosophical prologue* (London und New York: Continuum, 2006), S. 103–105; 1916 wurde Edith Stein in Freiburg promoviert, ihre Dissertation mit dem Titel *Zum Problem der Einfühlung* erschien 1917 in Halle.

29 Stein, *Selbstbildnis in Briefen*, Erster Teil: 1916–1933, S. 46 f. (Stein an Fritz Kaufmann, 8. November 1919).

30 Borden, *Edith Stein*, S. 6–10.

Der Zauberer von Meßkirch

1 *Sein und Zeit*, S. 1; er zitiert Platon, *Der Sophist*, 244a. Heidegger hielt 1924/25 in Marburg Vorlesungen über Platons Sophisten, die auch Hannah Arendt besuchte: Heidegger, *Platon: Sophistes*, Gesamtausgabe, Bd. 19 (Frankfurt/Main: Klostermann, 1992).

2 *Sein und Zeit*, S. 4.

3 Gottfried Wilhelm Leibniz, *Vernunftprinzipien der Natur und der Gnade. Monadologie*, übersetzt von Artur Buchenau (Hamburg: Meiner, 1982), S. 13.

4 Steiner, *Martin Heidegger*, S. 224.

5 *Sein und Zeit*, S. 38.

6 Dies bekundet Heidegger in seiner Antrittsrede von 1957, erschienen in den *Jahresheften der Heidelberger Akademie der Wissenschaften* 1957/58 (Heidelberg, 1959), S. 20 f., und in Heidegger, *Frühe Schriften* (Frankfurt/Main: Klostermann, 1972), S. IX-XI; Franz Brentanos Doktorarbeit *Von der mannigfachen Bedeutung des Seienden nach Aristoteles* (Berlin: de Gruyter, 2014) ist von 1867.

7 Seine Schwester Marie, geboren 1891, heiratete einen Kaminkehrer und starb 1956; zu ihr und Heideggers Mutter siehe F. Schalow und A. Denker, *Historical Dictionary of Heidegger's Philosophy* (London: Scarecrow, 2010), S. 134; Heideggers Bruder Fritz wurde 1894 geboren.

8 Heidegger, «Vom Geheimnis des Glockenturmes» (1954), in *Aus der Erfahrung des Denkens*, S. 113–116; siehe auch Heidegger, «Der Feldweg» (1949), in *Aus der Erfahrung des Denkens*, S. 87–90; und Safranski, *Ein Meister aus Deutschland*, S. 21.

9 *Der Feldweg*, S. 13.

10 Heidegger, «*Mein liebes Seelchen!*», S. 21 (13. Dezember 1915).

11 Heidegger, *Der Feldweg*, S. 11.

12 Vgl. Löwith, *Mein Leben in Deutschland vor und nach 1939*, S. 43.

13 Interview mit Gadamer in *Human, All Too Human* (BBC, 1999), 2. Teil.

14 Safranski, *Ein Meister aus Deutschland*, S. 40; Ott, *Martin Heidegger*, S. 60.

15 Hermann Heidegger im Nachwort zu Martin Heidegger, «*Mein liebes Seelchen!*», S. 382; vgl. auch Heideggers Bemerkung in einem Brief an seine Frau, ebd., S. 311 (18. April 1956).

16 Husserl, *Briefwechsel*, Bd. IV: Die Freiburger Schüler, S. 129 (Husserl an Heidegger, 30. Januar 1918).

17 Husserl, *Briefwechsel*, Bd. IV: Die Freiburger Schüler, S. 131 und 136 (Husserl an Heidegger, 10. September 1918).

18 Husserl, *Briefwechsel*, Bd. II: Die Münchener Phänomenologen, S. 181 (Husserl an Alexander Pfänder, 6. Januar 1931).

19 Jaspers, «Heidegger», in Jaspers, *Philosophische Autobiographie*, S. 92.

20 Husserl, *Briefwechsel*, Bd. IV: Die Freiburger Schüler, S. 144 (Heidegger an Husserl, 22. Oktober 1927).

21 Ott, *Heidegger*, S. 123.

22 Sharr, *Heideggers Hütte*; Sharr schrieb auch über Heideggers Haus in Freiburg: «The Professor's House: Martin Heidegger's House in Freiburg-im-Breisgau», in Sarah Menin (Hg.), *Constructing Place: mind and matter* (New York: Routledge, 2003), S. 130–142.

23 Hannah Arendt und Martin Heidegger, *Briefe 1925 bis 1975*, S. 16 (Heidegger an Arendt, 21. März 1925).

24 Löwith, *Mein Leben in Deutschland*, S. 43, spricht von der «je eigenen» Kleidung Heideggers; in *Philosophische Lehrjahre*, S. 215, erzählt Gadamer, Heidegger habe in Marburg im Skianzug einen Vortrag über das Skilaufen gehalten; seine gewöhnliche Aufmachung hätten die Studenten seinen «existenziellen Anzug» genannt.

25 Löwith, *Mein Leben in Deutschland*, S. 27.

26 Hans Jonas, «Heideggers Entschlossenheit und Entschluß», in Neske und Kettering (Hg.), *Antwort. Martin Heidegger im Gespräch*, S. 221–229, hier S. 221 f.

27 Gadamer, *Philosophische Lehrjahre*, S. 214.

28 Löwith, *Mein Leben in Deutschland*, S. 42.

29 Arendt, «Martin Heidegger ist achtzig Jahre alt», in *Merkur* 23 (Oktober 1969), S. 893–902; wiederabgedruckt in Neske und Kettering (Hg.), *Antwort. Martin Heidegger im Gespräch*, S. 232–246, hier S. 235.

30 Daniel Dennett und Asbjørn Steglich-Petersen, «The Philosophical Lexicon», Ausgabe 2008: http://www.philosophicallexicon.com/.

31 Hier und im Folgenden zitiert nach Picht, «Die Macht des Denkens», in Neske und Kettering (Hg.), *Antwort. Martin Heidegger im Gespräch*, S. 175–183, hier S. 175, 180 und 181.

32 Arendt, «Martin Heidegger ist achtzig Jahre alt», in *Merkur* 23 (Oktober 1969), S. 893–902; wiederabgedruckt in Neske und Kettering (Hg.), *Antwort. Martin Heidegger im Gespräch*, S. 232–246, hier S. 235.

33 Safranski, *Ein Meister aus Deutschland*, S. 171, der aus Hermann Mörchens Manuskript «Aufzeichnungen» zitiert.

34 Heidegger, *Einführung in die Metaphysik*, S. 32–34; meine Ausführungen an dieser Stelle stützen sich auf Magda King, *A Guide to Heidegger's Being and Time*, S. 16.

35 Heidegger, *Sein und Zeit*, S. 6.

36 Zuerst in Heideggers Vorlesung von 1927, *Die Grundprobleme der Phänomenologie*, Gesamtausgabe, Bd. 24 (Frankfurt/Main: Klostermann, 1975), S. 22.

37 Ebd., S. 6 und 15.

38 Ebd., S. 45–48.

39 Heidegger, *Qu'est-ce que la métaphysique?*, übersetzt von Henry Corbin (Paris: Gallimard, 1938).

40 Günter Grass, *Hundejahre* (München: Deutscher Taschenbuch Verlag, 2011), S. 391 und 399.

41 Steiner, *Martin Heidegger*, S. 57.

42 Safranski, *Ein Meister aus Deutschland*, S. 179.

43 Heidegger, *Sein und Zeit*, S. 39.

44 Gertrude Stein, *The Making of Americans. Geschichte vom Werdegang einer Familie 1906–1908*, übersetzt von Lilian Faschinger und Thomas Priebsch (Klagenfurt: Ritter, 1989), S. 426 und 437.

45 Ebd., S. 398; siehe dazu Janet Malcolm, *Two Lives* (New Haven und London: Yale University Press, 2007), S. 126 (der Roman entstand zwischen 1902 und 1911, also lange vor Heidegger).

46 Heidegger, *Sein und Zeit*, S. 16; siehe auch S. 43.

47 Ebd., S. 52 ff.

48 Ebd., S. 69.

49 Ebd., S. 56–58.

50 Ebd., S. 69 f.

51 Ebd., S. 114.

52 Heidegger, *Ontologie (Hermeneutik der Faktizität)*, Gesamtausgabe, Bd. 63, S. 90.

53 *Sein und Zeit*, S. 114 («Mitsein») und 118 («Mitwelt»).

54 Ebd., S. 118.

55 Ebd., S. 120.

56 Ebd., S. 118.

57 Safranski, *Ein Meister aus Deutschland*, S. 179.

58 «Husserls Randbemerkungen zu Heideggers *Sein und Zeit* und *Kant und das Problem der Metaphysik*», in *Husserl Studies* 11, 1–2 (1994), S. 3–63, Zitat S. 13 (in Husserls Exemplar von *Sein und Zeit* aus dem Jahr 1927 auf S. 12, Zeile 21 f.); zu Husserls Lektüre von Heideggers Werk und dessen Interpretation siehe Sheehan, «Husserl and Heidegger», in Husserl, *Psychological and Transcendental Phenomenology and the Confrontation with Heidegger (1927–1931)*, hg. und

übersetzt von T. Sheehan und R. E. Palmer (Dordrecht, Boston, London: Kluwer, 1997), S. 1–32, bes. S. 29.

59   Husserl, Briefwechsel, Bd. II: Die Münchener Phänomenologen, S. 182 (Husserl an Alexander Pfänder, 6. Januar 1931).

60   Martin Heidegger und Karl Löwith, Briefwechsel 1919–1973 (Freiburg i. Br.: Karl Alber, 2016) (Heidegger an Löwith, 20. Februar 1923).

61   Heidegger und Jaspers, Briefwechsel, S. 42 (Heidegger an Jaspers, 14. Juli 1923).

62   Zum Encyclopaedia-Britannica-Artikel (Erster Entwurf. Versuch einer zweiten Bearbeitung. Vierte, letzte Fassung) siehe Husserl, Gesammelte Werke, Bd. IX (Den Haag: Martinus Nijhoff, 1962), S. 237–301; Heideggers Brief an Husserl vom 22. Oktober 1927: ebd., S. 600–602; die von Husserl geschriebene letzte und vierte Fassung wurde von Christopher V. Salmon ins Englische übersetzt und erschien unter dem Stichwort «Phenomenology» in der Encyclopaedia Britannica, 14. Auflage (London, 1929).

63   Vgl. Heidegger, «Mein liebes Seelchen!», S. 150 (Martin an Elfride Heidegger, 21. Oktober 1927); Husserl, Briefwechsel, Bd. II: Die Münchener Phänomenologen, S. 182 (Husserl an Alexander Pfänder, 6. Januar 1931).

64   Husserl, Briefwechsel, Bd. II: Die Münchener Phänomenologen, S. 182 (Husserl an Alexander Pfänder, 6. Januar 1931).

65   Heidegger, «Edmund Husserl zum siebenzigsten Geburtstag» (8. April 1929), Gesamtausgabe, Bd. 16, S. 56–60.

66   Husserl, Briefe an Roman Ingarden. Mit Erläuterungen und Erinnerungen an Husserl, hg. von Roman Ingarden (Den Haag: Martinus Nijhoff, 1968), S. 161 f.

67   Husserl, Briefwechsel, Bd. II: Die Münchener Phänomenologen, S. 182 f. (Husserl an Alexander Pfänder, 6. Januar 1931).

68   Fritz Heinemann zitiert Husserl mit einem Satz aus dem Jahr 1931: «Heidegger bewegt sich in der natürlichen Einstellung», Heinemann, Existenzphilosophie, lebendig oder tot?, S. 49.

69   Husserl, «Phänomenologie und Anthropologie» (Vortrag vom Juni 1931), in Gesammelte Werke, Bd. XXVII (Dordrecht: Kluwer, 1989), S. 164–181, hier S. 164.

70   Sein und Zeit, S. 73.

71   Nicholson Baker, Rolltreppe oder Die Herkunft der Dinge, übersetzt von Eike Schönfeld (Reinbek: Rowohlt, 1993), S. 24.

72   Sein und Zeit, S. 74 f.

73   Hofmannsthal, Ein Brief, in Gesammelte Werke, Erzählungen, erfundene Gespräche und Briefe. Reisen (Frankfurt/Main: Fischer, 1979), S. 461–472 (zuerst in Der Tag, 18.–19. Oktober 1902).

74   Matthew Ratcliffe, «Phenomenology as a Form of Empathy», Inquiry 55, 5 (2012), S. 473–495, verweist auf James Melton und dessen Schilderung seiner Depression als eines Rückzugs, bei dem er nicht einmal mehr wusste, was man mit einem Stuhl anfängt: die Welt hatte nichts «Einladendes» mehr;

Heidegger würde vielleicht sagen, er hatte «kein Besorgen» bezüglich der
Dinge; zu Melton siehe Gail A. Hornstein, *Agnes's Jacket* (New York: Ro-
dale, 2009), S. 212 f.; Oliver Sacks schildert ähnliche Fälle in *Der Mann, der
seine Frau mit einem Hut verwechselte* (Reinbek: Rowohlt, 1987).

75 An der Tagung vom 17. März bis zum 6. April 1929 nahmen rund 300 Do-
zenten und Studenten teil; siehe Cassirer und Heidegger, *Davoser Disputa-
tion zwischen Ernst Cassirer und Martin Heidegger*; Gordon, *Continental Divide*;
Michael Friedman, *A Parting of the Ways: Carnap, Cassirer, and Heidegger*
(Chicago und La Salle, IL: Open Court, 2000), und Calvin O. Schrag, «Hei-
degger and Cassirer on Kant», *Kant-Studien* 58 (1967), S. 87–100; vgl. auch
Heidegger, *Kant und das Problem der Metaphysik*, Gesamtausgabe, Bd. 3
(Frankfurt/Main: Klostermann, 1991; zuerst 1929); zu Kants Einfluss auf
Husserl und Heidegger siehe Tom Rockmore, *Kant and Phenomenology* (Chi-
cago und London: University of Chicago Press, 2011).

76 Safranski, *Ein Meister aus Deutschland*, S. 212.

77 François Poirié, *Emmanuel Lévinas: qui êtes-vous?* (Paris: La Manufacture,
1987), S. 79; nicht alle stimmten dieser Interpretation zu: siehe Gordon, *Continental Divide*, S. 1.

78 Toni Cassirer, *Mein Leben mit Ernst Cassirer* (Hildesheim: Gerstenberg, 1981),
S. 182 f.; Maurice de Gandillac, der gleichfalls dabei war, verglich Heideggers
Anziehungskraft mit der Hitlers: Gandillac, *Le siècle traversé*, S. 134.

79 Gordon, *Continental Divide*, S. 326 f., zitiert aus einem Interview mit Richard
Sugarman, der 1973 mit Lévinas gesprochen hatte.

80 Heidegger, *Was ist Metaphysik?* (Frankfurt/Main: Klostermann, 7. Auflage
1955), S. 24.

81 Ebd., S. 30 (zur «Unheimlichkeit» vgl. auch *Sein und Zeit*, S. 188).

82 Ebd., S. 38.

83 Petzet, *Auf einen Stern zugehen*, S. 18.

84 Husserl, *Briefwechsel*, Bd. III: Die Göttinger Schule, S. 254 (Husserl an
Roman Ingarden, 2. Dezember 1929), und Husserl, *Briefwechsel*, Bd. II: Die
Münchener Phänomenologen, S. 184 (Husserl an Alexander Pfänder,
6. Januar 1931).

Das «Man», der Ruf

1 Aron, *Der engagierte Beobachter*, S. 24.

2 Weil, «Die Lage in Deutschland», in *Unterdrückung und Freiheit*, S. 55–109,
hier S. 55 (zuerst veröffentlicht in *L'École émancipée*, 4. Dezember 1932–
5. März 1933).

3 Ebd., S. 65.

4 Sebastian Haffner, *Geschichte eines Deutschen. Die Erinnerungen 1914–1933*
(Stuttgart und München: Deutsche Verlags-Anstalt, 2003), S. 117 f.

5   Beauvoir, *In den besten Jahren*, S. 126 f.

6   Ebd., S. 113–115.

7   Ebd., S. 135.

8   Sartre, «Cahier Lutèce», in *Les mots et autres écrits autobiographiques*, S. 907–935, hier S. 910 (Aufzeichnungen, entstanden zwischen 1952 und 1954).

9   *In den besten Jahren*, S. 155–159 (Februar-Reise) und S. 165–167 (Juni-Reise).

10   Ebd., S. 128.

11   Jaspers, «Heidegger», in Jaspers, *Philosophische Autobiographie*, S. 100; Beauvoir, *In den besten Jahren*, S. 155; siehe auch Sebastian Haffner, *Geschichte eines Deutschen. Die Erinnerungen 1914–1933* (Stuttgart und München: Deutsche Verlags-Anstalt, 2003), S. 173, und Joachim Fest, *Ich nicht. Erinnerungen an eine Kindheit und Jugend* (Reinbek: Rowohlt, 2006), S. 50.

12   Bettelheim, *Aufstand gegen die Masse. Die Chance des Individuums in der modernen Gesellschaft* (München: Szczesny, 1960), S. 312–315.

13   Sebastian Haffner, *Geschichte eines Deutschen* (Stuttgart und München: Deutsche Verlags-Anstalt, 2003), S. 153 und 135 f.

14   Arendt, *The Origins of Totalitarianism*, S. 317 und 478.

15   Hannah Arendts Buch *Eichmann in Jerusalem. Ein Bericht von der Banalität des Bösen* erschien zuerst 1963 unter dem Titel *Eichmann in Jerusalem: a report on the banality of evil.*

16   Arendt, *Vom Leben des Geistes*. Bd. 1, *Das Denken*, S. 16.

17   Heidegger, *Sein und Zeit*, S. 127.

18   Hier und im Folgenden: ebd., S. 268–277.

19   Schickele zitiert bei Ott, *Martin Heidegger*, S. 134.

20   Husserl, *Briefwechsel*, Bd. III: Die Göttinger Schule, S. 493 (Husserl an Dietrich Mahnke, 4.–5. Mai 1933).

21   Hannah Arendts Brief ist nicht erhalten, wohl aber Heideggers Antwort in Hannah Arendt und Martin Heidegger, *Briefe 1925 bis 1975*, S. 68 f. (undatiert, aber vom Winter 1932/33).

22   Heidegger, *Überlegungen* und *Anmerkungen*, hg. von Peter Trawny, in Heidegger, Gesamtausgabe, Bd. 94 ff. (Frankfurt/Main: Klostermann, 2014 ff.), die sogenannten «Schwarzen Hefte» mit seinen Aufzeichnungen ab 1931, deren Veröffentlichung auf insgesamt neun Bände angelegt ist; nach Heideggers Wunsch sollten sie als Letztes veröffentlicht werden; ihr Erscheinen löste eine heftige Debatte aus: siehe z. B. Richard Wolin, «National Socialism, World Jewry, and the History of Being: Heidegger's Black Notebooks», *Jewish Review of Books* (6. Januar 2014); Peter Trawny, «Heidegger et l'antisémitisme», *Le Monde* (22. Januar 2014); Markus Gabriel, «Der Nazi aus dem Hinterhalt», *Die Welt* (13. August 2014); G. Fried, «The King is Dead: Heidegger's ‹Black Notebooks›», *Los Angeles Review of Books* (13. September 2014) und Peter E. Gordon, «Heidegger in Black», *New York Review of Books* (9. Oktober 2014), S. 26–28; einen ausführlicheren Kommentar gibt der Herausgeber Peter Trawny mit *Freedom to Fail: Heidegger's anarchy*

(Cambridge: Polity, 2015). Die Entdeckung der «Schwarzen Hefte» führte im Januar 2015 zum Rücktritt von Günter Figal als Vorsitzenden der Martin-Heidegger-Gesellschaft; Figal sagte, es sei ihm unmöglich, die Gesellschaft und damit die Person Martin Heideggers weiterhin zu repräsentieren; Ott, *Martin Heidegger*, und Wolin (Hg.), *The Heidegger Controversy*, lieferten schon sehr viel früher Belege für Heideggers Nationalsozialismus.

23 Heidegger, «Die Selbstbehauptung der deutschen Universität» (Rede, gehalten bei der feierlichen Übernahme des Rektorats der Universität Freiburg i. Br. am 27.5.1933), Gesamtausgabe, Bd. 16 (Frankfurt/Main: Klostermann, 2000), S. 107–117; zeitgenössische Presseberichte zu diesem Auftritt finden sich in Schneeberger, *Nachlese zu Heidegger*, S. 49–57; siehe auch Hans Sluga, *Heidegger's Crisis: philosophy and politics in Nazi Germany* (Cambridge, MA: Harvard University Press, 1993), S. 1 f.

24 «Bekenntnis zu Adolf Hitler und dem nationalsozialistischen Staat» vom 11. November 1933, in Schneeberger, *Nachlese zu Heidegger*, S. 148–150.

25 Ott, *Martin Heidegger*, S. 217 f.; Ott zitiert aus einem Brief Heideggers vom 22. September 1933 an Dozenten der Universität Freiburg.

26 Ebd., S. 168 f.

27 Elfride Heidegger an Malvine Husserl, 29. April 1933; der Brief ist nur in Kopie erhalten; Frédéric de Towarnicki zitiert daraus in «Visite à Martin Heidegger», *Les Temps modernes* (1. Januar 1946), S. 717–724, hier S. 717 f.; vgl. dazu Ott, *Martin Heidegger*, S. 169–172; zu Husserls Enttäuschung von Heidegger siehe Husserl, *Briefwechsel*, Bd. III: Die Göttinger Schule, S. 491–500 (Husserl an Dietrich Mahnke, 4.–5. Mai 1933).

28 Ott, *Martin Heidegger*, S. 167.

29 Jaspers, *Philosophie II: Existenzerhellung*, S. 204–210.

30 Gens, *Karl Jaspers*, S. 50, zitiert einen Brief von Gertrud Jaspers an Hannah Arendt vom 10. Januar 1966; Atemholen und Pausen machen: S. 113–115; mit seinen Kräften haushalten: S. 24–27.

31 Heidegger und Jaspers, *Briefwechsel*, S. 170 (Jaspers an Heidegger, 6. Februar 1949).

32 Arendt und Jaspers, *Briefwechsel*, S. 65 (Arendt an Jaspers, 29. Januar 1946).

33 Jaspers, *Philosophie II: Existenzerhellung*, S. 114.

34 Gens, *Karl Jaspers*, S. 158; Heidegger und Jaspers, *Briefwechsel*, S. 32 f. (Jaspers an Heidegger, 6. September 1922).

35 Heidegger und Jaspers, *Briefwechsel*, S. 35 f. (Jaspers an Heidegger, 24. November 1922).

36 Jaspers, «Heidegger», in Jaspers, *Philosophische Autobiographie*, S. 93 f.; zum Gefühl des «Unheimlichen»: Heidegger und Jaspers, *Briefwechsel*, S. 33 (Heidegger an Jaspers, 19. November 1922).

37 Zur Notwendigkeit einer Revolution: Jaspers, «Heidegger», in Jaspers, *Philosophische Autobiographie*, S. 94; zum Schreibstil und zu Divergenzen: ebd., S. 96–98.

38   Ebd., S. 98.

39   Ebd., S. 100 f.

40   Ebd., S. 101.

41   Gertrud Jaspers' Brief an ihre Eltern (vom 29. Juni 1933) wird im Original
     zitiert bei Kirkbright, Karl Jaspers, S. 319, Anmerkung 51.

42   Arendt und Jaspers, Briefwechsel, S. 665 (Jaspers an Arendt, 9. März 1966).

43   Heidegger und Jaspers, Briefwechsel, S. 196 (Heidegger an Jaspers,
     7. März 1950); Jaspers' Skepsis: Arendt und Jaspers, Briefwechsel, S. 665 (Jas-
     pers an Arendt, 9. März 1966).

44   Heidegger und Jaspers, Briefwechsel, S. 155 (Jaspers an Heidegger, 23. Au-
     gust 1933).

45   Jaspers, «Heidegger», in Jaspers, Philosophische Autobiographie, S. 102–104;
     «ich habe versagt»: ebd., S. 102.

46   Bruno Bettelheim, Aufstand gegen die Masse, S. 303.

47   Marcel, «Das ontologische Geheimnis», in Werkauswahl, Bd. 1, S. 59–86, bes.
     S. 82 f.

48   Marcel, Paul Ricœur – Gabriel Marcel, Gespräche, S. 91 und 94; vgl. auch Mar-
     cel, Die Erniedrigung des Menschen, übersetzt von Herbert Schaad (Frank-
     furt / Main: Josef Knecht, 1964), S. 85–87.

49   Heidegger, Sein und Zeit, S. 17.

50   Ebd., S. 235.

51   Ebd., S. 304 bzw. 264.

52   Hans Jonas, «Heideggers Entschlossenheit und Entschluß», in Neske und
     Kettering (Hg.), Antwort. Martin Heidegger im Gespräch, S. 224 f.

53   Ott, Martin Heidegger, S. 232; auf S. 236 zitiert Ott aus dem Rücktrittsgesuch;
     es ist abgedruckt in Heidegger, Gesamtausgabe, Bd. 16 (Frankfurt / Main:
     Klostermann, 2000), S. 272.

54   Ott, Martin Heidegger, S. 167 und 173.

55   Heidegger, «Das Rektorat 1933/34. Tatsachen und Gedanken», Gesamtaus-
     gabe, Bd. 16 (Frankfurt / Main: Klostermann, 2000), S. 372–394, hier S. 384.

56   Ebd., S. 374.

57   Towarnicki, «Le Chemin de Zähringen», S. 125.

58   Heidegger und Jaspers, Briefwechsel, S. 198 (Jaspers an Heidegger,
     19. März 1950).

59   Farías, Heidegger und der Nationalsozialismus, S. 268–273, der Heideggers
     Brief an Staatssekretär Wilhelm Stuckart vom 28. August 1934 zitiert; siehe
     auch Safranski, Ein Meister aus Deutschland, S. 314–316.

60   Löwith, Mein Leben in Deutschland vor und nach 1933, S. 57.

61   Max Müller, «Martin Heidegger – ein Philosoph und die Politik. Ein Ge-
     spräch», in Neske und Kettering (Hg.), Antwort. Martin Heidegger im Gespräch,
     S. 190–220, hier S. 206 f. (Interview vom 1. Mai 1985).

62   Heideggers Verstrickung in den Nationalsozialismus war von Anfang an
     bekannt. Sartre wusste seit 1944 davon, ebenso die französische Besat-

zungsmacht nach dem Krieg; eine 1962 veröffentlichte Dokumentensammlung, Guido Schneebergers *Nachlese zu Heidegger*, enthüllte weitere Belege.
Als ich Anfang der achtziger Jahre Heidegger las, stand die Frage seiner nationalsozialistischen Verstrickung nicht im Vordergrund, auch deshalb,
weil man damals der Ansicht war, man müsse Leben und Werk trennen;
dies änderte sich 1987 mit dem chilenischen Historiker Victor Farías, der
Heideggers gesamte Philosophie durch seinen Nazismus belastet sah (*Heidegger y el Nazismo;* deutsch unter dem Titel *Heidegger und der Nationalsozialismus*). Es folgte eine «Heidegger-Debatte», besonders in Frankreich, bei
der es zwei Lager gab: Für die einen war Heideggers Philosophie von seiner politischen Gesinnung unbeeinflusst, andere schlossen sich Farías an.
Der Freiburger Historiker Hugo Ott meinte, in Frankreich sei «ein Himmel
eingestürzt – *der Himmel der Philosophen*» (zitiert bei Rockmore, *Heidegger
and French Philosophy*, S. 155); Ott veröffentlichte 1992 eine eigene Dokumen-
tation von Heideggers Aktivitäten in der NS-Zeit, die zahlreiche Dokumente aus dem Stadtarchiv Freiburg enthielt: *Martin Heidegger: Unterwegs
zu seiner Biographie*. Die Diskussion flaute ab, bis 2005 eine neue «Heidegger-Debatte» folgte, als Emmanuel Faye in seinem Buch *Heidegger* in
Heideggers Seminaren 1933–1934 noch mehr Belege für Heideggers Sympathien mit dem Nationalsozialismus zutage förderte und seinerseits zu
dem Schluss kam, Heideggers Philosophie sei dadurch beschädigt. Eine
weitere Heidegger-Kontroverse begann 2014 mit der Veröffentlichung der
sogenannten «Schwarzen Hefte», Heideggers privaten Notizbüchern ab
1931, die dezidiert nazifreundliche und antisemitische Ansichten bekunden.

63 So zum Beispiel die amerikanische Philosophin Marjorie Grene, die Anfang
der 1930er Jahre Heideggers Vorlesungen besuchte und *Sein und Zeit* las; sie
beschäftigte sich sechzig Jahre lang mit der Frage von Heideggers NS-Gesinnung und schrieb in ihrem *Philosophical Testament* (1995), sie hätte Heidegger gern als bedeutungslos abgetan; da dies jedoch nicht möglich sei,
habe sie sich entschlossen, das Wesentliche seines Denkens zu bewahren,
es in einen «angemesseneren Rahmen» zu stellen und den Rest beiseitezu-
lassen: Marjorie Grene, *A Philosophical Testament* (Chicago und La Salle, IL:
Open Court, 1995), S. 76–79; Grenes *Heidegger* (New York: Hillary House,
1957) war eines der ersten Bücher über Heidegger in englischer Sprache.

64 *Sein und Zeit*, S. 121 f.

65 Arendt und Jaspers, *Briefwechsel*, S. 178 (Arendt an Jaspers, 29. September 1949).

66 Sartre, «Zum Existentialismus – Eine Klarstellung», in Sartre, *Der Existentialismus ist ein Humanismus*, S. 114; mehr zum Begriff des «Charakters» bei
Sartre siehe Webber, *The Existentialism of Jean-Paul Sartre*.

67 Heidegger, *Einführung in die Metaphysik*, S. 41.

68 Heidegger und Jaspers, *Briefwechsel*, S. 157 (Heidegger an Jaspers, 1. Juli 1935);

es handelte sich um die «Ode an den Menschen» aus Sophokles' *Antigone* V, 332–375, hier 332.

69 Heidegger, «Aus der Erfahrung des Denkens», in *Aus der Erfahrung des Denkens*, S. 35 f. Heidegger ließ seine Übersetzung in einer Privatauflage als Geburtstagsgeschenk für Elfride drucken (Heidegger, Gesamtausgabe, Bd. 13, Frankfurt/Main: Klostermann, 1983, S. 246, Anmerkung).

70 Diese These wurde 1963 von dem amerikanischen Forscher William J. Richardson geäußert, der sie «in fast völliger Abgeschiedenheit als Spiritual einer Gemeinschaft von Benediktinerinnen [...] im Schwarzwald» entwickelte: William J. Richardson, «An Unpurloined Autobiography», in James R. Watson (Hg.), *Portraits of American Continental Philosophers* (Bloomington: Indiana University Press, 1999), S. 147; zitiert bei Woessner, *Heidegger in America*, S. 200; vgl. Richardson, *Heidegger: through phenomenology to thought*; seine Interpretation hat sich weitgehend durchgesetzt, auch wenn einige ihm widersprachen, zum Beispiel Sheehan, *Making Sense of Heidegger: a paradigm shift*.

71 Dieses und das folgende Zitat aus «Warum bleiben wir in der Provinz?» (1933), in *Aus der Erfahrung des Denkens*, S. 9–13.

72 Walter Biemel, «Erinnerungen an Heidegger», in *Allgemeine Zeitschrift für Philosophie* 2, 1 (1977), S. 1–23, hier S. 14.

73 Vgl. Heideggers Brief an Jaspers vom 8. April 1950: «Zugleich geriet ich in die Maschinerie des Amtes, der Einflüsse und Machtkämpfe und Parteiungen, war verloren und geriet, wenngleich nur für wenige Monate, wie meine Frau sagt, in einen ‹Machtrausch›.» Heidegger und Jaspers, *Briefwechsel*, S. 200.

74 Heidegger, «Aus der Erfahrung des Denkens», in *Aus der Erfahrung des Denkens*, S. 75–86, hier S. 81.

75 Arendt, «*Was bleibt? Es bleibt die Muttersprache*», Günter Gaus im Gespräch mit Hannah Arendt, ZDF-Fernsehsendung vom 28.10.1964; Text online abrufbar unter https://www.rbb-online.de/zurperson/interview_archiv/arendt_hannah.html; zu ihrer Flucht siehe Young-Bruehl, *Hannah Arendt*, S. 163–166.

76 Zu Husserls Verbleib in Deutschland nach 1933 siehe Van Breda, «Die Rettung von Husserls Nachlass und die Gründung des Husserl-Archivs», S. 10.

77 Max Müller, «Martin Heidegger – ein Philosoph und die Politik. Ein Gespräch», in Neske und Kettering (Hg.), *Antwort. Martin Heidegger im Gespräch*, S. 190–220, hier S. 203 f.

78 Husserl an den Präsidenten des VIII. Internationalen Philosophenkongresses Professor Dr. Rádl in Prag, 2.-7. September 1934, in Husserl, *Briefwechsel*, Bd. VIII: Institutionelle Schreiben, S. 91–95.

79 Der Vortrag erschien unter dem Titel «Die Krisis des europäischen Menschentums und die Philosophie» in *Die Krisis der europäischen Wissenschaften und die transzendentale Phänomenologie*, S. 314–348, hier S. 348.

80 Zur Publikationsgeschichte siehe David Carr, «Introduction» zu: Husserl, *The Crisis of the European Sciences and Transcendental Phenomenology*, hg. von Walter Biemel, ins Englische übersetzt von David Carr (Evanston, IL: Northwestern University Press, 1970), S. XVII.

81 Vgl. Ronald Bruzina, *Edmund Husserl and Eugen Fink: beginnings and ends in phenomenology, 1928–1938* (New Haven: Yale University Press, 2004), S. 69; Bruzina zitiert aus den Aufzeichnungen «Erinnerungen an ihren Besuch im Januar-März 1938 am Krankenbett ihres Vaters» von Husserls Tochter Elisabeth (Elli) Husserl-Rosenberg, Husserl-Archiv, Signatur X III 6.

82 Malvine Husserl und Karl Schuhmann, «Malvine Husserls ‹Skizze eines Lebensbildes von E. Husserl›», *Husserl Studies* 5 (2) (1988), S. 105–125, hier S. 118.

83 Van Breda, «Die Rettung von Husserls Nachlass und die Gründung des Husserl-Archivs», S. 34.

84 Max Müller meinte, Heidegger habe bei Husserls Begräbnis gefehlt «wie die meisten Kollegen seiner Fakultät»: Max Müller, «Martin Heidegger – ein Philosoph und die Politik. Ein Gespräch», in Neske und Kettering (Hg.), *Antwort. Martin Heidegger im Gespräch*, S. 190–220, hier S. 204.

Blühende Mandelbäume abweiden

1 Merleau-Ponty, *La philosophie de l'existence* (Radiovortrag vom 17. November 1959), zuerst in *Dialogue. Revue canadienne de philosophie* 5, 3 (Dezember 1966), S. 307–322, hier S. 315; wiederabgedruckt in Merleau-Ponty, *Parcours deux 1951–1961*, S. 247–266.

2 Beauvoir, *In den besten Jahren*, S. 173.

3 Wilson, *Dreaming to Some Purpose*, S. 234.

4 Sartre, «Notes sur la prise de mescaline» (1935), in *Les mots et autres écrits autobiographiques*, S. 1223–1233; siehe auch Beauvoir, *In den besten Jahren*, S. 181, und *Sartre. Ein Film*, S. 35 f.

5 Contat und Rybalka (Hg.), *Les Écrits de Sartre*, S. 553–556.

6 Siehe Flynn, *Sartre: a philosophical biography*, S. 15; zur Geschichte von *Melancholia* und anderer Manuskriptfassungen in der Bibliothèque nationale siehe M. Contat, «De ‹Melancholia› à *La nausée*: la normalisation NRF de la contingence» (21. Januar 2007) auf der Website von ITEM (L'Institut des textes et manuscrits modernes): http://www.item.ens.fr/index.php?id=27113 (überarbeitete Fassung eines ursprünglich in *Dix-neuf/Vingt* 10, Oktober 2000, erschienenen Artikels).

7 *Der Ekel*, S. 9 f., 13 und 19.

8 Ebd., S. 210.

9 Ebd., S. 41; Sartre schreibt, es singe eine «Negerin», George Cotkin zufolge war es jedoch die jüdische Sängerin Sophie Tucker, die mit diesem Lied bekannt wurde: Cotkin, *Existential America*, S. 162.

10   *Der Ekel*, S. 278.

11   Sartre, *Die Wörter*, S. 115; Sartre, *Die Kindheit eines Chefs*, S. 114.

12   Gerassi, *Sartre*, S. 115 (Interview vom 23. April 1971).

13   Sartre, *Die Wörter*, S. 121.

14   Hier zitiert nach Maupassant, «Der Roman». Vorrede zu dem Roman *Pierre und Jean*, übersetzt von Roland Schacht (Berlin: Rütten & Loening, 1956), S. 19 f.; siehe auch Francis Steegmuller, *Maupassant: a lion in the path* (London: Macmillan, 1949), S. 60.

15   Beauvoir, *In den besten Jahren*, S. 45.

16   Ebd., S. 209; Beauvoir, *Alles in allem*, S. 187 f.

17   *Der Ekel*, S. 162.

18   *Das Sein und das Nichts*, S. 1041.

19   Gabriel Marcel, «Menschliche Existenz und menschliche Freiheit» in *Werkauswahl in 3 Bänden*, Bd. III: *Unterwegssein*, S. 255.

20   Sartre und Jacques-Laurent Bost, in *Sartre. Ein Film*, S. 39.

21   Lévinas, *Ausweg aus dem Sein*, S. 9, 13 und 47; Lévinas entwickelte diese Ideen in dem 1946 erschienenen Artikel «Il y a» weiter, der in *De l'existence à l'existant (Vom Sein zum Seienden)* aufgenommen wurde (III. 2: «Sein ohne Seiendes», S. 69–78). Auch sein Freund Maurice Blanchot verwendete das Konzept des «il y a».

22   *Ethik und Unendliches*, übersetzt von Dorothea Schmidt (Wien: Passagen Verlag, 2008), S. 35 (Gespräche mit Philippe Nemo, Februar und März 1981).

23   Lévinas, *Vom Sein zum Seienden*, S. 72.

24   *Ausweg aus dem Sein*, S. 65.

25   Siehe Jacques Rolland, «Sortir de l'être par une nouvelle voie», in Emmanuel Lévinas, *De l'evasion* (Montpellier: Fata Morgana, 1982); und Michael J. Brogan, «Nausea and the Experience of the ‹il y a›: Sartre and Lévinas on Brute Existence», *Philosophy Today* 45, 2 (Sommer 2001), S. 144–153.

26   Sartre, *Tagebücher. November 1939-März 1940*, S. 267; Sartre las Heidegger während des Krieges, allerdings in deutscher Sprache; eine vollständige französische Übersetzung von *Sein und Zeit* erschien erst 1985 in einem Privatdruck (übersetzt von Emmanuel Martineau) sowie 1986 bei Gallimard (übersetzt von François Vezin); siehe Gary Gutting, *French Philosophy in the Twentieth Century* (Cambridge: CUP, 2001), S. 106, Anmerkung.

27   Lévinas, *Ausweg aus dem Sein*, S. 61–67.

28   Sartre, *Briefe an Simone de Beauvoir und andere*, Bd. 1: 1926–1939, S. 24 (undatierter Brief von 1926).

29   Beauvoir, «Literatur und Metaphysik», in *Auge um Auge*, S. 88 und 91 f.

30   *In den besten Jahren*, S. 94.

31   *Sartre. Ein Film*, S. 38.

32   Cohen-Solal, *Sartre*, S. 204.

33   Beauvoir, *Sie kam und blieb*, S. 164.

34 Beauvoir, zitiert bei Merleau-Ponty, «Der Roman und die Metaphysik», in *Sinn und Nicht-Sinn*, S. 34.

35 Beauvoir, *In den besten Jahren*, S. 310.

36 Sartre, *Tagebücher. November 1939–März 1940*, S. 125–128.

37 Beauvoir, *Memoiren einer Tochter aus gutem Hause*, S. 496.

38 Zu weiblichen Studenten an der École normale supérieure siehe Moi, *Simone de Beauvoir*, S. 93 f.

39 Beauvoir, *Memoiren einer Tochter aus gutem Hause*, S. 352 und 356.

40 Emmanuelle Garcia, «Maurice Merleau-Ponty: vie et oeuvre», in Merleau-Ponty, *Oeuvres*, S. 27–99, hier S. 30, mit dem Zitat aus einem Rundfunkinterview mit Georges Charbonnier (22. Mai 1959); Merleau-Pontys Kindheit wird auch von Beauvoir erwähnt in *Memoiren einer Tochter aus gutem Hause*, S. 353, und in *Der Lauf der Dinge*, S. 67.

41 Sartre, *Der Idiot der Familie I*, S. 149.

42 Beauvoir, *Cahiers de jeunesse*, S. 388 (29. Juli 1927).

43 Alle Zitate Beauvoirs hier und in den folgenden Abschnitten aus *Memoiren einer Tochter aus gutem Hause*, S. 352–356.

44 Ebd., S. 372.

45 Beauvoir, *Cahiers de jeunesse*, S. 648 (12. Mai 1929).

46 Lacoin, *Zaza*, S. 223; *Memoiren einer Tochter aus gutem Hause*, S. 359. Zur ganzen Geschichte siehe die Briefe in *Zaza*, bes. S. 357, 363 und 369.

47 Bair, *Simone de Beauvoir*, S. 180–183; Beauvoir, *Memoiren einer Tochter aus gutem Hause*, S. 517–519.

48 Sartre, *Die Wörter*, S. 79 f.

49 *Sartre. Ein Film*, S. 15–17.

50 Beauvoir, *Memoiren einer Tochter aus gutem Hause*, S. 484.

51 *In den besten Jahren*, S. 69 f.

52 *In den besten Jahren*, S. 23.

53 *Eine transatlantische Liebe*, S. 302 (Beauvoir an Algren, 8. August 1948).

54 Todd, *Un fils rebelle*, S. 117; Bair, *Simone de Beauvoir*, S. 206.

55 *In den besten Jahren*, S. 23.

56 Ebd., S. 54–58.

57 *Die Zeremonie des Abschieds und Gespräche mit Jean-Paul Sartre*, S. 408.

58 *Memoiren einer Tochter aus gutem Hause*, S. 11 f.

59 *Der Lauf der Dinge*, S. 228.

60 Ebd., S. 79 f.

61 Ebd., S. 187.

62 Ebd., S. 83.

63 Ebd., S. 257.

64 *Das Sein und das Nichts*, S. 787–790 und 843.

65 Ebd., S. 997–1001.

66 Sartre, *Tagebücher. November 1939-März 1940*, S. 356 f.

67 Ebd., S. 353 f.

68   «Selbstporträt mit siebzig Jahren», in *Sartre über Sartre*, S. 256 f.

69   Bair, *Simone de Beauvoir*, S. 221.

70   *In den besten Jahren*, S. 20.

71   Ebd., S. 54.

72   Siehe Lanzmann, *Der patagonische Hase*, S. 352; vgl. Beauvoir, *Sie kam und blieb*, S. 18, wo sie dieses Mitteilungsbedürfnis ihrer Protagonistin Françoise zuschreibt.

73   Alice Schwarzer, *Simone de Beauvoir heute. Gespräche aus zehn Jahren*, 1971–1982 (Reinbek: Rowohlt, 1988), S. 108.

74   Jean-Paul Sartre und Simone de Beauvoir im Gespräch mit Madeleine Gobeil und Claude Lanzmann, Regie: Max Cacopardo, für *Radio-Canada* Télévision, 15. August 1967.

Ich möchte nicht, dass man mich zwingt,
meine Manuskripte zu fressen

1   David Schalk, *Roger Martin du Gard* (Ithaca: Cornell University Press, 1967), S. 139, Anmerkung; zitiert wird ein Brief vom 9. September 1936 sowie ähnlich lautende Zeilen aus einem Roman; siehe auch Weber, *The Hollow Years*, S. 19.

2   Beauvoir, *In den besten Jahren*, S. 304.

3   David Gascoyne, *Paris Journal 1937–1939* (London: The Enitharmon Press, 1978), S. 62 und 71.

4   George Orwell, *Auftauchen, um Luft zu holen*, übersetzt von Helmut M. Braem (Zürich: Diogenes, 1989; zuerst 1939), S. 29, 31, 194 und 205.

5   In seiner «Prière d'insérer» (1945) zu *La dernière chance* verweist Sartre selbst auf Woolf und Dos Passos: in *Oeuvres romanesques* (Paris: Gallimard, 1987), S. 1911 f.

6   Sartre, *Der Aufschub*, S. 198 bzw. 239.

7   Ebd., S. 285.

8   Dieses und das folgende Zitat: Sartre, *Tagebücher. November 1939-März 1940*, S. 269.

9   Josef Novák, *On Masaryk* (Amsterdam: Rodopi, 1988), S. 145.

10   Zu Malvine Husserl und zur Rettung von Husserls Nachlass hier und im Folgenden siehe Van Breda, «Die Rettung von Husserls Nachlass und die Gründung des Husserl-Archivs», S. 1–37.

11   Sartres Roman *Der Aufschub* endet mit dieser Bemerkung des aus dem Flugzeug steigenden Daladier: Sartre, *Le sursis* (Paris: Gallimard, 1945), S. 350; *Der Aufschub*, S. 391.

12   *In den besten Jahren*, S. 284–286.

13   Ronald Bruzina, *Edmund Husserl and Eugen Fink: beginnings and ends in phenomenology, 1928–1938* (New Haven: Yale University Press, 2004), S. 522;

Ronald Bruzina, «Eugen Fink and Maurice Merleau-Ponty», in Toadvine und Embree (Hg.), *Merleau-Ponty's Reading of Husserl*, S. 173–200, hier S. 175.

14 Husserl, «Erinnerungen an Franz Brentano», in Oskar Kraus (Hg.), *Franz Brentano. Zur Kenntnis seines Lebens und seiner Lehre* (München: C. H. Beck, 1919), S. 151–167, hier S. 162, sowie Spiegelberg, «The Lost Portrait of Edmund Husserl», S. 341 f. (Husserls Tochter hatte es in ihrer Wohnung in Freiburg hängen; ein Foto davon diente zur Rekonstruktion des Porträts.)

15 J. C. M. Brentano, «The Manuscripts of Franz Brentano», *Revue internationale de philosophie*, 20 (1966), S. 477–482, hier S. 479. (Der Verfasser ist Brentanos Sohn.)

16 Vgl. *Zur Geschichte des Husserl-Archivs* = *History of the Husserl Archives* und die Website http://hiw.kuleuven.be/hua/ sowie ein Verzeichnis der Werke Husserls unter http://www.husserlpage.com/hus_iana.html.

17 Herman Leo Van Breda, «Maurice Merleau-Ponty et les Archives-Husserl à Louvain», in *Revue de Métaphysique et de Morale* 67, 4 (1962), S. 410–430; Bruzina, «Eugen Fink and Maurice Merleau-Ponty», in Toadvine und Embree (Hg.), *Merleau-Ponty's Reading of Husserl*, S. 173–200, hier S. 175; der Band gibt Aufschluss über die Zusammenhänge im Denken der beiden Phänomenologen.

18 Husserl, *Krisis*, S. 126; siehe auch D. Moran, *Husserl's Crisis of the European Sciences and Transcendental Phenomenology: an introduction* (Cambridge und New York: CUP, 2012), S. 178–217; Husserls Analyse hat viel mit soziologischen Untersuchungen gemeinsam, etwa von Max Weber, W. I. Thomas oder Alfred Schütz. Schütz schrieb später einen Aufsatz über die Brüche in der «Welt» eines Menschen der Fremde, basierend auf seinen persönlichen Erfahrungen als Naziflüchtling (Alfred Schütz, «The Stranger: an essay in social psychology», *American Journal of Sociology* 49, 6, Mai 1944, S. 499–507); bei Husserl finden sich auch Einflüsse des Verhaltensforschers Jakob von Uexküll, der die «Umwelt» verschiedener Spezies beschrieb; etwa dass die Welt eines Hundes reich an Gerüchen ist, aber arm an Farben: Jakob von Uexküll, *Theoretische Biologie* (Frankfurt/Main: Suhrkamp, 1972).

19 Husserl, *Krisis*, S. 108 f.

20 Husserl, «Die Krisis des europäischen Menschentums und die Philosophie» (Wiener Vortrag von 1935), in *Die Krisis der europäischen Wissenschaften und die transzendentale Phänomenologie*, S. 314–348, bes. S. 319–322.

21 Zu «Heimwelt» und «Fremdwelt» siehe Husserl, «Zur Orientiertheit des Verstehens: Heimwelt und Fremdwelt», in *Die Lebenswelt. Auslegungen der vorgegebenen Welt und ihrer Konstitution. Texte aus dem Nachlass (1916–1937)*, Gesammelte Werke, Bd. XXXIX (Dordrecht: Springer, 2008), S. 157–172, bes. S. 159–164.

22 Marcel, «Das ontologische Geheimnis», in *Werkauswahl*, Bd. 1, S. 83.

23 Dan Zahavi, «Merleau-Ponty on Husserl: a reappraisal», in Toadvine und

Embree (Hg.), *Merleau-Ponty's Reading of Husserl*, S. 3–29, hier S. 7, mit dem Zitat aus einem Brief Husserls an Adolf Grimme vom 5. März 1931; hier zitiert nach Husserl, *Briefwechsel*, Bd. III: Die Göttinger Schule, S. 90 (Husserl an Adolf Grimme, 5. März 1931).

24   Safranski, *Ein Meister aus Deutschland*, S. 96 f.

25   Beauvoir, *In den besten Jahren*, S. 305.

26   Ebd., S. 318.

27   Koestler, *Scum of the Earth*, S. 21.

28   Beauvoir, *In den besten Jahren*, S. 321.

29   Beauvoir, *Kriegstagebuch*, S. 12 f. (1. September 1939).

30   Herman Leo Van Breda, «Maurice Merleau-Ponty et les Archives-Husserl à Louvain», in *Revue de Métaphysique et de Morale* 67, 4 (1962), S. 410–430, hier S. 414.

31   Van Breda, «Die Rettung von Husserls Nachlass und die Gründung des Husserl-Archivs», S. 34; zur Zerstörung des Porträts siehe Spiegelberg, «The Lost Portrait of Edmund Husserl», S. 342.

32   Borden, *Edith Stein*, S. 13–15.

33   Ebd., S. 15.

34   Ebd., S. 16.

35   «Die heilige Nazi-Gegnerin», *Süddeutsche Zeitung* (17. Mai 2010).

36   Van Breda, «Die Rettung von Husserls Nachlass und die Gründung des Husserl-Archivs», S. 34; zu Husserls Asche siehe Herbert Spiegelberg, *The Context of the Phenomenological Movement* (Den Haag: Martinus Nijhoff, 1981), S. 192, Anmerkung 10, basierend auf Auskünften von Husserls Tochter Elisabeth (Elli) Husserl-Rosenberg.

Okkupation und Befreiung

1   Beauvoir, *Kriegstagebuch*, S. 19 (3. September 1939).

2   Ebd., S. 20.

3   Ebd., S. 45 (11. September 1939).

4   Koestler, *Scum of the Earth*, S. 40.

5   Camus, *Tagebücher, 1935–1951*, S. 103 (März 1940) und 107 (undatiert, aber im Frühjahr 1940).

6   Ballons: Beauvoir, *Die Zeremonie des Abschieds und Gespräche mit Jean-Paul Sartre*, S. 457; Tischtennisbälle: *Briefe an Simone de Beauvoir und andere*, Bd. 2: 1940–1963, S. 128 (6. März 1940).

7   Sartre, *Briefe an Simone de Beauvoir und andere*, Bd. 1: 1926–1939, S. 389 (24. Oktober 1939).

8   Beauvoir, *Kriegstagebuch*, S. 191 f. (14. November 1939), und Sartre, *Briefe an Simone de Beauvoir und andere*, Bd. 1: 1926–1939, S. 505 (15. Dezember 1939).

9   Beauvoir, *Kriegstagebuch*, S. 412 (2. Juli 1940).

10 Merleau-Ponty, «Der Krieg hat stattgefunden», in *Sinn und Nicht-Sinn,* S. 187–206, hier S. 190 f.

11 Aron, *Der engagierte Beobachter,* S. 62 f.

12 Emmanuelle Garcia, «Maurice Merleau-Ponty: vie et oeuvre», in Merleau-Ponty, *Oeuvres,* S. 27–99, hier S. 43 f.

13 Beauvoir, *Kriegstagebuch,* S. 377–381 (10. Juni 1940) und 405 (30. Juni 1940).

14 Guéhenno, *Journal des années noires,* S. 102 (7. Januar 1941).

15 Beauvoir, *Kriegstagebuch,* S. 399 (30. Juni 1940).

16 Beauvoir, *In den besten Jahren,* S. 398.

17 Ebd., S. 437.

18 Ebd., S. 406 und 431.

19 Ebd., S. 431 f.; siehe auch Beauvoir, *Kriegstagebuch,* S. 210 (22. November 1939).

20 Beauvoir, *In den besten Jahren,* S. 399.

21 Beauvoir, *Kriegstagebuch,* S. 427 (6. Juli 1940).

22 Beauvoir, *In den besten Jahren,* S. 402.

23 Sartre, *Tagebücher. November 1939-März 1940,* S. 269 (1. Februar 1940); Sartre, «Cahier Lutèce», in *Les mots et autres écrits autobiographiques,* S. 914; siehe auch Cohen-Solal, *Sartre,* S. 303.

24 Sartre, *Briefe an Simone de Beauvoir und andere,* Bd. 2: 1940–1963, S. 303 (22. Juli 1940); die Bestätigung der Ankunft einer «durchfallartigen Fülle» ihrer Briefe: ebd., S. 303 (23. Juli 1940).

25 Sartre, *Tagebücher. November 1939-März 1940,* S. 28 (17. November 1939); zur Augenerkrankung und der Flucht aus dem Lager: Cohen-Solal, *Sartre,* S. 264.

26 Sartre, «Die Gemälde Giacomettis», in *Porträts und Perspektiven,* S. 278.

27 Ebd.

28 Beauvoir, *In den besten Jahren,* S. 411.

29 Ebd., S. 430 f.

30 Cohen-Solal, *Sartre,* S. 275.

31 Sartre, «Merleau-Ponty», in *Porträts und Perspektiven,* S. 155.

32 Paulhan, «Slogans des jours sombres», *Le Figaro littéraire* (27. April 1946); siehe auch Corpet und Paulhan, *Archives de la vie littéraire sous l'Occupation,* hier zitiert nach der englischen Übersetzung *Collaboration and resistance,* S. 266.

33 Guéhenno, *Journal des années noires,* hier zitiert nach der englischen Übersetzung *Diary of the Dark Years,* S. 101 (17. Juli 1941).

34 Cohen-Solal, *Sartre,* S. 272; Bair, *Simone de Beauvoir,* S. 305; Sartre, «Merleau-Ponty», in *Porträts und Perspektiven,* S. 152–230, hier S. 155.

35 Persönliche Auskunft von Marianne Merleau-Ponty.

36 Beauvoir, *In den besten Jahren,* S. 420–424; zu Sartres Besuchen bei Gide und Malraux siehe Lévy, *Sartre,* S. 369–371.

37 Beauvoir, *In den besten Jahren,* S. 422; der ausgeschlagene Zahn: ebd., S. 424 f. und 432.

38 Sartre, «Paris unter der Besatzung», in *Paris unter der Besatzung. Artikel, Reportagen, Aufsätze* 1944–1945, S. 39–55, hier S. 40 f. (zuerst veröffentlicht in *La France libre*, 1945).

39 Guéhenno, *Journal des années noires*, hier zitiert nach der englischen Übersetzung *Diary of the Dark Years*, S. 195 (22. Februar 1941).

40 Merleau-Ponty, «Der Krieg hat stattgefunden», in *Sinn und Nicht-Sinn*, S. 191.

41 Beauvoir, *In den besten Jahren*, S. 438 und 451.

42 Sartre, «Paris unter der Besatzung», in *Paris unter der Besatzung. Artikel, Reportagen, Aufsätze* 1944–1945, S. 39–55, hier S. 42 f.

43 Vgl. Beauvoir, *In den besten Jahren*, S. 456 f.

44 James Baldwin, «Equal in Paris», in *The Price of the Ticket*, S. 113–126, hier S. 114.

45 Beauvoir, *In den besten Jahren*, S. 495 f.; siehe auch Beauvoir, *Die Zeremonie des Abschieds und Gespräche mit Jean-Paul Sartre*, S. 354.

46 Beauvoir, *In den besten Jahren*, S. 460; «unkompliziert» und «fröhlich»: ebd., S. 380; «lustig», «zynisch», impulsiv: Beauvoir, *Der Lauf der Dinge*, S. 59; der 2012 entdeckte kurze Brief von Camus an Sartre bezeugt, wie innig diese Freundschaft anfangs war: siehe Grégoire Leménager, «Camus inédit: ‹Mon cher Sartre› sort de l'ombre», *Le Nouvel Observateur* (8. August 2013).

47 Zu Camus' Vater siehe den autobiographischen Roman *Der erste Mensch*, S. 82; Todd, *Albert Camus*, S. 15 f.

48 Camus, *Der erste Mensch*, S. 194.

49 Camus, *Tagebücher, 1935–1951*, S. 8 (Mai 1935).

50 Vgl. das Interview mit Gabriel d'Aubarède für *Les Nouvelles littéraires*, 10. Mai 1951.

51 Zur Sonne in *Der Fremde*: S. 55–58, 60–64, 71 und 107.

52 Ebd., S. 126; Anregungen für seinen Roman fand Camus auch auf seinen Reisen durch Mitteleuropa 1937 und im Gefühl der Orientierungslosigkeit, weil er die Sprache nicht beherrschte und ihm die Gepflogenheiten unvertraut waren: vgl. seine Schilderung eines Prag-Aufenthalts in «Tod im Herzen», in *Literarische Essays*, S. 48–62.

53 Camus, «Preface» (1955) zu *The Myth of Sisyphus* (Harmondsworth: Penguin, 1975), S. 7; siehe auch David Carroll, «Rethinking the Absurd: le mythe de Sisyphe», in E. J. Hughes (Hg.), *The Cambridge Companion to Camus* (Cambridge: CUP, 2007), S. 53–66, bes. S. 53–77.

54 Homer, *Odyssee*, Buch XI, 593–600.

55 Camus, *Der Mythos des Sisyphos*, S. 22 f.

56 Ebd., S. 160.

57 Kierkegaard, *Furcht und Zittern*, S. 50.

58 Sartre, «‹Der Fremde› von Camus», in *Situationen*, S. 44–58, hier S. 55; bei Sartre ist es ein Rugbyspiel, aber ich habe es im Blick darauf verändert, dass Camus Fußball spielte.

59 Ebd.

60 William Barrett, «Talent and Career of Jean-Paul Sartre», *Partisan Review* 13 (1946), S. 237–246, hier S. 244.

61 *Das Sein und das Nichts*, S. 81 und 78.

62 Gabriel Marcel, «Menschliche Existenz und menschliche Freiheit», in *Werkauswahl in 3 Bänden*, Bd. III: *Unterwegssein*, S. 280.

63 *Das Sein und das Nichts*, S. 59 f.

64 Ebd., S. 62.

65 Der Witz ist online zu finden unter http://www.workjoke.com/philosophers-jokes.html.

66 *Das Sein und das Nichts*, S. 87.

67 Ebd., S. 91 und 93.

68 Ebd., S. 97.

69 Ebd., S. 105.

70 Dieses und das folgende Zitat: ebd., S. 107 f.

71 Dieses und die folgenden Zitate: ebd., S. 139 f.

72 Chesterton, «Die seltsamen Schritte», in *Die seltsamen Schritte. Pater-Brown-Stories*, übersetzt von Heinrich Fischer (Zürich: Diogenes, 2004), S. 68–96.

73 Sartre, *Die Kindheit eines Chefs*, S. 175.

74 *Das Sein und das Nichts*, S. 833.

75 Sartre, «Der Existentialismus ist ein Humanismus», in *Der Existentialismus ist ein Humanismus und andere philosophische Essays 1943–1948*, S. 162.

76 *Das Sein und das Nichts*, S. 832.

77 Ebd., S. 952.

78 Beauvoir, *Die Zeremonie des Abschieds und Gespräche mit Jean-Paul Sartre*, S. 245.

79 Hayman, *Writing Against*, S. 198, mit dem Zitat einer Rezension im *Paris-Soir* (15. Juni 1943).

80 Beauvoir, «Pyrrhus und Cineas», in *Soll man de Sade verbrennen?*, S. 193–264, hier S. 195.

81 Ebd., S. 205 f.

82 Beauvoir, *In den besten Jahren*, S. 490.

83 Ebd., S. 510.; zu den Ereignissen davor: S. 505–508.

84 Camus, *Weder Opfer noch Henker*.

85 «Auge um Auge», in Beauvoir, *Auge um Auge*, S. 61–85, hier S. 80 f.; zum Prozess gegen Brasillach siehe Alice Kaplan, *The Collaborator* (Chicago und London: University of Chicago Press, 2000).

86 Sartre, «Selbstporträt mit siebzig Jahren», in *Sartre über Sartre*, S. 239.

87 Zu seinem Plan siehe *Das Sein und das Nichts*, S. 1068; die *Cahiers pour une morale* (1983) erschienen auf Deutsch unter dem Titel *Entwürfe für eine Moralphilosophie*, übersetzt von Hans Schöneberg und Vincent von Wroblewsky (Reinbek: Rowohlt, 2005).

88 Merleau-Ponty, «Der Krieg hat stattgefunden», in *Sinn und Nicht-Sinn*, S. 198.

89 Sartre, *Was ist Literatur?*, übersetzt von Traugott König (Reinbek: Rowohlt,

1986); über Sartres Entwicklung zu einem einflussreichen Intellektuellen siehe Patrick Baert, *The Existentialist Moment* (Cambridge: Polity, 2015).

90 Beauvoir, *Der Lauf der Dinge*, S. 54.

91 *Manuel de Saint-Germain-des-Prés*, S. 223 (*Manual of Saint-Germain-des-Prés*, S. 141).

92 Beauvoir, *Der Lauf der Dinge*, S. 22, und Beauvoir, *In den besten Jahren*, S. 208.

93 Fragmente erschienen 1949 in den *Temps modernes* und dann, zusammen mit unveröffentlichten Manuskriptseiten, in einem vierten Band unter dem Titel *La dernière chance, Die letzte Chance*; zu Sartres Versprechen, im letzten Band das Rätsel der Freiheit zu lösen, siehe Michel Contat, Nachwort zum gesamten Romanzyklus, in Sartre, *Die letzte Chance*, S. 175–210, bes. S. 205, mit dem Zitat aus einem Interview Contats mit Sartre in *L'Express* (17. September 1959); Contat zitiert in seinem Nachwort (S. 208) auch aus einem unveröffentlichten Interview von 1974, in dem Sartre sagte, Beauvoirs *Les Mandarins* sei «die eigentliche Fortsetzung von *Les chemins de la liberté*, so wie ich sie von 1950 an plante, aber von einem anderen Gesichtspunkt aus».

94 J. Glenn Gray, *The Warriors: reflections on men in battle* (Lincoln: University of Nebraska Press, 1998), S. 19–22 (zuerst 1959).

95 Marcel, «Testimony and Existentialism», in Marcel, *The Philosophy of Existence* (London: Harvill, 1948; eine ins Englische übersetzte Sammlung verschiedener Aufsätze), S. 67–76, hier S. 67.

96 Beauvoir, *Der Lauf der Dinge*, S. 88.

97 *Manuel de Saint-Germain-des-Prés*, S. 223 (*Manual of Saint-Germain-des-Prés*, S. 141).

98 Gréco, *So bin ich eben*, S. 66.

99 Gréco, *Ich bin, die ich bin*, S. 128 f.; vgl. Cazalis, *Les mémoires d'une Anne*, S. 125.

100 Gréco, *So bin ich eben*, S. 49.

101 Das Buch erschien unter dem Titel *On achève bien les chevaux* (Paris: Gallimard, 1946).

102 Sartre, «Über John Dos Passos und ‹Neunzehnhundertneunzehn›», in Sartre, *Situationen*, S. 7–14, hier S. 14; vgl. auch Sartres Essay «American Novelists in French Eyes», *Atlantic Monthly* (August 1946), und Beauvoir, «An American Renaissance in France», *The New York Times*, 22. Juni 1947; siehe auch Richard Lehan, *A Dangerous Crossing: French literary existentialism and the modern American novel* (Carbondale und Edwardsville: Southern Illinois University Press; London und Amsterdam: Feffer & Simons, 1973).

103 Siehe dazu James Sallis, «Introduction» zu Vian, *I Spit on Your Graves* (Edinburgh: Canongate, 2001), S. V f.

104 Sartre, «Un tristesse faite de fatigue et d'ennui pèse sur les travailleurs des usines américaines», *Combat*, 12. Juni 1945; später kam heraus, dass das FBI auf der Suche nach kommunistischen Sympathisanten oder Unruhestiftern die Journalisten bespitzelt hatte: Cohen-Solal, *Sartre*, S. 381.

105 Lionel Abel, «Sartre Remembered», in Robert Wilcocks (Hg.), *Critical Essays on Jean-Paul Sartre* (Boston: G. K. Hall, 1988), S. 13–33, hier S. 15.

106 Camus, «Tod im Herzen», in *Literarische Essays*, S. 48–62, wo er einen deprimierenden Prag-Aufenthalt beschreibt.

107 «Pluies de New York», zuerst in *Formes et Couleurs* 6, 9 (1947); auch in *Essais* (Paris: Gallimard, 1965), S. 1829–1833, hier S. 1831.

108 Camus, *Reisetagebücher*, S. 26 f.

109 Ebd., S. 35 und 33.

110 Beauvoir, *Amerika Tag und Nacht*, S. 17.

111 Hier zitiert nach Beauvoir, *L'Amérique au jour le jour* (Paris: Gallimard, 1954), S. 30.

112 Beauvoir, *Der Lauf der Dinge*, S. 24.

113 Sartre, «Return from the United States», in Gordon (Hg.), *Existence in Black*, S. 83–89, hier S. 84 (zuerst unter dem Titel «Retour des États-Unis», in *Le Figaro*, 16. Juni 1945).

114 Beauvoir, *Amerika Tag und Nacht*, S. 36 f.

115 Gréco, *So bin ich eben*, S. 94.

116 Michel Fabre, *Richard Wright: books and writers* (Jackson und London: University Press of Mississippi, 1990), S. 141 (mit dem Zitat aus einer Zeitschrift vom 5. August 1947); siehe auch Cotkin, *Existential America*, S. 162.

117 Rowley, *Richard Wright*, S. 336; zu den Visa-Problemen: ebd., S. 328 f.

118 «Existentialism», *Time* (28. Januar 1946), S. 16 f.; *The New Yorker* (22. Februar 1947), S. 19 f.: «The prettiest Existentialist you ever saw»; zur damaligen Rezeption des Existenzialismus in Amerika siehe Fulton, *Apostles of Sartre*, und Cotkin, *Existential America*, bes. S. 105–133.

119 *Partisan Review* 13 (1946); siehe auch Cotkin, *Existential America*, S. 109, und Cohen-Solal, *Sartre*, S. 425.

120 Jean Wahl, «Existentialism: a preface», *New Republic* (1. Oktober 1945), S. 442–444.

121 Paul F. Jennings, «Thingness of Things», *The Spectator* (23. April 1948), und *New York Times Magazine* (13. Juni 1948); siehe auch Cotkin, *Existential America*, S. 102 f.

122 William Barrett, «Talent and Career of Jean-Paul Sartre», *Partisan Review* 13 (1946), S. 237–246, hier S. 244; siehe Cotkin, *Existential America*, S. 120–123.

123 F. W. Dupee, «An International Episode», *Partisan Review* 13 (1946), S. 259–263, hier S. 263.

124 Siehe zum Beispiel Bernard Frizell, «Existentialism: post-war Paris enthrones a bleak philosophy of pessimism», *Life* (7. Juni 1946); und John Lackey Brown, «Paris, 1946: its three war philosophies», *New York Times* (1. September 1946); vgl. Fulton, *Apostles of Sartre*, S. 29.

125 Rowley, *Richard Wright*, S. 246 und 326 f.

126 «French Existentialism», *The Nation* 162 (23. Februar 1946), S. 226–228, und «What is Existenz Philosophy?», *Partisan Review* 13, 1 (1946), S. 34–56, wur-

Anmerkungen

den aufgenommen in Arendt, *Essays in Understanding* 1930–1954, hg. von Jerome Kohn (New York: Harcourt, Brace, 1994), S. 188–193 bzw. S. 163–187; «What is Existenz Philosophy?» erschien auch auf Deutsch unter dem Titel *«Was ist Existenz-Philosophie?»* in Arendt, *Sechs Essays* (Heidelberg: Schneider, 1946), S. 48–80; siehe auch Walter Kaufmann, «The Reception of Existentialism in the United States», *Salmagundi* 10 und 11 (Doppelheft zum Thema «The Legacy of the German Refugee Intellectuals») Herbst 1969/Winter 1970.

Verwüstung

1 Spender, «Rhineland Journal», *New Selected Journals* 34 (Juli 1945) (zuerst in *Horizon*, Dezember 1945).

2 Zwischen 12,5 und 13,5 Millionen ethnische Deutsche wurden aus anderen europäischen Ländern vertrieben oder zum Aufbruch gezwungen: siehe Werner Sollors, *The Temptation of Despair: tales of the 1940s* (Cambridge, MA, und London: Belknap/Harvard University Press, 2014), S. 119; zu Europa allgemein siehe Keith Lowe, *Savage Continent: Europe in the aftermath of World War II* (London: Viking, 2012).

3 Kommerell zitiert bei Petzet, *Auf einen Stern zugehen*, S. 203; zu Heideggers Gefühl des Missverstandenseins: ebd., S. 52.

4 Ott, *Martin Heidegger*, S. 282; Safranski, *Ein Meister aus Deutschland*, S. 371.

5 Heidegger, *«Mein liebes Seelchen!»*, S. 236 (15. April 1945).

6 Zu Wildenstein hier und im Folgenden siehe Ott, *Martin Heidegger*, S. 285–288.

7 Heidegger, *Erläuterungen zu Hölderlins Dichtung*, Gesamtausgabe, Bd. 4, Frankfurt/Main: Klostermann, 1982).

8 Heidegger, «Abendgespräch in einem Kriegsgefangenenlager in Rußland zwischen einem Jüngeren und einem Älteren», in *Feldweg-Gespräche*, S. 203–240; die nachfolgenden Zitate: S. 205.

9 Ebd.

10 Ebd., S. 216.

11 Ebd., S. 217.

12 Hans Jonas, *Fatalismus wäre Todsünde. Gespräche über Ethik und Mitverantwortung im dritten Jahrtausend* (Münster: LIT Verlag, 2005), S. 63.

13 Towarnicki, «Le Chemin de Zähringen», S. 87–90; deutscher Text und französische Übersetzung von Sophokles' Chorlied, S. 91–94.

14 Vgl. Safranski, *Ein Meister aus Deutschland*, S. 390 f.; zur Datierung siehe Anmerkung S. 243 zu Heidegger, *«Mein liebes Seelchen!»*, und Heideggers Brief an seine Frau, ebd., S. 240–242 (17. Februar 1946); er empfing im Sanatorium auch Besucher, unter anderem seinen ehemaligen Lehrer Conrad Gröber, der ihn in sich zurückgezogen fand, und Towarnicki (Towarnicki, À la ren-

contre de Heidegger, S. 197, Fußnote); behandelt wurde Heidegger unter anderem von dem Psychiater Viktor Emil Freiherr von Gebsattel.

15 Siehe die Anmerkung S. 243 zu Heidegger, «*Mein liebes Seelchen!*», und den Brief Heideggers an seine Frau, ebd., S. 244–247 (15. März 1946).

16 Schimanski, «Foreword», in Heidegger, *Existence and Being*, 2. Auflage (London: Vision, 1956), S. 9–11.

17 Hier und im Folgenden zitiert nach: Heidegger, «Die Frage nach der Technik», S. 5–36.

18 Vgl. Petzet, *Auf einen Stern zugehen*, S. 81.

19 Heidegger, «Der Ursprung des Kunstwerkes» (entstanden 1935/36), erschienen zuerst 1950 in *Holzwege*, S. 1–74.

20 Heidegger, «Zur Erörterung der Gelassenheit. Aus einem Feldweggespräch über das Denken» (1944/45), in *Aus der Erfahrung des Denkens*, S. 37–74.

21 Ebd., S. 16.

22 Ebd.

23 Heidegger, «Brief über den ‹Humanismus›», in *Wegmarken*, S. 313–364, hier S. 358; die Zeile stammt aus Hölderlins spätem Gedicht «In lieblicher Bläue».

24 Heidegger, *Einführung in die Metaphysik*, S. 122.

25 *Cosmos* (geschrieben von Carl Sagan, A. Druyan und S. Soter, Erstausstrahlung PBS, 1980), Folge 1: «The Shores of the Cosmic Ocean»); auch auf Deutsch unter dem Titel *Unser Kosmos*, ZDF 1983, Folge 1, «Die Ufer des kosmischen Ozeans».

26 Merleau-Ponty, «Der Zweifel Cézannes», in *Das Auge und der Geist*, S. 3–27, hier S. 15.

27 Zu Heideggers Antihumanismus und dessen Wirkung siehe unter anderem R. Wolin, «National Socialism, World Jewry, and the History of Being: Heidegger's Black Notebooks», *Jewish Review of Books* (6. Januar 2014); Rockmore, *Heidegger and French Philosophy*; Karsten Harries, «The Antinomy of Being: Heidegger's critique of humanism», in Crowell (Hg.), *The Cambridge Companion to Existentialism*, S. 178–198; Mikel Dufrenne, *Pour l'homme* (Paris: Éditions du Seuil, 1968) sowie Luc Ferry und Alain Renaut, *Antihumanistisches Denken. Gegen die französischen Meisterphilosophen*, übersetzt von Ulrike Bokelmann (München und Wien: Hanser, 1987).

28 Heidegger, «Der Ursprung des Kunstwerkes», S. 18 f.

29 Meyer Schapiro, «The Still Life as a Personal Object: a note on Heidegger and Van Gogh» (1968), und «Further Notes on Heidegger and Van Gogh» (1994), in *Theory and Philosophy of Art* (New York: G. Braziller, 1994), S. 135–142 und 143–151; darin S. 136–138 zur Frage, wessen Schuhe es waren, und S. 145 der Bericht von van Goghs Kommilitonen François Gauzi: ihm zufolge kaufte van Gogh ein Paar alte Schuhe auf einem Pariser Flohmarkt, «die Schuhe eines Kutschers, aber sauber und gewienert»; van Gogh habe diese Schuhe an einem regnerischen Nachmittag bei einem Gang zu den

Festungsanlagen angezogen, und erst diese verdreckten Schuhe seien als Bildmotiv für ihn interessant gewesen; Schapiro zitiert Heideggers Randbemerkung auch in einem Exemplar seines Aufsatzes aus dem Jahr 1960 (S. 150); mehr dazu siehe Lesley Chamberlain, *A Shoe Story: Van Gogh, the philosophers and the West* (Chelmsford: Harbour, 2014), bes. S. 102–128.

30   «Der Ursprung des Kunstwerkes», in *Holzwege*, S. 1–74, hier S. 28; zur Architektur siehe Heidegger, «Bauen Wohnen Denken» (1951), Gesamtausgabe, Bd. 7, S. 145–164; und Adam Sharr, *Heidegger for Architects* (New York: Routledge, 2007).

31   Jaspers, *Existenzphilosophie*, S. 10.

32   Heidegger, «Brief über den ‹Humanismus›», in *Wegmarken*, S. 313–364, hier S. 313 und 333.

33   Gadamer, *Philosophische Lehrjahre*, S. 194.

34   Arendt und Jaspers, *Briefwechsel*, S. 178 (Arendt an Jaspers, 29. September 1949).

35   Herbert Marcuse und Martin Heidegger, «An Exchange of Letters», in Wolin (Hg.), *The Heidegger Controversy*, S. 152–164, hier S. 161 (Marcuse an Heidegger, 28. August 1947) und S. 163 (Heidegger an Marcuse, 20. Januar 1948); siehe auch Wolin, *Heidegger's Children*, S. 134–172.

36   Jacques Derrida, «Heideggers Schweigen», in Neske und Kettering, *Antwort. Martin Heidegger im Gespräch*, S. 157–162, hier S. 159 f.

37   Herbert Marcuse und Martin Heidegger, «An Exchange of Letters», in Wolin (Hg.), *The Heidegger Controversy*, S. 152–164, hier S. 163 (Marcuse an Heidegger, 20. Januar 1948).

38   Mark W. Clark, *Beyond Catastrophe: German intellectuals and cultural renewal after World War II, 1945–1955* (Lanham, MD, und Oxford: Lexington, 2006), S. 52.

39   Ebd., S. 72.

40   Ott, *Martin Heidegger*, S. 25, mit einem Zitat aus Jaspers' Gutachten vom 22. Dezember 1945.

41   Jaspers, *Die Schuldfrage*, S. 57.

42   Ebd., S. 64.

43   Ebd., S. 14 f.

44   Heidegger und Jaspers, *Briefwechsel*, S. 179 (Jaspers an Heidegger, 6. August 1949); eine der Schriften, die Heidegger ihm geschickt hatte, war der «Brief über den ‹Humanismus›» mit der Wendung vom «Haus des Seins».

45   Ebd., S 203 (Heidegger an Jaspers, 8. April 1950).

46   Ebd., S. 210 (Jaspers an Heidegger, 24. Juli 1952).

47   Ebd., S. 198 (Jaspers an Heidegger, 19. März 1950).

48   Petzet, *Auf einen Stern zugehen*, S. 71, mit einem Zitat aus Stroomanns Aufzeichnungen «Aus meinem roten Notizbuch»; Stroomann, der mit Heidegger befreundet blieb, spezialisierte sich später auf die «Managerkrankheit»; siehe Josef Müller-Marein, «Der Arzt von Bühlerhöhe», *Die Zeit*, 18. April 1957.

49 Petzet, *Auf einen Stern zugehen*, S. 81.

50 Calvin O. Schrag, «Karl Jaspers on his Own Philosophy», in *Doing Philosophy with Others* (West Lafayette, IN: Purdue University Press, 2010), S. 13–16, hier S. 14.

51 Arendt und Jaspers, *Briefwechsel*, S. 666 (Jaspers an Arendt, 9. März 1966).

52 Heidegger und Jaspers, *Briefwechsel*, S. 203 (Heidegger an Jaspers, 8. April 1950).

53 Ebd., S. 213 f. (Jaspers an Heidegger, 3. April 1953).

54 Ebd., S. 216 (Jaspers an Heidegger, 22. September 1959).

55 Lescourret, *Emmanuel Lévinas*, S. 120; Malka, *Emmanuel Lévinas: his life and legacy*, S. 67 und 262 (die Drohung mit dem Vernichtungslager; zitiert wird aus einem Gespräch mit Lévinas' Sohn Michael).

56 Malka, *Emmanuel Lévinas: his life and legacy*, S. 238 f.

57 Lescourret, *Emmanuel Lévinas*, S. 126 f.; Malka, *Emmanuel Lévinas: his life and legacy*, S. 80.

58 Malka, *Emmanuel Lévinas: his life and legacy*, S. 70 f.; Lescourret, *Emmanuel Lévinas*, S. 120–123.

59 Vgl. Lévinas' Vorwort zu *Vom Sein zum Seienden*, S. 11 f.; Lescourret, *Emmanuel Lévinas*, S. 127; Colin Davis, *Lévinas, an Introduction* (Cambridge: Polity, 1996), S. 17.

60 Lévinas, *Vom Sein zum Seienden*, S. 17.

61 Ebd., S. 20.

62 Lévinas, «Nom d'un chien ou le droit naturel», in *Difficile Liberté. Essais sur le Judaïsme* (Paris: Éditions Albin Michel, 1963), S. 199–202.

63 Martin Buber, *Ich und Du* (Darmstadt: Wissenschaftliche Buchgesellschaft, 1983), S. 18 f.

64 Lévinas, *Vom Sein zum Seienden*, S. 116–118; siehe auch seine erste Erörterung dieses «Von-Angesicht-zu-Angesicht» in seinen Vorlesungen *Die Zeit und der Andere*, übersetzt von Ludwig Wenzler (Hamburg: Felix Meiner, 2003); es war nie klar, ob Lévinas unbedingt ein menschliches Angesicht meinte. Als man ihn dazu befragte, reagierte er ärgerlich: «Ich weiß nicht, ob die Schlange ein Gesicht hat. Ich kann diese Frage nicht beantworten»: Peter Atterton und Matthew Calarco (Hg.), *Animal Philosophy* (London und New York: Continuum, 2004), S. 49, mit einem Zitat aus «The Paradox of Morality: an interview with Emmanuel Lévinas» von T. Wright, P. Hughes und A. Ainley, in Robert Bernasconi und David Wood (Hg.), *The Provocation of Lévinas* (London: Routledge, 1988), S. 168–180, hier S. 171.

65 Malka, *Emmanuel Lévinas: his life and legacy*, S. 240.

66 Ebd., S. 238, mit dem Zitat aus einem Interview mit Lévinas' Tochter; transkribierte Interviews mit Lévinas bestätigen dies.

67 1934 arbeitete sie in einer Fabrik, die Bauteile für Trambahnen und U-Bahn-Züge produzierte: Weil, «Fabriktagebuch», in *Fabriktagebuch und andere Schriften zum Industriesystem*, S. 43–122; Gray, *Simone Weil*, S. 83.

68   Weil, *Die Verwurzelung*, S. 7–11.

69   Marcel, «Das ontologische Geheimnis», in *Werkauswahl*, Bd. 1, S. 59–86.

70   Marcel, «Rückblick», in *Christlicher Existentialismus*, übersetzt von Charlotte Horstmann (Warendorf: Schnell, 1951), S. 323–354, hier S. 345 («Regard en arrière», in Marcel, *Existentialisme Chrétien,* Paris: Plon, 1947).

71   Sartre, *Der Ekel*, S. 190; vgl. Sartres frühen Text «Visages» (1939), in Contat und Rybalka (Hg.), *Les Écrits de Sartre*, S. 75.

72   Sartre, *Das Sein und das Nichts*, S. 751; ähnliche Gedanken finden sich in Sartres *Überlegungen zur Judenfrage*, S. 49.

73   Towarnicki, «Le Chemin de Zähringen», S. 30; Beaufrets fünf Artikel erschienen in der Zeitschrift *Confluences* (1945); zu seinen Besuchen siehe auch Towarnicki, «Visite à Martin Heidegger», in *Les Temps modernes* (1. Januar 1946), S. 717–724; zu Beaufret und zur damaligen Heidegger-Rezeption in Frankreich siehe Kleinberg, *Generation Existential*, S. 157–206, und Rockmore, *Heidegger and French Philosophy*.

74   Towarnicki, «Le Chemin de Zähringen», S. 37.

75   Ebd., S. 47 f.

76   Ebd., S. 30 (Sartre) und S. 37 (Camus); zu den Artikeln, die Towarnicki für die *Temps modernes* schrieb, siehe S. 56 f.

77   Ebd., S 61–63, Zitat S. 63.

78   Wolin, *Heidegger's Children*, S. 88, mit einem Zitat aus dem Brief an Sartre: Towarnicki, «Le Chemin de Zähringen», S. 83–85 (Heidegger an Sartre, 28. Oktober 1945), hier zitiert nach Safranski, *Ein Meister aus Deutschland*, S. 388.

79   Dreyfus erzählte diese Episode Bryan Magee in einem Interview für die BBC-Fernsehserie *The Great Philosophers* 1987; siehe «Husserl, Heidegger and Modern Existentialism», in Bryan Magee, *The Great Philosophers* (Oxford: Oxford University Press, 1987), S. 253–277, hier S. 275.

80   Heideggers «Brief über den ‹Humanismus›» spielte für die postexistenzialistische französische Philosophie eine wichtige Rolle; zu diesen und anderen Aspekten der Heidegger-Rezeption in Frankreich siehe Janicaud, *Heidegger en France*.

81   Wolin, *Heidegger's Children*, S. 88, mit einem Zitat aus Heideggers Brief an Sartre: Towarnicki, «Le Chemin de Zähringen», S. 83–85 (Heidegger an Sartre, 28. Oktober 1945), hier zitiert nach Safranski, *Ein Meister aus Deutschland*, S. 389.

82   Towarnicki, «Le Chemin de Zähringen», S. 63; vgl. *Das Sein und das Nichts*, S. 998–1001.

83   Max Müller, «Martin Heidegger – ein Philosoph und die Politik. Ein Gespräch», in Neske und Kettering (Hg.), *Antwort. Martin Heidegger im Gespräch*, S. 190–220, hier S. 210.

84   Zur Berliner Inszenierung der *Fliegen* siehe Beauvoir, *Der Lauf der Dinge*, S. 144 f.; vgl. auch Beauvoir, *Eine transatlantische Liebe*, S. 222–230 (Beauvoir

an Algren, 31. Januar–1. Februar 1948); Sartre hatte Berlin offensichtlich bereits 1947 besucht, ganz ohne öffentliches Aufsehen; der Historiker Joachim Fest erzählte von der Begegnung mit ihm in einer Wohnung in Charlottenburg (Joachim Fest, *Ich nicht. Erinnerungen an eine Kindheit und Jugend*, Reinbek: Rowohlt, 2006, S. 324); *Die Fliegen* war bereits 1947 in der französisch besetzten Zone in Baden-Baden inszeniert worden: vgl. Lusset, «Un épisode de l'histoire», S. 94.

85 Sartre, «A propos de la représentation des ‹Mouches› en Allemagne», in *Verger. Revue du spectacle et des lettres pour la Zone Française d'Occupation* 1, Nr. 2 (Juni 1947), S. 12 f.: zitiert bei Lusset, «Un épisode de l'histoire», S. 95.

86 Beauvoir, *Eine transatlantische Liebe*, S. 220–224 (Beauvoir an Algren, 31. Januar–1. Februar 1948); zum kalten Winter 1947/48 siehe Lusset, «Un épisode de l'histoire», S. 93 f.

87 Sartre in einem Interview mit Rupert Neudeck, «Man muss für sich selbst und für die anderen leben», *Merkur* (Dezember 1979).

88 Über die Diskussion wurde im *Spiegel* (7. Februar 1948) berichtet; vgl. Lusset, «Un épisode de l'histoire», S. 91–103, und «Jean-Paul Sartre à Berlin: discussion autour des *Mouches*», *Verger. Revue des spectacles et des lettres en Allemagne occupée* 1, Nr. 5 (1948), S. 109–123; vgl. die Dokumentensammlung unter http://www.sartre.ch/Verger.pdf.

89 W. G. Sebald, *Luftkrieg und Literatur* (München: Hanser, 1999), S. 45, am Beispiel des Untergangs von Hamburg und unter Verweis auf Hans Erich Nossack, «Der Untergang», in Nossack, *Interview mit dem Tode* (Frankfurt/Main: Suhrkamp, 1972) S. 238.

90 Vgl. Beauvoir, *Der Lauf der Dinge*, S. 280.

91 Vgl. ebd. sowie Petzet, *Auf einen Stern zugehen*, S. 87.

92 Beauvoir, *Der Lauf der Dinge*, S. 280; Marcels Komödie *La dimension Florestan* wurde am 17. Oktober 1953 im Rundfunk gesendet und unter dem Titel *Die Wacht am Sein* – eine Anspielung auf das nationalistische Lied «Die Wacht am Rhein» – ins Deutsche übersetzt; vgl. Marcel, «Postface», *La dimension Florestan* (Paris: Plon, 1958), S. 159–162, wo er schreibt, er bewundere Heidegger, missbillige aber, welche Freiheiten er sich mit der Sprache erlaube; vgl. auch Marcel, *Paul Ricœur – Gabriel Marcel, Gespräche*, S. 76 (zur deutschen Übersetzung).

93 Marcel, «Das Sein und das Nichts», in *Homo Viator*, S. 231–257; Gabriel Marcel, «Menschliche Existenz und menschliche Freiheit», in *Werkauswahl in 3 Bänden*, Bd. III: *Unterwegssein*, S. 250–286, bes. 281–286.

94 Cau, *Croquis de mémoire*, S. 253 f.

95 Ebd., S. 254; diese Geschichte erzählt auch Towarnicki, «Le Chemin de Zähringen», S. 86.

96 Beauvoir, *Der Lauf der Dinge*, S. 280 (Übersetzung leicht verändert).

Studien nach dem Leben

1   Beauvoir, *Der Lauf der Dinge*, S. 97.
2   Vgl. Beauvoir, *Eine transatlantische Liebe*, S. 295 (Beauvoir an Algren, 26. Juli 1948).
3   Beauvoir, *Der Lauf der Dinge*, S. 184–188.
4   Ebd., S. 187.
5   Moi, *Simone de Beauvoir*, S. 285 f.; Moi zufolge hatte Beauvoir jedoch keine Eile, ihr Wahlrecht auszuüben, und bekannte 1949, noch nie gewählt zu haben; die Gründe dafür waren vielleicht politischer Natur zu einer Zeit, als die extreme Linke davon abriet zu wählen, um mit der eigenen Stimme den Staat nicht zu legitimieren.
6   Beauvoir, *Das andere Geschlecht*, S. 334.
7   Tapfer sein: ebd., S. 337; Märchen: S. 358 und 361 f.; unterschiedliche Rollen: S. 364.
8   Ebd., S. 213.
9   Iris Marion Young, «Throwing Like a Girl: a phenomenology of feminine body comportment, motility and spatiality», in *On Female Body Experience: «Throwing Like a Girl» and other essays* (Oxford: Oxford University Press, 2005), S. 41 (zuerst in *Human Studies* 3 (1980), S. 137–156; deutsch unter dem Titel «‹Werfen wie ein Mädchen›. Eine Phänomenologie weiblichen Körperverhaltens, weiblicher Motilität und Räumlichkeit», in *Deutsche Zeitschrift für Philosophie* 41, 4 (1993), S. 707–725, hier S. 719 f.
10 *Das andere Geschlecht*, S. 378–380; zur Selbstverstümmelung: S. 432.
11 Ebd., S. 338 f.
12 Sex: ebd., S. 453 f.; Schwangerschaft, S. 455; Lust: S. 460 f.
13 Ebd., S. 750.
14 Ebd., S. 748.
15 Ebd., S. 877.
16 Ebd., S. 877.
17 Sartre, *Das Sein und das Nichts*, S. 953 (Übersetzung leicht verändert).
18 Zu Beauvoir und Hegel siehe Bauer, *Simone de Beauvoir, Philosophy, and Feminism;* Sartre war – wie viele andere – von Alexandre Kojèves berühmten Hegel-Vorlesungen im Paris der dreißiger Jahre beeinflusst, wo das Herr-Knecht-Verhältnis analysiert wurde.
19 Sartre, *Das Sein und das Nichts*, S. 459–461.
20 Ebd., S. 467–469.
21 Sartre, «Paris unter der Besatzung», in *Paris unter der Besatzung. Artikel, Reportagen, Aufsätze 1944–1945*, S. 39–55, hier S. 50.
22 Sartre, *Bei geschlossenen Türen*, übersetzt von Harry Kahn, in *Gesammelte Dramen*, S. 97; zu dem Satz «Die Hölle, das sind die anderen» vgl. Contat und Rybalka (Hg.), *Les Écrits de Sartre*, S. 101: Vorwort zu einer Aufnahme des Stücks für die Deutsche Grammophon; eine andere Interpretation, der

zufolge die Menschen einander das Leben zur Hölle machen, wenn Freundschaft und Vertrauen fehlen, gibt Beauvoir in ihrem Vortrag «Existential Theater» über das französische Nachkriegstheater, in «*The Useless Mouths*» *and Other Literary Writings*, hg. von Margaret A. Simons und Marybeth Timmermann (Urbana, Chicago, und Springfield: University of Illinois Press, 2011), S. 137–150, hier S. 142.

23 Sartre, *Das Sein und das Nichts*, S. 643–646.

24 Conradi, *Iris Murdoch*, S. 350, mit dem Zitat einer Tagebuchaufzeichnung Murdochs aus dem Jahr 1947.

25 Beauvoir, *Das andere Geschlecht*, S. 12.

26 Ebd., S. 194.

27 Ebd., S. 25; zur philosophischen Bedeutung des Werks siehe Bauer, *Simone de Beauvoir*.

28 Simons, *Beauvoir and The Second Sex*, S. X.

29 Margaret A. Simons und Jessica Benjamin, «Beauvoir Interview (1979)», in Simons, *Beauvoir and The Second Sex*, S. 1–21, hier S. 10.

30 *Das Sein und das Nichts*, S. 830; ich danke Jay Bernstein für diesen Hinweis; zu diesem Aspekt von Beauvoirs Werk siehe Jonathan Webber, *Rethinking Existentialism* (Oxford: Oxford University Press, 2016).

31 Zu Parshleys umstrittener Übersetzung siehe Richard Gillman, «The Man Behind the Feminist Bible», *New York Times* (22. Mai 1988).

32 Barnes, *The Story I Tell Myself*, S. 156.

33 Hubert Fichte, *Jean Genet* (das Interview mit Hubert Fichte in französischer und deutscher Sprache) (Aachen: Rimbaud, 1992), S. 24.

34 White, *Jean Genet*, S. 441; siehe auch Genet, *Nachwort* zu George Jackson, *In die Herzen ein Feuer* (Bern, München und Wien: Scherz, 1970), S. 241–247; ein Auszug aus Genets Vorwort für einen Band mit gesammelten Schriften der inhaftierten RAF-Mitglieder erschien in *Le Monde* unter dem Titel «Violence et brutalité» (2. September 1977) und löste einen Skandal aus: White, *Jean Genet*, S. 718.

35 White, *Jean Genet*, S. 628.

36 Andrew N. Leak, *Jean-Paul Sartre* (London: Reaktion Books, 2006), S. 97.

37 Sartre, *Saint Genet*, S. 905.

38 Ebd., S. 34 f.

39 Ebd., S. 41 f.

40 Sartre selbst hat diesen Zusammenhang bestätigt: ebd., S. 64.

41 Ebd., S. 65.

42 *Sartre. Ein Film*, S. 16.

43 Beauvoir, *Die Zeremonie des Abschieds und Gespräche mit Jean-Paul Sartre*, S. 455.

44 Sartre, *Baudelaire*, übersetzt von Beate Möhring (Reinbek: Rowohlt, 1997).

45 Er begann 1953 mit den *Wörtern* und ließ den Text dann lange liegen, bevor er ihn 1963 in den *Temps modernes* und 1964 als Buch veröffentlichte: siehe

Sartre. Ein Film, S. 71, und Michel Contat u. a., *Pourquoi et comment Sartre a écrit «Les mots»* (Paris: PUF, 1996), S. 25.

46   «Sartre über Sartre», in *Sartre über Sartre*, S. 187.

47   *Sartre. Ein Film*, S. 71.

48   Ebd., S. 72.

49   Sartre, *Der Idiot der Familie I*, S. 33.

50   Ebd., S. 149.

51   Ebd., S. 152.

52   «Sartre über Sartre», in *Sartre über Sartre*, S. 174.

53   Ebd., S. 169.

54   Sartre, «Über *Der Idiot der Familie*»: Interview mit Michel Contat und Michel Rybalka, *Le Monde*, 14. Mai 1971, in Sartre, *Was kann Literatur? Interviews, Reden, Texte 1960–1976* (Reinbek: Rowohlt, 1986), S. 150–169, hier S. 150 f.

55   Beauvoir, *Alles in allem*, S. 53.

56   Cosman, «Translating *The Family Idiot*», *Sartre Studies International* 1, 1/2 (1995), S. 37–44.

57   Sartre, *Der Idiot der Familie I*, S. 146.

58   Sartre, *Das Sein und das Nichts*, S. 1069 f.

59   Vgl. J.-B. Pontalis, Vorwort zu Sartre, *Freud. Das Drehbuch*, S. 9; zu dieser Geschichte siehe auch Élisabeth Roudinesco, «Jean-Paul Sartre: La psychanalyse sur les rives ombragées du Danube», in Roudinesco, *Philosophes dans la tourmente* (Paris: Fayard, 2005), S. 71–121.

60   Pontalis, Vorwort zu Sartre, *Freud. Das Drehbuch*, S. 12 (das Zitat stammt aus Sartre, *Briefe an Simone de Beauvoir und andere*, Bd. 2: 1940–1963, S. 383 (Oktober 1959); vgl. auch Huston, *An Open Book*, S. 295 f.

61   Beauvoir, *Die Zeremonie des Abschieds und Gespräche mit Jean-Paul Sartre*, S. 355; Sartre, «Über *Der Idiot der Familie*»: Interview mit Michel Contat und Michel Rybalka, *Le Monde*, 14. Mai 1971, in Sartre, *Was kann Literatur? Interviews, Reden, Texte 1960–1976* (Reinbek: Rowohlt, 1986), S. 150–169, hier S. 161.

62   White, *Jean Genet*, S. 472.

63   «Entretien avec Madeleine Gobeil», in Genet, *L'ennemi déclaré*, S. 11–27.

64   Sartre über Homosexualität: *Saint Genet*, S. 130; mehr dazu in einem Interview im Februar 1980, in Jean Le Bitoux und Gilles Barbedette, «Jean-Paul Sartre et les homosexuels», *Le gai pied* 13 (April 1980), S. 1 und 11–14; Genet über Homosexualität: Hubert Fichte, *Jean Genet* (das Interview mit Hubert Fichte in französischer und deutscher Sprache) (Aachen: Rimbaud, 1992), S. 58 f.

65   Sartre, *Saint Genet*, S. 128; zu ihrer Kontroverse siehe White, *Jean Genet*, S. 474–477.

66   Beauvoir, «Für eine Moral der Doppelsinnigkeit», in *Soll man de Sade verbrennen?*, S. 77–192, hier S. 79 f. und 133 f.

67   Beauvoir, *Der Lauf der Dinge*, S. 73.

Der tanzende Philosoph

1   *Memoiren einer Tochter aus gutem Hause*, S. 353; siehe auch Monika Langer, «Beauvoir and Merleau-Ponty on Ambiguity», in Claudia Card (Hg.), *The Cambridge Companion to Simone de Beauvoir* (Cambridge: CUP, 2003), S. 87–106.

2   Merleau-Ponty, *Phänomenologie der Wahrnehmung*, S. 517.

3   Siehe George Lakoff und Mark Johnson, *Leben in Metaphern. Konstruktion und Gebrauch von Sprachbildern*, übersetzt von Astrid Hildenbrand (Heidelberg: Carl-Auer-Systeme-Verlag, 2011), und *Philosophy in the Flesh: the embodied mind and its challenge to Western thought* (New York: Basic Books, 1999); beide Werke sind stark von Merleau-Ponty beeinflusst.

4   Sartre, *Der Idiot der Familie I*, S. 28.

5   Merleau-Ponty, *Phänomenologie der Wahrnehmung*, S. 268.

6   Ebd., S. 269 f.

7   Ebd., S. 115–118.

8   Ebd., S. 123.

9   Ebd., S. 125.

10 Ebd., S. 172.

11 Ebd., S. 128; Schneiders Erfahrungen wurden von den Gestaltpsychologen Adhémar Gelb und Kurt Goldstein untersucht. Ein außergewöhnliches jüngeres Beispiel verlorener Propriozeption, die durch reine Willenskraft wiederhergestellt wurde, ist der Fall Ian Waterman; er besitzt vom Hals abwärts keine Propriozeption und kontrolliert seine Bewegungen allein durch den Sehsinn und durch bewusste Muskelkontrolle: siehe Jonathan Cole, *Pride and a Daily Marathon* (London: Duckworth, 1991).

12 Merleau-Ponty, *Phänomenologie der Wahrnehmung*, S. 105.

13 Oliver Sacks, *Hallucinations* (London: Picador, 2012), S. 270 f. (in der gekürzten deutschen Übersetzung *Drachen, Doppelgänger und Dämonen. Über Menschen mit Halluzinationen*, Reinbek: Rowohlt, 2015, S. 301, ist dieser Passus nur unvollständig enthalten).

14 Sacks, *Der Tag, an dem mein Bein fortging;* Sacks' Experimente belegen unsere Anpassungsfähigkeit. Einen noch extremeren Fall schildert Jean-Dominique Bauby in seinem Buch *Schmetterling und Taucherglocke* (Wien: Zsolnay, 1998); es ist die Geschichte seiner fast völligen Bewegungsunfähigkeit nach einem schweren Hirnschlag. Obwohl sich Bauby nur mit Augenzwinkern verständlich machen konnte, war er keineswegs von seinem Körper losgelöst. Er litt unter qualvollen Phantomempfindungen. Sein Bericht führt uns die Erfahrung der Entkörperlichung vor Augen und zeigt, wie wichtig das Zusammenspiel von Körperempfindungen, Denken und Bewegung ist.

15 *Phänomenologie der Wahrnehmung*, S. 403; ältere Untersuchungen vom Nachahmungsverhalten stammen unter anderem von Gestaltpsychologen und

später von Jacques Lacan; zur Phänomenologie der Entwicklung einer sozialen Identität siehe auch Max Scheler, *Zur Phänomenologie und Theorie der Sympathiegefühle und von Liebe und Hass* (Halle: Niemeyer, 1913).

16 Merleau-Ponty, *Les Relations avec autrui chez l'enfant* (1951), in Merleau-Ponty, *Parcours 1935–1951* (Paris: Verdier, 1997), S. 147–229, hier S. 171 f.

17 Merleau-Ponty, *Phänomenologie der Wahrnehmung*, S. 252; siehe auch Merleau-Ponty, «Arbeitsnotizen», in *Das Sichtbare und das Unsichtbare*, S. 213–344, hier S. 331.

18 *Das Sichtbare und das Unsichtbare*, S. 334.

19 Ebd., S. 172–203 und 330–334.

20 Ebd., S. 333 f.

21 Ebd., S. 172 f.

22 Ebd., S. 191.

23 Ebd.; siehe auch Taylor Carman, «Merleau-Ponty on Body, Flesh, and Visibility», in Crowell (Hg.), *The Cambridge Companion to Existentialism*, S. 274–288, bes. 278 f.

24 Emmanuelle Garcia, «Maurice Merleau-Ponty: vie et oeuvre», in Merleau-Ponty, *Oeuvres*, S. 27–99, hier S. 33, mit dem Zitat aus einem Rundfunkinterview mit Georges Charbonnier (22. Mai 1959).

25 Merleau-Ponty, «Der Zweifel Cézannes», in *Das Auge und der Geist*, S. 3–27, hier S. 16.

26 Merleau-Ponty, «Montaignelektüre», in *Zeichen*, S. 291–310, hier S. 299.

27 Stephen Priest, *Merleau-Ponty* (London: Routledge, 2003), S. 8.

28 Vian, *Manuel de Saint-Germain-des-Prés*, S. 223 (*Manual of Saint-Germain-des-Prés*, S. 141); Gréco, *So bin ich eben*, S. 66.

29 Diese und die nachfolgenden Informationen sind persönliche Mitteilungen von Marianne Merleau-Ponty.

30 Sartre, *Briefe an Simone de Beauvoir und andere*, Bd. 2: 1940–1963, S. 365 f. (18. [Frühjahr] 1948); Sartre gibt die Bemerkung als Zitat wieder, das er gehört hat.

31 Merleau-Ponty, Briefe an Sonia Brownell, in Orwell Papers, University College London (S.109); siehe auch Spurling, *The Girl from the Fiction Department*.

32 Siehe Merleau-Ponty an Sonia Brownell (15. November [1947]), in Orwell Papers, University College London (S.109).

33 Ebd. sowie Spurling, *The Girl from the Fiction Department*, S. 84; der vollständige Titel des Buches von Prinz Leopold zu Loewenstein und William Gerhardi (sic!) lautet *Meet Yourself as you really are, different from others because you combine uniquely features present in everyone: about three million detailed character studies through self-analysis* (London: Penguin, Neuauflage 1942; auch auf Deutsch unter dem Titel *Sieh Dich, wie Du wirklich bist. Zwei führende Psychologen fragen. Sie antworten und erkennen sich selbst*, München: Bechtle, 1964); zu diesem Buch siehe Dido Davies, *William Gerhar-*

die: a biography (Oxford und New York: Oxford University Press, 1990),
S. 290.

34 Prince Leopold Loewenstein und William Gerhardi, Meet Yourself, S. 16 und
    15.

35 Merleau-Ponty, Das Sichtbare und das Unsichtbare, S. 189; Sartre ignorierte
    keineswegs die Bedeutung körperlicher Erfahrungen, aber er hatte einen
    völlig anderen Ansatz; siehe dazu bes. Katherine J. Morris (Hg.), Sartre on
    the Body (Basingstoke: Palgrave Macmillan, 2010), sowie ihr Buch Sartre
    (Oxford und Malden: Blackwell, 2008).

36 Sartre, «Merleau-Ponty», in Porträts und Perspektiven, S. 152–230, hier S. 207.

37 Merleau-Ponty, Interview mit Georges Charbonnier (Mai 1959), in Parcours
    deux 1951–1961, S. 235–240, hier S. 237.

38 Heidegger, Die Grundbegriffe der Metaphysik. Welt – Endlichkeit – Einsamkeit,
    Gesamtausgabe, Bd. 29/30 (Frankfurt/Main: Klostermann, 1992), S. 261;
    siehe auch Kevin A. Aho, Heidegger's Neglect of the Body (Albany: SUNY
    Press, 2009).

39 Polt, Heidegger, S. 43.

40 Sein und Zeit, S. 45.

41 In mehreren Radiovorträgen aus dem Jahr 1948 (erschienen in Causerien)
    beschrieb Merleau-Ponty vier Hauptthemen, die in der Regel von der
    Philosophie ausgegrenzt werden: Kinder, Tiere, Wahnsinnige und die soge-
    nannten Primitiven.

42 Merleau-Ponty, «Lob der Philosophie», in Das Auge und der Geist, S. 177–224,
    hier S. 178.

Croisés comme ça

1   Merleau-Ponty, «Der Mensch und die Widersetzlichkeit der Dinge», in
    Zeichen, S. 333–360, hier S. 355 (Vortrag vom 10. September 1951).

2   Sartre, «Das Ende des Krieges», in Paris unter der Besatzung, S. 72–77, hier
    S. 75.

3   Camus, Leitartikel in Combat, 8. August 1945 (Zur Bombardierung Hiroshi-
    mas).

4   Beauvoir, Der Lauf der Dinge, S. 98.

5   Ebd., S. 112.

6   Sartre, Nekrassow, übersetzt von Traugott König (Reinbek: Rowohlt, 1991),
    S. 109.

7   Camus, Leitartikel in Combat, 8. August 1945 (Zur Bombardierung Hiroshi-
    mas).

8   Gary Kern, The Kravchenko Case (New York: Enigma, 2007), S. 452; Beauvoir,
    Der Lauf der Dinge, S. 172; Beevor und Cooper, Paris After the Liberation,
    S. 338.

9 Tony Judt, *Geschichte Europas von 1945 bis zur Gegenwart*, übersetzt von Matthias Fienbork und Hainer Kober (München: Hanser, 2006), S. 248 f.

10 Sartre, «Les animaux malades de la rage» (Tollwütige Hunde), zuerst erschienen in *Libération* (22. Juni 1953), wiederabgedruckt in Catherine Varlin und René Guyonnet (Hg.), *Le chant interrompu: Histoire des Rosenberg* (Paris: Gallimard, 1955), S. 224–228; siehe Contat und Rybalka (Hg.), *Les Écrits de Sartre*, S. 265; die Herausgeber kommentieren: «Sein Zorn provozierte eine der schärfsten Äußerungen, die er jemals tat»; siehe auch Hayman, *Writing Against*, S. 285.

11 Arendt und Jaspers, *Briefwechsel*, S. 256 (Jaspers an Arendt, 22. Mai 1953).

12 Fjodor Dostojewski, *Die Brüder Karamasow*, übersetzt von Swetlana Geier (Frankfurt/Main: Fischer, 2013), S. 396.

13 Camus, *Weder Opfer noch Henker*, S. 30.

14 Zaretsky, *A Life Worth Living*, S. 84 f.

15 Merleau-Ponty, *La philosophie de l'existence* (Radiovortrag vom 17. November 1959), zuerst in *Dialogue. Revue canadienne de philosophie* 5, 3 (Dezember 1966), S. 307–322, hier S. 315 f.; wiederabgedruckt in Merleau-Ponty, *Parcours deux 1951–1961*, S. 247–266.

16 Spender, *New Selected Journals*, S. 220 (30. März 1956).

17 Koestler, «Der Yogi und der Kommissar», in *Der Yogi und der Kommissar. Auseinandersetzungen*, übersetzt von Friedrich Klumpp (Esslingen: Bechtle Verlag, 1950), S. 13–32; siehe auch das Kapitel «Arthur Koestler» in Richard Crossman (Hg.), *The God that Failed: six studies in communism* (London: Hamish Hamilton, 1950), S. 25–82.

18 Merleau-Ponty, «Der Yogi und der Proletarier», in *Humanismus und Terror*, Bd. 2, S. 56–85, hier S. 83–85; ein Motiv für seine Attacke war seine Antipathie gegen Koestler und die Art und Weise, wie dieser Sonia Brownell behandelt hatte; siehe Merleau-Pontys Brief an Sonia Brownell (14. Oktober [1947]), in Orwell Papers, University College London (S.109).

19 Beauvoir, *Der Lauf der Dinge*, S. 112 f.; Sartre, «Merleau-Ponty», in *Porträts und Perspektiven*, S. 152–232, hier S. 174; siehe auch Beauvoir, *Die Zeremonie des Abschieds und Gespräche mit Jean-Paul Sartre*, S. 347.

20 Beauvoir, *Der Lauf der Dinge*, S. 111 f.

21 Ebd., S. 141.

22 Ebd., S. 143.

23 Spender, *New Selected Journals*, S. 79 f. (14. April 1950).

24 Sonia Brownell an Merleau-Ponty («Sonntag», undatiert, aber wohl Anfang 1948, nach der gemeinsam verbrachten Woche nach den Weihnachtsfeiertagen), in Orwell Papers, University College London (S.109).

25 Aron, *Erkenntnis und Verantwortung*, S. 237; Hayman, *Writing Against*, S. 244 f.; zur Beziehung zwischen Sartre und Aron siehe Jean-François Sirinelli, *Deux intellectuels dans le siècle: Sartre et Aron* (Paris: Fayand, 1995).

26 Beauvoir, *Eine transatlantische Liebe*, S. 136 (Beauvoir an Algren, 5. Novem-

ber 1947) und S. 126 (Beauvoir an Algren, 25. Oktober 1947: Fortsetzung eines Briefes vom 23. Oktober).

27 Henri Lefebvre, *L'Existentialisme* (Paris: Sagittaire, 1946), S. 59–63; englische Übersetzung in Lefebvre, *Key Writings* (New York und London: Continuum, 2003), S. 9–11; Lefebvre milderte später seine Ansichten ab und nahm gegenüber dem Existenzialismus eine wohlwollendere Haltung ein.

28 Sartre, *Die schmutzigen Hände*, übersetzt von Eva Rechel-Mertens in *Gesammelte Dramen*, S. 169–260; Sartre war bestürzt, als er erfuhr, dass das Stück in den Vereinigten Staaten für antikommunistische Propaganda benutzt wurde. 1952 erlaubte er Aufführungen nur in den Ländern, in denen die dortige KP sie befürwortete: Thompson, *Sartre*, S. 78.

29 Cohen-Solal, *Sartre*, S. 522 (Übersetzung leicht verändert); die Bemerkung fiel auf einem Friedenskongress 1948.

30 Klíma, *My Crazy Century*, S. 69.

31 Beauvoir, *Der Lauf der Dinge*, S. 126 f.

32 Ebd., S. 135.

33 Ebd.

34 Ebd., S. 225; Sartre, «Merleau-Ponty», in *Porträts und Perspektiven*, S. 198.

35 Beauvoir, *Der Lauf der Dinge*, S. 225 f.

36 Beauvoir, *Eine transatlantische Liebe*, S. 602 (Beauvoir an Algren, 31. Dezember 1950).

37 Ebd., S. 606 (Beauvoir an Algren, 14. Januar 1951).

38 Beauvoir, *Der Lauf der Dinge*, S. 226.

39 Sartre, «Merleau-Ponty», in *Porträts und Perspektiven*, S. 193.

40 Ebd., S. 190.

41 Ebd., S. 191.

42 Vgl. Jacques Duclos, *Mémoires IV: 1945–1952: des débuts de la IVe République au «complot» des pigeons* (Paris: Fayard, 1971), S. 339–492; zur Autopsie der Tauben: S. 404; zu den Sachverständigen: S. 400 f.; Aragons Gedicht: S. 435 f.; vgl. auch Jacques Duclos, *Écrits de la prison* (Paris: Éditions sociales, 1952).

43 Sartre, «Merleau-Ponty», in *Porträts und Perspektiven*, S. 152–230, hier S. 199; vgl. *Sartre. Ein Film*, S. 59 f.; und Beauvoir, *Der Lauf der Dinge*, S. 226.

44 Sartre, «Merleau-Ponty», in *Porträts und Perspektiven*, S. 200.

45 Sartre, «Die Kommunisten und der Frieden», in *Krieg im Frieden* 1, S. 75–301; in Fortsetzungen zuerst veröffentlicht in *Les Temps modernes* 81 (Juli 1952), 85/86 (Oktober/November 1952) und 101 (April 1954).

46 Camus, *Der Mensch in der Revolte*, S. 172 und 247.

47 Ebd., S. 14.

48 Francis Jeanson, «Albert Camus ou l'âme révoltée», *Les Temps modernes* 79 (Mai 1952).

49 Camus, «Brief an den Herausgeber der ‹Temps modernes›, in Sartre, *Krieg*

im Frieden 2, S. 7–26, hier S. 24 (Übersetzung leicht verändert); zuerst in *Les Temps modernes* 82 (August 1952).

50   Sartre, «Antwort an Albert Camus», in Sartre, *Krieg im Frieden* 2, S. 27–51, hier S. 27 f.; zuerst in *Les Temps modernes* 82 (August 1952), abgedruckt im Anschluss an Camus' Brief.

51   Geschrieben im November 1952, aber erst postum erschienen unter dem Titel «Défense de *L'homme révolté*», in Camus, *Essais*, 1, S. 702–715.

52   Beauvoir, *Der Lauf der Dinge*, S. 252.

53   Camus, *Der Fall*, S. 99 (Übersetzung leicht verändert); zu dieser Erzählung siehe auch Beauvoir, *Der Lauf der Dinge*, S. 337.

54   Sartre, *Saint Genet*, S. 928.

55   Beauvoir, *Alles in allem*, S. 47 f.

56   Edward P. Thompson, *Die Entstehung der englischen Arbeiterklasse*, übersetzt von Lotte Eidenbenz u. a. (Frankfurt / Main: Suhrkamp, 1987), S. 11. Der Satz wird oft zitiert, aber nur selten im Zusammenhang, der mir jedoch wichtig zu sein scheint: «Ich versuche den armen Strumpfwirker, den ludditischen Tuchscherer, den ‹obsoleten› Handweber, den ‹utopistischen› Handwerker, sogar den verblendeten Anhänger von Joanna Southcott vor der ungeheuren Arroganz der Nachwelt zu retten. Ihre Berufe und Traditionen waren möglicherweise im Absterben, ihre Feindschaft gegen den neuen Industrialismus war vielleicht rückwärtsgerichtet, ihre kommunistischen Ideale waren unter Umständen Phantasiegebilde und ihre rebellischen Verschwörungen tollkühn. Aber sie waren es, die diese Zeit akuter sozialer Unruhen erlebten, und nicht wir.»

57   Kierkegaard, *Ausgewählte Journale*, Bd. 1, hg. von Markus Kleinert und Gerhard Schreiber (Berlin: de Gruyter, 2013), JJ: 167, 1843, S. 376; Sartre, *Saint Genet*, S. 929.

58   Sartre, «Merleau-Ponty», in *Porträts und Perspektiven*, S. 201 f.

59   Merleau-Ponty, «Lob der Philosophie», in *Das Auge und der Geist*, S. 177–224, hier S. 178 und 221.

60   Merleau-Ponty an Sartre, 8. Juli [1953], hier zitiert nach «Merleau-Ponty – Sartre, Lettres de rupture», in Merleau-Ponty, *Oeuvres*, S. 627–651, hier S. 639 f.; die drei für den Streit zwischen Sartre und Merleau-Ponty wichtigsten Briefe erschienen zuerst unter dem Titel «Sartre et Merleau-Ponty: les lettres d'une rupture» im *Magazine littéraire* 320 (April 1994), S. 67–85, wurden aber auch in Merleau-Ponty, *Parcours deux* 1951–1961, S. 129–169, sowie in Merleau-Ponty, *Oeuvres*, S. 627–651, aufgenommen.

61   Sartre, «Merleau-Ponty», in *Porträts und Perspektiven*, S. 207.

62   Sartre an Merleau-Ponty, undatiert, aber vor Merleau-Pontys Antwort vom 8. Juli 1953, hier zitiert nach «Merleau-Ponty – Sartre, Lettres de rupture», in Merleau-Ponty, *Oeuvres*, S. 627–651, hier S. 630.

63   Ebd., S. 338 f. (Merleau-Ponty an Sartre, 8. Juli [1953]).

64   Ebd., S. 351 (Sartre an Merleau-Ponty, 29. Juli 1953).

65 Beauvoir, *Der Lauf der Dinge*, S. 309.

66 Sartre, «Merleau-Ponty», in *Porträts und Perspektiven*, S. 156.

67 Marianne Merleau-Ponty, persönliche Mitteilung.

68 Sartre, «Merleau-Ponty», in *Porträts und Perspektiven*, S. 203.

69 Marianne Merleau-Ponty, persönliche Mitteilung; Sartre, «Merleau-Ponty», in *Porträts und Perspektiven*, S. 208.

70 Sartre, «Merleau-Ponty», in *Porträts und Perspektiven*, S. 210.

71 Ebd., S. 211; auch seine Tochter erinnerte sich an diese dunkle Phase.

72 Sartre, «Merleau-Ponty», in *Porträts und Perspektiven*, S. 209 f.

73 Merleau-Ponty, «Sartre und der Ultra-Bolschewismus», in *Die Abenteuer der Dialektik*, S. 115–244, bes. S. 116 f.

74 Beauvoir, «Merleau-Ponty et le Pseudo-Sartrisme», in *Les Temps modernes* 114/115 (1955).

75 Roger Garaudy u. a., *Mésaventures de l'anti-marxisme: Les malheurs de M. Merleau-Ponty. Avec une lettre de G. Lukács* (Paris: Éditions sociales, 1956); die Veranstaltung fand am 29. November 1955 statt; siehe Emmanuelle Garcia, «Maurice Merleau-Ponty: vie et oeuvre», in Merleau-Ponty, *Oeuvres*, S. 27–99, hier S. 81.

76 Sartre, «Merleau-Ponty», in *Porträts und Perspektiven*, S. 224.

77 Ebd.; siehe auch Spender, *Selected Journals*, S. 215 (26. März 1956); Merleau-Pontys Diskussionsbeiträge bei diesem Kolloquium in Venedig vom 25.–31. März 1956 sind auch abgedruckt in Merleau-Ponty, *Parcours deux 1951–1961*, S. 174–200.

78 Paul Ricœur, «Hommage à Merleau-Ponty» (1961), in *Lectures 2. La contrée des philosophes* (Paris: Éditions du Seuil, 1989), S. 157–164, hier S. 162; englische Übersetzung unter dem Titel «Homage to Merleau-Ponty», in Bernard Flynn, Wayne J. Froman und Robert Vallier (Hg.), *Merleau-Ponty and the Possibilities of Philosophy: transforming the tradition* (New York: SUNY Press, 2009), S. 17–24, hier S. 21.

79 Merleau-Ponty, «Lob der Philosophie», in *Das Auge und der Geist*, S. 177–224, hier S. 221.

80 Sartre, «Merleau-Ponty», in *Porträts und Perspektiven*, S. 204.

81 Beauvoir, *Der Lauf der Dinge*, S. 290; Lanzmann, *Der patagonische Hase*, S. 316; beide schreiben übereinstimmend, dass Lanzmann den Titel vorschlug.

82 Beauvoir, *Der Lauf der Dinge*, S. 274.

83 Ebd.

84 Sartre, «Relecture du Carnet I» (Aufzeichnungen um 1954), in *Les mots et autres écrits autobiographiques*, S. 937–953, hier S. 949 f.

85 Beauvoir, *Die Zeremonie des Abschieds und Gespräche mit Jean-Paul Sartre*, S. 357.

86 Sartre, «Selbstporträt mit siebzig Jahren», in *Sartre über Sartre*, S. 253.

87 Vgl. Aron, *Opium für Intellektuelle*, S. 9.

88 Aron, *Erkenntnis und Verantwortung*, S. 350.

89 Todd, *Un fils rebelle*, S. 267 f.; siehe auch Aron, *Erkenntnis und Verantwortung*,
    S. 466, und Hayman, *Writing Against*, S. 435.

90 Aron, *Erkenntnis und Verantwortung*, S. 473; das Interview mit Bernard-Henri
    Lévy erschien in *Le Nouvel Observateur* (15. März 1976).

91 Cohen-Solal, *Sartre*, S. 536 f., mit Zitaten aus Sartres Artikeln in der Zeitung
    Libération (15.–20. Juli 1954); vgl. auch Beauvoir, *Der Lauf der Dinge*, S. 295–
    297.

92 Beauvoir, *Die Zeremonie des Abschieds und Gespräche mit Jean-Paul Sartre*,
    S. 469.

93 Cau, *Croquis de mémoire*, S. 236 und 248.

94 Siehe Sartre, «Über *Der Idiot der Familie*»: Interview mit Michel Contat und
    Michel Rybalka, *Le Monde* (14. Mai 1971), in Sartre, *Was kann Literatur? Inter-
    views, Reden, Texte 1960–1976* (Reinbek: Rowohlt, 1986), S. 150–169, hier
    S. 151 f.

95 Beauvoir, *Die Zeremonie des Abschieds und Gespräche mit Jean-Paul Sartre*,
    S. 233.

96 Hayman, *Writing Against*, S. 1, mit Verweis auf Contat und Rybalka in *Le
    Monde* (17. April 1980).

97 Huston, *An Open Book*, S. 295.

98 Cohen-Solal, *Sartre*, S. 436.

99 Olivier Wickers, *Trois aventures extraordinaires de Jean-Paul Sartre* (Paris: Gal-
    limard, 2000), S. 23.

100 Beauvoir, *Der Lauf der Dinge*, S. 370; Cohen-Solal, *Sartre*, S. 573.

101 Beauvoir, *Die Zeremonie des Abschieds und Gespräche mit Jean-Paul Sartre*,
    S. 410 (Übersetzung leicht verändert).

102 Ebd., S. 232 f.

103 Ebd., S. 233.

104 Ebd., S. 241; gemeint sind seine Notizen zu «La Reine Albemarle», geschrie-
    ben 1951/52 auf der Grundlage einer Italien-Reise im Oktober 1951; Sartre,
    La Reine Albemarle, hg. von Arlette Elkaïm-Sartre (Paris: Gallimard, 1991);
    siehe auch Sartre, *Les mots et autres écrits autobiographiques*, S. 681–873.

105 Merleau-Ponty, Interview mit Georges Charbonnier (Mai 1959), in *Parcours
    deux 1951–1961*, S. 235–240, hier S. 236.

106 Sartre und Lévy, *L'espoir maintenant*, zuerst erschienen im *Nouvel Observa-
    teur* am 10., 17. und 24. März 1980; hier zitiert nach der deutschen Überset-
    zung *Brüderlichkeit und Gewalt*, S. 18.

107 Janet Flanner, *Paris Journal*, hg. von W. Shawn, 2 Bände (New York: Athe-
    neum, 1965–71), Bd. I, S. 329 (4. November 1956); zum Ungarnaufstand siehe
    Victor Sebestyén, *Twelve Days: Revolution 1956* (London: Weidenfeld &
    Nicolson, 2006).

108 «La révolte de la Hongrie», Sonderausgabe von *Les Temps modernes* 12, 131
    (Januar 1957); siehe auch Beauvoir, *Der Lauf der Dinge*, S. 345.

109 Beauvoir, *Der Lauf der Dinge*, S. 369.

110   «Selbstporträt mit siebzig Jahren», in *Sartre über Sartre*, S. 215.

111   Siehe dazu Ronald Aronson, *Sartre's Second Critique* (Chicago: University of Chicago Press, 1987).

Mit den Augen der Benachteiligten

1   Sartre, «Die Kommunisten und der Frieden», in *Krieg im Frieden* 1, Teil III, S. 272; zuerst veröffentlicht in *Les Temps modernes* 101 (April 1954); siehe hierzu Bernasconi, *How to Read Sartre*, S. 79.

2   «Sartre und der Ultra-Bolschewismus», in *Die Abenteuer der Dialektik*, S. 185.

3   Siehe dazu Bernasconi, *How to Read Sartre*, S. 79.

4   «Schwarzer Orpheus», in *Schwarze Literatur. Aufsätze zur Literatur 1946–1960*, übersetzt von Traugott König, Gilbert Strassmann und Elmar Tophoven (Reinbek: Rowohlt, 1986), S. 39–85, hier S. 39; zuerst als Vorwort zu Léopold Sédar Senghors *Anthologie de la nouvelle poésie nègre et malgache de langue française* (Paris: PUF, 1948), S. IX-XLIV.

5   Albert Memmis Buch erschien auf Deutsch unter dem Titel *Der Kolonisator und der Kolonisierte: Zwei Porträts*, mit einem Vorwort von Jean-Paul Sartre und einem Nachwort des Autors zur deutschen Ausgabe, übersetzt von Udo Rennert (Frankfurt/Main: Syndikat, 1980).

6   Beauvoir, *Der Lauf der Dinge*, S. 562.

7   Siehe bes. das Kapitel «Die erlebte Erfahrung des Schwarzen», S. 101–131; zu Sartre und Fanon siehe Robert Bernasconi, «Racism Is a System: how existentialism became dialectical in Fanon and Sartre», in Crowell (Hg.), *The Cambridge Companion to Existentialism*, S. 342–360.

8   Beauvoir, *Der Lauf der Dinge*, S. 562; siehe auch Lanzmann, *Der patagonische Hase*, S. 452 f.

9   Macey, *Frantz Fanon*, S. 485.

10   Beauvoir, *Der Lauf der Dinge*, S. 566.

11   Sartre, Vorwort zu *Die Verdammten dieser Erde*, S. 7–25, hier S. 20 f.; vgl. Ronald E. Santoni, *Sartre on Violence: curiously ambivalent* (University Park: Pennsylvania State University Press, 2003).

12   Todd, *Un fils rebelle*, S. 17.

13   Sartre, «Selbstporträt mit siebzig Jahren», in *Sartre über Sartre*, S. 254.

14   Vgl. Macey, *Frantz Fanon*, S. 462 f., mit einem Zitat von Josie Fanon aus «À propos de Frantz Fanon. Sartre, le racisme et les Arabes», *El Moudjahid* (10. Juni 1967), S. 6.

15   Beauvoir, *Die Zeremonie des Abschieds und Gespräche mit Jean-Paul Sartre*, S. 199.

16   Beauvoir, *Der Lauf der Dinge*, S. 293.

17   Ebd., S. 369; vgl. auch ebd., S. 355.

18   Sartre, Vorwort zu Henri Alleg, *La Question* (Paris: Édition de Minuit, 1958);

Beauvoir schrieb über das Folteropfer Djamila Boupacha, zuerst in *Le Monde* (3. Juni 1960) und dann in einem Buch, das zusammen mit Boupachas Anwältin Gisèle Halimi entstand: *Djamila Boupacha* (Paris: Gallimard, 1962); in englischer Übersetzung unter dem Titel *Djamila Boupacha: The story of a torture of a young Algerian girl* (London: André Deutsch und Weidenfeld & Nicolson, 1962).

19 Vgl. Beauvoir, *Der Lauf der Dinge*, S. 354 f. und 578–580; David Detmer, *Sartre Explained: from bad faith to authenticity* (Chicago: Open Court, 2008), S. 5 («Erschießt Sartre») und S. 11 (de Gaulle).

20 Beauvoir, *Der Lauf der Dinge*, S. 579.

21 Cohen-Solal, *Sartre*, S. 681.

22 Lanzmann, *Der patagonische Hase*, S. 19 f.

23 Beauvoir, *Alles in allem*, S. 51 f; Cohen-Solal, *Sartre*, S. 670–672.

24 W. E. B. Du Bois, *Die Seelen der Schwarzen*, übersetzt von Jürgen und Barbara Meyer-Wendt (Freiburg i. Br.: Orange Press, 2003), S. 35; siehe Ernest Allen Jr, «On the Reading of Riddles: rethinking Du Boisian ‹Double Consciousness›», in Gordon (Hg.), *Existence in Black*, S. 49–68, hier S. 51.

25 Baldwin, «Stranger in the Village», in *The Price of the Ticket*, S. 79–90, hier S. 81–83; zuerst veröffentlicht 1953 im *Harper's Magazine*; deutsch unter dem Titel «Ein Fremder im Dorf», in Baldwin, *Schwarz und weiß oder Was es heißt, ein Amerikaner zu sein*, S. 45–58.

26 Wright, *The Outsider*, S. 585; deutsch unter dem Titel *Der Mörder und die Schuldigen*, übersetzt von Ruth Malchow-Huth (Hamburg: Claassen, 1966), S. 485 f.

27 Vgl. die Anmerkungen zur Editionsgeschichte von Arnold Rampersad in Wright, *The Outsider* (die Ausgabe des Urtextes), bes. S. 588–592.

28 Rowley, *Richard Wright*, S. 407 (mit dem Zitat aus einem Brief Ellisons an Wright, 21. Januar 1953); zu Ellisons Ansicht, Wright habe sich selbst geschadet, siehe S. 409 (mit dem Zitat aus einem Interview Ellisons mit A. Geller von 1963, in Graham und Singh, Hg., *Conversations with Ralph Ellison*, S. 84); zu Wright, Ellison und dem Existenzialismus siehe Cotkin, *Existential America*, S. 161–183.

29 Rowley, *Richard Wright*, S. 472 (mit dem Zitat aus einem Brief Edward Aswells an Wright, 24. Januar 1956).

30 James Baldwin, «Ach, armer Richard», in *Schwarz und weiß oder Was es heißt, ein Amerikaner zu sein*, S. 90–113, hier S. 111; der Essay wurde erstmals 1961 veröffentlicht.

31 Rowley, *Richard Wright*, S. 352, mit einer Bemerkung Wrights, die von Anaïs Nin zitiert wird in *Die Tagebücher der Anaïs Nin. 1944–1947*, übersetzt von Manfred Ohl und Hans Sartorius (Frankfurt/Main: Fischer, 1981), S. 264.

32 So lautet die Widmung von Richard Wright in seinem Buch *White Man, Listen!* (New York: Doubleday, 1957); zu Wrights weiterem Schaffen siehe Rowley, *Richard Wright*, S. 440–491.

33 Rowley, *Richard Wright*, S. 477–480, bes. S. 479; zu Wrights Interesse an *Das andere Geschlecht* siehe Cotkin, *Existential America*, S. 169; M. Fabre, *The Unfinished Quest of Richard Wright*, 2. Auflage (Urbana: University of Illinois Press, 1993), S. 320 f.; zum Einfluss Wrights auf Beauvoir siehe auch Margaret A. Simons, «Richard Wright, Simone de Beauvoir, and *The Second Sex*», in *Beauvoir and* The Second Sex, S. 167–184.

34 Forster und Sutton (Hg.), *Daughters of de Beauvoir*, S. 54–59.

35 Ebd., S. 45; vgl. auch das Interview mit Jenny Turner, die ebenfalls von Beauvoirs autobiographischen Aufzeichnungen beeinflusst war.

36 Ebd., S. 28 f.

37 Ebd., S. 103.

38 Mehr zu Viktor Frankls Leben und Denken in Frankl, *Der Mensch auf der Suche nach Sinn* (Freiburg: Herder, 1973; zuerst 1946).

39 Sloan Wilson, Nachwort zu *The Man in the Grey Flannel Suit* (London: Penguin, 2005), S. 278; das Buch erschien ohne das Nachwort auf Deutsch unter dem Titel *Der Mann im grauen Flanell*, übersetzt von Eike Schönfeld (Köln: Dumont, 2013).

40 Siehe dazu Spencer R. Weart, *The Rise of Nuclear Fear* (Cambridge, MA, und London: Harvard University Press, 2012), S. 106.

41 Arendt, *Eichmann in Jerusalem,* zuerst in englischer Sprache im *New Yorker* im Februar und März 1963, im selben Jahr auch als Buch; zu den Kontroversen um dieses Buch siehe Bettina Stangneth, *Eichmann vor Jerusalem. Das unbehelligte Leben eines Massenmörders* (Zürich: Arche, 2011); Richard Wolin, «The Banality of Evil: the demise of a legend», *Jewish Review of Books* (Herbst 2014); und Seyla Benhabib, «Who's on Trial: Eichmann or Arendt?», *New York Times: Stone Blog* (21. September 2014).

42 Siehe Stanley Milgram, «Behavioral Study of Obedience», *Journal of Abnormal and Social Psychology 67*, 4 (Oktober 1963), S. 371–378, und *Obedience to Authority: an experimental view* (New York: Harper, 1974); deutsch unter dem Titel *Das Milgram-Experiment. Zur Gehorsamsbereitschaft gegenüber Autorität* (Reinbek: Rowohlt, 1974); C. Haney, W. C. Banks und P. G. Zimbardo, «Study of Prisoners and Guards in a Simulated Prison», *Naval Research Reviews 9* (1973), S. 1–17; Phillip Zimbardo, *The Lucifer Effect* (New York: Random House, 1971); deutsch unter dem Titel *Der Luzifer-Effekt. Die Macht der Umstände und die Psychologie des Bösen* (Heidelberg: Spektrum Akademischer Verlag, 2008).

43 Norman Mailer, «Der weiße Neger», in *Reklame für mich selber*, übersetzt von Werner von Grünau und Wilfried Sczepan (Berlin: F. A. Herbig, 1959), S. 369–391, hier S. 371 f.; mehr zu Mailer und Existenzialismus siehe Cotkin, *Existential America*, S. 184–209.

44 Wilson, *Dreaming to Some Purpose*, S. 244.

45 Mary Dearborn, *Mailer* (Boston: Houghton Mifflin, 1999), S. 58 f.; siehe Cotkin, *Existential America*, S. 185 f.

46   Kaufmann, *Existentialism*, S. 11.

47   Barnes, *An Existentialist Ethics*, S. 211–277.

48   Barnes, *The Story I Tell Myself*, S. 166–168; die Szene war eine Adaption von
     Miguel de Unamunos Erzählung «The Madness of Doctor Montarco» («La
     locura del doctor Montarco»); die Fernsehserie *Self-Encounter: a study in
     existentialism* (1961) galt als verschollen, doch Jeffrey Ward Larsen und Erik
     Sween entdeckten eine Kopie in der Library of Congress; eine weitere
     Kopie befindet sich heute im Archiv der University of Colorado; siehe
     http://geopolicraticus.wordpress.com/2010/11/03/documentaries-worth-
     watching/.

49   Rudolf Carnap, «Die Überwindung der Metaphysik durch logische Analyse
     der Sprache», in *Erkenntnis* 2 (1931), S. 219–241; «Das Nichts selbst nichtet»
     entstammt Heideggers Freiburger Antrittsvorlesung *Was ist Metaphysik?*
     von 1929.

50   Murdoch, *Sartre*, S. 78 f.; zum Existenzialismus in Großbritannien siehe
     Martin Woessner, «Angst Across the Channel: existentialism in Britain», in
     Judaken und Bernasconi (Hg.), *Situating Existentialism*, S. 145–179.

51   Conradi, *Iris Murdoch*, S. 284 (Murdoch an Hal Lidderdale, 6. Novem-
     ber 1945).

52   «Notes on a lecture by Jean-Paul Sartre» (Brüssel, Oktober 1945) im
     Murdoch-Archiv der Kingston University, IML 682; vgl. auch Conradi, *Iris
     Murdoch*, S. 349 f.; Ursprünglich wollte sie 1947 in Cambridge über Husserl
     promovieren, entschied sich dann jedoch für Wittgenstein: vgl. ihr Hei-
     degger-Manuskript im Murdoch-Archiv (KUAS6/5/1/4), S. 83, und Conradi,
     Iris Murdoch, S. 329.

53   Wilson, *Dreaming to Some Purpose*, S. 113.

54   Carpenter, *The Angry Young Men*, S. 107.

55   Wilson, *Dreaming to Some Purpose*, S. 129.

56   Spurgeon, *Colin Wilson*, S. 66 f.

57   Carpenter, *The Angry Young Men*, S. 112.

58   Geoffrey Gorer, «The Insider, by C*l*n W*ls*n», *Punch* (11. Juli 1956), S. 33 f.;
     siehe Carpenter, *The Angry Young Men*, S. 168.

59   Carpenter, *The Angry Young Men*, S. 109, mit einem Zitat aus dem *Times Lite-
     rary Supplement* (14. Dezember 1956).

60   Ebd., S. 169 f.

61   Wilson, *Dreaming to Some Purpose*, S. 3 f.

62   Spurgeon, *Colin Wilson*, S. 36, mit weiteren Beispielen von Rezensenten, die
     ihn verärgert haben.

63   Iris Murdoch, Rezension im *Manchester Guardian* (25. Oktober 1957); als
     «Dummkopf» bezeichnete sie Wilson in einem Brief an Bright Brophy
     1962: Iris Murdoch, *Living on Paper: Letters from Iris Murdoch 1934–1995*, hg.
     von A. Horner und A. Rowe (London: Chatto & Windus, 2015), S. 222.

64   Murdoch, «Against Dryness», in *Existentialists and Mystics: writings on philo-*

sophy and literature, hg. von Peter Conradi (London: Penguin, 1999), S. 287–295, hier S. 292 f.

65 J. Glenn Gray, «Salvation on the Campus: why existentialism is capturing the students», *Harper's Magazine* (Mai 1965), S. 53–60; zu Gray siehe Woessner, *Heidegger in America*, S. 132–159.

66 Alain Robbe-Grillet, «Natur, Humanismus, Tragödie», übersetzt von Elmar Tophoven, in *Argumente für einen neuen Roman. Essays* (München: Hanser, 1965), S. 51–80, hier S. 53–55.

67 Michel Foucault, *Die Ordnung der Dinge*, übersetzt von Ulrich Köppen (Frankfurt / Main: Suhrkamp, 1978), S. 462.

68 Claude Lévi-Strauss, *Das wilde Denken*, übersetzt von Hans Naumann (Frankfurt / Main: Suhrkamp, 1973), S. 284.

69 Jean Baudrillard, *Der unmögliche Tausch*, übersetzt von Markus Sedlaczek (Berlin: Merve, 2000), S. 102 f.; siehe Jack Reynolds und Ashley Woodward, «Existentialism and Poststructuralism: some unfashionable observations», in Felicity Joseph, Jack Reynolds und Ashley Woodward (Hg.), *The Continuum Companion to Existentialism* (London: Continuum, 2011), S. 260–281.

70 Beauvoir, *Alles in allem*, S. 337; *Die schmutzigen Hände* wurde Ende November, *Die Fliegen* Anfang Dezember 1968 in Prag aufgeführt; siehe Contat und Rybalka (Hg.), *Les Écrits de Sartre*, S. 472.

71 Antonin Liehm, *The Politics of Culture* (New York: Grove Press, 1973), S. 146 (die englische Übersetzung eines Interviews mit Milan Kundera; zuerst 1968).

72 Havel, *Briefe an Olga*, S. 246 (10. April 1982).

73 Philip Roth, Interview mit der *Paris Review* (Sommer 1983 / Winter 1984), in *Eigene und fremde Bücher, wiedergelesen*, übersetzt von Bernhard Robben (München: Hanser, 2007), S. 156–191, hier S. 187.

74 Patočka, «Erinnerungen an Husserl», in Walter Biemel (Hg.), *Die Welt des Menschen – die Welt der Philosophie. Festschrift für Jan Patočka* (Den Haag: Martinus Nijhoff, 1976), S. VII-XIX, hier S. XV; Patočka schreibt auch, Husserl habe die Unvereinbarkeit seiner Philosophie mit der Heideggers «bei jeder Gelegenheit» betont und ihn vor die Wahl gestellt «zwischen dem Kollegbesuch bei Heidegger und meinen Konsultationen bei ihm» (S. X).

75 Shore, «Out of the Desert», S. 14 f.

76 Václav Havel, «Das letzte Gespräch», in Ludger Hagedorn und Hans Rainer Sepp (Hg.), *Jan Patočka. Texte – Dokumente – Bibliographie* (Freiburg i. Br.: Alber, 1999), S. 486–489, hier S. 487.

77 Patočka, *Ketzerische Essays zur Philosophie der Geschichte*, S. 157.

78 *Das Manifest «Charta 77»*, in Jiří Pelikán und Manfred Wilke (Hg.), *Menschenrechte. Ein Jahrbuch zu Osteuropa* (Reinbek: Rowohlt, 1977), S. 221–225; siehe auch Patočka, «Was dürfen wir von der *Charta 77* erwarten?», in Jan Patočka, *Schriften zur tschechischen Kultur und Geschichte*, hg. von Klaus Nellen u. a. (Stuttgart: Klett-Cotta, 1992), S. 319–324; siehe dazu Kohák, *Jan Patočka*, S. 340–347.

79   Siehe Aviezer Tucker, *The Philosophy and Politics of Czech Dissidence from Patočka to Havel* (Pittsburgh: University of Pittsburgh Press, 2000), S. 2 f.
80   Michael Žantovský, *Václav Havel. In der Wahrheit leben*, übersetzt von Helmut Dierlamm und Hans Freundl (Berlin: Propyläen, 2014), S. 219 f.
81   Václav Havel, «Das letzte Gespräch», in Ludger Hagedorn und Hans Rainer Sepp (Hg.), *Jan Patočka. Texte – Dokumente – Bibliographie* (Freiburg i. Br.: Alber, 1999), S. 486–489, hier S. 488.
82   Patočka, «Was dürfen wir von der *Charta 77* erwarten?», in Patočka, *Schriften zur tschechischen Kultur und Geschichte*, hg. von Klaus Nellen u. a. (Stuttgart: Klett-Cotta, 1992), S. 319–324, hier S. 320.
83   Kohák, *Jan Patočka*, S. 3; Žantovský, *Václav Havel*, S. 221.
84   Žantovský, *Václav Havel*, S. 211.
85   Klíma, *My Crazy Century*, S. 350 f.
86   Shore, «Out of the Desert», S. 14 f.; Ivan Chvatík, «Geschichte und Vorgeschichte des Prager Jan Patočka-Archivs», *Studia phaenomenologica* VII (2007), S. 163–189.
87   Paul Ricœur, «Jan Patočka – Philosoph im Widerstand», in Ludger Hagedorn und Hans Rainer Sepp (Hg.), *Jan Patočka. Texte – Dokumente – Bibliographie* (Freiburg i. Br.: Alber, 1999), S. 466–471, hier S. 471; zuerst in *Le Monde* (19. März 1977).
88   Havel, *Versuch, in der Wahrheit zu leben*, S. 14–29, Zitat S. 24.
89   Ebd., S. 63.
90   Ebd., S. 87.

Wer einmal von der Phänomenologie gekostet hat

1   Sartre, *Das Sein und das Nichts*, S. 940 f.
2   Beauvoir, *Ein sanfter Tod*, S. 106.
3   Beauvoir, *Das Alter*, S. 379.
4   Richard Wollheim, *The Thread of Life* (Cambridge, MA: Yale University Press, 1999), S. 269.
5   Lottman, *Albert Camus*, S. 17.
6   Beauvoir, *Der Lauf der Dinge*, S. 460 f.
7   Sartre, «Albert Camus», in *Porträts und Perspektiven*, S. 102–104; zuerst erschienen im *France-Observateur* 505 (7. Januar 1960).
8   «Simone de Beauvoir tells Studs Terkel How She Became an Intellectual and Feminist» (1960), Rundfunkinterview, online unter: http://www.open-culture.com/2014/11/simone-de-beauvoir-talks-with-studs-terkel-1960.html.
9   Rowley, *Richard Wright*, S. 524 f.; zu den Wismutsalzen: S. 504.
10   Einige dieser Haikus wurden aufgenommen in Ellen Wright und Michel Fabre (Hg.), *Richard Wright Reader* (New York: Harper & Row, 1978), S. 251–

254; andere kann man online lesen unter: http://terebess.hu/english/haiku/wright.html.

11 Ronald Bonan, *Apprendre à philosopher avec Merleau-Ponty* (Paris: Ellipses, 2010), S. 12; Gandillac, *Le siècle traversé*, S. 372; Emmanuelle Garcia, «Maurice Merleau-Ponty: vie et oeuvre», in Merleau-Ponty, *Oeuvres*, S. 27–99, hier S. 93.

12 Sartre, «Merleau-Ponty», in *Porträts und Perspektiven*, S. 152–232 (zuerst unter dem Titel «Merleau-Ponty vivant» in *Les Temps modernes* 17, Oktober 1961, S. 304–376).

13 Ebd., S. 226.

14 Gens, *Karl Jaspers*, S. 50 (Gertrud Jaspers an Hannah Arendt, 10. Januar 1966).

15 Heidegger und Jaspers, *Briefwechsel*, S. 220 (Heidegger an Gertrud Jaspers, 2. März 1969, und Gertrud Jaspers an Heidegger, 2. März 1969).

16 Jaspers, «Ein Selbstporträt», S. 7.

17 Woessner, *Heidegger in America*, S. 109, 152 und 161.

18 Arendt, «Martin Heidegger ist achtzig Jahre alt», in *Merkur* 23 (Oktober 1969), S. 893–902; wiederabgedruckt in Neske und Kettering (Hg.), *Antwort. Martin Heidegger im Gespräch*, S. 232–246; eine amerikanische Fassung erschien zwei Jahre später unter dem Titel «Martin Heidegger at Eighty» in der *New York Review of Books* (21. Oktober 1971).

19 Petzet, *Auf einen Stern zugehen*, S. 98.

20 Gerhart Baumann, *Erinnerungen an Paul Celan* (Frankfurt/Main: Suhrkamp, 1992), S. 58–82, hier S. 66; James K. Lyon, *Paul Celan and Martin Heidegger: an unresolved conversation, 1951–1970* (Baltimore: Johns Hopkins University Press, 2006), S. 168.

21 Heidegger, *Aufenthalte*, S. 23.

22 Safranski, *Ein Meister aus Deutschland*, S. 444 (Heidegger an Erhart Kästner, 21. Februar 1960).

23 Heidegger, *Aufenthalte*, S. 8.

24 Ebd., S. 11.

25 Ebd., S. 15 und 17.

26 Ebd., S. 24.

27 Ebd., S. 26 f.

28 Ebd., S. 32.

29 Ebd., S. 34.

30 *Spiegel*-Gespräch vom 31. Mai 1966, abgedruckt in Neske und Kettering (Hg.), *Antwort. Martin Heidegger im Gespräch*, S. 81–111, hier S. 99.

31 Bernhard Welte, «Erinnerung an ein spätes Gespräch», in Günther Neske (Hg.), *Erinnerung an Martin Heidegger* (Pfullingen: Neske, 1977), S. 251; zu Heidegger und der Heimkehr siehe Robert Mugerauer, *Heidegger and Homecoming: the leitmotif in the later writings* (Toronto: University of Toronto Press, 2008), sowie Brendan O'Donoghue, *A Poetics of Homecoming: Heidegger, homelessness and the homecoming venture* (Newcastle upon Tyne: Cambridge Scholars, 2011).

32 Raymond Geuss, «Heidegger and His Brother», in *Politics and Imagination* (Princeton und Oxford: Princeton University Press, 2010), S. 142–150, hier S. 142 f.; zu Fritz Heidegger allgemein siehe Zimmermann, *Martin und Fritz Heidegger*; Safranski, *Ein Meister aus Deutschland*, S. 21–23, unter Verweis auf Andreas Müller, *Der Scheinwerfer. Anekdoten und Geschichten um Fritz Heidegger* (Meßkirch: Armin Gmeiner, 1989), S. 9–11, und (zu «Da-da-dasein» und «Großmarktladen auf dem Mond») Luzia Braun, «Da-da-dasein. Fritz Heidegger: Holzwege zur Sprache», in *Die Zeit* (22. September 1989).

33 Heidegger, *Parmenides*, Gesamtausgabe, Bd. 54 (Frankfurt / Main: Klostermann, 1992), S. 119.

34 Safranski, *Ein Meister aus Deutschland*, S. 22; Raymond Geuss, «Heidegger and His Brother», in *Politics and Imagination* (Princeton und Oxford: Princeton University Press, 2010), S. 142–150, hier S. 149.

35 Sartre, «J'écris pour dire que je n'écris plus» (undatiertes handschriftliches Blatt), in *Les mots et autres écrits autobiographiques*, S. 1266 f.

36 Siehe dazu Todd, *Un fils rebelle*, S. 20.

37 Der Film wurde größtenteils im Februar/März 1972 gedreht und am 27. Mai 1976 in Cannes erstmals gezeigt; siehe auch Beauvoir *Die Zeremonie des Abschieds und Gespräche mit Jean-Paul Sartre*, S. 124.

38 Sartre, «Selbstporträt mit siebzig Jahren», in *Sartre über Sartre*, S. 203.

39 Hayman, *Writing Against*, S. 416 f.

40 Beauvoir, *Die Zeremonie des Abschieds und Gespräche mit Jean-Paul Sartre*, S. 88.

41 Todd, *Un fils rebelle*, S. 30.

42 Vgl. Sartre und Lévy, *Brüderlichkeit und Gewalt*, S. 18 f., 61 f. und 71 f.

43 Ebd., S. 29.

44 Ronald Aronson, Einleitung zu Sartre und Benny Lévy, *Hope Now: the 1980 interviews* (Chicago: University of Chicago Press, 1996), S. 3–40, hier S. 7.

45 Ebd., S. 8; er zitiert Raymond Aron in dem Film «Sartre à ‹Apostrophes›», *Liberation / Sartre* (1980). Auch andere waren irritiert; Edward Said berichtete von einer Begegnung mit Sartre und Beauvoir 1979 in Paris und von seinem Entsetzen darüber, dass Lévy (der bei Said unter seinem Pseudonym Pierre Victor auftaucht) während des Essens im Namen von Sartre sprach, der nur schweigend dasaß; als Said daran erinnerte, dass er nach Paris gekommen war, um Sartre zu hören und nicht irgendwelche anderen Leute, wurde die Runde ausgesetzt, und nach kurzer Beratung verkündete Lévy: «Demain Sartre parlerà.» Am nächsten Tag bot Sartre einen vorbereiteten Text dar, von dem Said vermutete, dass Lévy ihn geschrieben hatte: Edward Said, «Meine Begegnung mit Jean-Paul Sartre», übersetzt von Grete Osterwald, in *Le monde diplomatique* 9 (Beilage der *taz* vom 15. September 2000), S. 12 f.; zum Kontext des Interviews und von Sartres Zusammenarbeit mit Lévy siehe J.-P. Boulé, *Sartre médiatique* (Paris: Minard, 1992), S. 205–215.

46 Beauvoir, *Die Zeremonie des Abschieds und Gespräche mit Jean-Paul Sartre*, S. 165.

47 Aron, *Mémoires*, S. 713.

48 Aron, *Der engagierte Beobachter*, S. 136.

49 Stanley Hoffman, «Raymond Aron (1905–1983)», *New York Review of Books* (8. Dezember 1983).

50 Bair, *Simone de Beauvoir*, S. 772; Beauvoir, *Alles in allem*, S. 65.

51 Forster und Sutton (Hg.), *Daughters of de Beauvoir*, S. 19 und S. 17 (Interview mit Kate Millett).

52 Bair, *Simone de Beauvoir*, S. 775.

53 Ebd., S. 777 f.

54 Beauvoir, *Der Lauf der Dinge*, S. 622.

55 Beauvoir, *Das Alter*, S. 312 (Übersetzung leicht geändert).

56 Beauvoir, *Alles in allem*, S. 9.

57 Ebd., S. 10.

58 Murdochs Heidegger-Manuskript (maschinenschriftlich, mit handschrift-lichen Korrekturen) befindet sich im Murdoch-Archiv der Kingston University, KUAS6/5/1/4; eine Manuskriptfassung wird an der Universität Iowa aufbewahrt; Teile daraus wurden in einer auf beiden Texten basie-renden Ausgabe veröffentlicht von Justin Broackes: Murdoch, «*Sein und Zeit*: pursuit of Being», in Broackes (Hg.), *Iris Murdoch, Philosopher*, S. 93–114.

59 Murdoch, «*Sein und Zeit*: pursuit of Being», in Broackes (Hg.), *Iris Murdoch, Philosopher*, S. 97.

60 Murdoch, *Jackson's Dilemma*, S. 13 f.

61 Ebd., S. 47.

62 Ebd., S. 248 f.

Eine unauslotbare Strahlkraft

1   Siehe u. a. Jean-Pierre Boulé und Enda McCaffrey (Hg.), *Existentialism and Contemporary Cinema* (New York und Oxford: Berghahn, 2011); William C. Pamerleau, *Existentialist Cinema* (Basingstoke und New York: Palgrave Macmillan, 2009).

2   Siehe Thomas Deane Tucker und Stuart Kendall (Hg.), *Terrence Malick: film and philosophy* (London: Continuum, 2011); Martin Woessner, «What Is Heideggerian Cinema?», *New German Critique* 38, 2 (2011), S. 129–157, und Simon Critchley, «Calm: on Terrence Malick's *The Thin Red Line*», *Film-Philosophy* 6, 38 (Dezember 2002); online unter http://www.film-philosophy.com/vol6–2002/n48critchley. Malick übersetzte Heideggers Essay *Vom Wesen des Grundes* (1929; *The Essence of Reasons*, Evanston, IL: Northwestern University Press, 1969).

3   Ein Beispiel für dieses Genre ist Daniel Kahneman, *Schnelles Denken, langsa-*
     mes Denken, übersetzt von Thorsten Schmidt (München: Siedler, 2012).

4   J. Baggini, *Freedom Regained* (London: Granta, 2015), S. 35, unter Verweis auf
     K. D. Vohs und J. W. Schooler, «The Value of Believing in Free Will: encou-
     raging a belief in determinism increases cheating», *Psychological Science* 19, 1
     (2008), S. 49–54; in dem Experiment neigten Versuchspersonen, die Aussa-
     gen zu lesen bekamen, denen zufolge das Verhalten determiniert ist, eher
     dazu zu schummeln.

5   Heidegger, «Aus der Erfahrung des Denkens», in *Aus der Erfahrung des Den-*
     kens, S. 75–86, hier S. 76.

6   Murdoch, Heidegger-Manuskript (maschinenschriftlich, mit handschrift-
     lichen Korrekturen), Murdoch-Archiv der Kingston University, KUAS6/5/1/4,
     53.

7   Kisiel, *The Genesis of Heidegger's «Being and Time»* (Berkeley: University of
     California Press, 1993), S. 287, mit dem Zitat aus einer Mitschrift der ersten
     Aristoteles-Vorlesung Heideggers (1. Mai 1924), S. 1.

8   Petzet, *Auf einen Stern zugehen*, S. 9; auch Husserl bekundete wenig Inte-
     resse an biographischen Details.

9   Joachim Fest, *Ich nicht. Erinnerungen an eine Kindheit und Jugend* (Reinbek:
     Rowohlt, 2006), S. 324.

10   Beauvoir, *Der Lauf der Dinge*, S. 253; zur Dynamik von Sartres Denken siehe
     Barnes, *Existentialist Ethics*, S. 448.

11   Sartre, «Selbstporträt mit siebzig Jahren», in *Sartre über Sartre*, S. 220; die
     Bemerkung Sartres aus dem Jahr 1968 wird von Michel Contat zitiert.

12   Beauvoir, *Die Zeremonie des Abschieds und Gespräche mit Jean-Paul Sartre*,
     S. 556 f.

13   Ebd., S. 568.

14   Heidegger, «Die Frage nach der Technik», S. 3–35, hier S. 3.

15   Heinemann, *Existenzphilosophie, lebendig oder tot?*, S. 30 f.

16   Dreyfus, *On the Internet*, S. 1 f.; Don Ihde hingegen argumentierte, Hei-
     deggers Philosophie sei für die moderne Technik irrelevant, da er haupt-
     sächlich das Industriezeitalter im Blick hatte: Don Ihde, *Heidegger's Techno-*
     logies: postphenomenological perspectives (New York: Fordham University
     Press, 2010), S. 117–120.

17   E. M. Forster, «The Machine Stops», in *Collected Short Stories* (London: Pen-
     guin, 1954), S. 109–146, hier S. 110 f.; zuerst veröffentlicht in der *Oxford and*
     Cambridge Review, November 1909.

18   Siehe zum Beispiel George Lakoff und Mark Johnson, *Philosophy in the*
     Flesh: the embodied mind and its challenge to Western thought (New York: Basic
     Books, 1999); Mark Rowlands, *The New Science of the Mind* (Cambridge,
     MA, und London: Bradford/MIT Press, 2010); und Shaun Gallagher, *How*
     the Body Shapes the Mind (Oxford: Clarendon Press, 2005).

Literatur

Bibliographische Angaben zu weiteren Werken, auf die im Text Bezug genommen wird, finden sich in den Fußnoten.

Archivalische Quellen

Sonia Brownell und Maurice Merleau-Ponty, Briefwechsel (S.109), im George-Orwell-Archiv des University College, London.

Iris Murdoch, «Heidegger: The Pursuit of Being» (KUAS6/5/1/4) und «Notes on a lecture by Jean-Paul Sartre» (Brüssel, Oktober 1945) (IML 682) im Murdoch-Archiv der Kingston University, London.

Veröffentlichte Texte

Aho, Kevin, *Existentialism: an introduction* (Malden, MA, und Cambridge: Polity, 2014).

Arendt, Hannah, *Eichmann in Jerusalem. Ein Bericht von der Banalität des Bösen*, von der Autorin überarbeitete Fassung, übersetzt von Brigitte Granzow (Reinbek: Rowohlt, 1983); zuerst englisch 1963 unter dem Titel *Eichmann in Jerusalem. A report on the banality of evil* (Harmondsworth: Penguin, 1977, überarbeitete und erweiterte Ausgabe).

  – *Elemente und Ursprünge totaler Herrschaft. Antisemitismus, Imperialismus, totale Herrschaft*, aus dem Englischen von Hannah Arendt (München und Zürich: Piper, 1986); zuerst englisch 1951 unter dem Titel *The Origins of Totalitarianism* (London: André Deutsch, 1986).

  – *Vom Leben des Geistes*. Bd. 1, *Das Denken*; Bd. 2, *Das Wollen*, übersetzt von Hermann Vetter (München: Piper, 1979); zuerst englisch unter dem Titel *The Life of the Mind* (zwei Bände, 1977 und 1978).

Arendt, Hannah, und Heidegger, Martin, *Briefe 1925–1975 und andere Zeugnisse*, hg. von Ursula Ludz, 2., durchgesehene Auflage (Frankfurt/Main: Klostermann, 1999).

Arendt, Hannah, und Jaspers, Karl, *Briefwechsel 1926–1969*, hg. von Lotte Köhler und Hans Saner (München: Piper, 1987).

Aron, Raymond, *Der engagierte Beobachter. Gespräche mit Jean-Louis Missika und Dominique Wolton*, übersetzt von Klaus Schomburg (Stuttgart: Klett-Cotta, 1983) (*Le spectateur engagé*, 1981).

  – *Erkenntnis und Verantwortung. Lebenserinnerungen*, übersetzt von Kurt Sontheimer (München und Zürich: Piper, 1985) (*Mémoires*, Paris: Gallimard, 1983).

– *Opium für Intellektuelle oder Die Sucht nach Weltanschauung*, übersetzt von Klaus Peter Schulz (Köln und Berlin: Kiepenheuer & Witsch, 1957) (*L'opium des intellectuels*, 1955).

Bair, Deirdre, *Simone de Beauvoir. Eine Biographie*, übersetzt von Sabine Lohmann, Uda Strätling und Sonja Hauser (München: Knaus, 1990).

Baldwin, James, *Schwarz und weiß oder Was es heißt, ein Amerikaner zu sein. 11 Essays*, übersetzt von Leonharda Gescher-Ringelnatz (Reinbek: Rowohlt, 1963).

– *The Price of the Ticket. Collected non-fiction 1948–1985* (London: Michael Joseph, 1985).

Barnes, Hazel, *An Existentialist Ethics*, Neuausgabe (Chicago und London: Chicago University Press, 1978).

– *The Story I Tell Myself: a venture in existentialist autobiography* (Chicago und London: Chicago University Press, 1997).

Barrett, William, *Irrational Man: a study in existential philosophy* (Garden City: Doubleday, 1962) (zuerst 1958).

Bauer, Nancy, *Simone de Beauvoir, Philosophy, and Feminism* (New York: Columbia University Press, 2001).

Beauvoir, Simone de, *Alles in allem*, übersetzt von Eva Rechel-Mertens (Reinbek: Rowohlt, 1996) (*Tout compte fait*, 1972).

– *Das Alter. Essay*, übersetzt von Anjuta Aigner-Dünnwald und Ruth Henry (Reinbek: Rowohlt, 1990) (*La vieillesse*, 1970).

– *Amerika Tag und Nacht. Reisetagebuch 1947*, übersetzt von Heinrich Wallfisch (Reinbek: Rowohlt, 1992) (*L'Amérique au jour le jour*, 1948).

– *Das andere Geschlecht*, übersetzt von Uli Aumüller und Grete Osterwald (Reinbek: Rowohlt, 2007) (*Le deuxième sexe*, 1949).

– *Auge um Auge. Artikel zu Politik, Moral und Literatur, 1945–1955*, übersetzt von Eva Groepler (Reinbek: Rowohlt, 1992).

– *Das Blut der anderen*, übersetzt von Klaudia Rheinhold (Reinbek: Rowohlt, 1967) (*Le sang des autres*, 1945).

– *Cahiers de jeunesse 1926–1930*, hg. von Sylvie Le Bon de Beauvoir (Paris: Gallimard, 2008).

– *Ein sanfter Tod*, übersetzt von Paul Mayer (Berlin: edition ebersbach, 2007).

– *Eine transatlantische Liebe. Briefe an Nelson Algren 1947–1964*, übersetzt von Judith Klein (Reinbek: Rowohlt, 1999).

– *In den besten Jahren*, übersetzt von Rolf Soellner (Reinbek: Rowohlt, 1961) (*La force de l'âge*, 1960).

– *Kriegstagebuch. September 1939–Januar 1941*, übersetzt von Judith Klein (Reinbek: Rowohlt, 1994) (*Journal de guerre*, 1990).

– *Der Lauf der Dinge*, übersetzt von Paul Badisch (Reinbek: Rowohlt, 1966) (*La force des choses*, 1963).

– *Die Mandarins von Paris*, übersetzt von Ruth Ücker-Lutz und Fritz Montfort (Reinbek: Rowohlt, 2014) (*Les Mandarins*, 1954).

– *Memoiren einer Tochter aus gutem Hause*, übersetzt von Eva Rechel-Mertens (Reinbek: Rowohlt, 1961) (*Mémoires d'une jeune fille rangée*, 1958).

– *Sie kam und blieb,* übersetzt von Eva Rechel-Mertens (Reinbek: Rowohlt, 1991) (*L'invitée,* 1943).

– *Soll man de Sade verbrennen? Drei Essays zur Moral des Existentialismus,* übersetzt von Alfred Zeller (Reinbek: Rowohlt, 1983) (*Pour une morale de l'ambiguité,* 1947).

– *Die Zeremonie des Abschieds und Gespräche mit Jean-Paul Sartre: August-September 1974,* übersetzt von Uli Aumüller und Eva Moldenhauer (Reinbek: Rowohlt, 1986) (*La cérémonie des adieux,* 1981).

Beevor, Antony, und Cooper, Artemis, *Paris After the Liberation:* 1944–1949, überarbeitete Auflage (London: Penguin, 2004).

Bernasconi, Robert, *How to Read Sartre* (London: Granta, 2006).

– (Hg.), *Race* (Malden, MA, und Oxford: Blackwell, 2001).

Bertrand Dorléac, Laurence, *L'Art de la Défaite,* 1940–1944 (Paris: Éditions du Seuil, 2010).

Biemel, Walter, *Martin Heidegger in Selbstzeugnissen und Bilddokumenten* (Reinbek: Rowohlt, 1973).

Borden, Sarah, *Edith Stein* (London und New York: Continuum, 2003).

Brentano, Franz, *Psychologie vom empirischen Standpunkt,* in *Sämtliche veröffentlichte Schriften,* Abteilung I: Schriften zur Psychologie, Bd. 1, hg. von Thomas Binder und Arkadiusz Chrudzimski (Berlin: de Gruyter, 2008; zuerst 1874).

Broackes, Justin (Hg.), *Iris Murdoch, Philosopher: a collection of essays* (Oxford und New York: Oxford University Press, 2012).

Camus, Albert, *Chroniques algériennes* (Paris: Gallimard, 1958); englische Übersetzung unter dem Titel *Algerian Chronicles* (Cambridge, MA, und London: Belknap/ Harvard University Press, 2013).

– *Der erste Mensch,* übersetzt von Uli Aumüller (Reinbek: Rowohlt, 2005) (*Le premier homme,* 1994).

– *Essais* (Paris: Gallimard, 1965).

– *Der Fall,* übersetzt von Guido G. Meister, in Gesammelte Erzählungen (Reinbek: Rowohlt, 1973) (*La chute,* 1956).

– *Der Fremde,* übersetzt von Uli Aumüller (Berlin: Bild, 2011) (*L'Étranger,* 1942).

– *Literarische Essays,* übersetzt von Guido G. Meister, Peter Gan und Monique Lang (Reinbek: Rowohlt, 1959).

– *Der Mensch in der Revolte. Essays,* übersetzt von Justus Streller, neu bearbeitet von Georges Schlocker unter Mitarbeit von François Bondy (Reinbek: Rowohlt, 1969) (*L'Homme révolté,* 1951).

– *Der Mythos des Sisyphos,* übersetzt von Vincent von Wroblewsky (Reinbek: Rowohlt, 1999) (*Le mythe de Sisyphe,* 1942).

– *Die Pest,* übersetzt von Guido G. Meister (Reinbek: Rowohlt, 1989) (*La Peste,* 1947).

– *Reisetagebücher,* hg. von Roger Quilliot, übersetzt von Guido G. Meister (Reinbek: Rowohlt, 1997) (*Journaux de voyage,* 1978).

– *Sämtliche Dramen,* übersetzt von Uli Aumüller und Hinrich Schmidt-Henkel, erweiterte Neuausgabe (Reinbek: Rowohlt, 2013).

– *Tagebücher* 1935–1951, übersetzt von Guido G. Meister (Reinbek: Rowohlt, 1995) (*Carnets, mai 1935–février 1942* und *Carnets, janvier 1942–mars 1951*, Paris: Gallimard, 1962 und 1964).

– *Weder Opfer noch Henker*, übersetzt von Raoul Luschat (Berlin: Oppo-Verlag, 1991) (*Ni victimes, ni bourreaux*, zuerst in *Combat*, 1946).

Carman, Taylor, *Merleau-Ponty* (London und New York: Routledge, 2008).

Carpenter, Humphrey, *The Angry Young Men: a literary comedy of the 1950s* (London: Allen Lane, 2002).

Cassirer, Ernst, und Heidegger, Martin, «Davoser Disputation zwischen Ernst Cassirer und Martin Heidegger», in Martin Heidegger, *Kant und das Problem der Metaphysik*, Gesamtausgabe, Bd. 3 (Frankfurt/Main: Klostermann, 1991; zuerst 1929), S. 274–296.

Cau, Jean, *Croquis de mémoire* (Paris: Julliard, 1985).

Cazalis, Anne-Marie, *Les mémoires d'une Anne* (Paris: Stock, 1976).

Cohen-Solal, Annie, *Album Jean-Paul Sartre: Iconographie* (Paris: Gallimard, 1991).

– *Sartre. 1905–1980*, übersetzt von Eva Groepler (Reinbek: Rowohlt, 1989) (zuerst 1985).

– *Une renaissance Sartrienne* (Paris: Gallimard, 2013).

Conradi, Peter J., *Iris Murdoch. Ein Leben*, übersetzt von Juliane Gräbener-Müller und Marion Balkenhol (Wien und Frankfurt/Main: Deuticke, 2002).

Contat, Michel, und Rybalka, Michel (Hg.), *Les Écrits de Sartre. Chronologie et bibliographie commentée* (Paris: Gallimard, 1970).

Cooper, David E., *Existentialism: a reconstruction* (Oxford: Blackwell, 1999).

Corpet, Olivier, und Paulhan, Claire, *Archives de la vie littéraire sous l'Occupation. À travers le désastre* (Paris: Tallandier, 2009); in englischer Übersetzung unter dem Titel *Collaboration and Resistance: French literary life under the Nazi Occupation* (New York: Five Ties, 2009).

Cotkin, George, *Existential America* (Baltimore, MD: Johns Hopkins University Press, 2005).

Cox, Gary, *The Sartre Dictionary* (London: Continuum, 2008).

Crowell, Steven (Hg.), *The Cambridge Companion to Existentialism* (New York und Cambridge: CUP, 2012).

Dodd, James, *Crisis and Reflection: an introduction to Husserl's Crisis of the European Sciences* (Dordrecht, Boston und London: Kluwer, 2004).

Dreyfus, Herbert L., *Being-in-the-world: a commentary on Heidegger's Being and Time, Division I* (Cambridge, MA, und London: MIT Press, 1991).

– *On the Internet* (London und New York: Routledge, 2001).

– *What Computers Still Can't Do* (Cambridge, MA, und London: MIT Press, 1992).

Dreyfus, Hubert L., und Wrathall, Mark A. (Hg.), *A Companion to Phenomenology and Existentialism* (Oxford: Blackwell, 2006).

Ettinger, Elzbieta, *Hannah Arendt, Martin Heidegger. Eine Geschichte*, übersetzt von Brigitte Stein (München: Piper, 1995).

Fanon, Frantz, *Schwarze Haut, weiße Masken*, übersetzt von Eva Moldenhauer (Wien und Berlin: Turia + Kant, 2013) (*Peau noire, masques blancs*, 1952).

– *Die Verdammten dieser Erde*. Mit einem Vorwort von Jean-Paul Sartre, übersetzt von Traugott König (Frankfurt/Main: Suhrkamp, 1968) (*Les damnés de la terre*, 1961).

Farías, Victor, *Heidegger und der Nationalsozialismus*, übersetzt von Klaus Laermann (Frankfurt/Main: S. Fischer, 1989) (*Heidegger y el Nazismo*, 1987; zuerst in französischer Übersetzung unter dem Titel *Heidegger et le nazisme*, 1987).

Faye, Emmanuel, *Heidegger. Die Einführung des Nationalsozialismus in die Philosophie im Umkreis der unveröffentlichten Seminare zwischen 1933 und 1935*, übersetzt von Tim Trzaskalik (Berlin: Matthes & Seitz, 2008) (*Heidegger: l'introduction du nazisme dans la philosophie*, 2005).

Flynn, Thomas R., *Sartre: a philosophical biography* (Cambridge: CUP, 2014).

Forster, Penny, und Sutton, Imogen (Hg.), *Daughters of de Beauvoir* (London: The Women's Press, 1989).

Fullbrook, Edward, und Fullbrook, Kate, *Sex and Philosophy: rethinking De Beauvoir and Sartre* (London: Continuum, 2008).

Fulton, Ann, *Apostles of Sartre: existentialism in America* (Evanston, IL: Northwestern University Press, 1999).

Gadamer, Hans-Georg, *Philosophische Lehrjahre. Eine Rückschau* (Frankfurt/Main: Klostermann, 1977).

Gallagher, Shaun, und Zahavi, Dan, *The Phenomenological Mind* (London und New York: Routledge, 2012).

Gandillac, Maurice de, *Le siècle traversé* (Paris: Albin Michel, 1998).

Garff, Joakim, *Sören Kierkegaard. Eine Biographie*, übersetzt von Hermann Schmid und Herbert Zeichner (München: Hanser, 2004).

Genet, Jean, *L'ennemi déclaré. Textes et entretiens* (Paris: Gallimard, 1991).

Gens, Jean-Claude, *Karl Jaspers: biographie* (Paris: Bayard, 2003).

Gerassi, John, *Sartre: hated conscience of his century* (Chicago: Chicago University Press, 1989).

– *Talking with Sartre: conversations and debates* (New Haven und London: Yale University Press, 2009).

Gille, Vincent, *Saint-Germain-des-Prés, 1945–1950* (Paris: Pavillon des Arts, 1989).

Gordon, Lewis (Hg.), *Existence in Black: An Anthology of Black Existential Philosophy* (New York und London: Routledge, 1997).

Gordon, Peter Eli, *Continental Divide: Heidegger, Cassirer, Davos* (Cambridge, MA, und London: Harvard University Press, 2010).

Gray, Francine du Plessix, *Simone Weil* (London: Weidenfeld & Nicolson, 2001).

Gréco, Juliette, *Ich bin, die ich bin. Erinnerungen*, übersetzt von Annette Lallemand (Bern: Scherz, 1983) (*Jujube*, 1982).

– *So bin ich eben. Erinnerungen einer Unbezähmbaren*, übersetzt von Herbert Fell (München: C. Bertelsmann, 2012) (*Je suis faite comme ça*, 2012).

Guéhenno, Jean, *Journal des années noires (1940–1944)* (Paris: Gallimard, 1966; zuerst

1947); englische Übersetzung unter dem Titel *Diary of the Dark Years*, 1940–1944 (Oxford und New York: Oxford University Press, 2014).

Haffner, Sebastian, *Geschichte eines Deutschen. Die Erinnerungen 1914–1933* (Stuttgart und München: Deutsche Verlags-Anstalt, 2003).

Havel, Václav, *Briefe an Olga. Betrachtungen aus dem Gefängnis*, übersetzt von Joachim Bruss; für die deutsche Ausgabe bearbeitet von Jiří Gruša (Reinbek: Rowohlt, 1990) (*Dopisy Olze*, 1983).

– *Versuch, in der Wahrheit zu leben*, übersetzt von Gabriel Laub (Reinbek: Rowohlt, 1989) (*Moc bezmocných*, 1978).

Hayman, Ronald, *Writing Against: a biography of Sartre* (London: Weidenfeld & Nicolson, 1986).

Heidegger, Martin, *Aufenthalte* (Frankfurt/Main: Klostermann, 1989).

– *Aus der Erfahrung des Denkens*, Gesamtausgabe, Bd. 13 (Frankfurt/Main: Klostermann, 1983).

– *Einführung in die Metaphysik*, Gesamtausgabe, Bd. 40 (Frankfurt/Main: Klostermann 1983).

– *Erläuterungen zu Hölderlins Dichtung*, Gesamtausgabe, Bd. 4 (Frankfurt/Main: Klostermann, 1981).

– *Feldweg-Gespräche* (1944/45), Gesamtausgabe, Bd. 77 (Frankfurt/Main: Klostermann, 1995).

– «Die Frage nach der Technik» (1953) in: *Vorträge und Aufsätze*, Gesamtausgabe, Bd. 7 (Frankfurt/Main: Klostermann, 2000).

– *Holzwege*, Gesamtausgabe, Bd. 5 (Frankfurt/Main: Klostermann, 1977).

– «*Mein liebes Seelchen!» Briefe Martin Heideggers an seine Frau Elfride*, 1915–1970, hg., ausgewählt und kommentiert von Gertrud Heidegger (München: Deutsche Verlags-Anstalt, 2005).

– *Sein und Zeit* (Tübingen: Niemeyer, 16. Auflage 1986; zuerst 1927).

– «Was heißt Denken?», in *Vorträge und Aufsätze*, Gesamtausgabe, Bd. 7 (Frankfurt/Main: Klostermann, 2000).

– *Wegmarken*, Gesamtausgabe, Bd. 9 (Frankfurt/Main: Klostermann, 1976).

– *Zur Sache des Denkens* (Tübingen: Niemeyer, 1976).

– Heidegger, Martin, und Jaspers, Karl, *Briefwechsel 1920–1963*, hg. von Walter Biemel und Hans Saner (Frankfurt/Main: Klostermann, und München: Piper, 1990).

Heinemann, Fritz, *Existenzphilosophie, lebendig oder tot?* (Stuttgart: Kohlhammer, 1954).

Howells, Christina (Hg.), *The Cambridge Companion to Sartre* (Cambridge: CUP, 1992).

Husserl, Edmund, *Briefwechsel*, 10 Bände (Dordrecht: Kluwer, 1994).

– *Cartesianische Meditationen. Eine Einleitung in die Phänomenologie* (Hamburg: Meiner, 1987).

– *Ideen zu einer reinen Phänomenologie und phänomenologischen Philosophie. Erstes Buch: Allgemeine Einführung in die reine Phänomenologie* (Hamburg: Meiner, 2009).

– *Die Krisis der europäischen Wissenschaften und die transzendentale Phänomenologie*, Gesammelte Werke, Bd. VI (Den Haag: Martinus Nijhoff, 1976).

– *Logische Untersuchungen. Zweiter Band. Erster Teil*, Gesammelte Werke, Bd. XIX, 1 (Den Haag: Martinus Nijhoff, 1984).

Huston, John, *An Open Book* (New York: Knopf, 1980; London: Macmillan, 1981).

Inwood, Michael, *A Heidegger Dictionary* (Oxford: Blackwell, 1999).

Jackson, Julian, *France: The Dark Years 1940–1944* (Oxford und New York: Oxford University Press, 2001).

Janicaud, Dominique, *Heidegger en France* (Paris: Albin Michel, 2001).

Jaspers, Karl, *Die Atombombe und die Zukunft des Menschen. Ein Radiovortrag* (München: Piper, 1957).

– «Ein Selbstporträt», in Jaspers, *Was ist Philosophie?* (München: Deutscher Taschenbuch Verlag, 1980), S. 7–29.

– *Existenzphilosophie*. Drei Vorlesungen gehalten am Freien Deutschen Hochstift in Frankfurt/Main, September 1937 (Berlin: de Gruyter, 1956; zuerst 1938).

– *Philosophie*, 3 Bände: *Philosophische Weltorientierung. Existenzerhellung. Metaphysik* (Berlin und Heidelberg: Springer, 1956; zuerst 1932).

– *Philosophische Autobiographie* (München: Piper, 1977).

– *Die Schuldfrage* (Heidelberg: Lambert Schneider, 1946).

– *Vom Ursprung und Ziel der Geschichte* (Frankfurt/Main: Fischer, 1956).

Judaken, Jonathan, und Bernasconi, Robert (Hg.), *Situating Existentialism* (New York und Chichester: Columbia University Press, 2012).

Judt, Tony, *Past Imperfect: French Intellectuals 1944–1956* (Berkeley: University of California Press, 1992).

Kaufmann, Walter, *Existentialism from Dostoevsky to Sartre* (London: Thames & Hudson, 1957).

Kierkegaard, Sören, *Abschließende unwissenschaftliche Nachschrift zu den Philosophischen Brocken*, Zweiter Teil, übersetzt von Hans Martin Junghans, in Kierkegaard, Gesammelte Werke, 16. Abteilung (Düsseldorf und Köln: Diederichs, 1958) (*Afsluttende uvidenskabelig Efterskrift til de philosophiske Smuler*, 1846).

– *Der Begriff Angst*, übersetzt von Emanuel Hirsch, in Werkausgabe, Bd. 1 (Düsseldorf und Köln: Diederichs, 1971) (*Begrebet Angest*, 1844).

– *Furcht und Zittern*, übersetzt von Emanuel Hirsch und Hayo Gerdes, Werkausgabe, Bd. 1 (Düsseldorf und Köln: Diederichs, 1971) (*Frygt og Baeven*, 1843).

King, Magda, *A Guide to Heidegger's* Being and Time, hg. von J. Llewellyn (Albany: SUNY Press, 2001).

Kirkbright, Suzanne, *Karl Jaspers. A Biography – Navigations in Truth* (New Haven und London: Yale University Press, 2004).

Kisiel, Theodore, und Sheehan, Thomas (Hg.), *Becoming Heidegger: on the trail of his early occasional writings, 1910–1927* (Evanston, IL: Northwestern University Press, 2007).

Kleinberg, Ethan, *Generation Existential: Heidegger's philosophy in France, 1927–1961* (Ithaca: Cornell University Press, 2005).

Klíma, Ivan, *My Crazy Century*, ins Englische übersetzt von Craig Cravens (London: Grove, 2014) (*Moje šílené století*, 2009).

Koestler, Arthur, *Sonnenfinsternis*, Rückübersetzung ins Deutsche von Arthur Koestler, durchgesehene Neuauflage (Wien und Zürich: Europa Verlag, 1991) (zuerst erschienen in englischer Übersetzung unter dem Titel *Darkness at Noon*, 1940).
– *Scum of the Earth* (New York: Macmillan, 1941).

Kohák, Erazim, *Jan Patočka: philosophy and selected writings* (Chicago und London: Chicago University Press, 1989).

Lacoin, Elisabeth, *Zaza: correspondance et carnets d'Elisabeth Lacoin (1914–1929)* (Paris: Éditions du Seuil, 1991).

Landes, Donald A., *The Merleau-Ponty Dictionary* (London: Bloomsbury, 2013).

Lanzmann, Claude, *Der patagonische Hase. Erinnerungen*, übersetzt von Barbara Heber-Schärer, Erich Wolfgang Skwara und Claudia Steinitz (Reinbek: Rowohlt, 2010) (*Le lièvre de Patagonie*, 2009).

Lescourret, Marie-Anne, *Emmanuel Lévinas* (Paris: Flammarion, 2006).

Lévinas, Emmanuel, *Ausweg aus dem Sein – De l'évasion*, mit den Anmerkungen von Jacques Rolland, hg. und übersetzt von Alexander Chucholowski (Hamburg: Meiner, 2005) (zuerst veröffentlicht in *Recherches Philosophiques*, 1935).
– *Totalität und Unendlichkeit. Versuch über die Exteriorität*, übersetzt von Wolfgang Nikolaus Krewani (Freiburg i. Br. und München: Karl Alber, 4. Auflage 2003) (*Totalité et l'infini*, 1961).
– *Vom Sein zum Seienden*, übersetzt von Anna Maria Krewani und Wolfgang Nikolaus Krewani (Freiburg i. Br. und München: Karl Alber, 1997) (*De l'existence à l'existant*, 1947).

Lévy, Bernard-Henri, *Sartre. Der Philosoph des 20. Jahrhunderts*, übersetzt von Petra Willim (München: Hanser, 2002) (*Le siècle de Sartre*, 2000).

Lewis, Michael, und Staehler, Tanya, *Phenomenology: an introduction* (London und New York: Continuum, 2010).

Lottman, Herbert R., *Camus. Eine Biographie*, übersetzt von Hans-Henning Werner und Ina von Trossel-Brose (Hamburg: Hoffmann & Campe, 1986) (*Albert Camus*, 1979).

Löwith, Karl, *Mein Leben in Deutschland vor und nach 1939* (Stuttgart: Metzler, 1986).

Lusset, Félix, «Un épisode de l'histoire de la Mission Culturelle Française à Berlin (1946–1948): Sartre et Simone de Beauvoir à Berlin à l'occasion des representations des *Mouches* au théâtre Hebbel (janvier 1948)», in Jérôme Vaillant (Hg.), *La dénazification par les vainqueurs: la politique culturelle des occupants en Allemagne 1945–1949* (Lille: Presses universitaires de Lille, 1981), S. 91–103; deutsch unter dem Titel «Sartre in Berlin (Januar 1948)», in *Französische Kulturpolitik in Deutschland 1945–1949*, hg. von Jérôme Vaillant (Konstanz: Universitätsverlag, 1984), S. 107–119.

MacDonald, Paul S. (Hg.), *The Existentialist Reader: an anthology of key texts* (Edinburgh: Edinburgh University Press, 2000).

Macey, David, *Frantz Fanon: a biography* (London und New York: Verso, 2012).

Mailer, Norman, *Reklame für mich selber*, übersetzt von Werner von Grünau und Wilfried Sczepan (Berlin: Helbig, 1963) *(Advertisements for Myself*, 1959).

Malka, Salomon, *Emmanuel Lévinas. La vie et la trace* (Paris: Édition Jean-Claude Lattès, 2002); hier zitiert nach der englischen Ausgabe *Emmanuel Lévinas: his life and legacy* (Pittsburgh: Duquesne University Press, 2006); überarbeitete deutsche Ausgabe unter dem Titel *Emmanuel Lévinas. Eine Biographie* (München: C.H.Beck, 2003).

Marcel, Gabriel, *An Autobiographical Essay*, übersetzt von Forrest Williams, in Paul Arthur Schilpp und Lewis Edwin Hahn (Hg.), *The Philosophy of Gabriel Marcel* (LaSalle, IL: Open Court, 1991), S. 3–68.

   – *Homo Viator. Philosophie der Hoffnung*, übersetzt von Wolfgang Rüttenauer (Düsseldorf: Bastion-Verlag, 1949) *(Homo Viator*, 1943).

   – *Werkauswahl in 3 Bänden*, hg. von Peter Grotzer und Siegfried Foelz (Paderborn u. a.: Schöningh, 1992).

   – *Paul Ricœur – Gabriel Marcel. Gespräche*, übersetzt von Ansgar Ahlbrecht (Frankfurt/Main: Josef Knecht, 1970) *(Entretiens Paul Ricœur, Gabriel Marcel* (Paris: Aubier, 1968).

Merleau-Ponty, Maurice, *Die Abenteuer der Dialektik*, übersetzt von Alfred Schmidt und Herbert Schmitt (Frankfurt/Main: Suhrkamp, 1968) *(Les aventures de la dialectique*, 1955).

   – *Das Auge und der Geist. Philosophische Essays* (Hamburg: Meiner, 2003).

   – *Causerien 1948. Radiovorträge*, übersetzt von Joan-Catharine Ritter, Ignaz Knips und Emanuel Alloa (Köln: Salon-Verlag, 2006) *(Causeries 1948*, 2002).

   – *Humanismus und Terror*, 2 Bände, übersetzt von Eva Moldenhauer (Frankfurt/Main: Suhrkamp, 1966) *(Humanisme et terreur*, 1947).

   – *Oeuvres*, hg. von Claude Lefort (Paris: Gallimard, 2010).

   – *Parcours deux 1951–1961* (Paris: Verdier, 2000).

   – *Phänomenologie der Wahrnehmung*, übersetzt von Rudolf Boehm (Berlin: de Gruyter, 1966) *(La phénomenologie de la perception*, 1945).

   – *Das Sichtbare und das Unsichtbare* (gefolgt von Arbeitsnotizen), übersetzt von Regula Giuliani und Bernhard Waldenfels (München: Fink, 1994) *(Le Visible et l'Invisible suivi de notes de travail*, 1964).

   – *Sinn und Nicht-Sinn*, übersetzt von Hans-Dieter Gondek (München: Fink, 2000) *(Sens et non-sens*, 1948).

   – *Zeichen*, übersetzt von Barbara Schmitz, Hans Werner Arndt und Bernhard Waldenfels (Hamburg: Meiner, 2007) *(Signes*, 1960).

Moi, Toril, *Simone de Beauvoir. Die Psychographie einer Intellektuellen*, übersetzt von Ingrid Lebe (Frankfurt/Main: Fischer, 1996); die umfangreichere Originalausgabe ist *Simone de Beauvoir: the making of an intellectual woman* (Oxford und Cambridge, MA: Blackwell, 1994).

Moran, Dermot, *Edmund Husserl: founder of phenomenology* (Cambridge: Polity, 2005).

   – *Introduction to Phenomenology* (London und New York: Routledge, 2000).

Murdoch, Iris, *Jackson's Dilemma* (London: Chatto & Windus, 1995).

– *Metaphysics as a Guide to Morals* (London: Chatto & Windus, 1992).

– *Sartre: romantic rationalist* (Harmondsworth: Penguin, 1989).

– «*Sein und Zeit*: Pursuit of Being», in J. Broackes (Hg.), *Iris Murdoch, Philosopher: a collection of essays* (Oxford und New York: Oxford University Press, 2012), S. 93–114.

Murray, Michael (Hg.), *Heidegger and Modern Philosophy* (New Haven: Yale University Press, 1978).

Neske, Günther, und Kettering, Emil (Hg.), *Antwort. Martin Heidegger im Gespräch* (Pfullingen: Neske, 1988).

Ott, Hugo, *Martin Heidegger: Unterwegs zu seiner Biographie* (Frankfurt/Main: Campus, 1992).

Patočka, Jan, *Ketzerische Essays zur Philosophie der Geschichte*, übersetzt von Sandra Lehmann (Frankfurt/Main: Suhrkamp, 2010) (*Kacířské eseje o filosofii dějin*, 1975).

Petzet, Heinrich Wiegand, *Auf einen Stern zugehen. Begegnungen und Gespräche mit Martin Heidegger 1929–1976* (Frankfurt/Main: Societäts-Verlag, 1983).

Polt, Richard, *Heidegger: an introduction* (London: UCL Press, 1999).

Rée, Jonathan, *Heidegger* (London: Routledge, 1999).

Richardson, William J., *Heidegger: through phenomenology to thought*, mit einem Vorwort von Martin Heidegger (Den Haag: Martinus Nijhoff, 1973).

Rockmore, Tom, *Heidegger and French Philosophy: humanism, anti-humanism, and Being* (London: Routledge, 1995).

Rowley, Hazel, *Richard Wright: the life and times* (Chicago: University of Chicago Press, 2008).

Sacks, Oliver, *Der Tag, an dem mein Bein fortging*, übersetzt von Dirk van Gunsteren (Reinbek: Rowohlt, 1989).

Safranski, Rüdiger, *Ein Meister aus Deutschland. Heidegger und seine Zeit* (München: Hanser, 1994).

Sartre, Jean-Paul, *Der Aufschub*, übersetzt von Uli Aumüller (= *Die Wege der Freiheit*, Bd. 2) (Reinbek: Rowohlt, 1987) (*Le sursis*, 1945).

– *Briefe an Simone de Beauvoir und andere*, Bd. 1: 1926–1939, übersetzt von Andrea Spingler (Reinbek: Rowohlt, 1984) (*Lettres au Castor* I, 1983).

– *Briefe an Simone de Beauvoir und andere*, Bd. 2: 1940–1963, übersetzt von Andrea Spingler (Reinbek: Rowohlt, 1985) (*Lettres au Castor* II, 1983).

– *Critique de la raison dialectique*, 2. Band: *L'intelligibilité de l'histoire* (unvollendet), hg. von Arlette Elkaïm-Sartre (Paris: Gallimard, 1985).

– *Der Ekel*, übersetzt von Uli Aumüller (Reinbek: Rowohlt, 2009) (*La Nausée*, 1938).

– *Der Existentialismus ist ein Humanismus und andere philosophische Essays 1943–1948*, übersetzt von Werner Bökenkamp u. a. (Reinbek: Rowohlt, 2014) (*L'existentialisme est un humanisme*, 1946).

– *Freud. Das Drehbuch*, übersetzt von Traugott König und Judith Klein (Reinbek: Rowohlt, 1993) (*Le scénario Freud*, 1984).

– *Gesammelte Dramen* (Reinbek: Rowohlt, 1970).

– *Der Idiot der Familie.* Gustave Flaubert 1821–1857, übersetzt von Traugott König (Reinbek: Rowohlt, 1986) (*L'idiot de la famille,* 1971–72).

– *Die Imagination,* in Sartre, *Die Transzendenz des Ego. Philosophische Essays 1931– 1939,* übersetzt von Uli Aumüller, Traugott König und Bernd Schuppener (Reinbek: Rowohlt, 1982) (*L'Imagination,* 1936).

– *Das Imaginäre. Phänomenologische Psychologie der Einbildungskraft* (1940), übersetzt von Hans Schöneberg, überarbeitet von Vincent von Wroblewsky (Reinbek: Rowohlt, 1994) (*L'Imaginaire,* 1. Auflage 1940; 2., von Arlette Elkaïm-Sartre überarbeitete Auflage 1986).

– *Die Kindheit eines Chefs,* übersetzt von Uli Aumüller, in Gesammelte Werke: Romane und Erzählungen (Reinbek: Rowohlt, 1987), S. 108–178.

– *Krieg im Frieden 1. Artikel, Aufrufe, Pamphlete,* 1948–1954, übersetzt von Eva Moldenhauer (Reinbek: Rowohlt, 1982).

– *Krieg im Frieden 2. Reden, Polemiken, Stellungnahmen,* 1952–1956, übersetzt von Abelle Christaller u. a. (Reinbek: Rowohlt, 1982).

– *Kritik der dialektischen Vernunft, 1. Band: Theorie der gesellschaftlichen Praxis,* übersetzt von Traugott König (Reinbek: Rowohlt, 1967) (*Critique de la raison dialectique. 1. Théorie des ensembles pratiques,* 1960).

– *Die letzte Chance,* übersetzt von Uli Aumüller (= *Die Wege der Freiheit,* Bd. 4) (Reinbek: Rowohlt, 1986) (*La dernière chance,* 1981).

– *Die Mauer,* übersetzt von Hans Reisiger (Reinbek: Rowohlt, 1961) (*Le mur,* 1948).

– *Les mots et autres écrits autobiographiques,* hg. von J.-F. Louette, G. Philippe und J. Simont (Paris: Gallimard, 2010).

– *Paris unter der Besatzung. Artikel, Reportagen, Aufsätze* 1944–1945, übersetzt von Hanns Grössel (Reinbek: Rowohlt, 1985).

– *Der Pfahl im Fleische,* übersetzt von Uli Aumüller und Andrea Spingler (= *Die Wege der Freiheit,* Bd. 3) (Reinbek: Rowohlt, 1988) (*La mort dans l'âme,* 1949).

– *Porträts und Perspektiven* (Reinbek: Rowohlt, 1968) (*Situations IV,* 1964).

– *Saint Genet, Komödiant und Märtyrer,* übersetzt von Ursula Dörrenbächer (Reinbek: Rowohlt, 1982) (*Saint Genet, comédien et martyr,* 1952).

– *Sartre über Sartre. Aufsätze und Interviews 1940–1976* (Reinbek: Rowohlt, 1988).

– *Sartre. Ein Film* von Alexandre Astruc und Michel Contat, übersetzt von Linde Birk (Reinbek: Rowohlt, 1978) (*Sartre. Un film realisé par Alexandre Astruc et Michel Contat,* 1977).

– *Das Sein und das Nichts. Versuch einer phänomenologischen Ontologie,* übersetzt von Hans Schöneberg und Traugott König (Reinbek: Rowohlt, 1991) (*L'Être et le néant,* 1943).

– *Situationen. Essays,* übersetzt von Werner Bökenkamp u. a. (Reinbek: Rowohlt, 1965).

– *Tagebücher. November 1939–März 1940,* übersetzt von Eva Moldenhauer (Reinbek: Rowohlt, 1984) (*Les carnets de la drôle de guerre,* 1983).

– *Überlegungen zur Judenfrage,* übersetzt von Vincent von Wroblewsky (Reinbek: Rowohlt 2010).

– *Die Wörter*, übersetzt von Hans Mayer (Reinbek: Rowohlt, 1973) (*Les mots*, 1964).

– *Zeit der Reife*, übersetzt von Uli Aumüller (= *Die Wege der Freiheit*, Bd. 1) (Berlin: Aufbau Verlag, 1988) (*L'âge de raison*, 1945).

Sartre, Jean-Paul, und Lévy, Benny, *Brüderlichkeit und Gewalt*, übersetzt von Grete Osterwald (Berlin: Wagenbach, 1993) (*L'espoir maintenant*, 1991).

Schneeberger, Guido, *Nachlese zu Heidegger. Dokumente zu seinem Leben und Denken* (Bern: Suhr, 1962).

Sepp, Hans Rainer (Hg.), *Edmund Husserl und die phänomenologische Bewegung. Zeugnisse in Text und Bild* (Freiburg: Karl Alber, 1988).

Sharr, Adam, *Heideggers Hütte*, übersetzt von Rike Felka (Berlin: Brinkmann & Bose, 2010).

Sheehan, Thomas (Hg.), *Heidegger: the man and the thinker* (New Brunswick und London: Transaction, 2010).

– *Making Sense of Heidegger: a paradigm shift* (London und New York: Rowman & Littlefield, 2015).

Shore, Marci, «Out of the Desert», *Times Literary Supplement* (2. August 2013), S. 14 f.

Simons, Margaret A., *Beauvoir and The Second Sex: feminism, race, and the origins of existentialism* (Lanham, MD: Rowman & Littlefield, 1999).

Spender, Stephen, *New Selected Journals 1939–1995*, hg. von L. Feigel und J. Sutherland mit N. Spender (London: Faber, 2012).

Spiegelberg, Herbert, «The Lost Portrait of Edmund Husserl by Franz and Ida Brentano», in Robert B. Palmer und Robert Hamerton-Kelly (Hg.), *Philomathes: studies and essays in the humanities in memory of Philip Merlan* (Den Haag: Martinus Nijhoff, 1971), S. 341–345.

– *The Phenomenological Movement: a historical introduction* (Den Haag: Martinus Nijhoff, 1982).

Sprintzen, David A., und Van den Hoven, Adrian (Hg.), *Sartre and Camus: a historic confrontation* (Amherst, NY: Humanity Books, 2004).

Spurgeon, Brad, *Colin Wilson: Philosopher of optimism* (Manchester: Michael Butterworth, 2006).

Spurling, Hilary, *The Girl from the Fiction Department: A portrait of Sonia Orwell* (London: Hamish Hamilton, 2002).

Stein, Edith, *Zum Problem der Einfühlung* (Halle / Saale: Waisenhaus, 1917).

– *Selbstbildnis in Briefen. Drei Teile* (Freiburg, Basel und Wien: Herder, 2000–2001).

Steiner, George, *Martin Heidegger. Eine Einführung*, übersetzt von Martin Pfeiffer (München: Hanser, 1989).

Thompson, Kenneth A., *Sartre: his life and works* (New York und Bicester: Facts on File, 1984).

Toadvine, Ted, und Embree, Lester (Hg.), *Merleau-Ponty's Reading of Husserl* (Dordrecht, Boston und London: Kluwer, 2002).

Todd, Olivier, *Albert Camus. Ein Leben*, übersetzt von Doris Heinemann (Reinbek: Rowohlt, 1999) (*Albert Camus: une vie*, 1995).

– *Un fils rebelle* (Paris: Grasset, 1981).

Towarnicki, Frédéric de, «Le Chemin de Zähringen», in ders., *À la rencontre de Heidegger. Souvenirs d'un messager de la Forêt-Noire* (Paris: Gallimard, 1993), S. 13–128.

Van Breda, Herman Leo, «Die Rettung von Husserls Nachlass und die Gründung des Husserl-Archivs», in *Geschichte des Husserl-Archivs* (Dordrecht: Springer, 2007), S. 1–37 (zuerst 1959).

Vian, Boris, *Ich werde auf eure Gräber spucken,* übersetzt von Eugen Helmlé (Berlin: Wagenbach, 2006) (*J'irais cracher sur vos tombes,* 1948).

– *Manuel de Saint-Germain-des-Prés,* hg. von Noël Arnaud und d'Déé (Paris: Chêne, 1974); in englischer Übersetzung unter dem Titel *Manual of Saint-Germain-des-Prés* (New York: Rizzoli, 2005).

– *Der Schaum der Tage,* übersetzt von Antje Pehnt, durchgesehen von Klaus Völker (Düsseldorf: Karl Rauch Verlag, 2015) (*L'écume des jours,* 1947).

Webber, Jonathan, *The Existentialism of Jean-Paul Sartre* (New York und London: Routledge, 2009).

Weber, Eugen, *The Hollow Years: France in the 1930s* (New York und London: W. W. Norton, 1994).

Weil, Simone, *Cahiers. Aufzeichnungen,* 4 Bände, hg. und übersetzt von Elisabeth Edl und Wolfgang Matz (München: Hanser, 1991–1998).

– *Fabriktagebuch und andere Schriften zum Industriesystem,* übersetzt von Heinz Abosch (Frankfurt/Main: Suhrkamp, 1978).

– *Unterdrückung und Freiheit. Politische Schriften,* übersetzt von Heinz Abosch (München: Rogner & Bernhard, 1975).

– *Die Verwurzelung. Vorspiel zu einer Erklärung der Pflichten dem Menschen gegenüber,* übersetzt von Marianne Schneider (Zürich: diaphanes, 2011*)*.

White, Edmund, *Jean Genet. Biographie,* übersetzt von Benjamin Schwarz (München: Kindler, 1993).

Wilson, Colin, *Dreaming to Some Purpose* (London: Century, 2004).

– *Der Outsider. Eine Diagnose des Menschen unserer Zeit,* übersetzt von Lieselotte und Hans Rittermann (Stuttgart: Scherz & Goverts, 1957) (*The Outsider,* 1956).

Woessner, Martin, *Heidegger in America* (Cambridge: CUP, 2011).

Wolin, Richard, *Heidegger's Children: Hannah Arendt, Karl Löwith, Hans Jonas, and Herbert Marcuse* (Princeton und Oxford: Princeton University Press, 2001).

– (Hg.), *The Heidegger Controversy* (Cambridge, MA: MIT Press, 1993).

Wright, Richard, *The Outsider: the restored text established by the Library of America* (New York und London: Harper, 2008).

Young-Bruehl, Elisabeth, *Hannah Arendt. Leben, Werk und Zeit,* übersetzt von Hans Günter Holl (Frankfurt/Main: Fischer, 2004).

Zaretsky, Robert, *A Life Worth Living: Albert Camus and the Quest for Meaning* (Cambridge, MA, und London: Belknap/Harvard University Press, 2013).

Zimmermann, Hans Dieter, *Martin und Fritz Heidegger: Philosophie und Fastnacht* (München: CH.Beck, 2005).

Personenregister